Hans Leip
Die Geschichte der Piraterie

HANS LEIP

DIE GESCHICHTE DER PIRATERIE

3000 JAHRE FREIBEUTERTUM

ALBATROS

Titel der Erstausgabe: *Bordbuch des Satans*
Koehlers Verlagsgesellschaft mbH, Hamburg

Die Deutsche Bibliothek – CIP-Einheitsaufnahme
Ein Titeldatensatz für diese Publikation ist bei
Der Deutschen Bibliothek erhältlich.

INHALT

ZUR ERLÄUTERUNG

Das Buch ergibt eine chronologische Reihe menschlicher Urbegierden
auf dem Schauplatz der Urheimat allen irdischen Lebens, dem Meer.
Der rote Faden dieser Kette unterschiedlicher Glieder,
Perlen und Schandstücke ist ein bitterer Blutfaden.
Da das noch immer spukende Romantische des Piratischen
trotz angestrebter Entkleidung nicht völlig auszulöschen war, sei betont:
Es geht hier um Betrachtung und Erläuterung
und nicht um Anregung!

*

Seeräuberei ist jeder ungesetzliche Akt Gewalttätigkeit, Freiheitsberaubung oder Plünderung, der zu privaten Zwecken von der Besatzung oder den Fahrgästen eines privaten Schiffes oder privaten Flugzeuges gegen ein anderes Schiff oder Flugzeug oder dort an Bord befindliche Personen oder Güter begangen wird: a) auf offenem Meere, b) an einem außerhalb der Hoheitsgewalt eines Staates gelegenen Orte.
Artikel 15 des Abkommens über die Hohe See.
Seerechtskonferenz der Vereinten Nationen, Genf 1958

Piraterie, Seeraub gewaltsames Vorgehen, sich eines fremden Schiffes in räuberischer Absicht zu bemächtigen (Ausplünderung). Piraten konnten seit alters mit dem Tod bestraft werden, unabhängig von der Nationalität (als hostes humani generi, Feinde des Menschengeschlechts).
Das moderne Lexikon 1972

Freibeuter 1) Seeräuber. 2) Wer rücksichtslos seinen Vorteil sucht.
Sprachbrockhaus 1958

Freibeuter, Seeleute, die, ohne von einer kriegführenden Macht durch Kaperbrief dazu ermächtigt zu sein, Kaperei, also in diesem Fall Seeraub, betreiben.
Der große Brockhaus 1952

Wir können uns den Hinweis nicht versagen, daß selbst im „Mare Nostro" noch ein Rest des alten Piratengeistes lebendig geblieben ist.
Jean de La Varende 1952

Freibeuter, Seeräuber, Flibustier, gewissenlose Beutemacher.
Der neue Herder 1949

Man müßte leben wie ein Schiff, alles an Bord, was man nötig hat, und immer gefechtsbereit.

Ernst Jünger 1936

Piratenschiffe sind des Schutzes jeder Flagge bar, sie sind denational.

Handwörterbuch der Rechtswissenschaft 1928

Piraterie (Piracy) ist räuberisch gewaltsamer Angriff auf See ohne staatliche Autorisation.

Wörterbuch des Völkerrechts 1925

Wir sind nicht Kinder einer erlesenen Epoche, sondern Freibeuter eines Zusammenbruchs.

Kasimir Edschmid: Bücher-Dekameron 1923

Pirat von lateinisch pirata, griechisch peirates, zu peiraomei = sich auf Abenteuern versuchen, sein Glück auf See suchen.

Wasserzieher 1918

Pirat: Seeräuber; Seeräuberschiff. Ein bewaffnetes Fahrzeug, dessen Besatzung von Raub lebt, indem es Handelsschiffe, sei es auf offener See oder in Flüssen usw., anfällt und plündert.

Capitaine H. Paasch 1894

Seeräuber ist, wer als Führer eines bewaffneten Fahrzeuges ohne Auftrag eines Herrschers oder selbständigen Staates auf dem Meer umherfährt, um Raub oder irgendwelche Gewaltakte zu begehen.

Portugiesisches Strafgesetzbuch 1886

Jedes Kriegsschiff hat das Recht und die Pflicht, auf offener See Schiffe, bei denen Piraterie feststeht, anzuhalten, zu bekämpfen, zu überwältigen.

Instruktion für Kommandanten deutscher Kriegsschiffe
in chinesischen Gewässern 1877

Piraterie ist nur der Seeausdruck für gemeinen Raub innerhalb der Gerichtsbarkeit der Admiralität.

Privy Council 1873

Krieg, Handel und Piraterie, dreieinig sind sie, nicht zu trennen.

Goethe 1831

Die Seeräuberei der Barbaresken bildet kein kriegerisch-staatsrechtliches, sondern ein kriminelles Verhältnis zu Europa, obwohl alle Staaten ihnen Tribut für freie Schiffahrt zahlen.

Antipiratischer Verein Hamburg 1819

Die Capers sind des Krieges Recht teilhaftig, auch ist zwischen ihnen und denen *See-Räubern* ein großer Unterschied, als welche letztern durch eigenmächtiges Unternehmen sich auf das See-Kreuzen legen, auch deswegen, wenn sie ertappt werden, aufgehangen werden.

Zedlers Universallexikon 1732

Krieg ist der Freibeuter Welkezeit nicht; jeder, der einen natürlichen Hang zu Ungebundenheit verspürt, findet dann Beschäftigung in der Kaperei.

Kapitän Johnson 1726

Ein Pirat ist ein Feind der Menschheit, dem man — nach Cicero — weder Wort noch Schwur zu halten braucht. Wer Piraten auf frischer Tat zur See ergreift, hat das Recht, sie am Mastbaum aufzuknüpfen ohne langes Gericht oder Urteil.

Hampton Court 1719

Der schottische Seeräuber William Paterson gründete die „Bank of England", um seine in der Karibik erbeuteten Goldwerte sicherer anzulegen als es bis dahin bei den als Bankiers waltenden Juwelieren möglich war.

London 1694

Wenn sie ein Schiff erobern, darf niemand plündern, um es für sich zu behalten, sondern alles Erbeutete wird ganz und gar unter sie geteilt.

A. O. Exquemelin 1678

O Algier, Zuflucht der Räuber, Geißel der Menschheit! Wie lange noch werden die christlichen Fürsten deine Unverschämtheit ertragen?

Abt Haedo 1580

Unde seggeten, dat se weren Godes vrende unde al der werlt vyande.

Wendesche Cronicon 1450

Der Pirat ist rechtlos und ein Feind der heiligen katholischen Kirche.

Rooles d'Oregon 1372

Hab acht, daß Mord nicht auf dich zurückfalle, denn niemals ruht vergossen Blut!

Saladin 1192

A furore normannorum libera nos, Domine! — Vor dem Grimme der Normannen schütz uns, lieber Herre Gott!

Kirchenlitanei 850

Nährt euch von erlaubten Gütern, die ihr dem Feinde genommen habt!

Mohammed 622

Auch reiche Leute aus guter Familie und von andern für gebildet gehalten, gingen mit den Räubern zu Schiffe, als wenn ihnen die Sache zu besonderem Spaß und Ruhm gereichen würde.

Plutarch 100

Pirata communis hostia omnium: Ein Seeräuber ist allgemein jedermanns Feind; man braucht ihm weder Wort noch Eid zu halten.

Cicero 66 v. Chr.

Den Männern meines Volkes kann ich nicht verwehren, ihren Unterhalt auf See zu suchen.

Königin Teuta von Illyrien 230 v. Chr.

Gefragt, ob sie Seeräuber seien, leugnen sie es keineswegs, halten ihre Taten auch nicht für unanständig, und es gibt niemanden, der ihnen darob Vorwürfe macht.

Thukydides 400 v. Chr.

Schweift ihr wohl gar, dem Gewerb der Piraten zu frönen? Kühnlich wagen das Haupt sie und bereiten den anderen Kummer.

Homer 900 v. Chr.

Der beste Trog, sich zu mästen, ist ein Schiff auf Raubfahrt.

Chinesisch 3000 v. Chr.

Und rückschwingend zur Gegenwart:
Der Geist der alten Piraten ist an den Karibischen Küsten noch immer spürbar.

Sender Beromünster 1959

> Wann wär das Recht bereit,
> bei sich das Rechte zu vermissen?
> Die See ist weit,
> doch weiter das Gewissen.

VORBEMERKUNG

Als ich wach lag die Nacht, da sah ich ihn, den man den Widersacher genannt, Satanas. Sein Antlitz trug das Siegel der Berechnung und glich einer geschriebenen Null, schräg, mit einem kleinen Horn seitlich oben. Seine Augen waren das Zeichen Unendlich, die Nase der Widerhaken der Eins, und der Mund, zwischen den Klammern der Ohren, war der Strich Minus.

Er lachte und trieb seinen Spott mit dem Wort des Anfangs und sprach: „Am Ende war die Zahl, und der Mensch war die Zahl, und die Zahl ward Form und wohnte in ihm und um ihn und nahm Besitz von allem und Erde und All."

Ich lag in Bedrängnis; denn ich war stets ein schlechter Rechner gewesen. Da lachte er wiederum und sagte von sich, er sei noch immer der Liebling des Höchsten mit mancherlei Aufgaben, für die kein anderer sich herleihe oder gewitzt sei, als Strafengel einmal, als Verführer ein andermal, auch als Vernichter, doch abseits von dem, was im Namen des Allmächtigen Übles geschah und geschieht oder aus Dafürhalten von Obrigkeiten vieler Sorte; also lehne er ab, verantwortlich zu sein für Krieg und Kriegsgeheul, Inquisitionen, Gefangenenläger, Zwangsarbeit und die Maßnahmen der Vollzieher und Vollstrecker sowie des brüllenden Kommiß. Das alles sei schlimmer als vieles, was ihm in den Bocksfuß geschoben werde.

„Was soll's?" fragte ich bedrängt.

Er aber sprach: „Du bist ein Träumer, sonst wäre ich nicht hier. Du liebst die See, die zahllosen Wogen und Winde und das Unstete des Windes; man möchte meinen, deine Vorfahren seien Freibeuter gewesen, schweifend und ohne Gesetz als ihr eigenes. Und das ist mein Gebiet."

Und er gab mir sein Bordbuch und sagte, er habe hier und da das Besondere eingetragen, schlecht und recht, wie es die Zeit erlaubte, die für ihn kein Vorher und Nachher habe, so gern er sich an die Daten der Geschichtsschreiber halte. Es sei darin manches zu finden an menschlicher Gleichung, die das Ebenbild vertausche hierhin und dorthin nach Ansicht und Absicht, ohne Aussicht, daß es aufgehe, geschweige sich löse oder gar erlöse.

„Was denn soll's?" fragte ich nochmals.

Er aber lachte zum drittenmal und entschwand.

Da begann ich zu lesen.

SALOMO
um 950 v. Chr.

Seit Jasons Schiff Argo das goldbestaubte Vlies geraubt, haben Handel und Piraterie zuzeiten schwanke Grenzen. Des andern Erwerb zu dämpfen und sich selber zu bereichern ist die Lust der Nationen seit Anbeginn der Kauffahrtei. Und was in offenem Feldzug geheiligt tut, heckt sich hinterdrein als trübe Schleppe fort, mit und ohne Augenzwinkern, und ist des einen Lockspitzel und des andern Vamp. König Salomo war ein Abnehmer beider Sparten. Neben den Gewürzen und Spezereien der arabischen Priesterfürstenreiche Mináa, Kataban, Hadramaut und Saba war zumal ausländische Mädchenware stets bei ihm gefragt. Die phönikischen Freibeuter hatten alle Hände voll zu tun, den Bedarf zu befriedigen. Siebenhundert (amtlich gestempelte) Frauen und dreihundert Kebsweiber zählten die ausgedehnten Gebäude seiner Harems, wie das Buch der Könige angibt.

Als es die Standesämter noch nicht so ernst meinten, waren Frauen weitgehend in den Güterverkehr eingeschaltet. Sie gehörten neben Gold, Purpur, Edelsteinen, Bernstein, Elfenbein, Weihrauch, Salz, Spezereien, Waffen, Baumwollstoff, Drogen und Riechwässern und neben männlichen Sklaven zu den gängigsten Artikeln.

Wenn nicht die Bibel, so doch, schon vor Salomonis Zeit, hat Homer solch „Mitnahme" ergreifend aufgezeichnet. Die Stelle der Odysee lautet, frisch übersetzt:

Wehklagt ein Weib doch, schreit auf, stürzt entsetzt zu dem Gatten, wenn sie ihn sieht, wie er daliegt und zuckt im Krampfe des Todes, deckt ihn, wimmernd vor Not, mit dem Körper, nicht achtend des Speeres, den ihr der Feind ermunternd auf Kopf und Schultern hintrommelt, roh sie dann hochreißt und wegschleppt zu Schmach und Versklavung; ach, wie verzehrt da der unsäglich würgende Gram ihre Wangen ...

Das Mittelmeer ist salzig von den Tränen solcher Frachten. Wer könnte jemals schildern, welche Leiden diese zumeist noch zarten Wesen zu erdulden hatten, ihre Seufzer, ihre Verzweiflung? Falls sie die Strapazen der Seereise, die Eingepferchtheit während des Transports, das Heimweh, die Roheit der Schiffsmannschaft überstanden und die mörderischen Gefechte, die ein Räuber dem anderen oder dem Verfolger lieferte, landeten sie auf den mehr oder minder berüchtigten Märkten und wurden wie Tiere begutachtet und verschachert. Sie gelangten als Sklavinnen in Paläste oder Kantinen. Einige wenige stiegen kraft ihrer Schönheit, Zähigkeit und Schläue auf zu Einfluß und Ehren. Die meisten wurden sangund klanglos in Freudenhäusern oder als Arbeitstiere verbraucht. Das war vor dreitausend Jahren. Es war noch vor hundertfünfzig Jahren weit verbreitet. Es ist, ein wenig verkappter, selbst noch im zwanzigsten Jahrhundert möglich. Für die Jahre des Herrn 1900 bis 1950 schätzte das Internationale Büro zur Bekämpfung des Menschenhandels (The International Bureau for the Suppression of Traffic in Persons, Hauptsitz London) die Zahl der in Europa einigermaßen als sicher bekanntgewordenen Fälle — die Opfer der Kriegsereignisse ungerechnet — auf über eine halbe Million.

Zu König Salomos Zeiten hatte man selbstverständlich ganz andere Ansichten über solche Verhältnisse. Wer sich's leisten konnte, kaufte sich Frauen wie die Millionäre heute Gemälde. Und im Orient der Muslims darf man noch immer wenigstens vier Angetraute haben.

Damen von Rang konnten sich manchmal freier bewegen. So sprach zum Beispiel die Königin von Saba ganz zwanglos bei Salomo vor, natürlich nicht ohne reiche Geschenke, was schon immer der Freundschaft diente. Und es ist von vielem Gold die Rede, gleich hundertzentnerweise. Das meiste davon scheint durch einen Zug gen Ophir ergattert worden zu sein. Dieses geheimnisvolle Ophir lag vielleicht in Südostafrika um Simbabwe herum oder auf Ceylon oder der Satan weiß wo.

Und wie kam Salomo dazu? Die Politik der kleinen Staaten ging damals wie heute drauf aus, sich an größere anzulehnen. (Die Schweiz ist eine der Ausnahmen.) Manchmal ließ sich ein Handelsvertrag oder ein Waffenbündnis durch eine Heirat untermauern. So wurde zum Beispiel eine Tochter des Pharaonen die Hauptgattin Salomos. Die Ägypterin kam nicht ohne Morgengabe. Ihr Vater ließ es sich allerdings nicht viel kosten, er gab ihr einfach eine Stadt mit, die ihm nicht gehörte. Er nahm den Ort Caser kurzerhand den ebenfalls an ihn gelehnten Phönikern weg. Daß es nur ein Trümmer- und Leichenhaufen war, da die Sache sich nicht ganz gutwillig abgespielt, war gar kein Fehler; denn so konnten die Beraubten Bauholz und Baubeschläge liefern und Geld herleihen, was Salomo hinwieder zu hohen Zinsen mit zwanzig Dörfern beglich. König Hiram mäkelte, die Orte taugten nichts. Darum ließ ihm der semitische Vetter einen Beschwichtigungstropfen zufließen. Sein Schwiegervater vom Nil hatte nämlich etwas von einem enormen Goldlande verlauten lassen, von dem Großpapa Ramses Märchenhaftes erzählt, das aber besser zu Wasser als zu Land erreichbar sei. Salomo besaß keine Schiffe. Aber er hatte den Edomitern den kleinen Hafen Ezeon-Geber am Roten Meer abgenommen. Die Bezeichnung läßt auf Holzreichtum schließen. Das wurde die Keimzelle zum ersten israelitischen Flottentraum.

Allerdings waren Salomonis Leute weder Seefahrer noch Werftingenieure. Er mußte sich schon an die salzwassergewaschenen Nachbarn halten. König Hiram ließ ihm wirklich auf seine Kosten ein Schiff bauen, lieh ihm Zimmerer und Besatzung und lachte sich ins Fäustchen, als ihm der Nachbar notgedrungen verraten mußte, wohin des Wegs mit dem in aller Nautik ahnungslosen Erkundungstrupp Zions, der eben nur eines verstand und dazu beauftragt war: möglichst viel mitzubringen von dem, was begehrenswert schien für einen prachtliebenden Herrscher. Nach drei Jahren kamen sie vollbeladen zurück mit vierhundertzwanzig Zentnern Gold, dazu Silber, Edelsteinen, Ebenholz, Elfenbein, Affen und Pfauen. Ein lohnender Raid fürwahr. Von Gegenleistungen ist nirgends die Rede. Immerhin waren die Phöniker dafür bekannt, allerlei billigen Tand als Tauschware anzubieten, wenn es nicht billiger ging. Noch zur Zeit des großen Philosophen Spinoza, der die Weisheit Salomonis aufs wunderbarste ausbaute, und noch fast weitere zweihundert Jahre war es die Lust der Kolonialhändler, ein Meter Elfenbein mit einem Meter Kattun und ein Kilo Kautschuk mit zwei Glasperlen zu begleichen. Und über die nebenbei angefallene Sklaven- und Frauenware nicht lange Buch zu führen. Auch bei Hirams Frachten wird sie nicht erwähnt. Es war zu selbstverständlich.

Bei weiteren Berichten über die Ophirreisen und Aufzählung der Importschätze werden immer nur die phönikischen Schiffe als Bringer genannt. Womöglich war das Marineamt zu Tyrus damals schon so eifersüchtig auf das bißchen hebräische Reederei wie keine Million Tage später das vereinte Arabien. Es wird, da die Route ihm einmal bekannt war, vorgezogen haben, den Liniendienst allein zu bewältigen und nur indirekt noch der Meeresel zu sein für das eigentümliche Volk zu Palästina, das sich für auserwählt hielt und in der Tat fast alle überdauerte, die zwischen Jaffa und Saleh Namen gehabt auf den schillernden Straßen der Seefahrt. Und es wird sich weiterhin behaupten trotz aller äußeren Befehdung, wenn es seiner inneren Zwiespälte Herr bleibt.

ELISSA
um 800 v. Chr.

Elissa aus Tyrus war die Tochter eines phönikischen Seewolfs und hatte wie ihr Bruder Pygmalion heftige Eigenschaften geerbt. Sie heiratete den Reeder und Schiffsführer Sicharbas, dessen Reichtum aus den Beutezügen herrühren mochte, die seit Salomonis Anregung heimlichst gen Ophir und Punt gerichtet waren. Ihr Bruder gedachte die weiten Wege zu sparen und überfiel das Flaggschiff des Schwagers. Aber die Schätze, auf die er es abgesehen, fand er nicht. Sie waren an abgelegener Stelle vorher gelandet und versteckt worden. Es muß da etwas wie Fernlenkung durch Gedanken möglich gewesen sein. Elissa, die zu Hause geblieben war, mochte geahnt haben, was das auslaufende Schiff des Bruders beabsichtige. Sie sammelte ihre ganze Inbrunst und flüsterte eine Warnung an ihren Gatten in die Lüfte. Denn sie liebte Sicharbas. Und er empfing die Warnung in seinem Herzen und handelte vernünftig. Aber nur in bezug auf die wertvolle Fracht. Er selber verließ das Schiff nicht und fiel.

Nun wurde Elissa durch den Geist des Ermordeten ihrerseits gewarnt. Zugleich wurde ihr das Versteck der Kostbarkeiten bezeichnet. Sie rüstete in Eile ein anderes Schiff und segelte, noch bevor ihr Bruder zurück war, an den betreffenden einsamen Strandplatz, fand das Gold und die edlen Steine unversehrt, ließ alles in Säcke füllen, versiegeln und an Bord bringen. Dann nahm sie Kurs auf Zypern. Sie landete dort nur kurz, nur, um fünfzig Mädchen zu rauben. Eine Frau allein auf einem Schiffe als Befehlshaber tut gut daran, wie ein Tierbändiger nur satte Bestien um sich zu haben. Die schwelenden Absichten der Besatzung auf die hübsche Witwe waren durch die frische Fracht vorerst neutralisiert.

Elissa ließ den Bug gen Westen richten, gewillt, in die Unendlichkeit des Meeres und bis auf die Inseln der Seligen zu gelangen, wo sie hoffte, ihren Mann wiederzusehen. Den Phönikern war die Fahrt in den Atlantik vertraut, obschon sie sich gehütet haben, andern Völkern die Kenntnis der Kanarischen Inseln, Madeiras und der Azoren oder auch nur der Scilly-Inseln weiterzureichen. Aber die Winde waren nicht günstig, und den Ruderern waren die Muskeln weich vom vielen Liebesspiel. Und als der Felsenklotz Malta hinterm Kielwasser versank und über Backbord ein Stück Afrika ihnen sozusagen die Zunge ausstreckte, da hatten sie die magere Kost, den schon mangelnden Wein, das faulige Trinkwasser, die Pön in Wetter und Nässe und auch die Mädchen satt. Nicht, daß sie meuterten. Elissa gab der Stimmung rechtzeitig nach, sah auch ein, daß der Bordbedarf aufgefrischt werden müsse. Sie ließ also beidrehen und an der Küste Libyens landen. Dort nun gefiel es den Ausgestiegenen so gut, daß sie zu bleiben gedachten, zumal der Mohrenhäuptling Hiarbas mit einem Tausch der Mädchen einverstanden war, jedoch persönlichen Anspruch auf die Seefahrerin Elissa erhob.

Da diese den Ernst der Sachlage begriff und einsah, daß Freibeuterei nicht immer nur einseitig betrieben werden könne, beschloß sie zu unterhandeln und sich erst einmal ein Stück Besitztum zu sichern. Ja, ein Stück Land wolle er ihr verkaufen, sagte lächelnd der Mohr, aber nur so viel, wie mit einem Kalbsfell zu umspannen sei, wohl meinend, daß gerade sie und nur sie Platz darauf haben solle. Danke! sagte Elissa. Man brachte das Kalbsfell, und sie ließ es alsbald in bindfadendünne Streifen schneiden, so daß man damit ein Gelände umspannen konnte, groß genug, um darauf später die Burg Karthagos zu bauen, deren Name Byrsa Fell bedeutete.

Der Mohrenkönig war von so viel weiblicher Gerissenheit nur desto entflammter. Elissas Leute rieten der Herrin dringend, sich nicht länger zu zieren. Sie aber befahl: Zurück an Bord! Da zündete die Mannschaft das Schiff an. Als nun die Flammen recht emporsausten, sprang Elissa jählings hinein und starb den Tod, den eine Weile auch indische Witwen bevorzugten. Sie hatte ihren Gatten sehr geliebt, und der Mohr war vielleicht in nichts mit ihm zu vergleichen.

Die Eingeborenen legten ihr daraufhin den Namen Deido bei, das heißt: Die Unbeugsame. Der Dichter Virgil hat allerdings zur Klärung ihres Selbstmordes eine verschmähte Liebe hinzuerfunden.

Der Wind weht hier und dort,
von Liebe weiß er nichts
und bläst das Urteil fort
am Tag des Selbstgerichts.

DIONYSOS UND DIE DELPHINE
um 750 v. Chr.

Als die blonden Thraker am Hellespont in ihrer Stadt Krithote, die von den Griechen später die schöne, Kallipolis, genannt wurde, große Reedereien gegründet hatten, obwohl sie zu Pferd auf den Balkan gekommen, beherrschten sie eine Weile das Mittelmeer, wurden reich und behäbig und liebten den Sänger Orpheus mehr als die Sirenen der See. Vielleicht darum wirkte ihr Einfluß lange nach. Um jene Zeit aber waren die hübschen bemalten Krüge der Töpfer auf Rhodos ein so guter Ausfuhrartikel geworden, daß ihre Hersteller den Zwischenhandel ausschalteten und selber die Verschiffung übernahmen. Wie immer gestatteten sich die unbändigsten ihrer Kapitäne dabei gelegentliche Sondereinnahmen. Piraterie war damals Gentlemans-Kunst (und blieb es lange). Sie taten den Thrakern vielen Schaden und verspotteten selbst deren Götter, zumal den Gott des „irdischen Vergnügens", Dionysos, der geeignet schien, Männern das Mark aus den Knien zu saugen.

Eines Tages entdeckte eines der rhodesischen Freibeuterschiffe ein einsames Boot oder vielmehr Floß aus aufgeblasenen Ziegenhäuten, wie man sie sonst zur Beförderung von Wein oder Öl benutzte. Und auf diesem dürftigen Untersatz saß ein einzelner Fahrgast. Ein Schiffbrüchiger! dachten die Piraten, und es wäre pure Zeitvergeudung, sich deswegen aufzuhalten. Da aber der Mann so muntre, weithin schallende Lieder sang und zudem reich gekleidet schien, überlegten sie, er könne aus gutem Hause sein und ein Lösegeld abwerfen. Somit drehten sie bei und nahmen den Fremdling an Bord, doch nur, um ihn alsbald an den Mast zu binden. Aber siehe da, der Mann streifte lachend die Fesseln von sich, als seien es zarte Rebenranken, und plötzlich war der Mast in einen Weinstock voll schönster Trauben verwandelt. Als die Frevler dennoch sich nicht zufriedengaben, verwandelte der Fremde sich in einen Löwen. Da erkannten sie ihn, den Gott Dionysos, und sprangen bestürzt alle zusammen ins Meer, wo sie aber nicht ertranken, sondern als Delphine weiterlebten, verdammt zudem, ertrunkene Seeleute in den Hades zu befördern.

DIE WUNDERHECKE
um 600 v. Chr.

In grauer Vorzeit zogen auch Männer von der Küste der Samurai auf Mädchenraub. Sie durchquerten mit geflochtenen Segeln das Gelbe Meer und waren der Schrecken der Gestade um Ho-ang-Ho. Eines Tages befand sich unter den weinenden Verschleppten eine Jungfrau namens Pao. Sie war so lieblich, daß die Pfoten des Piratenhäuptlings, der immer das Beste für sich beiseite verstaute, nicht einmal ihren seidenen Schal zu betasten wagten. Das Erstaunlichste aber war folgendes: Dieser kostbare bunte Schal verwandelte sich in eine kleine Hecke aus gelben Rosen und mit unzähligen Dornen, die sich rund um das kleine Lager breitete, das der Gefangenen zugewiesen war. Denn auf der langen Meerfahrt wuchs die Begierde des Kapitäns, wie der Hunger wächst dem, der lange eine Schüssel Reis entbehrt. Und das Mädchen Pao begann aus lauter Langeweile und um den Kummer zu vergessen, sich in den vor Begehrlichkeit winselnden Seetiger zu verlieben. Die Hecke aber, um die sie ihre hochherzigen Ahnen gebeten, beschützte nun auch sie vor sich selber. Und so konnte sie bei der Versteigerung einen hohen Preis erzielen, schon des Wunders wegen, und wurde dem Gefolge beigegeben, das den Sohn der Sonnenkönigin Tag und Nacht umringt.

Eines Tages aber, da sie sich mit andern Mädchen am Gestade unter Aufsicht strenger Wächter erging, erschien ein schnelles Boot, Bewaffnete sprangen heraus und erschlugen die Wächter. Schon wollte Pao, ihren bunten Schal schwingend — sie hatte ihn nie von sich gelassen — wiederum um das Wunder der Hecke flehen, da erkannte sie ihre berühmte Landsmännin Tschaiao-kuo-fu-jen, die mit einer Freischar die Meere durchstreifte und sich zur Anführerin aufgeschwungen und viel Beute und Ruhm geerntet hatte. Und somit kam die zarte Blume Pao wieder heim.

VOM PIRATEN ZUM TYRANNEN
um 530 v. Chr.

Polykrates war ein raublustiger Flottenführer, ähnlich dem frühen Könige Kretas, Minos, doch anfangs ohne amtliche Embleme. Durch Kühnheit, List und Grausamkeit stieg er aus der unzufriedenen Schicht des Volkes empor, erledigte die zu Samos herrschenden Adligen und setzte seine Willkür und Wollust an die Stelle der ihren. Als rechter Freibeuter verstand er etwas vom Schiffsbau, erweiterte seine Flotte, eroberte Lesbos und Milet und übte Gewalt über die ägäischen Gewässer.

Ein Dutzend Jahre lang passierte dort kein Schiff, das ihm nicht freiwillig oder gezwungen Tribut entrichtete.

Auf ihn passen recht die Erinnerungen, denen sich der gewesene Pirat und Kreter Eumaios beim Schweinehüten hingibt:

Unterschiedlich ergeht sich die Neigung verschiedener Männer, mich nur drängte es immer an Bord und zu stürmischer Seefahrt, Krieg und Speere und Pfeile, das war mein Vergnügen — blöder Unfug gewiß mag's verzagteren Seelen wohl dünken, ich aber war nun mal so, grad so hatte Gott mich geschaffen. — Eh noch die Griechen gewaltig ausreisten gen Trojy, fuhr ich schon neunmal zur See und zu mancherlei Stränden, Schiff und Mannschaft befehligte ich und ergriff viel reichliche Beute, schöpfte mir stets das Beste vorweg, ließ den Rest dann verlosen, kriegte auch dabei mein Fett noch; so schwollen mir rasch Hub und Habe; hehr und gefürchtet scholl da mein Ruf zu Land und zu Wasser ...

Als Polykrates nun Land und Volk also sein eigen nennen konnte und dort nach Laune regierte, glaubte er, es sei etwas anderes, verglichen mit dem, was er vorher getrieben. Er rottete darum alle Zeugen seiner Vergangenheit aus, ließ den einen seiner Brüder ermorden, den andern ins Meer jagen. Den Genossen von vormals, die den Piratenberuf auch ohne ihn nicht aufzugeben gedachten, griff er gnadenlos an die Kehle, vertraut mit ihren Schlupfwinkeln und Methoden — ähnlich wie später sein Kollege Morgan andernorts.

Zu Haus war er — wie so mancher Reißezahn — ein jovialer Lebemann, der sein Essen und Trinken mit Flötenspielerinnen würzte, den bildenden Künsten freigiebig spendete und dem Poeten Anakreon die Miete zahlte. Auch den Wissenschaftlern — und nicht nur den Erfindern von Kriegsgerät — ließ er Stipendien zukommen, aus Geldern allerdings, die nach wie vor aus dem Schweiße anderer geflossen. Was vormals Freibeuterei hatte benannt werden müssen, hieß nunmehr Kolonisation, Expedition oder Strafexpedition. Um solche Staatsgeschäfte selber ungestraft zu tätigen, ist es seit je für kleinere Reiche ratsam, sich des Wohlwollens größerer zu versichern. Damals — wie heute wieder — war Ägypten der begehrte Großpartner. Und es gelang Polykrates, dessen Bündnisfreundschaft zu gewinnen. Und somit konnten wenigstens die ägyptischen Schiffe und die seinen gegenseitig friedlich Handel treiben. Der alte Seebart umgab seine Hauptstadt — in erfahrenem Mißtrauen — mit einer kräftigen Mauer, ließ auch eine Wasserleitung bauen, die so leicht von keinem etwaigen Belagerer zu zerstören ging. Weder Parlament noch Presse konnten ihm da dreinreden, soviel es auch kosten mochte. Auch fand man es recht witzig, wenn er bei gelegentlichen Zahlungen vergoldetes Bleigeld als bare Münze ausgab.

Jedoch der Haifisch läßt das Beißen nicht. Auf der anderen Flanke seines Bereichs waren die Perser mächtig. Er meinte schlau zu sein, denen ein paar ägyptische Militärgeheimnisse ins Kabinett zu lotsen. Mag sein, daß Pharao Amasis damals schon etwas von ihm abgerückt war. Es war da so eine Begebenheit mit einem Ring gewesen, einem wahren Juwel, das Polykrates auf dem Daumen trug, weil es für die anderen Finger zu groß war. Mag sein, daß der Ägypter solches allzu protzig fand und riet, es den Göttern zum Geschenk zu machen, ihre Gunst zu sichern. Dann schon dem Gotte der Fluten! sagte Polykrates. Und er fuhr aus, und auf hoher See warf er den köstlichen Ring unter den nötigen Beschwörungsformeln über Bord, hoffend, daß nach wie vor das Vielfache des Wertes zu ihm zurückgelange.

Es war aber der Ring, der zu ihm zurückgelangte, und das über die Palastküche, wo er sich ein paar Tage später im Magen eines frisch gelieferten Fisches fand. Der hartgesottene Usurpator steckte ihn frohlockend an den Daumen zurück, es als gutes Zeichen deutend, indes Amasis Bedenken trug, als er das Wunder erfuhr.

Mit dem Ring verhielt es sich nämlich so: Polykrates hatte auch die uralt heilige kleine Kultinsel Delos übernommen und nutzte sie als Umschlagplatz und Sklavenmarkt, ohne jedoch an die Zahlen der Römer, die ein paar hundert Jahre später dort einen Freihafen hatten und täglich bis zu 10 000 Sklaven umsetzten, heranzureichen. Auf dem Hügel der Insel in der Tempelgrotte stand das Götterbild des Apollon. Denn Delos war der Geburtsort dieses Gottes, hier hatte seine Mutter Leto, von dem „Freibeuter" Zeus geschwängert, Zuflucht gefunden und ihm und seiner Schwester Artemis das ewige Leben geschenkt. Er wurde als großer Medizinmann, der Krankheit und Heilung zu geben vermag, hochverehrt, auch als Sonnenheros. Doch das genügte dem Seestreifer Polykrates nicht. Er hatte inzwischen von einem Apollon Delphinos gehört, der auch Schutzpatron der Schiffahrt sei. Dessen Priester aber waren die Hüter jenes kostbaren Ringes gewesen, der dem irdischen Beherrscher des Meeres gebühren sollte. Es scheint, man hatte dort in seinem Heiligtum zu Didyma beim Hafen Milet gezögert, ihn zu verleihen. Polykrates, der Zurückhaltung überdrüssig, war durch einen kühnen Raubzug in den Besitz der Statue gelangt und des Ringes, der anscheinend nicht für Menschen, sondern für Titanen gedacht sein mochte, wie der Großvater des Apollon einer gewesen.

Als nun der Gott zu Delos sich scheinbar so günstig gesonnen anließ und den Meeresring ihm zurückgegeben, glaubte der Samos-Pirat, von nun an könne ihm nichts mehr krumm geraten. Gerade kam auch die erleichternde Nachricht aus Persien, daß der große Kambyses, der doch immer ein wenig unheimliche und unbequeme schauerliche Diktator und Massenmörder, durchs eigene Schwert gefällt sei. Und wieso das? Ein kleiner Ritz am Schenkel, eine unaufhaltsame Blutvergiftung, so, als kröche von jedem seiner Abgeschlachteten ein verfaulter Tropfen in sein Geäder, das hatte ihn nach einigen Höllenqualen zur Strecke gebracht. Allerdings war da noch eine Rechnung nicht beglichen, nämlich die für die stillen Auskünfte über Ägypten. Der nächstgelegene Satrap erklärte sich bereit, die Begleichung zu übernehmen; die etlichen Kisten Goldes stünden zu Magnesia und könnten bei Imbiß und Umtrunk abgeholt werden.

Reise nicht! bat die sanfteste der Töchter des Polykrates: Ich hatte einen Traum, da sah ich dich unbekleidet und arm, gewaschen vom Regen, gefleckt von der Sonne.

Der Herr zu Samos lachte nur: Du hast von meinem Anfang, nicht von meinem Ende geträumt, Kätzchen, das ist lustig. Mich schützt mein Ring. Er wird mir helfen, meine Macht auch aufs Festland auszudehnen. Ihn hätte stutzig machen sollen, daß zu Magnesia ein anderer prächtiger Ring nicht gerade Glück gebracht habe, der vom König Gyges. Der Satrap hatte denn auch nichts Eiligeres zu tun, als den in die Falle Gegangenen in einen Schweinestall zu sperren.

Da denn gedachte er sicher der völkischen Heldengesänge und an Eumaios, dem alles zu Dreck geworden und die segelblähenden Lüfte der See sich in die Düfte der Säukoben gewandelt. Immerhin war's ein Dasein, das manchem geschnappten „König der Meere" wohl köstlich gedeucht, hätte er's nur flugs vertauschen können mit dem Strick, Eisen oder Querholz des Henkers. Eumaios hatte sogar das unerwartete Vergnügen gehabt, noch einmal anzuwenden, was er auf den Fahrten der Jugend geübt, also dem heimgekehrten Herrn zu helfen, den Haufen der Freier, die sich im Hause eingenistet, abzuschlachten und auch den ungetreuen Kollegen im Hirtenamt nach allen Regeln des früheren Berufes zu martern und zu metzgen; sodann auch die Schar der Mägde, die sich statt der Gutsherrin mit den aufdringlichen Gästen eingelassen, kunstvoll insgesamt an einem einzigen Schiffstau aufzuhängen.

Polykrates aber wurde wie ein Pirat ans Kreuz genagelt, und so denn verreckte der wilde Wogenfürst nackt und arm, vom Regen gewaschen, von der Sonne gefleckt, wie seine Tochter es vorahnend geträumt.

PLATON ENTGING DER RUDERBANK
um 360 v. Chr.

Falls, wie manche Geschichtsschreiber mehr oder weniger heimlich glauben, Grausamkeit eine entschuldbare Beigabe zur Herrschernatur ist, mag der Tyrann Dionysos der Erste wirklich zu den „großartigsten griechischen Persönlichkeiten" gehören. Er soll gelegentlich sogar ehrenvolle Handlungen begangen haben. In den Schulen um 1900 wurde die Schillersche Ballade, so lang sie war, auswendig gelernt, die anhub:

Zu Dionys, dem Tyrannen, schlich
Damon, den Dolch im Gewande;
ihn schlugen die Häscher in Bande.
Was wolltest du mit dem Dolche, sprich? —
Die Stadt vom Tyrannen befreien. —
Das sollst du am Kreuze bereuen.

Die Sache verläuft milde, nachdem ein: Zurück, du rettest den Freund nicht mehr! sich zum allgemeinen Aufatmen als Irrtum erwiesen.

Der Sohn nun dieses zu Sizilien Aufgestiegenen ist weniger berühmt und scheint gewisse Minderwertigkeiten nie überwunden zu haben, obwohl er in seinem Schwager Dion einen ausgezeichneten Ratgeber zum Guten besaß. Dion, jung und an die Menschheit und die immerhin von der Menschheit erfundene Geisteswissenschaft glaubend, fähig auch, deren Größen zu bewundern, erreichte mehrmals, daß der Athener Philosoph Platon nach Syrakus eingeladen wurde, hoffend, dessen weise Erkenntnisse von der Staatsführung auf Sizilien fruchtbar werden zu sehen. Theorie und Praxis standen sich aber bald im Wege. Dionysos plante nämlich, den leeren Staatssäckel durch einige Piratenzüge aufzufüllen, es also den Etruskern gleichzutun und deren reiche Küsten nur noch gründlicher zu plündern, als sie es gelegentlich mit seinen versuchten. Platon riet ab. Er schlug vor, die Kosten der Hofhaltung zu verringern und den Landbau zu fördern.

Die Kosten zu verringern, will ich sofort beginnen, erwiderte Dionysos, kündigte dem Philosophen die Gastfreundschaft und verwies ihn samt Schwager Dion des Landes, besorgte auch gleich einen Schiffsplatz für beide. Dem Kapitän gab er unterderhand die Order mit, die illustren Fahrgäste auf dem Sklavenmarkt der Insel Aigina zu verkaufen und somit auch noch die Unkosten für deren Aufenthalt — dem Rat der Sparsamkeit gemäß — zu decken. Fast also hätte die Leuchte des Abendlandes, der große Platon, als Galeerensklave sein Leben und die noch ungeschriebenen seiner Werke auf einer Ruderbank versiechen lassen müssen. Es fanden sich aber Freunde, die ihn und Dion loskauften. Beide gelangten glücklich nach Athen, wo aber Dion dem Dolche eines Meuchelmörders erlag, der, von Dionysos gedungen, Platon hingegen nur in der Seele traf, da dieser in Dion seinen Nachfolger, ja seinen Vollender gesehen.

Doch keine Kette mißt
Berufung, Ruf und Geist;
wie du sie trägst, erweist,
ob du nur Sklave bist.

ARISTONIKOS UND ALEXANDER
um 350 v. Chr.

Chios, die liebliche Insel, hatte sich den Lasten des attischen Seebundes entzogen. Denn sie war in wirtschaftlichen Schwierigkeiten. Was sie an Handelsschätzen besaß, besaßen auch die anderen, Wein, Oliven und Marmor, die Ausfuhr lohnte sich nicht, und selbst die einst so begehrten Harztränen des Mastixstrauches waren nur noch als Kaugummi und zum Ankleben falscher Bärte abzusetzen. Die Ägypter nämlich, die früher so gute Abnehmer gewesen, wandten fürs Einbalsamieren ihrer Toten entweder andere Mittel an oder waren überhaupt von dieser kostspieligen Aufbewahrung abgekommen.

Darum entschlossen sich einige handfeste Chioser, sich die falschen Bärte selber umzuhängen und die günstigeren Handelsbeziehungen anderer zu schröpfen. Ihr Anführer wurde ein gewisser Aristonikos, der bald fünf flinke Schiffe befehligte. Er fühlte sich angenehm angeregt durch die klassische Literatur Attikas. Wohl beleuchten die Heldenepen, die Saitenspiele der Barden, die Groschenhefte, Comic Strips, Gangsterfilme und Heeresberichte Taten und Untaten meist etwas einseitig. Das Elend der Opfer, Verstümmelten, Geschändeten und Beraubten wird verschwiegen oder als Ansporn oder Beikitzel in Kauf genommen. Nicht wahr? Wie offenherzig erhebend ist's doch, wenn Achilleus, der Schönste und Tapferste, der Siegfried des Troierkrieges, sich in der Ilias gelegentlich selber als vormaligen Seeräuber bezeichnet! Seine Eltern waren der thessalische Messerheld Peleus und das Meermädchen Thetis. Das dürfte eine scharfe Mischung ergeben haben. Das offizielle und mit herrlichen Reden gespickte Einzel- und Massengemorde zu Troja ergab eine „geheiligte" Unterbrechung seines Gewerbes, und da er trotz der Salben und Tinkturen seiner — wie Medea — kräuterkundigen Mutter verwundbar war, biß er ins Gras, ehe er neu zu freier Fahrt die Anker lichten konnte. Wenn auch die Umstände seines Hinscheidens nach unseren Begriffen nicht gar so rühmlich sind, ist ihm womöglich ein trüberes Schicksal erspart geblieben. Freibeuter enden selten glücklich.

Als die trojanische Schlächterei vorbei war, bestritt der aus der Bahn geworfene Gutsbesitzer Odysseus die Verpflegung auf seiner Heimfahrt durch Raub:

Stracks von hinnen brachte der Wind uns zur Stadt der Kikonen, Ismaros; dort entging uns kein Haus, wir erschlugen alle die Männer, aber die jungen Weiber, die teilten wir uns und die Schätze. Keiner ging leer aus, so groß und saftig war die Beute. Los nun, beeilt euch! So mahnt' ich, besorgt, den Ort zu verlassen, aber sie schwelgten und sangen und wollten nichts anderes hören, schlachteten Hammel und Rinder, berauschten sich wacker am Weine, bis dann die paar der Entkommenen sich Leute zur Hilfe gerufen . . .

Da denn ergeht es den „schönumschienten" Abschäumern nicht gelinde. Wie du mir, so ich dir.

Wer aber heimkam, prahlte heiter mit solchen Erlebnissen. Denn Freibeuterei galt in jenen Tagen soviel wie späterhin in aller Welt das, was man so leichthin Husarenstückchen nennt und was bis heute schlichten Gemütes bestaunt wird.

In diesem Sinne nun verstand Aristonikos, die Frachten und Mannschaften der Reedereien zu Smyrna entgegen deren Meinung zu übernehmen und an verschiedenen Plätzen damit die Preise zu unterbieten. Bei geringem Einsatz und Null Einkaufsrechnung war der Gewinn beträchtlich. Er kam größtenteils dem Gemeinwohl zugute. Chios blühte auf. Man lebte und ließ leben, sogar die Künstler. Der kalte Marmor erwachte zu edlen Gestalten, Dichter besangen homerisch die freien Erfolge zur See. Und den Chemikern gelang, die kaum noch beachteten Mastixlager in Schnaps zu verwandeln, der sich sogar als exportfähig erwies.

In dieses antike Idyll schwappte eines Tages die makedonische Eroberungswelle, gerade, als Aristonikos mit randvoll beutebeladenen Galeeren heimkehrte. Jetzt wurde er selber zur Beute. Seine Mitschäumer wurden teils an Bord, teils am Ufer um den Kopf gebracht. Er selber aber wurde vor den strahlenden Alexander geführt. (Fünfhundert Jahre später hielt Augustinus für wert, das kurze Zwiegespräch der beiden Helden in seinen Betrachtungen anzuführen.) Warum tatest du das? fragte Alexander. Aristonikos antwortete: Ich tat im kleinen nichts anderes als du im großen. Mich aber nennt man Seeräuber.

Ob der große „Erschließer des Morgenlandes" den kleinen Freibeuter begnadigt hat? Die Überlieferung schweigt sich aus. Da man aber weiß, zu welchen Schandtaten die Mutter des Heros, Olympias, aus verletzter Eitelkeit fähig war, wird man dem gepriesenen Sohne und Welterweiterer wohl einiges nachsehen müssen.

Verdünnt laßt Bluttat rosa schimmern,
verflüchtigt Mord zu Morgenrot,
mit Purpur deckt der Opfer Wimmern,
streicht Heldenschmalz aufs Völkerbrot!

SILBERNE RUDER
um 100 v. Chr.

Auf dem Meere vor Syrien etwa entstand die erste europäische Schiffahrt. Aus dieser Urzelle mit den Kernen Zypern, Kreta wuchsen nacheinander die Seemächte Tyrus, Milet, Athen, Karthago, Rom, Spanien, Portugal, Holland, England und Amerika. So karg gefaßt, ist die Reihe

folgerichtig und übersehbar. In Wirklichkeit liegen die Wachstums-
verhältnisse natürlich verzwickter.

Merkwürdig bleibt, wie hin und wieder erstaunlich kleine Volks-
gruppen die Seefahrt des ganzen Mittelmeeres zu beunruhigen vermochten. So zum Beispiel die Kilikier. Heute ist der Begriff Kilikien in der
südöstlichen Ecke der Türkei untergegangen, ein Landstrich, der nur von
See her bequem zu erreichen ist, eingerahmt von den rauhen Ketten des
Taurus. Die Bewohner hatten manche Drangsal erlitten. Assyrer, Perser,
Makedonier und Seleukiden hatten sich durch die drei berühmten Paß-
straßen in die fruchtbaren Ebenen geschleust, und keineswegs, um ein
Evangelium zu predigen. Zum Ausgleich verlegten sich einige der Übriggebliebenen — und anfangs aus purer Not — auf das Abschäumen der See.
Die moralische, im Grunde politische Behörde zu Delphi erließ einen
geharnischten Vernichtungsspruch gegen die kilikischen Freibeuter. Darüber berichtet Plutarch, der Erasmus der Antike, der selber eine Zeitlang
das delphische Orakel priesterlich betreute und als verbindlicher Mittelsmann zwischen Altem und Neuem, zwischen griechischer und römischer
Kultur einem gesunden europäischen Menschenverstand auf die Beine zu
helfen begann. (Am besten haben die Engländer von ihm gelernt. Ihr
„keep smiling" und die solid egoistische Weltanschauung des Zeitalters
der ersten Elisabeth, aber auch die gutgemeinte der Französischen Revolution haben seinen Schriften viel zu verdanken.)

Was Plutarch von den Kilikiern berichtet, liegt weit vor seiner Zeit. Er
schildert sie als treffliche Seeleute mit leichten, schnellen Schiffen, denen
in die engen, flachen Hafenbuchten so leicht kein Rächer folgen konnte.
Und sie hätten nicht nur Schrecken, sondern auch Neid erregt. Durch den
Seeraub seien sie so wohlhabend geworden, daß sie ihre Segel mit echtem
Purpur färbten (ein Lot Schneckenpurpur kam auf runde tausend Schweizer Franken) und ihre Segelrahen mit echtem Goldblech beschlugen und
ihre Galeerenruder mit echtem Silber. Immerhin wird die Zahl der von
ihnen geplünderten griechischen Städte und Tempel mit vierhundert angegeben. Doch deutet die prahlerische Verwendung der Beute auf einen
Hang zur Verschwendung, der alle Freibeuter auszeichnet, vielleicht aus
dem Gefühl der beschränkten Dauer ihres Wirkens. Schon als Cicero, der
erste Rechtsanwalt von europäischem Format, als römischer Statthalter
nach Kilikien kam, war die Piratenherrlichkeit schon fast ausgeräuchert.
Reizvoll bleibt, daß in britischen Verhandlungen gegen Freibeuter bis in
die Neuzeit ein versilberter Ruderschaft den Richtertisch zierte und den
Verurteilten auf dem Wege zum Galgen vorangetragen wurde.

CÄSAR UND DIE KLEINEREN
zwischen 75 und 44 v. Chr.

Eingangs soll nicht unerwähnt bleiben, daß der liebenswürdigste aller Religionslehrer zu Hamburg, Professor Koch, den zum höchsten Titel gewordenen lateinischen Namen namensvetterlich mit Metzger übersetzte (und z. B. Pompejus mit Leichenbestatter). Cajus Julius Cäsar hatte sich früh dem politischen Ehrgeiz verschrieben. Einer günstigen Gesamtlage auflauernd, begab er sich, eben fünfundzwanzig und aus reichem Hause, mit eigenem Arzte und einem Troß Sklaven auf eine Reise gen Rhodos, um dort bei dem berühmten Meister Molo sich den letzten Schliff als Redner zu holen. Unterwegs wurde sein Schiff von kilikischen Seeräubern aufgegriffen. Schon damals im Vollbesitz seines Überlegenheitsgefühls, soll er sich äußerst kaltblütig benommen haben, ohne Spur nutzloser Gegenwehr. Als nun der Piratenhäuptling ihm nahelegte, schleunigst zwanzig Talente Lösegeld zu beschaffen, lehnte er kühl eine solche Unterschätzung seines Wertes ab und schlug fünfzig Talente vor. Mit diesem Verhalten steht er einzig da in der endlosen Reihe historischer Erpressungen, Friedensverträge und anderer Schröpfmaßnahmen. Die dadurch verlängerte Wartezeit — das Geld mußte von seiner Familie mühsam herbeigeschafft werden — verbrachte der junge, elegante Mann mit Lektüre und Gymnastik, übte sich in Vorträgen und las den Wogenlausern sogar eigene Gedichte vor, drohte ihnen auch offen, sie weniger wegen ihrer Übergriffe als wegen ihrer Begriffsstutzigkeit allesamt erwürgen, ihre Anführer aber kreuzigen zu lassen. Die Küstenbrüder lachten darüber und nahmen es so wenig ernst wie seine Verse. Aber sie dämpften immerhin ihre eigenen, weniger kunstvollen Gesänge, wenn der talentschwere Gefangene zu ruhen begehrte.

Nach 38 Tagen traf der Bote aus Rom ein mit dem Scheck, ausgestellt auf die Bank zu Milet. Sofort ging man ankerauf. Ohne Bedenken wurde der Scheck eingelöst. Freibeuterei galt damals — wie auch noch später und wie heute etwa Kriegslist, Schmuggel oder Steuerhinterziehung — kaum als Verbrechen und konnte eigentlich nur auf frischer Tat belangt werden. Nachdem sie den Herrn Cäsar nebst Gefolge von Bord gelassen, durften die Kilikier unbehindert entschwinden.

Milet hatte sowieso eine Art Vertrag mit den Brüdern; die Handelskammer zahlte lieber regelmäßig Tribut, als sich unliebsame Unregelmäßigkeiten auf den Hals zu ziehen. Die privaten Erfahrungen des jungen Römers rührten den Statthalter wenig. Deshalb ging Cäsar auf eigene Faust vor. Hinreichend kreditwürdig, rüstete er im Eiltempo fünf Schiffe aus und folgte den Piraten in den kilikischen Schlupfwinkel. Er überraschte sie noch mitten im Freudengelage, nahm dreihundertfünfzig Überlebende und die noch vollzähligen fünfzig Talente mit und auch seine hochbeglückten Leidensgenossen, die bislang vergebens auf die befreienden Summen geharrt. Wohl konnte er das städtische Gefängnis mieten, die Piraten aufzunehmen, aber die Hinrichtung lehnte der Statthalter ab. Erstaunlich bleibt, daß sie dem temperamentvollen Römer dennoch gelang. Immerhin läßt sich mit fünfzig baren Talenten viel erreichen, und wahrscheinlich benutzte er die italische Schiffsmannschaft, dreihundertzwanzig der Kilikier zu erwürgen und die restlichen ans Kreuz zu schlagen, wie er es angedroht. Doch gewährte er den Anführern, weil sie ihn anständig behandelt hatten, die Gnade, daß man ihnen vorher die Gurgel durchschnitt.

Später hat Cäsar mit allen, die ihm im Wege standen und, wenn man es so sehen will, mit Gallien und Britannien Ähnliches getrieben wie die Kilikier mit ihm und er mit den Kilikiern. Er war ein unersättlicher Freibeuter auf dem Gebiete der Macht und war es zu Lande und zur See. Er litt an gelegentlichen Krämpfen, was bei Typen von Format das Geltungsbedürfnis ins Maßlose zu steigern vermag und zu umwälzender Wirkung und Nachwirkung. Der heißeste Monat Europas trägt noch heute Cäsars Vornamen Julius, sein Name wurde der Herrschertitel des Heiligen Römischen Reiches Deutscher Nation bis in die Neuzeit und erbte sich fort in Byzanz, Wien, Berlin, Petersburg, Paris, China, Japan, Mexiko, Brasilien und Abessinien, erst heute dahinwelkend, da das, was Cäsar zu Rom zerstörte, die Demokratie, seit längerem wieder die Beglückung der Völker zu übernehmen begann. Indes schwitzen über Cäsars Heeresberichten nach wie vor die Gymnasiasten, und in Gesetzbüchern und auf Kasernenhöfen ist seine starke Hand immer noch spürbar.

Als Cäsar die absolute Monarchie für sich beanspruchte, wurde er von einigen Republikanern erdolcht. Er verhauchte zu Füßen der Statue seines Schwiegervaters Pompejus, der einst in drei Monaten das gesamte Mittelmeer von Piraten — den kleinen Piraten — reingefegt hatte. Er war auch Cäsars Mitkonsul gewesen, was beide nicht gehindert hatte, einander nach dem Leben zu trachten. Cäsar war Sieger geblieben. Nun war auch er dahin.

Er hatte Rom auf den Gipfel der Macht geführt, indes der Grund schon morschte. Es ist sehr reizvoll, zu wissen, daß es ein Kilikier war, obschon kein Seeräuber, sondern ein theologisch gebildeter Zeltzuschneider aus Tarsos — und ein „Kloniker" wie Cäsar —, der als Apostel Paulus einen neuen Grund ausbaute, auf dem die Idee der Weltmacht Roms sich, vergeistigt, durch alle Erschütterungen hindurch zwanzig Jahrhunderte lang erhalten hat.

Was sich Gewalt mit Sklavenhand
erbaut an Glanz und Mauer,
hält selten den Gewalten stand;
der Geist allein hat Dauer.

Sextus, Sohn des von Cäsars Agenten in Ägypten ermordeten Pompejus, mit dem ererbten Attribut Magnus, wurde nach Cäsars Erledigung römischer Flottenchef, wie es sein nunmehr rehabilitierter Vater gewesen war. Aber statt die inzwischen wieder zu Atem gekommenen Piraten zu belangen, setzte er sich an deren Spitze, bemächtigte sich Siziliens und Sardiniens und verlegte den Getreideschiffen den Weg gen Italien, so daß zu der steigenden Verwirrung noch der Mangel hinzukam. Aber nicht ihn, den Freibeuter, sondern die Regierung machte das Volk verantwortlich. Sein blauer Raubwimpel wurde zum Sinnbild der Freiheit. Der Senat sah sich gezwungen, mit ihm zu unterhandeln. Ihm wurde die Herrschaft über die beiden unterjochten Inseln bestätigt, und er bekam noch den Peloponnes dazu sowie siebzig Millionen Sesterzen, das sind ungefähr drei Millionen Golddollar, als Entschädigung für die unter Cäsar beschlagnahmten Güter seines Erzeugers. Trotzdem gab er die Seeräuberei nicht auf. Der Zustrom an entlaufenen Sklaven, desertierten Soldaten und die Beute an Gefangenen ergänzten ständig die Mannschaften seiner Galeeren. Aber wo Spitzbuben hausen, sind die Spitzel nicht fern. Sein sardinischer Statthalter, der Wind bekam, daß in Rom ein neuer starker Mann am Werke sei und den Werften mit Eilaufträgen einheizte, überantwortete diesem stillschweigend die Insel nebst einem Teil der Piratenflotte.

Der neue Mann hieß Oktavian, war der Adoptivsohn Cäsars und wütete im Verein mit Antonius, einem hochbegabten, aufgestiegenen Offizier des Ermordeten, gegen die Mörder. Nach gehörigen Blutbädern, denen auch Cicero zum Opfer fiel, ließ Oktavian sich als Sohn Neptuns verehren, befreite unter dessen Anrufung zwanzigtausend Sklaven und setzte sie auf die Ruderbänke der Kriegsgaleeren, ohne sie, wie sonst üblich, anzuketten, also daß sie gegebenenfalls als freie Vaterlandsverteidiger in den Kampf eingreifen konnten. Auch fand sich ein vertrauenswürdiger Admiral, Agrippa, ein wahrhaft Getreuer, der, obwohl von schlichter Herkunft und ohne militärische Laufbahn, sich durch Umsicht auszeichnete, ein geborener Stratege und von Glück begünstigt. In zwei mörderischen Seeschlachten vernichtete er die Flotte des Sextus.

Der große Pirat entfloh gen Osten. Er stieg in Milet an Land und bat um Asyl bei Antonius, der die östlichen Provinzen übernommen hatte. Antonius hatte sich zwar mit hundertzwanzig Schiffen gegen Pompejus beteiligt, hätte aber den gewaltigen Räuber gern gnadenvoll für seine eigenen Ziele verpflichtet, zumal er gegen die Parther Pech gehabt. Doch war er damals schon in die süßen Schlingen der Königin Kleopatra geraten. Die hellhörige Pharaonin mochte ein Gesuch gerade aus Milet als ein leichtes Augenzwinkern und eine ungebührliche Anspielung empfin-

Vielleicht früheste Darstellung eines Kampfes mit Seeräubern. Kratervase des Aristonothos zu Argos, 7. Jahrhundert vor Christus

Landung aus Piratenhand geretteter Knaben und Mädchen. Der Freibeuter hieß Minotaurus, der Befreier Theseus. Eben springt der letzte der sieben Knaben an Land, um sich dem Freudenreigen der jungen Leute anzuschließen. Ein Besatzungs- mitglied schwimmt zum Ufer. Die lebhafte, herrliche Zeichnung stammt aus der ersten Hälfte des 6. Jahrhunderts vor Christus und ist ein Ausschnitt aus dem Fries vom Vasenkrater des Klitias und Egotimos den, so etwa, als wenn ein Bittsteller einen eben in ein kitzliches Verhältnis geratenen hohen Beamten mit einer Postkarte aus einem Pariser Nachtlokal beglückt. Denn in Milet war jene Sammlung erotischer Geschichten herausgegeben worden, die zur Schlafzimmerlektüre der Antike gehörten wie das Dekameron später. Daraufhin ließ Antonius den Ankömmling aufknüpfen.

Ein halb Dutzend Jahre nachher versank auch der Stern des Antonius, als er vorzog, gleich nach Kleopatra der Seeschlacht zu Aktium den Rücken zu kehren. Des einen Milet ist des anderen Alexandrien. Im Glauben, Kleopatra habe ihn verraten, stürzte er sich in sein eigenes Schwert. Verraten aber hatte ihn nur seine menschliche Schwachheit, die den sogenannten Helden nicht ziert, obschon es hier wirkliche Liebe gewesen sein mag.

Indes nun Oktavian Alleinherrscher wurde und zu Lande und zur See Ordnung schuf und nach blutiger Aufräumung einen kulturellen Schimmer über den Begriff Rom breitete wie nie zuvor und den Titel Augustus, der Erhabene, annahm, auch seinen Admiral Agrippa zum Schwiegersohn erhob, jedoch an seiner Tochter Julia und deren Tochter, die ebenso hieß, wenig Freude hatte und sie wegen unsittlichen Lebenswandels in die Verbannung schickte, ging unter dem milden Stern von Bethlehem der Menschheit ein neues frauliches Vorbild auf. Diesem Ereignis dort ist zu verdanken, daß allweihnachtlich der erste römische Kaisername noch heute um den Erdball erklingt, weil der antiochische Arzt Lukas jene Zeitbestimmung dafür fand: Es begab sich zu der Zeit, daß ein Gebot ausging von dem Kaiser Augusto, daß alle Welt geschätzet würde ...

Es war eine umfassende Volkszählung und Steuermaßnahme, welch letztere weder bei den Eltern noch bei dem Kinde, von dem bei Lukas die Rede ist, Bedeutung gehabt hat. Und als das Kind Jesus groß war, lehrte es die neue Erkenntnis, daß vor Gott alle Menschen gleich seien, die Mühseligen und Beladenen aber dem Himmel und der himmlischen Erquickung gewisser als die Reichen und Mächtigen. Kein Wunder, daß von da ab die Freibeuterei sich in ihrer kommunen Haltung dem Evangelium näher fühlte als den unkommunen Gesetzen der Staaten.

Das spukt bis in die Amulette der Mafia und Comorra und deren lange Tentakeln, die gelegentlich ins Piratische reichen. Ein unterweltlicher Konzern erwarb nach dem zweiten Weltkriege drei schrottreife Torpedoboote von der römischen Instanz, angeblich für eine südamerikanische Marine. Und trieb damit einige Jahre einen lukrativen Diamantschmuggel zwischen afrikanischen und sowjetischen Küsten und Belangen. Bis, trotz der Madonnenbilder in Messe und Logis, nicht etwa die Polizei, wohl aber die Spitzel von Ernest Oppenheimers „Anglo-American Corporation of South-Africa", deren Monopol rund 95 Prozent des Diamantenmarktes beherrscht, den kühnen Schwarzfahrten vorläufig den Motor stoppte.

Als in Britannien unter Königin Boadizea ein Aufstand gegen die römische Besatzung losbrach, gedachten einige junge Leute an Jütlands Küste, sich dort zu beteiligen, wo nicht nur Rauferei, sondern auch Beute in Aussicht stand. Denn zu Hause hatten sie wenig zu erwarten. Einer von ihnen namens Amleth hatte daheim besonders trübe Erfahrungen gesammelt. Noch ein halbes Kind, hatte er mit ansehen müssen, wie sein Vater von dessen eigenem Bruder niedergemacht wurde. Onkel Fengo hatte dann die Mutter geheiratet, um derentwillen die Tat geschehn. Der Junge aber, fürchtend, er werde das Los des Vaters teilen, verbarg seine wahren Empfindungen und spielte den vor Schreck Verblödeten, lallte, wenn er sprach, torkelte, wenn er ging, lachte, wenn er geschlagen wurde, und weinte, wenn man ihm Gutes zukommen ließ.

Dem Onkel war's nicht geheuer damit, und er beauftragte ein hübsches Mädchen, dem Jungen schmeichelnd auf den Zahn zu fühlen. Es jedoch verliebte sich in Amleth. Und als dieser einmal offen mit seiner Mutter sprach, gab es ihm einen Wink, daß ein Lauscher hinter der Tür stehe. Der hatte dann umgehend für immer ausgelauscht.

Da nun die Langboote gerade reisefertig waren, sah Fengo die Gelegenheit, den unerquicklichen Neffen und Stiefsohn loszuwerden. In der Meinung, Amleth könne weder lesen noch schreiben, gab er ihm einen Brief mit für den Anführer der Flotte, auch einen Knecht zur Begleitung. Der junge Mann hatte aber heimlich das Nötige gelernt. Er täuschte den Begleiter durch allerlei Hokuspokus, wobei es ihm gelang, nicht nur den Brief zu entziffern, sondern auch den Wortlaut so zu ändern, daß nicht er, sondern der Knecht auf hoher See als geisteskrank über Bord geworfen wurde.

Bei den Raubstreifen in den britischen Gewässern und Strandsiedlungen ragte Amleth bald so hervor, daß ihn eine Bootsmannschaft zum Führer wählte. Mit dieser Schar Getreuer widmete er sich, heimgekehrt, seinem Racheplan. Er ließ ein Fischnetz geschickt vor die Hofeinfahrt Fengos spannen und lockte seine ganze Sippschaft hinein. Was nicht erdrosselt wurde, wurde erschlagen. Fengo erledigte er persönlich.

Der Herodot des Nordens, Saxe, Schreiber des Bischofs zu Lund, hat um die Zeit, da das Nibelungenlied aufgezeichnet wurde, die alten nordischen überlieferten Geschichten festgehalten. Sie stehen an blutigen Familienzwisten den mittelländischen nicht nach. Noch ein paar hundert Jahre später hat ein französischer Historiker und haben englische Dramatiker Stoffe daraus verwendet. Amleth wurde dichterisch zum Prinzen Hamlet. Das Genie Shakespeare erhob die wikingsche Draufgängerei in eine schwermütige Freizügigkeit des Geistes, die dennoch sich dem Schicksal und Verderben ausgeliefert findet.

Das ist es, was die Seele ziert,
des Friedens sanfter Zaum;
da trabt's sich gut. Halt, nur nicht galoppiert!
Hoppla, schon splittern Zeit und Raum.

ÜBERFALL AUF EINEN PHÖNIZISCHEN FRACHTER
um 250

Einer der ersten im Abendlande überlieferten Romane ist die „Aethiopika" des syrischen Griechen Heliodor, geschrieben ums Jahr 250 in der blühenden Stadt Hemesa oder Emesa am Orontes. Sie war damals römisch; Kaiser Heliogabal stammte da her und verpflanzte die dort geübte Anbetung der Sonne nach Italien. Später wurde diesem Kult mehr von den Fremden aus dem Norden gehuldigt, und sei es an den Badestränden. Emesa heißt heute Hums oder Homs, Hems, auch Hims. Es liegt so trefflich am Antilibanon, daß es die Raublust vieler Machthaber auf sich zog und trotzdem immer wieder aus der Asche erstand. Anno 1958 zählt Hums an 300 000 Einwohner und handelt wie in der Antike mit Sesam, Olivenöl und Baumwolle.

Die äthiopischen Geschichten nun, vor mehr als anderthalb Jahrtausend verfaßt, schildern die Erlebnisse eines Liebespaares, das erst nach langen Prüfungen seiner Treue und Keuschheit zur glücklichen Vereinigung gelangt. „Liebe" und „Afrika" waren damals so aktuelle Begriffe wie etwa heute. Die wilden Begebnisse muten an, als seien sie auf die jetzigen Wirrnisse im Raume zwischen Rhodesia und Arabien gemünzt. Mittendrin findet sich der Bericht über eine kräftige Freibeuterei, und sie darf dieser Chronik nicht vorenthalten sein. Denn einmal verrät Heliodor eine vorbildliche Kenntnis der Grundlagen seines Themas und zweitens zeigt sich, daß solche bis in die Neuzeit ähnliche geblieben sind. Im folgenden wird zumeist nach der Übersetzung des Gothaer Philologen und Hofrats Christian Friedrich Wilhelm Jacobs von 1838 zitiert.

„Da jetzt die Frühlingswinde einsetzten, segelten wir Tag und Nacht, und der Steuermann hielt direkt auf Lybien zu; denn er sagte, bei so günstiger Brise sei es möglich, die See auf geradem Wege zu durchschneiden. Auch sei nötig, bald Land und Hafen zu gewinnen, da sich im Rücken ein Schiff zeige, das er für einen Freibeuter halte. Seitdem wir, sagte er, das Kretische Vorgebirge verlassen, folgt es unserem Kielwasser und segelt genau denselben Kurs, als ob wir es an der Leine hätten. Diese Worte machten auf einige solchen Eindruck, daß sie die Mannschaft aufforderten, sich zur Verteidigung zu rüsten. Andere nahmen die Sache ganz leicht. Es sei doch, meinten sie, auf See durchaus üblich, Lastschiffe von kleineren Fahrzeugen gefolgt zu sehen, die sich die zumeist größere Erfahrung der größeren zunutze machen. Während nun hierüber noch hin und her gestritten wurde und die Zeit herbeikam, wo der Ackermann den Stier vom Pfluge spannt, ließ die Stärke des Windes nach, und bald strich er nur noch weich und ohne viel Wirkung in die Segel, hörte schließlich sogar ganz auf, als ginge er mit der Sonne unter oder, um es naheliegender zu deuten, als stehe er im Dienste unserer Verfolger. Denn wegen der besseren Segel unseres Frachters war besagte Barke weit hintan geblieben. Als aber die Flaute einsetzte und die Ruder zur Geltung kamen, da war das leichtere Fahrzeug im Vorteil und schneller, als man sagen kann, bei der Hand und näherte sich unaufhaltsam. Und einer, der sich mit uns eingeschifft, rief: Da haben wir's! Wir sind verloren: Es ist ein Raubschiff! — Daraufhin geriet an Bord alles in Bewegung mit Lärm, Wehklagen, Geschrei und Hin- und Widerlaufen. Die einen verbargen sich im Schiffsraum, andere ermahnten sich gegenseitig zum Kampf an Deck, und einige wollten ins Beiboot springen und entfliehen; bis mitten in der Unschlüssigkeit jedem nur übrigblieb, sich wider seinen Willen mit der ersten besten Waffe zu seiner Verteidigung zu versehen ...

Die Räuber rückten nunmehr schräg von der Seite heran und gedachten sichtlich, unser Schiff ohne Blutvergießen in ihre Gewalt zu bekommen, taten deswegen auch keinen Schuß, umkreisten uns aber beständig und hielten uns so auf der Stelle, gleichsam, als ob sie uns durch Belagerung zur Übergabe zwingen wollten. Sie riefen herüber: Ihr Unglückseligen, warum seid ihr so töricht, gegen eine so überlegene Macht die Hände zu erheben und euch dem offenbaren Tode auszusetzen? Noch behandeln wir euch mild und freundlich; wir gestatten euch, das Beiboot zu besteigen und euch zu retten, wenn ihr wollt. — Da die Sachlage bis dahin ziemlich gefahrlos und unblutig sich anließ, verlor unsere Besatzung den Mut nicht und weigerte sich, dem Vorschlag nach das Schiff zu verlassen.

Als nun aber einer der kühnsten Räuber auf unser Schiff sprang und jeden niederhieb, der ihm in den Weg kam, also zeigte, daß es sich um eine Angelegenheit auf Leben und Tod handele, ihm auch alsbald seine Genossen folgten, da gereute die Phönizier ihr Widerstand. Sie warfen sich nieder und baten um Schonung, versprachen auch, alles zu tun, was man ihnen abverlange. Obgleich nun bei den Piraten die Mordlust schon geweckt war — denn der Anblick des Blutes schärft die Wut —, hielten sie doch gegen alle Erwartung auf Befehl ihres Häuptmanns inne. Dadurch ergab sich eine Art Waffenstillstand, und das harte und verderbliche Scharmützel löste sich unter der falschen Bezeichnung eines Friedens, dessen Folgen schlimmer waren als der Kampf selbst. Den Besiegten wurde nahegelegt, das Schiff zu verlassen, und zwar mit nichts als nur einem einzigen Unterkleide; wer dagegen handelte, wurde mit dem Tode bedroht. Aber das Leben geht dem Menschen, wie es scheint, über alles. Als darum jede Hoffnung schwand, die reiche Ladung des Schiffes zu behalten

— sie bestand aus Gold, edlen Steinen, kostbaren Stoffen und tyrrheni-
schem Wein —, beeilten sich die Phönizier, und es sah aus, als hätten sie
nichts zu verlieren, sondern zu gewinnen. Jeder wollte zuerst vor dem
andern ins Boot, jeder beeiferte sich, so schleunigst wie möglich sich in
Sicherheit zu bringen ..."

Wer nichts besitzt, kann nichts verlieren
als Mut und Zukunft; aber dies
wiegt mehr, als was mit Wertpapieren
und Gold und Gut sich kaufen ließ.

DER FLANDRISCHE LOTSE CARAUSIUS
um 290

Ein junger Mann, aufgewachsen an der flandrischen Küste, früh mit
der See vertraut und mit den wandelbaren Gezeiten und Strömungen des
Ärmelkanals, diente römischen Schiffen gelegentlich als Lotse. Er war so
umsichtig wie unerschrocken, so daß einer der fremden Präfekten ihn
überredete, eine feste Stellung in der römischen Marine anzunehmen und
sich dazu der nötigen militärischen Ausbildung zu unterziehen. Der
frische Wagehals, der eigentlich Wagner hieß, wurde nun in einer munteren Verquickung von Wagen und Wagnis, carrus und ausus, Carausius
genannt und erhielt sogar hohe amtliche Vornamen, Marcus Aurelius.
Und man glaubte, dieser guten eingeborenen Kraft sich damit restlos
versichert zu haben.
Als das Piratenunwesen zunahm, zum Teil aus jenen Widerstandskämpfern sich zusammenfindend, die um keinen Vorwand verlegen sind
und um kein Mittel, ihre Abenteuerlust oder sonstwie bedingte gesellschaftliche Abseitigkeit mit vaterländischen Belangen zu verknüpfen, beauftragte das römische Marineamt zu Boulogne ihn, die Seeschädlinge zu
erledigen. Er besaß damals den Rang eines Kapitäns zur See und befehligte eine Segelgaleere zu fünfzig Riemen und hundert Bogenschützen.
Mit dem Eifer des Ausgezeichneten jagte er ost und west die Wogenfüchse
in ihre Schlupfwinkel. Sein Ansehen wuchs, und die Vorgesetzten hatten
nichts dagegen, daß er seine Schiffsbesatzung nach eigenem Ermessen aus
Einheimischen zusammenstellte, angeblich wegen der größeren Tüchtigkeit auf den ihnen von Jugend an vertrauten nordischen Gewässern. In
Wirklichkeit lag dem jungen Kommandanten anderes im Sinn. Bei der
Exekution einiger gefangener Freibeuter mag ihm der geringe Unterschied
zwischen Verfolgern und Verfolgten aufgegangen sein. In Kürze — und
seiner Leute gewiß — ersah er Gelegenheit, heimlich mit den Piraten über-

einzukommen, ihnen nicht nur Schutz zu gewähren, sondern auch ertragreiche Winke über die Bewegungen der römischen Frachter zugehen zu lassen. Sozusagen um sie nicht durch Ablehnung ihres Dankes zu kränken, lehnte er einen Anteil an ihren Beuten nicht ab.

Seine kaiserliche Behörde gelangte bald hinter die Schliche. Carausius wurde in Abwesenheit zum Tode verurteilt. Aber eben vor seiner Rückkehr nach Boulogne von einem Fischer gewarnt, ging er auf Gegenkurs und landete an der britischen Küste. Sein Ruf, die Wirkung seiner Persönlichkeit sammelte einen Haufen Gleichgesinnter um ihn. Sogar die römische Besatzung zu Essex soll sich ihm angeschlossen haben. Sieben Jahre lang regierte er als eine Art britischer Piratenkönig, baute eine Flotte, rüstete sie aus und schlug die römische, die ihn einfangen sollte. Als er sich daraufhin aber gar zu sehr im Gehaben eines römischen Imperators gefiel, erstach ihn — auch nach römischem Muster — der Anführer seiner Leibwache.

GEISERICH SETZT ÜBER
um 450

Die Erfindung von Zügel und Sattel war weltverändernder als die Erfindung des Flugzeuges. Sich auf ein Roß zu schwingen und in die Weite zu reiten, hat mehr Völker, Grenzen und Kulturen in Bewegung gebracht als alle Fortschritte der Verkehrstechnik später. Der Einbruch der Hunnen Anno 375 in Europa, „sechsfüßiger Bestien, schlimmer als Heuschrecken", war der eigentliche Beginn einer jahrhundertelangen Kavalkade. Es war, als würde mit beiden Fäusten in eine Schüssel Brei gedrückt. Sie quoll über nach allen Seiten und über den Rand. Am Rand lag das Meer. Es ist ein Zeichen rascher Anpassungsfähigkeit und Intelligenz, daß die Vandalen von den Küstenbewohnern Spaniens den Schiffbau lernten. Gewiß wurde ihnen von den Einheimischen gern geholfen. Der Westen war damals noch weniger geneigt, Ostvertriebene aufzunehmen. Es waren runde achtzigtausend, die aus Polen und Schlesien kamen, entwurzelte Bauern, von einer Landschaft zur andern abgeschoben, und nun setzten sie ohne Hilfe eines internationalen Auswandererbüros, geführt von Geiserich, in eigener Flotte übers Mittelmeer und betrugen sich alsbald als Seeräuber. Sie überfielen Karthago, setzten sich dort fest, fühlten sich in den gesegneten Landstrichen bald wie zu Hause, indes die Verlockung, die Schiffe weiterzubenutzen, ihre Kühnsten zu gefährlichen Freibeutern machte. Zu rudern und zu segeln, die Wellen zu pflügen, über den runden Horizont zu neuen Ufern vorzustoßen in einem Klima, das gegen das Gebiet ihrer Herkunft paradiesisch war und verschwenderisch die Ränder und Inseln des Meeres mit Eßbarem segnete, das muß für diese vormaligen Landratten ein ungeheures Vergnügen gewesen sein. Sie brandschatzten, wo man ihnen nicht gutwillig gab, sie wehrten sich, wo man sie angriff, sie tummelten sich wie Kinder in einem fremden Garten. Zweimal schlugen sie eine römische Flotte, die ihnen Einhalt gebieten sollte. Schließlich hatten sie das wilde Leben satt, zogen sich auf ihre Siedlungen zurück und halfen bei Ackerbau und Viehzucht, wie es ihre Großväter getan. Halfen; denn die Sklavenhaltung hatten sie den Umliegern ebenfalls abgeguckt. Ihre letzten Unentwegten zur See wurden schließlich von einer neuen Marine, der byzantinischen, erledigt. Und deren Landetruppen taten im ewigen Kreislauf der Gewalt dasselbe mit dem Vandalenstaat, was diese mit den Karthagern getan, beziehungsweise mit denen, die aus den Punischen Kriegen noch übrig gewesen oder sich gemischt hatten mit Berbern und römischen Siedlern, wie diese wieder mit den Vandalen. Die Letzten ihres Stammes wurden von den neuen Siegern wiederum weitergeschoben und — ganz, wie es heute üblich ist — über die Welt verstreut. Doch soll es in den Felsennestern des Atlas noch blauäugige Nachkömmlinge geben.

Das Salz der Tränen gleicht dem Salz der See,
geschwisterlich brennt es im Blut;
uralte Rührung, uralt' Weh
drängt heimlich heim zur Meeresflut.

WIKINGER
um 400—1000

Kindersegen ist die einfachste Form des Nachruhms. Sie ist anspruchsvoller als etwa der Nachruhm der Dichter. Sie sorgt eigenhändig für Verbreitung, nicht immer zur Erbauung der Mitwelt. Die überzähligen Söhne der Wikinger, der trotz rauhen Klimas heftig wachsenden Nordvölker, waren gezwungen, ihr Unterkommen und Auskommen auf See und an fremden Küsten zu suchen. Sie taten es gern. Das Heldenhafte wurde hoch in jener Form der Verbreitung gepriesen. Auf Abenteuer zu ziehn, die Wogen zu durchschäumen und abzuschäumen nebst näheren und ferneren Küsten, Gegner zu erschlagen und fremder Länder Töchter zu vergewaltigen, gesittete Städte zu brandschatzen, zu plündern und schließlich mit der Beute zu entwischen, das war die hohe Lust, davon die Knaben träumten. Gelegentlich sollen solche Träume heute noch vorkommen, ein wenig verspätet allerdings. Denn selbst an den einsamsten Atollen der Südsee stehen uferlängs die Tafeln der Zivilisation: Unbefugten Zutritt verboten! Und es gibt heute wenige Helden mehr, die sich wie die Wikinger entschuldigen könnten, sie seien des Lesens unkundig.

Die Freibeuterei der Nordvölker hat kräftiger als die jeder anderen Räubergruppe ein unausrottbares Fernweh über Europa gebracht. Die ganze Herrlichkeit und Tragödie der weißen Kolonisation wäre ohne die normannischen Erbtropfen an allen Küstenstrichen rund um die Nordsee und bis weit ins Mittelmeer nicht restlos erklärbar. Wer daheim nichts zu erhoffen hatte und einen Schiffsplatz ergatterte, der schweifte von dannen, sein Glück in der Weite und mit den Mitteln des Erraffens zu suchen. In den milderen Abwandlungen ergibt solches den Beruf des Überseekaufmanns. Doch schwelt sogar in den üblichen Hochzeitsreisen noch ein Hauch Wikingertum. Sie pflegen von Nord- und Mitteleuropa nach Süden zu gehen, wohin die Wikinger ihre „Feigenfahrten" richteten. Dazu kommt, daß die Gleichberechtigung der Geschlechter sich von Norden her ausgebreitet hat. Gen Süden und Osten und Westen vordringend, hat diese nordische Einstellung das sogenannte „Ritterliche" gezeitigt und sicher bewußter, als das Christentum es von Osten her vermocht. Der Marienkult ging zwar von Ephesus aus. Aber des Paulus Weisung — Das Weib schweige in der Gemeinde — entrückte die Verehrung aus der irdischen Sphäre. Erst auf dem Umweg über den Norden strahlte ein Abglanz der Madonnenglorie zurück auf jedes weibliche Wesen. Nicht alle Piratenbeute hat sich so freundlich vergolten.

Im übrigen waren die nordischen Wogenprescher — und auch ihre Frauen — nicht zart besaitet. Wo sie landeten, wuchs lange kein Gras mehr. Es war auch besonders unangenehm, daß sie ihren Göttern Menschenopfer darbrachten. Das wird auch heute noch geübt, dem Gotte Mars oder dem Gotte Nation, Rasse, Idee oder sonst einem Gotte Vorbehalt zu Ehren; doch die Darbringer würden sich empören, wollte man sie mit irgendwelchen Piraten vergleichen. Allerdings betrieben die Nordmänner, diese — wie sagte doch ein italienischer Papst beim Anblick einiger aufgegriffener Exemplare? — engelhaft aussehenden blonden, blauäugigen Recken, die Opferung besonders schaurig. Wenn sie nämlich irgendwo an Land gingen, zogen sie ihre schönen, bunten, wundervoll gebauten Langschiffe aufs Ufer, meistens zur Flutzeit. Um nun jederzeit wieder entflitzen zu können, also auch, wenn der Strand bei Ebbe trocken lag, war immer das erste, daß eine Abteilung beordert wurde — sicher die Blessierten oder sonstwie nicht ganz Einsatzfähigen —, Baumstämme zu beschaffen, die als Walzen unter die Schiffskiele gelegt werden konnten. Auf diese Art rollte man die schweren Fahrzeuge dann wieder ins Nasse. Dabei packte man zwischen diese rohen Walzen einige Gefangene. Die Todesschreie der Zerquetschten waren nach wikingscher Ansicht dem Donnergotte und den weißmähnigen Wogengöttinnen das nötige Labsal, um jede Vorhersage des Wetters ins Günstige zu drehen. Sie fuhren aber auch bei schlechter Witterung. Man weiß, daß sie Island und Grönland ansteuerten und mehr oder weniger in Besitz nahmen. Leif der Glückliche erreichte um 1000 herum sogar Amerika, das er Finland, Grenzland des Meeres nannte (nicht Vinland/Weinland). Selbst der Genuese Kolumbus hatte noch einiges von wikingschem Wesen. Schon daß er rothaarig war, deutet auf blonde Zumischung. Und vor ihm fühlte sich Heinrich der Seefahrer, der die Weitfahrten nur von seinem Hochsitz auf Kap Vincent aus im Geiste unternahm und anderen die Strapazen zumutete, nicht wenig von nordischen Erfahrungen angeregt, von echten wilden, ungestümen Piratensehnsüchten und — Piratenerfolgen.

Die Normandie besiegelt durch ihren Namen, daß Piraterie nicht immer ein nur flüchtiges Geschäft ist. Wer hätte nicht von den Normannenreichen in Italien, auf Sizilien, in England, in Rußland und bis Byzanz hinaus gehört? Verweht ist verweht, doch das Erbteil besteht. Das ist eine Feststellung, die bis heute nichts entschuldigt, aber sie erklärt vielleicht einiges in der europäischen, in der atlantischen, in der Weltpolitik.

Ein Urkundenbuch des Nordens, die „Heimskringla", der „Weltkreis", wurde von dem Isländer Snorri Sturluson mit sachlich aufregenden Berichten angefüllt. Es wird darin erzählt, daß Seekönige wie Hagum ihr Reich in „Skipreiders", in Reeden, in Liege- und Lagerplätze zur Ausrüstung für beutebringende Weitfahrten eingeteilt hatten. Wir sind innerlich von ihren blutigen Gesängen über ihre Duelle, ihre Massenmorde abgerückt. Es winkt uns ja auch nicht wie ihnen, falls wir in einem Raubüberfall als Räuber zu Tode kommen — sie nannten es wie üblich „im Kampfe fallen" —, ein Paradies, wo statt unberührbarer Engel die goldhaarigen Schlachtjungfrauen den Helden entgegenflogen und ihnen das Trinkhorn und das Beilager bereithielten. Der Islam hat — man möchte es fast glauben — sie für seine Krieger übernommen, nur daß sie schwarzäugig sind und wahrscheinlich weniger schlank, dennoch von blendender Schönheit und — was von den Walküren nie behauptet wurde — von unzerstörbarer Jungfräulichkeit. Zur Anfeuerung piratischer Großtaten scheinen beide Sorten Himmelsholden gleich gut geeignet gewesen. Damit ist nicht gesagt, daß derlei Unternehmungen nicht auch mit weniger verlockenden Aussichten betreffs der Ewigkeit vonstatten gehen können. Es genügte später meistens, die kurze Spanne Erdendasein so kräftig wie möglich zu beleben.

> O Brot der Himmelsferne,
> dem Armen verheißen,
> daß er geduldig lerne,
> auf Stein zu beißen.

KAUFMANN SAMO UND VINETA
um 650

Ein fränkischer Kaufmann namens Samo, der wahrscheinlich mit Waffen handelte, ehe noch ein Verbot für die Ausfuhr bestand — wie Karl der Große es erließ —, geriet um das Jahr 625 zu Böhmen in einen Aufstand, mit dem die Slawen das unerträgliche, grausame Joch der türkischen Awaren abzuschütteln suchten. Es muß vor allem dank seiner Lieferungen und Ratschläge geglückt sein, denn er sah sich nach vorläufiger Beendigung der Kampfhandlungen zum König gewählt. Mehr durch Diplomatie, Handelsverträge und klug erlesene Beamte als durch Heerführer und Blutvergießen erreichte er den Anschluß der ostelbisch slawischen Stämme bis zur Ostsee an seine Verwaltung. Den wikingschen Umschlagplatz Jumneta auf der Insel Usedom baute er zu einem der wichtigsten Handelshäfen jener Zeit aus. An Waren übernommen aus dem Norden wurden wohl hauptsächlich Pelzwerk, Gänsedaunen, Rinderhäute, Holz und Holzteer, Stockfisch, auch Honig, Rüben und Rettiche. Bernstein, vormals so außerordentlich geschätzt im Orient, war schon vom Schmucktisch der Damen römischer und fränkischer Elite durch indische Edelsteine verdrängt worden; er zierte nur noch die Hälse spanischer und friesischer Bäuerinnen.

Samo scheint aber als erster nicht nur Faluner Kupfer, sondern auch schon schwedisches Eisenerz aus Dannemora eingeführt zu haben, das bis nach Damaskus wanderte, vielleicht aber auch schon in Schlesien verhüttet wurde, indes die berühmten Damaszener Klingen, mit Gold eingelegt und mit Zimt und Ambra parfümiert, zu Vineta — so nannte man im Südosten die ferne Ostseemetropole — einer der begehrtesten Tauschartikel waren. Aber auch Seide und Brokat wurden im- und exportiert und was Arabien und Ägypten über Bagdad und Alexandrien über die Seidenstraßen und das Rote Meer von China und Indien hereinbrachten, verarbeiteten und weiterleiteten — vor allem auch die Spezereien des Orients, Pfeffer, Zimt, Ingwer, Muskat, die Mode zu werden begannen bis nach Lappland und die Kenntnis der heimischen und bekömmlicheren Gewürze verdrängten. An Massengütern kamen Wolgaweizen, Tiroler Salz und tschechische Wolle in Betracht und wie immer auch der Austausch von Werkzeugen und Waffen.

Vinetas Handelsherren und Schiffsreeder wurden reiche Leute, die Stadt wuchs, sie wurde zum nordischen Venedig. Obschon ihre Häuser nur aus Holz waren, muß sie auf Fremde, die, den Säckel voll arabischer Münze, sie von weit her besuchten, einen großen Eindruck gemacht haben; denn auch mit Holz kann man großartig bauen. Doch bald war durch ihre Pracht und ihr Wohlleben die Aufmerksamkeit finnischer Seeräuber erweckt. Tollkühn wurden die Schiffe Vinetas geplündert. Samo wird sich nicht gescheut haben, mit gleichen Mitteln bis in den Bottnischen

Meerbusen vorzustoßen. Das Ende war die völlige Zerstörung Vinetas, die den freibeuterischen Wikingern anscheinend später selbst so ungelegen war, daß sie ein Erdbeben oder eine Flutkatastrophe erfanden, ihre kurzsichtige Untat zu verschleiern. So vielleicht entstand die Sage vom versunkenen Vineta.

Der Freibeuter Palnatoki, auf Fünen geboren, baute in der gleichen Gegend die Jomsburg. Er hatte den Gewaltherrscher Harald Blauzahn Anno 991 mit einem Schuß aus dem Hinterhalt getötet — wie Tell den Landvogt —, war friedlos durch die Meere gesegelt, hatte dann die Ostsee unsicher gemacht und fiel schließlich bei einem Scharmützel in der Hjörungenbucht Anno 995. Seine Seefeste wurde hundert Jahre später von den Dänen zerstört. Er selber lebt als wilder Sturm- und Wogenjäger im Volksgemüt seiner Heimatinsel noch heute.

DIE UNGEBÄRDIGEN BLONDBÄRTE
um 500—900

Das frischgegründete Domkapitel zu Lund beschäftigte um 1170 herum eine Reihe von Schreibern. Der Erzbischof alldort, den sein noch ein wenig heidnisch denkender Vater Axel genannt, was sich aber überm Taufbecken oder bei der Priesterweihe in Absalon gewandelt hatte, war ein Liebhaber der alten dänischen Sagas. Und als er zum Kanzler König Waldemars aufrückte, nebenbei aber sein geistliches Amt weiterhin versah, ließ er die Geschichte seines Vaterlandes aufzeichnen. Und er sah mit Vergnügen, wie sich der Mönch Saksa, auch Saxo genannt, trefflich dazu eignete, und pries also den Tag, da er auf einer Kundreise — noch junger Bischof zu Roskilde und ein eifriger Schiffsknecht des Fischers Petrus, begierig auf geistlichen Nachwuchs — sich den frischen Fischerjungen vom Seeländer Strand gefischt und ihn zum Saxo grammaticus gemacht.

Saksa mochte es anfangs keineswegs recht gewesen sein, noch mehr zu lernen als den Umgang mit Wind und Wetter, Flut und Sand, Schot und Pinne, Netz und Netzbeute, Lanze, Schwert und Entermesser. Denn neben dem Makrelenfang hatte sein Vater üblicherweise auch den gehörigen Seeraub betrieben nach der uralt geheiligten Regel: Nur der Starke hat Raum. Und: Nur der Sieger hat recht. — Der aufgeweckte Seeländer lernte später, daß sich diese Erkenntnis nicht nur auf die Faust anwenden läßt. Als er dann beauftragt war, seiner Ahnen Heldentaten und auch Untaten festzuhalten, da mag es ihm trotzdem oft in den Fingern gejuckt haben, statt der Rohrfeder das blanke Eisen zu nehmen, um Geschichte zu schreiben. Es ist darum nicht erstaunlich, daß seine Berichte von Lieblichkeit wenig, desto mehr von Gewalt und Mord enthalten. Und die See, die

Dänemarks, die des Nordens lange Küsten umspielt, brandet grau und dumpf durch seine kargen Schilderungen — und in den nordischen Namen.

Durch ihn wissen wir, daß es zu Roskilde, obschon sicher nicht zum ersten Mal in der Welt, so etwas wie eine Piratenordnung gab. Sie gestattete die Wegnahme fremder Schiffe (von Krieg ist keine Rede). Ein Achtel der Beute ging als Hafenzoll an die Stadtverwaltung. Vor der Ausfahrt sollten die Seeleute ihre Sünden beichten, Buße tun und das Abendmahl nehmen. Es handelte sich also schon um Christen.

Solche „frommen" Vorbereitungen — z. B. „das Gebet vor der Schlacht" — finden sich bei allen Völkern. Je weniger friedlich das Vorhaben war, desto mehr bedurfte man der inneren Festigung und der Magie. Es heißt darum auch, daß die Roskilder, wenngleich sie oft über 80 Schiffe an sich gebracht, niemals mehr als 22 eigene bei sich geduldet hätten. Das ist die uralte nordische Votivzahl.

Falls der Unterhalt durch Beute nicht gewährleistet war, durften die Besatzungen vom eigenen Lande nehmen, waren aber verpflichtet, den Bauern die Hälfte der Beute gelegentlich wiederzugeben. Geteilt wurde so, daß der Schiffer und Kapitän nicht mehr erhielt als der letzte Bootsknecht. An Gepäck wurde nur das Notwendigste mitgenommen und ebenso an Proviant. Geschlafen wurde über den Riemenschaft gelehnt. Der Kundschafterdienst war genau geregelt. Es wird auch vermeldet, daß es am besten sei, Schreck einzuflößen und somit ohne Blutvergießen zu siegen. Die Schiffe waren darum grell bemalt. Die Segel, dickes Leinen, mit Lohe haltbar gemacht, wirkten wie in Blut getränkt. Der Klang geblasener Ochsenhörner und Luren, das Getrommel auf den lederbespannten Schilden, das Schwertgeklirr und der wilde Schlachtgesang waren auch nicht zu unterschätzen.

Fast zu großzügig mutet es an, wenn Saksa erzählt, es sei verfügt und auch gehalten worden, in den genommenen Schiffen gefangene Christen mit Kleidern zu versehen und sie nach Hause zu schicken.

Von einem regelrechten Sklavenhandel oder von Sklavenhaltung ist im Norden allerdings nichts berichtet. Auch der Knecht war, wenn nicht unbedingt freizügig, so doch frei in der Wahl seines Herrn. Gefangene wurden entweder freigelassen oder umgebracht. Darum ist Verrat ziemlich selten unter den Wikingern gewesen. Die Bootsmannschaft, alles freie Leute eines Schlages, hielt ehern zusammen. Noch heute ist in Schweden das Wort für eine Backschaft das gleiche wie für den Begriff Gesetz.

Da war Helgo, des Königs Huidan Sohn, der Bruder des Königs Kal, welcher die Stadt Roskilde am Fjord zu seiner Residenz erbaute. Solange nun sein Bruder regierte, verlegte er sich auf die Fahrt der freien Beute und hatte es vorzüglich auf die Wenden abgesehen, die dunkeläugig, schwarzhaarig auf ihren kleinen struppigen Gäulen mit ihren lustigen Dudelsäcken und unbarmherzigen Schlachtmessern von Osten an die Elbe gerückt waren und landgierig ins Zimbrische vorstießen, auch bald gelernt hatten, Boote zu bauen und zu bemannen und auf den Wassern zu reisen, um andern Schiff und Küsten abzugewinnen.

Helgo aber fuhr nicht nur über die Ostsee aus, sondern auch auf der Westseite der großen Halbinsel, wo es auf die Mündung der Elbe zugeht; da schwang er mit der einrollenden Flut bis Stade hinauf, allwo des Prinzen Hunding, des Sachsen, Flotte lag, eben bereit, gen Dänemark auszulaufen. Und er vernichtete deren Unterfangen für lange Zeit.

Er kreuzte auch hinauf zur Insel Thor-Ö, allwo die Fürstin Thora ein Schloß besaß, es aber nicht verteidigen konnte, so wenig wie sich selber und ihre Jungfernschaft. Denn Helgo war — wie Saxo genußreich feststellt — zugleich trotzigen und wollüstigen Gemüts. Da nun aber Thora sich von ihm geschwängert fühlte, ruhte sie nicht, bis sie ihre Schande gebührend gerächt hatte. Sie brachte das Kind zur Welt, erdrosselte es, ließ die Leiche salzen und trocknen, als sei es ein Kabeljau und Stockfisch, und schickte sie, appetitlich aufgemacht, durch einen Sklaven — der nicht wußte, was die Schüssel enthielt — nach Roskilde.

Dem getreuen Boten gelang es, so, wie ihm aufgetragen, das bitterliche Gericht am Tage, da Helgo König geworden, vor des Herrschers Sessel auf die Festtafel zu setzen. Und mußte er deswegen auch elend mit dem Tode büßen, Helgos Freude an den sonstigen Leckereien des Krönungsmahles soll ziemlich getrübt gewesen sein. Es wird auch angedeutet, daß er das Reich mit einem andern Bruder geteilt und dem die Herrschaft zu Lande gelassen, sich selber aber zum Herrn der Meere erklärt, außerdem viele neue Küsten entdeckt haben soll.

Da war auch Haldan, König in Dänemark, der hatte nach drei Jahren das Regieren satt und verlegte sich auf die luftige Freibeuterei. Da mochte sein Bruder Harald die Landgeschäfte besser betreiben. Aber Harald geriet dem Kaiser Carolus magnus in die breiten Finger und ließ sich begaukeln, weit ins Binnenland nach Ingelheim zu kommen und die Errungenschaften zu bestaunen (so etwa, wie wenn Prinz Puzifu aus Kalakau dem deutschen Wirtschaftswunder zu Bonn einen Besuch abstattet) und den guten Rheinhessenwein zu proben und sich von dem Gesang der Messe — vielleicht auch schon der Frankfurter — überzeugen und also taufen zu lassen. Sein Bruder Haldan entging diesem allen und blieb ein Seeräuber bis an sein Ende.

Und da waren die beiden Wogenwetzer Kolles und Horwendill, die zusammen einen wirksamen Firmennamen hätten abgeben können, aber vorzogen, der eine in Norwegen, der andere in Jütland, Untertanen auf ihre Drachenschiffe zu verführen und gegen irgendwelche Gegner wilde

Schmähungen zu schleudern — doch in gewähltem Stabreime und so melodiös es sich immer brüllen ließ — und dann Bord an Bord zu preschen und sich zu prügeln mit scharfen Gegenständen, bis der eine oder der andere den Fischen zum Fraß über Seite ging. Und sie waren oft so eifersüchtig auf den Ruhm, den jeder für sich aus solchem Zeitvertreib gewann, daß sie einander nachstellten, wo immer sie konnten. Bis sie — nicht auf See, sondern auf einer Insel, wo zufällig jeder für sich etwas Gutes erhofft — einander jählings nahbei erspähten und die unverhoffte Gelegenheit auch alsbald wahrnahmen, einen von sich umzulegen. Es war Kolles, der da ins Gras biß, obwohl er sich etwas Besseres für seinen Gaumen erspitzt haben mochte.

Und da war Olo, genannt der Hurtige. Sein Vater sandte ihn aus, die Seeräuber in den Gewässern Norwegens zu vertilgen. Und er reinigte die See von deren siebenzig, und alle waren vornehme Prinzen, darunter die vornehmsten Huirvill, Thorwill, Neff, Oneff, Retuart, Rand und Erand hießen und allesamt ausgerottet wurden, so daß Olo allein das Meer beherrschte bis zu den Nordlichtern und Eisbären hinauf, auf der andern Seite aber bis Britannien. König Rieg von Schweden hatte darob sein Vergnügen, machte ihn zum Reichsadmiral und Schwiegersohn. Endlich wurde dieser hurtige Olo gar König von Dänemark, seiner Grausamkeit wegen aber umgebracht.

Doch ließ man Omund, seinen Sohn, gewähren, obschon gewisse Chronisten meinen, er sei nicht von Olo, sondern von dem Könige zu Portocale gezeugt, weshalb der Name der also nicht gar getreuen Tochter des Königs Rieg wohl verschwiegen wurde. Es mag sich aber auch um ein Gastgeschenk gehandelt haben bei derart weitläufigem Besuche, der übrigens jene merkwürdige Verbindung schon vorweg angestrebt haben wird, die nachmals Heinrich der Seefahrer von Portugal aus mit König Erik gesucht, wobei es sich ebenso um den Austausch atlantischer Erfahrungen gehandelt hat wie um die Bekräftigung durch eine Ehesache.

Und da war Uraggim aus Schweden, der hatte sich in des dänischen Königs Frotho dritte Tochter, die hübsche Asura, verliebt. Da der Alte sie ihm nicht geben wollte, setzte er alle Welt durch „Überwindung verschiedener Völker" so in Erstaunen, daß nunmehr kein Grund mehr war, ihn als Schwiegersohn abzulehnen. Saxo erzählt, der Schwede habe mit Asura zwölf Söhne gezeugt, die alle miteinander Seeräuber wurden, aber schließlich hätten zwei andere Herren desselben Gewerbes, Hjalmer und Ararod, sie allesamt ins Jenseits befördert.

Und da war Ebbo, wie man sagte, aus dem „gemeinen Pöbel" aufgestiegen, ein Pirat von solchem Erfolg, daß er frech genug war, den Gotenkönig Halwan um die Hand seiner Ältesten zu ersuchen und sogleich als

Morgengabe die Hälfte des Reiches zu verlangen. Fast hätte sein „Trotz und Übermut" beides erlangt, wenn nicht der Kronprinz, um sein Erbe bangend und seiner Schwester einen Mann von besserer Herkunft gönnend, den anmaßenden Ebbo zu Schiffe angegangen und erlegt hätte.

Schließlich wird auch eines sichtlich unblonden Herrn gedacht, des russischen Wogenstreichers Rötho, und nun werden auch Schandtaten aufgezählt, von denen spätere Verfasser von Piratenchroniken wie Exquemelin vielleicht nicht wenig gelernt haben. Denn Rötho verwüstete und plünderte nicht allein „verschiedene Provinzen, worinnen er ausstieg" (wie der deutsche Übersetzer, Professor Joachim Meyer, es Anno 1728 faßt),„sondern quälete und marterte die Gefangenen mit der äußersten Grausamkeit, so nur zu erdenken war und man zu beschreiben sich schämet". Saxo aber beschreibt sie dennoch. Da band der Unhold zum Beispiel sein Opfer mit einem Fuß am Erdboden fest, den andern aber an einem heruntergebogenen Baum oder starken Ast, der dann losgelassen wurde „und sie also voneinander reißen ließ". Man atmet auf, wenn man erfährt, daß der norwegische Fürst Borchat diesem Unhold „den Rest gab", und man findet ungerecht, daß Borchat dabei „zugleich sein Leben mit einbüßete".

Und nachdem noch die beiden Nichtprinzen Tosto und Kolo als höchst verruchte und anscheinend landfremde Seegeier im grauen Lichte der Saga auftauchen und verschwinden, sei nun noch das Auge auf einige wehrhafte Damen dieser nördlich heißblütigen Epoche geworfen.

SONNENHAARIGE SEESCHWALBEN
um 500—1060

Auch die wilden Walküren der Meere, die in den Sagas genannt sind, deren Andenken in den Spinnstuben und bei den Metgelagen und an Bord der Langschiffe und bei Saxo und Olaus Magnus weiterlebte, sind Gebilde aus Tatsache und Phantasie. Der Kern ihrer Erlebnisse aber wird harte Wahrheit sein.

Da war unter anderen die Prinzessin Altilda, in späteren Chroniken Alfhilde genannt, gotischer Herkunft. Sie liebte den Dänenprinzen Alf, König Sigaris — oder Sivards — Sohn, der sich um sie beworben. Ihre Mutter aber wollte nicht, daß ihre Tochter in die feuchten Butterlande heiratete, sondern dachte wahrscheinlich mehr an den ölsanft-sonnigen Süden. Und sie versuchte, doch ohne Erfolg, den ansehnlichen jungen Mann als Semmelkopf und Milchgesicht zu verkleinern. Darum verließ

Altilda verstimmt Eltern und Heimat und ging zu Schiffe und wurde eine Freibeuterin wie wenige vor und nach ihr.

Als der Prinz dieses erfuhr, stieg auch er zu Schiffe und tat es der Angebeteten gleich und jagte, wo sie jagte, ohne sich zu erkennen zu geben. Bis es die Holde verdroß und sie den Mitjäger wild zum Kampfe forderte. Schon rauschten unter vollem Segelpreß die Steven der beiden fürstlichen Raubschiffe aufeinander zu, und die Muskeln der Mannen an den Riemen des einen und der streitbaren Mägde des andern blähten sich wie rheinische Klosteräpfel. Das Schwert gezückt, mit flatterndem Blondschopf, stand Altilda am Bug, dürstend, ihre Verzweiflung wie noch nie in blutigem Getümmel zu ertränken. Da aber sprang auch Alf auf die Spitze des Bugs und — schon krachte Bootsflanke gegen Bootsflanke — der Geliebten in die Arme und sie ihm, um sich nach soviel überstandener Mühe und Gefahr trotz aller Mütter und Schwiegermütter miteinander zu vermählen.

Altilda hatte nicht ohne einige ihrer Gespielinnen das Elternhaus verlassen nebst der nötigen Bedienung, hatte dieselben auch zu dem gleichen Leben überredet. Ein Fräulein Groe war darunter, in das sich einer von Alfs Schildhaltern, der spätere Norwegerfürst Borchat, verliebte und sie zur Gemahlin nahm. Ihrer beider Sohn, Hilderand, wurde nachmalig König in Dänemark. Von ihm ist nichts Aufregendes bekannt geworden, außer daß er im Jahre 585 habe zu regieren begonnen, erst 15 Jahre alt, und 150 Jahre alt geworden sei, in England auch die Provinz Northumberland besessen haben soll, allein durch freundliche Übereinkunft und ohne piratische Maßnahmen.

Dieser unblutige Wunderherrscher ist selbstverständlich völlig unberühmt geblieben.

In Norwegen war die königliche Prinzessin Sela hingegen berühmt, nämlich als kriegserfahren und in der Seeräuberei geübt. Sie war des Königs Kolles unverheiratete, vielleicht sitzengebliebene Schwester, die ihren Unmut und Überschwang auf den Wogen austobte und den Seeschwalben gleich auf Beute hinstieß. Bei jenem Männertreffen, da ihr Bruder den jütischen Herzog Horwendill bei einem Inselfrühstück überraschte, was ihm dann so schlecht bekam, erschien sie noch früh genug, nicht um zu wehklagen, sondern den Totschläger alsbald mit der Waffe anzufallen, so daß der, nun einmal im Zug, auch sie umbrachte.

Normannenzug gen England Anno 1066
Man stärkte sich, ging an Bord, setzte über und nahm mit Gewalt, was einem nicht gehörte. Mathilde, Gattin Wilhelm des Eroberers, „filmte" die Ereignisse, indem sie einen 70 m langen halbmeterhohen Leinwandstreifen damit aufs wunderbarste bestickte. Dieses Meisterwerk von Wandbehang und Dokument wird zu Bayeux in der Normandie nahe dem Meere aufbewahrt.

Die chinesische Freibeuterin Tschiao Kuo-fu-jen in elegantem Kettenpanzer. Malerei auf Seide gegen Ende des 6. Jahrhunderts

Ihre Landsmännin Rusla war des Tesondus Schwester, der nach König Riegs Tod die Krone erstrebte, sie aber dem Dänen Omund überlassen mußte. Das ärgerte Rusla mehr als den Bruder. Sie machte sich zur Herrin einer Flotte und verheerte zur See alles, was sich von Omunds Schiffen blicken ließ. Vergebens bat ihr Bruder sie, Einhalt zu tun. Sie bohrte auch des Bruders Schiff in den Grund, so daß Tesondus sich nur mit großer Not schwimmend retten konnte. Da nun Omunds Kapitäne nichts ausrichten konnten gegen diese wütende Seeamazone, zog er selber mit gewaltigem Geschwader ihr entgegen. Nach langem Kampf wandte sie sich zur Flucht, ähnlich wie Artemisia, die als letzte die Seeschlacht zu Salamis verließ. Aber indes sich diese auf einen ruhigen Lebensabend zurückzuziehen vermochte, geriet Rusla ihrem Bruder in die Bugwelle, und er war gnadenlos genug, sich für das Bad zu rächen, das sie ihm gesegnet. Da nun auch sie sich schwimmend aus dem zerberstenden Kahne zu entfernen gedachte, faßte er sie bei ihren gelben Haaren und ließ sie von seinen Ruderknechten mit den Riemenblättern streicheln, bis sie versank.

Eine Freibeuterin ähnlichen Namens, nämlich Russila, soll ebenfalls aus Norwegen stammen. Mit ihrer Schwester Stikla hatte sie es auf den holländischen Herzog Hirwitto abgesehen, zuerst im Guten, und als das nicht verschlug, im Bösen. Die beiden Raubmöwen machten ihm und seiner Seefahrt so viel zu schaffen, daß ihm nichts anderes übrigblieb, zumal er verheiratet war, als mit großer Anstrengung ihr Drachenschiff zu überwältigen. Und — da sie weder Pardon annehmen wollten noch ihn zu geben gedachten, erlitten sie beide den Tod vorm Mast von seiner Hand und waren darob vielleicht sogar noch dankbar.

Im allgemeinen nahmen die Männer, die auf Raubfahrt zogen, keine Frauen mit. Sie bedienten sich an den fremden Küsten nach Bedarf. Das mag einer der Gründe mit sein, daß so manche Daheimgebliebene sich selber auf den „Weg der Schwäne" begab. Die Kirche legte später gerne das hehre Verlangen in die Seele dieser Schwanenjungfrauen, mit aller Macht unberührt zu bleiben, um der ewigen Seligkeit willen. Gewiß ist, daß sie besagtes Kleinod genau wie ihre Liebhaber hoch einschätzten und es meistens erst nach reiflicher Erwägung an den Mann — und möglichst den tapfersten aller Helden — brachten. Eine Ausnahme machte vielleicht die sanfte Ghita, Tochter des finsteren Piraten Godvin, gepriesen als Rose, einem Dorn entsprossen. Sie diente den Raubfahrten ihres Vaters eine Zeitlang als wunderkräftiges Heiligenbild, wurde dann aber aus Berechnung an den frommen Edward vergeben, Sohn Ethelreds des Unberatenen, einen Nachkommen jener Angelsachsen, die neben den Normannen England übernommen hatten. Beide waren so unpiratisch veranlagt, daß trotz gemeinsamen Lagers jedes von keinem Kluniazenser an Keuschheit übertroffen werden konnte und also der Heiligsprechung, wenigstens des Gatten, nichts im Lichte stand.

Daß sich in Männer-Kampfgebrülle
der Frauen Anmut je verirrt,
ist es Entkleidung, ist es Hülle,
wenn Thetis zur Megäre wird?

VON DER BACKSCHAFT BIS ZUR TAFELRUNDE
um 1000 herum

Das Ziel aller Eroberung ist, Raum zu gewinnen, um das Dasein nach bestem Dafürhalten zu gestalten. Der schlichteste Freibeuter denkt darin kaum anders als der erhabenste Ideenkämpfer. Der eine möchte sich in einem hübschen Winkel auskömmlich zur Ruhe setzen, der andere möchte die ganze Welt zu diesem auskömmlichen Winkel machen. Auch die heimatfernen Seestreifer und Küstengreifer des Nordens waren gelegentlich reif, das Boot zu verlassen und ein friedliches Gärtchen an Land zu genießen oder ein Schloß, und lieber zu Pferd als an Riemen und Segel zu sitzen, zumal wenn die erreichte Gegend dazu einlud. Sie übernahmen an Kultur, was sie fanden, sie heirateten die Mädchen des Neulandes, sie ließen sich taufen, sie bebauten die Erde, die sie vordem verwüstet, und sie hatten und waren, wie überall, Herren und Knechte und Knechte und Herren.

Harald, der Däne, erhielt als Taufgeschenk eine ganze Provinz. Manche ließen sich sogar öfter taufen, wahrscheinlich der Geschenke wegen. Sie vernichteten Hamburg dreimal, sie raubten Paris und seine Kirchen und Klöster aus. Sie saßen an allen Flußmündungen Europas — soweit die Sarazenen ihnen Platz ließen oder Platz machten —, sie schienen lange unschlüssig, ob sie, getauft oder nicht, die hohe, aber auch aufreibende Lust der Piraterie wirklich aufstecken sollten. Sie machten Karl dem Großen viel Kopfweh. Ludwig der Fromme schenkte ihnen ganz Friesland, das durch sie sowieso fast entvölkert war.

Von dem atlantischen Kraftwerk Golfstrom gespeist, ist Europa ein Wirbelkrater, ein ungeheurer Sog von wechselnder Stärke, darin Völker und Einzelschicksale sich bewegter finden als sonstwo auf der Erde. In den Jahrhunderten zwischen 400 und 1000 nach Christi Geburt scheinen die Strudel besonders erregt und ansaugend gewesen zu sein. Von allen Seiten stürzt sich die Brandung herein, helle und dunkle Brandung, gelber, brauner und weißer Völkerschwall, von Ost, von Süd, von Nord, Mongolen, Magyaren, Sarazenen, Goten und die blonde Brandung der Wikinger, immer neue Brecher, an mühsam errichteten Deichen und Molen aus Leibern, Schanzen und Ringmauern schließlich zerprallend oder in die Ufer auslaufend, sich ermattend, zurückflutend, sich beruhigend. Nur die schwarze Brandung fehlt bislang. Keine Sorge, auch sie wird von der gewaltigen Turbine Europa eines Tages hereingezogen werden. Selbst keine gegenseitige atomare Vernichtungsmaßnahme des weißen Mannes würde die uralte atlantische Mühle zum Stillstand bringen.

Eine der wikingschen Brandungswellen hieß Hasting. Seine Scharen stürmten Nantes, Antwerpen, Rouen, Bordeaux und was an Städten zu Wasser erreichbar war. Und er nahm die Küsten Spaniens vor und schwang sich ins Mittelmeer. Er plünderte Pisa. Und er steckte Luni in Brand, weil er meinte, es sei Rom. Das war eine der „Feigenfahrten". Was sich aber in dem ersehnten Süden festsetzte und den Herren spielte, wurde Italiener, wurde Ritter, wurde Christ und wurde Glaubensstreiter wider die Sarazenen.

In Deutschland spritzte der blonde Gischt rheinaufwärts bis Köln. Arnulf, der uneheliche Sohn Karlmanns, Stiefneffe der seligen Irmengard vom Chiemsee, sammelte ein Heer fränkischer Krieger und schlug die Eindringlinge, die in Brabant zu großen Taten gelandet waren, so vernichtend, daß sie von da an (891) lieber nach Frankreich und England und weiter westlich und südwärts zogen. Rollo wurde da der große Schreckensdrachen. Aber als Karl der Einfältige ihm die Hand der Prinzessin Gisela anbot, griff er beschämt zu. Er, der so heftig war, daß jedes Pferd unter ihm zusammenbrach, beugte das Haupt, wenn auch nur ein wenig, und ließ sich das von Balsam und Rosmarin duftende Taufwasser über den sturen Nacken gießen. Als er aber, christlicher Sitte gemäß, dem königlichen Schwiegervater den Fuß küssen sollte, dachte er nicht daran, sich zu bücken. Er winkte einem seiner begleitenden Steuerleute, den Fuß des Königs anzuheben, und der Seebär besorgte es so schwungvoll, daß der hochherrschaftliche Zeh gar nicht erst den gespitzten Mund seines Kapitäns erreichte, sondern daß Carolus Simplicius hart auf den Achtersteven plumpste und somit entsprechend ungehalten war. Aber die Brandung Rollo rollte trotzdem nicht ins Meer zurück. Der große blonde Rochen lernte sogar Französisch und — den Handkuß. Gisela scheint ihm wahrhaft höfische Gesittung, die sogenannte Höflichkeit, beigebracht zu haben. Und wie Brandung nicht nur Land frißt, sondern gelegentlich auch Land schafft, so schufen Rollo und seine Horden die Grundlage für die Normandie und das normannische Rittertum (und das der Bretagne).

Ihre Barden wandelten die rauhen Sagen der Ahnen, gemischt mit denen der neuen Heimat diesseits und jenseits des Kanals, mit den keltischen vor allem, darin nicht wenige Ähnlichkeiten in der Ansicht über das Glück der Piraterie sie nunmehr fast empörten. Das Freibeuterische verbargen sie unter Harnisch und christlichem Kampfeseifer, der muntere

Frauenfang verfeinerte sich zum ritterlichen Minnedienst. Höflich werden die alten Übergriffe nicht Raub und Mord, sondern wie eh und je Abenteuer und Heldentum genannt, geheiligt nunmehr vom Banner des Kreuzes. Die Walküren, Meeresschwäne, Graugänse und Seeschwalben werden zu Feen, Nixen, Elfen und Brunnennymphen. Was vormals auf wilden Wogen und Klippen und Stränden vor sich ging, spielt sich nunmehr im Walde und in Bergesschlüften ab. Nur selten noch lugt ein Zipfel der alten Piraterie aus den Turnierschabracken, Kettenhemden und Pilgerrücken. Der muntere Seevasall Tristan kann es nicht lassen, in der freien Luft an Bord nach fremdem Eigentum zu spähen. Es bedarf aber des Zaubertrankes, um ihm endlich Mut zu machen. So haben sich die Zeiten geändert.

Auch der weise König Artus nebst seiner Tafelrunde wirkt auf ein unbefangenes Gemüt der Wasserkante anders als auf den Binnenländer Richard Wagner, etwa wie ein Stammtisch früherer Fahrtgenossen, die ein gewaltiges Seemannsgarn spinnen und es leichthin rosenrot und himmelblau färben und ein Blatt vor den Mund nehmen und mit gedämpfter Stimme fein sein möchten, weil „vornehm" Mode wurde, und die sich deshalb des alten Transtiefel- und Teerdunstes schämen, ohne daß es doch ganz gelingt. Denn sie, die den unverblümten Backschaften der Schiffe entstiegen, sind wie der Zauberer Merlin von zweifachem Erbe: Als Mutter haben sie alle eine mehr oder minder englische Königstochter, zum Vater aber einen Inkubus, der sicher kein Waldschratt war, sondern als donnernder Brecher über das Boot des Bettes fuhr.

Es erübrigt sich, von Ethelwolf, von Alfred, von Sveno und Olaf zu sprechen. Oder gar von Knut dem Großen, dem ragenden Dänen, der Skandinavien und England zugleich regierte. In ihnen schäumt das Piratische hinüber ins Monarchische. Und davon soll hier nur wenig gesagt werden.

> *Die Grenzen sind nur selten sichtbar,*
> *wo Willkür sich von Ordnung trennt,*
> *was edel ist, ist leicht vernichtbar,*
> *doch leichter, was sich edel nennt.*

WILHELM, DES TEUFELS SOHN
um 1050

Die Wikingerfürsten, die sich mit erbeuteten Reichtümern, von den Raubfahrten satt, zur Ruhe gesetzt, sei es in der Heimat, in der Normandie, in England oder am Mittelmeer, spürten das unruhige Blut ihrer Vorfahren und Erinnerungen nur allzu oft an die gepflegte Haut pochen.

Doch wuchsen die kleinen Küstenwürgereien sich schier zu Staatsaktionen aus, wenn ein Großpirat übers Gelage hin dem andern die Prahlerei auch nur mit einem listigen Wimperzuck bezweifelte, die da von Bardenlippen zur derben Harfe, gut entlohnt, den Saal erdröhnen ließ. Auch war der Ehrgeiz groß, womöglich richtige Kronen sich aufs Haupt zu schwingen und diese — man war nicht umsonst Christ geworden — sich von Rom, das immerhin durch die Hirten Gottes „Nabel der Welt" geblieben, sich segnen und festleimen zu lassen. So liegen sich denn in England die eingedrungenen Harolde, Eduarde, Alfrede, Edmunde, Edgars, Ethelrede und Hardrardis gegenseitig im Wege und prügeln einander mit und ohne Hilfe ihrer Stammesbrüder aus Angelsachsen, Norwegen, Dänemark oder der Normandie von Thron und Dasein herunter.

Auf diese Weise erspähte auch der Tunichtgut Wilhelm eine Gelegenheit, von der französischen Küste aus, wo er sich mit Seeraub beschäftigte, über den Kanal vorzustoßen, wo gerade wieder einmal das alte Weitfahrerblut übergekocht war. Er war ein unehelicher Sohn Robert des Teufels, was genug besagen mag über Vater wie Sprößling. Und trotz aller Glorie, die seine Hofsänger um sein späteres Haupt flochten, ist nicht zu leugnen, daß er mit der freizügigen Brutalität echt nordischen Piratentums zu Werke ging, die richtigen Reißzähne um sich versammelte und, bei Hastings an der Küste einfallend, mörderisch zuschlug.

Von der Mutter dieses nordischen Satanssohnes weiß man nicht viel. Sie soll die hübsche Tochter eines Schusters aus Falaise gewesen sein, die der Alte überraschte, als sie über einen Bach gebückt Wäsche wusch. Der Säugling schon sei ungebärdig gewesen, erzählte man, und habe die Amme gebissen und gekratzt. Der Knabe habe es dann nicht an Gaunereien, Tierquälerei und Sklavenschinden fehlen lassen, so daß manche geglaubt hätten, er sei wirklich der Hölle entsprungen und nicht nur aus den Lenden des Brudermörders Robert, dessen Herzogtitel ihm trotz Adoption schon als Jüngling nicht genügte, weshalb er sich früh mit großen Raubplänen beschäftigte.

Als er zur Macht gelangt war, bändigte er rigoros die Gewaltgenossen von vordem zur See und zu Lande. Er duldete bei keinem das, was er sich erlaubt, ließ auch von Sachverständigen eine genaue Liste anlegen derer, die er mit einigem Besitz und Lehen zur Ruhe verwiesen, damit er übersehen könne, was diese Vasallen zu leisten und zu liefern imstande seien. Legte auch eine Burg zu Hastings an, daß keiner ihm zu nahe komme. Er heiratete ein stämmiges Mädchen aus Flandern und nannte den mit ihr erzeugten Kronprinzen nach dessen Großvater Robert, hatte auch seine Lust daran, als dem ebenfalls das alte Freibeuterblut in den Adern juckte und er auszog, die Normandie zu brandschatzen. Da nun der Alte, schon dick und behäbig geworden, sah, daß die Sache nicht glatt ging, und er nun seinerseits ein leichtes Donnergrollen über die trennende Wasserstraße schickte, lachte Philipp, der französische Herrscher: Was will der

Dicke? Wollen doch mal anfragen, ob er seiner Niederkunft entgegensieht und wann wir das frohe Ereignis feiern dürfen.

Wilhelm war empfindlich wie alle Eroberer, denen naturgemäß das böse Gewissen direkt unterm Hemd sitzt. Sind sie von fragwürdiger Herkunft, sind sie doppelt empfindlich. Einige Bürger aus Alençon, reisende Kaufleute, waren ihm, als er gelegentlich mit seinem Troß die Bretagne unsicher gemacht, in einer Herberge begegnet, und sie hatten beim Weine gutmütig den Hochfahrenden daran erinnert, daß sein Großvater den Pfriem statt des Schwertes geführt. Wilhelm hatte dann seinen Knechten alsbald befohlen, den Lästerern Hände und Füße abzuhacken. Nun ließ er dem Franzosen hinberichten: Er, Wilhelm, werde ihm zu Notre Dame in Paris hinreichend Lichter aufstecken, so daß er schon merken solle, wann die Wochen vorüber seien. Und schon ging er zu Schiff und landete und ließ seine Wut an Dörfern und Bauern und Ernten, Weingärten und Wäldern aus. Aber vor Nantes scheute sein Pferd und warf den korpulenten Peiniger zu Boden, und es war die Stelle, wo längst das Gras über die verbluteten unvorsichtigen Händler aus Alençon gewachsen war. Wilhelm, eben sechzig, starb qualvoll an inneren Verletzungen, soll sogar auch einige Reueseufzer ausgestoßen haben. Ganz unnötigerweise; denn sein Werk erwies sich als beständiger denn seine Untaten, und die Historiker sprechen ihm als Staatsgründer Englands weltgeschichtliche Größe zu. Er hat auch, betreffs reservierter Haltung gegen Rom, Heinrich VIII. vorgearbeitet.

Der biedere Landmann allerdings, auf dessen Acker man den riesigen Leichnam begraben wollte, weigerte sich, dem Schänder der Saaten und Reben eine Ruhstatt zu gönnen. Man zwang ihn sonderbarerweise nicht. Man zahlte gut, und da ging es. Es war Sommer, Eile tat not, aber der Boden war steinig, man grub nicht tief, man zwängte mit Mühe die dunstende Hülle hinein, warf dünn die Erde darüber. Und entfernte sich. Und das war's, was lange von ihm blieb, ein schauriger Dunst, der sich erst allmählich zum Lorbeerkranz verdichtete.

> *Was ziert den Helden lobesam,*
> *was schmückt den Übeltäter?*
> *Was seine Zeit ihm übel nahm,*
> *geschah noch übler später.*

DIE GROSSE PIRATENSCHÜSSEL
ab 650

Das ist das Mittelmeer, sprach Satanas, die große Piratenschüssel; das liebliche Blau, das die Poeten beschwärmen, sehe ich violett in der Farbe der Schwermut; denn allzuviel Blut hat sich hineingemischt. Doch was soll's der Metapher! Ums Jahr des Herrn 700 waren die christlichen Küsten allda morscher Plunder. Die rohen Horden der Völkerwanderung hatten sich über die alten Kulturen geschoben und zehrten davon und verdauten sie schlecht. Und sie ersetzten ihre vormaligen Götter durch eine neue Glaubenslehre. Doch auch sie blieb bis heute unverdaut. Ihr eigentlicher Gründer war der Kilikier Paulus. Er hatte das Bedrängte und Weit- und Beutesüchtige mit den kilikischen Lüften eingesogen. Es ins Geistige umzulegen, ist sein Verdienst. Der Meister, auf dessen Überlieferungen er seine ungeheure Organisation aufgebaut, der Hebräer Jesus, hatte allerdings stets nur von einem einzigen Gotte gesprochen, dem Vater aller Dinge (dem Gegenteil von dem allerdings, den Herodot so genannt hat, dem Krieg).

Die einfache Idee des Allmächtigen, Allwissenden, Allgütigen oder auch Allzornigen, wie die Juden ihn erkannt, übernahm sechshundert Jahre später auf ungefähr dem gleichen östlichen Breitengrad der Araber Mohammed. Und da er wie Christus zudem eine allgemeinverständliche und ziemlich vernünftige Gesittung lehrte, gelangte er zur Wirkung. Er ließ wie Paulus nur die eigene Auffassung gelten. Das Schlimme war, daß seine Ausleger Waffengewalt erlaubten. Daß sie alles, was nicht zu ihm sich bekannte, Ungläubige nannten, und den Streitern, die im Kampfe fielen, das Paradies zusicherten. Somit begann der große Raubzug des Islams. Rom hielt sich mit Mühe. Spanien wurde überrannt, ebenso Syrien, Jerusalem, Ägypten, Antiochien, Arabien, Persien, Nordindien, Byzanz, Nordafrika.

Als sich eine gewisse Beruhigung einstellte, als die arabische Kultur das ungeschlachte Erbe der westlichen Völkerwanderung zu verfeinern begonnen, als sarazenische Gelehrte die Reste der einst gewaltigen, unter Cäsar durch Feuer größtenteils, dann durch eifernde christliche Patriarchen fast ganz vernichteten Bibliothek Alexandriens retteten und dem Abendland zugänglich machten, brachen von Osten die Horden der Mongolen in die sich bildende Ordnung und von Westen die Normannen und dann die Raufbolde der Kreuzzüge ein, und beide Seiten brachten mit, was das Kalifat zu Bagdad unter der Fahne des Propheten kaum geübt: Massenmord und Todesstrafe, Zerstörungswut, Spitzeldienst und Tortur.

Was dann im tanzenden Auf und Ab der Dynastien sich hielt oder verging, raffend, teilend, geteilt und gerafft, schied sich in die Heer- und Flottenläger Islam und Christentum und pflegte um sich und in sich das Grundwort der Piraterie, das schlichte würgende: Nimm!

Es wohnte und hauste an allen Küsten, es hielt sich am längsten und offenbarsten in Nordafrika.

Was sich dort aus dem Rassengemisch der Berber, Punier, Griechen, Römer, Vandalen, Levantiner, Araber und Osmanen ergab, war hervorragend geeignet, die Ansicht zu bestätigen, daß sich bei Verschmelzungen, wie sie schon der große Alexander betrieben, weniger die Tugenden vererben. Die Bewohner der Atlasländer waren lässig in der Bodenbearbeitung, die doch die Grundlage bildet für jede Gesittung und Dauer. Denn das Land zwischen Syrten und Atlantik ist nicht reich. Man kann nicht von der Hand in den Mund leben wie vormals auf Tahiti oder im Paradies. Die sarazenisch gewordene Afrikaküste hatte seit je lieber und besser von Seeraub gelebt als von der Hände Arbeit. Und als Isabella und Ferdinand in Spanien Christentum sagten und das Vermögen der Mauren und Juden meinten in jenem Jahre, da sie Kolumbus dasselbe sagten und die von ihm versprochenen Schätze Ostindiens meinten, da kamen in Nordafrika die riesigen Scharen der Vertriebenen hinzu, tüchtige Leute zumeist, hervorragende Garten- und Ackerbauer, ausgezeichnete Architekten, Ingenieure, Gelehrte. Noch heute bewahren die Nachkommen alter maurischer Familien die Hausschlüssel ihrer spanischen Paläste von einst.

Der Kummer der Emigration, das schlechtere Klima, der dürftigere, vernachlässigte Boden, die ungastlichen Verhältnisse ließen die meisten der Neusiedler absinken in das brodelnd dumpfe Gemisch der Hafenstädte, in die primitive Gier, in die wilden zehrenden Vorwände des Hasses und der Rache. Wer jung und kräftig war, schloß sich den Piraten an. Denn seemännische Tüchtigkeit war eine der wenigen Eigenschaften von Belang, die sich zwischen Tripolis und Marokko anfanden. Daß sich darüber die Flagge des Djehad, des Heiligen Krieges gegen die Ungläubigen, wie eh und je pflanzte, hielt die widerhaarigen Einzelneigungen von Saleh bis zur Sahara und gelegentlich bis Damaskus und Turkestan einigermaßen zusammen und weht bis heute bald sichtbar, bald unsichtbar über der Politik aller Araberstaaten.

Ab 1500 war das Mittelmeer über dreihundert Jahre hin der Schauplatz seemännischer Kühnheiten und unmenschlicher Greuel. Ein Meer voll schöner Schiffe und Segelkünste, voll Todesschrei, Fluch, Mädchentränen und unterschiedlicher Anrufung des Höchsten, voll Intrigen, Tücke und Blutrausch, voll Raub, Brand, Vergewaltigung, Sklaverei und Menschenhandel jeder Sorte, schlimmer als eine Weile in der Karibischen See.

In den Zwiespalt Rom — Byzanz zwängte sich der Islam. Vergeblich hatte schon vorher die Tochter Theoderichs des Großen, Amalaswintha, die Bresche zu stopfen versucht. Sie klaffte ständig weiter und heißt heute Washington — Moskau. Nebst Nahost rüstet Fernost zum Sturm. Die gigantischen USA-Flugzeugträger, die im mediterranen Brodelkessel patrouillieren, lassen ohnmächtig zu, daß der Suezkanal keine freie Handelsstraße mehr ist und in der Wüste Atombomben geprobt werden.

DER SOHN DES FALKNERS BLUM
um 1300

Sein Vater war mit Friedrich II. aus Deutschland gekommen, hatte dessen geliebte Falken betreut und war dann im Dienste Konradins, des letzten der von Südsehnsucht betörten Staufen, bei dessen Gefangennahme gefallen. Seine Mutter war eine Adlige aus Brindisi, um derentwillen der deutsche Name in de Flor geändert war. Der kleine Rüdiger — so hatte noch sein Vater ihn genannt — hieß später nur noch Ruggero, und da die Besitztümer durch die Regierung Anjou eingezogen waren, wuchs er in Armut auf, trieb sich am Hafen herum und machte sich nützlich, wo er konnte, wurde abgehärtet und abgebrüht. Mit zehn Jahren ging er als Schiffsjunge auf ein Frachtschiff der Templer, mit fünfzehn war er ein unerschrockener Seemann, mit zwanzig wurde ihm der Ordensmantel der Tempelherren verliehen. Mit fünfundzwanzig war er Kapitän der Segelgaleere *Falke* und nahm an dem vergeblichen Unterfangen teil, die letzte Bastion der katholischen Hoheit in Syrien, *Acri*, gegen die Sarazenen zu halten.

Indes die Ordensritter sich niederhauen ließen, die Flucht der Zivilbevölkerung zu decken, strömten viele christliche Damen mit ihren Wertsachen gerade auf das Schiff de Flors, weil er als der tüchtigste der Kapitäne bekannt war. Doch hätte sein Fahrzeug besser *Elster* geheißen. Denn er konnte dem Glanz der Kleinodien nicht widerstehen. Er setzte die Damen ohne diese zu Marseille an Land und entschwand nach Genua, wo kein schlechter Markt für Preziosen war. Schon jagte ein päpstlicher Steckbrief hinter ihm her. Aber sein Ruf war gesichert. Er sammelte eine Schar Unentwegter um sich, die gleich ihm die Freiheit des Meeres jeder Bindung an Land vorzogen, das christliche Gewissen auch vorerst damit beruhigten, daß sie sich zunächst an die Plünderung sarazenischer Piratenschiffe hielten, ohne allerdings die rückgewonnene Beute den Eigentümern abzuliefern. Andere Leute seines Schlages gesellten sich ihm zu, Fernando Ximenes, Berengar d'Etença und der von Roccaforte, und mit ihrer Flotte brandschatzten sie manche Küste, sie nach Gutdünken als feindlich erklärend. Sein Flaggschiff hieß nun *Olivetta*, was soviel wie Glückspfennig bedeutet, denn es ist der Name der kleinen Korallenperle, die in Afrika als Zahlungsmittel galt. Und es brachte ihm das, was mancher Glück nennen würde. König Friedrich von Sizilien bot ihm den Admiralstitel an und erhob ihn in den Kronrat. Von da an nahm er vorzüglich die Schiffe des Anjou aufs Korn und beglich die Rechnung für den Tod seines Vaters. Rasch und furchtbar tauchten seine Segel an den Küsten Neapels, Pisas, der Provence, aber auch Genuas, auch Spaniens und Nordafrikas auf, suchten sich die reichsten Frachter aus, ganz gleich, welcher Flagge, und füllten die leeren Kassen Siziliens und noch mehr seine eigenen.

Der Friede zu Messina beraubte ihn der behördlichen Sanktion seiner Untaten. Zudem forderte der Großmeister seines Ordens, aus dem er nicht entlassen war, „Bruder Roger" zur Aburteilung ein. Somit sah er sich nach einem neuen Mäzen um, nach einem, der Rang hatte, ihn schützen konnte und seiner Hilfe bedurfte. Er fand ihn in Byzanz. Kaiser Andronikos II. dort war von Türken und Venezianern bedrängt, zudem von Piraten aus Candia und Euböa. Seine Milizen aus slawischen Völkern und sogar die alten geschätzten blonden Söldnerrecken aus dem Norden, die „Skandinavi", hängengebliebene Wikinger und Waräger, hatten versagt. De Flors Ehrgeiz erspähte die Chance. Er stellte Bedingungen: Fürstentitel, die Hand einer Prinzessin und den Sold für seine mitgebrachten zweitausend Mann laufend vier Monate im voraus, eine Goldunze pro Soldat oder Seemann, zwo für die leichten Reiter, vier für die schweren. Byzanz sagte ohne Abstrich zu.

Der Sizilier war froh, den anmaßenden, feurigen und gewalttätigen Herrn loszuwerden, versorgte sogar die mitziehenden Frauen und Kinder der Besatzungen mit Geld, Zwieback und Käse und stiftete für je vier Personen ein gepökeltes Schwein.

In goldener Bulle wurde der unterzeichnete byzantinische Vertrag nebst Kommandostab und dem Hute eines Megaduca (Großherzogs) schon im Hafen von Licata an de Flor überreicht, unterdes sich der Dunst der Schwefelminen jener Gegend beklemmend über den Vorgang legte. Aber alsbald lichtete die Flotte die Anker. Der Chronist der Angelegenheit, Muntamer, bemerkt: Gott gab ihnen gutes Wetter, und nachdem sie so nebenbei Korfu ein wenig geplündert, langten sie im Hafen von Malvasia an und wurden prächtig empfangen, erhielten auch gleich die Hälfte des vereinbarten Soldes.

Die zweite Hälfte wurde bei ihrer Ankunft in Konstantinopel ausbezahlt. De Flors bis an die Zähne bewaffnete Garde mit den Ringpanzerhauben machte gewaltigen Eindruck. Und ihr ragender Anführer nicht weniger auf die sechzehnjährige Prinzessin Maria, die ihm, dem ehemaligen Falknerssohn und Schiffsjungen, in die Piratenhände gegeben wurde. Die Hochzeit wurde mit oströmischer Pracht gefeiert. Am Bosporus wußte man damals zu leben wie später in Venedig oder Paris. Aber die Horden, die der neue Höfling mitgebracht, betrugen sich wenig sittsam. Die Straßen Konstantinopels hallten nächtig wider vom Geschrei Überfallener, Vergewaltigter und Sterbender. Das mißfiel vor allem dem Thronfolger Michael, der sich nichts Gutes von diesen Herbeigerufenen versprach, die sich stolz „Katalanen" nannten oder so genannt wurden. Auch die Kaufleute aus Genua, welche in der Stadt große Achtung genossen, sahen sich alsbald gefährdet, weil ihnen oblag, zwanzigtausend Dukaten von de Flor einzuziehen, die er sich daheim über eine Bank für die Ausrüstung seiner Truppe geliehen. Er zuckte nur die Achseln. Und schon begannen seine Leute, die genuesischen Läger begierig zu betrachten. Da ihm aber selber daran lag, die Bande in der Gewalt zu behalten, war er froh, sie schleunigst an Bord zu beordern. Denn die Türken rückten aus Anatolien heran. Er stellte sie bei Arta. Was in dem Gemetzel an Muselmanen nicht umkam und über zehn Jahre alt war, wurde hinterdrein abgeschlachtet. Reiche Beute wanderte nach Konstantinopel. Die Festung Arta, das antike Ambrakia, wurde das Hauptquartier de Flors. Hier wurden ungeheure Feste gefeiert, alles auf Kosten der Hauptstadt.

Die durch Abenteurer aus allen europäischen Ländern, versprengte und verspätete Kreuzfahrer und zumal sardinische und katalanischspanische Renegaten sich ständig auffrischende „Fremdenlogion" und seiner aus Spanien stammenden Unterführer, diese sogenannte „Katalanische Kompanie", wurde durch de Flor wacker zusammengehalten und war, alles in allem, trotz ihrer gelegentlichen Zügellosigkeit das letzte christliche Bollwerk gegen die vordringenden Türken, die sie verschiedentlich vernichtend schlug. Als de Flor von einem dieser mit viehischer Grausamkeit beendeten Züge aus den kleinasiatischen Steppen zurückkehrte, schloß die lydische Stadt Magnesia, in deren Mauern er seine Beuteschätze aufbewahrte, die Tore vor seinen Horden. Die Griechen hatten die Fremdlinge satt. Der Kaiser rief ihn, ehe er seine Wut zum Angriff gestaltete, nach Adrianopel. Er ging an Bord seiner Flotte, die dem Heere längs des Strandes folgte und sich Verpflegung und Beute piratisch auf den Inseln suchte. Auch die zierliche Insel Chios wurde nicht verschont und so gründlich heimgesucht, daß sie sich von da an nicht mehr erholte. Heute wird sie nur von Kunstfreunden wegen der zahlreichen von französischen Gelehrten ausgegrabenen antiken Baureste besucht. Anstatt nun in das kaiserliche Lager zu eilen, wo die Grenze von den Bulgaren bedroht war, setzte de Flor sich mit seinen Katalanen auf Gallipoli fest, der wichtigen Schlüsselstellung am Bosporus. Von seinen Siegen berauscht, von dem Zwischenfall in Magnesia gereizt, verlangte er und erhielt vom Kaiser einen neuen, höheren Titel, den eines „römischen Cäsars". Seit vierhundert Jahren war diese Würde nicht mehr verliehen worden. Dem entlaufenen Templer wurde sogar der gesamte östliche Teil des byzantinischen Reiches als Lehen überantwortet. Kein anderer Freibeuter hat jemals aus kleinen Anfängen einen solchen Aufstieg erreicht. Und hätten sich die entschiedenen Europäer um diese glänzendste Metropole des Abendlandes, Byzanz, in vollem Bewußtsein ihres vorgeschobenen Postens miteinander vertragen und die große letzte Phalanx gegen den anstürmenden Islam gebildet und gehalten, die Weltpolitik sähe heute anders aus und wahrscheinlich einfacher. Roger de Flor hätte vielleicht das Zeug zu einer Zusammenraffung der oströmischen Kräfte gehabt. Aber der Thronfolger Michael und dessen armenische Gattin waren dem Emporkömmling menschlicherweise gram. Ihre Gekränktheit jedoch verbargen sie unter hohen Äußerungen der Höflichkeit, bedauerten auch, das Heerlager nicht zu der gebührenden Huldigung entblößen zu können, und sie luden deshalb den neuen Cäsar ein, sich in Adrianopel feiern zu lassen. De Flor, obwohl von seiner Schwiegermutter, welche die Ränke durchschaute, gewarnt, war dennoch eitel genug und voll Eifers, dem kaiserlichen Prinzen nunmehr als gleichsam Ebenbürtiger die Hand zu reichen und mit ihm gemeinsam die Grenzkämpfe glorreich und zu eigner Ruhmkrönung zu beenden. Wahrlich hätte Byzanz besser getan, diesen gewaltigen Ehrgeiz zu lenken und zu nutzen. De Flor erschien mit einer prunkvollen Leibgarde von dreizehnhundert Mann im Hauptquartier, wurde königlich empfangen und in einem siebentägigen Festgelage allen Mißtrauens und aller Vorsicht entkleidet, bis dann unversehens die Tore zum dionysisch geschmückten riesigen Triklinium des Kaiserpalastes sich öffneten und in den Trubel des Genusses die Soldateska des Kronprinzen einbrach und die Orgie zur Schlachtbank gestaltete.

Die Katalanische Kompanie rächte den Tod ihres Cäsars nach Kräften. Die Unterführer durchzogen jahrelang die griechischen Gefilde und drangsalierten das levantinische Meer, bald von diesem, bald von jenem Potentaten umworben, benutzt, verraten, verfolgt und wieder umworben. Sie hielten lange Zeit jene demokratische Disziplin, die den Desperados, den Freibeutern, den ringsum von Bedrohung Umgebenen eigen ist. So wälzten sie sich, ein amorphes, aber zusammenhängendes fressendes Gebilde, durchs Oströmische Reich, jahrzehntelang, immer wieder sich durch Zuläufer ergänzend, ihre alten katalanischen Empörungs- und Freiheitslieder brüllend, einen unruhigen Troß von Frauen, Kindern, Sklaven, Vieh und Beute mit sich schleppend, mordend, sengend, raubend, notgedrungen sich nährend von dem, was andere gesät und geerntet, und nichts als Öde und Verwesungsdunst hinter sich lassend. Sie nannten sich Christen, aber sie hausten nicht besser als Hunnen, Mongolen und Türken in jenen Breiten, wo Platon gelehrt, Christus die Bergpredigt gehalten und Paulus die neue Ethik des Abendlandes geschaffen. Sie hausten indes nicht schlimmer als ihre ebenfalls christlichen Gegner. Die Selbstzerfleischung des europäischen Vorpostens, der Zerfall des Walles gegen den Einbruch des Islams, ging unaufhaltsam weiter.

Eine Weile noch setzten sich die Katalanen in Athen fest, nach wie vor sich zumeist von Seeraub nährend. Ihre Reste aber versickerten belanglos. Sie haben nichts geschaffen an Bauwerk, Bild oder Münze. Ihr einziger Nachhall bis in die Gegenwart bleibt in einigen griechischen Flüchen spürbar, deren gewichtigster auf Euböa lautete: Die Rache der Katalanen komme über dich! — Es scheint, als laste ein Abhauch dieses Fluches noch im zwanzigsten Jahrhundert über dem ganzen Nahen Osten.

FRAU VON CLISSON
um 1315

Ein Adliger von früher europäischer Weitsicht, Oliver de Clisson zu Nantes, vertrat die Ansicht, daß jenseits des Kanals nicht nur Berserker wohnten, sondern auch Menschen, die jederzeit der Tafelrunde des Königs Artus wie sonst nur ein Franzose zur Ehre gereichen dürften. Diese Ansicht mißfiel dem Hofe zu Paris. Man witterte Hochverrat. Obwohl die Bretagne sozusagen selbständig war, erhob die französische Krone Anspruch auf Oberhoheit, indes die normannische Bevölkerung sich eher dem blonden Albion geneigt fühlte. Der freimütige Baron wurde zur Hauptstadt geholt, tribuliert und geköpft. Sein Kopf wurde nach Nantes zurückgeschickt und überm Stadttor aufgehängt zur Warnung für alle, die andere als ablehnende Blicke über den Küstenrand zu senden wagten.

Seine unglückliche Witwe, als Schönheit berühmt, schwor, ihren Gatten an Frankreich zu rächen. Sie verkaufte ihre Juwelen, ihre Güter, die Möbel ihres Schlosses, das Schloß selber, bis die erzielten Summen reichten, drei Schiffe zu kaufen, auszurüsten und mit Besatzung zu versehen, die bei entsprechender Heuer sich in die sonderbare Lage zu fügen nicht scheute, von einer Dame befehligt zu werden sowie von deren beiden Söhnen, die vorerst weder hinreichend alt noch seefahrtskundig waren, bald jedoch ingrimmig und gescheit in ihre Aufgaben hineinwuchsen.

Baronin Clisson, eine geborene Jeanne de Belleville, verließ die Loire unbehelligt, gefolgt von dem mitleidigen Schmunzeln einiger Seeratten und dem Aufatmen der Verwaltung, die sich schon auf Schadenersatzklagen gefaßt gemacht hatte. Doch sollten solche nicht ausbleiben. Es erscholl das Jammern geschädigter Reeder und Seehandelsfirmen bald aus diesem, bald aus jenem französischen Hafen, und die Schilderungen weniger Schiffbrüchiger, die wie durch ein Wunder entkommen waren, malten bewegt die mörderischen Überfälle aus, das wilde Entern, das entsetzliche Gemetzel und das gnadenlose Versenken ihres Schiffes. Und sie sagten aus, die ersten, die über die Reling hereingerast seien, das seien ein Weib gewesen, eine wahre Furie, das Schwert wie eine Irre gebrauchend, und ihr zur Seite zwei Knaben, die nicht weniger ungestüm dreingehauen hätten. Und die beiden hätten mitsamt der Megäre geschrien: „Rache für Baron de Clisson!"

Es folgten auch Nachrichten, daß ganze Küstendörfer von dieser Piratin in Asche gelegt und ihre Bewohner, soviel nur in ihre Hände gefallen, allesamt in Stücke gehauen worden seien. La Dame de Clisson lähmte für einige Monate die gesamte Schiffahrt zwischen Loire und Seine. Streifzüge wurden aufgeboten, ihrer habhaft zu werden, aber sie überwältigte ihre Gegner und übte ihre Rache nur desto unbarmherziger. Oder aber sie entwischte. Sie wurde für die Hafenstadt Nantes so berühmt wie ein paar Jahrzehnte später John Hawley für Dartmouth oder Klas Störtebeker für Hamburg. Man weiß nichts von ihrem Ende. Es scheint, daß sie die Weite des Atlantiks gesucht hat, in einen Sturm geriet und samt ihrer kleinen Flotte Ruhe in den Wogen fand.

STÖRTEBEKER UND GODEKE MICHELS
1392—1401

Diese Sache fing an mit Stockholm. Die Schwarze Margret, Herrscherin über Dänemark und Norwegen, wollte auch Schweden für sich. Aber Stockholm ließ sie nicht hinein. Und da es belagert wurde, versorgten Rostock und Wismar die Stadt von der Seeseite. Tüchtige Sperrbrecherboote, tollkühne Leute darauf, junge Adlige dabei aus den mecklenburgischen Landschlössern, schlängelten sich mit List oder Gewalt durch die dänischen Geschwader und brachten den wackeren Verteidigern Lebensmittel, Viktualien. Die schwedische Vokabel dafür war Vitalien. Die Blockadebrecher erhielten daher den Spottnamen Vitalienbrüder. Es wurde ein Ehrenname. Aber er blieb es nicht.

Ihr Hauptquartier verlegten die Vitalier auf die dänisch gewordene Insel Gotland in die alte Hansestadt und Festung Wisby. Der unersättliche Dänenkönig Waldemar Atterdag hatte vor drei Dutzend Jahren deren Handelsvorrang in der Ostsee, schon durch Lübeck beeinträchtigt, vollends gebrochen, hatte das Bauernheer samt Frauen und Kindern von seiner Reiterei zerstampfen und sich drei Bierfässer voll Gold füllen lassen. So hatte die Stadt sich von der angedrohten Zerstörung losgekauft. Man staunt heute vor den Resten der achtunddreißig gewaltigen Mauertürme. Von hier aus hatte schon der Herzog von Pommern Seeraub getrieben, zwölf Jahre lang, um des Soldes willen, der nötig war, ein Heer gegen Schweden aufzustellen. Die Vitalier waren sich selber Herr und Heer; sie wollten ernten, wo andere gesät. Bald drangsalierten sie den Handel der ganzen Ostsee. Bauer und Kaufmann mußten es büßen. Der Hanse, deren Schiffe nicht unbehelligt blieben, wurde der Streit lästig. Sie hatte Dronning Margret unterstützt, des Heringshandels aus dem Kontor Bergen und sonstiger Vorteile und Zusicherungen wegen; sie war auch noch mächtig genug, auf einen Frieden drängen zu können, und war mit schuld an der Verkittung der drei nordischen Reiche, die doch so gelagert sind, daß kein Kitt zu halten vermag, und sei er mit noch soviel Blut gemischt.

Die Seebolde ließen die Bauern Gotlands in Ruh, wollten aber selber nicht ackern, denn sie hatten sich an das wilde Schiffsleben gewöhnt und an das Brot, das man den andern vollauf nimmt und untereinander brüderlich teilt. Da nun bei Friedensschluß auf einmal die Gegner fehlten und jeder Kaperbrief ungültig war, erklärten sie alle Welt zum Feind und grasten nun erst richtig los auf der Ostseeweide und schonten auch keine der Küsten. Durch den Zuzug entlassener Seeleute und zumal der Stockholmer Söldner, meistens Deutscher, vergrößerte sich ihre piratische Gemeinschaft und wurde täglich mächtiger.

Die Hansestädte zögerten, ihnen die Krallen zu bestoßen, bedenkend, diese geübten Seevögel möchten gelegentlich als scharfes Werkzeug gegen Margret, die nunmehr Allzuprächtige, angesetzt werden. Wismar und Rostock hatten zudem nach wie vor keine Neigung, den weiterblühenden Umsatz an Beuteware zu missen. Nur Stralsund, das am nächsten lag, aber nichts bekam und nur litt, rüstete ein kräftiges Orlogschiff und fing auch gleich beim ersten Streich einen solchen Haufen Vitalier, daß die städtischen Verliese nicht reichten und man die Ausgehobenen in große Fässer pfropfte, so eng, daß sie sich nicht regen konnten, die Köpfe aber eben herausragten, ohne sich wegducken zu können. Man stellte sie auf den Markt, kargte auch nicht lange mit dem Urteil, und der Scharfrichter brauchte nur an den Faßrändern entlangzusäbeln.

Dennoch waren auf Gotland viele verblieben, die weiterhin „ein Geschlecht aus Rammsporn und Peitsche zu hecken" gedachten. Ihre Ansicht, daß sie Gottes Freunde seien und keine Pfaffen benötigten, hatten die Gefangenen selbst noch in den Fässern bekannt. So ließ denn die Kirche es sich angelegen sein, in das gefährliche Ketzernest hineinzuräuchern. Im Verein mit dänischen Ordensrittern zog der machthungrige Deutsche Orden des Hospitals Sankt Marien, Herr in Preußen, Estland und Litauen, mit viertausend Kriegern über Gotland her, erstürmte Wisby und zerfegte Anno 1398 die Räuberbrut, die doch nur im kleinen das getan, was andere im großen taten: Gewalt auszuüben über andere, zu rauben, was ihnen nicht gehörte, und zu behaupten, es geschehe zum Preise des Höchsten.

Nur wenige Vitalier entrannen. Vorübergehend fanden sie Herberge auf Rügen. Man zeigt in der Stubbenkammer noch Höhlen, wo sie gehaust. Und das Bänkelsängerlied, das bald auf ihre Hauptanführer gedichtet wurde, war noch vor wenigen Jahren trotz Schallplatten und Radio nicht ganz in den alten Fischerstuben verschollen.

Störtebek un Göd Micheel,
de roovten tosamen to lieke Deel
to Water un nich to Lande,
bit dat et Gott im Himmel verdroot,
do musten se lieden groot Schande.

Störtebeker sprook: Alltohand!
De Westsee is uns wohlbekannt,

dohen wölln wi nu fahren;
de riken Kooplüüd un Hamborger Beer,
de süllt uns de Reknung betahlen ...

Die Westsee, damals auch Westernsee genannt, ist die Nordsee. Es wurde den Piraten nämlich auf Rügen bald ungemütlich. Stralsund lag gar zu nahe. Somit verfügten sie sich durch Sund und Kattegat um Skagen herum, gen Süd an der zimbrischen Küste hinunterknüppelnd, in die Gefilde der Elb- und Wesermündung, wo die Insel Helgoland recht als ein rotes Bollwerk der Freiheit an den Fährwegen der Krämer lag.

Sie nahmen gleich Verbindung auf mit den bescheidenen Seestreichern, die von Emden und Marienhave aus schon immer ein wenig an der Handelswolle gezupft. Der Friesenhäuptling Keno ten Broke war ein guter Abnehmer und Weiterleiter für billige englische und flandrische Tuche, für Wein und Baiensalz aus Frankreich, für Gewürze, Baumöl und Reis und was sonst noch aus dem Mittelmeer auf die Drehscheibe der Waren nach Brügge und Antwerpen gelangte und von dort weiter wollte. Hamburg aber war der Umschlagplatz von und für Ost und Nord, da kamen aus Rußland Pelze und Felle, Honig und Wachs vom Balkan, aus Reval Hanf und Flachs, Linnen aus Schlesien, Barchent aus Schwaben, und aus Norwegen schwamm der Stockfisch für die Fastentage der Christenheit und wollte bis über spanische Häfen ins Binnenland, und auch Stiefel- und Lampentran segelte von Norden und die Häute der Seeungeheuer, auch Walroßzähne und die zauberkräftige Waffe des Meereseinhorns. Und von Schonen frachteten sich die Heringe, aus Schweden Kupfer und Holz, aus Dänemark und Holland Butter und Käse, aus Hamburg Rauchfleisch, Schweineschinken und Bier, aus Lüneburg Salz, aus Bremen Getreide und Kölner Heiligenbilder.

Es gab viel zu tun auf der Westernsee. Die Vitalier nutzten ihre Zeit. Sie nannten sich nunmehr Likedeeler, Gleichteiler. Das Gejammer der Handelsfirmen über Schiffs- und Warenverluste füllte bald manche Eingabe an die Regierungen. In diesen Dokumenten kommen neben den beiden Namen der Hauptführer die einiger Unterführer vor: Wichmann, Heinrich Corte, Jean Velhove, von Derlow, Weddemunkel, auch ein Magister Wikbold, der aus Rostock stammte und in Oxford studiert hatte und den der Franzose Merrien fünfhundertfünfzig Jahre später lächelnd als „pré-nietzschéen" bezeichnete. Und es sind auch zwei Vertreter des pommerschen Uradels dabei, ein Manteuffel und ein Moltke, und auch ein Bruder Störtebekers, Johann, der später sich in holländische Dienste begab und dort im Felde umkam. Mit heimlichem Stolz bekennt sogar der umsichtige Betreuer der deutschen bundesrepublikanischen Fischwirtschaft, Dr. Meseck, einen Vorfahren unter den Vitaliern zu haben.

Störtebeker scheint ein Deckname zu sein, herrührend von dem Wappen dieses stets als Edelmann angesehenen Abschäumers. Es ist der Ausdruck für ein Trinkhorn, das man, wenn es gefüllt war, nicht mehr hinstellen konnte; man mußte es schon austrinken. Ein recht symbolisches Emblem für den, der mit seinem Bruder der Letzte war der Familie Alkun, die es führte, und der sein Schicksal, einmal in die Hand genommen, bis zur bitteren Neige ausleerte.

Runde drei Jahre beherrschte diese Piratengemeinschaft die Nordsee. Vergebens versuchten England und Dänemark, mit vereintem Geschwader die Brüder zu züchtigen. Auch die Hanse war anfangs nicht glücklich in der Abwehr. Die Freibeuter hatten sich eine wendige Segeltechnik zugelegt und waren nicht leicht zu fassen. Sie wußten überdies den gegenseitigen Handelsneid der andern zu fördern und zu nutzen, spielten einen Anlieger der Nordsee gegen den andern aus und hegten schließlich sogar selber politische Pläne. Ihr Ruhm war so groß wie die Angst vor ihnen. Der „gemeine Mann" richtete im beginnenden Umbruch der Zeit ein sichtliches Augenmerk auf die kecken Windstößer, die sich über den morschen Glauben der Kathedralen aufreckten, von des britischen Ketzers Wiclif Lehren gekitzelt, darin der Papst abgemeldet war und einiges mehr an unbiblischer Einrichtung und Bedrängnis.

Unter den Likedeelern selber zeichneten sich zwei Gruppen ab. Die eine gedachte, sich erobernd mit Gewalt und auf Grund ihres Rufes der Küsten zu bemächtigen. Die andre lehnte ab, den Plunder Europa zu entlausen und zu lüften, sie strebte, uralter Fernsehnsucht gemäß, ins Unbekannte, in die Ferne, in ein unberührtes Neuland. Die erste Ahnung von überseeischen Paradiesen glitzert in dem Gehaben dieser „Brüder der Schalme", wie sie wohl selber sich getauft nach dem niederdeutschen Begriff des Kerbholzes und der Abrechnung: „Schalm". Das wurde schon von den Deutschherren als „Schelm" mißdeutet und wies sie zu den Brüdern des Schindangers, der Pest, des Aases und des Henkers, indes sich das Wort doch schon umbog ins Heitere, ins Pfiffige, ins Kosende fast, in die gewaltlose Meisterung des Daseins, ins Schelmische, das lächelnd siegt und sich um die Verantwortung keine Sorge macht.

Vorstehende Erwägung trifft hin und wieder auch auf andere Freibeuter zu. Sie hat für den Ausgang solcher Unternehmungen keine Bedeutung, nur für ihre Wertung. Das Ende der Abseiter ist gewöhnlich die Abseite, deren letzte Kante Scharfrichter und Abdecker verwalten.

Früher als die Hanse haben die Vitalier Streifzüge bis in den Atlantik unternommen. An der spanischen Küste besuchten sie den berühmten Wallfahrtsort Santiago de Compostela und nahmen ohne zu fragen die Überreste des Märtyrers Vincentius, darunter sich auch dessen vertrocknete Zunge befand, die ihm bei der Marter herausgeschnitten worden war. Diese Reliquie scheint dem Anführer Godeke Michels als Orakelspender gedient zu haben, und der Volksmund sprach von dadurch begründeter Unüberwindlichkeit der Vitalier. Sicher aber hat sie dem demütig Horchenden auch das Ende der Prächtigkeit vorausgesagt. Da half kein Ausweichen.

Die Hamburger hätten vielleicht die unruhigen Männer vor der Elbmündung einspannen sollen wie später Königin Elisabeth die englischen Piraten, sie auf Weitfahrt und Erkundung schicken sollen, ihnen Helgoland aber gönnen und dazu ihre Sektiererei. Aber derart weitherzig und weitsichtig war man stets nur selten an der Alster. Zumal einer der Geschädigten, zudem ein guter Kunde aus Flandern, der Käsehändler Simon aus Utrecht, viel Geld in das Unterfangen zu stecken anbot, die Seeräuber endlich beim Hals zu kriegen. Er stellte auch sein größtes, nach neuesten Errungenschaften gebautes Schiff zur Verfügung, das vom Janhagel — der dem Zugriff nicht hold war und baulichen Neuerungen ebensowenig — höhnisch De bonte Koh genannt wurde, so, wie in den Niederlanden gelegentlich die Milchgeschäfte tituliert waren, in Lübeck aber die Freudenmädchen. (In Hamburg hießen letztere nicht die bunten, sondern nur die Grünen Kühe.) Es ging jedoch wie mit dem Worte Schelm. Was damals für verächtlich befunden wurde, hängt heute als Schiffsmodell über dem Honoratiorentisch im Hamburger Ratskeller. Denn Simons Bunte Kuh nahm das Flaggschiff der Likedeeler „auf die Hörner". Und lud Störtebeker und einige Dutzend seiner Gesellen gebunden, unter gewaltigem Geläute aller Kirchenglocken, am Nikolaifleet aus. Worauf der bürgerlichen Ordnung Genüge getan wurde auf der Richtstätte, die der Grasbrook hieß. Später färbten hier die Tuchmacher eingeführte Wollstoffe. Aber nun:

> De Fron un de heet Rosenfeld,
> haut aff so manken wilden Held
> den Kopp mit köhlem Moote.
> He hadde angeschnörte Schoh,
> bit an sien Enkel stunn he in Bloote.

In der Hansestadt hielt sich bis heute ein bezeichnender Bericht. Nach getaner Arbeit meinte ein Ratsmitglied, der Köpfmeister müßte wohl rechtschaffen müde sein. Wieso? rief übermütig der, der's gehört hatte: Mir würde es nichts ausmachen, auch noch sämtliche der hohen Herren zu bedienen. Daraufhin wurde mit amtlicher Empörung sein Knecht beauftragt, ihn wie die Seeräuber zu erledigen.

Ein Jahr darauf ereilte Godeke Michels nebst seinem Schreiber Wikbold und einundsiebzig Gefährten das gleiche Los. Die bürgerliche Kämmereirechnung Anno 1401 notiert dazu als Spesen für den Abdecker Knoker, dem das Vergraben der entseelten Körper oblag: „3 ₰ Knokere ad sepeliendum 73 personas Vitalienses." Es ist das Jahr, da zum Beispiel der Großräuber Tamerlan zu Bagdad das Blut der Bürger vergoß und in anderen Mengen, als wögen tausend Ehrbare nur immer einen Schuft auf. Dennoch ist zu beachten, was der unbefangenste aller christlichen Geister im Westöstlichen Diwan im *Buch des Unmuts* unter der Überschrift „Timur" dazu meint:

> *Was? Ihr mißbilligt den kräftigen Sturm*
> *des Übermuts, verlogne Pfaffen?*
> *Hätt Allah mich bestimmt zum Wurm,*
> *so hätt er mich als Wurm geschaffen.*

Die Köpfe der Vitalier aber wurden angesichts des Stromes und der christlichen Seefahrt zur Warnung für alle, die unter Segel gingen und mehr davon erhofften als karge Heuer, harte Arbeit und dürftige Kost, auf Pfähle gesteckt, „up pale gesettet". Wozu der Verfasser der Wendischen Chronik zufrieden bemerkt: „alsse Seerover recht is".

> *Wo aber bleibst du, holde Regung?*
> *Brutal auf allen Gassen treibt*
> *der laute Griff, die prunkende Bewegung*
> *und rauscht davon. Das Sanfte bleibt.*
> *Und blieb's auch nur, wie wer auf See geblieben:*
> *Gleich seiner Braut ihn, wollen wir es lieben.*

NACHHALL DER VITALIER
bis zur Gegenwart

Das Vitale in der Bezeichnung jener Freibeuter hat viele Jahrhunderte überdauert. Der Name ihrer Anführer ist nie ganz untergegangen. In allen Volkskreisen an der Nord- und Ostsee besteht eine gewisse Verehrung dieser zwielichternden Gestalten bis heute. Es ist das Empfinden für Kühnheit, Freiheitsdrang, Wind und Weite und tragisches Schicksal. Die an der Küste sind damit aufgewachsen.

Der „Hamburgische Verein Seefahrt", ein von Albert Ballin für die Kieler Woche zum Vergnügen des Kaisers gegründeter Jachtsegelklub, nahm Anno 1935 unter Kapitän Schlimbach auch an der großen Atlantikregatta teil. Das stolze Boot hieß *Störtebeker*, obschon die Eigner allesamt Kollegen jener Handelsherren waren, die der Taufpate vormals geschädigt.

Noch kürzlich gab es zudem eine reputable Studentenvereinigung zu Hamburg, die sich „Die Seeräuber" nannte; ich glaube, es gehörten ihr sogar Theologen an. Sie tagte zu Sang und Umtrunk bezeichnenderweise in einem Lokal am Fischmarkt, das „Zur Himmelsleiter" hieß und in einem besonders tiefen Keller lag. Als Abzeichen wurde ein Ende Schiffstau über die Schulter getragen, und es ist wohl klar, daß jenes alte Bänkellied, das es in vieler, über ganz Deutschland und den Norden verstreuter Abwandlung und sogar auf lateinisch gab, hier nicht fehlte. Störtebeker wurde Ehrenmitglied.

Wie denn die Neigung zum freiheitlichen Hauch des Piratischen kaum aller freien Wissenschaft — siehe Magister Wikbold — je fremd gewesen sein mag. Noch Anno 1958 ist das beliebteste Tafellied des ehrwürdigen „Akademischen Clubs zu Hamburg", der von einem der höchsten Juristen der Freien und Hansestadt geleitet wird, ein allerdings neueres Seeräuberlied, dessen Verfasser und Komponist aus dem Binnenlande stammen. Der Text ist so bezeichnend für eine romantisch der Freibeuterei zugeneigte Auffassung weitester Kreise, daß er nicht verschwiegen sein soll:

Der mächtigste König im Luftrevier
ist der Sturmes gewaltiger Aar.
Die Vöglein erzittern, vernehmen sie nur
sein rauschendes Flügelpaar.
Wenn der Löwe in der Wüste brüllt,
dann erzittert das tierische Heer,
aber wir sind die Herren der Welt
und die Könige auf dem Meer.

Zeigt sich ein Schiff auf dem Ozean,
dann jubeln wir laut und wild,
unser stolzes Schiff fliegt dem Pfeile gleich
durch das brausende Wogengefild.
Und der Kaufmann erzittert vor Angst und Weh,
den Matrosen entsinket der Mut,
und dann steigt am schwankenden Mast empor
unsre Fahne so rot wie das Blut.

Wir stürzen uns auf das feindliche Schiff
wie ein losgeschossener Pfeil.
Die Kanone donnert, die Muskete kracht,
laut rasselt das Enterbeil.
Und die feindliche Flagge, schon sinkt sie herab,
laut ertönt unser Jubelgeschrei:
Hoch lebe die See, das brausende Meer,
hoch lebe die Seeräuberei!

Und ist der letzte Schuß dann getan
und die letzte Schlacht vorbei,

dann steuern wir unsern morschen Kahn
in die Hölle frank und frei.
Und will dann der Teufel mal nicht so wie wir,
dann heizen wir selber ihm ein;
denn wir waren die Herren der Welt
und wollen's beim Teufel auch sein.

Hier rumort's gegen den puren Krämergeist. Und in diesem Sinne wurde auch Anno 1924 ein Lied in der Hanseatischen Jungenschaft gesungen, das von einem sonst höchst manierlichen Jüngling, Walter Gätke, gedichtet war. Es steht noch weit nach dem zweiten Weltkrieg in einem Liederbuch der Pfadfinder.

Daß im Jahre 1934 ein ganzes Liederbuch erschien mit dem Titel: „Die schwarze Fahne der Piraten" (Karl Seidelmann) nimmt weniger wunder, zumal hier nicht die Flagge, sondern eine Fahne genannt ist. Vielleicht war sie eine solche der Gestapo.

Das süddeutsche Fliegende Blatt anno 1566 „Ein schön Lied von Störtzebecher und Gödiche Michael" ziert ein Holzschnitt, der die Gefangennahme Störtebekers zeigt. Der schon Entwaffnete hebt die Hände. Hinter ihm erscheinen zwei weibliche Wesen. Damit tritt das reizende Piratinnenpaar Calico Jacks, obzwar sagenhaft, schon 320 Jahre zuvor auf.

Um 1770 mühte sich Lessing, zu Hamburg das Theater der Deutschen zu schaffen. Als er sich gelegentlich im Gasthaus zum Löwen erfrischte, zeigte ihm eine der Hafenhuldinnen einen mächtigen silbernen Deckelkrug. Der stamme von Störtebeker, sagte sie. Der Dichter füllte angeregt das gewichtige Gefäß mit vier Flaschen guten Rotspons und leerte den Humpen in Gemeinschaft mit der Holden. Und da diese dann das alte plattdeutsche Vitalierlied sang, schrieb er's auf, des „Widersachers aller Pfeffersäcke" in gewisser Hochachtung gedenkend.

Zu jener Zeit bewahrte die Hamburgerei Kämmerei eine Bootsmannspfeife an silberner Kette als aus Störtebekers Besitz. Und im Zeughaus war's sein Harnisch und auch das Henkerschwert, das ihn gerichtet, sowie eine 19 Fuß lange eiserne Kanone seines Flaggschiffs. Die Schiffergesellschaft indes war stolz auf eine Negerfigur und bezeichnete sie als Störtebekers Pagen. Sie wurde leider beim Brand 1842 vernichtet. Der Silberpokal landete nachmals höchst unzweckmäßig im Seefahrer-Armenhaus, wo er wohl sowenig zur Füllung gedieh wie heute im Museum für Hamburgische Geschichte. Der Verbleib von Andenken stimmt meistens nachdenklich. In Emden zum Beispiel konnte man lange Jahre „Hemd und Pantoffeln" Störtebekers besehen. Die Echtheit aller dieser Dinge ist fraglich.

Aufgeweckte, nach See begierige Knaben an der Küste mit dem Namen des unvergessenen Piraten zu zieren, wird allgemein als Auszeichnung empfunden, zumal in einfacheren Volkskreisen. So gründeten zum Beispiel die biederen Ewerführer der Hansestadt während eines Streiks einen Ruderklub „Störtebeker", der sich zur Aufgabe setzte, indem er sich angeblich zu Übungs- und Lustfahrten begab, auf der Elbe und im Hafen Streikbrecher an der Arbeit zu hindern. Die Polizei konnte die wachsende Verkehrsstörung erst nach ziemlichem Widerstande dieser Nachfahren des berühmten Freibeuters beheben. Das war 1890. Damals wurde übrigens eine der zahlreichen dramatischen Bearbeitungen des Seeräuberstoffes im Tivoli-Theater aufgeführt unter dem Titel: „Claus Störtebeker, Historisches Schauspiel in 5 Acten."

Eine Hamburger Hafenkneipe 1964 nennt sich Störtebeker. Der Segelklub Alsterpiraten taufte sein erstes Boot auf den Namen dessen, der die Vorväter der Mitglieder geschröpft.

Selbst im Binnenlande spürte man noch zu Ende des vorangehenden Jahrhunderts Nachwirkungen der großen Seewölfe. Störtebeker wie Michels haben sich anscheinend, wie so mancher andere ihrer Kollegen, rechtzeitig ein Plätzchen fürs geruhsame Alter sichern wollen. Mag auch sein, daß Michels aus der Gegend um Verden an der Aller stammte. Ein Gutshof bei Halsmühlen war auf seinen Namen eingetragen. Doch das Schicksal bestimmte eine andre Art Mühle für seinen und seiner Genossen Hals, die einflüglige des Henkerschwertes. Störtebeker und er stifteten nicht nur sieben große bunte Fenster für den Dom zu Verden zur „Abbüßung der sieben Todsünden", sondern auch ein Vermächtnis aus den Einkünften ihrer Höfe. Danach erhielten fast fünfhundert Jahre lang die vom Domkapitel betreuten Armen und Angestellten an dem Montag nach Lätare je sechs Heringe und sechs Brötchen. So wurden zum Beispiel im Jahre 1892 diese Wecken aus zwölf Himten Roggen nach Braunschweiger Maß gebacken, und an Heringen wurde eine volle Tonne frischer Holländer Einfuhr gespendet. Die Verteilung geschah auf dem Rathause durch Magistratspersonen, welche zuvor einen Hering und ein Brötchen zu proben hatten. Nach Unterbrechung durch die Hungerjahre ist die Stiftung heute wieder aufgelebt. Die Domfenster aber zerplatzten unwiederbringlich, da die SS Anno 1945 vor den einrückenden Engländern die Allerbrücke sprengte.

Als um 1900 herum ein gewisser Knabe von seinem großen Bruder mit auf einen Ausflug in die Lüneburger Heide genommen wurde, zeigte der ihm den kleinen bewaldeten Moränenhügel nahe Neugraben, welcher der Falkenberg heißt. Dort hat Störtebekers Burg gestanden, sagte er, und ein Kanal von hier hat bis an die Elbe gereicht, da sind seine Schiffe aus- und eingefahren mit Flut und Ebbe. Die beiden faßten den Plan, in dem Gelände nach den Seeräuberkleinodien zu graben, die dort, wie die Sage noch immer ging, verborgen sein sollten. Der große Bruder fragte dann in Moorburg, als sie zum Dampfboot zurückpilgerten, ein paar Bauernmädchen nach diesen Schätzen. Die aber glaubten, er wolle sie verulken und meine zweibeinige Schätze. Denn auf dem Falkenberg stand statt der Burg längst ein Tanzlokal. Besagter Knabe, als er erwachsen war, fühlte sich bedrängend in den Magister Wikbold versetzt und schrieb, als sei er jener, einen Bericht über den Untergang der Likedeeler unter dem Titel *Godekes Knecht*.

In Hamburg soll die Krone um den Turm der Sankt-Katharinen-Kirche aus dem Golde stammen, das man im hohlen Hauptmast von Störtebekers Schiff gefunden. Der Turm jedoch wurde erst zweihundertfünfzig Jahre später erbaut. Englische Bomben vernichteten ihn 1943. Doch anderthalb Jahrzehnt darauf ragte er neu, und auch die Störtebeker-Krone wurde nicht vergessen.

Noch zu Stralsund, auf Rügen, in Wismar, auf Gotland und in den Archiven zu Bergen und zu London und selbst in französischen Häfen findet man Tatsachen und Legenden durcheinander über diesen Freibeuter, dessen Name sich besser einprägt als der seines — wahrscheinlich bedeutenderen — Seebruders Godeke Michels. (Wir wählten die volkstümlichsten der beiden Namensformen. In britischen Dokumenten lauten sie meistens Godekins und Stertebeker. In französischen Godeke Michelson und Stortebeker.) Selbst Klopstock hat diese Seeräuber bedichtet, und auf französisch gab es Anno 1851 einen Operntext von Tassard, der in Deutsch übersetzt wurde: *Claus Störtebeker, der Fürst der Meere.* Musik von A. M. Canthal. Der Seeräuberchor daraus wanderte über ganz Europa und bis nach Amerika. Fontane erwog einen Vitalierroman.

Wie mancher andere Außenseiter wurde Störtebeker erst nach seinem Tode richtig berühmt. Als sich nämlich eine Reihe von Sagenresten mit seinem Schicksal verknüpft hatten und die Zeitläufte in der beginnenden Auflösung hergebrachter Ordnungen nach freiheitlichen Vorbildern verlangten.

Sein Konterfei fälscht ein Kupfer Daniel Funks aus dem 17. Jahrhundert, unterschriftet *Claus Stürz den Becher.* Es geht ausgerechnet auf ein Bildnis des bärtigen Hofnarren Maximilians I., Kunz von der Rosen, zurück, das sich in Joh. Jacob Fuggers *Spiegel des Erzhauses Österreich* findet, Anno 1555. Dieses hinwieder übernahm den Stich des Augsburgers Daniel Hopfer, der als skrupelloser Freibeuter der Kunst gern fremde Vorlagen benutzte und für seinen Narren weder die Natur noch wohl die Originalskizzen des älteren Holbein, sondern ein venezianisches Blatt. Es stammt wahrscheinlich von Tizian und zeigt das kühne Antlitz des spanischen Seehelden und Barbareskenjägers Consalvo di Cordova, der von 1504 bis 1507 sogar Vizekönig von Neapel war. So zirkelt die Fama närrisch über Land und Meer. Man sieht, schon immer war eine gewisse Kunst geschäftlich bereit, der Menge zu bieten, was sie verlangte, und nach Bedarf aus Narren und Schelmen Heroen zu machen und aus Heroen Schelme.

So klingt denn auch heute noch der Name *Vitalienbrüder* wie der eines weltlichen, in kühner Betreuung tätigen Ordens. Und ihre weitere Be-

71

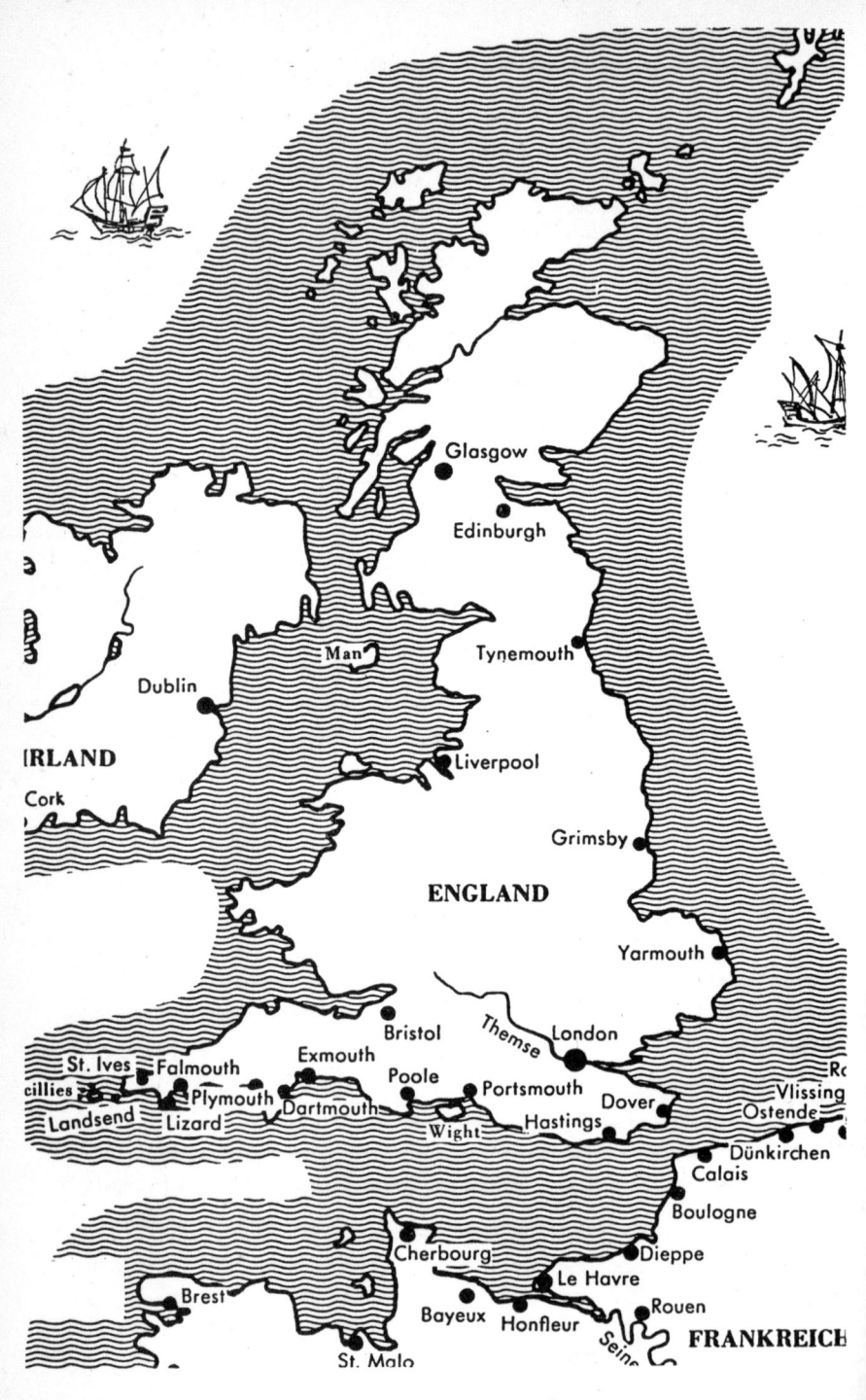

zeichnung *Likedeeler*, Gleichteiler, setzt sie den Bestrebungen der ersten Christen und der frühen Kommunisten nahe. Die zahlreichen Sagen lassen die Ethik allerdings nur gelegentlich durchschimmern. Mehr leuchtet wie meistens das Gold. Und das Erstaunliche bleibt statt des sanft Anständigen die Kraftprobe. So erzählt der Engländer Gosse in seiner *History of Piracy* genußvoll die Sache mit dem goldgefüllten Mastbaum und daß damit nicht nur die gesamten Unkosten der Polizeiaktion und Exekution bestritten werden konnten, sondern eben auch die Krone um den Kirchturm. Wobei er, männlich denkend, den zu St. Nikolai mit den von St. Katharinen verwechselt. Der Franzose Merrien aber in seiner *Historie des Corsaires* berichtet munter von einem Krug Bier, den die Gefangenen Störtebekers — gleich ihm — auf einen einzigen Zug leeren mußten oder sterben. „Eine angenehme Probe? — O nein! Der Krug faßte vier Liter!" Und dann erst wird der Mast voll Gold erwähnt.

Und Gold fand sich auch in dem Holzschuh, den einer der Seeräuber, als er hinausgeführt wurde, vom Fuß schleuderte, einem hübschen Mädchen zu, das in der gaffenden Menge stand.

Weitere Kraftäußerungen wie Kettensprengen und Biegen von Hufeisen mit bloßer Hand zu Stangen und von Stangen zu Hufeisen, werden auch andern Heroen zugeschrieben, übertroffen von einer Leistung gleich nach der Hinrichtung. Störtebeker habe. sich nämlich ausbedungen, daß diejenigen seiner Raubgesellen frei sein sollten, an denen er — ohne Kopf — vorbeilaufen werde. Und tatsächlich lief er und hätte wohl die ganze Reihe geschafft, wenn ihm nicht der Henker beim fünften Mann ein Bein gestellt. Daß dieselbe humane Anstrengung dem Räuberhauptmann Dietz von Schauenburg, geköpft zu München 1337, zugeschrieben wird, tut der Beachtlichkeit keinen Abbruch.

JOHN HAWLEY UND HARRY PAY
um 1400

Was Störtebeker und Godeke Michels für Norddeutschland waren, bedeuteten John Hawley und Harry Pay um die gleiche Zeit für die englische Südküste. Der eine stammte aus Dartmouth, der andere aus Poole. Man scheint in diesen Häfen ein besseres Verhältnis zu diesen „Heranschaffern" gefunden zu haben als in den Hansestädten — ausgenommen Rostock und Wismar. Allerdings beschränkten sich beide auf möglichst nichtheimisches Eigentum.

Hawley war Kaufmann und hatte Geld genug, um eines Tages im Jahre 1399 die gesamten Schiffe, die gerade im Hafen lagen, zu chartern und mit ihnen gegen die französische Küste zu segeln, obschon ein eigentlicher Krieg nicht vorlag. Immerhin hatten einige Raufbolde jenseits des Ärmelkanals sehr unfreundlich in Dartmouth gehaust. Hawley kehrte von der Normandie und der Bretagne mit dreiundvierzig geraubten Schiffen zurück. Unter den Frachten befanden sich fünfzehnhundert Fässer Wein, dessen unverfälschte Marken über jeden Zweifel erhaben waren. Und da dieser „Merchant adventurer" nicht kleinlich war und die gesamte Einwohnerschaft seiner Vaterstadt einlud, beim Umsatz mitzuwirken, ist nicht verwunderlich, daß er zu hohen Ehren aufstieg, sogar in der Admiralität in London ein Wort mitredete, aber sein Privatgeschäft dennoch trieb, wie ihm der Kamm stand. 1403 sammelte er ein paar gutbestückte Karavellen aus Bristol, Plymouth und seinem Heimathafen, brauste mit sechs Knoten die Stunde ins Mittelmeer und kam eines Tages mit sieben spanischen Galeeren im Schlepp wieder heim.

Pay hatte sich von Anfang an auf Besuche an spanischen Küsten geübt. Er wurde eine völlig private Geißel und Plage der gesegneten Gebiete längs der Biskaya. Seine Raubtaten hielten sich in jenen Grenzen, die noch eben die diplomatischen Verwicklungen vermeiden. Die Spanier versuchten ihrerseits, die Einbußen schlicht um schlicht wettzumachen, und somit ging es lange Zeit wie mit den Barbaresken. Wie du mir, so ich dir, kalter Krieg mit privaten Bitternissen und politischem Achselzucken. Aber von England war damals weniger zu holen als von der andern Küste. Wenn Pay heimkam, war Festtag. Niemand arbeitete. Jedermann hatte Anteil an dem mitgebrachten Portwein und Schnaps, um die guten Pooler Austern hinunterzuspülen, und der heitere Radau scholl bis auf die See.

Pay verglich sich gern mit Richard Löwenherz, der einmal von hier zum Kreuzzug, zum Raube Zyperns und den merkwürdigen Abenteuern einer deutscher Gefangenschaft ausgesegelt war. Aber der religiöse Vorwand war offen dem wirtschaftlichen gewichen. Der Kampf um die Seeherrschaft wurde nun nicht mehr von Königen, sondern von Kaufleuten angezettelt, und vielleicht nur darum ist die Bezeichnung königlicher Kaufmann nicht ganz hinfällig.

Eines Tages aber mangelte es dem unentwegten Pay anscheinend an einem Talisman. Die berühmte Zunge des heiligen Vincent war schon einem Kollegen von der deutschen Seite, Godeke Michels, zugefallen. Darum stieg Pay am „Ende der Welt" an Land, bei Kap Finisterre, und ängstigte die Fischer und Händler des kleinen Hafens aufs rücksichtsloseste, aber nur, doch das war schlimmer als Mord und Brand, um mit nichts weiter als dem Kruzifix zu verschwinden, das in der Kirche der „Heiligen Maria vom Weltende" in allen Landen der Christenheit als wunderkräftig bekannt war. Da denn raffte sich der gefürchtete spanische Admiralspirat Pero Nino zum Rächer auf, und indes Pay an französichen Ufern weidete, zerstörte er den heiteren Ort Poole so gründlich, daß von da an die dortigen Merchant adventurers nicht mehr viel zu lachen hatten.

75

EIN PIRAT ALS PAPST
Anno 1410

Die höchste geistliche Würde, deren jemals ein Seeräuber teilhaftig wurde, errang ein gewisser Cossa. Sein Vorname war Balthasar, italienisch Baldassare, gerufen Baldo, was kühn bedeutet. Er lernte früh auf der Insel Ischia, Leibeigene gleich Viehzeug zu behandeln und dem Massenmord an Singvögeln zu frönen — wie es noch heute zu den Herbst- und Frühlingszügen dort geübt wird. Sein Vater hatte durch Beihilfe in den gegenseitigen Räubereien der Anjous Landbesitz und Baronstitel ergattert. Baldo nun mit seinen Brüdern setzte die Nutzung des neapolitanischen Familienzwistes ertragreich fort. Gerade hatte sich die alternde Regina Johanna I. zu Neapel in vierter Ehe mit einem Braunschweiger Herzog verbunden. Erwartete die Kinderlose ein Wunder von dem dicklichen, würzigen norddeutschen Bier, dem wenige Jahrzehnte später Christian Mumme Weltberühmtheit verschaffte? Ihre beiden Adoptivneffen mochten Konkurrenz befürchten. Der heißblütigere, der Ungar Karl, sperrte die Ziehmutter ein, ließ sie im Gefängnis verschmachten und übernahm die Regierung. Dem andern, dem mehr französischen Ludwig, paßte solches keineswegs. Und so hatten alle Raufbolde im Tyrrhenischen Meer und also auch die Cossas gute Tage, solange sie nicht selber gespießt wurden.

Karl verschied, aber sein Sohn Ladislaus behielt Oberwasser, auch zur See. Deshalb zog Baldo Cossa vor, an Land zu gehn. Seine Piratenbeute erlaubte ihm, ein Söldnerheer anzuwerben. Damit überfiel er die Freie Stadt Bologna. Auch hierbei fehlte der „höhere Vorwand" nicht. Seit der allerletzte Hohenstaufe, Enzio, illegitimer Sohn Friedrichs II., Papstgegner, Seefahrer und Lyriker, an jenem Ort enthauptet worden, hatte der Kirchenstaat die Finger danach gereckt. Jetzt legte Pirat Cossa diese Beute dem Nachfolger des Schiffahrtsgenossen und Apostels Petri zu Füßen. Derzeit war es Bonifazius IX., sein Landsmann und wie er eben dreißig. Der Papst zeigte sich nicht undankbar; er ernannte den skrupellosen Streiter zum päpstlichen Kämmerer und — obschon von Priesterweihe nicht die Rede sein konnte — zum Kardinal. Baldo Cossa enttäuschte ihn nicht. In ungeahntem Maße erblühte unter seiner Initiative das schon länger beliebte Ablaß- und Pfründengeschäft. Die apostolischen Kassen füllten sich und die des Kämmerers nicht weniger, und der aufgestiegene Seemarder residierte zu Bologna als „blutiger Despot und schamloser Lüstling". Daß er sich an der ältesten Universität Europas nebenher in ihrer juristischen Fakultät des Studiums der Rechte befleißigt habe — wie sich mildere Quellen ergießen als die, aus denen Anno 1919 der eben zitierte Rostocker Kirchengeschichtslehrer Prof. Dr. Wilhelm Walther geschöpft —, scheint überflüssig. Wer mit Rücksichtslosigkeit vorankommt, traut nur der eignen Jurisprudenz. Zur etwaigen geschraubten Rechtfertigung seiner Robustheiten verstand Cossa, gewitzte, doch mittellose Köpfe gut zu bezahlen. Sein Geltungstrieb war prächtig entflammt. Da ihm der weichmütige Bonifaz nicht mehr viel bieten konnte, auch nicht einmal Alleinherr der Christenheit war und den Gipfel der Kirche mit einem Gegenpapst zu Avignon teilte, setzte Cossa wohlbedacht mit List und Geld auf dem Konzil zu Pisa einen dritten dazu, den Minoriten Alexander V., der nichts als sein Werkzeug war. Er nahm ihn mit nach Bologna und räumte ihn nebst Leibarzt binnen Jahresfrist aus dem Wege. Durch Bestechung und Geheimdrohung erreichte er dann, alsbald zum Nachfolger gewählt zu werden. Sein Piratenherz lachte, als die weiße Fahne der Bestätigung aufgezogen wurde. Nicht einmal, daß er ein paar uneheliche Kinder hatte, war hinderlich gewesen. Da nun ein Papstname den seinen freundlich zu überdecken hatte, suchte er sich als Vorläufer Johannes XXII. aus. Der hatte hundert Jahre zuvor amtiert und deuchte ihm an Weite des Gewissens, Machtgier und breiter Simonie wohl am verwandtesten unter allen, die bislang den Fischerring getragen.

Johannes XXIII. war nun durchaus noch nicht zufrieden. Es ging ihm wie dem Fischer — nein, der Fischersfrau — im Märchen. Wenn auch kaum der liebe Gott, wollte er doch zumindest alleiniger Papst werden. Er entsann sich der Anjous, zog waffenstarrend zunächst einmal mit seinem früheren Brotgeber gen Neapel, verriet diesen und warf sich mit Ladislaus auf Rom, verjagte den dortigen Höchsthirten, der inzwischen Gregor XII. hieß, und setzte sich triumphierend auf den eigentlichen Erbsessel geistlicher Weltherrschaft. Diesem jedoch wieder den Glanz der unteilbaren Alleinseligmachung zurückzugewinnen, erwies sich auch Ladislaus nicht als der richtige Verbündete. Hinwieder war dieser der Drängeleien, Ränke und Bacchanale des Piratenpapstes bald überdrüssig. Johannes XXIII. wandte sich schutzsuchend dem Nächstgeeigneten zu, dem deutsch-ungarischen König Sigismund. Der denn ersah die günstige Stunde, dem anrüchigen Schisma, der Kirchenspaltung, den Garaus zu bereiten. Es war ihm dabei fast mehr um einen Türkenkreuzzug als um die Kaiserkrone des Heiligen Römischen Reiches Deutscher Nation zu tun, sich also dem Herkommen gemäß von Christi Stellvertreter salben zu lassen, ohne Einspruch von Gegenpäpsten fürchten zu müssen. Die allgemeinen kirchlichen und sozialen Mißstände und die gärende ketzerische Rebellion schrien sowieso nach Dämpfung. Wirklich gelang es geistlicher und weltlicher Befugnis vereint, eine Art UNO-Versammlung einzuberufen. Den Tagungsort legte man recht in die Mitte des Abendlandes, abseits der Unruhen und Eifersüchte, in die behagliche Handelsstadt Konstanz am Bodensee, wo sich die nördlichen und südlichen Straßen und Lüfte kreuzen und die Bürgerschaft gegen anmaßenden Adel seit kurzem für geordnete Verhältnisse gesorgt hatte, auch für gastfreundliche Herberge bekannt war.

Cossa-Johannes reiste über den Septimerpaß heran, unter Geleit des

Herzogs von Tirol. Bei Bregenz haltend, spähte er in die aufgeschlagene Landschaft. Der Lacus Potamicus wollte ihm fast Meeresweite vortäuschen, hätten nur nicht die dünnen Uferlinien wie eine Schlinge gelegen. „Oho!" murmelte da der gesottene Wogenstreifer: „So fängt man Füchse. Aber was ist zu machen, so mich das Schicksal doch hinzieht?"

Dieser ahnungsvolle Ausspruch erweist ihn als einer gewissen Unabänderlichkeit geöffnet, wie es bei Freibeutern nicht selten ist. Am 27. Oktober 1414 nächtigte die üppige Kavalkade vor den Toren der Konzilstadt in Kreuzlingen bei den Augustinern. Cossa, sein päpstliches Gewicht bekundend, spendete dem Propste Erhard Lind eine kostbare Abtskrone und allerlei Vorrechte fürs Klösterli. Die Szene wurde von Ulrich Richental in der Chronik des Konzils eindringlich festgehalten. Von den harmlosen Mienen der Mönchsbrüder und der Innigkeit des Priors stechen die Gesichter der hohen Besucher entsprechend ab. Das ungemeine Dokument wird aufbewahrt im Rosgartenmuseum zu Konstanz.

Einem protzigen Einzug folgte eine lauernde Abkühlung. Denn auch die Parteien der andern Päpste waren zum Konzil geeilt. Es mangelte nicht an Anzüglichkeiten. Aber der wohlgepolsterte Expirat hielt vorerst stand. Zudem lenkten die rauschenden Festivitäten angenehm ab. Es war die leuchtendste und umfassendste geistlich-weltliche Zusammenkunft, die Deutschland je erlebte. Man zählte über siebzigtausend Fremde, tausend Fürsten aller Grade dabei, darunter neununddreißig Herzöge, fünfundachtzig Kardinäle und Erzbischöfe, zweihundertachtunddreißig Bischöfe, dazu Haufen anderer Priester, Edler, Reisiger, Krämer, Musikanten, Gaukler und an die zwanzigtausend herzugeströmte „Mannsräuschlein", wie man die Stundenliebchen nannte. Auch richtete sich die Aufmerksamkeit anfangs mehr auf die täglichen Unfälle, Klatschereien, Gassenhändel und die merkwürdig häufigen Selbstmorde, zu denen der See verlockte. Zudem gab die Verhaftung des Rektors der Prager Universität, des frommen Eiferers und tschechischen Patrioten Jan Hus, eine Menge Gesprächsstoff. König Sigismund hatte ihm behördlichen Schutz zugesichert, aber die Geistlichkeit, von dem Schwärmer allzu empfindlich gerügt, hatte ihn festgenommen, nachdem er tapfer bei seinen Ansichten verharrte, wegen derer er vors Konzil geholt. Der Herrscher polterte, er werde die Kerkergitter sprengen. Aber es half nichts. Und selbst Johannes zuckte die breiten Schultern. Da nun der Winter hingegangen, fragte ihn der künftige Kaiser finster aus blondem Barte hervor: „Werden Eure Heiligkeit zurücktreten?"

„Nur wenn die andern beiden verzichten!" erwiderte ungnädig der Miteinberufer. Es war nach der prunkvollen Messe am Sonntag Lätare, der da bedeutet: Freue dich! Drei Wochen war noch bis Ostern, und der Anwärter auf den großdeutschen Thron, schon Mitte der Fünfzig, hätte ungeduldig auch einem gereinigten Papsttum die Auferstehung gegönnt. Johannes XXIII. fühlte den nördlichen Frühlingsboden heiß werden. Den Nachmittag nun tobte ein pomphaftes Stechturnier auf der Marktstätte. Das gemeine Volk unterdes spielte hafenlängs Winteraustreiben und hatte viel Ulk mit einer stattlichen Strohpuppe, die mit drei dreistufigen Papierkronen geziert war und unter Hallo ins Wasser befördert wurde.

Von hier, piratischer Jugenderinnerungen froh, zu Schiff zu entwetzen, dünkte Cossa nicht ratsam. Somit verließ er die Stadt verkleidet als habsburgischer Postknecht, im Trubel unbemerkt, da man sowieso der reitenden Boten täglich die Menge hatte. Er wollte gen Westen, nach Frankreich, wo er Unterschlupf erhoffte. Aber ein paar Meilen uferab an der thurgauischen Seite zu Ermatingen geriet der dicke Kurier in einen nicht minder als zu Konstanz ausgelassenen Trubel und entzog sich dem betroffen und klopfte an die Tür des Pfarrers Loofer. Der beruhigte, seinerseits verdutzt, den hohen Gast — der sich als solcher und als auf gerechter Flucht befindlich zu erkennen gab — und speiste ihn mit einem Gericht gebackener Schlammbeißer, die alldort Groppen heißen. Und es gelte der lustige Tumult draußen nicht irgendwem, sondern seit alters an diesem Tage dem Anstieg der Sonne und dem Sommereinholen und dem frischen Fischfang, wann sich eben dieser Gropp aus dem Winterschlaf hervorhebe. Der flüchtige Papst ließ es sich schmecken, bemäkelte dann aber den heidnischen Brauch und schaltete ihn auf christlich um, wie man's mit manchen andern gemacht, verlieh also den Ermatinger Seefischern unter Petri Heil eine eigene späte Fastnacht. Sie blieb bis heute als „Groppenfasnacht" im Schwange. Es mag auch selbstironisch seiner eignen Maskerade zulieb gewesen sein und ist wohl das einzige heitere Andenken, das dieser Papst hinterlassen hat.

Sigismund schickte dem „feisten Welschen", der dann zu Schiff gen Schaffhausen entronnen, einen Steckbrief hinterdrein. Erst in der Kurpfalz wurde der Ausreißer gefaßt, wurde zurückgeschafft und in den Turm zu Gottlieben gesetzt, allwo auch schon der ehrbare Hus saß. Fünfundfünfzig Punkte der Anklageschrift zählten die Verbrechen Cossas auf. Er wurde seines Amtes entledigt und seinem Einfänger übergeben, dem Pfalzgrafen, der Ludwig hieß wie der vormals verratene Anjou.

In des Gestürzten Gefolge hatte es weder an Köchen, Possenreißern, Berichterstattern noch Sekretären gefehlt. Sie fanden unschwer Stellung bei ähnlich hohen Herren. Speichellecker haben das gleiche Zeug zum Bespeien. Nachträglich ließen Cossas Kanzlisten kein gutes Haar an ihrem Chef. Da war zum Beispiel Dietrich von Nieheim, ein in die Kurie verschlagener Westfale. Der führte zu Konstanz Tagebuch und kennzeichnet in seiner *Historia de vita Johannis XXIII* den Erniedrigten als einen abgefeimten, wortbrüchigen, grausamen, rachsüchtigen Erpresser, Betrüger, Mörder und winselnden Feigling. Doch muß dieser aufschlußreiche Dietrich selber nicht schlecht gewirtschaftet haben, denn er konnte sich später eine großzügige Tat leisten, die Stiftung des Hospitals der Deutschen, „Santa Maria dell'anima" zu Rom. Sein Kollege im Dienst, Geheimschreiber Poggio Bracciolini, wurde von Cossa-Johannes besonders geschätzt als Verfasser geistreichelnder kleiner Schlüpfrigkeiten und Satiren, die als *Fazetien* bald nachgeahmt wurden. Dieser Poggio war zudem ein Freibeuter auf antike Schriftsteller und pirschte rings um Konstanz in Stiften und Abteien nach solcher Lektüre, wie sie als *Bildung zur Menschlichkeit*, als Humanismus, hoch in Mode kam. Zumal in St. Gallen räuberte er; ihm glückte dort ein großer Fund, die vollständige Handschrift von Quintilians *Institutia oratoria*. Das ist eine „Schule der Beredsamkeit", berühmt seit ihrer Entstehung Anno 86 bis zu Ludwig dem Frommen. Nach halbtausendjähriger Verschollenheit erregte sie unter den Gebildeten so viel Aufsehen wie ein Jahrhundert später etwa Luthers Bibelübersetzung bei jedermann.

Das Konzil zu Konstanz dauerte über drei Jahre. Das Ergebnis auf weite Sicht war, grob gepeilt: Rom, Preußen, die Tschechoslowakei. Also erstens ein einheitliches Papsttum bis heute. Zweitens durch Überlassung der Mark Brandenburg an die Hohenzollern das Ende Berlins als Freie Hansestadt und die Geburt des Geistes von Potsdam. Drittens aber zerätzte der Dunst, der aufschwang vom Scheiterhaufen des Märtyrers Hus, den Zusammenhalt des Christentums und des deutschen Großreiches und wurde der Katalysator für die Entstehung der Prager Republik. Ein angreifbares Fazit? Fast eine Fazetie? Jedoch von der Geschichte verfaßt.

Nach Schluß des Konzils durfte Expapst Cossa ein Lösegeld anbieten. Er brachte achtunddreißigtausend Goldgulden zusammen. Man ließ ihn heimpilgern. Abgerissen und mürbe tat er zu Rom vor dem nunmehr alleinigen Heiligen Vater — einem früheren guten Bekannten — den Reuekniefall und wurde gnädiglich mit der mageren Pfründe zu Tusculum und dem Titel Kardinalsbischof belehnt. Ein paar Monate darauf, Anno 1419, starb er vergrämt und so arm, daß kaum die Kosten für die Seelenmessen aufgebracht werden konnten. Der Patron der Gegend, Cosimo Medici der Alte, ein Liebhaber der Künste und lächelnder Betrachter der verschlungenen Daseinspfade, beauftragte Donatello mit einem prachtvollen Sarkophag für den denkwürdigen Freibeuter. Man kann das Meisterwerk im Baptisterium zu Florenz bewundern und sich die karge Inschrift übersetzen: In diesem Grabmal liegt der Leichnam des Baldassare Cossa bestattet, der einmal Papst Johann XXIII. gewesen ist. Unangetastet aber findet sich das saftige Mosaikprofil des Piratenpapstes bis heute unter den 264 Papstbildnissen an den Säulen der Basilika St. Paul zu Rom, und selbst sein Namensnachfolger ließ es — lächelnd — als Kuriosität bestehen.

Erst nach mehr als einem halben Jahrtausend erachtete die Kirche es für angebracht, den gelöschten Papstnamen aufs tugendsamste zu ersetzen.

MÄDCHEN VON SANKT IVES
um 1450

Man freut sich zu vernehmen, daß Sankt Pauli, das berühmte Ver-
gnügungsviertel der Matrosen und Durchreisenden zu Hamburg-Altona,
ein Gegenstück, ja, vielleicht ein frühes Vorbild an der britischen Westküste besaß. Doch war die Grundlage weniger bieder als in der Hansestadt. Jeder kleine Hafen dort am Atlantik war ein Piratennest und feiert
bis heute seinen eigenen Wogenhelden. Exmouth hatte seinen vormärz-
lichen Käptn Kyd, Portsmouth seinen Clays Stephen, aber St. Ives hatte
eine ganze Reihe dieser verwegenen Unternehmer, die wild und üppig das
Leben bereicherten und entweder am Galgen oder an der Schnapsbuddel
oder aber bei ihrem scharfen Handwerk auf See zugrunde gingen. St. Ives
war ihr Stapel- und Tummelplatz. Hier reihte sich am Hafen hin eine
Taverne an die andere, und überall gab es Musik und Tanz bei Tag und
Nacht und ohne Sonntagsruhe; es war wie in den Sagen von Vineta und
Rungholt, nur vielleicht nicht ganz so überschwenglich, wie die Poeten es
malten. Es war ein früher „Hamburger Berg" und „Spielbudenplatz".
Hier mischte sich das alte heftige Wikingerblut und die alte keltische
Heiterkeit mit den südlichen Traubenerzeugnissen und dem unmittel-
baren erregenden Golfstromatem aus der Atlantikweite. Zollfrei und
reichlich! Das war die Devise. Was man erbeutete, wurde verjuxt, rasch
wie in einem Goldgräberkamp. Nein, St. Pauli war und ist eine biedere
Halbbürgerlichkeit gegen das, was vormals das kleine St. Ives war. Der
beste Beweis dafür ist, daß es betreffs Hamburg-St. Pauli nur verlockende
Lieder gibt, es sei denn, der Vers:

> *In Hamburg und in Altona*
> *da tragen die Mädchen Hosen,*
> *da schmier'n sie die Stiefel mit Seehundsfett*
> *und tanzen mit Matrosen*

sei nicht verlockend.
Für St. Ives aber gibt es ein regelrechtes Warnlied aus der Piratenzeit.

> *Fort vom Lärm der Hafenbucht,*
> *weg, ihr Mädchen, eilt davon!*
> *In St. Ives hilft nichts als Flucht.*
> *Fort von diesem Babylon!*
> *Flieht mit euren zarten Hüften*
> *bergwärts zu den bessern Lüften;*
> *flieht St. Ives und seine Schätze,*
> *flieht die süßen Wollustplätze,*
> *flieht die schwülen Buhlerschlingen,*
> *drin sich schon so manche fingen,*

flieht die Bälle und Pokale
und die prächt'gen Nachtlokale,
wo sich Tand und Teufel dreht,
flieht, o flieht, eh es zu spät!

Ob dieses nun als wirkliche Mahnung die Verse eines Pastoren sind oder eines ehrbar verliebten Tischlergesellen, die Aufzählung solch verführerischer Dinge wird den Andrang zu den „splendid midnight halls" wohl kaum vermindert haben. Heute ist das Lied, meinte Miß Holloway, fast wieder zeitgemäß. St. Ives, so reizend am Südwestzipfel der Küste Cornwalls gelegen, wurde unlängst, wenn nicht wieder von Freibeutern, so doch von Künstlern entdeckt. Und wo wäre da der Unterschied? meinte Miß Holloway und lächelte trotz ihrer siebenzig wie ein Backfisch.

DER „PETER VON DANZIG"
Anno 1471/72

Kurz nach Pfingsten 1462 kam aus Rochelle ein ungewöhnlicher Dreimaster nach Danzig. Er war an vierhundert Danziger Roggenlasten groß, und so lächerlich heute diese rund 700 Bruttoregistertons dünken mögen, damals war es riesig. Fünfzig Meter lang, zwölf Meter breit und von neun Meter Seitenhöhe bei fünf Meter Tiefgang. Der Großmast über Deck maß zweiunddreißig Meter und seine Segelfläche immerhin fünfhundertzweiundfünfzig Quadratmeter unter einer Rah von fünfundzwanzig Metern. Das Verhältnis zu dem Großsegel der allerdings geteilten Betuchung späterer Barks und Vollschiffe ist etwa der einer mittelalterlichen Muskete zu einem modernen Karabiner. Das Erstaunlichste an dem französischen Frachter aber war der Rumpf. Er war nicht klinkergebaut, nicht mehr wie bis dahin üblich Planke über Planke fassend, sondern glatt, Kante auf Kante. Und da solches zuerst bei den spanischen Karavellen vorkam, nannte man dieses Schiff kravelgebaut. Es hatte aber unterwegs in einem Gewitter Seeschaden erlitten. Die Behebung zog sich hin und wurde immer teurer. Bezahlung von Frankreich verzögerte sich. Da fanden sich Danziger Kaufleute, die das Geld vorstreckten und das Schiff schließlich pfändeten. Als der Eigentümer und Reeder selbst nach dem Rechten sah, nützten ihm kein Einspruch und Prozeß und selbst die Anrufung des Königs von Frankreich nichts. Was die Danziger hatten, das hatten sie. Und da eines Tages sich Streitigkeiten mit England ergaben wegen einiger Piraterie auf Island, da fühlte sich die Hansestadt mächtig genug, den Briten zu zeigen, wer recht hat. Und sie rüsteten das französische Schiff, das schon fast vergessen war, gehörig aus, tauften es *Der Peter von*

Danzig, setzten fünfzig Mann Besatzung und dreihundert angeworbene Söldner darauf und achtzehn Steinbussen — Kanonen, die Steinkugeln schossen — und schickten es unter dem Ratsherrn Bernd Pawest in die Nordsee. Die Unkosten wurden vorläufig durch eine Ladung Bau- und Mastenholz und Pottasche gedeckt.

Man lief Berschuk an, löschte die Fracht, nahm Verbindung auf mit dem hansischen „Haus des Kaufmanns" zu Brügge, erhoffte auch tätige Mithilfe aus dieser Weltmetropole des Ost-West-Handels, wo es so elegant zuging, daß sich Herr Pawest alsbald gar in Kleidersorgen befand und sich einiges leihen mußte „nah der wiese, als man dar drecht". Enttäuschend für ihn war, daß er ziemlich allein dastand mit seinen kriegerischen Absichten. Danzig hatte schon früher zahlreichen Kapitänen Kaperbriefe ausgestellt. Es war allzu selbstherrlich. An den Weisungen dieser Schriftstücke, alle dem Feinde abgenommenen Waren nach Danzig zu bringen, hatten andere Häfen wenig Vergnügen. Und die Bemerkung: Etwa dabei befindliche Güter der Freunde sind zurückzugeben ... war genauso zwielichtig wie der Begriff Freund und Feind.

Pawest aber hatte mehr Ärger noch über die „quade Buben" des angeworbenen Haufens, der sich natürlich mit Genuß in die von südlichen Luxusartikeln strotzenden Geschäftsstraßen Flanderns und in die Schlemmerlokale und Freudenhäuser verlor und täglich mehr Geld forderte. Und bei Behebung eines Ruderschadens arbeiteten die holländischen Zimmerleute auch nicht gerade unter Tarif. Als es denn endlich losging, war es tiefer Winter und die See sowieso ziemlich kahl. Da war auch rein gar nichts zu erjagen, und selbst die französische berüchtigte *Columbe* und der Antwerpener *Mariendrachen* hatten sich hinter die Mole gelegt. Was an Themseseglern unterwegs war oder sonst von der Südküste, sah auch nicht ein, warum es dem dicken Danziger Bumser in die Quere laufen sollte. Die kleinen Fischtrawler von der Insel Wight waren immer rechtzeitig mit Warnsignalen zur Hand. So denn kreuzte das blutdürstige Krawel vergeblich zwischen Calais, den Downs und Ushant, bis es schließlich so elend leck war — denn weder in Rochelle noch an der Mottlau hatten die Werftmeister schon den richtigen Dreh heraus mit der neuen Beplankung —, daß selbst mit einigen hinzugestoßenen Lübecker und Groninger Hulken nicht zu wiederholen war, was ein paar Jahrzehnte zuvor geschehen und seit der Normannenzeit nicht mehr — und bis heute auch nicht noch einmal —, daß nämlich fremde Schiffe in England gelandet wären und die Küsten übel verheert und die Krone zu genehmen Verträgen gezwungen hätten. Das eben hatten die Hamburger im Verein mit den Lübeckern vermocht, was weder Philipp noch Napoleon noch Hitler hat glücken können.

Einige Jahre nach jener Denkwürdigkeit hatte in dem dauernden Sippengestreite um die englische Thronfolge ein schon Gekrönter sich gen Holland absetzen wollen, war aber einem deutschen Piraten, dem „harten

Der „Peter von Danzig"

Seevogel" Pawel Beneke, in die Krallen geraten. Gegen gehörige Abfindung hatte der den vierten Eduard aber sanft an die begehrte Küste gesetzt und ihm damit Gelegenheit gegeben, einige Verwandtenmorde vorzubereiten. Pawest nun konnte in seinen fünfzig wohlgesetzten Briefen an den Danziger Rat nur berichten: „Ehrsame, liebe Herren, wir zogen vor die lecken Stellen Handtücher, Lakenstoff und Haarfilz, holten von außen ein Bonnysegel davor und machten Säcke mit Grütze voll, versuchten auch, mit Brettern, Moos und Teer abzudichten und noch allerhand anderes. Während wir das Lecksegel vorzogen, hatten wir nicht Hands genug für alle Pumpen, und da stieg das Wasser im Raum wohl vier Ellen hoch. Das dauerte die ganze Nacht über. Endlich zog die eine Pumpe Luft, und bei dem Schnarchen der Pumpe erhob sich ein großes Freudengeschrei im ganzen Schiffsvolke ... Auch sind wir drei Anker los ..."

Es half nichts, das Schiff mußte an die Pier. Hundert Zimmerer waren dreißig Wochen lang mit der Reparatur beschäftigt. Die Löhnung für die Besatzung und die Söldner ging weiter und nicht zu knapp, da englische Werber selbst in Holland nicht müßig waren, goldene Berge und jeden Tag Pudding jedem Braven zu versprechen, der in der britischen Marine anmustern würde.

So also sieht gelegentlich die Kehrseite der Freibeuterei aus, sei sie nun mit oder ohne das fragwürdige Kaperpapier. Die Gegner hatten inzwischen den *Mariendrachen* und sechs weitere, darunter drei Lübecker und ein Danziger Orlog-Fahrzeug unschädlich gemacht. Pawest schlug bekümmert vor, einen anderen Kapitän für das große Krawel zu ernennen, den besten, der in der Nordsee zu finden sei: Pawel Beneke.

> *Peter von Danzig*
> *Wann kümmst du to Puß?*
> *Un kümmst du, dunn danz ick*
> *öwer Höhner un Hus,*
> *dunn seilt wir no Westen in Bülgen un Blast*
> *un sett uns de engelsche Kron op den Mast.*

PAWEL BENEKE UND EIN PAPSTBRIEF
Anno 1473

Gegen ein Sechstel Eigentumsrecht am *Peter von Danzig*, dazu völlig freie Hand und angemessenen Beuteanteil übernahm Beneke die Führung des Schiffes. Er leitete erst einmal den Konvoi einer hansischen Flotte mit wertvoller Ladung flandrischer Tuche und Brabanter Spitzen nach Hamburg und überwinterte dort gemütlich. Sein Ruf war so, daß er ihn durch keine Voreiligkeiten zu trüben gedachte. Drei Jahre zuvor, genau zu Neujahr, hatte er den Engländern die *Joen of Newcastle* abgenommen, ein Schiff von dreihundert Lasten. Ein Jahr darauf zur Fastenzeit vor der Themsemündung die *Madlene de Dieppe* und auch den *Schwan von Caen*. Wieder war ein gewichtiger Fahrgast dabeigewesen, nämlich der Lordmajor von London, Thomas Kuegk.

Mitte April nun ging Beneke von neuem segelauf und elbab und hatte ausgestreut, er beabsichtige eine Pilgerfahrt nach Santiago de Compostela. In Wahrheit ließ er seine Begleitschiffe allein weiterreisen und legte sich vor der Insel Walcheren auf die Lauer. Er brauchte endlich etwas Kräftiges, um die Unkosten zu bestreiten. Leider aber war der Friede schon wieder einmal weit und breit so gut wie gesichert. Und gerade trafen durch alte nette Kundenverbindungen Nachrichten ein, daß die große Galeone *St. Thomas* in Brügge seefertig liege, gechartert vom Vertreter einer Florentiner Firma, mit äußerst wertvollen Stückgütern burgundischer, englischer und französischer Handelshäuser, und einiges davon sei wahrscheinlich für London bestimmt. Und wäre es für Rom oder das himmlische Jerusalem bestimmt, mir ist es gleich, sagte sich Kapitän Beneke.

Die Galeone *St. Thomas* war noch größer als der Danziger Peter und auch besser bewaffnet. Sie war unzweifelhaft kein britisches Schiff. Sie gehörte dem Herzog von Burgund und fuhr unter dessen und florentinischer Flagge. Beneke kümmerte das nicht. Er mußte seinen hansischen Söldnern allerdings saftig zudonnern, ehe sie den gehörigen Mut zeigten. Da er als Kapitän das Recht hatte, an „Hals und Hand" zu richten, nützte es.

Er griff an, enterte und hatte nach längerem Gerangel Glück. Aber die freche Tat wirbelte viel Gischt auf. Doch dauerte es drei Jahre, ehe der Lübecker Rat ein Schreiben erhielt und es stirnrunzelnd an Danzig weiterleitete, darin Papst Sixtus IV. zu der Angelegenheit der *Galeyde St. Thomas* Stellung nahm. Er führte Klage über den „Schiffer und Piraten" Paul Beneke und forderte Schadenersatz.

Die Übersetzung der wesentlichsten Stelle aus dem Lateinischen lautet:

„Mit Billigung und Unterstützung mehrerer Hansestädte ist jener Pirat Paulus Beneke in die genannten Gewässer gefahren und hat mit seinem Schiffe, seinen Seeleuten und dreihundert Söldnern den Franz Sermach, Herrn und Patron der Galeyde, sowie seine Leute, Schiffer und Kaufleute darauf überfallen. Bei diesem Überfall wurden dreizehn Florentiner elendiglich getötet und ungefähr hundert grausam verwundet. Die Waren und sonstigen Güter, welche in dem Schiffe sich befanden und nach gemeiner Schätzung den Wert von etwa 30 000 Goldgulden hatten, wurden mit Gewalt geraubt. Aus jenen Gütern wurde ein Teil unter die Räuber, so wie es ihnen gut schien, verteilt, der Patron Franz und einige andere gefangengesetzt, in Fesseln und Eisen geschlagen und im Schiffe in Gewahrsam genommen. Alle übrigen, die Verwundeten und die Nichtverwundeten, wurden aller ihrer Habe entblößt, halbtot und wie Gefangene mit dem Schiffe in die Gewässer der Räuber verschleppt, welche alles zu ihrem Nutzen umsetzten . . ."

Beneke hatte vor, die fette Prise im reichen Hamburg gegen klingende Münze zu tauschen. Aber die Hamburger winkten schon gleich hinter Cuxhaven ab. Sie wollten mit der Sache nichts zu tun haben. Somit verholte er mit Erlaubnis des Bremer Erzbischofs Schiff und Beute über Steuerbord in die Schwinge nach Stade. Dort hatte er schon einmal nicht ungünstig eine britische Galeasse namens *Violence* voll flandrischen Tuchs losgeschlagen. Er hoffte, auch diesmal würden die Hamburger nicht zögern, billig unterderhand zu kaufen. Kühn schätzte er den Gesamtwert auf 60 000 „vlämische Pfund", das wären runde sechs Millionen Deutsche Mark Kurs 1958. Er rechnete etwas piratisch hoch. Der Papst, sicher nicht schlecht unterrichtet und ebensowenig zu Unterschätzungen geneigt, sprach, umgerechnet, nur von etwa vier Millionen. Immerhin, es waren teure Sachen dabei. Vor allem ein — angeblich für Florenz — bestimmter, von Hans Memling gefertigter Altar mit dem wunderbaren Bilde vom Jüngsten Gericht. Leider erschienen die Hamburger nicht, es zu erwerben. Die Danziger Reeder bezahlten das Kunstwerk mit einem Dankeschön und schenkten es der Marienkirche.

Beneke setzte in Stade an Bremer und Lüneburger Händler nur eben so viel ab, daß er die Anteile an seine Kohorten auszahlen konnte, im ganzen ein Zehntel des Beutewertes, also in damaliger, zu Danzig gültiger preußischer Mark, 43 850, für jeden der Besatzung 80—100 M und 21 M „Piliast" (so wird in den Urkunden die Kampfzulage bezeichnet, das Prisengeld).

Wie man die Sache auch patriotisch zu wenden versucht, es hat sich um eine rechte Freibeuterei gehandelt. Besitzer des *Peter von Danzig* war nicht einmal die Stadt, sondern diese hatte mit Bedacht ihre Rechte an die drei ehrbaren Bürger abgetreten, die damals für die Wertkosten geradegestanden und dann die weiteren Auslagen nicht gescheut. Selbstredend übernahmen sie auch den berühmten Kapitän Beneke nicht, um der nationalen Glorie zu frönen, sondern, damit er ihre beanspruchten Säckel wieder fülle. Das hatte er bestens mit diesem einen Streich geschafft. Der Papst und auch der Herzog von Burgund saßen weit weg. Was sollte der auch gar von Hamburg und Lübeck zur Zahlung und Buße oft gemahnte Rat der Stadt anders tun, als immer wieder die Achsel zu zucken? Als Unterhändler wirkte der zähe Herr Bernd Pawest, und der gerade hatte Beneke empfohlen. Und so verlief das Gedrohe der Gläubiger schließlich wie Brandungswellen im Sand.

Pawel Beneke — er schrieb seinen Namen östlich und nicht, wie die Lexika zumeist melden, Paul — scheint sich nach dem gelungenen Raub klug zurückgehalten zu haben. Die „Galeyde" wurde den Hanseaten aber bei nächster Reise von den Franzosen weggenommen und von diesen für 12 000 Gulden an die ursprünglichen Eigentümer zurückverkauft. Das große Krawel *Der Peter von Danzig* fuhr, da nun überall sich gegenseitig „ewiger Friede" zugeschworen war, in Fracht zur Loire, erlitt aber Schiffbruch und wurde, woher er einst gekommen war, zu Rochelle, abgewrackt. Im gleichen Jahre 1475 verschwindet auch der Name seines letzten Kapitäns aus den Schiffslisten und taucht auf als der eines Hausbesitzers in der Heiligen-Geist-Gasse zu Danzig. Daß etwa die verdammende Bulle des Papstes, die allen östlichen Gemeinden den Verkehr mit dem „gemeinen Seeräuber Paulus Beneke" untersagte, an seinem erworbenen Vermögen oder gar Ansehen gerüttelt habe, ist bis heute nicht zu ersehen.

> *Kalkül und Macht und Recht,*
> *wer damit handelt frei*
> *und hat noch Glück dabei,*
> *dem geht es niemals schlecht.*

ROTBART HORUK
um 1500

Sein Vater war Spahi bei der osmanischen Reiterei gewesen, Nachkomme einer der „Skandinavi", die, weither vom Norden verschlagen, den Byzantinern willkommene Kriegsdienste geleistet. Wegen eines Vorfalls, der nirgends zu Buch steht, entzog dieser sich den Diensten und ließ sich auf der Insel Mytilene nieder, dem alten Lesbos. Er ehelichte die Witwe eines griechischen Geistlichen und kaufte ein Boot, mit dem er kleine Frachtenaufträge im Archipel erledigte, auch etwas Handel mit Hausbedarf trieb. Sein Name ist mit Jakub d'Jenidschewarder überliefert, was auf einen vormaligen Wohnort in Kilikien oder Armenien deutet, wo es Orte ähnlicher Bezeichnung gibt. Er soll blond und blauäugig gewesen sein, die Mutter dunkel. Von seinen beiden Töchtern ging die eine ins Kloster. Seine vier Söhne hießen Horuk, Elia, Isacco und Azor. Sie waren alle rothaarig.

Elia wollte Mönch und Einsiedler werden, Isacco wurde Tischler, Azor Töpfer, Horuk Schiffsjunge bei seinem Vater. Die Familie war arm und blieb arm. Und als der Vater starb, mußte das Boot verkauft werden. Horuk ging nach Konstantinopel.

Dort gelang es ihm, Aufseher der Rudersklaven einer Galeere zu werden. Sein Bruder Elia folgte ihm. Das Eremitentum hatte ihm nicht zugesagt. Als Mitglied der Galeerenmannschaft fiel Elia in einem Gefecht gegen die Johanniter bei Candia. Horuk geriet in Gefangenschaft und wurde an eine Ruderbank gefesselt.

Wegen seines roten Bartes hatten ihn schon die Christensklaven, denen er der Peitschenmeister gewesen, Barbarossa getauft. Der Name blieb ihm. Zwei Jahre ertrug er zäh und lauernd sein schlimmes Los. Eines Tages hatte das Schiff losgekaufte Muselmanen befördert — auch die Johanniterritter kannten, über Zwischenhändler, das Geschäft des Lösegeldes — und war zum Fischfang eingesetzt, als ein Unwetter losbrach und die Galeere auf die Klippen zu werfen drohte. Horuk nahm die Verwirrung wahr, vermochte mit übermenschlichem Willen seine Fußfessel zu zerbrechen, warf sich in die tobende See und erreichte das Ufer bei Castel Rosso. Ein paar Tage später gelangte er mit Fischern nach Satalia, erzählte der Behörde sein Geschick und erhielt die Leitung eines der kleinen Segler, die zur Beunruhigung des Ordens eingesetzt waren. Als er mit seiner Mannschaft gelegentlich einen Strand in Augenschein nahm, noch zögernd, andrer Leute Eigentum anzupacken, wurde sein Schiff von einer Johannitergaleere weggenommen. Somit hatte er in Satalia ausgespielt.

Wieder ging er nach Konstantinopel, trieb sich in den Hafenspelunken der Weltstadt umher, fristete sein Leben als Träger, als Matrose und wurde Steuermann auf einer Brigantine, die eine Firma zur Korsarenfahrt ausgerüstet hatte. Unterwegs überredete er die Besatzung zur Meuterei

Er hoffte, auch den Kapitän gefügig zu machen. Doch da der sich zur Wehr setzte, erschlug er ihn mit einer Axt. Und übernahm das Kommando. Konstantinopel konnte nicht mehr der geeignete Hafen für ihn sein. Somit nahm er Kurs auf Afrika.

Doch vorher lief er Mytilene an und ließ seiner Mutter eine Handvoll Goldstücke da. Die beiden Brüder, die noch brav zu Hause waren, begeisterten sich daran und an seinen Erzählungen so, daß der Tischler Isacco ihm alsbald als Zimmermann an Bord folgte. Dem jüngeren, Azor, versprach er das Kommando über die nächste Feluke, die er kapern würde. Er konnte sein Versprechen bald einlösen. Vor Euböa fiel ihm ein türkischer Segler fast ohne Blutvergießen in die Hände. Nun segelten die Brüder gen Tunis, wo das Piratentum in hohem Ansehen stand.

Vor Sizilien griffen die beiden raschen Kleinsegler bei Nacht ein großes spanisches Transportschiff an. Es war ein tollkühner Streich, und sie hatten erbittert zu kämpfen, ehe sie alle Offiziere und Soldaten erledigt hatten. Es waren viele reiche Fahrgäste an Bord, die nach Neapel wollten. Jetzt gelangten sie, in ihrer schönsten Kleidung, Männer, Knaben und Frauen, darunter zwei besonders schöne junge Mädchen, sowie Jagdfalken, Windhunde und andere Hunde, gen Tunis und wurden in einem Triumphzug dem Bey nebst etlichen Juwelen und Ballen kostbaren Stoffes zum Geschenk gemacht. Das beste daraus wurde gnädig angenommen, das übrige auf dem Sklavenmarkt verkauft.

Der Bey Muley-Achmed übergab dem jungen Freibeuter ein tunesisches Schiff. Gewährte ihm also den behördlichen Hintergrund, auf dem Piraterie im allgemeinen unter die Rubrik des Kriegsrechts fällt. Da aber Tunis sich höchstens mit Spanien im Dauerzustand des Krieges befinden mochte, weil die Rechnung der Vertreibung aus dem maurischen Paradies niemals völlig zu begleichen war, diese Rechnung aber sich bald, ob Krieg, ob Frieden, auf alle Christen bezog, so mögen die westlichen Geschichtsschreiber jener Zeit recht haben, welche die Auslieger der Barbaresken allesamt als Meeresdiebsgesindel bezeichnen.

Horuk wurde einer der gefährlichsten Seeräuber seiner Zeit. Mit seinen Brüdern richtete er sich eine sichere Zuflucht auf der Insel Dschirba ein, ein Beutenest mit befestigten Lagerräumen für Fracht und Gefangene. Ihr Geschwader plünderte an allen Küsten Spaniens und Italiens. Horuk verlor in einem Gefechte den linken Arm durch eine Stückkugel. Ein arabischer Kunstschmied verfertigte ihm einen silbernen Ersatz mit Scharnieren. Schmerzlicher noch traf ihn der Verlust des Bruders Isacco, und er und Azor schworen den Christen unauslöschliche Rache, zumal den Spaniern, aus deren Reihen der tödliche Bolzenschuß gefallen. Die Begierde, mächtig zu werden, Gewalt auszuüben und Reichtum zu ergattern, erfüllte sie mit Kühnheit und Grausamkeit.

Doch es kam der Tag, da Horuk von den Spaniern wie ein gehetzter Hirsch zur Strecke gebracht wurde.

DER SEEFALKE
ab 1518

Sein Name Azor bedeutet Falke. Er wurde ein Seefalke sondergleichen. Doch das Köstlichste von allem, was ihm in die Fänge geriet, schickte er als Tribut zum Goldenen Horn. Er war weniger ungebärdig als sein Bruder Horuk, er rechnete sachlicher, hatte aber auch nicht die Tötung eines osmanischen Kapitäns auf dem Gewissen.

Seine schmalen Segelgaleeren rauschten hin und her zwischen den Küsten und Inseln. Er wurde zum Schreckgespenst zwischen Korfu und Mallorca, zwischen Tunis und Kalabrien und vom Tiber bis zur Rhone. Sein Aufschwung wurde gefördert durch die Nebenbuhlereien kleiner und großer Fürsten Europas und der Republiken reicher Hafenstädte wie Venedig und Genua. Das Band des Christentums erwies sich als brüchig. Das Band des Islams erwies sich als zäh und dehnbar. Man hat gesagt, das christliche Kreuz erscheine in platter Rechenkunst als das Zeichen des Hinzunehmens oder Durchstreichens. Der muslimische Halbmond symbolisiert so Spange wie Kralle.

Den Kauffahrern, die er überfiel, wurde gar nicht bewußt, daß sein Bruder tot sei. Sein Bart war nicht weniger rot. Er erbte mit allem, was Horuk besessen, auch dessen Beinamen Barbarossa. Barbarossa! Im Abendland ein Name, sonst in Ehrfurcht genannt, den Deutschen sogar heilig wie der eines Messias, der mit der Herrlichkeit des Reiches wiederkehren würde. Im Mittelmeer an den Küsten der Christen nun der Begriff des Teufels. Barbarossa! gellte es von den Wachttürmen, die auf Hügeln errichtet waren. Von Furcht gestoßen, schleppten sich die Uferbewohner mit schnell zusammengerafftem Hab und Gut ins Innere bergauf. Aber zumeist landeten die flinken Galeeren des Piraten so überraschend, daß keine Rettung möglich war. Hunderte und Tausende unglücklicher Opfer wanderten in die sarazenische Sklaverei. Die kräftigsten Männer wurden an die Ruderbänke gekettet, Handwerker und Techniker auf die Betriebe verteilt der Werften, der Gießereien, der Manufakturen des wachsenden Bedarfs an Ausrüstung für den algerischen Piratenkönig. Jüngere Leute wurden, falls sie den Glauben wechselten, unter die Schiffsbesatzungen oder die Landmiliz gesteckt oder aber auf den Märkten an Bauern und Bauunternehmer verkauft. So erging es auch den Frauen, die nicht hübsch genug waren, die Harems zu füllen. Die Knaben gingen ähnliche Wege. Die besten wurden der osmanischen Elitetruppe, den Janitscharen, zur Aufzucht überlassen. Greise beiderlei Geschlechts, die nicht einmal mehr für Pfennige abgesetzt werden konnten und für die auch kein Lösegeld in Aussicht stand, wurden in Säcke gesteckt und ins Meer geworfen. Manchmal sparte man die Säcke.

Die Christen machten es ihrerseits mit gefangenen Muselmanen nicht besser, manchmal noch schlimmer. Sklaverei war damals in der ganzen

Welt noch eine selbstverständliche Einrichtung, die das Dienstbotenproblem und die Gehaltsfrage aufs einfachste löste.

DIE DIEBESINSELN
Anno 1521

Unterdessen war Amerika entdeckt. Der Hunger Europas nach Neuland geweckt. Er nagte auch in dem ehemaligen Matrosen Magellan. Der hinkte, blessiert auf der großen ostindischen Raubfahrt, die Vasco da Gama als erster Europäer unternommen, und war aus portugiesischem Dienst in den spanischen übergewechselt, unzufrieden, gewillt, der undankbaren Heimat von hinten in die erreichten Gewürzinseln zu fallen. Zu diesem Zwecke versprach er dem jungen deutschen Kaiser Karl V., die Durchfahrt durch die Neue Welt zu finden, den Westweg in den Indischen Ozean, das Unerhörte, das Unhergebrachte zu wagen. Und der seefreudige Kaiser ließ sich überzeugen und griff in die Staatskasse oder in die der Fugger, und Magellan segelte los.

Mit klarer Brutalität selbst gegen die mitgeschickten Kronbeamten, durch keine Enttäuschung, Meuterei und Strapaze abgeschreckt, sein Kapitänsrecht, an „Hals und Hand" zu richten, rücksichtslos und zielbetört nützend, gelang Magellan die Umschiffung Südamerikas. Eine Seefahrtsleistung von einmaligem Rang, die ihm indes die gotteslästerlichsten Flüche von Abertausenden von Seeleuten eingetragen hat, bevor der Panamakanal die Magellanstraße und Kap Horn wieder der häufigen Sicht entzog.

In der unsäglichen Mühsal der ersten Weltumseglung und in der gebührenden Hochachtung davor zucken noch immer die prometheischen Holzstöße der Feuerländer, die von fern wie nervöse Sterne die Qual der Durchfahrt begleiteten. Und tönt das Röcheln des überlisteten riesigen „Patagoniers", den man raubte wie Necho ein paar tausend Jahre vorher die Kameruner Gorillas, um ihn daheim zur Schau zu stellen. Auch er starb vorher.

Und ein diebisches Gelächter schallt auf. Als nämlich die skorbutstinkenden, verhungernden Besatzungen nach höllischen Wochen und Monaten unter der ungerührt glühenden Sonne des „Pazifik" endlich Land erblickten, Eilande mit tropischen Zaubergärten, und das Großboot schon ausgeschwenkt war, um den ersten gierigen Erkundungstrupp aufzunehmen, da fanden sich die schwerfälligen, von Seepocken und Bohrmuscheln bewachsenen Karavellenrümpfe plötzlich von zahllosen Kanus umringt. Schwärme von Kanaken kletterten behende an Bord, lachten und tanzten und füllten unübersehbar, unabwehrbar Decks und Räume.

Doch wie sie gekommen, windschnell, waren sie wieder verschwunden, und mit ihnen alles, was nicht festgelötet war, sogar das Admiralsboot.

Die ausgemergelten Spanier — aber auch Deutsche waren dabei — begaben sich in echt christlicher Empörung alsbald auf Strafexpedition. Wenn schon Neuland, wollten allein sie die Nehmenden sein. Und somit begannen sie die Ausrottung des dortigen Hergebrachten und der Tschamorros, deren Gesittung, Architektur, Seefahrtskunde und Frömmigkeit dem Kulturstand der meisten Besitzergreifer überlegen waren. In den Kreuzzügen und Mauren- und Judenvertreibungen daheim war ähnliches vorgekommen. In diesem Frühling 1521 übrigens hätte der junge europäische Kaiser ein anderes „Hergebrachtes" gern erhalten gewußt. Aber das konnte Luther ihm zu Worms nicht versprechen.

Magellan trug in die werdende Seekarte für besagte Inselgruppe das Wort Ladronen ein, Diebesinseln. Später wurden sie nach einer spanischen Königswitwe in Marianen umbenannt. Sie gerieten danach in verschiedene Hände, bald durch Diebstahl, bald durch Kauf. Selten ging es ohne Blutvergießen ab. Die Insel Guam, gleich neben der tiefsten Stelle aller Ozeane, ist heute ein wichtiger Trittstein zwischen den Kontinenten, obendrein sozusagen ein pazifisches Malta, ist Flug- und Flottenstützpunkt, Funkstation, Raketenlager und bereit zum Ladronischen oder zur Strafexpedition wie eh und je, seit der erste weiße Fuß ihren Korallenstrand betrat.

NIKOLAUS KNIPHOFF
Anno 1525

Auf einen vernünftigen König zu Dänemark, der Hans hieß, war sein weniger vernünftiger Sohn Christian II. gefolgt. Er heiratete in gegenseitiger Berechnung Karls V. jüngste Schwester Isabell, die Flandern sozusagen als Schoßgeld mitbrachte. Daß er von ihren glutschwarzen Augen nichts hielt und also nicht sie, sondern ein blondes, dralles flamsches „Täubchen" mit zu Hofe nahm, war nun einmal Fürstenmanier und von seinem hohen Schwager vorgeübt. Dieserweise nicht nur mit kaiserlicher Weltmacht, sondern auch noch mit Ungarn, Portugal und Frankreich verschwägert, so überall Karls Schwestern hingeehelicht, stach Christian der Haber gewaltig. Er gedachte den großen Umschlagplätzen der überseeischen Kolonialgüter Antwerpen und Hamburg die Strähne abzuschneiden und statt ihrer Kopenhagen zum Drehkreuz, zur Windrose der Frachten zwischen Ost und West und Süd und Nord zu erheben, auch Lübecks Handel den letzten Stoß zu versetzen.

Und angeheizt von den Schwägern und vom Papste, der schwelenden Ketzerei in Schweden an die Scheite zu rücken, auch von seinem Täubchen unsänftlich begurrt, den Stockholmer Adligen, von denen es sich nicht hinreichend geschmeichelt fand, den Hochmut zu strafen, aber auch paralytisch von der Lustseuche gezeichnet, die seit 1493 sich von Barcelona aus durch westindische Seeleute, durch Landsknechte, Vaganten, Händler und Freudenmädchen über die Alte Welt bis in alle Gesellschaftsschichten verbreitete, fühlte er sich stark genug, die Einheit Skandinaviens noch einmal mit Blut zu kitten. Was aber Verhandlung nicht vermag, vermag Gewalt nimmermehr. Aus dem Blutbad zu Stockholm war der Jüngling Wasa, dessen Wappen eine friedliche Garbe zeigt, entronnen. Flüchtig und unstet lebte er eine Weile als Pirat in der Ostsee, gewillt, seinen Vater und seinen Onkel zu rächen, die mit über hundert andern gleich Ketzern enthauptet und verbrannt worden. Vergeblich lauerte Christians Admiral Kniphoff dem Gefährlichen nach, der an Land stieg, als seine Stunde geläutet hatte, und als Gustav Wasa in die Geschichte Schwedens einging und es zur Freiheit führte bis auf den heutigen Tag.

Auch Schleswig-Holstein hatte sich von Christian losgesagt, und der Schlächter fand es geraten, mitsamt dem Täubchen und dessen robuster Mutter nach Flandern zurückzufleuchen. Kniphoff blieb ihm getreu, obwohl er aus Malmö stammte, wo feierlich gelöst wurde, was einst zu Kalmar von der schwarzen Margret zur Union zusammengepreßt gewesen. In Antwerpen nun, der blühenden Stadt, rüsteten Christian und sein Kapitän mit Fuggerschem Gelde zehn kräftige Schiffe aus, die sollten dem Handel und Wandel des Nordens die Luft abschnüren und die Laufplanke zu glorreicher Rückkehr bereiten. Kniphoff segelte los und fegte die See zwischen Skagen und Groningen leer wie zu Störtebekers bester Zeit. Da auch ein paar hansische Schiffe mit draufgingen, fackelten die Hamburger nicht lange. Denn zu Hamburg hatten sich Christians Gegner mit seinen Schwägern geeinigt. Selbst der Papst war schlecht auf ihn zu sprechen, da doch das Täubchen nicht mehr zur Beichte ging und seinem hohen Gönner ausgemalt hatte, daß die Reformation schon wegen der Einziehung der geistlichen Güter für jeden Fürsten ersprießlich sei.

Die Hamburger Handelskammer erreichte neue Vorrechte in Schonen und in ganz Dänemark. Dafür war ein geharnischter Ausflug gen See nicht unbillig. Unter Bürgermeister Koel wurde Kniphoffs Flotte gesucht, gefunden und angegriffen. Es war auf der Höhe von Ostfriesland, dem alten Seeräuberbezirk. Nach gehörigem Gefecht wurde der dänische Admiral mit hundertzweiundsechzig „Spießgesellen" aufgebracht. Da half kein Einspruch selbst der flandrischen Isabell oder Edzards, des Grafen von Ostfriesland. Wohl ließen die Hamburger die Hälfte und einige mehr der Eingelieferten laufen, da es „gute verblendete Bauernburschen" gewesen. Die andern aber, die rechten Seerobben und ihr Anführer, wurden auf dem Grasbrook gerichtet. Diese fünfundsiebzig waren allerdings schon fast die letzten Freibeuter, deren Köpfe, auf Pfähle gesetzt, das Elbufer zierten.

Die Flagge des Kniphoffschen Hauptschiffes wurde über die Kanzel des Mariendomes gehängt. Dort befand sich die Zerschlissene noch, als Gott und die Geistlichen die Stätte verlassen hatten und statt der Kirchenorgel die Drehorgel des Jahrmarktes — der noch heute und allein den Namen Dom zu Hamburg trägt — von den schönen Kreuzgewölben widerhallte, bis auch diese dahinsanken und mit ihr die letzten seidenen Fetzen der Trophäe. ·

Reizvoll ist die Ansicht eines späteren Chronisten über den Fall Kniphoff. Er schreibt: „Wir enthalten uns, ein moralisches Urteil über diesen Justizakt abzugeben, da die Leuchte unserer Ideen, zu jenen Zeiten hinausschweifend, nur ein sehr kärgliches Dämmerlicht über die damaligen Verhältnisse verbreitet; gewiß aber ist, daß unsere Vorfahren in vollem Rechte bei Handhabung solcher Rache zu sein vermeinten, und sicher wird niemand in seinem Gewissen darüber beunruhigt worden sein."

Liegt es am Licht?
So hell es strahlt,
jedem malt
es ein andres Gesicht.

HANS HOLBEINS PIRATENSCHIFF
Anno 1526

Man war durchaus beruhigt, an der Schelde nicht minder als an der Elbe. Der Seeverkehr blühte neu und großartiger denn je. Aber Antwerpen lag günstiger. Dort löschten die spanischen und portugiesischen Schiffe die Herrlichkeiten West- und Ostindiens, und die Hamburger Schiffe übernahmen die Frachten gen Nord und Ost. Ein paar Jahre schien wirklich Frieden eingekehrt in den Nordseegefilden. Hans Holbein konnte ruhig die Überfahrt nach England wagen. Ein Jahr nach Kniphoffs Enthauptung stieg er in Antwerpen zu Schiff. Es war ihm solch Meeresgefäß so neu, das Treiben darauf so ungewohnt, daß er's gleich zeichnete.

Es wurde ein lebhaftes Blatt. Sogar ein Hafenmädchen ist an Bord, und einer der Fahrgäste wagt einen ungezierten Griff, indes vor seinen Knien jemand den Fischen opfert. Der Anker ist hoch und ist festgemacht. Die Segel werden gehißt, und wer nicht gerade alle Hände voll zu tun hat, nimmt einen Abschiedsschluck. Es ist das Jahr 1526. Die Pest wütet wieder einmal in den Hafenstädten, eingeschleppt wahrscheinlich von sarazenischen Schiffen. Man muß vorbeugen. Auch gegen die fürchterliche „Franzosenkrankheit", die Lues, die Rache der Neuen Welt für ihre Entdeckung. Somit trinkt man „erhitzende Liquidi, so die schädlichen

Übel im Leibe aussengen". Bis in den Mastkorb hinauf wandern Krug und Flasche. Das aufgestellte Faß scheint noch lange nicht leer. Der Mann vorn im Bug, den weiten Ärmeln nach ein Geistlicher, vielleicht der Schiffskaplan, hat das größte der Gefäße erwischt.

Einige Hellebardenträger nebst ihren Fähnleinschwenkern sind auch an Bord. Der Reeder scheint sie für nötig zu befinden. Wohl ist Kniphoff tot. Aber im Ärmelkanal und an der Küste drüben wimmelt es von ähnlichen Kneifzangen. Darum auch sieht die Luke am Achterkastell aus, als könne dort jählings das Maul einer Feldschlange herausfahren. Zur Ergänzung dräut am Vorderkastell ein erschröcklich gespreiztes Drachenmaul, eine recht wikingsche Bugzier, und keine „bonte Koh". Dieser Dreimaster, eine Kogge, das Schiff der Hansezeit, ist kaum anders als vor hundertfünfundzwanzig Jahren die *Sunte Mareiken* der Vitalier getakelt. Ihre Ausmaße hat der Zeichner etwas zurückgehalten um der Köstlichkeit der Figuren willen. Vergessen sind nur die sogenannten Brassen, die Taue zum Richten der Rahen. Zweihundert Jahre lang veränderte sich dieser kräftige Nordseetyp nur wenig. Die Karavelle des Kolumbus und die stolzen Silbergaleonen Spaniens hatten ähnliche Bauart, und ebenso die *Vittoria*, mit der Magellan ausfuhr, die Durchfahrt durch die Neue Welt gen Indien zu suchen, und die drei Jahre durchstand, rund um die Erde segelte und heimkehrte, wenn auch ohne ihn.

Noch einen Blick auf das wundervolle, leicht getönte Blatt: Wie auf einem modernen Luxusozeaner fehlt auch die Bordkapelle nicht. Ein Pfeifer und ein Trommler haben sich ans Heck postiert und verabreichen einen flotten Reisemarsch sicherlich Basler Landsknechtsprägung. Zwei verspätete Matrosen kommen noch, angestrengt rudernd, mit letzter Jolle vom Kai. Sie haben sich so ungern wie der Zeichner aus dem munteren Betrieb der Hafenstuben gelöst. Der schlitzhosige Frundsberger, der gerade mit vollem Krug ins Want entert, die Strickleiter des Hauptmastes emporklettert, blickt sich mit hämischem Zuruf nach ihnen um. Der eine im Boot ruft nicht minder saftig zurück. Sein Kamerad auf der Ducht neben ihm aber mißt abschätzend die Bordwand, um mit letztem Riemenzug die genaue Kurve zum Anlegen zu erreichen und das Haltetau, das unter der Rüste hängt.

Die Schiffe waren damals noch selten mit Nationalflaggen versehen. Was der markige Landstörzer da hochhält, ist eine Fahne, an den Stock genagelt, während Flaggen an Leinen hochgezogen werden. Es gab noch nicht die üppigen Flieger und Wimpel, die ein Jahrhundert später die Indienfahrer und die Fregatten schmückten. Hier könnte es sich um ein Hoheitszeichen des Heimathafens Terschelling, Dünkirchen, Wismar oder Bremen handeln. Oder um ein Reedereifähnlein. Alles in allem aber steigt der Verdacht auf: Hier sticht kein ehrbarer Frachter in See, sondern ein bewaffneter Wogenkämmer, ein Freibeuter nach vollbrachtem Umsatz der ergatterten Werte, und man ist dabei, teils zu feiern, teils sich Mut zuzutrinken für die nächste Untat. Holbein hat keine Notiz zu diesem Blatte hinterlassen. Aber das Abenteuerliche blitzt aus jedem Strich, das Piratische, davor das bürgerliche Herz in angenehmem Gruseln erbebt.

ABENDLAND IN GEFAHR
um 1530

Karl V. war voll des frömmsten Willens, doch sinnlich bedrängt, schmächtig von Gestalt, zuinnerst zaghaft, mißtrauisch, doch gewaltsam zäh, ein ehrgeiziger Fechter, romantisch schwermütig und romanisch befeuert, doch durchlüftet von flandrischem Seewind, versöhnlichen Geistes, doch leicht gekränkt, ein gelegentlicher Schlemmer, doch schließlich ein kluger Verzichter. Er war der letzte Großkaiser des Heiligen Römischen Reiches Deutscher Nation mit europäischem Großraum und gewaltigem Kolonialbesitz, und war der letzte, den ein Papst gekrönt (von Bonaparte zu schweigen). Karl V. war einer der wenigen Herrscher, die mehr Kinder der Sünde gemacht als Todesurteile unterschrieben. Nie hat er persönliche Grausamkeiten begangen, keine Verwandten vergiftet, keine Frauen aufs Schafott geschickt, aber seine Peinliche Gerichtsordnung sieht für Aneignung fremden Eigentums, Anstiftung zum Mord und Freiheitsberaubung grausame Strafen vor: Zerschneidung des Körpers in vier Stücke, Zerstoßung der Glieder durch ein eisenbeschlagenes Rad, Ertränken, Lebendig-begraben-Werden, Tod durch Verbrennen. Er hat alle die genannten Delikte im großen begehen lassen und mit begangen, aber da es von Staats wegen geschah, trugen sie ihm nicht mehr als ein Gallenleiden ein. Und was er auch tat, gegen Frankreich und gegen und für den Papst, und selbst was Alba an Entsetzlichkeiten in den Niederlanden tun durfte, es war alles der mehr und mehr verzweifelte Versuch, Europa gegen sich selber und die islamische Gefahr zu einigen. Luther ist ihm dabei nicht weniger in die Quere gekommen als der erste Franz oder der achte Heinrich. Seit ihm ist der UNO-Gedanke rege. Er hat die Wurzeln des Baumes begossen, der die deutsche Briefmarke vierhundert Jahre nach seinem Thronverzicht zierte, des Baumes Europa, als andere die Axt daran legten.
Die Muslims haben seine Bedeutung geehrt. Sie haben nur einmal einem europäischen Herrscher den Titel verliehen: Der Gottverfluchte.
Sein islamischer Gegenspieler war Suleiman, der, fünf Jahre älter als er, Sultan wurde, als man Karl zu Aachen, zwanzigjährig, zum deutschen Kaiser krönte. Damals war Franz I. schon König von Frankreich, ein Jahr nur älter als Suleiman. Auf den Gehirnen dieser drei jungen Männer schaukelte damals das Schicksal der Welt.
Und unterdes sich italienische Städterepubliken gegenseitig zu vernichten trachteten, in Schweden der Adel einander abschlachtete, Inquisitoren

Piraten-Schebeke des Mittelmeeres

in Spanien, Frankreich und Flandern wüteten, in Schwaben die Bauern sich erhoben und niedergeschlagen wurden, die europäischen Raubzüge in Übersee Triumphe feierten und England sich mit blutigen Fäusten den Schlaf aus den Augen rieb, schob sich die islamische Flut langsam über die ungarischen Ebenen auf Wien zu und über die blauen Fluren des Mittelmeers gegen die Küsten der Christenheit. Zypern ging verloren, und auch Rhodos wurde überspült, die Hochburg der Johanniter, dieser letzten Kreuzfahrer. Rhodos war der internationale Wachtposten der Pilgerbetreuung gewesen, des Seenotdienstes und der Seepolizei im Mittelmeer, schon fast von der Christenheit vergessen. Das Gelübde der Johanniter enthielt auch die Verpflichtung zu unversöhnlichem Kampfeseifer gegen den Islam. Der Dienst war streng, die Ausbildung der Mannschaften hervorragend, ihre Tapferkeit berühmt. Die Seeräuber wichen den weiß und rot gemalten Ordensgaleeren aus. Aber Suleiman opferte vierzigtausend Muslims, um die christliche Seefeste zu erobern. Und sie fiel nur durch Verrat. Den Überlebenden wurde ehrenvoller Abzug gewährt. Der Kaiser gab ihnen die Insel Malta als Ersatz. Und er beklagte bitter, nicht rechtzeitig eingegriffen zu haben. Denn inzwischen war Pirat Azor zum Admiral der Türkei aufgestiegen und erhielt den Beinamen Cheireddin; das bedeutet: Glaubenstrost.

DIE ENTGANGENE HAREMSBEUTE
Anno 1534

Der ergraute Rotbart Cheireddin zögerte nicht, wie ein bedrohlicher Meteor und warnender Komet durch die Vorbereitungen des Westens zu ziehen. Mit den besten der vom Stapel gelaufenen Neubauten brachte er seine Flotte auf dreiundachtzig Schiffe und nahm zu seiner alten seemännischen Stammbesatzung runde 7000 Janitscharen an Bord, das Beste, was die Türkei ihm an Kampftruppe mitgeben konnte. Ohne Kriegserklärung und unter seiner eigenen Hausflagge (einem beturbanten Schädel auf rotem Grund) suchte er diesen und jenen Hafen auf, um die ihm vorbeugend schon bei der prahlerischen Bekanntgabe seines Zuges angebotenen Geschenke an Waffen, Munition und klingender Münze abzuholen. Andere Häfen und Küsten, die weniger diensteifrig gewesen, suchte er heim. Barbarossa kommt! Von Wachtturm zu Wachtturm loderten angstvoll die Signale.

Unbehelligt rauschte das furchterregende Geschwader an Malta vorbei. Die Johanniter waren noch beim ersten Aufbau ihrer neuen Zuflucht. Doria aber ließ sich nicht blicken. Stand der neue Kapudan Pascha nicht unter dem Schutze des Sultans? Und zur Zeit war man mit Konstantinopel amtlich im Friedenszustand. Es scheint auch, daß die geheimen Verhandlungen des Kaisers mit Cheireddin die ganze Fahrt über sich hinzogen und ihm nochmals Rückenstärkung bei etwaiger privater Eroberungsabsicht betreffs Nordafrikas anboten.

Cheireddin schwieg sich aus. Er wandte sich in die Straße von Messina, plünderte Reggio, das vielgeprüfte, machte die Einwohner von Sanlucido zu Sklaven, brannte Citraro nieder, wobei auch drei auf der Helling liegende päpstliche Galeeren mit draufgingen, zerstörte Sperlonga, beschoß Gaeta. Als die Segel seiner Vorhut bei Capri über den Horizont stachen, brach in Neapel eine Panik aus. Die Stadt entvölkerte sich. Und schon begann auch Rom zu zittern. Der kranke Papst ließ den Kirchenschatz öffnen und Truppen werben. Es meldeten sich keine hundertfünfzig Mann.

Der alternde Falke hatte aber eine ganz andere Beute im Sinn, ein reizvolles Täubchen, ein Dankgeschenk an den Sultan. Nicht gar weit von Neapel nämlich, etwas landeinwärts, liegt das hübsche Städtchen Fondi. Und dort auf ihrem Landschlößchen lebte die schönste Frau Italiens, die Herzogin von Trajetto, Julia Gonzaga, Witwe eines Fürsten Colonna. Über zweihundert Poeten hatten ihr schmachtende Verse gewidmet. Selbst Ariost war seinem Rasenden Roland untreu geworden, um sie zu besingen. Der Sultan hatte davon gehört. Und mit den Augen gezwinkert. Er schrieb ebenfalls Verse, blumige Verherrlichungen seiner Schlachten. Vielleicht würde eine ungewöhnliche Anregung ein neues Thema ergeben.

Sein neuer Meerespascha hatte den Wink verstanden und sich durch eine Kette hochbezahlter Spitzel die Pläne besagten Ortes und Sitzes verschafft. Mit tausendfach geübter piratischer Geschicklichkeit wurde nächtlich und verschwiegen gelandet, und einige Hundertschaften machten sich leise auf die Socken, von Cheireddin selber geführt.

Derselbe Kammerdiener aber, der von den Aushorchern bestochen worden war und Gänge und Treppen säuberlich beschrieben oder womöglich aufgezeichnet hatte, gedachte entweder, eine neuerliche Belohnung zu erhaschen, oder aber ihm schlug das Gewissen. Mit dem gut gespielten Eifer einer Tag und Nacht unaufhörlich wachsamen Seele stürzte er ins Schlafgemach der schönen Frau, die übrigens auch für ihre Keuschheit, aber ebenfalls für ihre Ängstlichkeit berühmt war, und flüsterte: „Donna, Madonna! Schritte! Fremde Schritte auf der Treppe!" — Und damit öffnete er das Fenster zum Garten, wo schon zwei Pferde bereitstanden.

Julia, die mit des Augustus Tochter und Enkelin nur den Namen, aber nicht die geringste Neigung zu heftigen Abenteuern gemeinsam hatte, sprang aus dem Bett, aus dem Fenster, aufs Pferd und galoppierte von dannen, und da man damals noch ohne Nachtanzug schlief, ritt sie dahin, so, wie Gott sie geschaffen. Der „treue" Diener jagte hinterdrein, gewillt, sie nicht allein zu lassen. Vielleicht war es so züchtig wie undankbar von ihr, daß sie ihn nach dem, angeblich, weil er zuviel von ihr gesehen habe, umbringen ließ. Oder sollte Cheireddin sich wegen der Entflohenen an den nächstgelegenen Mittelsmann gehalten und den wutschnaubend zur Rechenschaft gezogen haben, was sich dann in Kettenreaktion bis zu dem zwiespältigen Paladin ausgewirkt? Man weiß es nicht mehr. Man weiß nur, daß die Tugendsame sich für den Rest ihres Lebens zu Neapel in ein Kloster begab.

Nachdem die Landschaft Fondi und auch noch das unglückliche Terracina den Zorn des enttäuschten Freibeuters gespürt, drehte er brüsk ab und nahm Kurs auf Tunis, es mit List und Grausamkeit zu unterjochen. Der dortige Bey und Kleinsultan entwich mit ähnlich knapper Not wie die Schöne zu Fondi. Sein Los zu besingen, hätte Suleiman sicher weniger zarte Saiten aufgespannt, eine kräftige aus Hanf oder eine Sarazenenklinge hätte hingereicht. Aber Muley-Hassan gewann die europäische Küste und warf sich dem Kaiser zu Füßen. Er sagte, sein Volk weine ihm trostlos nach und bitte den Herrscher des Abendlandes, ihren geliebten Bey zurückzuführen. Er wolle auch treulich freiwillig Stützpunkte hergeben und Besatzungskosten zahlen und sich an Richtlinien halten.

In Wahrheit waren die Tunesier froh gewesen, den Despoten los zu sein, merkten aber bald, daß sie einen Tyrannen dafür eingetauscht.

> *Die ihr die Darmsaiten schlagt,*
> *fingert auf blutiger Spur;*
> *in allen Saiten klagt*
> *gemordete Kreatur.*

DER FALL VON TUNIS
Anno 1535

Dem Rotbart konnte an kaiserlichen Vorbereitungen nichts verborgen bleiben. Franz I. unterrichtete ihn laufend über den Stand und auch das Ziel der Dinge. Hatte Tunis sich etwa schon auf eine Zukunft als christlicher Vasallenstaat einzurichten begonnen? Der Falke, hart in seiner neuen Würde, machte solchen Späßen rasch ein Ende und befestigte die Stadt und die Vorfestung Goletta in Eile. Französische Firmen und Schiffe lieferten ab Marseille und Toulon das Nötige an modernstem Kriegsgerät, auch Verpflegung die Fülle.

Karl und Doria, sein Admiral, konnten es nicht hindern, der Handel war frei, und zur Zeit herrschte Frieden mit Franz. Man hoffte sogar, er werde sich an dem auch vom Papste empfohlenen, als Kreuzzug proklamierten Unternehmen beteiligen. Aber er wand sich aus der Verlegenheit. Er gedachte nicht, seinen Waffenstillstand mit dem Sultan zu brechen, und indem er als Entgelt Mailand und Genua von Karl zurückverlangte, wußte er, daß solcher Bedingung nicht entsprochen werde. Somit ging es auch ohne Franz.

Nie zuvor und nie nachdem ist so viel an kriegerischer Macht und Pracht gegen einen einzelnen Freibeuter aufgewandt worden wie gegen Cheireddin zu Tunis. Flandern schickte sechzig wohlbestückte Galeonen, Portugal und Spanien fünfundzwanzig Karavellen neuesten Indienmodells, der Papst zwölf Kampfgaleeren. Auch England und Genua beteiligten sich. Venedig hielt sich im Hintergrund, für seine Besitzungen in Griechenland fürchtend. An Truppen zählte man zehntausend Seeleute und dreißigtausend Ritter und Söldner, darunter achttausend deutsche Landsknechte. Die Malteser stellten ihr Flaggschiff, die *Capitana*, für die Überfahrt des Kaisers zur Verfügung. Es war das damals größte Kriegsschiff des Mittelmeers, eintausendsechshundert Tons, eine dreimastige Karacke mit sieben Decks, dreißig Ritterkammern, sechs Luxuskabinen und einem Beratungssaal. Heck und Bug waren reich geschnitzt und vergoldet, die Segel bunt von den Wappen des Ordens, das Sonnensegel roter Samt. Die Besatzung trug rosa Seide.

Ohne ernsten Zwischenfall erreichte die Flotte die Gegenküste. Dann wurde es ernst. La Golette erwies sich als harter Brocken. Sinan der Jude leitete dort die Verteidigung. Die Artillerie des Kaisers konnte den dicken Mauern wenig anhaben. Blitzschnelle Ausfälle der Belagerten wechselten mit Angriffen leichter sarazenischer Reiterei, gegen die das gepanzerte Heer der Ritter sich allzu schwerfällig erwies und auch unter der mailichen Tageshitze sehr zu leiden hatte. Zudem war das Trinkwasser knapp. Und auf den Minaretts in Tunis wurde um Sturm gebetet.

Da griff Doria todesmutig mit seinen hochbordigen Schlachtschiffen ein. Bei hoher Flut und scharfer Brise lavierte er dicht an den Felsen der Sperrfestung entlang und schoß aus schweren Kalibern über die Bollwerke hinweg, scheint auch zum ersten Male statt der vollen Eisenkugeln so etwas wie Sprenggranaten verwendet zu haben. Seine Verluste blieben gering. Aber die Kanonen La Golettas verstummten. Die eindringenden Kaiserlichen zählten deren dreihundert, alle mit Lilienwappen bourbonischer Gießereien.

Sinan hatte sich mit dem Rest seiner Leute gen Tunis durchgeschlagen.

Um die Festung in die Luft zu sprengen, war nicht genügend Pulver mehr aufzutreiben gewesen. Vergebens nun versuchte er mit frischer Ladung und vom Falken selber und auserlesenen Streitern begleitet, noch einmal zu dem Fort zurückzugelangen. Vergebens. Die kaiserlichen Truppen brachen vor, der Mut der Sarazenen war durch den Fall der Hafenfeste geknickt. Die achtzig kleineren Frachter und Galeeren, die im Hafen ankerten, fielen Dorias Kapitänen in die Finger. Doch das Vorrücken der Reiterei, der Lanzer und besonders der Feldschlangen war wegen des knöcheltiefen Sandes äußerst mühsam.

Da kam dem Kaiser ein Ereignis zu Hilfe, das wie die geraubte Waffe wirkte, die sich gegen den Räuber richtet. Barbarossa Cheireddin hatte eine Revolte der zu Tunis gehaltenen Christensklaven befürchtet, denn es waren über zweiundzwanzigtausend. Da sie immerhin Werte darstellten, zögerte er, sie in den Bagnos durch Anzünden von Schießpulver zu vergasen, und ließ sie, zumeist gefesselt, in die zur Verteidigung weniger brauchbare Zitadelle der Stadt zusammenpferchen. Als nun das Geschrei der Kaiserlichen sich den Mauern näherte, wurde einem der schwerbewaffneten Wächter, einem Überläufer aus Flandern, geflohenen Protestanten, nicht ganz wohl, und er dachte, sich einen weißen Fuß zu machen, löste heimlich einigen der kräftigsten Gefangenen die Ketten und gab ihnen Werkzeuge, auch die anderen zu befreien. Nicht lange, da war die Zitadelle ein tobender Hexenkessel, die anderen Wächter und der Kommandant wurden buchstäblich in Stücke gerissen, das Tor aber verrammelt. Cheireddin, der mit raschem Stoßtrupp herbeistürzte, erntete nur Hohn und Steinwürfe, und die ausgerissenen Glieder der Wächter fielen auf ihn herab. Wutschnaubend verschoß er seine Pfeile gegen die Zinnen. Da er sich aber durch die rebellierende Bevölkerung und die nahenden Kaiserlichen bedrängt sah, mußte er sich notgedrungen zur Flucht entschließen.

Kaiser Karl brauchte Tunis nicht stürmen zu lassen. Das Stadttor wurde von den befreiten Christensklaven geöffnet, die dem Kaiser jubelnd entgegenströmten. Voran taumelte mit erhobenem Kreuze ein Greis. Weinend vor Freude sank der Kaiser in die Knie. Das Kreuz neigte sich vor ihm; er küßte es. Sprang dann auf, und von dem kaum glaublich raschen Siege überwältigt, umarmte er einige Sklaven und küßte auch sie, obwohl sein Leibarzt ihn auf den pestilenzartigen Geruch aufmerksam machte, den die Masse ausströmte. Bewegt erwiderte der Kaiser: „Das Feuer der Liebe reinigt die böseste Luft."

Dieses kaiserliche Liebesfeuer allerdings war es nicht, das die einsetzende Nacht erhellte. Zwar flehte eine Gruppe angesehener Bürger der Stadt ihn kniefällig an, Barmherzigkeit zu üben. Aber selbst wenn er gewollt hätte, der entfesselte Kampfgeist und Blutrausch seiner Heerscharen war nicht zu bändigen. Drei Tage und Nächte lang wüteten Plünderung, Vergewaltigung, Mord und Brand in Tunis. Zumal einige Vete-

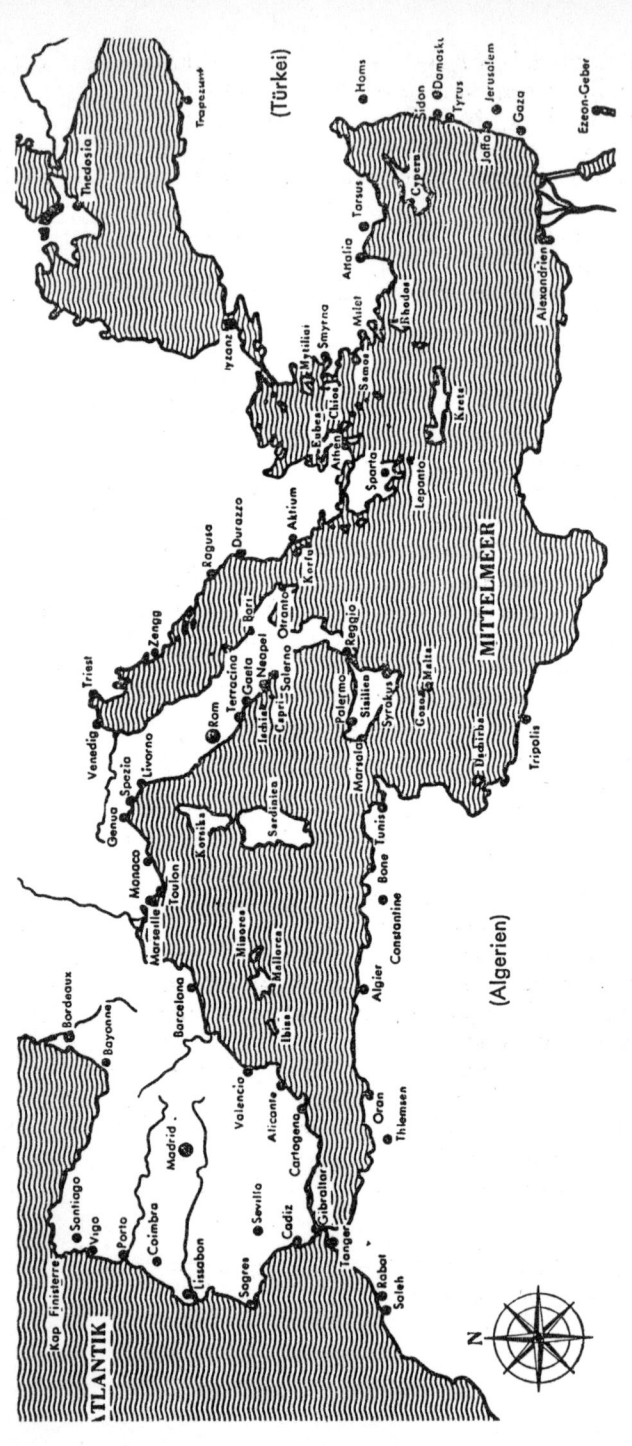

ranen des Gemetzels von Otranto schwelgten in entsetzlichen Rachetaten. Denn die Sarazenen, von einem Adligen wegen einiger ihm lästigen Steuerschulden gegen Neapel zu Hilfe gerufen, hatten die Stadt zerstört, den Bürgermeister und den Bischof sadistisch gemartert und dann bei noch lebendigem Leibe entzweigesägt. Über zwölftausend Einwohner waren damals erschlagen oder verschleppt worden.

Zu Tunis wurden es gegen rund vierzigtausend. Die Gassen wurden unwegsam durch die Haufen der Leichen beiderlei Geschlechts. In den Moscheen verschwanden die bunten Muster der Fliesen unter den Blutbächen der Schlächterei.

Mit den Siegern hatte sich auch der frühere, von Cheireddin vertriebene tunesische Sultan wieder eingefunden und gelobte dem Kaiser demütige Vasallentreue. Die Soldaten boten ihm lachend seine eigenen Untertanen zum Kauf an, das Stück für zwei Dukaten. Er kaufte aber nur eine seiner Lieblingsfrauen zurück, ohne Preisaufschlag, was auf ihren Zustand und seine Kasse schließen läßt. Ihn schienen die Greuel ringsum nicht zu berühren. Um den Thron besteigen zu können, hatte er seine sämtlichen Brüder umgebracht, vierundvierzig an der Zahl. Als später sein eigener Sohn das gleiche mit ihm vorhatte, floh er nach Neapel, nahm das Christentum an und schlug sich bettelnd bis zum Reichstag zu Regensburg durch, seine Vermögensverluste anzumelden. Der Kaiser, in der fortschreitenden Spaltung des Christentums wie des Reiches, hätte dem Proselyten wohl eine weniger magere Rente ausgesetzt, falls die Schatzkammer des Staates gefüllter und seine Erinnerungen an die Kriegsabenteuer in der Barbarei nicht durch die Liebesabenteuer mit der schönen Barbara überstrahlt gewesen wären.

Als 1527 deutsche und spanische Landsknechte Rom plünderten, nur, weil Karl V. ihnen nicht rechtzeitig den Sold gezahlt, verschonten sie die römischen Tresore der Fugger, obschon diese Firma schuld hatte an dem Dilemma. Sie hatte Karls Wunsch nach neuen Krediten lässig befolgt, was verständlich ist. Sein Konto war allzu überzogen. Sie hatte seinen Wahlfeldzug finanziert. Die ungeheuren Summen, die dabei verschlungen wurden, waren auch durch die Verpfändung spanischer und ungarischer Bergwerke und gar überseeische Lizenzen noch lange nicht gedeckt. Da war die Abwicklung eines kleineren Geschäfts einfacher, in dem das traurige Schicksal der Ewigen Stadt sogar etwas abwarf. Der Landsknechtshauptmann Schertlin — und er war es nicht allein — hinterlegte seine persönliche Beute alldort bei dem Fuggerschen Faktor. In späterer Verrechnung mit dem Augsburger Haupthaus wurden dem Haudegen glatte fünfzehntausend Goldgulden ausgezahlt. Auch die Freibeuterei zu Lande konnte lohnend sein.

Selbst die Sarazenen, als sie 1540 Neapel verwüsteten, ließen die Filiale des Bankhauses Fugger unzerstört. Sie nahmen nur das Bargeld mit und den Leiter der Zweigstelle, Herrn Schauer, und boten ihn über die Trinitater dem Augsburger Kontor gegen dreitausend Goldgulden zur Auslösung an. Für eine solche Summe aber konnte man anderen, ebenso geeigneten jungen Leuten fünfzig Jahre lang Gehalt zahlen. Anton Fugger entschied sich für die fünfzig Jahre. Herr Schauer verstarb in algerischer Sklaverei.

Da Zeitungen noch äußerst selten waren und der Rundfunk noch in Form von Straßensängern die Bürger mit Nachrichten versorgte, drangen die Ereignisse der Kabinette, ihre blutigen Fehden, Ränke, Niederlagen und Siege meistens erst durch heimkehrende Blessierte ins Gemüt der Allgemeinheit. Manchmal wurden auch Glocken außer der Zeit geläutet. Dann hatte zumeist eine der ziemlich sagenhaften obersten Herrschaften einer anderen Unangenehmes zugefügt, wobei gewöhnlich nur Haufen braver minderer Hochgestellter hatten der Welt Valet sagen müssen. Auch nach dem einzigen deutschen Sieg in Tunis wurden zum Beispiel in Nürnberg die Glocken der Kirchtürme bemüht. Hans Sachs sah von Schusterschemel und Schreibtafel auf. „Wer ist von denen Großwänsten tot?" fragte er.

Der Lehrbub jedoch hatte etwas von „Tunix" gehört und daß Kaiser Karl die Mohren und Seeräuber alle umgebracht.

„Tu was!" sagte ungerührt der Alte und knobelte weiter an den Reimen fürs nächste Fasnachtspiel.

DAMALS GING ALGIER FÜR EUROPA VERLOREN
Anno 1541

Mitteleuropa ist ein Tanzrad, vom Golfstrom getrieben, seiner Turbulenz unterworfen, seinen Schwankungen ausgeliefert. Seine klimatischen Wirbel bestimmen die Intensität des politischen Geschehens und die Gemütslage des einzelnen Europäers, die europäische Gedrängtheit, aus sich heraus und aus den Verhältnissen hinweg zu wirken, sich dagegenzustemmen oder in die Weite zu fliegen. Es gibt Zeiten starken und Zeiten schwächeren Einflusses der ungeheuren atlantischen Schlagader, je nachdem, wie ihr Puls schlägt.

Um 1500 herum muß dieser Geheimpuls besonders fiebrig gewesen sein. Der Sog noch reichte bis über Stambul hinaus und bis nach Abessinien und Moskau (woher damals die erste Handelsdelegation in Süddeutschland eintraf). Von der Scholle abgeschnippt, trieben die Weißen weit in die farbigen Teile der Erdbevölkerung hinein. Portugiesen, Spanier, Deutsche, Flamen, Dänen, Engländer verstreuten sich in die Winde, machten sich bis nach Chile, Indien und China bemerkbar.

Die Osmanen hinwieder schwangen bis vor Wien und Cadiz und bis

Rom und zu den Alpenpässen; sie prallten auf den westlichen Ausdehnungsdrang, auf die ersten Kolonialfeldzüge, auf die ersten großen Flotten des Westens im Indischen Ozean, in der Bengalischen See, im Gelben Meer. Selbst in Abessinien traf der islamische Schwung auf die weiße Brandung. Dort retteten Portugiesen den sogenannten Thron des Sohnes Salomos und der Königin von Saba und damit die afrikanische Oase des koptischen Christentums. Es war kein Starrsinn Karls V., als er trotz der Bedenken seines Seeadmirals und selbst des Papstes darauf bestand, den lang geplanten Zug gegen Algier noch im Herbst 1541 zu unternehmen. Es war im Gegenteil weit und elastisch gedacht. Er wollte nicht nur den iberischen Verwandten seiner Frau zu Hilfe kommen, indem er den Islam in der afrikanischen Flanke faßte und so die Pforte zwang, ihre Reserven dem Mittelmeer zuzuwenden, sie also auch zugleich dem Vormarsch auf Wien zu entziehen. Beides gelang. Ein paar Monate später, im Frühling, wäre es zu spät gewesen. Sein eigentlicher Mißerfolg war ein Opfer, das sich, christlich gesehen, gelohnt hat.

Über fünfhundert Schiffe der westlichen Nationen tasteten sich durch ungastliches Oktoberwetter gen Algier vor, zwölftausend Seeleute und Rudersträflinge, mit der doppelten Anzahl Fußtruppen und Reiterei und einer Menge Geschütz und Belagerungsgeräte an Bord.

Der Wogenfalke Cheireddin saß derweil in Konstantinopel. Bis zuletzt waren geheime Fäden zwischen Madrid und seinem Landhaus hin und her gesponnen. Wollte der alte Pirat, langsam nun achtzig, sich wirklich im Hintergrunde halten oder sich gar zur Ruhe setzen? Schon hatte er eine Moschee gestiftet und sich sein Grabmal errichten lassen. Schon hatte er einen tüchtigen Sachwalter in Algier eingesetzt, seinen früheren Lustknaben und späteren Eunuchen Hassan-Agha, dessen christliche Eltern, bevor er auf Sardinien geraubt worden, ihn nach dem Apostel Jakobus genannt.

Der Kaiser mochte meinen, der alte Seeräuber lasse ihm freie Hand, das Piratennest auszuräuchern. Er mochte vieles meinen, als er gichtgeplagt, doch seefest wie ein Matrose und die stürmische Fahrt genießend, vom Achterkastell der Prachtgaleasse in die Ferne starrte, mochte sogar hoffen, daß ein Sieg außerhalb Europas und gründlicher als nach der schlecht genützten Affäre Tunis die Schlachtfelder auf heimischem Boden vermeidbar mache, daß also dieser kostspielige Aufwand, als neuerlicher Kreuzzug, bei rechtem Erfolg womöglich selbst die (auf ihr bißchen Allernächstes gerichteten und um ein paar konfessioneller Floskeln und Symbole willen sich prügelnden) deutschen Fürsten und selbst den eitlen Franz zu christlicher Einheit und Vernunft bringen würde und was sonst noch an Widerpart bis tief in Volk und Getriebe den Bestand des deutsch-römischen Weltreiches gefährdete.

Die Landung an der afrikanischen Küste vollzog sich ohne ernstliche Gegenwehr. Arabische Reiterstreifen wurden durch ein paar Kanonenschüsse zerstreut. Dann aber begann es zu regnen, ununterbrochen. Die kostbaren Uniformen, die Federbüsche, die Fahnen und Standarten, das leichte Schuhwerk der Fußtruppen, das alles litt gehörig, aber die Stimmung war noch ungebrochen, obschon, als der Anker des Kaiserschiffes fiel, der Flaggenstock mit dem Adler des Reiches ins Wasser stürzte.

Stadt und Festung Algier wurden trotz des durchgeweichten Geländes eingeschlossen und Hassan zur Übergabe aufgefordert. Er lehnte ab mit der Begründung, er traue seinen Verbündeten, den Winden Allahs.

Er sollte recht behalten. Ehe die schwere Artillerie herangeschafft war, brach ein golfischer Orkan los, der von West über Nord drehte und gewaltige Wolkenbrüche entlud. Er zerfetzte die Zelte, verwandelte den Boden in Schlamm, der in eisigen Nächten zu brüchigem Eis erstarrte. Die Muslims nutzten die Lage zu einem mörderischen Ausfall, rollten drei italienische Kompanien, die den linken Flügel bildeten, gegen den Kern des Heeres auf. Alle Feuerwaffen versagten. Hundertfünfzig Malteser schlugen den Angriff mit Schwert und Lanze zurück. Kundige Fremdenführer zeigen voller Stolz noch heute den Platz und nennen ihn: Das Grab der Ritter.

Bebend vor Kälte und Niedergeschlagenheit ließ der Kaiser sich den Harnisch anlegen. Und dann, bei einem neuerlichen Ausfall focht er zu Pferde allen voran, so, wie Tizian ihn gemalt hat, nur, daß er jetzt sieben Jahre jünger und es nicht Frühling war auf der Lochauer Heide bei Mühlberg, sondern afrikanischer Oktober in Algier. Er rettete noch einmal die sogenannte Ehre des verzweifelten Unternehmens, das ihm zu verdanken hatte, in die falsche Jahreszeit geraten zu sein. Allerdings war ihm in Tunis bewußt geworden, daß glühende Sonne ein ebenso ungemütlicher Verbündeter des Gegners sein kann. Cortez, der Eroberer Mexikos und seit einiger Zeit kaltgestellt, war diesmal mit von der Partie. Gerade er hatte aus bester Erfahrung von einer Sommerschlacht abgeraten, hatte den September als geeignet empfohlen, dann aber, als die Vorbereitungen mehr und mehr Zeit verschlangen, nur noch finster gelächelt. Für sich selber vertraute er auf einige Talismane, die er zu sich gesteckt, vor allem auf den riesigen Smaragd aus dem Kronschatz Montezumas. Er vergaß, daß dessen Name „der Erzürnte" bedeutet.

Der Orkan vernichtete in wenigen Stunden hundertfünfzig der kaiserlichen Schiffe. Einige kenterten, andere sprangen leck, viele trieben auf die Klippen und zerbarsten im Gischt. Was sich an Besatzung und Gästen auf den Strand retten konnte, wurde von arabischen Streifen erledigt und beraubt. Über zwölfhundert Menschen ertranken und an fünfhundert Pferde. Der Kaiser brach die Belagerung ab. Die Verwundeten nahm man mit. Artillerie und Gepäck blieben zurück. Die Einschiffung wurde schwierig. Viele Boote waren zerschlagen. Alle Pferde, die noch lebten, wurden getötet, ihr Fleisch verteilt. Man aß ausgerauftes Gras dazu. Der Kaiser ging als letzter an Bord einer portugiesischen Galeere, bis zur Brust mußte er durch die Brandung waten. Cortez erreichte nur noch schwimmend ein Schiff; seine Talismane gingen dabei verloren, darunter zwei juwelenbesetzte kleine Galeonenmodelle, die er in seiner Schärpe getragen. Aber er kam davon. Neu einsetzender Sturm schnippte noch manches Schiff aus der heimsegelnden Flotte. Eine mit Deutschen besetzte Karavelle trieb mit gebrochenem Steuerruder und entmastet vierzehn Tage umher und strandete dann stumm an der Küste von Sizilien. Die Besatzung war vor Entbehrung und Erschöpfung gestorben.

Algier tobte in Freudentaumeln. Die Bagnos quollen über von Gefangenen. Christliche Sklaven waren wohlfeil wie Zwiebeln.

Cheireddins Schiffe hatten sich nicht blicken lassen. Es wäre ihm sicher möglich gewesen, die christliche Niederlage bis zur Katastrophe zu verschlimmern. Es genügte ihm so. Allah hatte zugeschlagen. Und es war der gleiche Gott wie der der Christen und Dorias. Übrigens war auch Doria damals schon ein alter Mann, zweiundachtzig.

Seltsam, daß auch der Kaiser, eben vierzig, sich alt fühlte. Denn er meinte sicher nur sich, als er bei der Heimkehr murmelte: „Das Glück ist eine Hure, sie läßt sich lieber von jungen Leuten karessieren."

HALBMOND MIT LILIEN DRAPIERT
Anno 1543

Ohne Gewinn verblutete die Elite der deutschen Fürsten, Ritter und Landsknechte in Ungarn. Suleiman behauptete das Gelände, obschon ihm Wien wiederum versagt blieb. Noch war er nicht soweit, darüber vor Gram mitten im Feldzug zu sterben. Das geschah erst fast ein Vierteljahrhundert später. Nun aber begrüßte er innig, daß ausgerechnet der allerchristlichste König, Franz I., den christlichen Kämpfern in den Rücken fiel — wie schon so oft — und gar ihn, den Christenwürger, einlud, ihm gegen Karl zu helfen, den auch er den „Gottverfluchten" zu nennen beliebte. Franz konnte nicht verwinden, daß Karl und nicht er Europas Kaiser geworden sei.

Da denn stach Cheireddin noch einmal grimmig in See. Hundertzehn Galeeren und vierzig Galeonen, alle schwer bestückt, beladen mit den Besten der Janitscharen, so zog seine Flotte schreckenerregend gen Westen. Dies war sein letzter, sein höchster Triumph, Verbündeter des schillernden Herrschers von Frankreich zu werden. Er gedachte nicht, es als bloße Ehre zu werten. Er hoffte auf seinen Vorteil, auf Ausnutzung der Sachlage, sonst nichts.

Schon in Kalabrien, bei Ergänzung des Trinkwassers, erlaubte er ein bißchen Mord und Plünderei. Und als zu Reggio der Hafenkommandant

Gaetano sich für erbötig hielt, eine Begrüßungssalve zu feuern, erachtete der Sarazene es kalt als Herausforderung und legte das Fort in Trümmer. Unter den Überwältigten fand sich auch die Tochter des Salutschießers, Donna Maria, achtzehnjährig und ungewöhnlich reizvoll. Sie entzündete das kühle Herz des Alten so ungemein, daß er entgegen jeder piratischen Gepflogenheit sie nicht einfach seinem mitgeführten Harem einverleibte, sondern sie sich antrauen ließ — durch den Imam des Geschwaders, auf islamisch selbstredend —, nachdem sie rasch und notgedrungen den Glauben gewechselt. Ihre Eltern erhielten als Morgengabe die Freiheit und reiche Geschenke, deren Herkunft — wie ein Chronist bemerkt — über allen Zweifel erhaben war. Wollte der betagte Räuber sich mit einer brutal scharmanten Geste für einen Aufenthalt an der Riviera gesellschaftsfähig machen? Er bezahlte sogar das Wasser und den Proviant, den er in der Tibermündung einnahm. In Rom entstand trotzdem eine Panik. Die Bewohner ließen Haus und Habe im Stich und flohen in die Campagna.

Aber in Marseille wurden die dreißig prunkvollen Schlachtgaleeren, mit denen erst einmal die Türkei in den Hafen einfuhr, jubelnd begrüßt. Auf Schiffen und Rampen drängte sich die christliche Menge. Die uralte römische Handelssiedlung war übrigens eine selbständige Stadtrepublik und ehrte ihre Gäste sowieso seit je ohne Unterschied der Rasse oder des Glaubens. Die drei goldenen Lilien der Flagge Frankreichs dippten vor den silbernen Mondkrallen des Korsaren. Es mag aber sein, daß damals die französische Admiralsflagge nicht die bourbonischen Lilien führte, sondern die Jungfrau Notre Dame, die Mutter Gottes, deren Füße vielsagend auf der Mondsichel ruhen. Die gesamte Veranstaltung ließ aber kaum zu, das hohe Symbol als Ausweis der Macht über den Halbmond zu deuten. Eher durfte es, rein privat, dem greisen Korsaren als ein Abbild seiner neuesten Gattin schmeicheln.

Der „Trost des islamischen Glaubens" wurde gefeiert wie ein Tenor. Zu den Banketten drängte sich, was als Adel, Snob oder Geschäftemacher Ruf und Geld hatte, besonders aber die Pariser Damen, entzündet von der blutrünstigen Vergangenheit und dem jüngsten Liebesabenteuer des muslimischen Seegeiers.

Cheireddin aber war die Feste bald leid. Er und seine Leute tranken keinen Wein und aßen keinen Schinken; sie begnügten sich mit Wasser, Oliven, Zwieback, Buchweizengrütze, Zwiebeln und Hammelfleisch. Als bei der endlich gestarteten Belagerung von Nizza den Franzosen das Pulver ausging und sie bei dem Kapudan eine Anleihe machen wollten, wies er auf ihre vollen Fässer, die allerdings nur Wein enthielten.

Schließlich plünderte der beamtete Pirat auf eigene Rechnung die Stadt. Die Beute war gering. Somit packte er fünftausend Einwohner auf seine Transporter, dreihundert Novizen eines Klosters und etliche hundert Knaben gesondert, und schickte sie als Siegesbeute gen Konstantinopel. Die Galeasse mit den Mädchen wurde zufällig von Doria gekapert, der sich endlich zum Entsatz der Stadt Nizza aufgemacht. Stürmisches Wetter behinderte weitere Aktionen. Er verlor mehrere Schiffe. Cheireddins Flotte aber hatte sich in einer Bucht gesichert. Der französische Gesandte drängte, Dorias Lage zu nutzen und ihn zu vernichten. Aber der greise Falke lehnte ab und verlegte seine Flotte in den Hafen von Toulon und verhandelte mit Doria insgeheim über Lieferung von schweren Galeerenrudern, die in Frankreich nicht zu kaufen waren.

Die Stadt Toulon wurde erbarmungslos aller Einwohner entblößt und den Türken als Winterquartier überlassen. Dort hausten sie, als befänden sie sich in Feindesland, raubten die Umgebung aus, schleppten Frauen und Knaben in ihre Bordelle. Cheireddin untersagte jede christliche Handlung im Bereiche der Stadt, das Läuten der Glocken, den Hinzutritt des Priesters zu sterbenden christlichen Sklaven. Die Lücken auf den Ruderbänken wurden durch Razzien auf die „verbündete" Bevölkerung aufgefüllt. Die Unterhaltskosten, die Frankreich überdies zu zahlen hatte, betrugen fünfzigtausend Golddukaten monatlich. Mit Mühe erreichte der König, daß Cheireddin in eine Abfindung und den Abzug willigte. Es kostete achthunderttausend französische Taler extra. Zweiunddreißig Finanzbeamte waren drei Tage und Nächte beschäftigt, diese Summe in Beutel zu packen. Eine weitere Bedingung war, daß alle sarazenischen Galeerensklaven der französischen Flotte ihre Freiheit erhielten. Die geraubten Franzosen nahm der alte Abschäumer selbstredend mit.

Sein geheimster Wunsch mag gewesen sein, im Verein mit Frankreich, sozusagen christlich sanktioniert, Spanien zu züchtigen und es neu für den Islam, für die Mauren, für sich selber zu erobern.

Franz I. wurde es schwül bei diesem ihm dämmernden Verdacht. Die Christenheit wandte sich empört und verachtend von ihm ab. Man verlangte den Kirchenbann gegen den Selbstbeflecker christlicher Ehre. Der Papst aber mochte über diesen Begriff eigene Gedanken haben. Er brauchte Franz gegen Karl, der trotz aller Muttergottes-Ehrfurcht sich mit dem Protestanten und Frauenmörder Heinrich VIII. zu verbrüdern suchte. Der Bann unterblieb. Und hätte wohl auch so wenig bedeutet wie der gegen den englischen König. Die bittere Komödie brach kostspielig und mißtönend unter den Flüchen und dem Spott des türkischen Flottenchefs zusammen.

> O unentwegter Traum
> von Menschheitsmorgenrot
> inmitten Blut und Schaum
> um ein gekentert Boot!
>
> Der alte Cherub leis'
> hat's oftmals aufgericht',
> und wieder ging's kapseis.
> Cherub, verzage nicht!

DER SEEFALKE GEHT ZU HORST
1544–1547

Von Doria unbehelligt, räuberte der Kapudan während der Heimfahrt noch an siebentausend Sklaven und siebzehn Prisen zusammen. Dennoch empfing ihn der Sultan zurückhaltend. Was da herangeschleift wurde, war kein Ersatz für das entgangene Wien, und der Traum von einer osmanischen Bastion am Atlantik schien für immer verweht. Suleiman schrieb ein paar elegische Verse. Cheireddin nahm den Abschied.

Er zog sich auf ein hübsches Landgut am Ufer des Bosporus zurück, so, wie die alten Seebären in Blankenese oder Övelgönne, und nannte sich wieder Azor wie in jungen Jahren. Statt des salzigen Lorbeers der See pflegte er seine Rosenstöcke. Sein hebräischer Leibarzt brachte ihn angeblich auf neunzig. Geburtsdaten sind im Mittleren Osten bis heute schwer nachprüfbar. Jedenfalls war eines Tages nicht mehr zu verhindern, daß der alte Freibeuter dem größten aller Piraten zum Raube fiel. Er verschied an der Ruhr und am Übermaß der ihm zu letzter Erheiterung verordneten Liebesfreuden.

Die Legende berichtet, er habe im Tode vorerst keine Ruhe gefunden. Sein Leichnam lag manchen Morgen außerhalb des Grabes. Man zog einen Geistlichen zu Rate, einen von der anderen Auffassung, einen Vertreter der griechischen Kirche. (Bei anfallenden Beschwörungen in evangelischen Dörfern ist üblich, einen katholischen Pfarrer zu bitten.) Der Pope nun verordnete, man solle dem Alten einen schwarzen Hund in die Gruft geben. Ob damit nun die dunkle Seele des Verblichenen gemeint war, ist nicht überliefert. Man befolgte den Rat. Und von da an war Ruhe mit diesem Barbarossa.

Bemerkenswert ist ferner, daß im Augenblick seines Hinscheidens, einige Tagereisen westlicher, jener blonde Junge zur Welt kam, der, noch fast ein Milchbart, mit fünfundzwanzig, die von Cheireddin geschaffene osmanische Seeherrschaft vernichtete oder zumindest doch entscheidend zurückdämmte. Er hieß Juan d'Austria und war das einzige Ergebnis von Belang, das Kaiser Karl auf dem Reichstag zu Regensburg Anno 1546 gezeitigt hatte, und zwar mit der schönen Gürtlerstochter Barbara Blomberg. Im selben Jahre überdies wurde eines spanischen Wundarztes Sohn Miguel getauft und wurde dann in jenes Menschen Juan Unterfangen verwundet und schrieb die ungeheuerlichste Posse auf alles vermeintliche Heldentum, den Don Quijote.

Ebenfalls Anno 1547 aber starb Andrea Dorias seetüchtiger Neffe Gianettino, den er zum Nachfolger erlesen. Es war während eines Aufruhrs in Genua. Schiller hat ihm Unsterblichkeit verliehen. Zu gleicher Zeit auch wie der sarazenische Seefalke starb der spanische Sperber Fernando Cortez, der Freibeuter von jenseits des Atlantiks. Und auch Franz I. — von der „Franzosenkrankheit" zerstört — und auch Heinrich VIII. verließen das Dasein. Dadurch herrschte in Europa eine Weile Ruhe, abgesehen von den inneren Übeltaten, denen konfessionelle Belange als Vorwand dienten. Beachtlicher ist, daß damals einige neue Universitäten entstanden und der Forscher allmählich nicht mehr als geistiger Freibeuter betrachtet wurde.

Im Mittelmeer jedoch unter des Rotbarts Nachfolgern blühte die Piraterie heftiger als zuvor.

> *Was an Blutschuld und Barbarei*
> *sich immer begibt,*
> *einer ist schließlich dabei,*
> *der Größe daraus sieht.*

PIRATENNEST ZWISCHEN NARZISSENBEETEN
Anno 1547

Wo keine Kriege und Seuchen über Europa herfielen, wuchsen die Bevölkerungen rascher als Roggen, Weizen und die Möglichkeiten, Arbeit und Brot für alle zu finden. Hungernde Bürger, arbeitslose Seeleute, tribulierte Bauern, entlassene Soldaten machten notgedrungen die Landstraßen und die Seewege unsicher. Vor allem lockte die See, die keine Schlagbäume kannte, die Verzweifelten und die Vaganten. Sie schlossen sich zu Gemeinschaften zusammen, deren Gesetze sich bemühten, gerechter als die des festen Bodens zu sein. Gleichheit und Brüderlichkeit, wie es die ersten Christen gehalten, und dazu eine Freiheit, wie sie es sonst nirgends mehr gab, die Freiheit des Nehmens und des Anteils an der Beute, das war es, was sie erstrebten. Seefahrt, die sich die christliche nannte, die amtliche Schiffsbewegung des Handels und der Kriegsmarine, kannte weder diese Freiheit noch die brüderliche Gleichheit. Dort ging es despotisch zu bei dürftiger Kost und karger Heuer. So mancher wackere Matrose, der gezwungen war, gegen Piraten zu kämpfen, lief später zu ihnen über. Die großen Getreidefirmen, Tuchläger, Holz-, Salz-, Sklaven-, Kolonialwaren- und Stockfischhandlungen in Plymouth, Bristol, London und rings um die Küsten, die guten Steuerzahler und Hoflieferanten, deren dicke Goldkutschen mit denen des Hofes wetteiferten, jammerten. Und mit ihnen die ersten Banken und Versicherungsgesellschaften. Sie waren sonst die Geldgeber für Extrawünsche der Krone gewesen. Nun streikten sie. Gerade aber hatte der fette Frauenmörder Heinrich VIII., dieser begabte, fast staatskluge Großegoist, sich über die Lissabonner Filiale der Fugger den sagenhaften Krondiamanten anbieten lassen, der dem Sultan von Kairo gestohlen war. In aller Stille wechselte er den

Besitzer. Der Preis, 29 000 Carolusgulden, wurde mit in die Anleihe verbucht, die nunmehr das Augsburger Bankhaus dem britischen König in Höhe von 400 000 in gleicher Währung verschaffte, zu 12 Prozent Zinsen.

Das hinwieder verdroß andere Großhäuser des Handels. Zu solchem Fuße hätten auch sie geliehen, und wenn sie Piratenschiffe zur Beschaffung der Summe hätten ausrüsten müssen. Das war ein bedenkliches Wort. Es war sowieso schon hier und da Wirklichkeit. So schuf Heinrich, dem Radau ein Ende zu machen, das erste atlantische Gesetz gegen Seeraub — nachdem er der sanfteren Freibeuterei der Geistlichkeit den Garaus gemacht. Er schuf sogar einen verantwortlichen Posten, der die Befolgung überwachen sollte, einen Vizeadmiral der Küste. Und da frischer Essig am schärfsten ist, herrschte plötzlich ziemliche Ruhe im Ärmelkanal, und die Versicherungsprämien und Frachtsätze gingen herunter.

Die Piraten hatten sich auf die Scilly-Inseln verzogen, auf die 5 großen und 135 kleinen Eilande an der Ecke des Atlantiks, die ideale Bastion, um nach Beute auf den Fährwegen gen und von Übersee Ausguck zu halten. Dort findet sich mit zahlreichen Buchten und Sunden eine Versammlung von Schlupfwinkeln wie sonst nur in der Levante oder in Westindien. Die Bewohner, letzte Reste der von den Angeln, Sachsen und Normannen vom Festland verdrängten Kelten, waren wie die Untertanen der Königin Teuta seit jeher nicht abgeneigt, aus der Seefahrt Nutzen zu ziehen, und nicht nur durch Fischfang. Sie fügten sich ohne viel Murren dem Anführer der Freibeuter, Thomassin.

Auf dem sternförmigen Kastell der Hauptinsel St. Mary saßen sowieso Herrschaften, die dem Londoner Hofe nicht grün waren, alte Stuart-Anhänger, denen die beherzten Wogenspalter gerade recht kamen. Auch die Mönche in der Benediktinerabtei auf der Insel Tresco hatten sich noch nicht von den protestantischen Maßnahmen beugen lassen, womit der blutige Heinrich die Güter von der Kirche trennte und seine erste Ehe schied. Später bediente er sich des Henkers.

Nicht nur dem Abte des Nikolausklosters, sondern auch dem Piratenanführer Thomassin wird nachgesagt, die ersten Narzissenzwiebeln auf die Scillies gebracht zu haben. Versehentlich sei eine Packung zusammen mit handfesterer Beute von einem holländischen Segler auf die Inseln gelangt. Thomassin habe sie achtlos auf den Mist geworfen. Aber als in dem milden Klima, vom nah vorüberrauschenden Golfstrom gesegnet, um Weihnachten die ersten Märzsterne aus dem Unrat blühten, habe er oder eine seiner Lieblichen ein Gartenbeet damit besetzt. Denn in oder neben den rauhen Schalen der Seefahrer wohnt bisweilen ein zartes Gemüt. 350 Jahre später gelangte die erste Hutschachtel voll Narzissen auf den Blumenmarkt des Covent Garden unter den Januarhimmel Londons. In weniger als weiteren 50 Jahren war der jährliche Export auf 1200 Doppelzentner gestiegen. Heute hat auf den Scilly-Inseln niemand

Störtebekers Gefangennahme im Seetreffen bei Helgoland 1402.
Stahlstich von Wilhelm Heun, Hamburg 1840

Medaillen auf den Seeräuber Klaus Störtebeker.
Silber. Hamburg 1701

Medaille auf den Frieden zwischen Hamburg
und den nordafrikanischen Raubstaaten.
Meergott Neptun nimmt den grünen Zweig
sichtlich ohne großes Vertrauen entgegen

mehr nötig, von Seeraub zu leben, und selbst das Kirchengebet um einen mit Wracktrümmern gesegneten Strand wird — wie auf allen übrigen Inseln der Meere — nur noch in den Hut geflüstert.

Damals jedoch, Mitte des 16. Jahrhunderts, standen die Sorlinger, die Bewohner der Scillies, und ihre Gäste in längst nicht so gutem Geruch wie heute. Dennoch gedachte der Kronwalter, Lord Somerset, ein Mann von früher demokratischer und europäischer Sichtweite, klüglich keine Gewalt zu brauchen. Er verhandelte mit Thomassin, ernannte ihn zum Vize-Admiral der Westküste und erreichte dadurch eine gewisse Ordnung in der Abschäumung des Ärmelkanals und daß zumindest die britischen Schiffe ungemolken blieben, ein Anteil aber in die Staatskasse floß. Ein beachtlicher amtlicher Erfolg fürwahr; denn seit Kaiser Maximus die Bischöfe Instantius und Tiberius auf die „Insula Scylina" verbannt hatte, Anno 384, zahlten die Einwohner so wenig Steuern wie alldort die Möwen, Seehunde und Kormorane.

DIE SILBERNE GLOCKE
um 1550

Yajiro war ein junger Fischer an einem der sieben Seen auf der Blumeninsel zu Japan. Er liebte ein Mädchen. Aber ein anderer Fischer liebte das gleiche Mädchen. Eines Tages brachte Yajiro einen besonders großen Fisch zu den Eltern der Schönen. Aber diese nahmen den Fisch nicht, denn der andere Fischer hatte eben zuvor einen noch größeren Fisch gebracht. Und als Yajiro, ohne das angebetete Mädchen gesehen zu haben, traurig seines Weges ging, stand der andere Fischer da und lachte spöttisch. Aber er lachte nicht lange. Yajiro erschlug ihn mit dem verschmähten Fisch.

Nach solcher Tat war es seit je ratsam, sich unsichtbar zu machen. Yajiro entfloh an die Küste. Und da Diebstahl nur klein ist, wenn man einen Totschlag begangen hat, so stahl er ein Boot und fuhr hinaus aufs Meer, hoffend, er werde niemals wiederkehren. Eine Piratendschunke sichtete ihn. Er war schon halb verhungert und verdurstet, als sie ihn an Bord nahm. Doch erholte er sich bald. Und da er nun einmal Unrecht begangen, wurde es ihm nicht schwer, solches fortzusetzen. Und er wurde ein Seeräuber, wie wenige vor ihm, und raubte weithin bis zu den Küsten Chinas und Malakkas.

Als er eines Tages dort einen kleinen Hafen anlief, in der Absicht, so viel Übles zu tun, wie sich lohnte, hörte er ein merkwürdiges Geräusch in der Luft und einen sanften Gesang, wie er ihn nie vorher vernommen. Es war aber die Glocke einer kleinen Kirche und der Meßgesang einer kleinen Gemeinde. Sein Herz rührte sich, als er da lauschte; denn er war im Grunde kein schlechter Mensch. Er steckte Schwert und Messer weg, gebot seinen Genossen, zum Schiff zurückzukehren und zu verschwinden. Aber der Ton seiner Stimme war nicht barsch wie sonst, sondern glich dem sanften Schwingen der Glocke. Dann ging er allein den gelinden Tönen nach, setzte sich zu den Andächtigen und wurde ein frommer Christ. Und auch seine Leute, die ihn holen wollten, wurden Christen.

Eines Tages äußerte der Priester, der kein anderer war als Francis Xavier, der nächste Freund Loyolas und der Mitgründer der Gesellschaft Jesu, er würde gern nach Japan reisen, um auch dort das Evangelium zu verkünden, und ob Yajiro ihm als Lotse dienen wolle.

„Wenn ich meine Tat dort auch büßen sollte, so will ich es als gerechte Sühne auf mich nehmen und als Christ sterben", sagte Yajiro. Und so segelten sie in seiner alten Räuberschunke übers Meer in seine Heimat und auf die Blumeninsel. Dort wurden viele durch Sankt Xavier und ihn bekehrt, sogar das Mädchen, das er geliebt, und auch dessen Familie, und niemand tat ihm Böses.

Als Xavier weiterreiste, bestimmte er Yajiro zur Leitung der japanischen Mission. Und Yajiro war beliebt auf allen Inseln wegen seiner sanften Stimme, und gern nannte man ihn die Silberne Glocke. Als aber neue portugiesische Priester ins Land kamen, hatten diese keine Lust, sich einem Eingeborenen unterzuordnen, und vergällten ihm durch Hochmut das Leben. Da denn zog er vor, wieder unter Segel zu gehen, und er übte das Piratenhandwerk wie vormals und trieb es schlimmer als je zuvor.

PINTO, PANIAN UND COIA ACEM
um 1560

Die ersten Weißen, die China erreichten, wurden freundlich aufgenommen. Und wenn sie sich wie Marco Polo benahmen, hielt die Freundschaft. Es erschienen aber auch mindere Exemplare des Westens, die über das übliche Maß dessen hinaus, was Kaufleute unter Kolonialhandel verstanden, sich des Betruges und aller Verbrechen schuldig machten, die Gott zuläßt. Und sie entschuldigten sich vor ihm vielleicht damit, daß es doch nur blöde Heiden wären, unter denen sie wilderten.

Der Portugiese Andrada, der sich 1521 in Makao niederließ, war von dieser Sorte. Er richtete neben sonstigem Handel auch alsbald einen mit chinesischen Knaben und Mädchen ein.

Auch Kapitän da Faria, dort zur Bekämpfung der Piraterie von dem portugiesischen Kontor der Marine eingesetzt, war nicht der gehörige

Ehrenmann. Er sah, daß mit Freibeuterei eine Gehaltserhöhung zu erzielen sei, die ihm von der Regierung nie würde gewährt werden. Doch beschränkte er sich nicht darauf, die Seewege unsicher zu machen und die Kauffahrteischiffe zu plündern, sonder setzte an Land und strolchte weit ins Innere; er beraubte sogar die Kaisergräber bei Peking. Weil er geneigte Abnehmer seiner Beute fand, teils bei den Kolonisten, teils sogar aber auch bei reichen Chinesen, konnte er sein Gewerbe lange fortsetzen. Seine Spur verlor sich, als er unverschämt genug war, ein vergoldetes Drachenbild aus einem Tempel zu entwenden.

Erfreulicherweise sind die Aufzeichnungen des Schiffsbesitzers Fernam Mendez Pinto aus Coimbra oder Montemor, der Gegend, wo auch Camões aufwuchs, unverloren. Er hatte Geld, war so abenteuerlustig wie irgendein amerikanischer Jachtbesitzer heute und segelte den neuen Handelsstraßen nach, neugierig, was hinter den Horizonten sei. Daß er nebenbei ein wenig Seeräuberei betrieb, verschweigt er schämig in seinen Notizen.

Eines Tages traf er auf einen chinesischen Piraten namens Guiay Panian. Das war einer der anpassungsfähigen Typen, wie sie alsbald die Mode derer mitmachen, die gerade den Ton angeben, und das waren in jenen Breiten damals die weißen Fremden und von denen die Portugiesen. Er hatte sogar eine ausschließlich portugiesische Mannschaft, zumeist honorige und wohlhabende Kolonisten, die sich ihm wegen seiner Kenntnisse der Fahrwässer und Wetterverhältnisse angeschlossen und untergeordnet hatten, zugleich ihrem Einkommen und ihrem Vergnügen dienend. Sie hatten die übliche Gemeinschaft auf Gleichheit und Beuteteilung und waren wie Sonntagsjäger unterwegs.

Panian, gut bestückt, knallte dem Pintoschen Segler ein paar Stoppschüsse vor den Kurs, wurde aber freundlich, als er sah, daß es sich um Portugiesen handle und um harmlose dazu. Die beiden Schiffe hielten sich nun beieinander. Durch einige aufgefischte Schiffbrüchige erfuhren sie, daß deren große Galeone von Coia Acem überfallen worden, sie aber eben noch entkommen seien; Schiff und Ladung und die übrigen Fahrgäste und die Besatzung, im ganzen 150 Menschen, waren verloren.

Besagter Pirat Acem stammte von der Pfefferküste und pflegte sich damit zu brüsten, ein Schröpfer und Schlürfer von Portugals Blut zu sein. Da er Muslim war, konnte es sich freilich nicht um Portwein handeln. Und die Gemüter Pintos und Panians erregten sich so über den Kollegen, daß sie stracks Kurs gen Calicut nahmen, wo er in den Lagunen seinen Schlupfwinkel hatte. Nach sorgfältiger Erkundung durch ausgesandte Späher überraschten sie ihr gefährliches Wild nachts in einer Flußbucht. In einem mörderischen Gefecht unter dem Getöse von Alarmtrommeln, Glocken und Gongs blieben 320 malabarische Piraten auf der Strecke und eine Anzahl ihrer Dschunken wurde versenkt oder ging in Flammen auf. Der Anführer, fürchterlich anzusehen in einem Kettenpanzer und karmesinroten Satinrock mit goldenen Fransen, vormals

Zierde eines portugiesischen Kavaliers, wurde im Zweikampf von dem Chinesen Panian erledigt, der ihm, in jeder Hand ein Hackschwert, das gepanzerte Haupt spaltete und im Gegenschwung die Beine vom Leibe schlug. Die Überwinder, die vordem als Christenhunde, Brathähnchen und bärtige Weiber beschimpft worden waren, verloren in dem grauslichen Gemenge 42 Mann.

Die Sieger begaben sich ans Ufer und fanden eine große hölzerne Pagode als Hospital eingerichtet, angefüllt mit fast hundert Verwundeten aus vormaligen Unternehmungen Coia Acems, darunter einige seiner Brüder und besten Unterführer. Da half kein Winseln um Gnade und Vergebung. Panian ließ das Gebäude verrammeln und an sechs Ecken anzünden. Pintos Herz neigte sich fast zu Mitleid, als das bejammernswerte Geschrei der Elenden aus den Flammen drang und sich diejenigen, welche sich rühren konnten, Kopf voran aus den Fenstern stürzten, wo sie denn von den Spießen und Hellebarden der Sieger bereitwillig aufgefangen wurden.

Kein Fortschritt, keine Faust verwischt
des fernen Ostens Farben,
wonach, aus Glanz und Blut gemischt,
die Knabenträume darben.

DRAGUT, DER ERBE ROTBARTS
bis Anno 1565

Von einer islamischen Einigung Nordafrikas war nichts zu spüren. Was in Europa die Nationen, waren dort die verschiedenen Stämme und Rassen.

Das von Cheireddin Erreichte, eine gewisse Verbindung mit dem Kalifat von Konstantinopel, ging in der Folge mehr und mehr in die Brüche. Sein legitimer Sohn Hassan ersetzte den Eunuchen gleichen Namens — welcher Der Schöne bedeutet —; er zerrieb sich im Kleinkrieg des Innern und gegen die spanischen Randgarnisonen.

Das Erbe der Piraterie übernahm Dragut, ein Renegat aus Anatolien und von Rhodos, wie Kaiser Karl V. 1500 geboren. Als junger Mensch war er zu Cheireddin gestoßen, hatte sich als Seemann und Blutzapfer bewährt, einen Befehlshaberposten errungen und sich noch zu Lebzeiten des Alten ziemlich selbständig gemacht. Der Kaiser setzte sogar einen Extrapreis auf seinen Kopf. Und dem Neffen Dorias gelang es, den Berüchtigten in der Bucht von Girolata der Insel Korsika zu stellen, sein Schiff zu überwältigen und ihn gefangenzunehmen. Bei der Generalrazzia wurden an zweitausendzweihundert Christen von den Sklavenketten befreit und statt ihrer ebenso viele Muslims an die Ruderbänke der eroberten Schiffe gefesselt. Es war Anno 1539.

Unter Fahnen und Böllerschüssen zog der junge Kapitän Gianettino in Genua ein. Als er dem Oheim Andrea, der zum Dogen der Stadt aufgerückt war, den wichtigen Gefangenen vorführte, beschwerte sich dieser heftig über die Freiheitsberaubung. Am schärfsten aber erboste er sich darüber, daß ihn ein völlig unbekannter und dazu noch bartloser Flegel überrempelt habe. Daraufhin schlug ihm der gekränkte Jüngling den Degenkorb übers Gesicht, ließ ihn mit Ochsenziemern auspeitschen und sodann, dem geringsten seiner Genossen gleich, als Rudersklave anketten.

Der Malteser De Lavalette, der spätere Großmeister, stand dabei und äußerte: „Das ist des Räubers Lohn." Vielleicht hat er auch nur gesagt: „C'est la guerre." Der blutende Dragut antwortete: „Nein, Herr Ritter, das ist die Laune des Glücks."

Drei Jahre lang litt der Pirat unter der Geißel christlicher Galeeren-Aufseher. Er war ein zäher Bursche. Der unablässige Gedanke an Rache ließ ihn durchhalten. Sein Lösegeld war von den Dorias auf 3500 Dukaten festgesetzt. Ob nun Cheireddin so lange zögerte und dem Heißsporn womöglich die Abkühlung gönnte oder ob der Kaiser Bedenken trug — und das mit Recht —, den Unhold wieder loszulassen, wird aus den Überlieferungen nicht klar. Wahrscheinlich kam beides zusammen. Aber auf einmal traf die hohe Summe ein und wurde angenommen. Manche Geschichtsschreiber haben den Dorias kurzsichtige Habgier vorgeworfen. Anscheinend haben jedoch die Mütter der vielen jungen Dorias aller Verwandtschaftsgrade, die zur See fuhren, für jene Milde gesorgt, die sie auch für ihre Söhne erhoffen mochten, falls diese das trübe Los der Gefangenschaft erführen. Der Freigelassene hauste schlimmer als die Rotbärte, teils unter der Flagge des Kalifats, teils unter eigener. Immer wieder schien er auf Malta zu zielen.

Seine Vorbereitungen waren offenes Geheimnis. Der Spionagedienst florierte damals wie heute. Dennoch ließ das Abendland die wackeren Ritter auf sich allein gestellt. Gott mochte ihnen helfen. Und wahrhaftig, an diesem Felsen des Kreuzes zerschellten die gewaltigen Anstrengungen des Islams. In den schauerlichen Kämpfen wurde schon mit Minen, Handgranaten und einem Nachhall der byzantinischen und einem Vorspuk der neuzeitlichen Flammenwerfer gearbeitet. Wunder an fanatischer Tapferkeit wurden vollbracht. Den Verehrern hauender, stechender, schießender oder entsprechend zerfetzter Helden wird der Schauplatz mit den trutzigen Mauern, Zinnen und Türmen malerischer erscheinen als die Gelegenheiten der Bunker und Stacheldrähte, und besser auch fügen sich die Ströme Blutes ein in die Farbenpracht der Schlachtgewänder und Banner von damals als in die spätere öde Erdtarnung.

Dragut, Mitte der Sechzig, leitete einen Teil des Generalangriffs. Es war der Sommer, da Holland und England einander die Häfen sperrten, die Städte Europas von verbrennendem Menschenfleisch stanken um des Glaubens willen und der Bayer und Schulmeister Georg Rollenhagen den abendländischen Wirrwarr weitschauend als Frosch-Mäuse-Krieg karikierte. Als der immer noch herkulische Großpirat eine neue Batterie in Stellung bringen ließ, prallte eine Sechzigpfünderkugel auf den Felsgrund und verursachte eine Fontäne von Steinsplittern. Der scharfe Engelsgruß erreichte das rechte Ohr Draguts und sein Gehirn und wies ihn in das islamisch verheißene Paradies derer, die im Kampfe mit den Ungläubigen fallen.

Draguts Platz nahm Hassan ein, des Falken Cheireddin Sohn und Nachfolger zu Algier. Und fast wäre ihm gelungen, die letzten Ordensritter zu zertrampeln. Sie hatten sich schon fromm dem Märtyrertode geweiht, auch ihrerseits ihres Paradieses gewiß. Da jedoch — fast zu spät — lugten die Topwimpel einer christlichen Entsatzflotte über den Horizont. Und jählings waren die Osmanen des Stürmens müde; sie fanden es ratsam, sich auf ihre Schiffe zurückzuziehen. Als nun Barbarossas ehrgeiziger Erbsohn erkundete, daß auf entgegengesetzter Seite der Insel die Christen nur achttausend Mann landeten, bootete er rund dreizehntausend Sarazenen wieder aus, wurde aber dabei von den flinken Ankömmlingen überrascht. Er selber entkam; an dreitausend seiner Leute wurden vernichtet. Hätte man auch ihn erwischt, wäre ihm das Schicksal zweier seiner reichsten Unterführer nicht erspart geblieben, die noch lebend vor den Großmeister geschleift wurden. Der übergab sie der Justiz des Volkes, was auf eine Vollstreckung mit Fäusten, Füßen, Zähnen, Krallen, Knüppeln und Messern hinauslief. Obschon nicht christlich, mag es verständlich sein. Denn viele hatten von fern mit angesehen, wie die Islamen gefangene Ritter an einem Bein aufhingen und dann als Zielscheibe für ihre Pfeile und Bolzen benutzten, doch so geschickt, daß die Bedauernswerten noch Stunden lebten. Es war wie üblich. Grausamkeit wurde mit Grausamkeit zu tilgen gesucht, eine Kette ohne Ende. Übrigens lag der letzte Ansporn zu der kostspieligen türkischen Anstrengung ein Jahr zurück. Da hatten sieben Malteser Galeeren eine mächtige Konstantinopeler Karacke genommen. Sie kam aus Venedig, beladen mit teuren Textilien dieser Weltstadt, mit Goldbrokaten, Seidenkleidern letzten westlichen Modeschreis, französischen Riechwässern, Schönheitssalben, Spezereien aus Ostindien. Pfeffer, Zimt, Muskat, Nelke und Ingwer, hochbegehrt und hochbezahlt, dem Orient längst vertraut und unentbehrlich, waren bei dem Überangebot Portugals (über Seeweg rund ums Kap der Guten Hoffnung) vorübergehend billig aus alten venezianischen Lagerbeständen zu kaufen, billiger selbst als über die östlichen Karawanenstraßen, obwohl Venedig sie daher bezog. Zur Fracht des schwer bestückten Türkenschiffes scheint auch eine Portion der allerneuesten transatlantischen Kostbarkeit und „Arzeney" gehört zu haben:

Tabakpulver, gehandelt über die königliche Firma Katharina von Medici und Sohn via Paris.

Die Enterung durch die todesmutigen Malteser Ritter bedeutete die damals übliche Enteignung auf Gegenseitigkeit. Heute dir, morgen mir. Es kostete wenig mehr als Menschenleben, in besagtem Falle hundertneunzehn Johanniter und neunundsiebzig muslimische Seesoldaten. Diese wurden aufgewogen durch hundertsiebenundvierzig Gefangene, deren Zukunft als Malteser Rudersklaven gesichert war, Gehaltsklasse Null. Beschädigungen der Fahrzeuge, Auslagen für die eigenen Verwundeten — die fremden wurden über Bord geworfen — deckten sich reichlich durch die Beute. Man reichte sogar großzügigerweise den Handelshäusern San Marcos die hübschen Textilien zurück, gewiß mit dem stillschweigenden Vorwurf, daß man die Üppigkeit der Heiden nicht mit derlei Firlefanz noch fördern solle.

Der vergeblich wartende Empfänger der guten Sachen war kein anderer als der oberste Betthüter des sultanischen Harems. Doch nicht seine geharnischte Beschwerde, vielmehr das Gejammer der enttäuschten Schönen seiner Obhut soll Sultan Suleiman dann zu dem schwerwiegenden Einschreiten gegen Malta veranlaßt haben. Er war siebzig, er hatte das türkische Reich groß und furchtbar gemacht und wollte auch im Alter nicht die Segel streichen. Und schon gar nicht vor Seeräubern. Als solche bezeichnete er die Johannisstreiter. Wertungen sind von Standpunkten abhängig.

Malta bestand weiter als grimmer Hort der kämpferischen Kirche, doch allmählich die mittelalterlichen Sitten seiner Brüder sänftigend, mehr der dienenden Liebe als dem fressenden Hasse sich widmend. Und kein Sarazene, keine Sichel des Halbmonds mähte den Orden von der christlichen Seeburg herab. Der korsische Freibeuter Bonaparte erst war das Werkzeug Gottes oder des Satans, wie man ihn sehen will. Gewiß war es keine Nachfolge in der Aufgabe der Johanniter, als er gegen das Kalifenreich zog. Immerhin war es eine günstige, leider durch England gestörte Ablenkung von Europa, das die Rolle Franz' I. umkehrte und also der Türkei gegen Frankreich den Rücken stärkte. Daß Admiral Ball Anno 1800 nicht weniger freibeuterisch als der Korse das gänzlich neutrale Malta der englischen Krone einverleibte, geschah ebensowenig aus geistlichen Beweggründen. Der neue abendländische Flottenstützpunkt und Waffenplatz wirkte sogar tatkräftiger gegen die Übergriffe der Berberei, wenn auch der britischen Kauffahrtei zulieb, als der Orden es noch vermocht hatte.

> Dem einen Pflug, dem andern Pfründe,
> dem einen Kampf, dem andern Klee;
> Beweggrund heißt bewegte Gründe;
> wo sind sie flotter als auf See?

DER POLITISCHEN FREIBEUTEREI AUSGELIEFERT
zwischen 1000 und 2000

Zypern ist eines der Beispiele, daß gutgelegene Inseln vogelfrei sind. Das meint, so frei wie die Vögel auf Ischia, die von den Knallfritzen nach Belieben abgeschossen werden. Wer nicht alles hatte sich dort mit Wein und Kupfererz bedient: Kreter und Ägypter, Phönizier, Griechen, Assyrer, Perser, Makedonen, Römer und Oströmer. Zur Zeit Barbarossas — diesmal des Kaisers Rotbart Lobesam — nahm der gekrönte britische Freibeuter Richard Löwenherz Zypern im Vorbeigehn an sich. Das geschah unter der Ausrede eines Kreuzzuges, obwohl die Bewohner allesamt christlich waren. Da nun damals England noch keinen Bedarf hatte, die Fährwege des Mittelalters für seinen Handel zu sichern, verschenkte der Löwe Richard die Insel, die ihm gar nicht gehörte, an die ihm minneholde Familie Lusignan. In dieser nämlich war weiland der Titel eines Königs von Jerusalem erblich, obwohl sie sich empört hätte, als von Davids Stamme angesehen zu werden. Ihre Stammutter war nämlich die reinblütig normannisch schöne blonde Meerfrau Melusine.

Daß England die Vergeudung einer ganzen Insel einmal wettmachen würde, war vorauszusehen. Inzwischen starben die Lusignans aus, und durch Heirat, Erbschaft und gelinden Zwang gelangte Venedig in den Genuß Zyperns und nutzte es hundert Jahre lang. Auch Genua hatte ein paar flüchtige Anteile daran, damals, als die Kriegsflotten dieser beiden Städterepubliken und deren Kolonialbesitz nahost weit größer waren als etwa Englands jener wirren Tage.

Stets jedoch betrachteten die Nachkommen der vielgemischten Antike das bedeutende Eiland als ihr uraltes selbständig rechtmäßiges Eigentum, mochte damit in der politischen Piraterie geschehen, was wollte und das sie nicht hindern konnten. Die Beziehung zu Hellas allerdings blieb überwiegend beliebt. Immerhin war am kyprischen Strand Aphrodite geboren.

Daß die so verschiedentlich geknechteten Bewohner zumal an den Ufern selber gelegentlich ein bißchen Seeräuberei trieben, war ihnen kaum zu verdenken. Sie waren arm. Denn reich wurden nur die Ausbeuter. Und so suchten sie eine Beteiligung, die ihnen verargt wurde und gelegentlich zum Vorwand diente jenen, die Appetit auf das Ganze hatten und somit zum Rechenschaftfordern schritten. Venedig hielt fünftausend Mann Besatzung auf der Insel. Es ließ sich die Aufsicht etwas kosten. Das heißt, die Kosten fielen dabei ab.

Die UNO war noch nicht. Sie hätte auch damals nichts genützt. Und nun, Anno 1570, da Malta ihnen entgangen war, gedachten die Türken sich erstmals Zyperns zu bemächtigen.

Es wurde bald bekannt: Am Bosporus rüstete man, um sich neu an Malta zu wagen. Im Abendland, vom Papste flehentlich gefördert, schloß sich eine Liga zusammen, die sich das Attribut „ewig" beilegte. Ihr gehörten der Kirchenstaat, Venedig, Genua und Spanien an. Malta war sowieso dabei. Frankreich stellte unerfüllbare Bedingungen. Deutschlands Fürsten haderten ausgefüllt miteinander.

Der türkische Feldherr Mustafa-Pascha hatte sich schon bei der Belagerung Maltas durch Grausamkeit ausgezeichnet. Jetzt überfiel er mit hundertzwanzig Galeeren und hundertzwanzigtausend Mann das venezianische Zypern. Die reiche Stadt Famagusta wurde von General Bragadino wacker verteidigt, ergab sich dann aber gegen Ehrenwort des Paschas auf freien Abzug. Dieses Ehrenwort war so echt wie das Beiwort „ewig" der Liga. Dem ehrenwerten Bragadino wurden die Zähne eingeschlagen und die Fingernägel ausgerissen. Seine Offiziere wurden enthauptet, so daß ihr Blut auf ihn spritzte. Oft mußte er niederknien, und das Krummschwert wurde über seinem Nacken geschwungen. Vielmals wurde er gegeißelt. Mit den bloßen gemarterten Händen mußte er Schanzkörbe füllen. Er mußte die Erde küssen, wenn Mustafa sich an seinen Qualen zu weiden vorüberkam. Hin und wieder warf man ihn ins Wasser und holte ihn heraus, eben bevor er ertrank. Man glühte ihm mit Eisen das Kreuzzeichen auf die Brust, stülpte ihm einen erhitzten Helm auf, riß ihm das Gemächte herunter. Am zwölften Tage zog man ihm die Haut ab. Um sein Verscheiden hinzuzögern, wurde vorsichtig bei den Fußsohlen begonnen. Mustafa war die ganze Zeit darauf erpicht, den Tapferen schreien zu hören. Aber es war nur immer ein leises „Miserere Domine" zu vernehmen. Da denn ließ das Untier des Islams noch dem Sterbenden die Zunge herausschneiden. Die abgezogene Haut wurde mit Stroh ausgestopft und zum Trocknen an die Segelrute einer Galeasse gehängt, deren angeschmiedete Rudersklaven Venezianer waren. Alsdann wurde die grausige Puppe in das Banner des Verewigten gewickelt, mit den Köpfen seiner Offiziere nach Konstantinopel geschickt und dort zur Schau gestellt.

Das alles geschah noch vor jeder Kriegserklärung. Es soll sogar zugleich mit den schauerlichen Trophäen noch eine abendländische Tributsendung mit Verhandlungsvorschlägen an den Sultan gelangt sein, ein Ersatz vielleicht für die mißglückte Lieferung der Haremsbrokate und Seiden. Selim, betrunken lächelnd und lallend, bat den Gesandten, sich die Siegel anzuschauen, mit denen der Besitzwechsel Zyperns eben bekräftigt worden war, Anno 1571.

Nun erst trat Venedig der „ewigen" Liga amtlich bei. Das neuerliche Gemetzel zwischen West und Ost konnte anlaufen. Aber dabei ging es um mehr als um Zypern.

Es ging um den so oft geführten Beweis, daß die Gier nach Macht und Besitz eine allgemein menschliche Eigenschaft ist und daß blutvergießende Tapferkeit niemals zu tun hat mit dem, was den Weisen seit alters vorschwebt, mit Vernunft.

England hielt es für vernünftig, Anno 1878 den Türken die militärische Aufsicht der Insel abzunehmen. Damals brauchte es den Zwischenposten via Suez und Ostindien. Churchills Maßnahmen in zwei Weltkriegen haben es dieser Sorge enthoben. Die völlige Aneignung Anno 1914 und die Erklärung Zyperns zur Kronkolonie Anno 1925 waren verlorene Gesten. Anno 1959 zog Britannien sich auf die Sachlage von 1878 zurück. Zypern wurde gleichsam selbständig, sich teils griechisch, teils türkisch — der Bevölkerung nach — regierend, eine „unabhängige Republik" mit britischen Militärstützpunkten. Alas! Es ist eh wie je ein Vorposten des Abendlandes, des vom Westen selber verratenen, vertanen, in mühsamer Liga sich behauptenden, ewig wunderbaren und wunderlichen Abendlandes.

Und reckt sich hilflos unterm Helm der Heldenmär,
der dienlicher fürwahr als Koch- und Nachttopf wär'.

KURZER BLICK AUF DIE SEESCHLACHT BEI LEPANTO
Anno 1571

Das umfangreichste kirchliche Deckengemälde Altbayerns befindet sich zu Prien am Chiemsee. Es stellt die Seeschlacht von Lepanto dar. Der Wessobrunner Johann Baptist Zimmermann hat es gemalt, von dem wohl auch die merkwürdige Kanzel der Klosterkirche Irsee stammt, die einzige sicher in der Welt, welche wie ein Schiff unter Segeln geformt ist. An den Wanten steigen statt der Teerjacken rosige Putten auf und ab.

Das Panorama zu Prien zeigt kräftigere Szenen, zerhauene Türken, ertrinkende Söldner, brennende, sinkende Galeeren und Galeonen und darüber, mit sichtlich ungerührtem Hofstaat, die Himmelskönigin, lächelnd, als schwebe sie über einer Maiwiese. Die allerdings auch gemäht zu werden pflegt.

Dieses eindrucksvolle Andenken wurde rund hundertfünfzig Jahre nach dem Ereignis gemalt. Das Grauen und die Bedeutung waren durch die Zeit gemildert. Der Stifter, Herr von Schurff, war der Nachkomme eines der dreitausendneunhundertsiebenundachtzig deutschen Ritter und Reisläufer, die dabei waren und zu denen rund tausend gehörten, die man zu Messina, von Syphilis zerfressen, im Hospital hatte zurücklassen müssen, als die Flotte, fast dreihundert Einheiten stark, mit Kurs auf Korfu ausrückte. In der Bucht von Korinth, auf der Höhe von Lepanto, war es denn geschehen, daß sie auf die ähnlich starke osmanische Streitmacht stieß. Das Ergebnis war schlecht für die Türkei. Sie büßte durch den blonden Sohn einer Regensburgerin ihren Vorrang im Mittelmeer für voraussichtlich alle Zeiten ein. Aber viel mehr als die Beute kam bei der gewaltigen Schlächterei und Materialvergeudung auch für die Sieger nicht heraus. Es verendeten rund dreißigtausend Sarazenen nebst deren an die sinkenden Galeeren geketteten Christensklaven. Einige Tausend dieser Unglücklichen, die mit Recht zum Teil revoltiert hatten, anstatt ihre Prügelmeister gegen den „Feind" zu rudern, erlangten bei den Kaperungen die Freiheit. An christlichen Streitern kamen rund achttausend gewaltsam um. Der Papst erhielt als Siegesanteil siebenundzwanzig Galeeren und achthundert Sklaven, Spanien achtundfünfzig Galeeren und Segler, dazu eintausendsiebenhundert Sklaven. Venedig, obschon es über die Hälfte der Flotte gestellt und dreimal mehr Verluste als die andern Mitglieder der Liga hatte, mußte sich mit vierzig Galeeren, fünf Segelschiffen und einhundertzweiundsechzig Sklaven begnügen.

Es mußte sogar noch draufzahlen, und zwar an die besiegte Türkei, mußte sich den Frieden und Fortbestand seines Levantehandels mit dreihunderttausend Dukaten erkaufen und war noch froh, daß es gelang. Es war noch immer sehr reich und konnte sich solche Summen leisten, trotz der zwölf Millionen Dukaten, die das Unternehmen es gekostet. Man durfte sich auch sagen, durch das weggeworfene Geld sei die Ehre der Christenheit gerettet. Wiederum läuteten die Glocken. Diesmal wußte sogar Hans Sachs, was es geschlagen hatte. Und Tizian, fast hundertjährig, malte als letztes die lepantinische Seeschlacht.

Aber Zypern verblieb damals den Osmanen. Die üblichen Eifersüchteleien und Niederträchtigkeiten ließen den Sieg ungenutzt. Die „ewige Liga" segnete alsbald das Zeitliche.

ULUCH
bis 1587

Ein unheimlich klingender Name, ein wahrer Seeräubername: Uluch. Er wird auch als Uluj, Ulachi, Eudj, Ochi und Occi überliefert, meistens mit dem Zusatz Ali, was einer osmanischen Adelung und im Deutschen der Bezeichnung Hoheit entspricht. Im eigenhändigen Bericht des Generaladmirals Juan d'Austria über die Seeschlacht von Lepanto wird er Abuchali geschrieben. Und der Träger dieses Namens wird darin als Korsar bezeichnet, dessen Schlauheit und Flinkheit mehr als ein Dutzend Galeeren zur Strecke brachte.

Uluch war in Kalabrien geboren. Sein Tauf- und Familienname war Luca Galieni. Er war Klosternovize und von leidenschaftlicher Frömmigkeit, als er dem noch jugendlichen Piraten Dragut bei einem Überfall auf die Ruderbänke geriet. Dragut hatte früh einen Blick für entwicklungsfähige Kreaturen. Er löste dem fast Gleichaltrigen die Fußfessel und machte ihn zum Bootsmann, der die Peitsche über die Rudersklaven schwang, und er lieh ihm eine Koranabschrift, und da alles gut anschlug, machte er ihn zum Steurer und sah, daß hier ein Seemann von Geblüt heranwuchs. Und so wurde der tüchtige Jüngling statt zum katholischen Priester zu einem der gefürchtetsten islamischen Freibeuter. Sein Taufname hatte sich schon auf der Sklavenbank durch Umstellung der Buchstaben verballhornt in Ulac und wurde bald zärtlich, bald verächtlich weiterverwandelt.

Und Uluch wurde ein fanatischer Muslim. Denn Gott oder Gott, das ist gleich für den, der bereit ist, unter einem höchsten Panier die Kräfte zu regen. Uluch regte sie. Und besonders gegen die Malteser. Er war dabei, als Dragut fiel. Rückte auch auf in dessen Stellung als Inspizient der türkischen Flotte, wurde sogar zum Beglerbeg für ganz Nordafrika ernannt, ohne daß er sich einer osmanischen Oberhoheit jemals ganz fügte. Mit dem Flaggschiff Draguts handelte er zumeist auf eigne Faust. Er plünderte selbständig von Gibraltar bis zur Adria.

Suleimans Nachfolger wurde Selim, genannt Mest, der Säufer. Er beschränkte sich auf die unkriegerischen Freuden des Daseins. Was an Staatsgeschäften fällig sein mochte, überließ er seinem Großwesir Mohammed, einem vormaligen Glöckner der anatolischen Kirche zu Sokol. Und dem schwebte eine kleine Ausweitung der Einkünfte vor. Es gab da noch etliche Stellen in der Levante, die andern gehörten. Sie denen abzunehmen, bedurfte es einer Wiederaufrüstung der morschen Flotte. Uluch, der erfahrene Wogenhai, wurde damit betraut. Und er vollbrachte es nicht weniger geschickt als der Falke Cheireddin, dessen Landhaus am Bosporusufer er zum Quartier erkor.

In der Lepantoschlacht hatte er nicht den Oberbefehl. Die Köpfe derer, die ihn hatten, schaukelten an der Rah von Juans Admiralsgaleasse. Er, Uluch, hätte den Zusammenprall zwischen Kreuz und Halbmond vielleicht anders gelenkt. So focht er nun in eigner Abteilung und nahm die Malteser vor, rasierte ihre Decks, versenkte mehrere Galeeren und war der einzige, der mit einigen Prisen gen Konstantinopel durchbrechen konnte. Darunter war das Admiralsschiff des Ordens. Fünfhundert Mann Besatzung waren gefallen. Den Kommandanten hatte er eigenhändig im Zweikampf getötet. Die letzten drei Ritter, schwerverletzt, starben, ehe sie dem Sultan vorgeführt werden konnten. Aber im Kielwasser seines Schiffes schleppte Uluch-Ali die Admiralsflagge der Johanniter, neben der des Papstes, die höchste der Christenheit. Sie wurden in der Sophienmoschee aufgehängt.

Schon machten sich die Dardanellen zur Verteidigung bereit, schon bebte Selim. Aber die Westmächte stolperten über ihre Beschränktheiten. Da wandte sich Juan d'Austria, seiner Fähigkeit froh, gegen Tunis. Aber Philipp wurde mißtrauisch. Er sah einen ungestümen Träumer, der sich ein Großreich Afrika erobern ging. Und er entzog ihm den Nachschub. Denn schon ehrte die sarazenische Welt den Seesieger mit dem Titel, der vordem Karl V. geziert: „Der Gottverfluchte". Das schmeckte allzusehr nach höchstem, nach kronprinzlichem Gedenken. Der Heißsporn wurde zurückgepfiffen. Und Uluch griff zu und warf die spanischen Nachhuten ins Meer.

Juan wurde nach Flandern versetzt, damit er dort mit den Protestanten verfahre wie zu Spanien mit den Morisken. Aber da auch das zu gut gelang, begann Philipp ernstlich für den Thron zu fürchten, und so war es an der Zeit, dem braven Jungen nach zehnjähriger Bewährung den Adlerflug zu bescheiden, was denn mit ein wenig Gift in einem meuchelmörderischen Becher eben vor Namur gelang, Anno 1578.

Es war das nicht belanglose Jahr, da die Russen den Ural überschritten, um Sibirien zu besetzen.

Noch zehn Jahre weiter, mochte Philipp bedauern, daß ihm der Held von Lepanto fehle, als nämlich die Spanische Armada und damit Spaniens Seeherrschaft durch England vernichtet wurde.

Uluch erlebte jenen Zwiespalttriumph nicht mehr. Er war das Jahr zuvor gestorben, angeblich auch gegen neunzig alt wie Cheireddin. Doch soll er, weniger gelassen als der große Falke, an Verdüsterung gelitten haben, gepeinigt von den Seelen der Unzähligen, die er hingemordet. Vergeblich suchte er sich durch neue Unmenschlichkeiten zu betäuben. Er verfiel aber, da er wie sein Sultan Selim „zuviel Scheppwürste gegessen und zuviel Zypernwein darauf getrunken", gänzlich der Schwermut, ließ niemanden mehr zu sich und kleidete sich in Schwarz, als sei er wieder der junge Anwärter in der Nachfolge Christi. Die Janitscharen verdächtigten ihn, er sei tatsächlich dem Islam untreu geworden. Sein Ende ist vielfältig überliefert wie sein Name: Erdrosselt durch besten Freundes Hand, erstickt unter den Küssen einer Odaliske, erledigt durch Selbstmord oder durch Übermaß von Haschisch. Sein Grabmal, nahe dem Azor, war lange ein Wallfahrtsort osmanischer Seefahrer, zumal, da nach seinem Tode die türkische Flotte verfiel.

Und was in fürchterlicher Majestät
den Horizont der Zeiten fast zersprengt,
wird nichts als Wind, der sich in Muscheln fängt,
ein Polterecho, winselnd und verweht.

Da war jemand zu Lepanto dabeigewesen, der war eines der Geschenke Gottes an die Menschheit; denn er hatte trotz allem Humor.

Vielleicht wollte er Feldscher werden wie sein Vater, hatte auch Lust zu Abenteuern und geriet also, da eine Stelle frei war auf einer spanischen Marinegaleere, in die berühmte Seeschlacht, bedurfte aber dann selbst des Arztes, da ihm ein Krummsäbel, krumm wie der Halbmond, die Linke zerschnitt. Er kam nach Messina ins Lazarett. Ziemlich geheilt, trieb er sich in Neapel herum, das damals spanisch war und nicht so große Welt wie Venedig. Ehe er das Geld zusammen hatte zur Heimfahrt, schrieb man Anno 1575. Da schiffte er sich ein auf der Galeere *Il Sole*. Doch wurde diese Sonne vom Halbmond gekrallt. Artenumami hieß der Freibeuter, einer der berüchtigsten unter Uluch, ein geborener Albaner und Überläufer. Da die linke Hand des zum Sklaven gestempelten Cervantes nun verkrüppelt war, zeigte er sich für die Handhabung der schweren Rudergeschäfte nicht geeignet und wurde auf dem Badestan, dem Markt zu Algier (später Place Mahon) an einen griechischen Renegaten verkauft. Dieser besaß ein Landgut nahe der Küste und ließ es bearbeiten, in ähnlicher Weise, wie es die christlichen Farmer in Westindien oder Carolina beliebten, oder in Spanien oder auf den Äckern des Kirchenstaates.

Einem der Mitsklaven war es gelungen, einen unterirdischen Gang bis zum Meeresstrand zu graben. Einem andern, der grad freigekauft wurde, gab man einen Brief mit nach Mallorca, wohin er heimreiste, und der Statthalter schickte ihn dann wirklich mit einem Boot zurück, die fünfzehn Genossen abzuholen. Die Sache wurde aber ruchbar; denn einer der Harrenden, der sich in Glanz setzen wollte — er hieß zudem Indoratore, der Vergolder —, verriet den geheimen Gang. Beim Verhör nahm Cervantes die Schuld auf sich und sagte, er allein habe die andern zur Flucht überredet. Der Pascha — es war Hassan, der Sohn des Falken — sah sich den Sprecher sinnend an, den schmalen Schädel, die hohe Stirn, die von Entbehrung geschatteten Wangen, das kluge Ohr, die nachdenklichen Augen, den unterm Bartgestrüpp trotz allen Kummers fast heiter gewölbten Mund. Hassan hatte sichtlich Züge der sanften Großmutter geerbt, die immerhin von einem Geistlichen geehelicht worden war, ehe sie, verwitwet, den geflohenen Spahi und späteren Bootsfrächter geheiratet. Und Hassan also ersah, wes Geistes Kind der Sklave Cervantes sei, glaubte auch, er sei aus vornehmer Familie, kaufte ihn dem Besitzer ab und bestrafte auch die andern nicht.

Hassan, der angeblich 500 Goldtaler bezahlt hatte, hoffte, das Doppelte wieder zu erhalten. Aber Mutter und Schwester des Gefangenen konnten, obwohl sie ihre gesamte Habe veräußerten, nur 300 Taler zusammenkratzen. Und sie gaben das Geld den Trinitarierpatern, und diese reichten es weiter an die Brüder zu Algier, die dort in weißen Kutten, mit roten und blauen Kreuzen geschmückt, ihren gefährdeten Dienst taten und gelitten waren, solange es der Willkür dort paßte, also oft die Summen auch ohne Gegenleistung loswurden. Im allgemeinen aber wurden sie gehalten wie Obstbäume, die man nicht umhaut, um einfacher pflücken zu können, sondern deren Ertrag man laufend genießt. Sie fragten Cervantes, dessen freimütige Seele ihnen wohl verdächtig sein mochte, ob er nicht zum Ketzer geworden sei, wenn auch nicht gerade zum Muslim, so doch zum Protestanten. Denn dann hätten sie ihn seinem Schicksal überlassen.

Nach elfjähriger Abwesenheit, wovon er fünf in Sklaverei verbracht, und nach einem Zwischenaufenthalt in Oran, das noch immer spanisch war und wo er wahrscheinlich den Preisunterschied abdiente — denn nach vielem Hin und Her war er um den Einkauf freigelassen worden —, kam er heim und begann, zu schwerer Arbeit nicht mehr fähig, sich der Neugierde der Gebildeten zu bedienen und der florierenden Kunst, etwas, das man zum besten zu geben wußte, in Druck zu geben. Da gerade Schäferromane in Mode kamen, schrieb er einen solchen und benannte die Heldin darin mit dem antiken Nymphennamen Galatea, noch immer die Bedrängnisse der Seefahrt im Gemüt. Schrieb auch dies und das für die aufkommende Lust an öffentlichen Schauspielen und entledigte sich einiger Erinnerung in einem Stück, das er *Los tratos de Argel* nannte, Die Sklavenhändler von Algier. Damit war die bittere Vergangenheit soweit gelöscht, es sei denn, daß er mit dem Piratischen noch eine Weile in Berührung kam, indem er einen Posten als Proviantverwalter bei der Flotte erlangte und später als Steuerbeamter tätig war. Er geriet aber wegen zu milder Maßnahmen mit der Finanzbehörde und einer Bank in Schwierigkeiten und begann wieder zu schreiben, um die Abrechnung in Ordnung zu bringen. Eigentlich wollte er den Knackstiebeln eins auswischen, den adligen Schlachtenveteranen, die überall in den Ämtern saßen und von ihren Heldentaten schwadronierten und selber sich blutsaugerischer zeigten als alle Türken, Heiden, Morisken und Barbaresken, die sie angeblich in Grund und Boden geschmettert.

Das spöttische Werk wuchs jedoch zum aufrührenden Gleichnis seines eigenen Charakters und dem seines Volkes und des nach Recht und Güte strebenden, irrenden, leidenden und durch und durch merkwürdigen Europäers und Menschen überhaupt. Alle Anklagen, Bitternisse und Lächerlichkeiten wurden durch Ironie entschärft. Aber der fahrende Ritter, der für eine Sache ficht, die nur in der Einbildung besteht, wurde über den Ulk hinaus das tragische Sinnbild aller Gewalt und für alle Zeiten.

BITTERSÜSSE KOLONIALHYMNE
bis 1580

Er wird des Samorins heimtückschen Schiffen,
wovon das Meer schwirrt, mit dem Eisenball,
der krachend aus dem Bronzerohre fährt,
Mast, Segel und das Ruder jäh zerschmettern
und todeskühn mit Enterdraggen
das Hauptschiff der Verruchten an sich ziehn,
einstürmend dort mit Schwert und Beil und Lanze,
es blutig säubern von vierhundert Mohren . . .

So sang der Seemannssohn Luiz de Camões. Er war zu Lissabon geboren und erwies sich als begabt. Man wurde aufmerksam, sein Onkel,
Prior des Klosters zu Coimbra, sorgte für die Bildung. Ein heiteres
Carmen auf die Königin als Dank für ein Stipendium fand Beifall. Der
junge Poet wurde an den Hof eingeladen wie Goethe nach Weimar,
verliebte sich aber mit weniger Glück in eine Dame der Gesellschaft,
nahm Handgeld für die Flotte und verlor im mißlungenen Unternehmen
gegen Ceuta das rechte Auge durch einen Barbareskenschuß. Er erhielt
einen Mohrensklaven als Entschädigung.

Seine dichterische Fähigkeit hatte ihm schon die ersten Verse eines
großen vaterländischen Lobgesanges eingegeben. Aber bei Hofe war er
nicht mehr genehm. Zudem geriet er in Raufhändel. Man schob ihn ab
in die Kolonien, und es kam seiner Enttäuschung entgegen, in weiter
Welt Größeres zu suchen, als die Heimat ihm bot. Doch sah er in Ostindien und Insulinde, zumal aber zu Goa, die brutalen Maßnahmen
seiner Regierung. Es empörte ihn mehr als das ganze Piratentum des
Mittelmeeres, und er schrieb darüber so ätzend, wie es in lyrischer Form
eben anging. Seine Verse wurden mit Genuß herumgereicht bei einigen,
die wie er dachten. Aber in den höheren und verantwortlichen Stellen,
denen das aufsässige Gelächter nicht verborgen blieb, nahm man den
Freimut übel, man beschwerte sich, anstatt sich ein Gewissen zu machen,
und nach ein paar Wochen und Monden kam eine für den Verfasser
höchst ungnädige Weisung, ihn als nunmehr bestätigt unliebsam noch
weiter abzuschieben. Und so kam er nach Makao. Und mitten in das Nest
der chinesischen Piraterie.

Es widerten ihn aber die häufigen Exekutionen an, die wie in Goa
auch hier an der Tagesordnung waren. Besonders die Besatzungen über-
wältigter Piratendschunken wurden gnadenlos vernichtet. Aber auch

Ein Piratenhulk um 1525
Aquarell von Hans Holbein dem Jüngeren

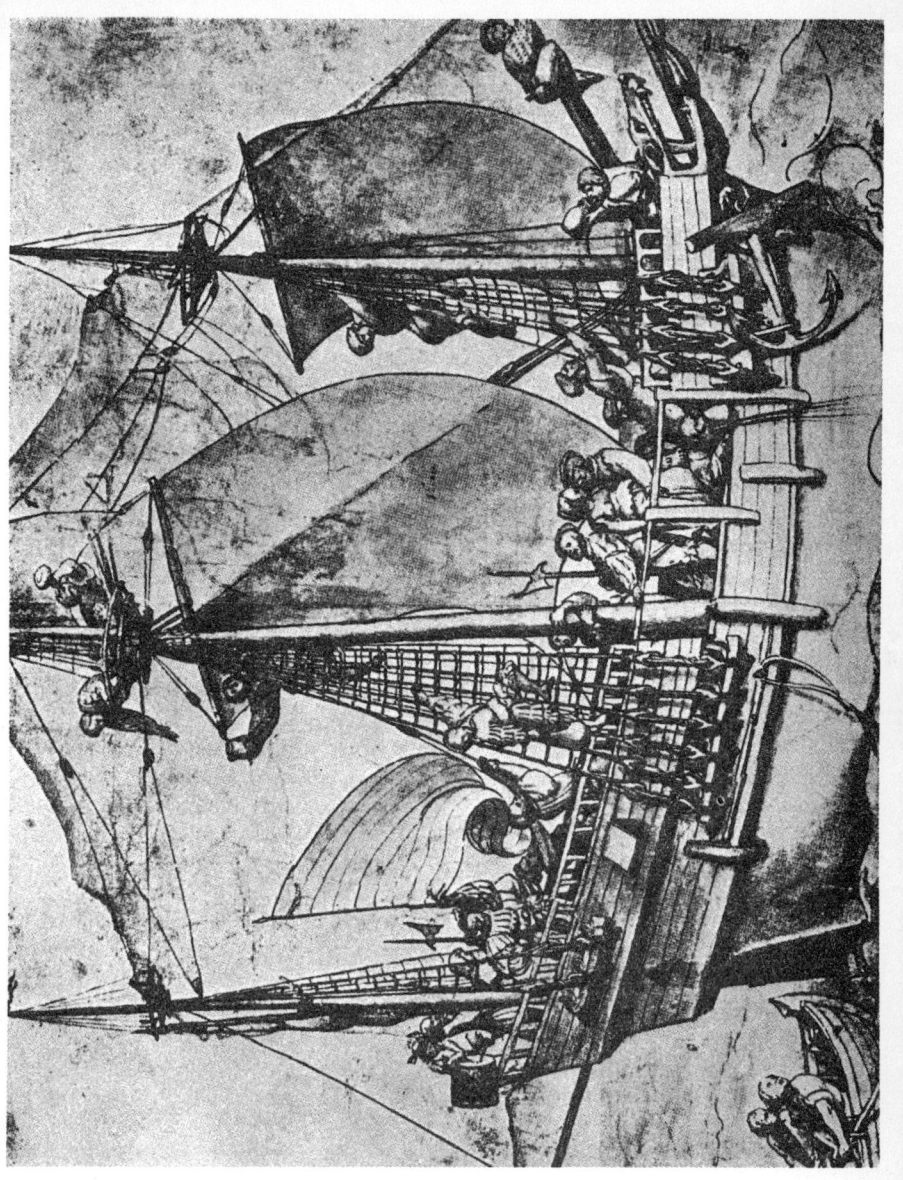

Soldaten, die sich mit eingeborenen Sklavinnen einließen, wurden unmenschlich bestraft. Der empfindsame Dichter zog sich in seinen Bungalow zurück, der wenig mehr als eine Felsgrotte war, und versenkte sich im Gedenken an Vasco da Gamas wunderbare Entdeckung Ostindiens in ein Gespinst aus vaterländischer Glorie und antikem Götterbetrieb, vermochte auch anschaulich koloniale Massaker, das Reisen zur See, Sturm, Wasserhosen, Sankt Elmsfeuer und tropische Insellieblichkeiten zu schildern. Darüber vergaß er seine amtliche Aufgabe ein wenig, die in der Verwaltung der Güter umgekommener oder auf Urlaub befindlicher Kolonisten bestand. Er wurde sogar der Veruntreuung verdächtigt und nach Goa vors Gericht gerufen. Der Segler, von chinesischen Piraten verfolgt, entkam zwar, erlitt aber bei schwerem Wetter Schiffbruch in der Mündung des Mekongflusses. Camões' Mohrensklave, der ihn immer treulich begleitet, rettete ihm das nackte Leben und das von Seewasser durchweichte halbfertige Manuskript der *Lusiaden*. Unter unsäglichen Strapazen erreichte er Goa, wurde für schuldlos befunden und arbeitete, krank vor Heimweh, im Büro und an seinem Epos. Die Pflanzer, die durch die Ausbeutung der Eingeborenen von prallem Vermögen waren, hätten ihm leicht einen Schiffsplatz besorgen können. Vielleicht aber war er so unvorsichtig, ihnen, um sie zu rühren, aus seinem Epos vorzulesen. Und wenn sie auch wenig davon verstanden, so fanden sie es doch lustig, etwas Abwechslung zu haben, auch gelegentlich ein Wiegenverslein oder eine Hochzeitskanzone oder einen Leichenpsalm bestellen zu können. Bis er ihnen zu bleich um die Nase aussah und ihre Töchter und Frauen vor Mitleid zerschmolzen; da denn griffen sie endlich in die Geldkatze überm Bauch und ließen ihn laufen und an Bord. Und sein Mohr lief mit.

So ging's der afrikanischen Küste entlang. Aber in Mosambik auf dem Koralleneiland, wo frisch Wasser und Gemüse eingeladen wurde, lud man ihn aus, da er dem Kapitän nicht geheuer gewesen sein mochte mit seinen lauten Spintisiererein und auch wohl krank war, so daß eine Ansteckung befürchtet wurde. Die Jesuiten, die schon Fuß gefaßt hatten hinterm Inselfort, pflegten ihn gesund. Und hier vollendete er die Lusiaden. Stellte auch sogar seine Gedichte zusammen, allzu arm, um weiterreisen zu können. Er und sein Sklave mußten das Brot durch niedrige Arbeiten verdienen. Das Poetische machte sich nicht bezahlt, es diente höchstens der gesellschaftlichen Zerstreuung im Gouverneurspalast. Und anscheinend kam der Dichter nur dadurch heim, daß sich ein verkappter Feinschmecker fand, der das Konvolut der Gedichte heim-

Kaiser Karl V. begibt sich zur Eroberung von Tunis auf das Flaggschiff der Malteser Anno 1535
Karton des Jan Cornelisz Vermeyen (Ausschnitt)

lich an sich brachte und sie als die eigenen auszugeben wünschte. Ein Piratenstück auf dem Seufzermeere der Literatur. Unsterblichkeit gegen ein oder zwei Plätze Zwischendeck.

Camões kam nach Haus, als Juan d'Austria ausfuhr, Anno 1571. Trotz aller Schrecknisse, Leiden und Enttäuschungen hatte der Dichter vermocht, das Hohelied seines Vaterlandes beschwingt, würdig, naturnah klar und heiter zu gestalten. Die Zensur erlaubte ihm nach einigem Zögern den Druck. Und schließlich setzte der König dem größten Poeten Portugals sogar eine Rente aus, jährlich 15 000 Reis. Das entsprach etwa 100 Schweizer Franken; es war damals allerdings das Durchschnittsgehalt eines kleinen Beamten.

Aber König Sebastian, von des Nachbarn Sieg über die Sarazenen und dem Zureden seiner jesuitischen Räte befeuert, ja auch vom letzten Vers der Lusiaden, stürzte sich in ein Abenteuer gegen Marokko, vermochte auch zu landen, aber auf der Ebene von Alcassar wurde er mit über zwölftausend christlichen Streitern erschlagen. Worauf in Kürze der christliche Nachbar Spanien über Portugal herfiel, übrigens dem Malteser Großmeister zuvorkommend.

Mit der bescheidenen Rente des Camões war es vorbei. Er beschloß sein Leben in elender Armut, verdüstert auch vom Schicksal seines Volkes. Sein Mohr bettelte des Nachts um Brot für ihn. Vereinsamt starb er an der Pest. Seine sterblichen Reste verschollen wie die Schillers und Mozarts in einem Massengrab.

O Zeit und Zerrbild, Leid und Lied!
So ward er über Bord gekehrt
gleich einem Seemann, der verschied,
als ihn Piraten ausgeleert.

DIE GROSSE LISSY
1558—1603

Der achte Heinrich hatte, trotz aller Brutalität und Bullenhaftigkeit, in sechsfacher Ehe nur einen schwächlichen Sprößling, das letzte Reis am Mannesstamm der Tudors gezeugt. Der Knabe Edward starb sechzehnjährig an der Schwindsucht. Seine hübsche Mutter, die Schwester Lord Somersets, Lady Seymour, war schon im Kindbett daran erlegen. Ihm folgte die älteste Tochter Heinrichs, die fanatisch katholische Blutmaria, aus der ersten, der spanischen Ehe des Königs. Hunderte von Protestanten verschmorten auf dem Scheiterhaufen der britischen Inquisition. Es stank bis auf die See, in deren freiere Lüfte sich nun auch so mancher fromme Ketzer flüchtete, notgedrungen dort sein Brot von Bord der Kauffahrtei zu klauben.

Nicht geringfügig haben die piratischen Zustände dazu beigetragen, daß der letzte britische Stützpunkt jenseits des Kanals, das geliebte Calais nach 200 Jahren Raubbesitz verlorenging. Daß ein Hugenotte den hochkatholischen Rückeroberer später hinterrücks erschoß, war nur ein schwacher Trost.

Maria, um sich dem von ihr inbrünstig geglaubten päpstlichen Himmel noch verdienter zu machen, von einer Union England-Spanien zudem viel Gutes erhoffend, heiratete Philipp den Finsteren. Nach fünfjährigem Wüten starb sie ohne den ersehnten Thronfolger. Und somit kam ihre Stiefschwester, die gewitzte kühle Blondine Elisabeth, ans Ruder. Sie war die Tochter des hübschen Hoffräuleins Anna Boleyn und hatte ihrer Mutter das Leben gekostet, weil sie kein Junge geworden. Aber nun stand sie ihren Mann. Und unterdes das europäische Festland von konfessionellen und nationalen Erschütterungen krachte, lenkte sie England klüglich in die Welt, drängte Spanien, drängte Holland, drängte die Hanse zur Seite und übernahm den Anschluß an die großen Entdeckungen, den die Hansestädte verpaßt hatten. Und indes der Stahlhof zu London geschlossen, die heimische Wolle statt in Flandern auf eigenen Webstühlen verarbeitet, die Tuche auf eigenen Schiffen verfrachtet wurden, zogen in die Handelsmetropole des nordwestlichen Festlands, in Hamburg, die Merchant Adventurers auf den Bosselhof. Der Name ihrer Vereinigung lehnt sich ehrenvoll an jene von Freibeutergemeinschaften wie *Vitalienbrüder* und *Brüder der Küste*, nur daß nicht außerhalb, sondern innerhalb der weiten Maschen der Gesetze der Umsatz lokaler und kolonialer Güter und auch gelegentlich — wie noch 1796 die Verschiffung hessischer Zwangsrekruten gen Westindien durch John Parish — Menschenhandel betrieben wurde. Auch sollen durch diese Schleusen viele der Unglücklichen weiterverschifft worden sein, die nach der Erstürmung Magdeburgs Gemetzel und Vergewaltigung überstanden hatten, verkauft um 40 bis 1 Taler das Stück an gewisse Kommissare, geschehen im Jahre des Herrn 1631. Sie gelangten wahrscheinlich nach Virginien, wo jede heiratsfähige Frau mit 1 Zentner Tabak bezahlt wurde. Das Vorrecht genuesischer Handelshäuser, unter anderen Waren auch Sklaven zollfrei nach Deutschland einzuführen, kraft schwerbezahlten kaiserlichen Privilegs, war um 1500 erloschen. Sklaven auszuführen stand auf einem anderen, zumeist ebenso zollfreien, wenn auch geheimeren Blatt. Das ist bis heute so. Das gelegentlich der Ex- oder Import der männlichen Sparte unter der Marke *Zwangsarbeiter*, ganz abgesehen von dem Begriff *Plenni*, bis in die Gegenwart möglich war und ist, mag die Empörung über frühere Zustände dämpfen, ganz abgesehen davon, was unvermindert auf dem weiblichen Sektor geschieht.

Zu Queen Lissys Zeit kosteten durch Piraten eingebrachte spanische

Edelleute auf dem Markt zu Dover, wo sie wie Fische verauktioniert wurden, bis zu 100 Pfund Sterling und waren ein Spekulationsobjekt betreffs des geschätzten Lösegeldes. Die Spanier hielten sich mit solchen Geschäften nicht auf; sie setzten gefangene Piraten bündelweise auf die sowieso ständig bereitgehaltenen Scheiterhaufen. Das schreckte die Glücklicheren nicht ab; denn England war arm, es konnte sich den Weltmarktpreisen für Zucker, Brasilholz, Indigo, Manilahanf, Tee, Pfeffer, Ingwer und ähnliche Kolonialherrlichkeiten weder in bar noch im Austauschverkehr öffnen. Besonders war auch westindisches Pockholz begehrt, sowohl für Schiffskiele und Kegelkugeln als für den Absud gegen Schwarze Pocken und Lues. Britanniens Söhne, welche das Begehrte durch günstigen „Einkauf" erschwinglich auf den Markt brachten, waren des schmunzelnden Wohlwollens bis zur Krone hinauf sicher, so saftig auch ihr Eigengewinn dabei sein mochte.

Die wildesten dieser Draufgänger und Seetiger schickte Elisabeth klüglich auf Entdeckungsreisen. Es waren aber auch wirkliche Gelehrte darunter, Forscher voller Neugierde und große Seeleute zugleich, denen wir die Kenntnis von der Umrandung der Kontinente verdanken und die Erkundung der Meeresstraßen, Männer wie Gilbert, Davis, Frobisher, Hudson, die auch zum ersten Male das Wunder des Golfstromzirkels ermaßen, dessen unruhiger Puls nicht wenig schuld sein mochte an dem Wirrwarr und der Treibhausblüte europäischer Staats- und Geistesbelange. Und während auf dem Festlande Katechismus und Meßbuch die Schulstunden vornehmlich füllten, führte unter dem Beifall der Königin Mister Hakluyt, der Londoner Geistliche und Geograph, den Gebrauch von Globus und Landkarten ein in den britischen Klassenzimmern. Er bewahrte zudem eine Menge Forschungs-, Entdecker- und Piratenberichte für die Nachwelt auf. Denn da solche durchsalzten, ehrgeizig skrupellosen Seestreicher wie Drake, Essex, Hawkins, Oxenham, Cavendish und Raleigh nicht nur kostbare Frachten aus Übersee, sondern auch die Ursprungsgebiete heranrafften, da war man mitsamt der Königin von soviel krasser Männlichkeit mit Recht entzückt. Man sah diesen, manchmal zu Admirälen ernannten Seeräubern, die das Unbekannte schlitzten und in unsäglichen Mühsalen mit sechs bis zehn Knoten die Stunde jahrelang sich in der unablässigen Weite der Ozeane umhertrieben, erkundend und beschlagnahmend, was an Küsten und Schätzen sich bot, ohne Rücksicht auf den Besitzer, jede Gewalttat mit patriotischem Lächeln nach. Der erprobte Sklavenhändler John Hawkins suchte Westindien sogar mit einem Flaggschiff heim, dessen Name *Jesus of Lubeck* lautete. Es sank Anno 1568 unter spanischen Breitseiten auf der Reede des kleinen mexikanischen Silberhafens San Juan de Ulua. Schon Heinrich VIII. hatte es mit andern Schiffen von der Hansestadt gekauft, die somit die Veranwortung für das damit Begangene oder gar daran beteiligt gewesen zu sein ablehnt.

Admiral Raleigh versprach, das sagenhafte Goldland Dorado vor die Füße der jungfräulichen Königin zu breiten. Da es nur ein geraubter Streifen Nordamerika wurde, nützte es ihn nichts, daß er diesen, der hohen Myrte zu Ehren, Virginia taufte. Sie ließ ihn einsperren. Erst ihr Nachfolger aber wagte, den um die Krone hochverdienten Mann auf Spaniens Drängen hinrichten zu lassen, eben, als der Dreißigjährige Krieg begann.

Elisabeth ließ auch nicht ihren Francis Drake hängen, wie Philipp es für den „größten Dieb der bekannten Welt" dringend beantragte. Als Drake Anno 1578 von der Erdumsegelung heimkehrte, fuhr sie — nach längerer Überlegung allerdings — in ihrem Staatsboot zu seiner Fregatte *Golden Hind* auf die Reede von Plymouth, ihm die Adelsurkunde persönlich zu überreichen. Die Besatzungen der über Topp geflaggten Schiffe im Hafen begrüßten sie stürmisch mit dem Jubelruf, mit dem damals jedes weibliche Wesen eingeschätzt wurde, das sich einem Schiffe und Seemann näherte: „Whore! Whore!" (= Hure). Schlagkräftig rief die Jungfräuliche zurück: „Ei, ei! Seid ihr doch alle meine lieben Kinder!"

Diese lieben, wenn auch rauhen und mehr illegitimen als gesetzlich anerkannten Kinder waren es, welche die spanische Armada zehn Jahre später überwanden.

AUSSENSEITER DER FAMILIE KILLIGREW
um 1580

Die Ehrenwerten der Familie Killigrew waren Minister, Diplomaten der Königin Elisabeth, Generäle, Hofbeamte und mit den höchsten Spitzen verwandt, aber gleichfalls mit einigen ausgesprochenen Freibeutern. Das Stammschloß trug den geheimnisvollen Namen Arwenack und lag über der Bucht zu Falmouth an der Küste Cornwalls. Sir John war damals Oberhaupt der Familie und besaß die Uniform eines Vizeadmirals der Küste, obschon sein Vater ein offenbarer Pirat gewesen war und sein Onkel Peter die Irische See in jungen Jahren unsicher gemacht hatte. Die jungfräuliche Königin hatte Sinn für wackere Unbände und gedachte sie nach Maßstab zu nutzen. Bei den Killigrews gedieh solch löbliche Absicht nicht ganz zu Gefallen; denn die Beziehungen, schon rein verwandtschaftlich, ergänzten sich gegenseitig so, daß ein lückenloses Geschäft vom Seeraub bis zu einwandfreiem Absatz der Beute, von Ausrüstung der Schiffe, Löhnung der Besatzungen, Anwerbung und selbst Gerichtsbarkeit störungsfrei sich abwickelte. Die angestellten Kapitäne erhielten ein Fünftel der Beute. Alles übrige verstreute sich über eine Schar adliger Teilhaber, und es ist anzunehmen, daß die Wohlhabenheit einiger hochachtbarer englischer Familien — genau etwa wie in West-indien — auf jenen smarten Grundlagen beruht.

Verirrte sich trotz der besten Fadenziehung gelegentlich ein Kriegs-schiff der Krone in den Hafen zu Falmouth und lief gerade zu jener Stunde ein gutbeladener Freibeuter sozusagen in die Falle, mochte er ruhig erst einmal in klugem Abstand Anker werfen. Seine Lordschaft selber pflegte sich dann in Gala zu dem königlichen Aufpasser rudern zu lassen und den Commander zu einem Frühstück aufs Schloß einzu-laden mit anschließendem Jagdritt in die Wälder und Felder nebst gehö-rigem Taschengeld. Unterdessen dann die Jagdbeute der See aufs harm-loseste gelöscht und in die Killigrewschen Lagerkeller verstaut werden konnte.

In diesen munteren Jahren scheint von der reizvollen Gesellschaft nicht ein einziger geschnappt worden zu sein. Sie hielten sich zumeist auch an solche Opfer, die wenig Aussicht hatten, behördliche Ohren zu erweichen, an Kaufleute heimischer Kontore, die lieber Schiff und Ware missen wollten als die gelegentliche Protektion höherer Stellen für ihrer-seits kitzlige Angelegenheiten, wie sie der Handel manchmal mit sich bringt. Doch einmal vergriffen sich einige der Killigrewschen Briganten, als sie zwischen Dover und Boulogne ein Schiff enterten und es, entgegen sonstigen Gewohnheiten, verteidigt fanden. Zu spät erkannten sie, daß es ein Abgesandter der Königin, Graf Worcester sei, der sich in ein Boot flüchtete mit einem Gepäckstück, das einen goldenen Präsentier-teller enthielt, ein Geschenk an die kleine Tochter des neunten Karls. Sie schossen mit ihren Donnerbüchsen hinterdrein, sie töteten ein Dut-zend seiner Begleiter, beschlagnahmten auch die fünfhundert Pfund in bar, die er in der Kabine zurückgelassen. Aber er selber entkam. Und versäumte nicht, die gehörige Aufmerksamkeit der Tellerspenderin zu erregen, so daß der Ärmelkanal von amtlichen Streitkräften abgelaust wurde. Einige hundert Auslieger gerieten dabei ans Messer. Aber schon begannen die Beziehungen zu spielen, die verwandtschaftlichen Fäden der Hintermänner und Nutznießer. Nur drei der Geschnappten wurden gehängt, sozusagen aus Anstand, so, wie man aus Anstand einen kleinen Schuß Sodawasser in den Whisky tut.

Dann geschah ein paar Jahre später ein zweiter Mißgriff, und nun ging es fast auch einem oder vielmehr einer der Killigrews an den Spitzenkragen. Und das kam so: Am Neujahrstag suchte ein Danziger Schiff bei heftigem Sturm Schutz im Hafen zu Falmouth. Es ankerte genau gegenüber dem Schlosse Arwenack, ohne an irgendeine Gefahr zu denken. Wohnte dort oben doch der extra von der Krone eingesetzte Beamte, dem die Niederhaltung jeder Piraterie oblag. Außerdem hatte die Hansa derzeit keinerlei Zwistigkeiten mit England. Droben an einem der Fenster des düsteren Kastells in ihrem wohlig geheizten Zimmer saß Lady Killigrew, eine Dame besten Alters, so gegen die Sechzig. In ihrer Jugend war sie eine emsige Hilfskraft ihres Papas gewesen, eines angesehenen Piraten zu Suffolk, und hatte in ihrer Ehe vollauf Gelegenheit gehabt, das Gelernte anzuwenden. Ihr Habichtsblick musterte das fremde Schiff. Hundertfünfzig Tonnen Fracht, bis zur möglichen Linie geladen. Begierig zog sie Erkundigungen ein und vernahm, daß es sich um höchst erquickliche Sachen handle. Und auch, daß die beiden Eigentümer der Waren, zwei Spanier, sich an Land begeben, um in einem Gasthause besseres Wetter abzuwarten.

Das Wetter blieb schlecht. Eine ganze Woche. Und ihre Ladyschaft wurde inzwischen auch nicht besser. „Ich kann es nicht länger mit ansehn, daß dieses Schiff mir noch immer vor der Nase herumtanzt. Ich erachte es als unbotmäßige Herausforderung." So sprach sie, und es war Nacht, und sie steuerte eigenhändig das mit bewaffneten Knechten besetzte Boot zum Hanseschiff und legte sich sachte längsseits und war wie eine Katze allen voran als erste an Deck und schlug dem ersten der aus dem Schlafe hochtorkelnden Mannschaft das Enterbeil über den Schädel. Sie hatte noch nichts verlernt. Es wurde klar Schiff gemacht und die Entseelten dann über Seite ins Hafenwasser gekippt. Indes danach die seetüchtigen Knechte das Schiff Kurs Irland unter Segel setzten, um dort den Großteil der Beute an den Mann zu bringen, schleppten die robuste Lady und ihre Hausdiener Kendal und Hawkins die besten Stücke, nämlich einen Posten flandrisch Tuch und zwei Kisten voll harter spanischer Taler, den schmalen Parkweg zu Schloß Arwenack hinauf.

Die Eigentümer der Fracht schlugen anderntags Lärm und wurden sachte auf den Weg formaler Klage verwiesen. Nach langwierigen Erhebungen kam das Gericht zu dem Entscheid, das Schiff sei augenscheinlich gestohlen, doch könne unmöglich jemand feststellen, von wem. Die beiden Spanier ließen jedoch nicht locker. Sie reisten nach London und wurden, als ihnen die Geduld wirklich nicht ausging, bei der höchsten juristischen Instanz endlich vorgelassen und gehört. Und dann geschah das Unglaubliche: Lady Killigrew wurde auf ihre alten Tage vors Tribunal geholt und nebst ihren beiden Helfern für schuldig befunden und zum Tode verurteilt. Während nun der Henker schon erfolgreich dabei war, Kendal und Hawkins ins Jenseits zu befördern, indem er die Halbgehenkten wieder herabholte und ihnen das Geschlecht und dann die Eingeweide entfernte, wurde die Dame im letzten Augenblick begnadigt.

DIE LIST MIT DEM BLEIGUSS
Anno 1583

Über freibeuterische Nachzügler der Wikinger finden sich an den skandinavischen Küsten nur vereinzelte Nachrichten. Eine verknüpft sich mit dem dänischen Kapitän und Seehelden Magnus Heineson. Der hatte eines guten Tages in einem norwegischen Fjord Anker geworfen, als er von einem Einheimischen den Wink erhielt, nicht weit von seinem Platz hinter einer Vogelklippe liege das wohlbestückte Schiff eines Seeräubers, dessen Name berüchtigt genug war, um den wackeren Dänen zu Mut und Tatkraft anzuspornen. Doch erspähte er bald, daß sein Schiff für einen offenen Angriff zu schwach sei. Somit bevorzugte er eine List, die ihm aus den vielfältigen Sagen über die Likedeeler vielleicht anregend bekannt war. Es hieß nämlich, daß Helgoländer Fischer das Steuerruder von Störtebekers Flagschiff dadurch unbrauchbar gemacht, indem sie heimlich Blei in die Fingerlinge, darin das Ruder sich dreht, gegossen hätten. Heineson verkleidete sich als Fischer, belud ein Boot mit einem kleinen Ofen, Kohlen, Blei, Nägeln, Werkzeug und was nötig sein mochte und deckte alles dies gut mit frischen Fischen zu. Dann ruderte er gegen Abend an das Schiff des Piraten, bot seine Fische an, tat einfältig und war preiswert, so daß der Seeräuber seinen Spaß hatte und ihm einiges abkaufte, auch nichts dabei fand, als der Heringsfänger ihn bat, ob er nicht mit seinem Boot die Nacht hinter dem Heck liegen und den Morgen abwarten dürfe.

In der Dunkelheit nun gelang es dem wagehalsigen Dänen, das Ruder des Seeräubers gehörig zu verlöten. Dann pullte er still von dannen, ging an Bord seines eigenen Schiffes, machte es klar zum Gefecht und packte in der ersten Dämmerung zu. Der Seeräuber war zu keinem rechten Manöver fähig, da er die verklemmte Steuerung nicht so rasch lösen konnte, auch wohl an Spuk dachte, als hinge ein Rudel Meerweiber daran oder die Seelen derer, die er vorgenommen. Jedenfalls brachte Käptn Magnus ihn ohne große Verluste auf und gen Kopenhagen, wo ihm der kurze Prozeß drohte.

Der Name des übertölpelten Piraten soll Muppen Reding gewesen sein, aber da es nicht sicher war und er und seine Mannschaft sich verstockt zeigten, meinte man, es handle sich um schottische Ausreißer, die sich in den norwegischen Buchten ungehindert zu bewegen gedacht, nun aber in Teufels Küche geraten waren, allwo die Speisen aus Hanf und Eisen bereitet wurden.

Man beschloß in Kopenhagen bedächtig, das Schiff einzuziehen und die Leute reisen zu lassen, ähnlich, wie es die Hansestädte neuerdings gelegentlich christlicherweise gehalten, da auch ein zweifelloser Mordfall nicht nachgewiesen werden konnte. Als man sie nun fragte, wohin sie einen Paß wünschten, antworteten sie einstimmig: Nach Westindien. Und so schob man sie nach und nach dorthin ab.

Hart unter Henkers Schneide
war alles Paradies,
war alles Augenweide,
wo es sich leben ließ.

DER ADMIRAL MIT DEM ZAUBERBUCH
um 1590

Als Kind aus Albanien geraubt, noch unter Cheireddin gedrillt, war Murad Reis einer der wenigen algerischen Piraten, die nach Uluch noch in aller Munde gerieten. Sein Ruhm gründete sich auf die fast unblutige Überwältigung zweier päpstlicher Galeeren vor der toskanischen Küste. Da die Offiziere zu einer Messe an Land gefahren waren, sanken der Besatzung bald Mut und Waffen vor den jählings aufkreuzenden Schebeken. Die Mauren und Osmanen an den Rudern wurden durch die christliche Besatzung ersetzt. Doch saß auch eine Anzahl Geistliche an die Bänke gekettet, unbotmäßige Mönche, freiheitliche Priester, allzu aufgeklärte Ordensbrüder, die etwa über des Polen Käpernicks frivole Ansicht, die Sonne drehe sich gar nicht um die allzu belanglose Erde, sondern umgekehrt, anders dachten als die Mutter Kirche. Sie wechselten nicht die Plätze, sondern nur den Geißelschwinger, obschon den Barbaresken völlig unwichtig war, wer sich um was drehte, wenn es sich nicht um den Halbmond handelte. Was zur Kenntnis des Weltlaufs nötig war, bezog Murad aus einem kleinen abgewetzten Exemplar des Korans, das er als sein Zauberbuch benutzte. Der reiche Erlös der Beute machte ihn unabhängig. Er steuerte auf eigne Rechnung mit einigen Galeassen, so Segel als Ruder, durch die Straße von Gibraltar kühn in den Atlantik, was vor ihm so leicht kein Barbareske gewagt. Die Überlieferungen der Phöniker, der Punier und der Römer waren versunken. Es waren neue Erkenntnisse, die über Spanien und Portugal, über Mauren und Morisken und gefangene Ozeanfahrer auch nach Nordafrika drangen. Die alten Sagen von den Glücklichen Inseln schienen Wirklichkeit zu sein, und Murad Reis wollte sich davon überzeugen. Seinem Zauberbuch vertrauend, erreichte er die Kanarische Insel Lanzarote, vermochte in der Nacht überraschend zu landen, legte Feuer an die Häuser und schleppte an dreihundert Einwohner auf sein Geschwader, darunter Mutter, Gattin und Tochter des spanischen Statthalters.

Bedenkend, daß die Gefangenen die beschwerliche und lange Heimreise kaum überstehen würden, hißte er, vor Anker liegend, den Morgen die weiße Flagge der Unterhandlung und hielt Ausverkauf an Angehörigen oder Freunden derer, die den Plünderern entgangen waren. Als erster kam der Statthalter, und nachdem er entsprechend erleichtert worden, durfte er seine Familie wieder an sich nehmen.

Murad Reis benutzte sein Zauberbuch wie gelegentlich Bismarck die Losungen der Herrnhuter, indem er nämlich mit geschlossenen Augen den Finger hineinsteckte und die aufgetane Stelle als Orakel wertete. Und so ermaß er, daß ihm die Spanier auf der Heimreise auflauerten, indem sie die Straße von Gibraltar scharf unter Segel hielten. Der Pirat legte sich daraufhin an der atlantischen Afrikaküste in eine stille Bucht, bis die Aufpasser ihn für verschollen erachteten und nachlässig wurden. Da denn schlüpfte er hindurch. Und bemächtigte sich, den Orakeln folgend, nicht nur der Malteser Admiralsgaleasse *Le Serena*, die nach Tripolis wollte, sondern auch des Mallorker christlichen Piraten, der sie ihm und ihre Schätze wieder abjagen wollte. Und trotz fünffacher Verwundung durch christliche Kugeln scheint er alt geworden zu sein. Sein Glücksbuch riet ihm rechtzeitig, sich in den Staatsdienst zurückzuziehen. Er wurde Hafenkommandant von Algier und überließ den aufreibenden Außendienst andern.

USKOKIA, DAS KLEINE GEGENSTÜCK ZUR BERBEREI
um 1600

Nach der Schlacht von Lepanto wie nach der Zerstörung der spanischen Armada wurde eine Menge Soldaten und Seeleute Europas entlassen, ihnen blieb zumeist nichts Gescheiteres übrig, als sich als Vaganten nach Haus zu betteln. Wenige nur fanden sich in geordnete Berufe. Zumal die als geheilt entlassenen Blessierten sahen sich außerhalb des Spitals auf die Betreuung durch die Pilgerorden angewiesen; aber da ihrer zu viele waren, geriet mancher wackere Kerl auf die schiefe Bahn. Denn er hatte gelernt, daß Böses zu tun Ehre und Beute einbringen kann.

Damals erhielten die Renegaten zu Algier kräftigen Zuzug von entschlossenen Leuten, die noch vor wenigen Wochen gegen sie oder gegeneinander gekämpft. Aber auch auf der christlichen Seite des Wassers, im schönen Dalmatien, hatte sich aus Not und Verbitterung ein Herd gebildet, auf dem die gefährliche Suppe der Freibeuterei brodelte. Vor dem Türkeneinfall aus Bosnien geflohene Kroaten und Serben hatten sich unter anderem auch im Küstengebiet gegenüber Venedig festgesetzt, und sie nannten sich so betrübt wie stolz Uskoken, das heißt schlicht und recht Flüchtlinge. Sie gerieten in ein Gelände, das jahrhundertelang durch schiffbauende Völker seiner Wälder und seiner Fruchtbarkeit und durch räuberische Unaufhörlichkeiten seiner Wohnstätten fast entblößt war.

Zur Römerzeit hatten sich hier die Liburner auf ihren schönen flachen

Schnellseglern von der Seefahrt der anderen ernährt. Sie waren ausgerottet. Nur das Wort Liburne für einen schnellen Schiffstyp lebte noch.

Mühsam bauten die Uskoken die Stadt Zengg wieder auf, ohne dabei zu Wohlstand zu kommen, und so war es naheliegend, sich an Leute zu halten, die mehr besaßen. Da niemand ihnen gutwillig half — die internationale Aktion zur Hebung unterentwickelter Gebiete war noch nicht angelaufen —, bemannten ihre Wagehälse ein paar morsche Kähne, die sie vorgefunden, und versuchten, was sie nie versucht, sich statt den Viehweiden und der Jagd der Seefahrt zu widmen. Sie brachten es nicht zu weiten Reisen. Es genügte ja auch, wenn sie sich in Küstennähe hielten, wo die Triften der Handelsschiffe sich hinzogen. Und da solche gepflegte Großtiere nachts zu ruhen pflegten, lernten die Uskoken, sie nachts zu melken oder zu schlachten. Sie raubten oder bauten auch bald größere und bessere Boote.

Nach Lepanto dann stießen ein paar handfeste westliche Matrosen und Reisknechte zu ihnen und brachten gewaltigen Schwung in das zaghafte Unterfangen.

Die Habsburger hätten wohl bald ein Auge drauf haben sollen, hatten aber anderes zu tun, erachteten es überdies als ganz dienlich, wenn gewisse männliche Tugenden und Schlagedrein-Eigenschaften an den Grenzen sich schulten, des gegenseitigen Wohlwollens versichert. Doch ohne Zügel geht's über Hut und Hügel. Da nämlich die kaiserliche Regierung ein leidiges Auge auf Venedig geworfen, meinten die braven Uskoken freudig, noch Beifall zu erlangen, wenn sie — die doch eigentlich auf venedisch beanspruchtem Grund und Boden saßen — den Gastherren besonders lieblos begegneten. Während eines Madonnenfestes raubten sie rund 300 hübschgekleidete Mädchen vom Lido.

Eines Tages jedoch geschah eine der wenigen christlichen Schandtaten, die an die große Glocke gehängt wurden, von diesen vormaligen bosnischen Hirten und ihren renegaten Beigesellen. Sie hatten mit diesen einen äußerst seefesten und schneidigen Seglertyp, sozusagen aus liburnischer Ahnung, entwickelt, die Tschaike. Und mit sechs dieser raschen Fahrzeuge griffen sie 1613 die Prunkgaleere eines Nobile an. Warum sie nun so viehisch wüteten, ist nachträglich schwer zu klären. (Ebenso unklar ist die Lage des in den Urkunden genannten Hafens Mandre.) Der Kapitän des Schiffes scheint ein gewisser Venier gewesen zu sein, ein Verwandter vielleicht des Befehlshabers des venezianischen Geschwaders bei Lepanto. Der nämlich hatte damals ein paar spanische Messerhelden an die Rah knüpfen lassen; die Radaubrüder waren ihm mit einem Schub deutscher Landsknechte in der allgemeinen Verteilung auf die Galeere geraten und hätten fast die ganze *Ewige Liga* schon vor der Schlacht gefährdet. Unter den Zugezogenen zu Uskokia mögen sich nun nächste Freunde jener Gehenkten befunden haben, Veteranen, die sich an einer späten Rache erlabten.

Den venezianischen Offizieren und dem Schiffseigner hieb man den Kopf herunter. Die Frauen seiner Gesellschaft entkleidete man, vergewaltigte sie und jagte sie nackt auf dem Deck herum, bis sie verzweifelt über Bord sprangen und ertranken. Der Kapitän aber wurde viehisch gemartert und dem schon im Todeskampf Zuckenden das Herz herausgeschnitten; es wurde in Stücke zerhackt und — angesichts des abgetrennten Hauptes, das den Kajütentisch als Tafelaufsatz zierte — mit Salz und Gewürz bestreut und roh verspeist. Vielleicht war es eine uralte kultische Handlung.

Dieser späte Fall von Kannibalismus, dessen sich die Übeltäter sogar noch rühmten, erregte verständlichen Unwillen bis in die Wiener Hofburg. An der Pforte aber fühlte man befriedigt, daß der Ausdruck Christenhunde doch wohl keine böswillige islamische Erfindung sei. Wien entschloß sich zur Untersuchung des grausigen Falles. Ritter von Eggenburg wurde damit betraut. Er zog bald vor, mit einem kleinen Anteil an der Beute und also an der Schuld wieder abzureisen. Daß vor seinen Augen ein paar sowieso fällige Tagediebe ans Querholz gehängt wurden, mußte als Sühne reichen, obschon es nur als Posse aufgezogen war im Gedenken an die Sache vor Lepanto.

Erst zu Beginn des Dreißigjährigen Krieges wurde Zengg ausgeräuchert. Denn nun galt es, alle moralischen Flecken, so gut es ging, zu tilgen. Graf Harrach aus Deutschböhmen besorgte es an besagter Stelle gründlich. Die Unruhestifter und Seebolde wurden von der Küste weggetrieben — wie einst die Kilikier nach der Methode des Pompejus — und weit im Binnenlande angesiedelt. Das war's ja, was sie am Anfang vergeblich gewünscht hatten. Nun verschmolzen sie ins Friedlichere. Doch soll es in Dalmatien noch heute Kapitäne des Handels wie der Marine geben, die ihren Stammbaum stolz bis auf die großen Piraten der Uskoken zurückführen.

SIMON DER TÄNZER
um 1600—1616

Schon im Jahre 1588 waren unter den Kapitänen von 35 algerischen Galeeren nur 11 Mauren oder Türken, alle übrigen waren Angehörige verschiedenster europäischer Nationen, Renegaten, Desperados, Vaganten, seetüchtige Außenseiter, denen ein gewisses Maß Freiheit lieb, das Abenteuer süß, die orientalischen Sitten, vor allem die Vielehe, verlockend und die Neigung, rasch reich zu werden, anspornend war. Ein Engländer dabei, George Reis, hatte 7 vormals christliche Offiziere unter sich. Manche waren freilich schon als Kinder in die Berberei geraten und dann

140

aufgestiegen. Zwar ging nach der Schlacht von Lepanto eine national-islamische Welle durch alle arabischen Gebilde, auch durch die Atlas-staaten. Hohe Posten, gelegentlich der Emsigkeit und Schläue übergewech-selter Europäer anvertraut, wurden nunmehr von Türken oder zumindest Mauren besetzt, das heißt, an reiche muslemische Bewerber verkauft. Diese aber verhandelten die Unbequemlichkeit oft alsbald an noch bessere Zahler. Jeder Piratenkapitän, ganz gleich welchen Bekenntnisses, war ihnen recht, wenn er die geforderte Summe aufbrachte und sich verpflich-tete, nur christliche Schiffe zu jagen und zehn Prozent seiner Beute an die algerische Regierung abzuliefern.

Den Sarazenen war durch eine feste Glaubensbindung, die den Über-tritt zu einer anderen Auffassung als todeswürdiges Verbrechen stempelt, die Einschmelzung in fremde Gebiete schwerer möglich als etwa den Nor-mannen. Sie mußten entweder Enklaven bilden, sei es herrschend, sei es geduldet, oder wieder verschwinden. So waren sie vorübergehend bis zur Besetzung wichtiger Alpenpässe vorgedrungen, sie hatten Sizilien unter-worfen und mußten es den Normannen überlassen, sie wurden aus Spa-nien vertrieben, sie fielen teils nationalem, teils konfessionellem Fanatis-mus zum Opfer. Das freibeuterische Zugreifen aber hat sich nirgend wie unter Muslims so förderlich mit frommem Mantel schmücken können. Anders als den Christen, lag ihnen die Missionierung wenig am Herzen. Doch darf man solches nicht mit Toleranz verwechseln. Es ist echt pira-tisch, daß sie jedem Nicht-Muslim in ihrem Bereiche eine Kopfsteuer auferlegten. Diese fiel weg, sobald der betreffende Christ, Jude oder Perser zu Allah übertrat, was dann allemal die islamische Staatskasse schädigte. Außerdem erkannten sie aus Erfahrung, daß Übertritte oft aus geschäft-lichen Gründen getätigt werden. Sie hielten jeden Konvertiten für einen unsicheren Kantonisten. Die Magie des Taufbeckens war ihnen fremd. Die angebliche Rettung der Seele auf inquisitorische Art war den Christen vorbehalten. Die Fürchterlichkeiten, die sich der Westen so ungeheuerlich in Massen wegen zartester Gemütsbelange hat zuschulden kommen las-sen, sind dem Orient fremd. Seine von Ost und West, von Mongolen und Christen übernommenen Massenmorde haben konkret politische, militä-rische oder wirtschaftliche Gründe, ebenso verwerflich, aber doch ohne den Augenaufschlag gen Himmel.

So wesentlich die Bergpredigt geeignet wäre, die ganze Menschheit zu erziehen, so unwesentlich ist ihr Einfluß auf die Gesamtmoral geblieben, selbst dort, wo ihre Weisheit seit mehr als 1500 Jahren gelehrt wird. Kein Wunder, daß sich die arabische Welt oder die buddhistische Welt als eine auch geschlossen politische Phalanx behaupten konnte.

Alles in allem: Das offen Freibeuterische ist weniger unangenehm als das „von höherer Stelle" erlaubte.

Einer jener Herren, die zu Algier Kopfsteuer zahlten, war Simon Dan-ser aus Dortrecht. Er hatte Schiffbau gelernt, aber, von der spanischen

Bedrückung gereizt, sich zu den Widerstandskämpfern geschlagen und den Geusenpfennig genommen als Handgeld für den Matrosendienst. Die Umschrift dieser Ausweismünze lautete spöttisch: Treu dem König bis zum Bettelsack. Simon Danser gedachte keineswegs, es so weit zu treiben. Bei der Überwältigung spanischer Nachschubgaleonen zeigte er hervorragendes Geschick. Er wurde Kapitän eines der Prisenschiffe und streifte bis ins Mittelmeer.

Doch dort hatte er Pech. Er entkam einigen Breitseiten derer, die er zu übernehmen gedacht, mit knapper Not und rettete sich nach Marseille, um dort sein Schiff flicken zu lassen. Mit den Werftkosten und in dem flotten Leben der Hafenkneipen aber schmolz sein erbeutetes Vermögen dahin. Er war gezwungen, das halbreparierte Geusenschiff zu verkaufen.

Was nach Abzug der Schulden blieb, reichte eben, eine Schar muskelkräftiger und verwegener Küstenlungerer so lange unter Schnaps zu setzen, bis sie ihn als ihren Gott und Führer ansahen und, zu jeder Schandtat bei Gewinnbeteiligung bereit, mit ihm ein Boot stahlen und in See stachen.

Ihnen gelang es noch dieselbe Nacht, ein englisches Schiff zu überraschen. Die Mannschaft ging zu Danser und seinen Spießgesellen über. Denn von der eben gegründeten britischen „Turkish Company" wurden nur Hungerlöhne gezahlt bei entsprechender Verpflegung, Unterkunft und Behandlung; die unmißverständliche Aufforderung der unerwartet über der Reling erscheinenden Piraten mag den meisten der Seeleute wie ein Wink des unerforschlichen Schicksals erschienen sein. Mit dieser guten Fregatte wurde besagter Simon aus einem Vaterlandskämpfer ein rechter Zeestrooper, Zee-schuimer und Forban, wie die Seeräuber in seiner Muttersprache heißen. Vorerst segelte er noch unter eigener blauer Flagge. Ein emblemloses Blau war die bevorzugte Farbe privater Seegangster, ehe Rot oder Schwarz dafür Mode wurde. Bald hier, bald da in den Häfen Sardiniens, Korsikas und Siziliens oder in Livorno seine Beute absetzend, gelangte Danser rasch zu Ruf und Ansehen, zumal er nicht mehr als nötig mordete und jene Mitglieder der Besatzungen, die nicht unter ihm zu fechten sich willens zeigten, an Land setzte. Bis ihm ein paar sehr reiche Fahrgäste in die Finger gerieten, darunter ein paar hübsche spanische Mädchen und einiges an kostbaren Teppichen und Kirchengerät, das für Malta bestimmt sein mochte.

Mit dieser Fracht segelte er — auf Rat eines englischen Kollegen namens John Ward — gen Algier in den geschützt gelegenen Sammelpfuhl aller Ausreißer und Ausweicher. Er kleidete die unglücklichen Schönen in phantastische Kostüme und sandte sie nebst sonstigen Geschenken dem Dey als Einstand und Salut. Damit erwiderte er gleichsam die herzliche Begrüßung, die er alsbald im Hafen erfahren. So gut wußte man dort über die Ereignisse im Mittelmeer Bescheid. Gute Zubringer und Lieferer waren hochwillkommen wie überall. Man war wie gesagt auch nicht so unduldsam, von bewährten Ankömmlingen zu verlangen, den Turban zu nehmen. Simon jedenfalls beließ solche Zumutung in der Schwebe. Er erwies sich als ein rechter Seiltänzer zwischen Kreuz und Halbmond. Sein Haß gegen Spanien vereinte sich mit dem der Mauren. Und er brachte mehr mit als die paar Gastgaben. Er brachte den Barbaresken die Kunst der Rahsegeltechnik bei, die von Holland aus zu hoher Entwicklung gediehen war. Er lehrte sie den Bau großer Fregatten. Er machte sie fähig, auf Weitfahrt zu gehen, er öffnete ihnen den Atlantik. Es begann die Zeit der puren Windkraft auch für die Atlasländer, die Zeit der gleichwertigen Bewaffnung zudem, da Danser auch davon etwas verstand. Nicht zuletzt ist es diesem Holländer zu verdanken, daß die Raubstaaten ihre Ansprüche noch mehr als 200 Jahre verteidigen konnten. Ihn geradezu als Hochverräter zu bezeichnen, ist vom europäischen Standpunkt aus völlig gerechtfertigt. Dennoch war es nicht Europa, das ihn zur Rechenschaft zog.

Drei Jahre lang betrieb Simon Danser seine einträglichen Raubzüge. Das größte Schiff seiner Flotte hatte dreihundert Mann Besatzung und sechzig Kanonen. Trotz hoher Abgaben war er bald so reich, daß er sich einen üppigen Palast errichten ließ, und er lebte wie ein osmanischer Fürst, indes er doch überzeugter Anhänger der lutherischen Ansicht von der Freiheit eines Christenmenschen blieb. Er wartete zudem auf die Gelegenheit, wieder heimzukommen. Nicht verschwiegen darf werden, daß er in Holland verheiratet gewesen, seine Frau ihm nach Marseille nachgepilgert war und dort — soviel man aus Andeutungen sieht — mit zwei Kindern geduldig seiner harrte. Die üblichen mehr oder minder geheimen interpolitischen Bankverbindungen zwischen den Mittelmeerküsten ließen zu, daß seine Familie sich hinlänglich versorgt fand.

Als nun Nachrichten eintrafen, Spanien habe die Unabhängigkeit der Niederlande anerkannt und einen zwölfjährigen Waffenstillstand mit den Generalstaaten abgeschlossen, dachte der Dortrechter an Abreise. Doch schon bloßer Fluchtverdacht hätte ihm das Leben gekostet. Kräfte von Bedeutung pflegen unter Obhut zu stehen. Das war die afrikanische Seite seiner Angelegenheit. Die europäische war ein eindeutiger Steckbrief; ihn erwartete, wohin er sich auch wandte, der Henker. Denn er hatte keine Flagge geschont. 40 große Schiffe sollen ihm in drei Jahren zur Beute gefallen sein und 200 kleinere. Sein Name war in allen Sprachen bekannt, Danser, Tänzer, Däntzer, de Danser, Dansker, Dausa und Der Daus. Die Franzosen nannten ihn Capitaine Diable. Aber gerade denen mußte er klarmachen, daß er kein Teufel sei, sondern ein nach Frau und Kindern seufzender zärtlicher Gatte und Vater.

Eines Tages ersah er, daß bei einer eingebrachten Prise sich zehn französische Jesuiten befanden. Ihm gelang es, durch einen Mittelsmann den ganzen Schwall an Fracht, Besatzung und Passage in Bausch und Bogen aufzukaufen. Seinen Freunden gegenüber, dem Korsen Elie-Reis und dem

Abenteurer aus Rochelle, der jetzt Soliman hieß und Militärchef zu Tunis war, und dem ganzen gehobenen und einander mißtrauenden Renegatenzirkel zum Spaß ließ Danser nun durchblicken, er als Protestant freue sich, die Vorkämpfer der andern Konfession ein wenig tribulieren zu können. Er hatte die Patres in türkische Kleider gesteckt und ließ sie bei Tisch aufwarten, und es kann sein, daß auch Jan Jansz aus Haarlem dabei war, sein Landsmann, der ihm zureden wollte, gemeinsam mit ihm zum Islam überzutreten, um die Behandlung der Ordensbrüder noch einfacher zu gestalten.

„Ich werde ihnen das Segelexerzieren beibringen, das fehlte bislang in ihren Exerzitien", äußerte da Simon der Daus. Käptn Jansz aber meinte, da sie schon das Kreuz auf sich genommen, wären sie als Lastträger glänzend vorgeübt. — „Versuchen wir beides!" entschied Danser. Und er ließ die Missionare, die auf ihrem Wege gen Abessinien so unliebsam aufgehalten worden, später zu sich rufen und teilte ihnen mit, daß er ihnen zur Flucht verhelfen würde, falls sie in Paris ein gutes Wort für seine Rückkehr einlegen könnten. Er versprach auch eine entsprechende Stiftung an ihren General und ließ sie dann seine zahlreichen Kisten voller Goldstücke aller Währungen als Proviantstücke tarnen und an Bord seines Flagschiffes bringen. Er nahm auch zwei schön gegossene Bronzekanonen mit, schwedische Kunstarbeit, die ihm der Dey zur Zierde seiner Gartenterrasse geliehen. Hatte dann auch das Glück, unbehelligt auslaufen zu können. Die vom Dey bezahlten Aufpasser und Spitzel beförderte er auf See über Bord.

Dies ist die eine Überlieferung. Eine andere erzählt, Danser habe die Beute von vier Rudergaleeren aufgekauft. Indes er an Bord gekommen, um zu zahlen, die Besatzung aber größtenteils schon sich an Land beurlaubt, da habe er verstanden, die Ruderer, alles Christensklaven, zu einer geschickten Revolte zu bewegen, die sich der noch vorhandenen paar sarazenischen Matrosen und Offiziere als Geiseln bemächtigten, ohne daß der Vorfall von den Hafenwachen bemerkt worden. Mit dieser kleinen Flotte sei er nach Marseille gelangt. Den königlichen Begnadigungsbrief habe er schon vorher über Bank gegen einen Großteil seines Vermögens gekauft.

Dem schließlichen Vermittler und Befürworter seines Gesuchs, dem Herzog der Provence, schenkte er die beiden kostbaren Bronzekanonen. In Marseille aber wurde er weniger freundlich begrüßt als zu Algier. Vielen der dortigen Firmen war Schaden durch ihn geschehen. Überdies sahen sie sich bald gezwungen, den Drohungen des Deys nachzugeben, wollten sie nicht sämtliches Geschäft mit Algier einbüßen. Sie mußten die beiden Kanonen teuer zurückkaufen und mit gehörigem Backschisch wieder abliefern.

Kapitän Danser-Diable wies jedes Ansinnen auf Schadenersatz als Verleumdung von sich ab. Aber er wagte nirgends, sich ohne bewaffnete

Begleitung blicken zu lassen. Die französische Krone nun benutzte den reuigen Renegaten. Danser hatte sogar auch hier mehr zu bieten als Geschenke und Unternehmungsgeist, was ja schließlich auch von andern zu haben war. Seine vormalige Freundschaft mit dem tunesischen Kriegsminister erlaubte ihm, gewisse Einblicke in die Verteidigungsmöglichkeiten der Festung Golette und der Hauptstadt Tunis der französischen Flotte dienstbar zu machen. Der Erfolg war nicht unbedeutend. Was der Bey an Schiffen im Hafen hatte, ging in Flammen auf. Golette wechselte den Besitzer wie zu Karls V. glorreicher Zeit. 450 Kanonen, alle aus europäischen Werkstätten, fielen den Franzosen zu. Die Plünderung der Stadt brachte Beute im Werte von 400 000 Couronnes d'or, der damals gängigen Goldmünze.

Als Danser sich somit die bourbonische Lilie gnädig gestimmt, vermochte er auch den Lorbeer um den Wasserlöwen der heimischen Seelande sich geneigt zu machen. Jedenfalls erreichte er, auch dort sein Kapitänspatent anerkannt zu wissen. Von Amsterdam aus fuhr er im Jahre 1616 die *Meermin* mit Fracht für Tetuan in Marokko und für Venedig. Und er war kühn genug, im Auftrag des Königs von Frankreich sogar Tunis anzulaufen. Es galt, die Rückgabe von 20 französischen Schiffen, die inzwischen schon wieder dort als Prisen sich eingefunden, auszuhandeln. Vorsichtigerweise schickte Danser erst einmal die zwei Herren der französischen Kommission, die mitgereist waren, allein an Land, wo sie dem Pascha Soliman die herzliche Einladung des Kapitäns zu einem kleinen Borddinner überbrachten.

Wirklich erschien anderntags der Pascha, begleitet von zwölf vornehmen Barbaresken. Er wurde mit dem Salutgebrüll aller Geschütze empfangen, und die Bordkapelle spielte den Janitscharenmarsch. Denn die 20 Beuteschiffe waren schon den Morgen in tadellosem Zustand zur Verfügung gestellt und übernommen. Die Freundschaft von einst zwischen dem gebürtigen Rocheller und tunesischen Kriegsminister Soliman und dem abtrünnigen Dortrechter schien durch nichts getrübt und sich in vielen Toasten neu zu besiegeln.

So eingelullt erwiderte Danser am andern Morgen den Besuch, begleitet von zwölf Kavalieren der französischen Kommission. Auf der Zugbrücke der Festung wurde er von zwei vornehmen Sarazenen empfangen. Sobald er ins Tor eingetreten war, aber schlossen sich hinter ihm die Flügel, und seine Gesellschaft blieb draußen.

Dann stand er vor dem Pascha. Seine Wut und Beschwerde wurden kühl zugedeckt durch die Aufzählung seiner gegen die Barbaresken verübten Schandtaten. Ein heimtückischer Tritt in seine Kniekehlen beförderte ihn in die gehörige Haltung auf die Ledermatte, die für alle Fälle vor die Verhandlungsstühle der Barbaresken gebreitet zu sein pflegte. Das Schwert des bereitgestellten Henkers schlug zu wie Allahs Blitz. Dansers blaublonder Schädel knallte wie eine hilflose Kanonenkugel zu Boden und wurde dann nebst seinem schon etwas füllig gewordenen Körper in den Abwassergraben geworfen.

Seinen Begleitern jedoch wurde höflich gestattet, das Ufer zu verlassen und die 20 Schiffe gen Marseille zu segeln. Dansers Schiff, das Amsterdamer *Meermädchen*, jedoch erfuhr eine üble Beschießung und entging der Versenkung nur dadurch, daß die Mannschaft, trefflich geschult, die Ankertaue kappte und den günstigen Wind zu nutzen verstand und entkam.

Die nordafrikanischen Staaten dehnten ihre Handels- und Raubfahrten damals bis zu den Nordseeküsten aus. Danser hatte ihnen die nötige Schulung in Schiffsbau und Segelei beigebracht. Sie betrugen sich in den europäischen Häfen sehr ungeziert, schwärmten zum Beispiel von Vlissingen weit ins platte Land und vollführten allerlei Schandtat, verschleppten sogar Leute auf ihre Schiffe, ohne daß — laut Bericht des Rates von Zeeland, Januar 1624 — behördlich gewagt wurde, die *Turcken* drastischer als durch matte Verbote zurechtzuweisen.

Die Kinder an der niederländischen Küste sollen damals noch lange einen Vers gesungen haben, der etwa lautete:

Simon der Daus
kam nicht wieder nach Haus,
bald war er ein Heide.
bald war er ein Christ
und tat, was für beide
ein Schandflecken ist.

DES FORSCHERS TOD
Anno 1605

John Davis war einer der von England abgeschickten Sucher nach einer nordwestlichen Durchfahrt zwischen Atlantik und Pazifik — die Davisstraße zwischen Grönland und Baffinsland heißt nach ihm. Da er die Sonde auch vom Stillen Ozean aus ansetzen wollte, besonders von Holland angeregt, das in Insulinde die Portugiesen verdrängt, ging er als Oberlotse an Bord der englischen Fregatte *Tiger*. Vor der Insel Bintang bei Singapore leistete diese einer havarierten Dschunke Hilfe. Zu spät wurde erkannt, daß deren dichtgedrängte Besatzung japanische Seeräuber waren. Sie hatten Borneo heimgesucht und dann Schiffbruch erlitten. Wohl entrann die *Tiger*. Aber bei dem verlustreichen Gemetzel war auch der große Entdecker umgekommen.

WIE FISCHKNECHT WARD ZU ETWAS KAM
um 1603—1620

John Ward war Fischknecht gewesen, einer von der Sparte, die in dem zweifellosen Metzgerberuf keine zarten Regungen entwickeln, ein Rohling mit struppigem Schädel, eifriger Besucher der Tavernen, selten nüchtern, übelmäulig sein mageres Brot bejammernd und anderer Wohlstand verfluchend.

Das war die rechte Sorte, dem Aufruf Queen Lizzies zu folgen, auf einem Kaper anzumustern und den amtlich genehmigten *Privateer* zu spielen, das heißt nach Herzenslust den Feind auf See zu berauben, wenn es glückte, und guten Beuteanteil zu finden. Wer wollte den Behörden verdenken, derlei auch noch nach Waffenstillständen fortsetzen zu lassen, wann dies und das noch immer an Erfüllung auszustehen pflegt und der Repressalien nicht entbehren kann?

Die Königin hatte ein Herz für Seeleute. Ihre Fürsorge stützte sich auf Lord Somersets erste soziale Maßnahmen, die dem Adel ein Greuel gewesen waren und ihn in den *Bloody Tower* und zu voreiligem Tode gebracht hatten. Elisabeth setzte sich teils robuster, teils diplomatischer durch. Sie ließ der Armenpflege ein Augenmerk zukommen, wie es in Europa noch sonst nicht geschah. Sie setzte Arbeitslose und Arbeitsscheue an die Webstühle der beginnenden Industrie. Und auf sie gehen die Wohlfahrtseinrichtungen in Greenwich zurück, das Seemannshospital und auch das Waisenhaus für Seemannskinder, und sie soll auch eine gewisse Rentenzahlung an ausgediente Seeleute eingeleitet haben.

Aber nach ihrem Tode welkte die begonnene Betreuung. König James verbot überdies jede Korsarenfahrt gegen Spanien. Alle Kaperbriefe wurden für ungültig erklärt.

Einmal Seemann, immer Seemann. Das ist das innere, oft auch das äußere Schicksal derer, die lange zur See gefahren sind. Lagen in Wirtschaftskrisen viele Schiffe auf, wurden nach Kriegen Soldaten und Mariner entlassen, wuchs das lungernde Proletariat der Hafenstädte gefährlich an. Heute geht man stempeln. Die Wohlfahrt ist ein bequemer Rückhalt geworden, auch für Faulenzer. Früher mußte man verhungern oder — wenn die letzte Hausknechtstelle besetzt war — stehlen. War man gar den flotten Betrieb der Kaperei gewohnt geworden, dann war es sowieso ein moralisches Akrobatenstück, sich wieder in eine bürgerliche Ordnung zu fügen. So erging es auch John Ward aus Plymouth. Er versuchte in der Handelsmarine unterzukommen. Vergebens. Um wenigstens Nahrung aufnehmen zu können, ging er schließlich zur Kriegsmarine, das letzte, was sonst ein vernünftiger Seemann damals tat, man mußte ihn denn schon „pressen", das heißt mit Gewalt zu Boden schlagen und gefesselt oder bewußtlos auf die Schlachtschiffe liefern.

Denn die Maßnahmen, um die unfreiwillig an Bord Verschleppten auf den Planken zu halten, waren nicht wählerisch. Die Christensklaven bei den Barbaresken, so unwahrscheinlich es klingt, standen sich manchmal besser. Immerhin konnten sie losgekauft werden. Das war bei der britischen Marine ausgeschlossen. Auf Flucht stand wie bei den Sarazenen unmenschliche Strafe. John Ward beklagte unter seinen Kameraden denn auch bitter die marternde Disziplin. Er rühmte die alten Tage, da man unter Königin Lizzies lieblicher Fuchtel nach Herzenslust habe singen und fluchen dürfen und Menschen fangen und umbringen wie der Kuchenbäcker die Fliegen. Da sei die weite See das Reich aller Reiche gewesen, wo man nach Laune sich habe bedienen dürfen, und die Welt ein Garten, wo man zum Vergnügen herumspazierte und wo die Wege, was immer man auch treibe, sich von selber wieder glattharken.

Diese klare Formgebung freibeuterischer Weltanschauung stammt immerhin aus englischer Feder, von J. S. Corbett, und er hat sie John Ward in den Mund gelegt, nachträglich, aber sie mutet echt an, für alle Zeiten gültig.

Man kann nun nicht sagen, daß Ward ein Vorbild war; selbst unter Piraten gab es Männer von besserer Grundlage. Doch gilt der Satz „An Land ein Lump, an Bord ein Lord" für manchen schlimmen Charakter. Als erstes nun stahl er — ähnlich wie Danser — mit dreißig gleich unzufriedenen Seelen ein Boot im Hafen von Portsmouth und nahm mit diesem leise das kleine Schiff eines katholischen Emigranten aus Petersfield in Besitz. Doch hatte der die vermuteten Schätze — durch den Engel Gabriel gewarnt oder sowieso mißtrauisch — auf ein Kriegsschiff übergeführt. Aber nun einmal an Bord und schon unter Segel, konnte Ward nebst seinem enttäuschten Schnappgesinde schlecht mehr zurück. Sie taten sich also an den reichlichen Vorräten gütlich, und mit Ward als erwähltem Kapitän steuerten sie, ehe noch die Sache entdeckt wurde, frischweg in den Ärmelkanal. Sie gedachten, das Wort Pirat in seiner ureigensten Bedeutung nutzbringend anzuwenden, nämlich das Glück jener Art zu suchen, das sich einzig aus anderer Pech kneten läßt.

Bei den Scilly-Inseln sichteten sie einen französischen Segler von fünf Kanonen, der ihnen als erstes Opfer günstig deuchte. Sie setzten Signale, als seien sie in Seenot, ließen sich an Bord nehmen und überwältigten die Besatzung. Dann änderten sie den Schiffsnamen in Little John, zu Ehren ihres erfolgreichen Anführers und in Gedenken an den Unterführer des Straßenräubers Robin Hood. Unverschämt genug, lief Ward dann seinen Heimathafen Plymouth an und ergänzte seine Mannschaft aus dem Haufen der Arbeitslosen. Danach nahm er Kurs aufs Mittelmeer, nicht ohne schon unterwegs den Mut seiner Leute zu erproben und sie durch Beuteverteilung aus zwei überrumpelten Frachtern anzuregen.

Es war immerhin das Jahr 1612, als Jakob Böhme sein frommes Buch *Aurora oder Die Morgenröte* schrieb, John Webster das Greueldrama *Der weiße Teufel* und Shakespeare den weisen Verzicht auf Sturm und

Unruhe der Welt, *The Tempest*. Da bot John Ward demütigst seine Dienste dem Dey zu Algier an. Aber dessen Bedarf war gedeckt. Somit fuhr Ward ein Haus weiter und klopfte beim Bey von Tunis an. Der sagte nicht nein. Denn er hatte jene Rechnung mit den Franzosen zu begleichen, die ihm der Holländer Danser eingebrockt. Und so hetzte er Ward auf die Lilienflaggen. Johnny betrieb das Geschäft so gut, daß es bis zu jener Mission aus Paris gedieh, bei der Käptn Danser in die Falle geriet.

Ward wurde nun beordert, sich an Malteser und venezianische Fahrzeuge zu halten. Das wurde ihm aber zu langweilig oder gefährlich, und er stieß ein wenig in den Atlantik vor. Mit einem Geschwader von sechs Fregatten überfiel er die Insel Madeira, plünderte Funchal, raubte alle Kirchenglocken, trieb an 1200 Männer, Frauen und „Kinder, die schon laufen konnten", in die Landungsboote und kehrte unbehelligt nach Tunis zurück.

Anders als Simon der Tänzer, war Ward zum Islam übergetreten. Damit wollte er weniger sein Gewissen wegen der Gewalttaten gegen die christliche Schiffahrt und Menschheit beruhigen, als sich die Sicherheit verschaffen, zu Tunis in einem palastartigen Kitsch aus Alabaster und Marmor einigermaßen alt zu werden. Ungeziert lud er Reisende seines Vaterlandes, ja sogar den englischen Gesandten zum Frühstück. Gekleidet in üppige Seide und Pluderhosen, die reichgeschmückte Wasserpfeife und eine rotblonde Favoritin, vormals Kellnerin in Plymouth, neben sich, umringt von beflissenen Sklavinnen, schien er bestrebt, den Herren vor Augen zu führen, daß das Märchen vom Fischer und seiner Frau auch anders als im Nachttopf enden könne.

Er scheint — eine Ausnahme unter Piraten — im Bett gestorben zu sein. Denn er hatte sich rechtzeitig vom aktiven Raubdienst zurückgezogen, ähnlich wie sein Spießgeselle Kara Orges, der sich bei einem Wechsler das Nötige geliehen, um eine halblecke Brigg zu chartern, mit der er dann auf den ersten Hieb die *Notre Dame de la Garde* aus Marseille erbeutete. Sein Anteil betrug nach den Abzügen volle 400 000 Goldfranken, und er war klug genug, sein Glück nicht nochmals zu versuchen. Er setzte sich in hübscher Gegend zur Ruhe, erfuhr aber fast mit Neid, daß einer derer, die mit ihm gewesen und sich an seiner Stelle zum Reis aufgereckt und die Brigantine *Le grand More* befehligte, eine große Galeone aus Neapel geschnappt habe mit 76 Kanonen, 12 000 Kanonenkugeln, 10 000 Paar Seidenstrümpfen, 20 Kisten Goldfäden und 130 Gefangenen, die wertvolle Weizenladung ungerechnet, und einige der Fahrgäste brachten noch obendrein ungewöhnliche Lösegelder, indes die übrigen, die nur arme Verwandte, Freunde oder Gemeinden aufwiesen, günstig auf dem Markt verkauft oder an die Galeeren abgegeben — die für kleinere Unternehmungen noch immer in Gebrauch lagen — auch noch ein Erkleckliches abwarfen.

Ruckzuck, du schindest dich zu oft!
Wer fleißig ist sein Leben lang,
hält besser sich an Vogelsang,
als daß er Geld und Gut erhofft.

EIN WUNDARZT AUS BASEL AUGENZEUGE
Anno 1620

Seit je weht rheinaufwärts das Abenteuerliche der Seefahrt bis hinauf nach Basel. Wohl sah der kleine Samuel Braun am Rheintor den Meereskönig Neptun die Augen rollen und die Zunge blecken gegen alles, was von außen kam und der Freiheit der Stadt Gewalt anzutun gedachte. Hierher hatte sich der dem Ausgleich gesonnene Weise Erasmus geflüchtet, um der Unruhe der Welt zu entgehen und doch ihren Hauch nicht zu vermissen. Er stammte von der aufblühenden flandrischen Küste, eines Konvikten Sohn. Sein Wahlspruch war die Inschrift römischer Grenzsteine *concedo nulli*, ein Panier wider jede Freibeuterei.

Samuel Brauns Großvater scheint den gichtleidenden Gelehrten noch gekannt zu haben und ihm den Bart geschabt, auch dem berühmten Arzte Paracelsus bei der Kur geholfen zu haben, hatte wohl auch manches aufgeschnappt von den Erwägungen der beiden Meister, ob es geraten sei, der Krankheit an dem Orte zu begegnen, so sie entstanden, nämlich an der feuchten Wasserkante, und auch, daß bei beiden und ihm selber eine vorübergehende Lust aufstand, in den seltsamen Meereshäusern, die groß wie Paläste waren, eine Reise zu tun in die neuen fremden Länder jenseits der Ozeane. Davon nun mochte der Großvater einiges erzählt haben und auch, wie der Vater sich aufgemacht, ohne Abschied bald nach der Eheschließung, und sei nicht zu halten gewesen und habe Dienst nehmen wollen auf einem holländischen Schiff, sei aber nicht über den Hafen hinausgelangt, allwo ihm die Liebholden und Tavernenwirte übel mitgespielt, was er als wackrer Schweizer sich nicht habe bieten lassen und also dreingehauen, aber dann im Spital zum Heiligen Geist den seinen habe aufgeben müssen.

Der Großvater hielt solche Berichte sicherlich für warnend genug, um dem heranwachsenden Enkel den Appetit auf Abenteuer zu versalzen. Und somit kehrte der junge Mann allem atlantischen Windgeflüster den Rücken, ging nach Genf und studierte das Barbier- und Wundhandwerk, machte sich dann aber, siebzehnjährig und „ausgelernt", dennoch auf die Sohlen und über die Grenze, wenn auch noch nicht gen See, sondern in die Kurpfalz, wo es calvinistisch war wie daheim und wo er der protestantischen Legion vier Jahre als Feldscher diente.

Doch war er schon auf halbem Weg zur Küste. Was heute Ungarn betraf, betraf damals die Niederlande. Das Schweizer Herz freute sich, als 1609 ein holländischer Admiral die spanische Flotte in der Bucht von Gibraltar vernichtete. Und eines Tages folgte Samuel Braun der Spur seines Vaters nach Amsterdam, wich aber den Liebholden und Heuerbaasen aus und nahm vorerst Stellung bei einem Chirurgen namens Hercules Frantz. Da aber tagtäglich vor seiner Nase die wunderlichen Gefäße voll Mensch und Fracht, hochbesegelt und buntbewimpelt, aus- und einfuhren, und die Luft schwirrte von ungemeinen Erlebnissen und Sonderbarkeiten der Ferne, nahm er schließlich Handgeld und musterte auf einem Schiff gen Angola an. Und trotz allerlei Unbill, wie sie die Seefahrt damals mehr als heute mit sich brachte, war mit dieser Afrikareise sein Verlangen noch nicht gestillt. Zehn Jahre lang fuhr er auf verschiedenen Schiffen als Wundarzt. Danach zog er wieder in seine Vaterstadt, heiratete zweimal, übte angesehen seinen ärztlichen Beruf und starb hochbetagt. Von Freunden gedrängt, hatte er bald nach seiner Rückkehr aufgeschrieben, was er erlebt. Es ist noch heute ergötzlich zu lesen. Mehrmals schildert er Begegnungen mit Freibeutern, unter anderem auch mit dem berüchtigten englischen Renegaten Ward. Doch ließ sich dieser durch die fromme Lüge, sie hätten nur Korn geladen, von einer Aufbringung abhalten; denn Korn gab's genug zu Algier, der Handel damit lag in festen Händen. Als Prise lohnte es nicht.

Gefährlicher war ein Gefecht mit echteren Barbaresken. 1620 fuhr Braun auf dem holländischen Kriegsschiff *Edam* oder *Der Schwarze Stier*, das den Konsul (Ambassaden) Cornelius Pfau nach Syrien bringen sollte. Auf der Höhe der Insel Formentera verlor es des Nachts die Verbindung zu der „Company", mit der zusammen es in das piratengesegnete Mittelmeer eingesegelt war. An Bord befanden sich zweiunddreißig Kanonen und hundertzwölf Mann. Im Urtext wird sodann berichtet:
„... da haben wir des morgens früh zwei Schiff von Türckischen Piraten gesehen, welche uns, in beredung, als weren wir Kauffleuth, anzugreiffen vermeinten. Hatten sich in dem einen Schiff, darauf 42 Stück und 300 Mann, so mehrertheils Moren von Algier waren, auff uns gewendet. Das andere Schiff war ein Furgat, etwas kleiner alss ein Galeen (eine Mittelmeerfregatte, zweimastig, mit Schonersegeln, etwas kleiner als die üblichen Galeeren). Darauff waren 60 Mann. Dazumal war sehr gut Wetter ... Also vermeinten die Piraten oder Räuber eine gute beuth von uns zu bekommen, wie dann beschehen wäre, wann es ihnen gelungen hette. Denn wir hatten 28 Kisten Spanische Realen von achten bey uns. Doch sie haben es nicht gewußt. Sind endlich gar nahe zu uns kommen und vermeint zu apportieren oder mit gewalt unser Schiff zu überfallen. Derohalben unser Capitain wie auch der Ambassat unserm Volck dapfer zugesprochen, sie sollten sich männlich halten. Alss nun der Tag angebro-

chen, fingen wir an uns zu defendieren, und gieng der Streit starck an. Aber so bald sie unser metallen Geschütz gesehen, und die 24pfundige kugelen bey 346 daher geflogen, hat sich das eine salviert. Das andere Schiff aber, welches vor 3 stunden sehr mächtig gewesen, wollte sich in die flucht begeben. Alss wir nun solches gesehen, ist uns der muth gewachsen und haben das Raubschiff mit einem Tregga oder großen eysenen Angel mit ketten angezogen und also die Victori mit Gottes gnad erhalten. Hierauff hat unser Volck das Schiff bestiegen. Da seind von 300 Moren nur 13 im leben geblieben, welche sich heimlich im Schiff versteckt hatten, das übrige Volck haben sie alles nider gehauen. Wir hatten nur 20 todte Personen und 46 verwundete. Die todten haben wir auf Sardinia bey einem Feuerturm begraben. Dann sie uns dieselbigen auf keinen Kirchhoff wollten legen lassen. (Es handelte sich ja um Protestanten!) Die Moren aber haben wir, wie sie gewesen, in das Meer geworffen. Alss aber unser Volck das Schiff gesäubert und die beuth in unser Schiff gebracht, welche zugleich getheilt, haben sie in einem eyngefassten Gemach, da die pump oder wasserschöpfe stehet, noch 13 Türcken gefunden, welche auf die knie nidergefallen und gnad begehrt haben. Seind alsbald gebunden in unser Schiff kommen, und hätte sie der Hauptmann stracks nach Stadischer Commission (nach Auftrag der Generalstaaten) ins Meer werffen lassen, wann der Ambassat nicht darvor were gewesen, sie mit nach Malta zu führen. Diese Türcken haben bekendt, daß dises ihr Raubschiff vor 3 wochen einem Holländer genommen." Türken war damals der westliche Ausdruck für alle Muslims, insbesondere aber für alle Mittelmeerräuber.

Die überlebenden Piraten wurden auf Malta dem Großmeister übergeben. Konsul Pfau dachte dabei sicher nicht nur menschlicher als der Kapitän, der kürzeren Prozeß hatte machen wollen. Es war eine auch geschäftliche Sache. Man bewahrte die Gefangenen auf zu gelegentlichem Austausch gegen Christensklaven; bis dahin waren sie billige Arbeitstiere. Daß etwaige Lösegelder dem Vermittler anheimfielen, war damals selbstverständlich.

> Zuviel Besiegte sind Gefahr
> für jeden Sieger, das ist klar.
> Gern nutzt er sie als Arbeitsvieh,
> doch heimlich beben ihm die Knie.
> Am liebsten drum erschlägt er sie.

DER MANN AUS OXFORD
Anno 1620

Einer der Renegaten, die gleich Ward bei den Barbaresken der Freibeuterei oblagen, hatte — wie Magister Wikbold zweihundert Jahre zuvor — in Oxford studiert. Er stammte aus gutem Hause und hatte den Baronstitel geerbt. Aber dieser Sir Francis Verney hatte das Unglück, von einer gewinnsüchtigen Stiefmutter betreut zu werden, die sein Vermögen an sich brachte und ihn mit ihrer Tochter, die er genauso wenig liebte, zu verkuppeln suchte. Als das Maß seiner Bedrücktheit voll war, verkaufte er das, was ihm an Liegenschaften verblieben, und begann ein ruheloses Wanderleben. Gut aussehend, von eleganten Manieren und nirgends knausernd, geriet er von einem Liebesabenteuer und Duell ins andere. Endlich ziemlich mittellos, entsann er sich eines Verwandten, der aus ähnlicher Klemme sich wie so mancher Wagehals nach Nordafrika eingeschifft und etwas geworden war, wenn auch auf vagem Posten, nämlich als Befehlshaber eines Rebellentrupps von zweihundert englischen Desperados, die sich in einen marokkanischen Umsturz einschalten sollten. Als die Sache mißlang, übernahm besagter Onkel einen algerischen Kapitänsrang, und Sir Francis kam gerade recht, ihn zu begleiten, erwies sich bald auch als tüchtiger Ausnehmer vor allem britischer Kauffahrer, wobei er die aus Plymouth bevorzugte, wohl, weil seine Stiefmutter dort sein Geld angelegt hatte. Ja, er krönte seinen Abscheu gegen die vormalige christliche Bindung mit dem Turban, befehligte dann selber ein Schiff, das er Fortuna taufte, und lebte zu Algier auf maurische Art. Doch der Name seines Schiffes hielt auf die Dauer nicht, was erhofft war. Ein Überfall auf sizilianische Fahrzeuge schlug fehl. Verney wurde gefangen und als Galeerensklave genutzt. Nach zwei Jahren war er so todkrank, daß ihm das Los, einfach über Bord geworfen zu werden, geblüht hätte, wäre nicht um seiner blauen Augen willen der Patron inne geworden, es handle sich um einen verirrten Christenmenschen von überdies vornehmer Herkunft. Eine Auslösung wurde nunmehr angebahnt, und sie erwirkte wenigstens, daß der arm und verlassen Sterbende Aufnahme fand im Hospital zur Mitleidigen Maria in der Hafenstadt Messina, wo so mancher Abenteurer aus dem Norden, der sich der Sonne oder dem Halbmond des Mittelmeeres anvertraut, sein Leben elend beschloß.

Heckt es sich fort
seit Urbeginn:
Liebe und Mord
der Schöpfung Sinn?

JACPIER, DER LETZTE WIKINGER
um 1620

Ob er Jacques oder Jean hieß, als er am Strande der Normandie noch ein Hosenmatz war und sein erstes Schiff, einen sorglich aufgetakelten alten Holzschuh, schwimmen ließ, ist nicht mehr festzustellen. Sein Nachname war Pierre, und es mag seine eigne abkürzende Unterschrift schuld sein, daß er schließlich als Jacpier in die Seegeschichte einging, ja, sogar als Jakker, der Pirat. Er diente verschiedenen Herren, bis er beim spanischen Vizekönig von Sizilien, Herzog Osuna, hängenblieb.

Im Verein mit einem kleinen trefflichen Geschwader aus Toskana fiel er in Kilikien ein, wo die Seeräuberei trotz aller Staatsmaßnahmen nie ganz ausgestorben war. Es galt ein Florentiner Schiff zu rächen, dessen Besatzung die Stadtmauer von Agliman besetzt hielt, allerdings nur mit den abgeschlagenen Köpfen. Nachdem 12 im Hafen ankernde Türkenschiffe enteignet waren, wurde der stark befestigte Ort gestürmt. 240 befreite Christensklaven, 350 Kilikier und reiche Beute waren das Ergebnis dieses kühnen Zuges.

Bald darauf trafen 8 sizilische Galeeren bei der Insel Chios auf 60 türkische, konnten 10 davon abdrängen und 7 von diesen überwältigen. Es waren große, reichbeladene Galeassen. Zwei Jahre später waren es 13 türkische Frachter, die aus Ägypten kamen. Das ergab zusammen Werte von 6 Millionen Schweizer Franken. Dazu kamen noch über 2000 Sarazenen als Gefangene, die teils auf die Ruderbänke, teils auf den Sklavenmarkt wanderten, und an 1000 Christen wurden befreit.

Noch im selben Jahre griff Jacpier die wiederum bei Chios aufkreuzende türkische Flotte, volle 50 Schiffe, mit nur 6 Galeeren an. Das Gefecht dauerte 7 Stunden. Er bohrte 5 Gegnerschiffe in den Grund, sprengte 2 in die Luft und entschwand, ohne ein Schiff zu verlieren. Von da an bevorzugte er nur ganz leichte felukenartige Fahrzeuge, mit denen er ungemein rasch erschien und — wenn nötig — entwetzte. Selbst die kecksten Reis (Kapitäne) der Barbaresken konnten es mit seiner seemännischen Tüchtigkeit, zumal seiner Segeltechnik, nicht aufnehmen.

Weil Herzog Osuna, unter dessen Flagge er reiste, Geld brauchte, machte Jacpier bald keinen Unterschied der Nationen und griff sich jeden Frachter, der ihm vor den Bug lief. Da die Engländer seit 1606 einen Handelsvertrag mit dem Sultan hatten, schonte er auch nicht die Levantetramps der Turkish Company. Kein Wunder, daß er fast zu den Barbaresken gezählt wird, obschon er nichts als ein christlicher Korsar und Freibeuter war. Man hat ihn, etwas übertrieben, den letzten Wiking genannt.

Der saftigste Fang gelang ihm 1618 vor Alexandrien. Er überwältigte eine schön geschmückte Karacke trotz ihrer 60 Kanonen. Die Besatzung hatte mit Recht vermieden, zuviel Lärm zu machen, denn an Bord befand sich die Mutter des Sultans mit ihrem Hofstaat. Der Pirat und sein Brot-geber behandelten die hohen Herrschaften mit allen Ehren und luden sie sogar nach Spanien ein und dort aus. Wie üblich waren die Räuber keineswegs mit der kostbaren Beute an Fracht, Teppichen, Schmucksachen und Leckerbissen zufrieden, sondern ließen sich noch bedeutende Löse-gelder von der Pforte zahlen, ehe die türkischen Damen und einige Emire heimkehren konnten.

Die Türken rächten sich mit einer unversehenen Landung in Manfre-donia, plünderten die völlig überraschte Stadt und zogen mit den best-verkäuflichen der Einwohner und allem, was ihnen wert dünkte, unbe-helligt wieder ab. Der ausgezeichnete Warndienst früherer Zeiten, die Telegraphie der Wacht- und Feuertürme, war allmählich nachlässig ge-worden. Ein Uferstrich schien es sogar dem andern zu gönnen und eine Gemeinde der andern. Venezianische Schiffe hatten das osmanische Ge-schwader von 5 Dutzend Einheiten bei Korfu vorbei in die Adria gleiten sehen, aber nicht für nötig befunden, zumindest die apulische Küste zu warnen.
Die Insel Sizilien allerdings hatten die Osmanen nicht angegriffen. Aber Osuna wurde gerade deswegen verdächtigt. Intrigen mancher Art hatten den ehrgeizigen Weltmann in dunkle Fäden verstrickt. Denn er zeigte ganz unzeitgemäße Neigungen, die man demokratisch, ja, sogar europäisch nennen möchte und die der spanischen Krone unangenehm deuchten. Man winkte den Vizekönig nach Madrid zum Bericht und be-hielt ihn dort. Er endete im Kerker.
Seinen stürmischen Kapitän Jacpier lockten die Venzianer in ein lächer-liches Netz, in irgendein gut eingefädeltes Liebesabenteuer, in das der sonst so vorsichtige Seebär hineintappte wie Meister Petz in den Honig-topf. Es war eine Masche, vom Halbmond gespult, mit dem der Vollmond hinterm Kopf des Markuslöwen wieder einmal und wegen der Handels-häuser notgedrungen liebäugelte. Die gekaperte Sultansmutter stand da-hinter, und obwohl ihr kein Leids geschehn und auch niemand Appetit darauf gehabt hatte — oder vielleicht deswegen —, endete Jacpiers Gondel-partie alsbald auf dem Richtplatz.
Man sagte ihm übrigens auch nach, daß er frühere Genossen von der atlantischen Seite, vom englischen Kanal, herbeigelockt und ihnen mit einigen Fingerzeigen über die Möglichkeiten im Mittelmeerraum gedient habe. Das mag leeres Gerede sein. Man war sowieso wieder beim gegen-seitigen Haarausraufen in Europa, Frankreich gegen England und Holland und umgekehrt.
Die Leute nun aus Rouen, Dorset, Plymouth, Hull und Vlissingen und so, obwohl mit ihrer soliden Rahtakelung schwerfälliger als die nord-afrikanischen Rutensegler und Großruderboote, beraubten unterschieds-los jedes europäische Schiff, dessen sie habhaft wurden. Nachdem sie die

Mannschaft und etwaige Fahrgäste restlos niedergemetzelt, wurde es versenkt, um keine Spur zu hinterlassen. Den Sarazenen gingen sie aus dem Wege und diese ihnen. Die Mittelmeerreisenden und Seeleute jener Tage konnten von Glück sagen, wenn sie den Barbaresken statt den *Hullern* — den Höllern —, wie in Bausch und Bogen diese westlichen Untermenschen benannt wurden, in die Pfoten gerieten; denn bei den einen blieb die Hoffnung auf Freikauf, bei den andern nichts als der Tod.

DER OFFENHERZIGE EXPIRAT
um 1625

Die britische Flotte hatte im Kampf gegen Spanien gezeigt, was besseres Schießpulver vermag, und auch, daß die jungfräuliche Königin Elisabeth — national gesehen — recht daran getan, einen Haufen Piraterie zu dulden und ihn unter Kaperei zu buchen, selbst in den Zeiten des Friedens. So waren ihr harte Seeleute herangereift, die nebst der neuen Reichweite der Geschütze und einem gelegen kommenden Golfwirbelsturm die katholische Armada in die Vernichtung getrieben. Doch nach ihrem Tode war oftmals Friede. Und dann begannen sich aus entlassenen brotlosen Helden Piratenbanden zu bilden. Einer ihrer Anführer war Henry Mainwaring, ein gebildeter Mann, der schon mit fünfzehn sein Studium in Oxford abschloß, sich dann als Rechtsberater, Soldat und Seemann versuchte und schließlich auf eigene Rechnung unter die Kaperer ging. Sein Segler, die *Resistance*, war erstklassig gebaut, bestückt und bemannt. Sowohl im Kanal als auch im Atlantik und im Mittelmeer hatte er große Erfolge. Vorerst aber machte er Jagd nur auf spanische Schiffe, versenkte die minderen, behielt die geeigneten und besaß bald eine stattliche Flotte, die auch keinem spanischen Kriegsschiff mehr auswich. Sein Ruhm flatterte zu allen Küsten. Er scheute sich allerdings nicht, gemeinsame Sache mit den Barbaresken zu machen, ohne sich jedoch wie sein Landsmann Ward denen gänzlich zu verschreiben und den Glauben zu wechseln. Gefangene gab er nach Livorno, von welchem Menschenhandelsplatz die Auslösung weniger umständlich war, falls sich überhaupt Angehörige fanden, die das Lösegeld aufbringen konnten. Es gab sowohl in London wie am Ort Banken, welche die Vermittlung solcher Geschäfte übernahmen.

Der König von Spanien bot ihm, als Drohung nichts ausrichtete, hohe Summen und hohe Posten, um ihn in seinen Dienst zu locken. Er verzichtete und segelte über den Atlantik gen Neufundland, wo unter den Fischern, die ihr hartes Gewerbe oft recht satt hatten, sich immer hinreichend Leute fanden, denen ein freieres Piratenleben besser behagte.

Auftretend wie ein orientalischer Fürst, ergänzte er im Nu seinen Mannschaftsbestand um weitere 400 Abenteurer. Kehrte heim gen Marmora, seinem bevorzugten Schlupfwinkel zu Nordafrika, fand ihn von den Spaniern besetzt und verlegte sein Hauptasyl nach Villafranca an der Savoyer Küste. Obwohl Elisabeths Nachfolger den Frieden betonte, setzte Mainwaring seine Freibeuterei fort, bis die vereinten Beschwerden des spanischen und französischen Hofes Jakob I. veranlaßten, dem Piraten das wilde Gewerbe zu untersagen. Andernfalls ... Privatflottenchef Henry Mainwaring war klug genug, dem Wink zu folgen; denn statt des ungütigen „andernfalls" war ein voller Pardon in Aussicht gestellt. Und in dem schönen Jahre mit der Doppelzahl 16, als gerade William Browne seine sanften Hirtengedichte abschloß, Cervantes und Shakespeare starben, Dänemark eine Ostindische Gesellschaft gründete, Holland den Portugiesen die Molukken wegnahm, da wurde aus dem Freibeuter ein privilegierter Piratenjäger, unterdessen seine vormaligen Freunde aus dem Mittelmeer ihre Halbmondsflagge räuberisch bis in die Themse knattern ließen, wahrscheinlich auf seinen Beistand rechnend. Jedoch der Seesaulus war zum Paulus geworden, und das so wirkungsvoll, daß der König den heftigen Windprescher zum „Gentleman of his Bedchamber" erhob, allwo nicht mehr Wassersport zu treiben war als in jedem Schlafzimmer und der bauchige Anblick der Kissen hinreichen mußte, die Vorstellung geblähter Segel heraufzuzaubern, wenn der Expirat dem Herrscher ein gesalzenes Garn vormaliger Abenteuer als Schlafdroge zu bieten sich beauftragt fand.

Zum Hafenmeister und Festungskommandanten von Dover befördert, hatte er Zeit, seine Erinnerungen zu schreiben, die zugleich allerlei Enthüllungen boten als Dank für die erwiesenen Wohltaten. Er betitelte sie: „Über die Beweggründe, Praktiken und die Unterdrückung von Piraten. Meinem allergnädigsten Herrscher, welcher den König des Himmels vertritt, dessen Güte über allen seinen Werken steht."

Auf achtundvierzig engbeschriebenen Seiten verrät Mainwaring sämtliche Kniffe und Pfiffe der Freibeuter seiner Zeit, gibt aber auch die Erklärung, warum so mancher brave Kerl auf solche Abwege gelangt, nämlich durch Arbeitslosigkeit und Hunger. Er empfiehlt auch, die Betroffenen nicht zu hängen, sondern sie dienlicher zu verwenden, und sei es als Galeerenruderer. In Irland aber sei sozusagen der Angelpunkt der ganzen Piraterie zwischen Ostsee, Island und Gibraltar, dort seien der Versorgungshafen und das Lagerhaus der Freibeuter, und das schon aus Gegensatz zur englischen Krone. Auch gäbe es dort alles an Gebrauchsgegenständen und Luxusartikeln, die von allen Plätzen zusammenströmten, und dazu ein reiches Angebot englischer, schottischer und irischer Mädchen, die nur darauf warteten, und so was besitze nun eben mal eine starke Anziehungskraft für die übliche Sorte Seemann. — Tunis lobt er, der Bey dort sei ein rechtlicher Mann. In Tetuan an der marokkanischen

Küste könne ein Pirat jederzeit Trinkwasser einnehmen, gute Erfrischungen haben und jede Menge Schießpulver kaufen, das von englischen und flämischen Händlern dorthin gebracht werde. Und er schildert wie ein modernes Reisehandbuch die Vorzüge und Nachteile zahlreicher Punkte auf den Azoren, den Kanarischen Inseln, Madeira, Westafrika, wenn auch nur für den Bedarf von Piraten.

EIN POLNISCHER SKLAVENBEFREIER
Mitte Sommer 1628

Ein türkisches Flaggschiff in Begleitung von drei Kriegsgaleeren war beauftragt, den neugewählten Gerichtspräsidenten von Alexandrien, Ysuf Kadi, nebst Familie an seinen Wirkungsort zu bringen. Auf dem Wege von Konstantinopel wurde der Hafen Metelini auf Lesbos angelaufen. Und der Kommandant ging mit einem Großteil der Besatzung an Land, um Frischgemüse und Wasser zu ergänzen. Wegen des rauhen Wetters ankerte das Flaggschiff, eine große Rudergaleasse, weiter draußen auf der Reede als die kleineren Begleiter.

Unter den 220 Rudersklaven an Bord befanden sich ein Italiener, zwei Engländer und drei Griechen. Alle übrigen stammten aus einem Feldzug gegen Polen und wurden, obwohl Moskau Anno 1616 den Polen verlorenging, Moskowiter genannt. Darunter war einer namens Marko Jachimosky, aus Baro gebürtig. Von besserer Herkunft und im Waffenhandwerk geübt, überredete er zwei Mitsklaven — Stephan Satanowsky und Micha Stolcina —, die an die gleiche Kette geschlossen waren, eine Sache zu wagen. Die drei vermochten sich unbemerkt ihrer Fesseln zu entledigen. Marko begab sich darauf in die Schiffsküche, ohne daß es den Fahrgästen und Soldaten auffiel. Selbstvertrauende Selbstverständlichkeit eines Benehmens pflegt gewöhnlich den Anschein zu erwecken, es sei alles in Ordnung.

In der Kombüse nun ergriff Marko ein Holzscheit. Das deuchte dem Koch allerdings sonderbar. Er erhob Einspruch, aber der Pole benutzte das nicht gegönnte Stück Feuerholz dazu, ihm ohne viel Lärm den Schädel einzuschlagen. Dann nahm er noch rasch das Fleischmesser vom Herd und schlenderte, als sei nichts und gar nichts los, zur Poop, wo die Waffen während der Fahrt aufbewahrt wurden. Den Wachmann, einen griechischen Renegaten, stach er nieder, ehe er schreien konnte.

Dann übernahm Marko die Befehlsgewalt. Er ließ durch seine beiden Bankgenossen unter die Ruderer verteilen, was an Waffen oder handlichem Schiffgerät dazu dienlich war, indes Fahrgäste und Soldaten wie von einer Lähmung befallen waren. Der Bootsmann, der unter einem

Sonnensegel schlief, merkte nicht eher etwas von der Revolte — und hielt sie im halben Erwachen für das übliche Sklavengeschnatter —, als bis die Befreiten zu ihm drangen. Vergebens suchte er, aufspringend, mit jeder Hand einen Damaszener ergreifend, sich zu verteidigen. Marko war schneller mit dem Küchendolch. Einige Türken nun zerschnitten die Seile des Sonnensegels und hofften, die Rebellen darunter zu fangen, aber es fiel über den Gesamtwirrwarr aus Freund und Feind und über die wetternden und schreienden Fahrgäste. Dabei behielten die Befreiten die Oberhand, kappten die Ankertaue, setzten sich zur Mehrzahl wieder an die Ruder und zweiundzwanzig der überlebenden Türken dazu, denen kein Jammern und Bartraufen half, und verließen den Hafen unter den wilden Schüssen der aufmerksam gewordenen Begleitschiffe und bald auch von diesen verfolgt.

Die Jagd dauerte von 3 Uhr nachmittags an die ganze Nacht hindurch und noch weit in den folgenden Tag hinein. Dann kam viel Wind und Seegang auf und zwang die Verfolger zum Abdrehen. Immerhin waren deren Galeeren von Christen gerudert. Peitsche und Aussicht auf Freiheit sind zweierlei Motor.

Nach manchen aufregenden Sturmerlebnissen erreichte die osmanische Galeasse unter Markos Führung Messina und dann Palermo, wo sie, ohne selber einen Christen verloren zu haben, die Türken von den Ketten der Ruderbänke lösten und sie mit dem üblichen Abschiedsgruß „kommt gut heim" laufen ließen. Auch die Hauptfrau des Richters Ysuf — er selbst war zu Lesbos mit an Land gefahren — wurde nicht einbehalten. Sie hieß Ramer Cadenna und war so ansehnlich, daß sie gewiß eine gute Summe auf dem Markt oder auch als Lösegeld eingebracht hätte.

In ihrer Gesellschaft befanden sich vier christliche Sklavenmädchen, zwei namens Anna, eine Margarete und eine Katharina. Und Katharina hieß auch ein weiteres junges Mädchen, das Ysuf mitgenommen hatte, um durch Verkauf in Alexandrien sozusagen die Unkosten der Reise zu dekken; denn es war ein sehr schönes Fräulein, frisch in Istanbul eingeliefert und so anmutig wie noch unbescholten. Der wackere und sichtlich edelmütige Marko heiratete sie. Drei der anderen wurden von seinen Genossen geehelicht. Warum das vierte der Mädchen keinen Mann bekam oder wollte, bleibt ungeklärt. Der von bedeutender Rührung durchsüßte Journalistenbericht, in Rom gedruckt, erzählt nur, daß Kapitän Jachimosky die osmanische Galeasse gegen eine kleine Brigg eintauschte und daß er damit zum Tiber segelte, mitsamt allen fünf Damen und dreißig der befreiten Genossen, und Seiner Heiligkeit dem Papste den fürstlichen Stander des Flaggschiffes zu Füßen legte, weiße Seide, reich geschmückt, bestickt mit vier Halbmonden und arabischen Lettern, und dazu eine maurische Laterne, messingvergoldet, wundervoll ziseliert.

Auch die polnische Kirche ging nicht leer aus, denn an Flaggen war derzeit kein Mangel in der christlichen wie heidnischen Seefahrt. Und so endeten diese Embleme, die geschaffen wurden, im Wind der Meere zu flattern und nationalem oder privatem Stolze zu dienen, im sanften Atem des Weihrauchs.

Es war das bedenkliche Jahr, da unter fliegenden Standarten Gustav Adolf gen Polen zog, freibeuterisch, doch bibelfest, die europäischen Lande unter Schwedens Krone zu sammeln. Indes der einigermaßen romgetreue spätere Generaloberstfeldhauptmann Wallenstein sich über die Beute Mecklenburg hinaus vom Kaiser zum „General des ozeanischen und baltischen Meeres" ernennen ließ, ohne doch je über ein Schiff zu verfügen.

> *So stolz, so frei die Flagge fliegt,*
> *des soll sie niemand schmähen:*
> *Nur, weil sie an der Leine liegt,*
> *kann sie im Wind sich blähen.*

JAN JANSZ AUS HAARLEM
gegen 1630

Er gehörte wie Danser eine Weile zu den Wassergeusen. Da jedoch wenig dabei zu verdienen ging und seine Kinder vergebens nach ein bißchen Kram und Mitbringsel lugten, wenn er auf Landurlaub kam, seine Frau aber nur trocken Brot, Dünnbier und ein paar Rüben auf den Tisch zu bringen wußte, kam ihn der Jammer an, und er vermaß sich, daß er, wenn es denn sein müßte, sich auf eigenem Kiel ins Dorado wagen wolle, den Seinen das Hundeleben zu verzuckern.

Das Dorado, das Goldland, hatten die verhaßten Spaniolen längst jenseits des Ozeans gefunden. Die Goldgruben so weit weg zu suchen, wer mochte ahnen, ob die Heimkehr sich rechtzeitig anlasse! Es schien einfacher, den Bauch der Galeonen zu leeren, der sich aus fraglichen Rechten in Übersee gefüllt hatte. Die prüde Meinung der vaterländischen Freiheitskämpfer, man dürfe sich nicht persönlich bereichern, roch dem beutehungrigen Seelord allzusehr nach der mönchischen Armut, die Martin Luther doch gerade als ungeeignet für den rechten Weg zum Himmel bezeichnet und also abgestreift gehabt, zumal er auch ein guter Esser und Trinker gewesen war.

Jan Jansz nahm darum Heuer auf einem holländischen Levantesegler, um jenen Schauplätzen näher zu kommen, wo sich die Märchen des Orients mit der Geschäftigkeit des Abendlandes verbanden und wo entschlossene Männer zum Freiheitsempfang nicht in Reih und Glied anzutreten brauchten. Wo und wie er im Mittelmeer ausgestiegen ist, wird dunkel bleiben. Eines Tages jedenfalls gehörte er zu den Renegaten in Algier, die freiwillig sich den Turban aufgestülpt. Als blonder Muslim war er seinem Landsmann Danser eine Buglänge voraus, zeigte auch bald keine Sehnsucht wie der, zu den stillen Grachten Hollands zurückzukehren. Höchstens daß er gelegentlich, wenn ihm ein Spanier vor die Kanonen kam, die alte Geusenflagge aufzog, des dicken Oranienprinzen goldenen Leuen mit dem silbernen Säbel und den sieben Blitzstrahlen im orangenen, von azurenen Spitzen gerahmten Feld. Im übrigen begnügte er sich mit dem roten spitzen Piratenstander. Allen niederländischen Schiffen wich er aus. Seine kleine Fregatte, Bauart Danser, gehörte einem Reis Suleiman, der sich zur Ruhe gesetzt hatte und nur noch Anteile einheimste. Er starb 1619. Und Jansz fand den Augenblick gekommen, sich selbständig zu machen. Es tauchte auch zuviel christliche Konkurrenz auf im Mittelmeer.

Er segelte ab durch die Säulen des Herkules und verlegte seine Zuflucht in die Mündung des Bu-Regreg an der atlantischen Küste Marokkos. Dort hatten sich seit ein paar Jahren letzte, aus Andalusien vertriebene Morisken angesiedelt. Die Ruinen einer großen Moschee, verfallene Paläste, die finsteren, verwucherten Mauern einer alten Festung zeugten davon, daß hier vor einigen Jahrhunderten der Halbmond siegreich bis an das Weltmeer sich gereckt. Von hier aus hatten die Almohaden die maurische Herrschaft in Spanien ausgedehnt und befestigt. Das war nun Vergangenheit. Ihre Sippen und Nachfolger hatten sich gegenseitig die Gurgeln abgeschnitten. Was sich da an Verfall zu beiden Ufern erstreckte, auf Hügeln gebaut, die noch nicht halbwegs die Höhen von Blankenese erreichten, nannte sich Saleh und Neu-Saleh oder Rabat.

Kapitän Jansz hatte davon Wind, daß hier der Hafen sei, in welchem sich der letzte große Barbareske, Murad Reis, nach seiner glänzenden Kanarenfahrt wochenlang verborgen gehalten. Er sah sich das Fahrwasser und Gelände an und fand es ausgezeichnet. Die Morisken aber, die eben ein paar kümmerliche Äcker bestellt und ein paar Schafe geschoren, blickten erstaunt auf, als der stämmige Holländer ihnen ein paar Säcke Weizen und einen Haufen solider Kleiderstoffe auf den mageren Markt schaffte und selber die Verteilung leitete. Er nahm Wohnung in der alten Kasbah und richtete sich allmählich fürstlich ein. Denn dieses Saleh liegt nur fünfzig Seemeilen von der Gibraltarstraße entfernt. Eine Barre schützte die Einfahrt vor schwer bestückten Schiffen. Die Reichweite der Geschütze genügte noch nicht, um das Hügelnest zu gefährden. Der Hafen war klein, aber ohne Einblick von See aus und gut sturmgeschützt. Jansz begann sofort, die alten Werften herzurichten, und baute jene kleine Art Rahsegler, die als Fleute die schweren Galeonen, Brander und Fregatten an Schnelligkeit und Wendigkeit übertrafen, aber stabil genug waren, einiges vorzügliche Geschütz zu tragen.

Zwanzig Jahre lang trieb er von Saleh aus Seeraub. Der große Fährweg gen Guinea, zur Goldküste, zum Hoffnungskap und gen Westindien, auch gar Ostindien, das lag mit dem Kanarenstrom vor seiner Haustür. Die Güter der Welt stapelten sich im kleinen Saleh. Die Einwohner aller Hautfarben wählten Jansz zu ihrem Oberhaupt und Admiral der Flotte, die auf 18 Fahrzeuge anwuchs und auf dieser Zahl gehalten wurde, um allen gleichwertige Ankerplätze zu bieten. Admiral Jansz nannte sich von da an Morad Reis und erklärte Saleh für einen selbständigen Kleinstaat, der sich in seine Verwaltung nicht einmal vom Kaiser von Marokko hineinreden lasse. Um seine muslimische Echtheit zu bekräftigen, heiratete er eine neue amtliche Ehegenossin, eine Eingeborene von der andern Flußseite, von welcher Gegend es noch bis Mitte des 19. Jahrhunderts in geographischen Handbüchern hieß, nirgends gäbe es so schöne arabische Frauen wie dort.

Der neue Morad bedurfte bald eines Vizeadmirals und verlieh einem Landsmann unter seiner Besatzungshorde, Mathy van Bostel-Osterlinck aus Amsterdam, die hohe Würde. Auch der Sohn Dansers, „der junge Daus", scheint einen Posten zu Saleh bekleidet zu haben. Mathy, der „daheim" wie Jansz Frau und Kind hatte, tat es seinem Meister nach und heiratete zu Saleh eine vierzehnjährige Spanierin.

Die Raubzüge verschlugen Jansz zweimal in heimische Gewässer. Geschützt durch die marokkanische Flagge, lief er den Hafen von Veere an, das so malerisch auf der Insel Walcheren liegt. Er wollte nur Proviant aufnehmen, aber urplötzlich sollen seine Frau und seine Kinder an Bord aufgetaucht sein und ihn weinend gebeten haben, doch nun endlich nach Haus zu kommen. Selbst bei heutigen Verkehrsverhältnissen wäre erstaunlich, daß liebe Angehörige so rasch von Haarlem auf die Insel gelangten, die am anderen Ende Hollands liegt. Auch sollen Eltern von Besatzungsmitgliedern flehentlich vorgesprochen haben, die deftigen Jungens zu bewegen, von dem gefährlichen Gewerke zu lassen. Aber ausgestiegen ist niemand. Im Gegenteil drängte sich ein Haufen Burschen herzu, die gern das enge und bedrängte Bauern- und Bürgerdasein mit dem freien Leben der Piraten vertauscht hätten. Trotz behördlichen Einspruchs reiste der Admiral mit mehr Mannschaft ab, als er gekommen.

Einige Jahre später erschien er im Hafen zu Amsterdam, diesmal höchst notgedrungen auf der Flucht vor einer spanischen Fregatte, die er vergebens zu entern unternommen. Er hatte Tote und Verwundete an Bord, und das Schiff hätte ins Dock müssen. Aber nun waren die Behörden völlig ablehnend. Jede Verbindung mit dem Lande wurde ihm untersagt. Sein Ruf war der eines Geusen nicht mehr, sondern der eines gemeinen Seeräubers, und zudem war nun bekannt, daß er ein Apostat sei, ein Abtrünniger des christlichen Glaubens und somit nach entsprechender Auffassung ein ausgekochter Höllenbraten. Außerdem waren die Barbaresken pestverdächtig. Nicht einmal die Gefallenen durfte er begraben. Vielleicht war auch die Erde zu hart. Es war Winter. Und so mußte Jansz sich darauf beschränken, die Leichname unter die Eisschollen zu schieben und die unfreundliche Reede zu verlassen.

Ein wenig anders gelenkt, wäre sein Name vielleicht unter die großen Weitsegler jener Epoche geraten. Er war ein Seemann von Belang. Gewiß hat ihn die Nachricht von den Erfolgen französischer Piraten erreicht, die sich in Westindien breitmachten und das koloniale Gold und Gut an der Quelle schröpften. Aber dort wäre er in die Kommune der „Küstenbrüder" geraten. Das lag ihm wenig, nachdem er sich zum Pascha gemacht. Somit stillte er seinen Drang in die Ferne mit einer Fahrt zum entlegenen Island. Es gab über das alte nordische Thule fast so bunte Geschichten wie die aus Tausendundeiner Nacht. Dänische und englische Händler und Piraten hatten dort geerntet, man wußte nicht recht, was. Verlockend waren auch die heißen Springbrunnen als Mittel gegen Gliederreißen. Morad-Jansz fand das alles bestätigt, aber die erhofften Goldbarren gab es nur in Form von getrockneten Fischen. Seine Männer werden sich dort genauso unbequem betragen haben wie andere Beutelungerer. Dennoch scheint es, als ob die vierhundert bis achthundert Isländer, die er nach dem bescheidenen Plünderungsergebnis mühselig gen Afrika brachte, ziemlich freiwillig ihm ins wärmere Klima gefolgt sind. Die häufigen hellen Augen, denen Reisende später in Saleh begegneten, können kaum alle von Jan Jansz und seinen Kumpanen stammen.

Bei einem längeren Besuch in Algier, an seiner ersten Lern- und Wirkungsstätte, wo er nun als Grandseigneur auftrat, juckte es ihn, nochmals auch im alten Mittelmeer, gleichsam nur zum Sport, einen kleinen Zug zu tun. Er geriet, ähnlich wie vor Amsterdam, an das falsche Schiff, an einen Malteser und wurde nach heftigem Kampfe überwältigt. Saß dann längere Zeit auf Malta im Verlies. Kam aber plötzlich wieder frei. Es ist unklar, wieso. Es sei denn, es habe sich derzeit schon eine gewisse Milde in den Orden geschlichen. Die Auffassung von Piraterie deckte sich dort ziemlich mit der antiken. Man bezog seinen Unterhalt daraus. Sich mit Handel zu befassen, lehnten die Ritterbrüder ab mit der Begründung, Handel untergrabe den Charakter laut Jesus Sirach: „Ein Kaufmann kann sich schwerlich hüten vor Unrecht und ein Krämer vor Sünde." Zudem war Morad-Jansz immerhin so etwas wie ein Souverän, überdies gebürtiger Holländer wie — so scheint es — der damalige Großmeister des Ordens. Und war er nicht katholisch, so doch auch nicht mehr protestantisch. Und die Zusicherung, nie wieder im Mittelmeer zu jagen, gehörte überdies zur Formel der Entlassung.

Der Haarlemer scheint kaum der Unhold gewesen zu sein, den man sich unter einem echten Piraten vorstellt. Als seine Gefangenahme in Algier bekannt wurde, strömten mehr als hundert sarazenische Weiber in das Haus, wo seine maurische Frau sich aufhielt, um mit ihr zu weinen.

Wir hören noch einmal von ihm durch den verwehten Bericht seiner

Tochter Lijsbeth, die unter den Fittichen eines frisch ernannten holländischen Konsuls sich 1640 nach Saleh getraute, um den „fürstlichen Vater" zu besuchen. Saleh war damals also diplomatisch anerkannt und wurde ein gefragter Umschlagplatz, dem Holland, ganz gleich, woher die Waren stammten, seine Aufmerksamkeit nicht versagen wollte. Vielleicht auch sah es sich durch die Person des Herrschers bevorzugt behandelt. Lijsbeth war, der damaligen Auffassung vom heiratsfähigen Alter nach, schon hocherblüht. Hoffte sie, daß ein afrikanischer Märchenprinz, von ihrer Blondheit betört, die Lenze nicht nachrechnen würde? Sie traf ihren Vater ganz so an, wie die ersten Opern und Ausstattungsstücke die Pracht des Orients auf die Bühne brachten, auf einem Teppich zwischen Seidenkissen thronend, umgeben von reich geschmückten Sklavinnen, und die Luft war von Räucherwerk gewürzt. Zudem war gerade Silvester. Nach gegenseitigen Tränen der Rührung wurde die Frage des Aufenthaltes geklärt. Allzunahe dem unverhohlenen Betrieb der Beuteschiffahrt, dünkte es dem Alten nicht rätlich. Immerhin wurden die Harems Marokkos jahrhundertelang über Saleh mit schönen Spanierinnen versorgt. Die Frage nach oder von Blond wollte er sicher nicht aufkommen lassen. Somit wählte er ein halbverfallenes Gebäude mehr im Innern des Landes, das Schloß Maladia. Der Name deutet auf das Gegenteil hin von etwa Bona Dea, der guten Göttin der Römer, deren Füllhorn das Symbol der Fruchtbarkeit ist.

Lijsbeth blieb bis zum August. Dann reiste sie mit vielen Geschenken und Segenswünschen heim. Sie beschloß ihr Erdenwallen wahrscheinlich in einem stillen Beginenkloster, wo sie Zeit fand, über ihren merkwürdigen Erzeuger nachzudenken und darüber, daß die Märchenprinzen auch in Afrika dünn gesät sind, selbst unter Piraten. Oder aber, daß sie den Träumen gar nicht entsprechen. Vater Jansz soll so alt wie Cheireddin geworden sein, fast neunzig. In seiner Heimat hieß es, sein Ende sei sehr schlimm gewesen; Genaueres jedoch war nicht zu erfahren.

Salehs Hafen ist versandet. Die Märchenprinzen sind hier ferner denn je; aber die Reisebüros beginnen, die Lijsbeths aufs neue heranzulocken. Zumal die Touring-Hotels zu Agadir, an gleicher Küste, in einem Erdbeben zusammenbrachen.

> So staple mächtig Ruhm und Beute
> und setz dich prangend hoch ins Licht,
> das eine gilt für alle Leute:
> Was Liebe heißt, erraubt man nicht.

ZWISCHEN PARIS, LIVORNO UND WESTINDIEN
um 1630, auch früher und später

In dem sumpfigen, dem Golfstromfieber offenen Gefilde, darauf Paris sich gründet, gedieh seit je das Obst des Übermaßes, besonders in der Politik. Die an Unruhen fruchtbare Zeit des 17. Jahrhunderts brachte dort nacheinander drei Männer zur Geltung, denen kein Mittel zu scharf war, ihren Namen in die Geschichtstafeln zu ätzen. Zwei von ihnen schwangen sich zu Kardinälen, alle drei zu Herzögen und Ministerpräsidenten auf, der Pariser Richelieu, der aus den Abruzzen gebürtige Mazarin, der Reimser Bürgerliche Colbert. Sie unterbauten die absolute Monarchie und jene nazistische Eigenwirtschaft, die man Merkantilismus nennt und die zur Finanzierung von Gewaltanwendungen dient. Sie verschafften dem Gottesgnadentum durch Steuern, Zölle, Beamtenheer, Militär und Flotte Macht, Bestand und Zuwachs und damit sich selber. Sie waren alle drei so klug — und sicher hinreichend, eben romanisch, charmant —, sich auch und vor allem den geeigneten Damen des Hofes empfehlenswert zu halten, waren auch selber keine schlechten Genießer und darum Förderer allen Glanzes, was sogar — und das soll ihnen das Fegefeuer mildern! — den Künsten und Künstlern zugute kam.

Jedoch, ihre Parole war krasser Nazismus. Für sie war Gott ein Franzose. Den Grenznachbarn zu verachten, ihn nach Bedarf auszunutzen oder zur Hölle zu schicken und sich seines Besitzes zu erbarmen, war ihnen das selbstverständlichste Anliegen. Sie lieferten das Spalier für Ludwig den Sonnenmoloch und für den länderschlingenden Napoleon. Ihre Nachwirkung spukt bis zum Advokaten Poincaré und zum General de Gaulle. Nichts gegen all diese Herren! Frankreich wäre längst spanisch, britisch oder deutsch ohne sie. Ohne sie wäre Europa überdies um einige Eigenart, die Gazetten um manche Schlagzeile und die Banken um manche Einnahme ärmer, wenn auch die Soldatenfriedhöfe um manches Kreuz. Gelegentlich aber steckte der Fiebervirus der französischen Staatsmachenschaften Teile des übrigen Europa an, fürwahr auf die Dauer zu niemandes Segen. Auch der Kommunazismus Moskaus scheint mehr von ihm gespeist als von den deutschen Sozialromantikern Marx und Engels. Vergesse man zudem nicht, daß die Polin Curie — der Entwicklung höchst unbewußt — zu Paris den „Virus der Kernwaffen" züchtete.

Die ersten echten Freibeuter in den Gewässern der Neuen Welt waren — nach ein paar vorübergehenden englischen und holländischen Ausschweifungen — Franzosen. Den Spaniern war die Neue Welt durch einen Italiener in den Schoß gefallen. Sie gedachten nicht zu teilen. Alle anderen dachten anders. Konfessionelle Unliebsamkeiten traten hinzu. Hugenotten suchten Asyl in Florida. Die Spanier löschten deren Siedlung restlos aus. Sie dachten noch enger als die französischen Nationalisten. Es war zu ihrem Nachteil. Kolonien auszubeuten, ist keine Kunst; sie

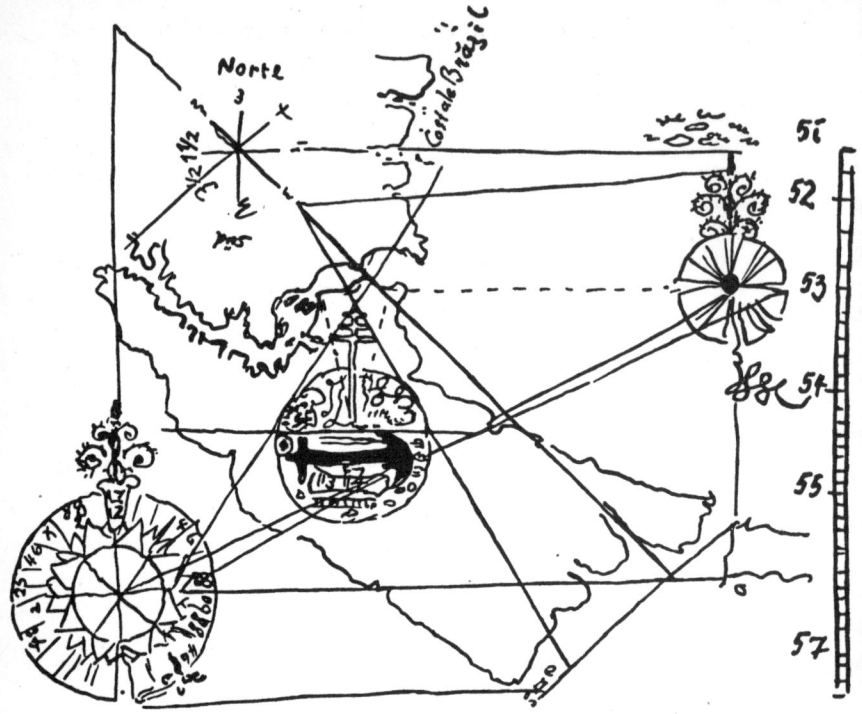

Lageplan eines Piratenschatzes aus dem Jahre 1618. Die Schriftschnörkel unter der Windrose oben rechts sollen die Buchstaben J. S. M. H. darstellen und bedeuten: Joris Spilberg Marino Holandés. Er verließ Texel am 8. August 1614, durchfuhr die Magellanstraße im März 1615, trieb sein Unwesen an der chilenischen und peruanischen Küste und kehrte am 1. Juli 1617 nach Texel zurück. Um welche Insel es sich handelt, weiß man nicht, da die Angaben mit Absicht irreführend sind. Original in der Königlichen Akademie für Geschichte zu Madrid.

am Leben zu erhalten, bedarf es dauernder Blutzufuhr; kein Mutterland vermag das für immer alleine. Schon der Bedarf an Kleinkram des Haushalts und gewiß noch bescheidenem Luxus konnte von spanischen Firmen im strikten Monopolhandel nicht aus heimischer Herstellung befriedigt werden, man mußte das Geeignete in französischen und holländischen Häfen an Bord nehmen. Aber die Geschäftsleute und Reeder zu Amsterdam, Antwerpen, Calais, Ostende, Le Havre, Dieppe, Brest, St. Malo und bald auch jenseits des Kanals strebten nach direkter Lieferung, und da sie damit billiger anbieten konnten, waren die Kolonisten keineswegs so patriotisch wie die Firmen der Heimat; sie zeigten sich ebenso begierig, die engen Verbote zu übertreten, wie die fremden Ex- und Importeure. Das ergab dann jene bunte Sachlage, die man einesteils als Schmuggel bezeichnet. Anderteils fanden sich beherzte Männer, welche noch billiger verkaufen konnten und deshalb in manchen Häfen noch mehr begrüßt wurden, eben die sogenannten Freibeuter. Sie übernahmen die mehr oder minder redlich beladenen Schiffe anderer gewaltsam und ohne Entgelt. Zumeist waren es vorerst spanische Schiffe.

Spanien scheute sich lange, nachzugeben und sich etwa ein Beispiel an der italienischen Stadt Livorno zu nehmen, die der Piraterie und Schwarzmarkterei in ihrem Bezirk ziemlich ein Ende machte durch völkische wie religiöse Toleranz. Ein Dekret dort lud alle ein, die es „ehrlich mit dem Handel" meinten: „Kaufleute jeder Nation nebst ihren Familien, Levantiner, Ponentiner, Spanier, Portugiesen, Griechen, Deutsche, Italiener, Juden, Türken, Mauren, Armenier, Perser und andere". (Die Franzosen wurden aus Konkurrenzgefühl gegen das ähnlich bestrebte Marseille nicht gesondert genannt.) Anno 1633 verhandelte sogar eine Gruppe von siebenundzwanzig ausländischen Piraten — zumeist wohl englischen — mit der Verwaltung behufs friedlicher — und steuerfreier — Niederlassung in Livorno. Sie boten achtzehn Schiffe, dreihunderttausend Scudi in Gold- und Silberbarren. Nur zwei Schiffe wollten sie für sich behalten, um — mit einem Freibrief — auf ihre Art den Gütermarkt der Stadt — und sich — zu bereichern unter Schädigung der Barbaresken oder was jeweils sonst als dem Wohlstande der Gemeinde abträglich die Wogen strich. Livorno blühte auf.

Die spanischen Städte Westindiens und Mittelamerikas aber sanken in Schutt. Die Karibische See wurde zum Blutmeer.

Um 1600 war die erste neuzeitliche Weltmachtpolitik, die Spaniens, mitsamt den finanzierenden internationalen Großkapitalkräften zusammengebrochen. 1637 wurde die Konkursmasse der Fuggerschen „Spanischen Handlung" den letzten Gläubigern, zumeist Genueser Firmen, überlassen. Dreizehn Jahre früher war schon das nächstgroße Augsburger Bank- und Überseehandelshaus der Welser dahin. Beide hatten sich zu nahe mit der Politik befaßt.

Es war die Zeit, da Spanien und Portugal leichthin ihren Weltraum mit den verfügbaren Möglichkeiten ausgeschöpft, oder genauer gesagt: ausgesogen hatten. Nun zehrte die Erhaltung des Besitzes den Gewinn auf. Bis dahin hatte man streng jeden wirtschaftlichen Wettbewerb in den amerikanischen Besitzungen fernzuhalten vermocht. Die begehrlichen Firmen englischer oder französischer Nationalität waren nirgends recht zum Zuge gekommen, da vorerst die staatliche Unterstützung fehlte. Die militaristischen Auseinandersetzungen erfolgten in heimischen Gewässern, sanktioniert und geheizt von der Überzeugung, daß Gott sich teilen läßt, indes jede Partei meinte, sein ungeteiltes Wohlwollen zu besitzen. Diese zumal protestantische Auffassung heiligte jedes Mittel, den Gegner materiell zu schädigen. Sie übernahm die fromme Taktik des Mittelmeeres, den Andersgläubigen als minderwertig und enteignungswürdig zu betrachten. Auf Mord an einer spanischen Besatzung angeklagt, antwortete einer der Nachfolger des Großräubers Drake entrüstet: „Wieso, es waren doch Katholiken!" Und ein spanischer Kollege in gleichem Delikt: „Wieso, es waren doch Ketzer!"

Heute entdeckt man von Kuba bis Barbados zwischen trüben Verödungen und geballten Übervölkerungen, zwischen den fremdenverkehrsfördernden Überresten gewaltiger Zwingburgen weltlicher wie geistlicher Herrschaft alle kulturellen Errungenschaften der Neuzeit: Grandhotels, Bohrtürme, Antennen, Flugbasen, Industriezentren, Fußballplätze, Wolkenkratzer, Kinos, Krankenhäuser, Nachtklubs, Benzintanks, Museen, Universitäten, Kasernen, Gewerkschaften, Zeitungsstände und Kunstakademien. An dortigen Erzeugnissen kennt die Welt den Jamaika-Rum, den Curaçao-Likör, die Havanna-Zigarre. Dazu den Kaffee, Kakao, Tabak, Mais, Zucker, die Banane und einige Anregungen für Gesellschaftstänze. Auch ist heute das weitgehend aufgeteilte Durcheinander der Inseln und Hautfarben einigermaßen zur Friedlichkeit gediehen. Die Prospekte mancher der Eilande übertrumpfen einander, dem Reisenden ein Paradies vorzumalen. Sie vergessen dennoch selten, auf die Flibustier, auf die Bukaniere, auf die Seeräuber von einst, hinzuweisen und sind glücklich, wenn ein paar Steine zerfallener Befestigungen, eine alte Kanone, ein sagenhaft vergrabener Piratenschatz oder auch nur der verwehte Name eines längst gehenkten Gischtschlitzers als Lockspeise aufzutischen sind.

Das Weinen der um Gold gefolterten Eingeborenen ist längst verweht. Heute versucht man — mit sanfterer Gewalt — das Entschröpfte in Dollarnoten wieder hereinzubekommen. 1530 besaß Spanien Dreiviertel der gesamten Goldvorräte Europas. Es hat den Überfluß nicht zu nutzen verstanden. Reich sein muß lange gelernt werden. Andere Staaten wären damals wohl kaum klüger vorgegangen. Die Souveräne hätten die Schätze ebenso zu Glanz und Machterweiterung, Krieg und Bedrückung vertan. Die Goldschwemme minderte überdies jeden Kaufwert. Die Folge war Inflation. Deren Folge Mangel und Armut. Deren Folge Aufruhr, Unterdrückung, Gewaltmaßnahmen, Aufrüstung und Krieg. Und immer wieder Krieg.

Ein anderer früher Exportartikel der Neuen Welt, doch unbegehrt, war die Lues. Anno 1530 beschrieb sie erstmalig der Veroneser Arzt Francesco in einem Lehrgedicht. Er läßt den Schäfer und Schweinehirten Syphilus — daher der spätere Name — alle Stadien durchlaufen. Im gleichen Jahre startet der zum sanktionierten Freibeuter ernannte frühere Schweinehirt Pizarro zu neuer transatlantischer Annektion. Und auch der junge Neffe des sieben Jahre zuvor an der neuen Krankheit verrotteten lorbeergekrönten Dichters und Aufrührers Hutten wird Generalkapitän für drüben, sichtlich gespornt wie so mancher andere Großraum-Held von den gleichen kleinen Spirochäten, womöglich aber auch Heilung suchend nach der These des Paracelsus, daß dort, woher ein Übel stammt, auch die Medizin dafür wächst. In der Tat haben seine Auftraggeber, das Bank- und Handelshaus Welser in Augsburg, am Import des nach Zentifolien duftenden Guajakholzes, am Lignum sanctum, dem Pock-(= Pocken), Heiligen- oder Franzosenholz, mehr verdient als an dem Schurf nach Silber. Das europäische Leiden an der Lustseuche war allgemein. Der Veroneser schob die Schuld den Franzosen zu, obschon er die Symptome an Landsknechten verschiedener Nationen, die sich in Italien herumtrieben, beobachtete. Weil nun aber um diese Zeit Karl V. vom Papst zum deutsch-römisch-spanisch-niederländischen Kaiser gekrönt wurde und mit lautem Triumph über Franz gesiegt hatte, mag die wissenschaftlich lyrische Abstempelung des Elends, das doch die Spanier eingeschleppt, mehr patriotische als sachliche Gründe gehabt haben. Man traute den Franzosen zudem seit je mehr in der Liebe zu als den frommen Spaniern. Betreffs des Medikaments ist noch zu sagen: Nachdem es sich trotz aller Reklame als Fehlschlag erwiesen, brach die erste deutsche Überseekolonie zusammen. Man verwandte das Pockholz dann günstiger für Kegelkugeln und zum Schiffsbau. Noch im Marinediktionär des Capitaine Paasch 1894 jedoch heißt es englisch: *Lignum vitae*, Lebensholz. Die übrigen Ausfuhrprodukte wurden für den Handel erst interessant, als sie sich zu Modeartikeln und Massenbedarf auswuchsen. Die USA-Amerikaner und -Amerikanerinnen zum Beispiel gaben Anno 1957 runde 6 Milliarden Dollar für Tabakwaren, hauptsächlich Zigaretten, aus. Gesamteuropa nähert sich dieser netten Summe mit Riesenschritten. Jeder moderne Arzt wird nachweisen können, daß die Wirkung tropischer Erzeugnisse, die nun so lange schon auf unserer Genußliste stehen und schier unentbehrlich sind, daß also Tabak, Kaffee, Kakao und der gewaltige Mißbrauch von Zucker nur etwas langsamer zerstörend wirkt und nur nicht so offensichtlich wie die Syphilis. Aus beidem, aus den Nachwehen der Lustseuche und der Stimulanz des übrigen, rühren sicherlich die untrüglichen Anzeichen vom Verfall der Menschheit her, ihre nervöse Überreiztheit; ihre perverse Erfindungslust; ihre Platzangst, ihre Gier, immer schneller von Ort zu Ort und vor sich selber zu fliehen, ihr moralisches Geschwafel, ihre wachsende Verlogenheit und ihr unablässiger Versuch, das letzte Wunder an Mord- und Selbstmordwaffen zur endgültigen Auslöschung des irdischen Bestandes herzustellen.

Der Wohlwollende wird einwenden: Und die Kartoffel? (obschon sie nicht aus Westindien stammt) Teufel, ja, wir sprechen vom Segen der Neuen Welt. Der Mordbrennerdrache Drake soll die eßbare Knolle als unbewußte schicksalhafte Buße mit heimgebracht haben, die Dämpferin

aller europäischen Hungersnöte, des kleinen Mannes Wintertrost und —
als Pellkartoffel mit frischer Butter — des großen Gastronomen Pfordte
höchste Gaumenfreude. Indes Drakes Piratenkollege Raleigh das Nikotin
ebenso unbewußt als Rache lieferte dafür, daß man daheim nicht jung-
fräuliches Land, sondern Gold von ihm als Beute erwartet hatte und es
also seinen Kopf kostete.

Heute bauen die Nachkommen der Freibeuter Westindiens vorzügliche
Bananen an als eine späte Abtilgung vergangener Sünden, von denen sie
sicher nichts wissen wollen, obschon der USA-Obstkonzern sie — wie
war es doch mit der Wirkung tropischer Genußmittel weniger bekömm-
licher Art? — nur etwas milder behandelt als ihre Vorfahren die Unternehmer jener Zeit.

Und die Tanzinstitute der weißen Welt bemühen sich in jeder Saison
um einen neuen Import kreolischer, mulattischer oder mestizischer Tem-
peramentsausbrüche, um damit unter phantastischem Namen und leicht
gezähmt die müden Vergnügungsstätten von Stockholm bis San Francisco
und den steigenden Klamaukdrang der Jugend aufzupulvern.

Der unausrottbare Piratengeist wurde zum Beispiel in der Republica
Dominicana auf Haiti durch Trujillo nur gewaltsam gebändigt. Auf Kuba
bekämpfte die Rebellion folgerichtig die USA-Konzerne, gefährdet somit
die Abnahme der Zuckerernten und wird sich östlicher oder gar fernöstlicher Hilfe nicht verschließen können. Richtig zufrieden im alten Blut-
meerraume scheint nur — unter britischer Flagge — das strahlende Rassengemisch auf Trinidad zu sein.

DIE KEIMZELLE DER KARIBISCHEN FREIBEUTEREI
Anno 1625—1635

Der Papst hatte die Neue Welt als die Westhälfte der Erde, alles dort
Entdeckte und noch zu Entdeckende an Spanien verliehen als seinem
auserwählten Vorkämpfer der Kirche. Niemand durfte ohne Erlaubnis
Ihrer Katholischen Majestäten sich dort niederlassen oder Handel treiben.
Die Heiden zu bekehren und sie zugleich auszunutzen, war das Privileg,
unumschränkt, ausschließlich und unteilbar. Spanien betrieb beides mit
bewundernswertem Eifer, beides erstaunlich vermengend, das Heil Christi
und das Unheil des Goldes.

Die andern Nationen fesselte nur das letztere. Ihre Seefahrer ließen
sich durch keinen Bannfluch und keine Galgendrohung abschrecken, der
menschlichen Begierde nachzugehen, Anteil zu suchen, wo Überfluß
herrscht. Doch war es vorerst eine Privatsache, sich von den heimischen
Küsten zu entfernen und seine „Fortun" in Übersee zu suchen. Wer als

nichtspanischer Abenteurer, Tunichtgut, Abgeschobener, Flüchtling oder auch als ernsthafter Händler, Handwerker oder Siedler sich in die geheimnisvolle Flur der tausend westindischen Inseln verfügte, war vogelfrei. Keine Regierung trat für ihn ein oder übernahm Verantwortung für sein Tun, er war aus jedem Schutz, jeder Aufsicht, aber auch vorerst jeder Besteuerung entlassen. Spanien sah die Eindringlinge wie Ungeziefer an; es schritt nach Kräften ein, aber die Vertilgung gelang so wenig wie daheim die der Wanzen. So entstand hier und da eine notgedrungene Duldung, besonders im schwer kontrollierbaren Westteil Haitis und auf mancher der weitverstreuten Inseln, die gelegentlich von spanischen Siedlern verlassen waren, wenn die eingeborenen Kräfte verbraucht, die Schätze abgeführt, die Plantagen nicht einträglich genug waren und andere Eilande und das Festland bessere Bedingungen zu haben schienen. Solange die Fremdlinge sich zu Rodung und Anbau dienlich erwiesen, mochte es hingehen, solange auch sie sich den Preisen für Erzeugnis und Bedarf fügten, die von den spanischen Monopolfirmen diktiert wurden.

Aber deren Preise wurden bald über- und unterboten durch Schwarzhändler aus Holland, Frankreich und England, nämlich jenen Ländern, die manche Fertigware, Waffen, Hausgerät, Werkzeug und ein bißchen Luxusartikel im Zwischenhandel an die spanische Schiffahrt lieferten, da die iberische Industrie sich wenig entwickelt hatte. Die spanischen Statthalter Westindiens verfolgten solche „Schmuggler" gnadenlos. Als die englische Krone sich beschwerte, einige ihrer Untertanen seien von spanischer Justiz der Ohren, Nasen, Hände und Füße beraubt, an einen Baum gebunden, mit Honig bestrichen und den Insekten preisgegeben worden, erging der höfliche Bescheid, die Leute hätten mit ihrem Schiff die Gesetze übertreten und seien deshalb als Piraten behandelt worden.

Der Schleichhandel, von heimischen Handelshäusern finanziert, bewaffnete nun seine Schiffe hinreichend, um den Angreifern Trotz bieten zu können. Von der Verteidigung zum Angriff ist ein natürlicher Schritt. Die Schmuggler entwickelten sich zwangsläufig zu Freibeutern.

Die etwaige Strafe war nicht schlimmer, aber der Gewinn noch unvergleichlich lockender als im ehrbaren Tauschhandel englischer Textilien, Pariser Spiegel, Brabanter Klöppelspitzen, deutschen Eisenzeugs und böhmischen Küchengeschirrs gegen Tabak, Kakao, Zucker, Lamawolle, Baumwolle, Wachs, Drogen, Farb-, Pockholz und Tierhäute. Mit einer gewaltsam übernommenen Schiffsladung besagter Tropenprodukte konnte man damals noch den Bedarf ganz Europas decken und sich aufs köstlichste den Beutel füllen. Schon auch löste der Bargeldverkehr das Tauschgeschäft ab. Die italienische Erfindung des Schecks und der Papiernoten war in den Kolonien allerdings noch wenig beliebt. Somit führten bald alle Kauffahrteier erhebliche Zahlungsmittel an Bord. Schon das lohnte den piratischen Zugriff.

An Schlupfwinkeln mangelte es nicht in der unermeßlichen Auswahl von Buchten, Eilandsplittern und Verlorenheiten. Da sammelten sich die unterschiedlichsten Fremden, die Nichtspanier. Es kümmerte sie nicht, ob daheim überm Atlantik Zank und Gewürge ihre Länder entzweite, hier hielten sie zusammen, gleichberechtigt, gleich verfemt, gleichgerichtet auf das all und eine: sich zu behaupten.

Auch auf der bescheidenen Insel Saint-Christophe, die zu denen Über dem Winde gehört, waren konfessionelle Flüchtlinge aus England und Frankreich gelandet. Froh, von den Eingeborenen gastfreundlich aufgenommen zu sein, hatten sie mutig die von ein paar iberischen Pflanzern vernachlässigten Tabakfelder neu bestellt. In Passat und Golfstromdrift nach langer Seefahrt durch die atlantische Lücke zwischen den Großen und Kleinen Antillen gelangt, in Wind und Wetter vorbeigepreßt an den zumeist ungastlichen Inseln der 11 000 Jungfrauen — wie Kolumbus diese genannt —, hatten sie endlich Land ansegeln können. Ein waldiges Gebirg hatte sich über die Kimm erhoben, freundlich wie die Vorgesen und freundlicher als der Ben Nevis. Possierliche Äffchen, anderswo in Karibien längst ausgerottet, turnten in den Urwaldwipfeln. Die Neusiedler tauften den Gipfel alsbald Berg der Freude. Ein paar Jahre später, 1625, wandelte sich der Name in Berg des Elends, Mount Misery.

Da nämlich landeten neue Europamüde, wiederum ein englisches und ein französisches Schiff. Der Engländer, Kapitän Woernare, bootete ohne viel Wesens seine Emigrantenfracht aus und segelte weiter. Der Franzose blieb eine Weile. Er war ein Edelmann, der mit den beschränkenden Verordnungen des Kardinals Richelieu nicht einverstanden war, ein Nachkomme der Normannen, dessen blaue Augen und blonde Haare den noch unter Ludwig XIV. unumgänglichen Beweis für echten Adel nicht versagten, eingedenk dessen, daß sich vor Jahrhunderten Germanen zu Herren Frankreichs gemacht. Das wikingsche Blut in den Adern dieses Monsieur Pierre Belain d'Esnambouc schien die Räubermanieren seiner Ahnen nicht vergessen zu haben, war auch sichtlich angeheizt von dem höllischen Rachegruß der Neuen Welt und im dritten Stadium, dem oftmals Größenwahn eignet. Er jedenfalls kam, sah und besetzte. Da nun die schon vorhandenen Siedler ihr Land nicht zu teilen gedachten, auch nicht gerade begierig waren, einen Herrn über sich zu fühlen, gab es alsbald Zwist, Gewalttat und Blutvergießen. Die Eingeborenen stellten sich auf die Seite derer, die freundlich zu ihnen gewesen waren. Das war dem Normannen nur recht. Er mit seinen Spießgesellen trieb die urweltlich Bewaffneten in den Bergwald und ließ diesen bei schwerem Winde in Brand setzen. Die Karibier zogen sich vor den Flammen bis auf den Gipfel zurück, auf den Berg der Freude, der bald, da das Feuer nicht haltmachte, vom Gejammer der wirklichen Besitzer der Insel erscholl. Was dem gewaltigen Scheiterhaufen entrann und nicht über die

Felswände zu Tode stürzte, wurde von den französischen Mordbrennern abgefangen und niedergemetzelt.

Der zweite Akt war eine militärische Befestigung der Insel, und die alten wie neuen Siedler mußten Schanzarbeit verrichten, Palisaden bauen und ein paar Schiffskanonen montieren.

Der dritte Akt war die Besichtigung und Ablieferung der Ernte an Tabak. Sie reichte, die Brigg d'Esnamboucs ziemlich zu füllen. Der Rest an Laderaum wurde vollgestopft mit indianischen Merkwürdigkeiten. Dann versammelte der Räuber und Edelmann die Kolonisten. Aber nur die Franzosen kamen. Die Engländer hielten sich fern. Nach einigen überschwenglichen Beteuerungen, mit reichem Entgelt, Hilfsmitteln, Sklaven und — Frauen wiederzukehren und dem Siegel der französischen Oberhoheit, segelte d'Esnambouc davon.

Der vierte Akt spielte in Frankreich und vorerst im Kabinett Richelieus. Der Kardinal konnte füglich nichts einwenden, wenn jemand dem „Zuwachs des Reiches" diente, ohne der Krone viel mehr als die Herleihung eines Stempels zu kosten. Die gewichtigen Töne des Konquistadoren bewegten sodann ein paar Firmen, die gern ins westindische Geschäft kommen wollten. Dem erfolgreichen holländischen und englischen Vorbild nach gründeten sie eine Handelskompanie. Sie nannte sich „Gesellschaft von St. Christophe und der herrenlosen Inseln Amerikas". Das war weitmaschig gedacht. Als Stammkapital kamen 48 000 Lire zusammen. Man rüstete drei Schiffe aus mit billiger Ware, zum Beispiel den Moden, die daheim nicht mehr absetzbar waren, leicht verdorbenem Mehl, nicht ganz geratenen Industrieartikeln und mit menschlicher Fracht. Darunter fanden sich Personen, die von Staats wegen abgeschoben wurden, auch „gefallene Mädchen". Die übrigen waren angeworben. Es gab Phantasten, Mißvergnügte, Bedrohte und Mittellose hinreichend, die auch ohne die triefenden Versprechungen der Manager sich dem Teufel verdingt hätten, um nur endlich die Alte Welt hinter sich zu lassen. Doch gab der Kardinal auch ein paar Adlige der Expedition bei, einen Gouverneurstab für den anfallenden Raub und stramm katholisch. Der Hugenotte d'Esnambouc durfte sich die Nase wischen und den Lotsen spielen.

Der fünfte Akt sah nach zwei Monaten Überfahrt die drei französischen Schiffe auf der Reede von St. Christophe. Da die Verpflegung unzureichend gewesen war, lebte von den Reisenden nicht einmal die Hälfte mehr. Auf einem der Segler hatten von den zweiundsiebzig Köpfen, die voll munterer Pläne ausgefahren, sechsundfünfzig vorgezogen umzukommen, ehe sich ihre Illusionen betrogen fanden. Den Pflanzern aber wurde statt der begehrten kräftigen Knechte, hoffnungsvollen Liebsten und angehenden Ehehälften ein Haufen Spitalspfleglinge auf den Hals gebootet, von denen sich nur wenige erholten.

Aber Kolonie ist Kolonie und hat ihre eigenen Zwangsläufigkeiten.

Die Flagge der Bourbonen wurde gehißt, und was sich verdungen hatte, trat seinen Posten an, teils als Zuchtmeister, teils als Sklave. Die spanische Krone, dem ertragreicheren Festlande zugewandt, und mit ihr ihre Kolonisten, hatte nicht Beamte genug und nicht die Seemacht mehr, um die riesige Inselflur der Karibischen See zu überwachen.

Den Franzosen aber leuchtete über dem Mount Misery dennoch kein guter Stern. Das Beste noch war, daß von der trefflicher verwalteten englischen Siedlergruppe die Ehefrauen — welche selten aus gutem Rufe in die Ferne geraten waren — gern zu den weniger puritanischen Galliern überwechselten. Hinwieder bleibt solches Verhalten seit dem Trojanischen Kriege kaum ohne Ärger. Dazu kamen Rangquengeleien unter den adligen Verwaltern, Mißernten, Orkane, Erdbeben, ungenügende und unredliche Lieferungen der Monopolfirmen, Hungersnot trotz tropischer Herrlichkeit. Die Annalen berichten, die Kolonisten hätten ihren eigenen Kot gegessen. Ein Aufstand der Gedungenen wurde niedergeschlagen; eine allgemeine Empörung gegen einen Gouverneur, der die Fracht ankommender Schiffe in Bausch und Bogen übernahm und zu Wucherpreisen weiterverkaufte, endete in Mord und Brand. „Die Insel schwamm in Blut", heißt es wie so oft auch von anderen Schauplätzen Westindiens. Und gelegentlich trugen die Spanier auch dazu bei; aber ihnen gelang es nicht mehr, die lästigen Eindringlinge ganz zu entfernen.

Als daheim Kardinal Richelieu sich in den Krieg der Konfessionen mischte, den man später den Dreißigjährigen nannte, und um des Vorteils willen die protestantische Seite durch ein Bündnis mit Schweden unterstützte und gegen Spanien zog, alles nur, um das verhaßte Deutschland zu schwächen, versuchte mancher, dem an Schlachtbank und Heldentod nichts gelegen war, der Soldatenfuchtel zu entrinnen. Kapitäne und Reeder, die sich dem staatlichen Zugriffe entziehen konnten, buchten 1635/36 heftige Passagierpreise; sie konnten kaum Schiffsraum genug beschaffen, um die Auswanderer zu befördern. In hellen Haufen fielen diese in die westindischen Gefilde ein. Die meisten verdarben und verschollen. Doch blieben genug, um sich mit Leuten vom Schlage des Chevalier d'Esnambouc, mit flackerndem Ehrgeiz, brennender Ausweglosigkeit, entlassen aus normalen Maßstäben, an den Inseln über dem Winde entlangzuräubern. Sie vernichteten skrupellos die letzten von den Spaniern vergessenen Reste der Eingeborenen und setzten sich auf den beiden größten der Kleinen Antillen, auf La Guadalupe und Martinique, unabwendbar fest, rein auf private Faust. Nach etlichen Jahrzehnten kaufte ihnen das Pariser Kabinett die Beute ab und genießt diese bis heute, trotz aller entgegengesetzten Bemühungen Englands, das schon 1625 Barbados sich angeeignet und den Rest der Kette nach und nach schluckte und ebenfalls — wenn auch erst 1713 — St. Christophe und dieses St. Kitts nannte.

Anno 1635 gedachte eine bedeutende Schiffsladung Hugenotten unter ihrem Führer Levasseur auf St. Christophe Fuß zu fassen. Jedoch der streng römisch gesonnene Statthalter de Poincy schickte sie mit Segenswünschen weiter und gab ihnen gleich noch ein paar der wildesten Rowdies und auch die Ketzer seiner Belegschaft mit.

Nach längerem Weitertasten gen Westen, vom Golfstromarm getragen, an den abweisenden Jungferninseln, an dem bedrohlichen Puerto Rico vorbei, an der mächtigen Küste Haitis entlang, kamen sie zum Port de Paix. Der aber, obschon in Händen französischer Siedler, zog vor, in Frieden gelassen zu werden. Fast wäre es dem Emigrantenschiff ergangen wie der *St. Louis* runde dreihundert Jahre später, mit der Kapitän Schröder umherkreuzte, um für seine Kammern voll 900 jüdischer Passagiere eine Landung in Havanna oder, da dieses trotz bezahlter Einreiseerlaubnis die Ausbootung untersagte, irgendwo in Übersee zu erreichen. Es war vergeblich; er mußte mit ihnen nach Europa zurück, wo denn schließlich Belgien sich der Elenden — vorübergehend — annahm.

Ein paar Seemeilen gegenüber der Nordküste Haitis liegt wie ein Krümelchen des großen Bruders das Eiland Tortuga. Dorthin, in die letzte, schwer zugängliche Zuflucht der Desperados unterschiedlicher Nationen wurden Levasseur und seine Anvertrauten verwiesen. Unterwegs nahm er vierzig Bukaniere von Haiti an Bord und fühlte sich dann stark genug, dem damaligen „Herrn" Tortugas, dem Engländer Willis, erfolgreich zu raten, die Insel zu verlassen.

> *Sie krallten sich an das verarmte Wort*
> *Freiheit und schwangen in Hypnose*
> *ihm nach und fremd auf See und fremd an Bord*
> *und weggeschüttet ins Erbarmungslose.*

WEISSER FREIPASS
um 1635

Zur Abwechslung ein rascher Blick zum anderen Indien, damit man sieht, daß der weiße Mann auch dort mehr mit Blut als mit Wasser kochte. Selbst jene Piraterie, die sich eines amtlichen Scheines rühmt, nennt der Engländer klardenkend „Privateering". Seine Krone hat den privaten Unternehmer stets geschätzt, ihn als Schrittmacher, Pfadfinder und Räuber gewähren lassen, und erst, wenn der Raub sich gut anließ und Dauer versprach und das darum vergossene Blut schon aufgewischt war, drückte sie ihr Siegel und Abbild öffentlich darauf. Wie sehr etwa König Charles I. die Vorarbeit ermunterte, zeigt ein aufbewahrtes Zertifikat. Es ermächtigte den Kapitän John Quail, mit dem Segler *Seepferd* ins Rote Meer zu reisen, um Beute zu machen, so viel wie irgend anging, wenn auch nur von solchen, die weder Freunde noch Verbündete Seiner Majestät seien. Die erzielte Schröpfung „heidnischer Subjekte" erzielte den Wert von rund 30 000 Pfund Sterling.

Dadurch begierig gemacht, erhielten zwei weitere Schiffe die Erlaubnis, „die See überall zu durchstreifen und alles zur Prise zu machen, was den Ungläubigen oder jenen Fürsten, Potentaten oder Staaten, welche unterm Wendekreis gelegen und mit uns weder vereint noch verbündet sind, irgend abzunehmen, sei es an Schätzen, Handelsware, Frachtgut oder anderen Werten". Diesen „Privateers" wurde sogar gestattet, die britische Marineflagge zu führen. Der erste Raub, der getätigt wurde, war der eines indischen Schiffes aus Surat, wo die Verwaltung der Britisch-Ostindischen Gesellschaft saß und dem Inder einen Schutzbrief ausgestellt hatte. Dessenungeachtet wurde das Schiff beschlagnahmt und der Kapitän und seine Mannschaft nach den mitgeführten Kostbarkeiten „befragt", indem man ihnen die Finger mit Draht zusammenschnürte, Schwefelhölzer dazwischensteckte und anzündete, bis das Fleisch auf die Knochen verbrannte. Die Antwort ließ schließlich nicht auf sich warten, und der Ertrag war wirklich lohnend.

Die Faktorei in Surat versuchte den Räuber zu fassen, aber vergeblich. Eine Beschwerde in London verwelkte. Die königliche Schatulle ergatterte wiederum 30 000 Pfund für sich, und die East India Company, noch völlig privat, mochte sehen, wie sie sich mit den Eingeborenen auseinandersetzte; ihr blieb nichts übrig, als ihrerseits den Schaden zu erstatten. Und da sie, beziehungsweise ihre schlecht bezahlten Offiziere, selber sich piratisch bediente, wo immer sie konnte, war erfolggekrönte Piratenjagd kaum oder erst sehr spät das, was sie ihren sonst so erstaunlichen Materialisationen hinzubuchen konnte.

Die Methoden übrigens der frühen Handelsgesellschaften in den Kolonien unterschieden sich gelegentlich wenig von denen, die sie rügten. Einer ihrer Agenten zu Bantam, dem der damalige Pfefferexport nicht hinreichende Befriedigung seiner Ansprüche gewähren mochte, berichtete dem Hauptkontor ganz harmlos, wie er einen gefangenen javanischen Admiral zum Sprechen, das heißt zum Verrat irgendwelcher Ersprießlichkeiten hatte ermuntern wollen: „Wegen seiner Widerspenstigkeit und weil er uns weidlich anheizte, ließ ich ihn unter den Nägeln von Daumen, Fingern und Zehen mit spitzen heißen Eisen brennen und die Nägel ausreißen; da er aber nicht einmal blinzelte, dachten wir, seine Arme und Beine seien durch die Fesselung gefühllos geworden, deshalb brannten wir ihm in die Hände, Arme, Schultern und ins Genick und Geschlecht. Sengten dann durch die Handflächen hindurch und feilten ihm mit einer eisernen Raspel das Fleisch und die Sehnen heraus. Danach ließ ich kalte Eisenschrauben in die Knochen seiner Arme schrauben und plötzlich herausschlagen. Darauf mit Zangen sämtliche Knochen seiner Finger und Zehen brechen und sein Geschlecht entfernen. Als nun all unsere erdenklichsten Maßnahmen sich als vergebens erwiesen, ließ ich ihn wieder in Fesseln legen, wo dann die Ameisen, die es hier reichlich gibt, sich über seine Wunden hermachten und ihm schlimmer als wir zusetzten, wie wir an seinem Mienenspiel ablesen konnten."

Das ist nicht etwa die Aufzeichnung eines behördlichen Henkers jener Zeit oder die Phantasterei eines Perversen, sondern der Bericht eines angesehenen britischen Handelsvertreters namens Edmund Scot, Faktor des Sir James Lancaster, ersten Direktors besagter, ebenfalls mit königlichem Freibrief ausgestatteter Monopolgesellschaft. Seine unvoreingenommene Wahl der Mittel genügte immerhin, die kleine Niederlassung achtzig Jahre zu halten, nicht aber, die Holländer, die Java eben zuvor den Portugiesen geraubt, auszustechen. Das war erst den Nachfahren des übermenschlich tapferen „farbigen" Admirals mehr als dreihundert Jahre später gegönnt.

Die Spanier hatten ihre Unterjochung, Beraubung und Ausrottung der eigentlichen Besitzer Mittelamerikas zeitweise als eine Art Kreuzzug angesehen. Sie hatten sich sogar der amtlichen Mühe unterzogen, die Heiden dort zu Christen zu machen. Aber selbst die getauften Farbigen blieben farbig. Und der Dünkel des weißen Mannes hatte noch lange Zeit, auch nur um ein weniges zu verblassen. Wieviel mehr kam der Unterschied der Häute den nördlicheren Vertretern der Christenheit gelegen, die schon einen Levantiner oder selbst westlicheren Anrainer des Mittelmeers nicht immer — so sagte noch neulich ein Schwede — von einem „sonstigen" Mohren, Indianer oder Araber sich abheben sehen. Und gar der Engländer bezeichnet sowieso alles, was jenseits des Kanals haust, noch immer, wenn auch ziemlich heimlich, obschon mit oft recht zweifelhaftem Recht, als „continental niggers". Noch in und nach dem Zweiten Weltkriege wurden Verbrechen gegen diese in englischer Sicht weit weniger streng gewertet als umgekehrt.

Ein britischer Pirat, der einige besondere Scheußlichkeiten auf dem Kerbholz hatte und sich frei dazu bekannte, grollte gegen den Gefängnispfarrer von Wapping, als der ihm bei der Exekution letzten Trost zusprach: „Waren doch zum Teufel bloß Heiden, und ich soll dafür hängen!" Er konnte allerdings keinen königlichen Freibrief vorweisen, und es liegt auch schon zweihundert Jahre zurück. Aber — wie der ungemein aufgeweckte und unnachsichtige Londoner Patrick Pringle ähnlichen Erwähnungen Anno 1953 beifügt: „Ob zu Recht oder Unrecht, ist es doch höchst verständlich, wenn die Asiaten noch annehmen, wir hätten die Atombombe niemals gegen andere Weißhäutige verwendet, selbst nicht gegen die Nazibarbaren."

Keine fünf Jahre später ist das vorsichtige „noch" in obiger Bemerkung zu streichen und das Präsens ins Imperfekt zu überführen. Mögen die Asiaten dennoch weiterhin recht behalten und nicht nur betreffs der englischen Einstellung!

TORTUGA
ab 1635

Zu Paris dachte man nicht weniger begierig und vorsichtig als zu London. In schwierigen Fällen überließ man den Vorstoß, das Risiko und die etwaige Blamage gern Privatunternehmern. Ergab sich Gewinn und Bestand, konnte der Amtsschimmel desto martialischer wiehernd aus dem Marstall gelassen werden. Bei der Insel Tortuga war es noch zweifelhaft.

Wohl hatte die Krone ein paar Beamte hingesandt, die sowieso daheim sich als unbequem gezeigt und sozusagen zur „Bewährung an die Front" geschoben wurden. Sich viel bemerkbar zu machen, wagten sie nicht. Denn was sich auf der Insel an Volks angesammelt, trübe Spritzer aus der unruhig quirlenden konfessionell-politischen Brühe Europas, war der Bedrückung entflohen und wünschte keine neue. Mochte an Festtagen auf dem gewiß für Notfälle dienlichen Fort die Bourbonenflagge sich dem Passatwind öffnen, ihre Schwertlilien bedeuteten hier weder Unschuld noch Schutz noch Gewalt über Leben und Tod. Man fühlte sie ungebunden und ordnete sich darum durchaus nur freiwillig einer brauchbaren Selbstdisziplin unter. Entwurzelt und neu gesetzt in fremdes Erdreich, bedurfte man der gegenseitigen Stützung. Ins Frugale geworfen, zumeist sogar ins Asketische, in ungewohntes Klima, zwischen tropische Unwetter, Urwaldschrecken, Gifte und Krankheiten, geplagt von Moskitos und von — geographisch bedingtem — Kindheitsgedenken und Heimweh, die Ausgesogenheit des Herzens aufgefüllt mit einer zehrenden Hoffnung auf ein besseres Dasein — wenn auch möglichst noch auf Erden —, war man fast in den Zustand geistlicher Orden geraten, ins Weltabgeschiedene, in eine unterschiedslose Bruderschaft, die mehr war als nur Waffenbrüderschaft. Die europäischen Quengeleien zergingen darin ins Lächerliche, und alle heimischen Streitfragen waren beigelegt bis auf die eine: Ist Spanien berechtigt — oder sonstwer —, Westindien allein zu besitzen?

Über das Nein war man sich ungehemmt einig, ob Franzose, Engländer, Hollandsmann, Däne, Schweizer, Deutscher, Livländer oder Schwede. Es ist fast rührend, daß sich solch zusammengewürfelte, abgesalzene Briganten mit einem letzten herzlichen Hauch als Brüder bezeichneten, Brüder der Küste. Nämlich der sogenannten „eisernen Küste" Tortugas.

Das Fort auf Tortuga

Die Gewässer um das tropische, damals noch üppig bewucherte Eiland sind, wie der Seemann es nennt, unrein, voll heimtückischer unterseeischer Riffe und Strömungen. An der Nordseite, zum Atlantik hin, ist sogar der Strand von schroffer Unwirtlichkeit und spitzem Geröll und blinden Klippen wie mit Spanischen Reitern gesichert; diese hatten sich nun gegen Spanien gerichtet wie gegen jeden, der Appetit zur ungebetenen Landung hegte. Nur auf der Südseite gab es, hinter einer Riffbarre, einen benutzbaren Hafen mit freundlichem Sandgrund und zwei leicht zu verteidigenden Zugängen. Auf jener Seite in seiner Nähe hatten sich die frühesten Siedler niedergelassen, zumeist noch gewillt, in harter Arbeit dem Boden vielfältige Frucht abzugewinnen. Die wirklich damit durchhielten, standen sich bald nicht schlecht. Die unablässig hinzuflutenden Existenzen fanden weder Platz noch Lust, sich mit Plantagenbau aufzuhalten. Ihren Bedarf an Bohnen, Maniok, Bataten und Tabak zu decken, wurde ein lohnendes Geschäft. Tabak überdies, der hier gut gedieh, das so erstaunlich sich zum begehrten Weltmarktprodukt entwickelnde Reiz- und Betäubungsmittel, war Tauschobjekt für alles und jedes. Man konnte damit Rauchfleisch, Schnaps, Schießprügel und sogar Frauen bezahlen und was sonst zu haben war. Bald waren Händler und Läger vorhanden, Krämer, Tavernen und Bordelle. Der Umsatz florierte. Import und Export wurden zumeist durch holländische Schiffe besorgt.

Neben dem Pflanzer war es der Jäger, der Bukanier, der zum Aufblühen Tortugas beitrug. Über ihn wird extra zu sprechen sein. Der Dritte im Bunde aber war der Wilderer zur See, der Freibeuter, und schließlich wurde er der Tonangebende; denn er griff am ungeniertesten in den spanischen Brokat, und an seinen Fängen blieb Gewichtigeres kleben, als es durch ehrlichere Gewerbe möglich war. Der Übergang vom mühseligen, mählich vermagernden Pirschgang im Busch zu solchem vor Topp und Takel war eine Sache des Mutes, der zäh erworbenen Treff-sicherheit des Feuerrohres, mit der man eine Limone herabholte, ohne mehr als den Stengel zu verletzen, und einer skrupellosen Tücke. Besaß man anfangs nur ein Kanu, einen dürftigen Einbaum, ergatterte man, wenn das Glück hold war, ein Boot. Mit dem Boot enterte man eine Schaluppe, von der aus einen Schoner, dann eine Brigantine, eine Fleute, eine Fregatte gar. Man hatte schließlich Waffen die Fülle, hatte Kanonen, Mannschaft, Sklaven, Geld und Beutewaren, tauschte Minderes gegen Besseres und lebte — solange man davonkam — wie Gott in Frankreich und noch schöner. Tortuga bebte vom Saitenschlag der Ukulelen, und es waren nicht gerade Choräle, die da zu den Gelagen erzingelten. Dominikanerpater Du Têtre nennt das Tortuga jener Tage „ein kleines Genf" an Ketzerei und einen gottlosen Pfuhl. Daran änderte auch der zum Gouverneur erkorene „Hugenottenvater" Levasseur nichts. Als er sich in den Betrieb um eine von der Seine deportierte Kokotte einmischte, wurde er kurzerhand erstochen.

Sein Nachfolger war ein früherer Malteserritter, Chevalier de Fon-tenay. Einer seiner Verwandten emigrierte später nach Hamburg und schuf dort an der Alster eine ähnlich in sich beruhende, doch gänzlich ehrbare Wohnsiedlung, die, als Fideikommiß geschützt, noch besteht, die „Fontenay". Auf Tortuga war man weniger vornehm und weniger seßhaft. Von Malta aus wurde gegen den Halbmond gekreuzt. Von Tortuga aus kreuzte man gegen das spanische Wappen. Ob Krieg, ob Frieden, spielte hier wie dort keine Rolle. Richtschnur war der alleinige Schrei nach Profit. Fontenay wurde von den Spaniern verjagt; diese hinwieder warf der adlige Bukanier aus Perigord, Du Rossey, hinaus. Unter ihm und seinem Neffen blühte der Seeraub. Anno 1664 verpachtete der Fabrik- und Marineminister Colbert einige westindische Inseln, die er für französisch erachtete, an die neu aufgelebte Monopolgesellschaft der „herrenlosen Inseln" Karibiens. Er, der kraft ungemeiner Talente zum Marquis aufgestiegene Unadlige, schickte den uradligen Herrn de Oregon d'Anjou nach Tortuga und gab ihm sechzig Gedungene mit, die ihm eine Wohnung zu bauen hatten. Erst 1697 aber trat Spanien im großen Kuhhandel des Friedens zu Ryswyk die Insel nebst Haiti gegen Rückgabe der Niederlande und Luxemburgs ab. Später, 1763 bis 1768, sah sie den charmanten Königsleutnant François de Thorane zu Gast, als er von der Besetzung Frankfurts und des Goethehauses zum Kom-mandanten von Haiti befördert worden war. Ein Vierteljahrhundert später starb auf La Tortue der Negervertilger Leclerc d'Ostin am Gelben Fieber. Man hat dort seinen Namen vergessen. Was an „Palastruinen" im Gestrüpp der Mahagonieichen, des Eisenholzes und der wuchernden Bougainvilleen sich zeigt, ist selbst für den Kundigen der karibischen Geschichte nur noch mit dem Namen der Frau jenes Generals, Pauline Bonaparte, der Schwester des ersten Napoleon, verknüpft, die mit knapper Not dem Massaker entrann, als die Negersklaven Haiti und auch Tortuga endgültig in Besitz nahmen. Das war im Jahre 1803. Die Schwarzen hatten dann genug zu tun, weiße Regierungskünste auf Haiti nachzuahmen. Tortuga wurde notgedrungen vernachlässigt. Es verödete.

Tortuga. Das Wort ist spanisch und bedeutet Schildkröte. Denn die bergige Insel gleicht von weitem dem Rückenpanzer einer Tortuga. Um 1670 wird die reiche Vegetationsfülle der Insel gepriesen. Zweihundert Jahre später war sie abgeholzt. Wer dort landete, war betroffen von der unheimlichen Abgeräumtheit. Die Felsen ragten nackt wie Grabsteine in den nach wie vor neutralen Himmel.

> *Von Port de Paix,*
> *so Hafen als Frieden,*
> *achselzuckend pfiff*
> *der schwarze Schutzmann dem Boote nach.*
> *Und schwarz war die See.*
>
> *Zwei Meilen nord dunt das Riff,*
> *weiß von Gischt.*
> *Dort opferte der Maat*
> *einen Zehner, weil hienieden*
>
> *viel Böses geschah.*
> *Leergefressen buckelte da*
> *La Tortue über dem Gebein*
> *ihrer Küste.*
>
> *Und nur zum Schein*
> *— sagte er — ist das Ungemach*
> *und das Piratengelüste*
> *hier entwischt*
> *in den lächelnden Passat.*

Schon auf der Seekarte von 1636 heißt das Eiland französisch La Tortue. Empfindsame Seelen werden aus dem malerischen Wortklang eine Mixtur aus Tortur und Rummelplatz vernehmen. Und man möchte die Bemerkung der Lexika noch um 1935: „unbewohnt, früher ein Hauptsitz der Flibustiers" als ein Ergebnis werten. Selbst der Baedeker

Westindiens, das „Caribbean Year Book", erwähnt noch zwei Jahrzehnte später die immerhin zweihundertzwanzig Quadratkilometer große Insel mit keiner Silbe. Um so erstaunlicher wirkt ein drei Jahre darauf (1958) erschienener Bericht des Haiti-Herald. Er gibt an, Tortuga sei wieder reich bewaldet und die Einwohnerzahl belaufe sich auf 25 000. Darunter befänden sich 5 000 Kleinsiedler, denen von der CO-OP, der weltweiten nordamerikanischen Konsumgesellschaft, Land und Hütte erstellt wurden. Es handelt sich zumeist um schwarze Farmer. Sie widmen sich unter staatlicher Aufsicht dem Anbau von Maniok, der Mehlfrucht, die auch die Flibustier schon ernährt hatte. Auch wird die Ölsaat Ricin, werden Bananen, Kartoffeln, Yams und Tabak gezogen. Und Schweine einer besonders fetten Sorte, auf Haiti heimisch; sie führt die Bezeichnung Jean-Paul. Das Ganze scheint nach kommunistischen Grundregeln aufgebaut, doch wird die seelische Betreuung opferfreudig durch den katholischen Pater Roux besorgt (soweit der ausgebreitete Wudu-Kult es zuläßt). Überdies ist geplant, den Fremdenverkehr heranzulocken, vor allem die reichen Jachtsegler von den Bahamainseln. Man denkt sogar an eine Fähre ab Port de Paix für die Autos der Upper ten der Hauptstadt Haitis, Port-au-Prince. Ja, man plant eine reguläre Absatzverbindung zu den besuchten Hotels der Bahamas. Es ist reizvoll zu hören, daß der erste regelmäßige Dampferdienst sich gen Nassau auf New Providence richtet, dem mondänen Badeort von heute, vormals der Nachfolgerin im Piratenruhme Tortugas. Man plant Straßen, Fischindustrie, Gaststätten mit Bar, plant eine Aufschließung des langen „seidenweichen" Badestrandes, und die rosa Landkrabben werden als Leckerbissen gerühmt. Kurzum, der Regierung schwebt eine Neuentdeckung Tortugas vor, diesmal für die Reisebüros. Wie weit die häufigen Revolutionen in diesem Himmelsstrich der vorgefaßten Aufgabe im Wege sein werden, indem sie mehr vom alten Freibeutergeist als vom Fortschritt zeugen, ist abzuwarten. Haiti selber scheint rettungslos der Verwitterung und Entblößung ausgeliefert. Man hat dem Raubbau zu spät gesteuert. Tortugas Wälder aber haben sich anscheinend erholt. Seine Bootsbauer bedürfen keines Imports. Die Weideflächen grünen. Man träumt sogar von Rinderzucht und vom Konservieren des zukünftigen Fleischsegens für den Export auf Art der Bukaniere. Und man träumt von den Dollars der Touristen. „Die Piraten sind lange tot, aber Tortuga wird auferstehen!" sagte gläubig der Haiti-Herald. Sein Augenaufschlag gilt den geldgebenden Konzernen der USA. Oder aber denen — Rot-Chinas.

BUKAN UND BORDGESCHÄFT
zwischen 1620 und 1670

Wer sich zu Westindien dafür entschieden hatte, von der Jagd zu leben, blieb gewöhnlich viele Monate im Busch. Er tat sich gewöhnlich mit einem gleich ihm in die Fremde Abgeschnippten zusammen, einem entlaufenen Mariner, einem aussichtslosen Vorbestraften, einem freigekommenen Gedungenen, einem Optimisten, der ins Dorado zu reisen gehofft, einem Phantasten, dem die Luftschlösser zerblasen waren, einem Abenteurer, dem es recht schien, wie ein Urmensch in der Wildnis zu hausen und wie ein Tier unter Tieren, oder einem Rohling, dem das Töten Lust und Bedürfnis war. Solche Kameradschaft hatte den üblichen Stil der uralten Blutsbrüderschaften: Zusammenhalten auf Leben und Tod, gemeinsames Eigentum — auch oft der Ehefrau, da Frauen rar und teuer waren — und gegenseitiger Erbanspruch. Sie nannten sich einer des andern Maaten, französisch Matelot. Das weist auf die Seefahrt, wo beide Begriffe den Matrosen bezeichnen und wo seit alters das Gefühl der Gemeinschaft auf Gedeih und Verderb natürlich und zum ungeschriebenen Gesetz geworden war. Noch zu Kaiser Rotbarts Zeiten jedoch bedeutete Maat nichts als Genosse der Zuteilung bei Tisch, und die Worte Maß, Mett (Fleisch) und Messer stammen aus der gleichen Wurzel. Daß die Bezeichnung in der Marine sich auf den Offiziersgehilfen, für den Unteroffizier verengte, läßt auf den Zerfall des früheren Gemeinschaftsgeistes schließen. Bei der zur Massenpferchung anschwellenden Besatzung von Kriegsschiffen ab 1600 war solches nicht zu vermeiden.

In Westindien suchten die Jagd-Matelots sich allerdings ebenfalls gern mit Gehilfen zu versehen. Sie steckten noch in den europäischen Anschauungen der Leibeigenschaft und waren begierig, noch ärmere Schlukker als sich, zumeist gänzlich Heruntergekommene und Verzweifelte, schlicht um schlicht, das heißt: Arbeit gegen Essen, in Knechtsdienst zu nehmen.

Die Jagd ging auf die verwilderten Herden europäischer Rinder und Schweine, deren Ahnen von Ansiedlern auf die Inseln herübergebracht worden waren. Besonders auf Haiti — damals hieß es noch Hispaniola = Klein-Spanien — hatten sich die einst so sanften Tiere ungemein vermehrt. Sie waren zu gefährlichen Bestien geworden, seit nach Entdeckung der Goldländer auf dem Festlande viele Pflanzer die Plantagen im Stich gelassen hatten. Eines Jagdscheins bedurfte es weder, noch wäre er von den Spaniern erteilt worden. Wer in den Busch ging, tat es auf eigene Faust und Gefahr, und oft war der Jäger der von spanischen Bluthunden und Reitern Gejagte.

Für diese Rinds- und Schweineschießer trat überall der Name Bukaniere auf, weil sie das Fleisch ihrer Beute auf indianische Art salzten und räucherten. Sowohl der Lagerplatz als auch die Räucherhütte und der Rost scheinen mit Bukan bezeichnet worden zu sein. Die leckere Ware, zumeist in Streifen gebündelt, war bei den Siedlern wie auch als Schiffsproviant in ganz Karibien begehrt. Die Häute wurden von den Knechten primitiv gereinigt, mit Salz und Asche präpariert und in stinkenden Lasten an die Küste geschleppt, wo oft schon Zwischenhändler auf den gängigen Exportartikel warteten. Doch war der Hauptmarkt auf Tortuga.

Trotz aller spanischen Gegenmaßnahmen liefen vor allem wohlausgerüstete und bestückte Schiffe der Holländisch-Westindischen Kompanie Tortuga an. Deren gewandte Superkargos brachten einen Haufen angenehmer „Veredelungen" zu erstaunlichen Preisen, vom Edamer Käse bis zum venezianischen Schildpattkamm, von schlesischer Leinwand bis zu baltischem Roggen, von Norweger Stockfisch — für die Fastentage — bis zu Groninger Zuckerwerk, von Berner Uhren, schwedischen Musketen, vom Staatsrock vorjähriger Fasson bis zum neuesten rostfreien Augsburger Vorhängeschloß aus Gelbguß, vom Lübecker Pulverfaß bis zum Amsterdamer Damenschuh und Diamantring. Selbst die von Bukanieren bevorzugten Flinten der Meister zu Nantes oder Dieppe und das ihrer Meinung nach beste Schießpulver, das aus Cherbourg, wurde von den Holländern oft billiger angeboten als im direkten Versand. Sie tauschten die Fertigware kulant und forsch gegen Rohstoffe, gegen Edelhölzer, Rindshäute, Rohrzucker, Schildkrott, Perlmuscheln, Vogelfedern und Palmenkerne und gegen das ureigenste Erzeugnis der amerikanischen Plantagen, gegen Tabak.

Mit Tabak ließen sich auch die Bukaniere bezahlen und setzten diesen wiederum um, wenn auch nicht zum Einkauf von Pariser Chaisen und englischen Spinetts, obschon sie sich solches gemeinhin hätten leisten können. Denn gewöhnlich dachten sie nicht eher an Erlös, als bis sie an tausend Häute und entsprechende Mengen Rauchfleisch im Urwald zusammengebracht hatten. Mit solcherlei Lasten landeten sie auf Tortuga, zottige dunstende Gestalten in mit Schweinsblut gefärbten, zerfetzten Leinenhosen und Hemden, gefolgt von ihrer — auf den Pfiff dressierten — Hundemeute und von ihren unter den Frachten keuchenden und kaum noch mit Lumpen bedeckten Knechten. Aber nach kurzem Anlaufen der Faktoreien wurden die von Schmutz starrenden Wildlinge zu frischgeschabten Kavalieren. Denn ein Pfund Fleisch wurde mit zwei Pfund Tabak gewertet, und diese hatten den Wert von einem Stück von Achten, das heißt einem spanischen Taler oder Piaster oder Peso duro zu acht Realen, der gängigen Münze Westindiens damals, fünf französischen Franken jener Zeit gleichwertig oder — später — einem Dollar. Die Rindshäute warfen je nach Größe — und es gab nicht selten Stiere, die in Europa jeden Mastviehausstellungspreis gewonnen hätten — bis hundert Stücke von Achten ab. Aber auch ein Topf Lampenöl, gekocht aus dem Fett der verwilderten Nachkommen Cortezscher Streitrosse, brachte ebensoviel und galt zugleich als Medizin bei Haarausfall und Zahnschmerz, was beides in den Tropen dem Weißen gern zu schaffen macht. Für junge, schon zur Jagd abgerichtete Jagdwelpen, gab es je sechs Taler. Man kann errechnen, wie vermögend plötzlich solch wilder Jäger sein konnte. Was er mit seinem Reichtum anstellte, berichtet ein Augenzeuge von Tortuga:

„Nachdem sie ihren Bedarf an Schießkraut, Blei, Feuerrohren, Leinwand und derlei gedeckt, vertun sie in wenigen Wochen, was sie in einem oder anderthalb Jahren gewonnen. Sie kaufen den Branntwein faßweise, saufen, bis nichts mehr darin ist, laufen Tag und Nacht durchs Dorf und feiern des Bacchus Fest. Inzwischen wird auch der Venus Dienst nicht vergessen und oft der Preis für nichts geachtet. Es legte einer in Trunkenheit runde fünfhundert Stücke von Achten auf den Tisch, nur, damit ihm eine der Willfährigen ihre Heimlichkeit zeige. Somit ist klar, daß die Wirte und Huren allzeit sich freuen und sich bereithalten auf die Ankunft der Bukaniere und Freibeuter, gleichwie die Wirte und Huren zu Amsterdam auf die Ankunft der Ostindienfahrer und Kriegsschiffe."

In diesem Bericht Exquemelins werden die Waldstreifer zusammen mit den Wogenschäumern genannt, und zugleich wird die Parallele zur Heimat gezogen. Daß die Monopolgesellschaften des Überseehandels sich gelegentlich durchaus piratischer Gepflogenheiten bedienten, war allgemein bekannt. Das noch privatere Freibeutertum Westindiens genoß jedoch, wie sie, gelegentlich ebenfalls staatliches Privileg, wenn es galt, einem politischen Austrag in Krieg oder Frieden Nachdruck zu verleihen und den Gegner zu schädigen. Hier ging es immer wieder, wenn nicht gegen Spanien, so doch gegeneinander im Abglanz der europäischen Zerrissenheiten.

Als nun die Jagdgründe durch den unbehinderten Raubbau — von tausendfünfhundert täglich erlegten Schweinen wurden oft nur etwa zehn der fettesten verwendet — sich merklich unergiebiger gestalteten, schwenkten die Bukaniere zu den Freibeutern über. Sich etwa bei Pflanzern oder Händlern oder Verwaltungsbeamten zu verdingen, blieb höchstens denen übrig, die nicht nur ihre sauer verdienten Peseten in den Budiken, Freudenhäusern und Spielhöhlen verjuxt und nicht also selber ein Geschäft aufmachen oder gar zum Feldbau sich entschließen konnten, sondern die auch zu Seefahrt und offenerem Raub als bisher nicht taugten. Doch das waren die wenigsten. Wer die Härte der Wildnis gekostet, den ständigen Blutrausch der Tiermetzelung und die ununterbrochene Notwehr gegen Tier und Mensch, hatte die beste Schule für die Piraterie durchgemacht. Zugleich war ihm die unbürgerliche Ungebundenheit allzu lieb geworden. Gewiß, an Bord war einiges zu entbehren, vor allem frisches Wasser und gewisse Waldfrüchte, die das ewige Fleischmenü bereichert hatten, und vor allem das, was die Bukaniere ihren Morgenpunsch nannten, das Mark eines eben erlegten Stiers aus den Röhrenknochen zu saugen, ehe es erkaltete. Auf den Schiffen gab es Pökelfleisch. Bevor man auslief und unterdes ein Haufe das Schiff „careente", es kielholend auf die Seite hievte und vom Grind und Behang der Muscheln, Bohrwürmer, Algen und Seepocken reinigte, es frisch kalfaterte, also die Plankennähte mit Werg mittels Hammer und Kalfateisen dichtstieß und, wenn Gelegenheit war, durch einen Anstrich mit Kalk und Schwefel den lästigen, fahrthindernden, den Schiffsboden zerstörenden tropischen Meeresbewuchs ziemlich vergeblich abzuhalten suchte, ging ein befähigter Teil der Mannschaft, eben die gewesenen echten Bukaniere, auf Jagd, bukanierte das Erlegte und schaffte das so Konservierte als Proviant an Bord. Wo es an Wildvieh mangelte, klopfte man nachts beim nächstgelegenen Bauern an und zwang ihn, von seinem Schweinebestand herauszurücken. Weigerte er sich, wurde er umgehend aufgehängt.

Ehe die Gefilde Tortugas für uns sich ganz mit der See vertauschen, sei ein Speisezettel des damals noch so lebhaften und spendenden Eilands aufgetischt:

Suppe aus Fagiolibohnen mit Rindfleisch und Schildkröteneiern.

Pataten mit spanischem Feigenkäse und Butter.

Fette Baumtauben mit Bananen geschmort.

Schweinebraten, die Sauce aus Limonensaft, Schmalz und Pfeffer. Dazu Palmkohl.

Kassawabrot aus geriebenem, trocken ausgepreßtem, gesiebtem, auf heißem Blech gebackenem Maniok, auf dem Dache in der Sonne nachgedörrt.

Getränke: Taffia (unverdünnter Rum aus Zuckerrohrmelasse). Palmwein.

Schnaps aus (allerdings eingeführten guinesischen) Feigen.

Wycou-Bier (aus gegorenen Maniokresten.)

Mabytrank (aus leicht vergorenem Safte der Pataten).

Zum Nachtisch Abelcoosemelonen, Icacos- und Cayemitepflaumen, Acayu-Äpfel.

An Bord beschränkte man die Getränkeliste auf Rum. Man machte sich damit auch das schnell in den Fässern faulende Trinkwasser schmackhaft.

Die Bukaniere, Freibeuter, Händler und Beamten auf Tortuga bildeten eine sonderliche Gemeinschaft auf Gegenseitigkeit, wenn auch nicht ganz nach der Devise, die hundert Jahre später Proudhon als Antwort auf die Frage nach dem Eigentum erfand: *La propriété, c'est le vol.* Doch war man insgemein der Ansicht, daß Eigentum zumindest bei den Spaniern Diebstahl sei und dementsprechend ihnen abgejagt werden dürfe.

Auf Tortuga unterwarf man sich keineswegs den Gesetzen Frankreichs, obwohl man gelegentlich die Drei Lilien hißte, als genösse man deren Schutz. Man pfiff auch auf die Compagnie Occidentale, die 1664 unter Colberts Augenzwinkern sich etwas finanzkräftiger als die inzwischen entschlafene St.-Christophe-Gesellschaft gebildet und vergebens die lächelnd unterbietenden Holländer aus dem Geschäft zu drängen unternahm. Auf Tortuga herrschte allein die selbstgewählte Ordnung möglichsten Anteils am Dasein, eine Art Demokratie, in der jeder Stimme hatte und seinen Obolus für gemeinsame Auslagen — allerdings nur in dringendsten, von der Mehrheit erkannten Fällen — beisteuerte. Solches in Europa und auch in den Kolonien noch völlig ungewohnte Maß von Freiheit gab es selbst auf Jamaika nicht, dem englischen Gegenstück zu Tortuga, das, weit größer, weit reicher und weit mehr mitten im Fleische der spanischen Überseemacht gelegen, seinerseits eine Horde Desperados sammelte, um die Madrider zu würgen, wo immer es anging, und die für jeden Zuzug Platz und Hallo hatten. Tortugas Bukaniere hielten sich abseits, stolz auf ihre größere Unbeschränktheit. Im Gedenken daran, durch den Abstand goldener als die Golddoublonen, spukt noch heute in zivilisierten Kreisen ein Schein von Romantik um jene unappetitlichen und brutalen Burschen, der sie ganz gewiß nicht schmückte. 1954 wurde eine der schönsten nordamerikanischen goldgelben Rosenzüchtungen „Bucaneer" getauft. Die große Rosenkennerin Alma de l'Aigle würdigt sie — ungewollt ironisch — mit folgenden Vokabeln: „Höchste Preisgruppe, stark gefüllt, Duft stark und schön, hervorragende Wuchskraft, große Blühwilligkeit." Selbst in ehrbaren Schweizer Gärten, die einem echten Bukanier bestimmt den Zutritt verwehrt hätten, findet man heute die Rose seines Namens und seiner Wuchskraft und Blühwilligkeit.

Moderne Großreedereien dirigieren außerhalb der Atlantiksaison ihre ansonst kaum besetzten Ozeaner gern gutgefüllt auf Kreuzfahrt gen Westindien. Allemal bildet dabei den Höhepunkt der gesitteten Veranstaltung das „Bordfest à la Boucanier" sowohl für die biederen Fahrgäste als auch für den Getränkesteward.

Doch wandelte sich schon um 1660 die Bezeichnung Bukanier, soweit es sich um Seeräuberei handelte, unter den *Brüdern der Küste* zu *Flibustier*. Die deutsche Form ist Flibuster. Das ist ein Wort, das sich über das holländische Vrybuiter, englisch freebooter (deutsch Freibeuter), ins Französische verzog. Noch das Amsterdamer Dictionnaire de Marine 1726 weist beide Formen, Fribustier und Flibustier auf. Bis heute wurde Flibustier der gangbare Name für Mitglieder jener Gemeinschaft, die fast zu einer Republik des Piratentums gedieh, mit den „Metropolen" Tortuga und Jamaika. Einige Jahrzehnte lang war zumal Tortuga die Strudelmitte allen über den Großen Teich gewirbelten Abhubs und Abschaums Europas. Von hier aus begannen die sagenhaft ungeheuerlichen Streifzüge, die das spanische Krongut unterminierten. Nur die Likedeeler der Ost- und

Nordsee waren gleich gewalttätig, weitschweifend, berüchtigt und berühmt, nur die Barbaresken ihnen überlegen an Dauer und an Idee. Denn in Westindien wehte kein anderes Fanal als das der Beutegier. Politische oder konfessionelle Vorwände dienten nur als lose Tarnung. Obwohl bald von Paris, bald von London insgeheim ermuntert, manchmal fast wie reguläre Truppen eingesetzt, wollte doch niemand die Verantwortung für die Taten der Flibustier tragen. Als das Ziel der Drahtzieher erreicht war, der freie Handel und die freie Siedlung an allen Küsten und Inseln vormals spanischer Ausschließlichkeit, als die iberischen Schätze und Anstrengungen weitgehend vernichtet waren, als man somit die Piraten nicht mehr brauchte, diese aber in Ermangelung der Richtlinien dann, ob Freund oder Feind, keine Flagge mehr schonten, da wurden sie allgemein lästig und demgemäß verfolgt und erledigt. Tortuga und die Bezeichnung Flibustier und Bukanier gehörten schließlich der Legende an. Aber die Freibeuterei war damit noch lange nicht ausgelöscht. Sie blühte weiter in den westindischen Gewässern und in den Meeren Asiens, sie wucherte unentwegt im Mittelmeer und war selbst in der Nordsee noch längst nicht ausgestorben.

> *Wer einmal sich verleiten ließ,*
> *die Habe andrer umzubuchen,*
> *der wird noch selbst im Paradies*
> *am höchsten Gut derlei versuchen.*

EIN BRIEF WIE GESTERN UND HEUTE
Aus der Barbarei, 29. Sept. 1646

Liebe Freunde!
Es ist nun über sechs Jahre her, daß ich in Gefangenschaft geriet, und seitdem hab ich oft geschrieben an viele, die ich kenne, hab auch einen Brief beigelegt für meinen Vater, falls er noch lebt, und auch Briefe für meine Brüder und meine Freunde, falls sie noch nicht gestorben sind. Ich ahne nicht, was davon angekommen ist und die Anschriften erreicht hat. Denn ich bin bislang ohne Antwort und weiß nicht, ob noch irgendeiner von euch lebt. Ich kann mir nur denken, daß entweder die Briefe nicht angekommen sind, oder ihr alle seid verstorben oder an andere Orte verzogen, ihr hättet euch sonst doch bestimmt als Christen und Freunde in dieser meiner Lage um mich gekümmert. O meine Freunde, ich berichte euch nun nochmals, wie elend es mir geht, seitdem ich von dem flämschen Schiff heruntergeholt wurde, nachdem der Krieg doch schon zwei Jahre aus war. Zur Zeit bin ich als Sklave bei einem französischen Renegaten, der im Innern des Landes Besitzungen hat, und mit mir ein anderer Prote-

stant, Robertson, und wir sollen dort zur Arbeit eingesetzt werden. Wenn das geschieht, wenn wir wirklich ins Innere abtransportiert werden, dann werdet ihr wahrscheinlich nie wieder etwas von uns hören. Das Schlimme nun ist, daß der Preis für unsern Freikauf nicht weniger als 250 Pfund beträgt, weil man glaubt, wir hätten reiche Freunde in England, und auch will man uns beide nur zusammen weglassen. Herr Robertson hat ebenfalls an seine Freunde geschrieben, und er bittet diese wie ich euch, uns beide zu bedenken. Denn wir haben uns gegenseitig zugesichert, gemeinsam zu handeln. Ach, Vater, ihr Brüder, Freunde und Verwandten, versucht doch mit allen Mitteln, unsere Befreiung zu erreichen! So viele Hunderte von Sklaven haben es doch erreicht, von ihrem Elend hier erlöst zu werden, seit wir hier sind. Immer hoffen wir, die nächsten zu sein und dann wieder die nächsten, aber bisher sind alle unsere Hoffnungen zuschanden geworden. Wir flehen euch darum an um Christi willen, der euch erlöst hat, setzt alle Hebel in Bewegung, daß wir hier erlöst werden. Es gibt ja eine Vereinigung in England, die in Christi Namen sich für die Befreiung der Gefangenen einsetzt. Wendet euch an diese edlen Menschen. Nie so wie jetzt haben wir den Psalm verstanden: An den Wassern zu Babel saßen wir und weineten ... wenn wir an die Heimat denken. O gute Freunde, wir hoffen, daß unsere Seufzer euer Ohr erreichen und euer Mitleid erregen und daß ihr etwas für uns tut.

Wir hören hier, daß der Kaufmann Mr. Stanner, London, einen Vertreter in Livorno hat, über den könntet ihr am schnellsten die geschäftliche Abwicklung besorgen. Und wenn ihr sonst nichts tun könnt, schließt uns wenigstens in euer Gebet ein. Es wäre aber eine große Erleichterung, mal etwas aus der Heimat zu hören. Es gibt doch in London eine Stelle, die Briefe in alle Welt besorgt. In einem Monat oder sechs Wochen könnte es hier sein. Der Herr lenke eure Gedanken auf den Weg der Liebe und stärke uns mit Zuversicht und Geduld.

                    Euer bedrückter Freund Thomas Sweet.

Der englische Kenner der Piraten, Sir Philip Gosse, der diesen Brief fand, hat die vollständig erhaltenen Listen der aus Algerien damals Losgekauften durchgesehen, aber die Namen Sweet und Robertson waren nirgends darunter.

DIE TRINITATISBRÜDER
1198–1894

Die im vorstehenden Brief angezogene Vereinigung Edeldenkender war die Bruderschaft der Chorherren zur Allerheiligsten Dreifaltigkeit. Sie widmete sich der Auslösung von Gefangenen aus den Händen der Heiden und Ungläubigen. Der Ordo Sanctissimae Trinitatis de redemptione captivorum, abgekürzt geschrieben OSST, hat im Loskauf christlicher Sklaven aus islamischer Gefangenschaft Großes geleistet. Unerschrocken wie Bändiger zwischen Bestien walteten seine Mitglieder ihrer übernommenen selbstverleugnenden Aufgabe der Tröstung, Betreuung und Befreiung. Statt Peitsche und Pistole trugen sie das Kreuz. Wo ihr weißes Gewand, mit dem Zeichen des Christentums in Rot und Blau, in den Bagnos auftauchte, schwiegen erwartungsvoll Seufzer, Klagen und Flüche. Und selbst die Barbaresken hatten Achtung vor ihnen, schon, weil sie bares Geld in jenen Zeiten und Gefilden weit sicherer zu vermitteln verstanden als jeder Bankier, zudem ohne Zinsen und persönlichen Vorteil. Selten wurden sie beraubt. Gute Quellen faßt man, aber schüttet sie nicht zu. Die Trinitarier verwandelten einen Teil der einsickernden Sklavenfrachten in pures Gold, ein billiger und sauberer Filter. Bereicherung ihrerseits war ausgeschlossen, immer wieder erstaunte es die Muslims. Sie lebten nach strenger augustinischer Regel als Bettelmönche, durften nicht einmal ein Pferd reiten, höchstens einen Esel wie der Herr Jesus; sie wurden darum auch Eselsbrüder genannt.

Nach der Reformation beschränkten sie ihre Barmherzigkeit zumeist auf Angehörige der Alleinseligmachenden Kirche. Einmal wollte ihnen ein Bey oder Dey, als sie für drei Gefangene das erkleckliche Lösegeld ihm zu Füßen hingezählt, großzügig einen vierten draufgeben. Da es aber ein Protestant war, begnügten sie sich mit den dreien.

Siebenhundert Jahre lang wirkten sie segensreich in jener Spanne des Fortschritts, die von den ersten Findelkindhäusern bis zur Gründung der ersten Frauenvereine reicht. Doch mit der Abschaffung der öffentlichen Sklavenmärkte selbst in Nordafrika und in der Türkei erschwerte sich die Tätigkeit des Dreifaltigkeitsordens. Denn eine solche auf die französische oder spanische Fremdenlegion zu erstrecken, war ihnen nicht gestattet. Auch stand auf ihrem Banner die Erlösung von Christen aus den Banden der Ungläubigen. Somit reichte die friedliche Kraft der Trinitarier nicht auch noch aus, etwa den schwarzen Christen in Nordamerika zur Freiheit zu verhelfen. Der weiße Mann mußte zu der Neger Erlösung erst sein und anderer Blut vergießen, vielleicht in bitterer Nachfolge, weil zu seiner Erlösung, wie die Kirchen betonen, Christi Blut vergossen ward. Dieser Gotteszirkel oder Teufelskreis des fortwirkenden Eingriffs in den geraden Verlauf des Daseins, diese ewige Krümmung aus Flucht und Zwang, dieser vermenschlichte Bahnstreif der Sonnen, Planeten und künstlichen

Monde, dieser schließliche Lichtrand der Geborgenheit, dieser Kronreif des Martyriums und der Heiligung und dieser wandelnde, alle und alles bindende Horizont, der eine unauslöschliche, unerlösbare Freibeuterei umschließt ... er bedarf der dienenden Dreifaltigkeitsbrüder nach wie vor, solange der bunte Grind des Erdballs fruchtbar bleibt.

Die weißen Kutten der Mönche haben sich in das Weiß der Ärztekittel und der Schwesterntrachten verzogen und in die Fahnen der Vereinigung, die das Kreuz als Zeichen übernahm, wo Christen morden oder gemordet werden. Denn der Schweizer Schriftsteller Henri Dunant machte die Welt aufmerksam auf das traurige Los militärischer Opfer. Er rief auf, ohne konfessionelle Einschränkungen über alle Grenzen hin in Krieg und Katastrophen helfend einzugreifen, freiwillig, großzügig, unermüdlich. Es wurde die erste wahrhaft heilige weltumspannende Liga. Verwundetenbetreuung, damit fing es an, Kriegsgefangenenfürsorge, damit versuchte das Rote Kreuz sich in Ablösung der Trinitarier dann ebenfalls zu befassen. Der Islam stand nicht zurück und setzte den roten Halbmond ins weiße Feld. Persien wählte den roten Löwen, Japan die rote Sonne, China das rote Hakenkreuz. So duckte sich die rote Flagge der Freibeuterei zusammen in die weiße Flagge der Ergebung.

Freibeuterei? Jeder Krieg ist Freibeuterei. Jede Katastrophe ist Freibeuterei. Und die hohen Symbole in der weißen Flagge sind nichts als Blutflecke auf dem Chemisett der Ordnung. Das sprach der Satan.

Nach dieser Erweiterung des Begriffs Freibeuterei kehren wir zurück zu den freien Lüften der See, dorthin, wo die entzauberten Atome noch nicht die eigentliche Magie gefährdet hatten. Und die Ruchlosigkeit und das Erbarmungswürdige des Menschen noch zuließen, daß er gelegentlich ein einzelner sei.

> *Doch der Tag war längst gezählt,*
> *da wir auf den Wogen praßten*
> *als des Schicksals Donnergasten,*
> *unerforschlich ausgewählt.*

SEERÄUBERBEICHTE
Anno 1651

Die Doktorin der Medizin und Naturwissenschaft, spezialisiert zur weltberühmten Bodenbiologin, Annie Francé-Harrar, hatte das Glück, aus dalmatinischer Erde noch etwas anderes als Bakterienkulturen und Humusproben zu entnehmen. Sie fand die in bleierner Kapsel wohlverwahrten Aufzeichnungen eines Reuigen, der, aus einem Kloster entflohen, lange Zeit von Ragusa aus Seeraub getrieben und seine Seele überdies mit dem Mord seiner eigenen Schwester, die er zur Blutschande gezwungen, beschwert hatte.

Einige bezeichnende Stellen aus dem umfangreichen Schriftstück lauten in der Doktorin Übersetzung: *Pater peccavi*, ich, der fluchbeladene Sünder Dragutin Aniroviç, den man zu Unrecht Fra Serafino nennt, beginne hier meines Lebens grauenvolle und düstere Geschichte ... Der Teufel Asmodi hat mir lange Zeit Glück vorgegeben, und nichts mißlang mir. Zwei Nächte segelte ich, kam endlich nach Dulcigno. Ein venezianischer Edler befehligte dort die Piraten und verkaufte ihre Beute, insonderheit Sklaven. Mohren gab es da und Griechen und Muselmanen, und einmal im Jahr kamen die Händler, Juden mit spitzen Bärten, aus Syrien, auch Männer aus Kreta und Aigyptos, die für die großen Sklavenmärkte in Akkon, Livorno und Malta Ware suchten ... Jahr um Jahr hörte ich das Jammern, Heulen und herzzerreißende Winseln der Sklaven, die aus- und eingeladen wurden, insonders, wenn Schiffe gekapert waren oder man solche durch Strandfeuer auf Klippen gelockt hatte und zerschellen lassen, um sich der Menschen und der Fracht zu bemächtigen ... Mein war das Amt des Aufschreibers der Kaufbriefe, 9 Silberperper für einen Mann, 10 oder 11 Silberperper oder 25 Ziegen für eine Frau oder ein Mädchen ... Und ich lernte den Wert der menschlichen Ware erkennen und vermochte Griechin, Maurin, Albanesin und Osmanin auf den ersten Blick zu unterscheiden und abzuschätzen ... Aber mir stand der Sinn danach, selbst eine Brigantine zu besitzen. Und als gelegentlich eine der Besatzungen ihren Kapitän wegen ungerechter Behandlung an den Mast gespießt hatte, zögerte ich nicht lange, ging heimlich an Bord und erklärte den Segelknechten, ich sei der neue Kapetan, und wer nicht gehorche, büße es an Leib und Leben. Und da ich eines Kopfes Länge leichtlich auch den Größten überragte, so schwuren sie sämtlich, mir ergeben zu sein. Ich wiederum sicherte ihnen, wie billig, den gemäßen Anteil an Beute zu ...

So lebte ich von da an das Leben der Gusaren, und war mir von Herzen wohl dabei ... Wann immer ich in mein Haus nach Dulcigno zurückkehrte von einer Beutefahrt, brachte ich seltene und besondere Dinge mit, edle Steine, Geschmeide, kostbare Schleier, Sammetmäntel, goldgestickte Schuhe und Truhen voll Münzen. Freilich auch Sklavenfleisch, weißes und schwarzes; denn der Teufel segnete mein Werk.

Nicht sagen kann ich, wie vielen Menschen ich in diesen Jahren das Leben raubte. Das Morden und Niederhauen war mir so zur Gewohnheit geworden, daß ich es nicht mehr zählte. Und sie nannten mich Sajtan el Vjetar. Das heißt: Teufel des Windes ... Am meisten plünderte ich die Flotte von Ragusium, obwohl ich sie meine Heimatstadt nannte. Aber ihre Waren waren sehr gesucht in der Levante und weiter östlich. Auch waren immer viele wohlgestaltete junge Männer unter den Besatzungen, die gutes Lösegeld brachten oder aber begehrt waren von venezianischen Galeeren. Tat mich für eine Weile auch mit den Piraten von Rhodos zu-

Fliegendes Blatt über
die Hinrichtung
von 34 Seeräubern 1573
in Hamburg.

Gedruckt in Nürnberg
bei Hans Weigel,
Formschneider

Seemann als Gefangener nordafrikanischer Seeräuber.

Holzfigur überm Opferstock der Sklavenkasse zu Hamburg, an den Kirchentüren, um 1650. Noch bis ins 19. Jahrhundert verpflichtete man sich im Hamburger Bürgereid, u. a. auch den „Türkenzins" getreulich zu entrichten, der in den Auslösungsfonds floß.

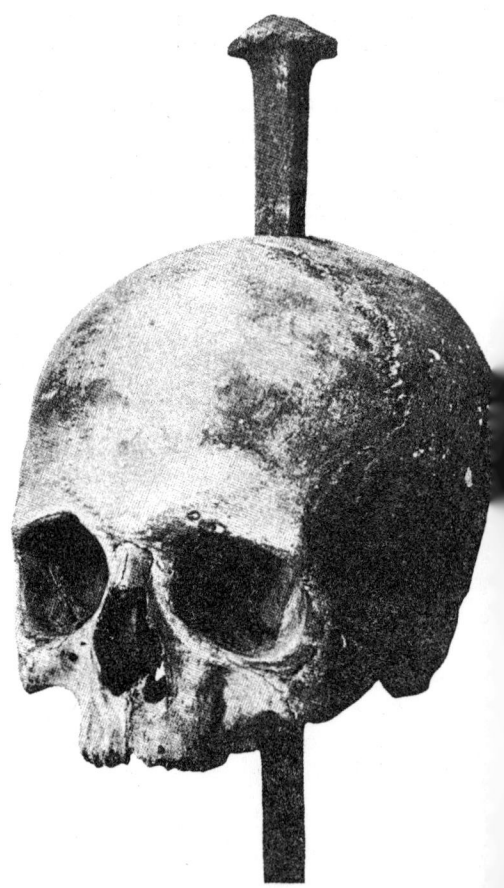

Seeräuberschädel auf dem Pfahle, von Wind und Wetter entfleischt. Hamburg um 1500

sammen und bezog mein Kettenhemd daher, fein und stählern, dünn, dehnbar wie ein seidenes und so stark, daß nicht Pfeil noch Kugel den Weg zu meinem Herzen fand. Nannte in einem Jahrzehnt ein halbes Dutzend Schiffe mein eigen zu zwei und drei Masten und gut bestückt mit Mörsern und Kugeln, auch Brandpfeilen, die, mit Wolle umwickelt und mit Erdpech getränkt, den Gejagten in die gespannten Segeln geschossen wurden. Bezog auch Flinten und Pistolen aus Alemannia; Damaszener-klingen aber, florentinische Stilette und tatarische Bogen und Armbrüste, wo immer es am besten zu haben war ... Keiner zweifelte, daß ich ein Moslim sei, denn oft schickte ich denen zu Beirut Geschenke, Silber-geschirr, Brokate, Fässer mit Wachs, Gewürzen oder in Zucker eingemach-tes Quittenbrot, das die Frauen in den Harems lieben ...

Ich stand im 35. Jahr meines Lebens, als zum erstenmal der Teufel Asmodi sich gegen mich wandte und ich nicht nur meine Frau und meine Söhne, sondern auch mein Hauptschiff, die Brigantine *Vjetar*, verlor. Und bald danach alle andern bis auf eines, das nicht das beste war. Die Zeit war dahin, da ich die Schiffe jagte wie der Thunfisch die Sardellen. Nun waren wir selber die Gejagten und hatten oft nicht genug zu essen ..."

Beim verzweifelten Angriff auf eine Galionke, die reich beladen von Ancona kam, verlor der Freibeuter Aniroviç alle Leute. Es gelang ihm aber, sich in einer Kammer des Schiffes zu verbergen, den Fahrgast, einen Mönch, umzubringen und sich an dessen Stelle zu setzen. Als Bruder Serafino lebte er von da an als Einsiedler, pflegte Kranke und galt als Heiliger. Doch zuinnerst gequält, beichtete er eines Tages dem Abbas des Klosters der Congregation melitenais in Ragusa. Der Abt auferlegte dem Sonderling die Niederschrift aller Untaten als einzige Buße und fügte nach Ableben des Insichgegangenen hinzu: „Habe besagten bleiernen Kasten mit der Geschichte seines Lebens mit meinem Siegel des Ordo melitense verschlossen und in die geweihte Felsengruft zu dem Sarg tun lassen ... Am 15. Januaris MDCLI (1651). Abbas Geronimo di Parteras."

KOXINGA
um 1650—1683

Blicken wir zur Abwechslung von Europa nach Fernost. Als den letzten Anhängern der Ming-Dynastie der Boden des Vaterlandes zu heiß wurde, verzogen sie sich auf die See und wurden Freibeuter. Ihr Anführer war ein armer Fischer gewesen namens Tscheng-tsche-lung. Nachdem die Mandschus Peking erobert, verließ er seinen Geburtshafen an der Süd-küste und ging nach Makao, der portugiesischen Kolonie, der ältesten weißen Festsetzung in China. Er nahm Dienste als Kuli, dann als Seemann, wechselte über auf holländische Schiffe und ließ sich taufen, weil es der Laufbahn förderlicher war. Sein christlicher Name lautete dann Nikolaus Kaspar. Die eine Hälfte bedeutet den Rufer des Volkes, die andere den Mohren unter den drei Königen, das Sinnbild aller Andersfarbigen, gern auch Bruder des Teufels genannt oder schwarzer Kaspar, den Teufel selber meinend. Es war eine unbewußte Missionserkenntnis. Der junge Seemann hatte Größeres vor, als sich an Bord der weißen Eindringlinge zu schinden.

Denn als er gewisse Gegenden wie Manila, aber vor allem Formosa einigermaßen kennengelernt, benutzte er eine Trampfahrt gen Japan, um dort einen Onkel aufzusuchen, der als Kaufmann und Reeder wohlhabend geworden. Er trat als Kapitän in dessen Geschäft, heiratete auch eine der Basen, kam aber mit einem reichbeladenen Schiffe eines Tages nicht wieder heim. Vom Erlös der Fracht kaufte er sich auf der Insel Hia-men an, die auch Amoy heißt und nahe der Küste vor der Mündung des Drachenflusses liegt. Jenseits des Meeres unter der aufgehenden Sonne liegt Formosa.

Amoy war schon in alter Zeit das chinesische Ausfalltor in die Welt. Handel und Seeraub gediehen hier gleichermaßen. Nikolaus Kaspar schaltete sich nun ein. Nach ein paar Jahren besaß er dreitausend Dschunken, die für ihn tätig waren. Die schwierigen Unternehmungen, gegen Kriegsschiffe etwa, leitete er selber und stets von Glück begünstigt. Sein Ansehen war beachtlich. Sein Vorname bewährte sich wie sein Nachname. Die Mandschuspitzel berichteten immer besorgter über seinen Einfluß. Er aber, der fürchten mußte, ausgehoben zu werden, umgab sich mit einer Leibgarde von fünfhundert malaiischen Piraten. Die Mandschus garnten ihn deshalb mit List ein. Sie schmeichelten ihm, ernannten ihn zum Vizekönig des Südens, verliehen ihm den Titel „Friedefürst", und sie vermochten wirklich, ihn einzulullen.

Eitelkeit ist der beste Lotse ins Verderben. Nikolaus Kaspar folgte der Einladung zu einem Bankett der Generäle aufs Festland und wurde eingekerkert. Wie der Friesenhäuptling Imel Abdene, den die Hamburger sich fingen, schmachtete er vierzehn Jahre im Turm. Dann, als er zu keinem Austausch mehr nütze schien und zu keiner Drohung, wurde er erdrosselt. Das geschah im Jahre 1661. Gerade erwarb die Britisch-Ostindische Kompanie Bombay, und die Jesuiten erhielten Missionserlaubnis in Tibet.

Nikolaus Kaspar hatte einen Sohn. Den nannte er mit Erlaubnis der Pekinger Regierung und im Übermaß seines Hochgefühls allzu bezüglich Kog-seng-ya, was soviel wie Kaiserprinz bedeutet. Als Koxinga ist der Name in europäische Berichte übergegangen. Kog-seng-ya hatte ein ehrbares Handwerk in Japan gelernt, nämlich Schneider, und er hegte anfangs einen offenen Abscheu gegen alle Gewalttätigkeit, selbst — bei aller gebührenden Verehrung — gegen die seines Erzeugers. Doch ließ er pflichtschuldigst es an keinem Versuch mangeln, den Vater freizubekommen. Als alle Anstrengung fehlschlug, vertauschte er die Nadel mit dem Schwert.

Er begab sich nach Amoy, das die Mandschus nicht hatten antasten können, so stark war dort das Bewußtsein der Unabhängigkeit und so zahlreich waren die, welche zur Verteidigung entschlossen waren. Und diese begrüßten feierlich den Erben und folgten ihm. Er verheerte die Küsten Chinas bis Schanghai hinauf und vermehrte die väterliche Flotte um weitere tausend Dschunken. Kaiser Schuntschi konnte sich seiner Überfälle nicht anders erwehren, als daß er die Bevölkerung ganzer Küstenstriche ins Innere des Landes versiedelte und Dörfer und Städte niederbrennen ließ, ehe der fürchterliche Forderer und Rächer es tat. Aber so wurden diesem auch manche Schlupfwinkel und Versorgungsplätze genommen und die Orte, wo er seine Abnehmer und Zuträger gehabt.

Darum und als er von der endgültigen Auslöschung seines Vaters erfuhr, war ihm Amoy verleidet oder nicht mehr sicher genug. Er segelte mit der ganzen Flotte gen Pekan, wie seine Malaien als die früheren Besitzer eine gewisse Insel bezeichneten. Er aber benannte sie in Tai-wan, Terrassengestade, um, indes die Portugiesen sie die Wohlgeformte, Formosa, getauft, ehe die Holländer sie ihnen abgejagt hatten. Die Gebeine gegenseitig erschlagener Christen bleichten noch in den Gefilden. Nun landete Koxinga mit dem Vorwand, dort rechtmäßigere Ansprüche zu besitzen. Er eroberte die Stadt Tainan und auch das harte Fort Zelandia. Wie üblich erschlugen seine Piraten die Männer und verteilten die Frauen und Mädchen. Unter der Auswahl, die er für sich selber traf, soll eine Rotterdamer Schöne gewesen sein, die teilhaftig war der bitteren Geißel, die sich Europa aus dem versklavten Westindien ins Blut geholt. Was denn zu der elenden Krankheit Koxingas geführt haben soll, die sich zuletzt bis zum Verfolgungswahn steigerte.

Aus den Ergebnissen immer noch ausgedehnteren Seeraubs und mit den billigen Arbeitskräften der Holländerinnen, die zur Liebe nicht mehr genehm waren, aber auch mit denen unter seinen Matrosen, die freiwillig oder gezwungen sich für Landarbeit meldeten, baute er Siedlungen und Straßen, legte Zuckerrohr- und Reisfelder an und ausgedehnte Haine des Kampferbaumes, förderte auch den Fischfang, damit jedermann zu essen habe, man auch Handel treiben könne und nicht ständig sich auf das wechselvolle und unregelmäßige Glück der Freibeuterei verlasse.

Als diese wahrhaft landesväterlichen Maßnahmen, aus der Gesittung und Milde seiner jungen Jahre genährt, einen guten Grad Stetigkeit erreicht hatten, gedachte Koxinga seines Sohnes, der auf Amoy zurückgeblieben war und, wie er einst, das Gewaltgewerbe des Vaters verachtete. Dieser Sohn hieß Tsche-king nach dem Geburtsort des Großvaters. Und er wurde, zumal auch ihm ein Sohn geboren war, feierlich nach Formosa

eingeladen, auf daß er sich nebst dem Kinde zu Nachfolgern der Herrschaft erküren lasse.

Aber Tsche-king kam nicht. Er zog vor, auf Amoy zu bleiben und sich
sogar unter den Schutz der Mandschus zu stellen. Der Alte erfuhr auch
bald den Grund. Der Enkel stammte nämlich von seiner Lieblingssklavin,
die er zur Verwaltung des Hauses in Amoy gelassen. Fünf Tage lang nun
tobte Koxinga in dem Palaste, den er mehr für Sohn und Enkel als für sich
hatte erbauen lassen. Sein Wutausbruch und Amoklauf kostete manchem
seiner Getreuen und Sklaven das Leben, bis er denn endlich im Schaum
der Tobsucht erstickte.

Tsche-king erbte das Vermögen des Vaters, aber nicht dessen Tatkraft.
Er zog auch, um der Verlockung der See vollends zu entgehen, nach
Peking, nicht ohne gehörige Morgengaben an die Regierung, die froh war,
den letzten Hauch der Mings nun getilgt zu finden. Sie erhob den Willfährigen in den Rang eines Mandarinen und Gehaltsempfängers, und er
lebte als stiller Gelehrter noch lange in Frieden. Von ihm ungehindert,
übernahmen die Mandschus Formosa und beuteten aus, was Koxinga
geschaffen.

Koxingas Gebeine wurden später von chinesischen Patrioten in die
Heimat seines Vaters übergeführt. Sein Grab dort wurde hochverehrt, wie
kein Piratengrab vor oder nach ihm, vielleicht das der Barbaresken Cheireddin und Uluch ausgenommen. Sänger sangen sein Lob noch um 1800,
und ihre Lieder hallten nach, als die Japaner kamen, um zu rauben, was
ihnen nie gehört hatte. Und bis heute lebt sein Name als geheimes Siegel
unter den gelegentlichen Freibeutern im Chinesischen Meer.

> *Von mürben Türmen rannen Klagen*
> *und waren allen Herzen nah*
> *und lebten von den guten Tagen*
> *und auch vom Bösen, was geschah.*

PITER FRANK AUS DÜNKIRCHEN
um 1663

Goldschmiede und Münzmeister zählen selten zu den Heiligen. Eine
Ausnahme ist der heilige Eligius, der um 650 auf flämischem Gebiet die
Kirche der Dünen gründete. Diese Stätte zu Dünkirchen ist bis heute der
Wallfahrtsort frommer Seeleute. Auch baten hier die Seeräuber, deren es
dort seit je nicht wenige gegeben, die Mutter Gottes um reiche Beute in
möglichst so gut klingender Münze, wie Eligius den Merowingern geprägt.

Ein derart beleumdeter, votivkräftiger und trefflich der Nordsee zuge-
wandter Hafen mußte jede der umliegenden seefahrenden Nationen reizen, ihn zu besitzen. Somit war er bald holländisch, bald spanisch, bald
englisch, bald französisch, vorübergehend auch in deutschen Händen. Der
große französische Korsar Jean Bart wurde hier geboren. Und auch der
kleinere Pirat Piter Frank. Als 1662 Paris hier endgültig die Flagge aufzog
und aus freien Piraten behördliche Angestellte gleichen Berufs machen
wollte, hielt es ihn nicht. Er hatte bislang privat und unterschiedslos alles
als sein Weidevieh betrachtet, was zwischen Danzig, Stockholm, Kopenhagen und der Biskaya den Fährweg des Ärmelkanals benutzte. Jetzt
versegelte er grollend gen Westindien.

Sein Schiff war klein, aber wendig, eine Art Schaluppe von kaum
40 Tons, mit sechsundzwanzig der Ausgekochtesten jener, die mit ihm in
der Nordsee geräubert. In Übersee legte er sich an den ertragreichen
Seeweg, auf dem die Frachten zwischen Maracaibo und Campeche befördert werden, kreuzte also zwischen der Yukatanstraße und Kap Vela und
hatte eine Weile Glück, fand auch gehörige Abnehmer bald auf Jamaika,
bald auf Tortuga. Doch als er einmal längere Zeit vergeblich vor der
Halbinsel Goajira gelauert und die Nahrungsmittel knapp wurden und
seine Mannschaft ungeduldig, nahm er Kurs auf die nahe liegende Ran-
cheria, wo bei der Mündung des Rio de la Hache seit längerem Perlen
gefischt wurden. Alle Jahre kam dorthin eine kleine Flotte von einem
Dutzend leichter Barken, ausgerüstet von einer Monopolfirma zu Cartagena, die auch für ein gut bestücktes Begleitschiff sorgte. Auf jedem der
Boote befanden sich zwei Farbige, die geübt waren, bis an die zehn Faden
tief — das sind etwa zwölf Meter — nach Perlaustern zu tauchen.

Bei gelinder Brise drückte sich da Franks Schaluppe uferlängs an die
Flotte heran, die auf der Bank fischte, indes das Begleitschiff eine halbe
Meile abseits ankerte. Das größte der Perlboote führte immerhin auch
noch acht Kanonen an Bord und sechzig Schützen dazu. Diese beobachteten mißtrauisch das heranschwingende Fahrzeug, und als dessen Kapitän
sie schlicht aufforderte, sich zu ergeben, er werde ansonst Grütze aus
ihnen machen, schossen sie hohnlachend auf seine Nußschale. Diese hielt
aber stand. Die Räuber warteten kaltblütig, bis die andern beim Neuladen
waren, dann feuerten sie ihrerseits und trafen weit besser, nutzten die
Verwirrung und enterten. Die Spanier baten um Pardon in der Hoffnung,
die Fregatte zu zwanzig Kanonen würde ihnen bald zu Hilfe kommen.
Doch Piter Frank, um jene zu täuschen, bohrte, wie Pierre der Größere
rund drei Jahrzehnte vordem, seinen eigenen Untersatz in den Grund und
hißte auf der eroberten Brigantine die spanische Flagge, sperrte die Gefangenen in den untersten Schiffsraum, ließ Segel setzen, soviel an Rahen
und Ruten irgend Platz fand, und stach in See.

Die vor Anker liegende Fregatte aber hatte schon Viktoria salutiert, da
man von dort zu sehen meinte, die Räuber seien erledigt und abgesoffen.

Als sie aber die kleinere Schwester ins Weite preschen sah, kappte sie augenblicks die Ankertaue und nahm die Verfolgung auf. Denn diese geraubte Brigantine war die Sammelstelle für die von den andern Einheiten ertauchten Perlen.

Die Jagd währte bis in die Dunkelheit, indes der Wind immer steifer wurde. Die Fregatte war dem Piraten schon auf Schußweite nahe, da mußte sie wegen des Sturmes die Segel verkleinern. Der Räuber indes ließ jeden Lappen stehen und wäre entkommen, wenn nicht durch den gewaltigen Preß der Leinwand ihm der Großmast gebrochen wäre. Da denn focht er mit den zweiundzwanzig Mann, die unverwundet geblieben, tapfer gegen die heranbrausende Übermacht, mußte sich aber schließlich ergeben. Da der spanische Kommandant nun das Schiff möglichst unversehrt zurückhaben wollte, Frank aber nicht nur die wertvolle Ladung, sondern auch eine Menge Gefangener an Bord hatte und drohte, beides, Gut und Menschen, mit seinen Leuten und sich zu vernichten, holte der Pirat günstige Bedingungen für die Übergabe heraus, nämlich, nicht, wie damals gerade üblich, bei Festungsbauten in den Kolonien Kalk und Steine tragen zu müssen, sondern nach Spanien geschickt zu werden. Ob dies nun geschehen oder nicht, weiß nicht mal der Teufel, jedenfalls hat man von diesem Freibeuter nie wieder etwas gehört. Seine eigentliche Strafe war, die Perlenausbeute vieler Wochen im Werte von rund hunderttausend Peso duro, so rasch gewonnen, unmittelbar darauf wieder zu verlieren und die Freiheit dazu. Das war gewiß für Leute seiner Sorte schlimmer als der Tod.

DER PORTUGIESE BARTHOLOMÄUS
um 1664

Bartholomäus, einer der portugiesischen Fischer, deren Vorfahren schon vor Kolumbus Amerika gekannt, obwohl an einer Stelle weniger milden Klimas als Westindien, nämlich Neufundland, hatte dort bis zum Überdruß Kabeljau geangelt und war den Verlockungen eines der Freibeuter gefolgt, die hin und wieder die Bänke dort heimsuchten. Er war seekundig und mutig, und als der Piratenhäuptling, an den er geraten, eines Tages bei einem sonst glücklich verlaufenen Überfall auf ein britisches Schiff umgekommen war, wurde der Portugiese von der Raubmannschaft zum Kapitän gewählt. Keck genug stellte er sich darauf dem Gouverneur von Jamaika zur Verfügung, der von seinen Vortaten nichts wußte oder wissen wollte, aber geeignete Leute suchte, die spanische Schiffahrt unter die Pranke des Löwen zu zwingen.

In der Gegend des Kap Corriente, das zu Kuba gehört, begegnete die-

BARTHOLOMEUS DE PORTUGEES,
Hooft van een party Franse
en Engelse Roovers.

sem Portugiesen eine spanische Galeone. Er griff sie beherzt an, obwohl sie zwanzig Kanonen und siebzig Mann an Bord hatte, er aber nur mit vier Geschützen und neunundzwanzig Mann aufwarten konnte. Er wurde das erste Mal abgeschlagen. Beim andern Male gelang ihm die Enterung, und indes von den Spaniern noch vierzig gesund oder verwundet waren, hatte er zehn Tote und vier Verwundete. Nach dem Sieg jedoch war der Wind ihm entgegen, und er war gezwungen, dem nachzugeben und, um Wasser zu fassen, sich östlich zu halten. Er gedachte, beim Kap San Antonio, wie schon früher, die dortigen Quellen zu benutzen. Doch da kamen drei Schiffe ihm in die Quere, die von Mexiko gen Havanna segelten. Die erkannten, was geschehen war, und nahmen ihm ohne viel Widerstand die Beute wieder ab. Es handelte sich um hundertzwanzigtausend Pfund Kakao und dazu siebzigtausend Stücke von Achten bares Geld. Nebst den zu erwartenden Lösegeldern oder dem, was aus der Zwangsverdingung der Gefangenen zur Plantagenarbeit herausgesprungen wäre, hätte es gereicht, den übriggebliebenen Räubern einen vernünftigen Lebensabend zu verschaffen. Nun aber wurden sie in Campeche der Justiz ausgeliefert und in Gewahrsam gesteckt bis auf Bartholomäus selber, den einige Kaufleute, die an Bord kamen, als einen gefährlichen Burschen erkannten, der ihnen schon oftmals entwischt war. Sie ließen ihn deshalb unter strenger Bewachung auf dem Schiff. Schon wurde der Galgen für ihn am Strande errichtet.

Wie es möglich war, daß der Bösewicht zwei leere große Weinflaschen erwischte, sie gut zukorkte und — nachdem er seinem Wächter, als Überredung nichts half, die Kehle zugedrückt, ohne daß er einen Laut von sich gab — über die Reling gelangte und sich mittels der Flaschen die lange Strecke bis zum Ufer über Wasser hielt, ist ziemlich rätselhaft. Er konnte nämlich nicht richtig schwimmen und mußte sich auf eine erkundete Strömung verlassen. Danach arbeitete er sich auf den Wipfeln der Krüppelbäume längst des Strandes fort, vier Tage lang, damit die Bluthunde der ausgesandten Häscher seine Spur nicht erschnüffelten. Nach zwei Wochen großer Mühsal erreichte er halbverhungert die „Bucht der Traurigkeit", die ein alter Treffpunkt der Piraten Jamaikas war. Wirklich fand er dort einen der Küstenbrüder, der gerade dabei war, sein Schiff zu kalfatern.

Nach kurzer Erholung lieh sich der Portugiese ein Kanu und zwanzig Mann, um die Scharte auszuwetzen, tat mitten in der Nacht, als bringe er Schleichware, und enterte das Schiff, darauf er gefangen gewesen und das zur Ausbesserung der Kampfschäden vor Campeche lag. Zwar war die wertvolle Ladung schon fast gelöscht und auch das Geld nicht mehr an Bord. Dennoch freute sich Bartholomäus, wieder ein Schiff zu haben, und hoffte, damit bald alles sonst Entgangene wieder einzuholen. Wieder war es der Wind, der Unberechenbare, der ihm ein Bein stellte und ihn bei der Insel der Fichten — allwo Kolumbus hatte schwören lassen, man sei wahrhaftig in Indien — auf die Klippen warf. Mit wenig Leuten kam er in einem elenden Boot nach Jamaika zurück. Und obwohl er nicht lange feierte und bald wieder unter anderm Kommando aufs neue das unbarmherzige Glück zu zwingen suchte, es gelang ihm nicht mehr, selbst nicht, als er's von Tortuga aus unternahm. Schließlich bettelte er, krank und mittellos, dort vor den Tavernen und verreckte, von keinem beachtet — es sei denn, daß später sich ein Fadosänger zu Lissabon seiner erinnerte.

VOM HANDLUNGSGEHILFEN ZUM FLIBUSTIER
Anno 1666

„Aktien staatlich privilegierter Freibeuterbanden", so nennt der Völkerkundler Karl Meule die Anteilscheine der Handelskompanien beider Indien, West wie Ost. Es waren die ersten börsenmäßig gehandelten Effekten, und an ihnen wurde von Amsterdam aus und über Hamburg, London, Lyon, Toulouse und Neu-Amsterdam (dem späteren Neuyork) das moderne Hausse- und Baissespiel entwickelt. Vorzüglich die Intelligenz der aus Spanien und Portugal vertriebenen Juden fand hierin ein Betätigungsfeld, auf dem sogar manche politische Schlacht nachhaltiger als auf dem Felde der Ehre entschieden wurde.

Nicht zuletzt wurde Spanien durch die stillen Kolonnen der Notierung aus seiner Weltmachtstellung gedrängt. Die Mithilfe der Flibustier finanzierte sich so nebenbei. Indes die bedeutenden Bankiers und Börsengewaltigen weiten Kreisen unbekannt blieben, hoben sich die Namen und weniger geheimen Züge erfolgreicher Seeräuber prangend ins Volkstümliche. Besonders, wenn das Gericht Neigung und Gelegenheit ersah, sich mit ihnen zu beschäftigen. Auch fand sich hin und wieder ein Schreibgewandter, den es zu eigener Rechtfertigung oder Geltung drängte, seine Erlebnisse zu veröffentlichen. Einer der wertvollsten Augenzeugenberichte aus der Zeit der Flibustier ist der eines flämischen Wundarztes, der sein Buch unter dem Namen Alexander Olivier Exquemelin Anno 1678 zu Amsterdam in Druck gab und dort unter dem gleichen Namen das Jahr darauf in die Gilde der Ärzteschaft der Stadt sich eintragen ließ. Als sein Geburtsort wurde Honfleur angegeben. Nach französischer Ausage soll es dort eine Apothekerfamilie des Namens gegeben haben. Deren Sohn nun sei der Verfasser der *Piratica America*, „enthaltend die genaue und wahrhaftige Erzählung aller der vornehmen Räubereien und unmenschlichen Grausamkeiten, welche die englischen und französischen Räuber wider die Spanier in Amerika verübt haben, beschrieben von einem, der selbst allen diesen Schandtaten durch Not beigewohnt hat".

Der Autorenname sieht merkwürdig künstlich aus, eine Mischung aus Küchenlatein und Flämisch. Mag sein, daß als Vater ein Amsterdamer Schiffbauer Meling dahintersteckt. Holland war damals die führende Helling Europas. Anno 1660 besaßen die Niederlande rund zehntausend Seeschiffe, England viertausend, Spanien zweitausend, Frankreich nur sechshundert. Da setzte unter Richelieu die Pariser Welt- und Flottenpolitik ein. Viele holländische Schiffsbaufamilien folgten den verlockenden Angeboten französischer Werften. Vielleicht kam so ein Meling (oder auch Memling) nach Honfleur. Die Ausgewanderten bewohnten in der Fremde eigene Stadtquartiere und hielten ihre Sprache in Ehren. Sie verdienten gut und stellten gutbezahlte Schulmeister für ihre Kinder an. Jedenfalls hat der genannte Olivier gut holländisch schreiben gelernt. Ein

Studium in Paris ist nicht aus seinen Aufzeichnungen ersichtlich und war dafür auch nicht nötig. Und wohl auch nicht für seine Laufbahn.

Als die 1664 neu aufgezogene Französisch-Westindische Monopolgesellschaft eine lebhafte Reklame entfaltete, ließ sich der junge Herr Meling als Faktorist für Übersee anwerben. Am 9. Mai 1666 wurde er, als für das Warenlager der Insel Tortuga verpflichtet, auf der *St. Jean* eingeschifft. Der Kauffahrteisegler hatte mehr Kanonen als Besatzungsmitglieder an Bord, nämlich achtundzwanzig gegen zwanzig, und auch die Fahrgäste wurden von den Kanonen um sechs Stück übertroffen. Es war übrigens das letzte Schiff der Gesellschaft, das Tortuga noch bediente. Denn es lohnte sich nicht mehr. Die Siedler und Piraten dort handelten lieber mit den billigeren Holländern. Kreditgewährungen hatten sich als Fehlschlag erwiesen. Die Kunden waren später nicht mehr auffindbar. Somit führte der Kapitän der St. Jean einen Brief an die Faktorei mit, darin sie aufgefordert wurde, alsbald alles an Waren zu veräußern und die Läger zu räumen.

Zu den Waren gehörten auch die „Angestellten". Sie wurden Kopf um Kopf für zwanzig bis dreißig Stücke von Achten losgeschlagen.

Das klingt unglaublich. Aber der Handel mit „weißem Elfenbein" war nicht weniger üblich als mit „schwarzem". Er war nur scheinbar den gesetzlichen Vorschriften eines unterschriebenen Vertragsverhältnisses angepaßt, etwa so, wie heute im durchaus noch blühenden Mädchenhandel. Man sprach von „Dienern", „Gedungenen", „Knechten" bei den weißhäutigen Objekten. Man hat solche kürzlich noch in Europa „Dienstverpflichtete" genannt. Man hätte damals ebensogut wie bei den importierten Schwarzen schlichtweg „Sklaven" sagen können.

Der Verhandelte wurde nicht gefragt. Es gab kein Arbeitsgericht, keinen Einspruch, nichts. Er hatte irgendeinem scharmutzierenden Werber unterschrieben, vielleicht betrunken gemacht, vielleicht apathisch verzweifelt, vielleicht prächtiger Träume voll. Er hatte sich auf drei Jahre gebunden. So wie man es für die Fremdenlegion macht. Bei den Engländern waren es sieben Jahre. Der Käufer zahlte an die Firma, und damit war etwaiges Gehalt abgedeckt. Selbst die Verpflegung war mehr Gefühlsangelegenheit als Anspruch. Dem Übernehmer war die Hauptsache, für die geopferte Summe soviel wie möglich an Leistung herauszuschinden. Einen Neger konnte man dessen Leben lang ausnutzen und suchte ihn also lange zu erhalten, einen Weißen nur die vertragliche Frist. Der Herr hatte das Recht zu jeder Ansprung und jeder Strafe, völlig nach Gutdünken. Er durfte seinen Knecht ruhig totschlagen und dann erklären: Der Schurke wollte lieber sterben als arbeiten.

Einsichtigere zogen allerdings vor, den Elenden erst die letzten Monate so zu schikanieren, bis er flehentlich bat, in einen anderen Dienst treten zu dürfen. Worauf der Boß das Recht hatte, ihn weiterzuverkaufen, wieder für drei oder sieben Jahre, so daß einige dieser Leibeigenen es auf mehr als fünfundzwanzig Jahre Sklaverei gebracht haben sollen.

Man war allgemein der Ansicht, die Fron zu Westindien sei schlimmer als in der Barbarei, ja, übler als in den europäischen Zucht- und Spinnhäusern. Lieber drei Jahre Galeere denn Diener auf den karibischen Inseln! wurde ein geflügeltes Wort. In Übersee rächte sich allerdings auch die damals übliche europäische Behandlung „minderer Klassen" an manchem vornehmen Sprößling, den Übermut, Leichtsinn oder Abenteuerlust in die Ferne getrieben, wo selbst mit Geld nur der sich behauptete, der es günstig und strebsam anzulegen verstand, der den Tavernen, Landhaien und Weibern auswich, hart und skrupellos wurde und gesund blieb.

Unter den Betrogenen, die vom Deck der St. Jean herunter meistbietend abgegeben wurden, befand sich auch der junge Meling. Er berichtet: „Ich hatte just das Unglück, zum ärgsten Schuft der ganzen Insel zu kommen. Der war damals Untergouverneur und tat mir alles Üble, so er nur erdenken konnte, ließ mich Hunger leiden und wollte mich zwingen, mich für dreihundert Stück von Achten loszukaufen, der ich doch nicht mal eines besaß."

Sichtlich war dem Beamten die Herkunft des Erkauften aus dem reichen Holland nicht entgangen, das nach maßloser Bedrückung und Besetzung ein wahres Wirtschaftswunder erlebt hatte. Als aber der Mißhandelte schließlich erkrankte, zog der Blutsauger vor, ihn vor Abgang weiter- und mit Gewinn zu verschachern. Und es war der hinzugerufene Feldscher, der den anscheinend Gebildeten besser gebrauchen konnte und ihn für siebzig Stücke von Achten, also für das Dreifache des Einstands, übernahm, auch die ärztliche Kunst mit Erfolg anwandte, ihm, der nur noch Hemd und Unterhose aufwies, anständige Kleidung gab und bald einen aufgeweckten, rasch lernenden Gehilfen in ihm hatte.

Nach Jahresfrist willigte diese Ausnahme unter den Kolonisten sogar ein, den tüchtigen Alexander Olivier Meling — sicherlich mit dem Zeugnis Exquisite — freizulassen. Doch beweist die dafür geforderte Summe, hundertfünfzig Stücke von Achten, die durch keine Gemütsbewegung zu erstickende reale Einstellung Tortugas. Aber es war trotzdem ein Glücksfall sondergleichen. „Ich habe", schreibt Meling, „selber drei Jünglinge gesehen, die aus Verzweiflung ihren Meister umgebracht, weil sie Tag und Nacht hatten arbeiten müssen, ohne Essen zu kriegen, so daß sie gezwungen gewesen, bei den Nachbarn um ein Stück Kassawabrot zu betteln. Sie wurden gehenkt und sagten vor ihrem Tod aus, ihr Herr habe einen weiteren Mitgesellen zu Tode geprügelt."

Das Lösegeld wurde dem Glücklichen sogar gestundet, bis er es werde beibringen können. Da hieß es also nicht wählerisch sein. Denn: „Ich hatte nichts", sagt er: „So resolvierte ich denn, mich unter die Kaper und Räuber zu begeben." Eine erste Begegnung mit diesem Gewerbe, teils englisch, teils französisch, hatte er schon auf der Überfahrt erlebt. Und obschon kein Seemann, wurde er höflich begrüßt unter dem Haufen der Desperados, Tunichtgute, Hasardeure, entsprungenen Strolche, desertierten Matrosen, entlassenen Soldaten und freigekommenen Sklaven, die sich ins Seehandwerk gefunden und die sich vereinigt mit dem einen verbissenen Ziel, sich ein Vermögen zusammenzuklauben. Sie wählten ihren Anführer mit Stimmenmehrheit aus ihresgleichen, aber gewisse Fachleute eigneten sie sich, wenn nicht anders vorhanden, mit Gewalt an.

Neben Zimmerleuten, Taklern, Segelmachern, Geschützmeistern und Feuerwerkern waren besonders Ärzte gesucht. Doch wandte man gegen diese nur in höchstem Notfall Zwangsmittel an, war man ihnen doch gegebenenfalls gnadenlos geradezu ans Messer geliefert. Meling war zumindest Heilgehilfe. Vielleicht hat er nicht gleich das volle Honorar erhalten, das den Medizinern eines Freibeuterschiffes schon vor jeder Raubfahrt bezahlt wurde, damit er sein nötiges Rüstzeug ergänzen könne. Welchen Piratennamen Meling führte, als er auf der *Dauphin* anmusterte, dessen Kapitän Michel der Baske war, ob er alsbald seinem Namen das Exquisite vermählte und die flandrische in eine mehr französische Endung durch Wegfall des g wandelte, ist nur zu vermuten. Seine Vornamen mischen die Kühnheit des sagenhaften Heros der Antike mit dem Maßvollen des Rolandsberaters aus der fränkischen Sage; wahrscheinlich entstammen auch sie mehr der eigenen als der elterlichen Überlegung. Man begegnet auch einer zusammengezogenen Schreibung seines Namens: Oexmelin.

Wir aber verdanken ihm nicht nur umfassende Schilderungen piratischer Zustände und Ereignisse, sondern auch der Landschaften und Lebensverhältnisse des damaligen Westindiens, zumal Tortugas und Haitis. Wenig leider berichtet er von seiner eigenen Tätigkeit. Immerhin findet sich eine Liste der Beuteanteile wie auch Entschädigungen für Verwundete. Letztere wurde vor der Verteilung des Raubes beglichen. Jedes Besatzungsmitglied sonst hatte Anspruch auf Gleichberechtigung. Nur der Kapitän erhielt zwei Anteile, die Schiffsjungen die Hälfte. Vorweggenommen als Garantie wurden außer zweihundertfünfzig Stücken von Achten (Piaster zu acht Silberrealen gleich einem Dollar) für den Schiffsarzt, je nach Größe des erbeuteten Schiffes, hundert bis hundertfünfzig Piaster für den wichtigsten Techniker an Bord, den Schiffszimmermann. Außerdem für den Mann, der zuerst das Beuteschiff gemeldet, hundert Piaster, und für den, der zuerst die fremde Flagge niederholte, die Hälfte. Die Versehrten aber wurden wie folgt im voraus bedacht: Es gab für den Verlust

eines Fingers	100 Stücke von Achten			
eines Ohres	100	„	„	„
eines Auges	100	„	„	„
einer Hand	400	„	„	„

des linken Arms	500 Stücke von Achten		
des rechten Arms	600	" " "
eines Beines	600	" " "
beider Augen	1000	" " "
beider Beine	1500	" " "
beider Hände	1800	" " "
für eine Wunde mit Kanüle	500	" " "

Je hundert Stücke von Achten konnten auch mit einem Sklaven beglichen werden. Dieses Zahlungsmittel diente je nach Marktlage und Bedarf dem günstigen Weiterverkauf.

„Sklaven", das waren gemachte Gefangene. Die Hautfarbe spielte keine Rolle. Abmachungen dieser Art und eine gewisse Hausordnung, die sogenannten Artikel, hatte jeder vor Aufnahme in die Bordgemeinschaft zu unterfertigen. Doch der erste Satz dieser unbedingt verbindlichen Abmachungen lautete alleweil: Pas de proie, pas de paye. No prey, no pay. Ohne Beut kein Deut. Das ist heute nur noch bei der Bergungsschiffahrt so, die trotz ihrer wahrhaft heldischen und humanen Aufgabe einen — wenn auch durchaus ehrbar geschäftlichen — Hauch des Freibeuterischen bewahrt hat, mit geregelteren Versicherungsansprüchen. Die Flibustier kannten allerdings keine Hinterbliebenenrente, wohl jedoch wurde der Anteil des Gefallenen an die nächste auffindbare Verwandtschaft gezahlt. Kein Staat, kein Unternehmen dachte damals an derartige Rechtlichkeiten, die sich hier die „Ausgestoßenen der menschlichen Gesellschaft" leisteten. Man mußte, um ähnliches zu finden, von der freien See schon in die Bergschächte steigen, wo die Knappen erste Invalidenkassen gründeten. Oder an handwerkliche Bruderschaften denken, die sich immerhin gemeinsame Begräbnisplätze sicherten. Doch soll nicht verschwiegen werden, daß ein Jahr, bevor der junge Schiffsarzt von den Flibustiern wieder loskam, 1671, Louis XIV. ein *Hôtel des invalides* für ein paar bevorzugte Blessierte seiner Raubkriege eröffnete. Sein Vorbild war Cromwells Militärhospital zu Chelsea. Friedrich der Große ahmte hundert Jahre später beide nach.

Verglichen mit dem Dienst auf Kauffahrern oder gar Kriegsschiffen war das Piratendasein höchst verlockend, und nicht nur wegen größerer Gewinngelegenheit. Die würgende Unterordnung dort war hier durch Gleichberechtigung ersetzt. Kapitän und Offiziere, von der Bordgemeinschaft gewählt und durch diese jederzeit absetzbar, wohnten nicht besser als der letzte der Mannschaft, und bei den Mahlzeiten aßen sie alle zu je sieben aus einem Holznapf das gleiche. Freiwillige Selbstdisziplin machte Strafen — die gemeinsam beschlossen wurden — selten, zumal das bei der Marine übliche verhaßte Auspeitschen. Der Kapitän war einzig Navigator und Gefechtsleiter. Für Ordnung im übrigen sorgte der gewählte Quartermeister, der nächst dem Schiffsführer damals auch auf den Handelsseglern noch der mächtigste Mann an Bord war, wie etwa beim Kommiß der „Spieß" neben dem Hauptmann: Verwalter und Büttel in eins. Streitigkeiten der Flibustier untereinander wurden nach eingeholter Erlaubnis nur an Land und mit Säbel oder Flinte ausgetragen. Bei Mord wurde der Mörder mit dem Ermordeten zusammengebunden und ins Meer geworfen. Diese Strafe hatte man von der Marine übernommen. Da jeder wußte, was auf dem Spiele stand: Gewinn oder Galgen, und jeder auf den andern angewiesen war, auf dessen Anständigkeit und Hilfsbereitschaft, betrug sich jeder danach. Das Gefühl der Freiheit ist der beste Anreiz zur Selbstdisziplin. Betrügereien, etwa bei der Beuteverteilung — niemand durfte vorher wirkliche Werte für sich auf die Seite bringen —, waren nicht häufiger als bei bürgerlichen Handelsgeschäften. Und das Kapitel Grausamkeiten, das beliebte, ist leichter — und bis heute — aus den Aktionen sanktionierter Heeresgruppen zu füllen.

Dennoch: Jenes Jahrhundert war sowieso wenig weichherzig. Die Justiz kannte unmenschliche Folterungen, um Geständnisse zu erpressen. Für Vergehen, die heute mit Geldbuße oder Haft wegkommen, gab es gesetzliche Strafen, die uns geradezu sadistisch anmuten. Damals nahm man sie hin als gerecht und gottgewollt. Einem siebzehnjährigen Jungen, der während einer Prozession angeblich einen Spottvers gesungen, wurden noch im Frankreich Voltaires die Zunge und die rechte Hand abgetrennt, bevor man ihn auf den Scheiterhaufen schleppte. Zivile Gelegenheiten bedienten sich des amtlichen Vorbilds. Es nimmt wunder, daß unter dem fraglosen Abhub Europas, der nach Westindien trieb, nicht noch größere Schandtaten wucherten und daß solche Mühe haben, sich neben den Ungeheuerlichkeiten der spanischen Inquisition, der Hexenprozesse oder der ebenfalls „frommen" Soldateska etwa des Dreißigjährigen Krieges zu behaupten, ganz abgesehen von jüngeren staatlichen Maßnahmen an der menschlichen Kreatur.

Cabrera, nahe Mallorca, duftend nach Pinien und Rosmarin, Geburtsstätte Hannibals und im Jahrhundertlauf bald Oase des Friedens, Tempelstätte, Ziegenweide, Hirtenidyll und Fischereiplatz, bald Sklavenmarkt, Sarazenenbeute, Piratennest, Militärstützpunkt. Seit Napoleons Glorie mit dem Beinamen *Insel der Verdammten*. Nach der französischen Niederlage von Bailén 1808 verschmachteten hier, kläglich versorgt, an 6000 halbwüchsige Gefangene. Der Sieger, ein Schweizer in spanischem Sold, Generalkapitän Reding von Biberegg, unterlag und starb, ehe er den Austausch durchsetzen konnte. Der fromme Monarch Spaniens vergaß den Fall. Nach Friedensschluß kehrten fast nur die von Cabrera heim, die das Leichenfleisch ihrer Kameraden zu genießen nicht verschmäht.

KARIBISCHE ENTERTECHNIK
um 1650 und später

Die piratische Angriffstaktik war wohlbedacht und hundertfach erprobt. Das kleinere, wendige Schiff folgte dem größeren im Kielwasser; es hielt sich genau hinter seinem Heck, und es erforderte die gespannteste Aufmerksamkeit des besten Rudergängers, jede Bewegung des Verfolgten sofort zu erspüren und sie zu parieren. Denn gelang dem Gejagten eine rasche Wendung, konnte eine gutliegende Breitseite dem Jäger gefährlich werden. So aber, vom Heck aus, war nicht viel zu befürchten. Die Stückpforten dort waren nicht zahlreich, selten mehr als zwei bis vier, und man nahm sie rechtzeitig mit Scharfschützen aufs Korn, um die Bedienungsmannschaft abzuknallen.

Waren die Seestrolche erst nahe heran, nützten die Geschütze nicht viel; sie konnten nicht tief genug geneigt werden, um das niedrige Deck der Piratenschaluppe zu bestreichen. Die Abwehr beschränkte sich dann auf Flinten- und Pistolenfeuer, auf primitive Handgranaten und Brand- und Stinktöpfe. Das wilde Gebrüll der Angreifer, die schwarze oder blutrote Flagge und die Erinnerung an Ereignisse, wo die Bestien bei Widerstand alles niedergemacht, bei rechtzeitiger Übergabe aber nur milde gehaust hatten, wirkte oft lähmend auf die Verteidiger. Gelangten aber die verwegenen und gar durch Verluste gereizten Burschen unter die überhängende Heckgillung, dann flogen auch schon die Enterhaken und Leinen und verfingen sich an dem Geknaufe üppiger Galerien, Figuren und Schnitzereien, womit die palastartige Rückfront der Karavellen und Galeonen geziert war. Deftige Holzkeile wurden mit wuchtigem Hammer zwischen Ruder und Steven getrieben und so das Opfer manövrierunfähig gemacht. Schon kletterten die ersten halbnackten Kerle an den Enterleinen und Gesimsen empor, gierig, die Belohnung einzuheimsen, die dem winkte, der als erster an Bord der Beute sprang, und doppelt dem, der die Flagge dort niederholte. Sie zerschlugen die Kajütsfenster mit Messerknauf oder Pistolenkolben, sie schwangen sich über die Reling, sie drangen ein, so viele auch getroffen und zurückgeschleudert in die Flut stürzten. Der Nahkampf entschied sich zumeist im Offizierquartier auf dem Achterdeck mit Schießeisen und Stutzsäbel. Dieser sah dem noch heute üblichen Buschmesser, der Machete, ähnlich und wurde gewöhnlich ohne Scheide getragen. Furchtbarer, wenn auch unhandlicher als Waffe war das Enterbeil, eine Mischung aus Axt und Hellebarde, gleich dienlich zum Hauen und Stechen, vor allem auch zum Zerstören von Aufbauten und Takelung. An glatten Schiffsrümpfen, die sonst schlecht Halt boten, hieb man es hinein und brauchte es als Fußstütze.

DER BERÜCHTIGTE LOLONOIS
um 1666

Er stammte wahrscheinlich aus dem kleinen Hafen Sable d'Olonne in der Vendée, der einen der schönsten Badestrände am Atlantik und gleich zwei Spielkasinos aufweist. Eine gewisse Leichtigkeit der Lebensauffassung schien dort seit je vorzuherrschen. Der junge François Nau — andere wollen wissen, er sei auf Jean David getauft — fand jedenfalls wenig Genuß an dem bescheidenen Leben, das sein ehrbarer Vater als kleiner Kaufmann führte. Er griff nach Bedarf in die Kasse, ohne das Gehörige dafür zu leisten, trieb sich in den Hafenkneipen herum und lauschte dem glitzernd gesponnenen Garn der Teerjacken. Sein Vater jagte ihn aus dem Haus, und er wandte sich nach Rochelle, wo es hinter den drei mächtigen Hafentürmen zwar noch keine Schiffahrtsschule gab, wohl aber Landhaie genug, die auf unerfahrene junge Leute lauerten, sie gen Übersee zu verkaufen. Ah, schon das Wappen der Stadt mit der großartigen Fregatte darin konnte den nichtsnutzigen Träumen eines davongelaufenen Bengels näherkommen. Wie reizvoll aber erst mußte das Leben auf den Inseln der Tropen zwischen Palmen, Kolibris, Affen, Papageien sein, wo einem die saftigsten Paradiesfrüchte von allen Zweigen in den Mund hingen! Wenigstens nach Aussage der abgebrühten Menschenhändler, denen der François Nau ungeduldig ein Zertifikat unterschrieb für drei Jahre „Familienanschluß" auf San Domingo.

Er wurde Plantagenarbeiter, das war's, und wurde nicht besser als ein Sklave behandelt. Was sein Vater an Hieben versäumt, wurde ihm hier täglich mit der Peitsche des Aufsehers zuteil. Aber wann hätten Hiebe zum Bessern gedient, wenn der Kern nichts taugt? Hier dienten sie nur dazu, die letzten Regungen des Gemüts zu verkrusten. Flucht! war alles, was als nächstes Daseinsziel blieb. Doch mittellos, waffenlos in den Busch zu laufen, war für einen Neuling der sichere Tod, das erlebte man auf den Pflanzungen jede Woche. Aber François hatte Glück, wenn man will, er gelangte halbverhungert zu einer Gruppe Bukaniere und verdingte sich — notgedrungen — nun denen als Knecht. Herr sein in den Kolonien, außerhalb europäischer Gesetzmäßigkeit, bedeutete seit je die Lust an unumschränkter Gewalt. Je minder die Charaktere, je getretener sie daheim gewesen, desto unentwegter reckten sie sich übersee ins Brutale. Der junge Nau war vom Regen in die Traufe gelangt. Die Hiebe regneten hier dichter als zwischen den Tabakstauden. Selbst sonntags gab es keine

Algiers

Kapitein Lambart met 6 Schepen uit Holland na Algiers gesonden door 125 gevangene Zee Rovers in 't gesight van deselve stad aan de rea ophangen en zag aan my gebonden in Zee werpen Deze Actie is te sien in fol. 117

Captain William Dampier.
Kupfer nach dem Ölgemälde von T. Murray

Sir John Hawkins.
Nach dem Stich von Harding

Pause. Da mußten die wochentags abgezogenen und gereinigten Häute zur Küste geschleppt werden. An Flucht war nun noch weniger zu denken. Die Bluthunde der Jäger, die betrogenen Pflanzer, die spanischen Lanzenreiter und die ungeheure tropische Wildnis waren geeignetere Schranken als jede Zuchthausmauer.

Doch eines Tages, als Nau, in allen Fasern zermürbt, dem Meister nicht einmal mehr das Feuerrohr auf die Jagd nachzutragen vermochte, schlug dieser ihm wütend mit dem Kolben über den Schädel und ließ ihn für tot liegen. Doch Nau kam wieder zu sich, versuchte dann sogar, die Bukaniere wiederzufinden. Einer der Bluthunde war bei ihm geblieben. Er mochte von dem Elenden ungewohnt zärtlich behandelt worden sein, der heimwehkrank Trost und Anlehnung gesucht, wofür Tiere eine rührende Witterung bezeigen. Der vierbeinige Kamerad führte ihn zu einer Suhle, wo eine Sau gerade geworfen hatte, und fraß begierig die Ferkel, bis der noch immer halb Betäubte sich hungrig an dem Mahl beteiligte.

Erst nach Monaten stieß er auf eine Gruppe Jäger. Diese waren erstaunt, einen völlig „Verwucherten" zu sehen, begleitet nicht nur von mehreren Hunden, die ihm zugelaufen, sondern auch von zwei Wildschweinen, die er gezähmt. Es dauerte lange, bis er sich wieder an gekochte Nahrung gewöhnte. Er wurde nun von den Jägern als gleichberechtigt aufgenommen, erhielt eine Flinte und bildete sich zu einem hervorragenden Schützen aus. Doch der Schlag auf den Kopf und die Drangsale der Wildnis hatten ihn ein für allemal gezeichnet. Die notgedrungen erweckten tierischen Ur-Eigenschaften waren ihm geblieben, vor allem die Gier nach Beute, gesteigert durch das Bedürfnis, Rache zu nehmen und den Blutdurst zu stillen. Doch scheint gelegentlich die Neigung nicht ausgeblieben zu sein, diesem höllischen Zwang zum Niedersten zu entrinnen. Und daß es vielleicht eine Erlösung davon gebe, indem man reich genug würde, sich gelassen auf eine hübsch gelegene Pflanzung oder gar wieder an den Strand von Sable d'Olonne zurückzuziehen.

Gelegentlich der Verfrachtung von Häuten kam er mit Flibustiern ins Gespräch und schloß sich ihnen kurzerhand an. Als diese für einen geplanten Raubzug ihr Schiff mit Proviant zu versorgen gedachten, führte er sie zu der Plantage seines vormaligen Herrn, wo die Bande die Koben ausräuberte, indes er dem aufbegehrenden Besitzer eine Axt in die Stirn schlug. Von da an war Menschenmord sein größter Genuß. Das Seehandwerk lernte er nebenbei, zumal das Ertasten des geeigneten Fahrwassers, was mit rohem Instinkt oft besser gelingt als mit der gelehrtesten Navigation. Er wurde, da er die nötigen Fähigkeiten an Schläue und Brutalität aufwies, zum Anführer gewählt.

Der Statthalter auf Tortuga, gewillt, die Kolonie mit allen Mitteln zu fördern, und diese Mittel, da sie von Paris nicht zu erwarten waren, möglichst den Spaniern abzuschröpfen, gab dem neuen Manne, der bei den Flibustiern den Namen seiner Herkunft erhielt, L'Olonnois, vereinfacht

Lolonois zwingt spanische Gefangene zum Reden

zu Lolonois, ein eigenes Schiff. Nach wechselndem Erfolg, der insgesamt
reiche Erträge abwarf und ihm den Zulauf ausgekochter Hasardeure sicherte, warf ein Orkan an der leidvollen Küste von Campeche seine Brigantine an den Strand. Spanische Kolonisten machten kurzen Prozeß mit
den Schiffbrüchigen. Und obschon sich diese wie die Teufel wehrten,
wurden sie alle massakriert. Auch Lolonois wurde — wie schon einmal —

für tot liegengelassen. Er hatte sich aber rechtzeitig mit dem Blute seiner Kameraden beschmiert und sich so unter die Leichen geworfen. In der Nacht stahl er ein Boot und gelangte damit zur Insel Tortuga zurück. Das ist für einen einzelnen Mann eine unglaubliche Leistung. Aber Leute solchen Schlages, getrieben, gehärtet, entfesselt, in der Wildnis aufs brutalste trainiert, wie jene Zeit sie hervorbrachte, waren zum Ertragen von unerhörten Strapazen fähig.

Lolonois fuhr alsbald wieder los, um einigen Galeonen aufzulauern, die im kubanischen Hafen Bocca de Caravelas Zucker, Tabak und Dörrfleisch für Havanna übernahmen, um dort die Läger zur Verpflegung der spanischen Geschwader aufzufüllen. Aber sein Vorhaben wurde durch einige Fischer verraten, und eine Fregatte erschien auf dem Plan, die Piraten abzufangen. Sie legte sich in der engen Mündung des Flusses Efferra vor Anker. Lolonois, im ausgedehnten Späherdienst der Brüderschaft, bekam Wind davon, landete und verteilte seine Mannschaft heimlich des Nachts an beiden Ufern. Im Morgengrauen, als die Fregatte mit den Abfahrtsmanövern beschäftigt war, nahm er sie unter heftiges Feuer. Was von der Besatzung zum Losmachen der Segel auf die Rahen geentert war, stürzte tot oder verwundet auf Deck. Wohl schossen die Kanonen nach beiden Seiten in den Uferbusch, aber da die Angreifer im Dickicht wohlgeborgen lagen, war die Wirkung gering. Lolonois gelang in ein paar bereitgehaltenen Kanus die Enterung. Dann geschah, was sonst selbst unter den verruchtesten Piraten selten war. Lolonois erschlug alle Verwundeten. Die Überlebenden hatten sich in den unteren Schiffsraum geflüchtet. Er ließ sie einzeln zur Luke herauskommen und hieb ihnen, sobald sie erschienen, den Kopf herunter. Es war ein Neger dabei, mitgeschickt als Henker, dem überließ er nach einer Weile den Rest der Spanier bis auf einen, der beauftragt wurde, dem Neger den Hals durchzuschneiden. Dann übergab er diesem letzten einen Brief an den Gouverneur zu Havanna, darin schildernd, wen der beauftragte Henker anstatt der Flibustier erledigt habe.

Mit der eroberten Fregatte besaß Lolonois ein Raubschiff nach seinem Geschmack und war nun für andre Unholde bündnisfähig. Ihm schloß sich Michel der Baske an, ein gewesener Rittmeister; diesem übergab er den Befehl über etwaige Landetruppen. Auch Moses von Klein war als Genosse willkommen, da er gute Beziehungen zu den Zwischenhändlern hatte und zudem von Segeln und Schießen das Nötige verstand. Auf Tortuga strömten vierhundert Mann zusammen und wählten die eroberte Fregatte zum Flaggschiff und Lolonois zum Admiral. Damals war Herr d'Oregon frisch auf die Insel gekommen, amtlich das Ansehen der Krone zu mehren, und er war mächtig erbaut, aus den Unternehmungen des Lolonois Werte von rund zweihunderttausend Stücken von Achten als Prozente buchen zu können. Er bot dem Piraten — ihn behördlich selbstverständlich als Korsaren bezeichnend und ihm den üblichen Freibrief gegen Spanien ausstellend — sämtliche staatlichen Lagerschuppen zur

Unterbringung von Beute und Gefangenen an und gab ihm das kleine Kriegsschiff *Cacaoyère* zur Verstärkung mit, doch nicht ohne es vorher umzutaufen in *Sacochère*, statt des Kakaos also mehr den Geldbeutel im Auge. Auch durften seine beiden tatendurstigen Neffen — sie waren eben aus Frankreich angelangt — mit an Bord.

Es kam eine Flotte von acht Fahrzeugen zusammen mit sechshundert Mann. Moses von Klein wurde zum Vizeadmiral gewählt. Das Ziel war die Stadt Maracaibo an der Küste Venezuelas. Hundert Jahre zuvor hatte eine deutsche Handelsgesellschaft das Land von Kaiser Karl V. gekauft, die Welser aus Augsburg. Von den damals eingewanderten deutschen Bergknappen, Bauern und Beamten war kein gutes Andenken zurückgeblieben, es sei denn ein paar blauäugige Mischlinge und die Behauptung, keine andere Nation habe so geizig wie grausam in der Neuen Welt gehaust wie dieser so bald zerstobene Vortrupp deutscher Kolonisationsversuche. Auch sollen die Welser die ersten Negertransporte von Afrika gen Westindien besorgt haben. Später kauften Amsterdamer Häuser das Privileg. Wie dem auch sei, Maracaibo war seitdem ein Mittelpunkt des Handels mit „schwarzem Elfenbein", und die Firmen alldort, die auch den Export der Plantagenerzeugnisse besorgten, Kakao, Zucker, Tabak, galten als ungemein reich. Anno 1666 gab es dort viertausend Einwohner. Die Garnison zählte achthundert Soldaten.

Lolonois bemächtigte sich der Festung, die auf der Hundshai-Insel den Hafen schützt, und drang dann in die Stadt. Die Einwohner waren aber mit ihrer besten Habe in den Urwald geflohen. Er schickte seine Leute hinterdrein, und sie kamen mit achtzig Gefangenen und fünfzig beladenen Mauleseln zurück. Alsbald wurde ein Lösegeld von hunderttausend Peso duro erfoltert.

Vierzehn Tage lang durchsuchten die Banditen die verlassene Stadt, dann zogen sie weiter nach einer Siedlung, die Gibraltar genannt war, wurden aber erbittert empfangen. Ihrer Verluste ungeachtet, befeuert von der Gier, sich zu bereichern und Orgien zu feiern, überwanden sie mit einer Kühnheit, die besserer Aufgaben wert gewesen, alle Spanischen Reiter, Fallgruben und künstlichen Sümpfe und was zur Verteidigung hergerichtet war. Wer fiel, war davon, wer verwundet wurde, starb ebenfalls, da die Verletzungen alsbald bei der tropischen Hitze in Brand übergingen. Lolonois und seine Unterführer entrannen dem Verderben nebst einigen hundert ihrer Kumpane. Der Haufen genügte, um in vier Wochen die kleine Stadt völlig auszuplündern und leerzufressen, während die in die Hauptkirche hineingepferchten Bewohner vor Durst und Hunger starben. Nur jene Frauen blieben übrig, die von den Schurken zur Ergänzung ihrer „frenetischen Wonnen" — wie Anna Franchi es nennt — herausgesucht waren. Als der Gestank der Leichen unerträglich wurde und nichts mehr an Schätzen zu ermartern war, auch allerlei Krankheit auftrat, steckten die Flibustier das Städtchen in Brand. Und nachdem sie nochmals Maracaibo heimgesucht und weitere dreißigtausend Peso erpreßt, zogen sie ungehindert ab.

Auf der Kuhinsel vor der Südküste Haitis, dem altbeliebten kahlen Sammelplatz, der leicht nach allen Seiten hin zu übersehen war, teilten sie die Beute auf der beschworenen Grundlage. Der Gesamtwert war rund dreihunderttausend Dollar. Für jeden der Überlebenden ergab sich, nach Abzug der Sonderspesen, nicht viel mehr als vierhundert Stücke von Achten oder vier Sklaven. Lolonois erhielt rund das Dreifache und meinte schon, sich zur Ruhe setzen zu wollen. Auf Tortuga aber zerging alles wieder in Gelagen jeder Sorte. Der Gouverneur wie die Händler, Wirte und Bordellinhaber förderten die „Weiterverteilung" nach Kräften, um die Helden so bald wie möglich zu neuen Taten genötigt zu sehen. So wie der Heuerbaas in den Häfen den einlaufenden Seemann rasch „arm" machte in jenen Zeiten, da noch Seeleute gesucht wurden und nur völlig Ausgeplünderte freiwillig auf die dumpfen Kästen sich pökeln ließen mit der Aussicht, bei den schaurigen Verhältnissen der Unterbringung, Verpflegung und Behandlung eher an Skorbut oder Typhus denn als Opfer von Wind und Wogen umzukommen.

Von Tortuga aus dauerten die Reisen selten so lange, daß Nahrungsmangel eintrat. Aber das Trinkwasser war in der Tropenhitze besonders rasch verderblich und floß schon am dritten Tag nur noch als trüber Sud aus den Holzfässern. Gewiß waren auch die Wohnverhältnisse dort, woher die meisten derer kamen, die ehrbar oder unehrbar zur See fuhren, höchst primitiv. Und im Essen und Trinken verwöhnt zu sein, war nur wenigen vorbehalten, und die betraten sowieso keine Schiffsplanken. Karl V. war eine Ausnahme, aber in solchen Fällen war für den herkömmlichen Luxus gesorgt. Wer in der Kriegs- oder Handelsmarine sich durch Robustheit, Fähigkeit oder Empfehlung zum Offizier emporrang, hatte es nur wenig bequemer und reichlicher als die Mannschaft. Auf den Piratenschiffen jedoch gab es überhaupt keine Unterschiede betreffs Quartier und Mahlzeiten. Die allgemeine Beengung wurde dadurch kameradschaftlicher ertragen. An Land machte man sich in desto ausladenderen Gesten Luft und holte nach, was man hatte entbehren müssen. Das läßt viele der Exzesse verständlich erscheinen, so sehr es dem gleichmäßig gebetteten Bürger geziemt, darob seine Haare zu sträuben.

Auf Tortuga praßte man, solange man hatte; denn die Aussicht, bald wieder leichtlich zu etwas zu gelangen oder aber abzukratzen, lag ringsum auf dem blanken Teller der See. Lolonois hatte diesmal Zulauf von mehr denn siebenhundert Mann. Keine Ladung eines noch so gewichtigen Schiffes hätte bei der Teilung hinreichend befriedigen können. Die Zeiten, da Galeonen den Bauch bis unters Quarterdeck voll mit indianischen Goldgeräten, Edelsteinen und Perlen übers Meer schleppten, waren längst dahin. Man wollte darum lieber wieder „maracoiben". Und beschloß, die kleinen Städte um den meeresverbundenen See Nicaragua zu überfallen. Aber das Glück war diesmal weniger hold. Widrige Winde zwangen, längs der Küste von Honduras zu fahnden. Aber die Hafenläger dort an Indigo, Cochenille (beides begehrte Farbmittel), Sarsaparillawurzeln (als Nierendroge) und Jalappe-Harz (daraus Abführpillen hergestellt wurden) waren kläglich leer. Die Frachten schwammen schon gen Europa.

Man war in die falsche Saison geraten und ließ seinen Irrtum die Faktoristen, Pflanzer, Händler, Beamten und Geistlichen entgelten, wo man derer habhaft wurde. Eigentlich war man froh, daß die Läger geräumt waren und man das dafür bezahlte Bargeld einheimsen konnte nebst Gold- und Preziosenschmuck. Wo nicht gutwillig herausgerückt wurde, half man mit bewährten Methoden nach. Doch soll Lolonois noch einige besondere Foltern ausgeklügelt haben, die denen des britischen Kompanievertreters auf Java nicht nachstanden. Wohl wird der Mediziner dem Kaufmannssohn aus Olonne den Milderungsgrund einer früheren Hirnverletzung zubilligen, wenn der „Kollege" Exquemelin berichtet, der Unhold habe einem der an Bäume gebundenen Spanier, als niemand das Gewünschte verraten wollte oder konnte, vor Wut die Brust geöffnet, das Herz herausgerissen, hineingebissen und es dem nächsten ins Gesicht geschleudert. Der Illustrator der holländischen Erstausgabe hat nicht verfehlt, die Szene wiederzugeben. Die Zeit, reich an Grausamkeiten, liebte solche auch in der Lektüre. Die Berichterstatter damals waren gegenüber dem Geschmack des Publikums nicht weniger entgegenkommend als in späterer Epoche, die sich mehr für Erotik als für Quälereien interessierte. Heute, Mitte des 20. Jahrhunderts, ist beides wieder gefragt, wie die Illustrierten und manche Bücher zeigen.

Alles in allem blieb Lolonois' Beute diesmal ungewohnt gering. Es gab eine richtige Meuterei. Vor allem diejenigen, die von dem Rufe des Piratenadmirals direkt aus Frankreich hergelockt waren, betrugen sich am vorwurfsvollsten, ohne Einsicht, daß selbst die Freibeuterei nur in Ausnahmefällen goldene Träume erfüllt. Die Hälfte der Bande trennte sich von dem Olonneser und folgte teils seinem „Vizeadmiral" Moses von Klein, teils dem baskischen Michel; sie verschollen hierhin und dorthin. Nur mit übermäßigen Versprechungen hielt er an die dreihundert Mann zurück und brachte sie auf seiner Fregatte unter, voll phantastischer Pläne. Doch versagte nach dieser menschlichen Schlappe auch sein „tierischer Instinkt". In den Untiefen vor dem Kap, das spanisch Gracias-a-Dios, „Dank gegen Gott" heißt, lief sein Schiff auf die Klippen. Die Räuber mußten von Bord und hausten fünf Monate dürftig am Ufer, als fleißige Kolonisten getarnt, ein wenig Landbau für ihre Notdurft betreibend, da bis weit ins Innere nicht Weg noch Steg noch Ansiedlung war. Nebenbei bauten sie aus den Wrackteilen ein Boot. Und eines Tages losten sie die Besatzung dafür aus und wagten sich nochmals in den Fluß San Jean, der die Verbindung zum See Nicaragua bildet. Sie schworen, mit Beute zurückzukehren und zu teilen. Aber der Streifzug mißlang. Die Spanier waren auf der Hut und vernichteten den größten Teil der Horde.

Lolonois vermochte mit dem Rest einen kleinen Segler zu übernehmen und versuchte, zu den auf der Halbinsel Perlas Wartenden zurückzugelangen. Doch gedachte er, sich vorher im Golf von Darien gehörig zu verproviantieren, wurde indes von wilden Indianern umzingelt, gefangen, verstümmelt, lebendig gebraten und verzehrt. Die Genossen an der Perlasküste, elf Monate harrend, sollen zuletzt das Leder ihrer Stiefel verspeist haben und wurden dann, von den Spaniern entdeckt, mit Bluthunden zu Tode gehetzt. Nur fünf derer, die so prahlend ausgezogen waren, kehrten nach Tortuga zurück. Somit erfuhr man von dem Schicksal der andern.

> *Als Schandmensch hoch in Ruhmgeruch,*
> *mit grausen Taten aufgeputzt . . .*
> *Doch schließlich hieß der Richterspruch:*
> *Er war nur krank und ausgenutzt.*

DER ALTE MANSFELD
bis 1667

Um die Mitte des drangvollen 17. Jahrhunderts war auch ein gewisser Eduard Mansfeld erwählter Anführer der Flibustier auf Tortuga. Er galt bald als Franzose, bald als Engländer, bald als Holländer, stammte aber wahrscheinlich aus Luxemburg von der dortigen Linie und wurde in der ganzen Karibischen See nur der alte Mansfeld genannt. Sein Vater war vielleicht jener Peter Ernst II., der, ein unehelicher Sohn des katholisch strengen Hauses in Ungarn und den Niederlanden, für die Habsburger focht, später jedoch der Protestantischen Union beitrat, ohne zu konvertieren. Er verteidigte die Rheinpfalz gegen die Spanier, stritt gegen Tilly und Wallenstein, versuchte, diesen von Norddeutschland abzulenken, wurde in Siebenbürgen verraten und verlassen, schlug sich nach Italien durch, um Venedig zum Eintritt in den Krieg zu überreden. Unterwegs in einem Wirtshaus nahe Sarajewo aber erlag er den „Franzosen", wie es noch gerne hieß, wenn jemand die Entdeckung des Kolumbus zu büßen hatte.

Die Unruhe seines Blutes war auf einen seiner Söhne übergesprungen, der sich als Eduard in den westindischen Berichten wiederfindet und das Von abgelegt hatte. Der Haß gegen die Spanier, den er von seinem Vater ebenfalls geerbt, machte ihn zu einem willkommenen Partner der Flibustier. Doch scheint er nach Jamaika übergewechselt zu sein, als nämlich die Gelegenheit, den Durst nach Kampf, Beute, Aufsehen und Rache zu

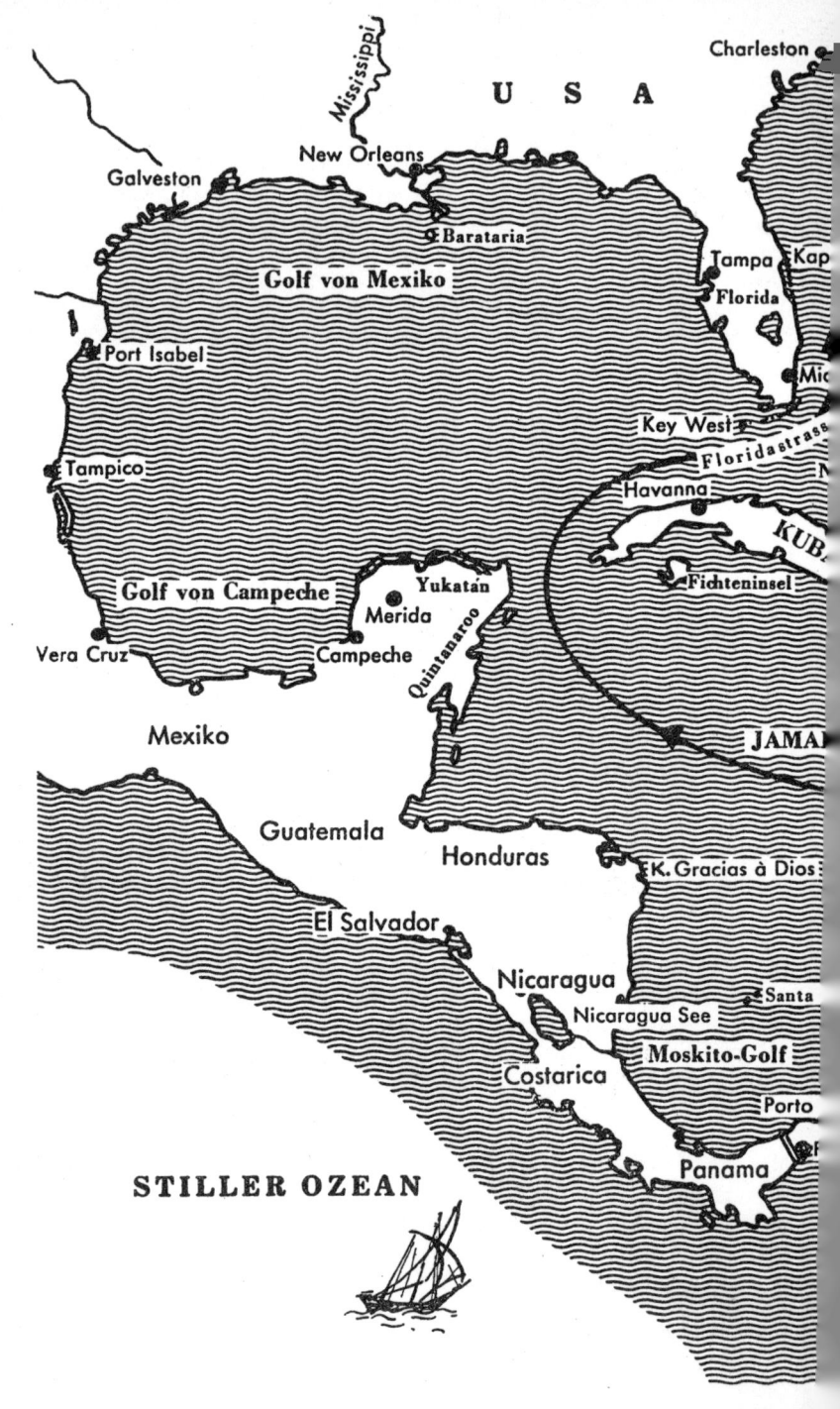

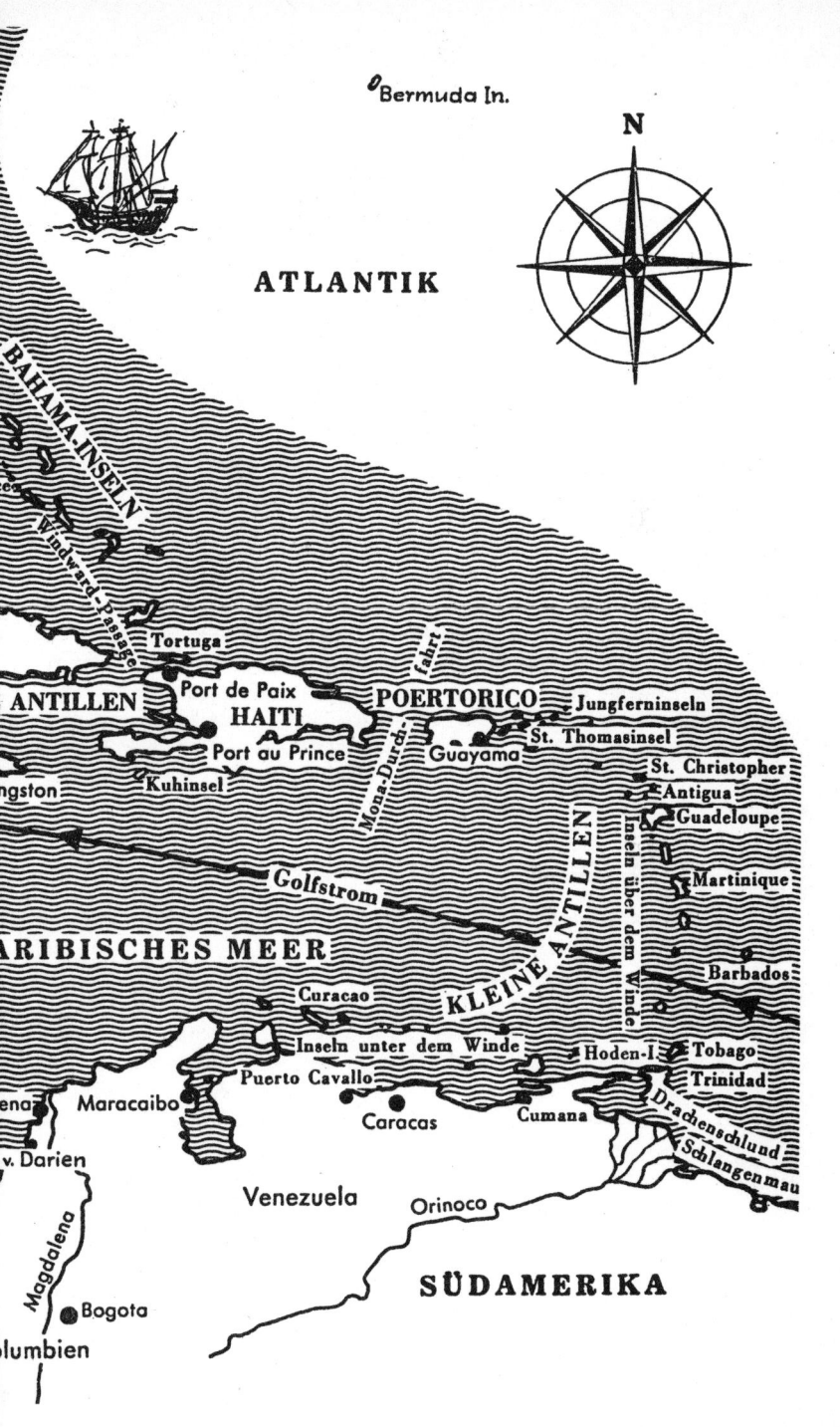

Bermuda In.

N

ATLANTIK

BAHAMA-INSEL

Windward-Passage

Tortuga

ANTILLEN
Port de Paix
HAITI
Port au Prince
ngston
Kuhinsel

POERTORICO
Jungferninseln
St. Thomasinsel
Guayama
St. Christopher
Antigua
Guadeloupe
Martinique

Mona-Durch-fahrt

Inseln über dem Winde

KLEINE ANTILLEN

Golfstrom

Barbados

ARIBISCHES MEER

Curacao
Inseln unter dem Winde
Puerto Cavallo
ena
Maracaibo
Caracas
Cumana
Hoden-I.
Tobago
Trinidad

Drachenschlund
Schlangenmau

v. Darien

Venezuela
Orinoco

Magdalena

Bogota

lumbien

SÜDAMERIKA

stillen, von dort aus günstiger wurde. Der damalige Gouverneur wußte zwar im Augenblick keinen Auftrag gegen Spanien zu vergeben, wohl aber gegen die Insel Curaçao, weil England gerade einmal sich im Frieden mit Spanien befand, dafür aber im Krieg mit Holland; es hatte sich deswegen der aufblühenden Stadt Nordamerikas, Neu-Amsterdam, bemächtigt und es in New York umgetauft.

Der alte Seeknechtshauptmann Mansfeld übernahm für zwanzig Pfund Sterling einen Freibrief, der ihm volle Willkür gewährte gegen alles, was nach Edamer Käse roch. Die Beute stand ihm zu nach Abzug von 10 Prozent für den britischen König und 15 Prozent für dessen Admiralität. Ihm, dem erprobten Auskämmer der Schiffahrtswege, schloß sich ein junger Mann an, den der Gouverneur leichthin als begabt empfohlen und dessen flammende Haarfarbe ihm den Piratennamen Rotkopf eingetragen. Er nannte sich überdies Morgan, noch nicht ganz schlüssig, ob er als Vornamen Johan, Harry oder Henry bevorzugen solle. Der Kalender zeigte Mitte des Jahres 1666. Daheim vor Dünkirchen schlug Admiral de Ruyter die englische Flotte, in London wüteten Pest und Großfeuer, und des Poeten Dryden speichelleckerisches *Annus mirabilis* verherrlichte die Vergangenheit zu sehr, um der Gegenwart viel Hoffnung zu lassen. Vielleicht setzte Mansfeld auf die falsche Karte. Frankreichs Sonne raubte eben Flandern und Burgund, gründete zudem die Pariser Akademie der Wissenschaften und gewährte den kinderreichen Familien Steuererleichterung. Doch durfte man von Deutschland Zuzug an Mannschaft erwarten. Der Fürstbischof zu Münster verkaufte seine Untertanen tausendweise als Kanonenfutter jedem, der dafür zahlte. Natürlich war das für keine Zukunft so wichtig wie etwa die soeben begonnene Handschriftensammlung zu Wolfenbüttel, wo später Lessing seinen stillen Lebensabend gesichert fand. Und immerhin schloß der Gastwirt zu Gaisbach, Hans Jakob Christoffel von Grimmelshausen, grad die Niederschrift seiner Erinnerungen an den Dreißigjährigen Krieg ab.

Das alles konnte gewiß den durchsottenen Mansfeld nicht rühren. Seine Beteiligungen zielten aufs Allerpersönlichste. Somit überlegte er mit seinen Unterleuten und zog dann die gesamten fünfhundert Mitstreiter ins Vertrauen, daß Curaçao erstens ein magerer, zweitens ein übel scharf befestigter Brocken sei. Darum liege der Kurs besser an, einen geeigneten Stützpunkt, ein neues eigenes Tortuga zu suchen, ihn also ein paar Striche westlicher zu nehmen und die kleine hübsche Insel Santa Catalina — eigentlich sind es zwei — aufzusuchen. Sie liegt vor der Küste Nicaraguas, ein recht tropisches Kokospalmenidyll, umgeben von Korallenriffen und Haien, wie es malerischer in keinen europäischen Knabenträumen spukt. Die Engländer nannten die Gruppe später Old Providence, der Vorsehung zuliebe, die solches Asyl geschaffen, und im Gegensatz zu New Providence, dem Eiland weit südlicher bei den Bahamas, welches ein halbes Jahrhundert das wurde, was Mansfeld von Santa Catalina erhoffte. Mansfeld setzte die kleine farbige und halbfarbige, von einem Kreolen aus Neu-Granada (Kolumbien) geleitete spanische Besatzung an die Luft, beauftragte den tüchtigen Franzosen Simon, die Befestigung zu verstärken, ließ eine Anzahl Leute dort, denen er genügend Standfestigkeit zutraute, und kreuzte mit den übrigen gegen die spanischen Festlandhäfen. Denn um die Mannschaften munter zu halten, bedurfte es nichts als Proviant und Beute. Beides war auf Catalina nur spärlich gewesen; es bedurfte eines Fonds für flaue Zeiten.

Der vom Gouverneur mitgeschickte „Vertraute" Jamaikas, Rotkopf Morgan, trennte sich nun von ihnen und segelte heim, um zu berichten. Mansfeld räuberte unterdessen einiges zusammen, hatte aber nicht recht Glück und zudem konträre Winde, die ihm rieten, die Stimmung in Port Royal zu peilen. Der Gouverneur nahm zwar den Prozentanteil nebst Geschenken entgegen, durfte aber mit amtlichem Tadel kaum zurückhalten, hatte auch schon alsbald nach Morgans Rapport einen von sich aus ernannten Verweser, einen Engländer allerdings, nach Santa Catalina geschickt (der aber gerade recht kam, den wiedererobernden Spaniern ins Garn zu laufen).

Die Ansicht, Gouverneur Modyford habe Mansfeld „zur Strafe" dann nach Tortuga abgeschoben, wie man zu lesen pflegt, scheint nicht stichhaltig. Vielmehr wird Mansfeld aus sich — und weil der Südwest und sein Ärger anhielten — gen Tortuga abgeschwenkt sein, um seine private Seemacht dort hinreichend aufzufüllen. Das Ziel war kaum zweifelhaft. Denn sein Auftrag gen Curaçao — nach Modyfords eigener Aussage in aufbewahrten Dokumenten — hatte auch den Zweck gehabt, den lange geargwöhnten Appetit des alten Seegeiers von dem reichen Port Royal abzulenken und ihn durch die wohlbewehrten Holländer womöglich erledigt zu sehen.

Mansfeld also begab sich auf den kurzen Pfad durch die Windward-Passage nach Tortuga, zwei runde Segeltage brauchte man damals bei raumer Brise. Auf Tortuga jedoch erlosch seine Spur. Man hörte später schlicht, er sei plötzlich gestorben. Er war über sechzig. Auch gab es damals schon Herzinfarkte. Ebenso wie es zu allen Zeiten Geheimdienst gab und was dazugehört. England konnte und wollte es sich kaum leisten, das Gibraltar Karibiens, Jamaika, an eine Horde Desperados und über diese an Frankreich zu verlieren, das sich gerade nebenan auf Haiti ausdehnte. Daß Mansfeld kein Engländer war, wie die Schreibung seines Namens in englischen Berichten, Mansfield, vermuten ließe (doch bezeichnet Gosse ihn wegen Exquemelins Fassung, Mansveld, als Holländer), wird durch sein unabhängiges Verhalten bezeugt. Er fühlte sich so vogelfrei wie damals alle Deutschen in Übersee. Man hat ihm bald die Glorie des Märtyrertums gewoben, er sei bei einem spanischen Überfall gefangen und zu Tode gefoltert worden. Man brauchte solche Angaben, um für die angestrebten Massaker jenen Schwung zu fördern, der mit Beutegier allein nicht, wohl aber mit Haß und Rachedurst zu erkitzeln ist und sich damit sogar den Glanz gerechter Vergeltung übers Gemüt legt.

Wie dem auch sei, an Stelle des Erledigten wurde Rotkopf Morgan von den Flibustiern zum Anführer gewählt.

ALEXANDER EISENARM
Anno 1668

Einer der Küstenbrüder, die der junge „Bordarzt" Meling alias Exquemelin nach einem Gefecht behandelte, war der Einzelgänger Alexander, genannt Eisenarm. Er genas von seiner Verwundung, zeigte sich aber nicht gerade freigebig, es sei denn mit den Berichten seiner Taten, was in Honorar umzumünzen nicht jedem Mediziner gelingen mag. Uns aber wäre dieser Eisenarm sonst für immer unbekannt geblieben. In einem rechten Golfstrom-Hurrikan wurde das Schiff dieses Briganten, die *Phoenix*, entmastet und bald darauf von einem Blitz getroffen, so daß die Pulverkammer in die Luft flog und ein Teil der Besatzung umkam. An die vierzig konnten sich schwimmend retten, da der Vorgang sich nahe der Hodeninseln westlich des Drachenschlundes zugetragen. Auf dem erreichten Eiland lebten Indianer, die sich bislang den Segnungen der Kultur hatten entziehen können oder schon wieder entzogen hatten; denn es war dort nichts an Gold, Edelholz und Gewürzen zu holen. Die Schiffbrüchigen hatten ein paar Pistolen und Gewehre gerettet und setzten damit die Eingeborenen in Schrecken, als seien die Tage des Cortez wiedergekehrt. Aber sie gedachten nicht, in der Meereseinsamkeit zu versauern, und starrten sehnsüchtig auf den Horizont, ob nicht ein Segel auftauche, sie zu erlösen.

Als nun wirklich eine Fregatte herankreuzte, um Frischwasser einzunehmen, ein Handelsschiff, doch gut bestückt und mit einiger Miliz als Bedeckung, kam der Eisenarm mit seinen Genossen als rechten Wegelagerern überein, sich vorerst nicht bemerkbar zu machen. Sie versteckten sich um die Quelle herum, umzingelten den soldatischen Landetrupp und schossen ihn aus dem Hinterhalt nieder. Auf dem Schiff, wo man die Schießerei hörte, glaubte man an ein Scharmützel gegen die Indianer, löste auch einen Kanonenschuß, um die Wilden desto eher in die Flucht zu jagen.

Die Raubmörder unterdes zogen den Gelandeten die Uniformen aus, bemannten das Boot, näherten sich mit Siegesgebrüll und gelangten ungehindert an Bord, da in Uniform ein unrasiertes Gesicht so ziemlich dem andern gleicht. Sie überwältigten, was sich wehrte, und beschlagnahmten

Schiff und Fracht, welche — wie Fortuna wollte — aus kostbaren Waren bestand, und kamen damit wohlbehalten auf Tortuga an. Dort im Hafen lagen ein paar holländische Kauffahrer, und diese zögerten so wenig wie sonst, Indigo und Campecheholz, Zucker und Tabak, Gold, Silber, Perlen, Edelsteine, Sklaven und Sklavinnen gegen bar oder Tausch zu übernehmen.

Es ist ein Vorgang, wie er ähnlich sich oftmals abgespielt hat, ohne daß sich lange damit gebrüstet wurde. Es hieß auch von diesem Alexander, er sei aus vornehmem Hause und früh abenteuerlustig auf See gegangen und in Westindien unter eigener Flagge Pirat geworden. So ging die Fama von manchem. Und wie von manchem ist sein Ende unbekannt.

> *Woher er war, was zählt das groß,*
> *piratisch machte er sich los,*
> *die Flagge deckt das Engste bloß,*
> *all-einig ist der Erdenschoß.*

ROTKOPF MORGAN
1637—1688

Johan, Harry oder Henry Morgan ist einer der Freibeuternamen, die bis heute den Greuelgeschichten für Jugendliche, Abenteuerfilmen und Comic Strips unerschöpflichen Stoff liefern. Seine Verdammung ist so umfangreich wie der neuerliche Versuch, ihn als reputablen Mehrer des britischen Gemeinwohls zu estimieren. Im Grunde war er nicht schlimmer als jeder ordengeschmückte Heerführer, nicht weniger geltungsbedürftig und nicht weniger geschickt, wenn man seine Unternehmungen, den Feind, oder genauer, den wirtschaftlichen Vorrang eines anderen Staates zu schädigen, dessen Niederlassungen zu berauben und zu zerstören und dessen Angehörige zu massakrieren, in Bausch und Bogen betrachtet. Er hatte auch durchweg eine amtliche Erlaubnis in der Tasche und sei es die von einem Unterbeamten der Krone.

Betreffs des persönlichen Verhaltens aber war er nichts als ein Pirat, und die Leute, die er führte, waren Bukaniere und Flibustier, jeder wie er begierig auf Beute, anders aber als ein ehrbarer Soldat am Gewinn beteiligt, dadurch jedoch auch anders befeuert, Strapazen zu ertragen und zäh und tapfer zu sein. Da es ihnen nicht wie echten Militärs auf strategische Ziele ankam, waren sie noch weniger wählerisch in der Behandlung der Zivilbevölkerung. Was Staat und Kirche um der irdischen und himmlischen Gerechtigkeit willen an Tortur vorexerzierten, das wandten sie an, um zurückhaltende Zungen zum Bekenntnis irdischer Belange zu bewe-

JOHAN MORGAN.
gebooren in de Provincie van Walles in Engelandt
Generaal van de Roovers op Iamaica.

gen, zum Verrat verborgener Schätze oder von Mitbürgern, die solche besaßen. Erst die neuere Zeit nahm derlei barbarische Methoden wieder auf, wenn auch mehr zur Erpressung von Geständnissen politischer Sorte.

Besagtem Morgan wurden private Grausamkeiten nie richtig nachgewiesen, doch hat er sie wegen des blanken Erfolges geduldet und dulden müssen; denn die Horden, die sich freiwillig unter seine Führung gestellt, wären anders nicht bei der Stange geblieben. Es war die Zugabe zu dem Sold, den sie sich selber ergattern mußten und den ihnen kein Parlament und Ministerium über Kasse und Zahlmeister je zu bieten gedacht.

Ähnlich war es mit dem alten Lied der Frauenbehandlung. Der Krieger bis übers Mittelalter hinaus dachte da sehr einfach, und noch einfacher der weniger sanktionierte Räuber und Pirat. Primitive Gehirne, primitive Gelüste. Übrigens lautete eine der halbamtlichen Weisungen an den Rotkopf, er habe, falls eine Unterwerfung des angegriffenen Gebietes nicht möglich und ein Rückzug erforderlich sei, „alle Siedlungen zu zerstören und sie als Wildnis zu hinterlassen, die Männer allesamt über die Klinge zu jagen, die Weiber aber mitzubringen, damit sie zum Besten von Heer und Flotte abgesetzt würden".

Es dauerte lange, bis gewisse Genfer Abkommen mildere Sitten anstrebten. Doch hielt es nicht lange vor. Wurden auch eine Zeitlang weniger Greuel begangen, so schämten sich doch sichtlich die Kriegsberichte gegenseitig, dem Gegner Menschlichkeit zuzutrauen. Das Grausame, das angeblich nur der andere begeht, dient seit je der Rechtfertigung übler Machenschaften, sogenannter Vergeltungen, und als Ansporn der trägen Menge zu Verbrechen, die in Friedenszeiten bestraft werden und den meisten sowieso widerstehen. Man braucht nicht empört auf Morgans Scharen zu blicken. Die jüngste Vergangenheit übertraf ihn und die meisten Bluthunde in Nichtachtung des Zivilen, in der Abschlachtung Unbeteiligter, in Vergewaltigung, Mißhandlung und Verschleppung.

Alexander der Große blieb lieb Kind bis in die Geschichtslektionen der Gegenwart, obschon er gegen Sidon bestialischer gehandelt als der Rotkopf gegen Panama. Noch nach der Übergabe der Stadt ließ der Makedone achttausend erschlagen und zweitausend längs des Meeresstrandes kreuzigen, nachdem sie sich selbst das Kreuz aus Hausbalken hatten zimmern müssen. Mit der Zerstörung des blühenden phönikischen Hafens war auch die Seefahrt im Mittelmeer und darüber hinaus für Jahrhunderte zerstört.

Panama aber blühte in wenigen Jahren wieder auf. Es hatte allerdings vorgezogen, sich nicht lange belagern zu lassen. Es zu erobern bedurfte auch weniger grober Methoden des Verrats. Alexander bezog von phönikischen Firmen und Ingenieuren die Belagerungsmaschinen gegen ihre eigenen Landsleute. Morgan kam billiger davon. Er bezahlte die indianischen Späher und Karawanenführer etwas besser als die Spanier. Und überfiel mitten im angeblichen Frieden den Umschlagplatz der peruanischen Grubenschätze und preßte ihn aus mit den üblichen Maßnahmen. Er brandschatzte ähnlich Puerto Bello, Maracaibo und auf Kuba Santiago. An der Spitze von zweitausend Mann, die sich immer noch Flibustier nannten, obschon sie mählich zu Infanteristen wurden, ward er mehr zu Lande als zur See einer der Schrittmacher für Britanniens vergängliche Glorie, indem er seine breiten blutigen Fußtapfen setzte auf Spaniens nicht weniger brutal errungenen katzengoldenen westindischen Glanz.

Der Form halber pfiff London ihn zurück. Man erwog dort jahrelang, ob man — nach Einschefflung der ungeheuren Beute — den Herbeischaffer

223

nicht wie vormals Walter Raleigh dem spanischen Begehren nach Genugtuung opfern solle. Aber schließlich schlug man ihn wie jenen zum Ritter, schonte seinen dicken rothaarigen Schädel und setzte ihn, den Spitzbub zum Detektiv umschaltend, als Beamten nach Jamaika. Dort denn hat Sir Harry oder Henry, auf verschiedenen Verwaltungsposten tätig, zumal im Seegericht, seine vormaligen Spießgesellen aufgreifen und hängen lassen, so gründlich er nur konnte. Nebenbei pflegte er seine Plantagen, für die er Hunderte von Sklaven unterschiedlicher Hautfarbe fronen ließ. Er war so reich durch seine Plünderzüge, daß ihn selbst die großen Handelshäuser beneideten. Er hatte die Nichte seines angeblichen, angesehenen und verstorbenen Onkels geheiratet, eines bei dem mißglückten Unternehmen Richtung Curaçao gefallenen Obersten Edward Morgan, den man wohl als einen Adoptivonkel ansehen darf auf Grundlage flibustierischer Matelotage. Die Verbindung stammte aus der Zeit, da der alte Mansfeld, *Admiral aller Flibustier,* beide unter seinen Segeln gesehen, als es gegen Holland ging.

DAS SCHICKSAL DES STATTHALTERS OREGON
Anno 1675

Um dem holländischen Übergewicht im Überseehandel wenigstens für die Kleinen Antillen den Garaus zu machen und somit der so ungeschickten wie anmaßenden Französisch-Westindischen Gesellschaft in piratischer Gleichgesinntheit den Rücken zu stärken — in den Lesebüchern wird es als Vaterlandsliebe gewertet —, zog Bertrand d'Oregon, Gouverneur auf Tortuga, Träger des königlichen Prinzentitels Anjou, seinerseits gen Curaçao, wo sich die Holländer seit 1634 eingenistet und sich den Besitz im Westfälischen Frieden vierzehn Jahre später hatten bestätigen lassen.

Angeregt von den Erfolgen und sagenhaften Beuten der *Roten Rübe von Jamaika,* des Piratenführers Morgan, der vorübergehend als stellvertretender Statthalter zum amtlichen Kollegen geworden war, und um sein alterndes Dasein — er war zweiundsechzig — zu krönen, brachte Oregon achtzehn Schiffe zusammen, bemannt mit eintausendvierhundert Abenteurern, die zur Zeit arbeitslos waren und denen die Bezeichnung Brüder der Küste, Frères de la Côte, ehrenvoll klang, ohne daß ihnen der Ursprung noch geläufig war. Lieber noch war ihnen das zu Schmuck und Drohung verwandelte Schimpfwort, das ihnen die Holländer angehängt, Vriybuiter, Freibeuter, und das von Fliehboot abzuleiten erst den Gelehrten vorbehalten blieb.

Oregon ließ die unruhigen, vielgebrühten Seeklepper und Buschläufer sich nicht lange auf Tortuga vergnügen, sondern bestimmte als Sammelplatz die Felseninsel Anet, unweit der windigen Mona-Passage zwischen Haiti und Puerto Rico. Von dort liegt der Kurs genau südlich über die Karibische See die Insel Curaçao an, die, nahe der Küste Venezuelas, zu den Kleinen Antillen Unter dem Winde gehört. England hatte von Jamaika aus, das Admiral Pen 1654 erräubert, Anno 1664 vergeblich die Krallen daran gewetzt.

Oregon bildete vorsichtig die Nachhut, um seine Piratenflotte übersehen zu können und vor Dolchstößen in den Rücken sicher zu sein. Indes nun das Gros die Durchfahrt meisterte, wurde sein Admiralsschiff von einem Tornado erfaßt, wie solcher gelegentlich vom Golfstrom aufzuwirbeln pflegt. Die andern, von denen keine Chronik weiteres berichtet, scheinen auf der freien See erwischt und in viele Strahlen der Kompaßrose auseinandergeschleudert worden zu sein. Curaçao jedenfalls sah keiner dieser bestrebten Hollandwürger. Monsieur d'Oregons Schiff wurde auf die Klippen Puerto Ricos geworfen. Es kenterte. Wer sich von der Besatzung durch die tobende Brandung hindurch aufs Trockene retten konnte, wurde von den Spaniern — obschon der Raid nicht auf sie gezielt — wenig gastfreundlich empfangen. Ein Teil wurde umgebracht, die kräftigsten in die Minen nach Peru geschickt, wo sie das Gold, danach sie ihr Leben lang gegiert, anders als sie geträumt in die Finger bekamen.

Oregon spielte den Blödling, wozu, um eine pfiffige Soldateska zu täuschen, eine Menge Verstand gehört. Man ließ ihn ungebunden. Denn der alte Glaube von der Heiligkeit des Irrsinns war noch nicht ganz erloschen. Auch ein Barbier war auf freiem Fuß, weil er sich schlau nützlich machte und den Spaniern mit Quacksalberei und Rasur gelegen kam, auch wohlbedachte Possen mit dem vermeintlichen Geistesgestörten trieb, dazu in einer geheimnisvoll frömmelnden Art, unterdes die Spanier den andern Gefangenen abzufoltern versuchten, wer ihr Anführer sei und was sie vorgehabt, auch die Halbtoten und Kranken an Bäume banden und Ringelreiten und Wettstechen daran vollführten. Dem Statthalter gelang es, mitsamt dem Barbier zu entweichen, zwei Fischer zu erschlagen und mit deren Kanu das Weite zu suchen. Ein englischer Freibeuter nahm die beiden an Bord. Von Tortuga aus sammelte Oregon aufs neue Schiffe wie Volks unter großen Versprechungen zum Rachefeldzug gen Puerto Rico. Aber die Spanier waren auf der Hut, die Landung scheiterte; die noch dort befindlichen Gefangenen sahen sich vermehrt anstatt erlöst. Oregon mußte geschlagen abziehen, wurde auch bald nach Frankreich zur Rechenschaft gerufen und starb, wenngleich unbehelligt, so doch verarmt.

Soll dich ein Amtsbereich
nicht um das Deine bringen,
so muß dir was gelingen;
wie, das ist gleich.

RITTER GRAN MONT
um 1678

Übermäßig stolz auf seinen Pariser Adel, den seine Ahnen durch Gewalttat und Blutvergießen erworben, Mitglied also der hochgeschätzten Noblesse d'épée, verfuhr der junge Gran Mont mit einem Bewerber seiner Schwester ähnlich, indem er sich so lange rüpelhaft benahm, bis dieser zum Degen griff, doch mehr um den jungen Mann zu warnen. Dieser hatte aber wie üblich genau solch Langmesser an der Seite, zog gleichfalls blank und durchbohrte den, der ihn, den Bruder der Geliebten, schonen wollte. Der sterbende Kavalier vermachte seinem Totschläger eine gute Summe, damit er sich wegbegeben könne. Doch dem jungen Manne lag näher, sich auf die Beziehungen seiner Familie zu verlassen, und gelangte als Kadett in die königliche Marine. Wenige Jahre später war er, drahtig und gebräunt, von kühnem Aussehen, angenehm im Umgang, Kommandant einer Fregatte. Ob ihm sein Opfer, dessen Großmut und die Tränen seiner Schwester nachgespenstert sind oder nicht, jedenfalls zeigte sein Befinden nicht die Stetigkeit, die von einem Marineoffizier erwartet wird. Mag auch sein, daß ihm in jener Zeit, da er nicht blond und blauäugig war, sein Adel nicht so hoch angerechnet wurde, wie er wünschte. Er vertrank und verspielte sein Vermögen und hatte mehr Weibergeschichten als sein König. Man schob ihn schließlich ab gen Übersee. 1678 findet er sich auf Tortuga unter dem Namen Gran Mont und sucht mit siebenhundert Flibustiern das leidgewohnte Maracaibo heim, zog auch übers Land, von den Taten Morgans angesteckt, und würgte sich bis zur Stadt Torilha durch. Die Beute blieb mager, da die Einwohner, durch Indianer rechtzeitig gewarnt, mit ihren Kostbarkeiten geflohen waren. Zudem lichtete das Gelbe Fieber die Reihen seiner Leute und ergriff auch ihn, den Gran Mont, den Großberg. Er zog sich leidend nach Tortuga zurück. Eben wieder auf den Beinen, überfiel er mit hundertachtzig Raubgesellen Puerto Cavallo an der Küste von Cumana, wurde verwundet und wich vor heranrückender Übermacht auf die Reede von Goava zurück. Ein Orkan aber vernichtete ihm Schiff und Beute.

Ihm blieb nur übrig, sich dem Unternehmen anderer anzuschließen, um wieder zu Ansehen und Vermögen zu gelangen. Und so kamen ihm zwei Holländer, Van Hoorn und De Graff, gerade recht, Piraten von Erfahrung und Abgebrühtheit, und die drei beschlossen, den reichen Umschlaghafen Vera Cruz zu schröpfen. Denn auf See die Schiffe zu melken, deuchte ihnen kein verlockendes Geschäft mehr, seitdem Panama so märchenhafte Schätze geliefert, die in den Legenden der Tavernen zu Tortuga sich täglich noch vergrößerten. Die Kapitäne Godefroy und Jonque traten dem Unternehmen bei. Es war das Jahr 1683.

Man rüstete vier Schiffe aus, verbreitete insgeheim die Absicht, einigen Galeonen, die — wie der Späherdienst gemeldet — von Goava nach Vera Cruz segelten, den Kurs abzukneifen, und hatte bald genug Mannschaft zusammen. Das Glück war, wie oft, den Unholden günstig. Sie vermochten bei gutem Wind unter die mexikanische Küste zu gelangen und hißten seelenruhig die spanische Flagge. Die Hafenbummler am Kai zu Vera Cruz und bald eine Menge Einwohner glaubten, die angesagte Kakaoflotte herankreuzen zu sehen; selbst der Gouverneur stimmte dem bei und zerstreute die Zweifel einiger Ahnungsvoller, denen die Segelmanöver dort in der Hafeneinfahrt ungeschickt vorkamen und nicht auf die mit dem Fahrwasser vertrauten Kapitäne schließen ließen. „Die Strömung spielt hier manchen Streich, das wird es sein", sagte der Gouverneur, „und man kann ihnen keinen Lotsen hinaussenden, ohne sie zu beleidigen. Morgen früh werden wir sie vor Anker liegen finden."

Somit gingen die Vera Cruzer Bürger getrost zu Bett. Es ist zu bewundern, wie die Piraten sich durch die schon bei Tage schwierige Reede des Hafens bis nahe an die Altstadt heranloteten. Es müssen vorzügliche Seeleute an Bord gewesen sein. Um Mitternacht setzten sie im Schutze der tropischen Finsternis achthundert Mann an Land. In zwei Kolonnen überwältigten sie die geringen Wachen an den Toren der Stadt und der darübergelegenen Festung, jagten ein paar vorgefundene Pulverfässer in die Luft, metzelten die übriggebliebenen, verschlafen zu den Waffen torkelnden Söldner nieder und trieben die Einwohnerschaft in die größten der überdachten Räume, in die Kirchen. Vor die Türen und Fenster wurde Brennholz geschichtet, und die Eingesperrten wußten, daß es beim Versuch eines Ausbruchs oder Aufstandes angezündet werden würde.

Vierundzwanzig Stunden lang wurde vergewaltigt, gefoltert, geplündert und der Raub an Bord geschafft. Vera Cruz, die älteste spanische Stadt Mexikos, gegründet von Cortez, Exporthafen für die Silberflotten, war unermeßlich reich. Der Wert der Beute betrug sechs Millionen Dollar, dem Kurswert um 1950 entsprechend. Doch kam man nicht ganz auf den Boden der Schatztruhe. Die Spähtruppe meldete aus dem Landesinnern heranrückende Scharen. Eilends noch ließ Gran Mont durch spanische Priester die Gefangenen in der Kirche auffordern, sich das Leben und die Freiheit durch schleunige Herbeischaffung von zwei weiteren Millionen Piastern zu erkaufen. Draußen standen, durch die Fenster sichtbar, auf den Holzstößen wilde Gestalten mit Fackeln. Der Bischof selber versprach, die Summe zu beschaffen. In der Tat kam alsbald eine Million zusammen. Die andere sollte innerhalb weniger Tage beigebracht werden. Da aber die Nachrichten der Späher bedrohlicher wurden, begnügten sich die Räuber, die entgangene Million in Form von Sklaven mitzunehmen.

Die Rückreise war weniger reibungslos. Zwei Schiffe des Geschwaders kenterten im Sturm, ein drittes fiel den Spaniern in die Messer, und selbst auf Gran Monts Schiff litt man Hunger, weil man in der Eile an eine genügende Verproviantierung nicht, sondern nur an wertvollere Beute als Mehl, Fleisch und Fett gedacht hatte. In letzter Not gelang es jedoch, ein kleines spanisches Schiff zu überwältigen, das voll Mais geladen war und das sie zu anderer Zeit kaum eines Blickes gewürdigt hätten.

Sein Erfolg wurde auf Tortuga mit wilden Orgien gefeiert. Und leicht sammelte er eintausendzweihundert Mann zu neuen Abenteuern. Eben vor der Ausreise aber kam der französische Statthalter zu ihm an Bord und teilte ihm mit — eben sei mit einem Schiff der Westindischen Kompanie ein Brief des Königs eingetroffen, darin heftiger Unwille sich äußere über die Unbotmäßigkeit und das wüste Treiben der Flibustier und — das war vor allem gemeint — ihre Eigenmächtigkeit und ihren mangelnden Eifer, die gehörigen Prozente an den Staat abzuführen. Von einer behördlichen Genehmigung zu weiteren Raubfahrten sei abgesehen worden.

Gran Mont wies derlei weithergeholte Einwände zurück. Er bezeichnete sich in der Auseinandersetzung als „Korsar Seiner Majestät". Es war ein Vorwand wie der, „sich zu keinen Exzessen hinreißen zu lassen außer in Fällen, die uns die Kriegsgesetze erlauben". Es gab noch keine Genfer Konvention. Jeder Pirat hatte sein eigenes Genf, der Flagge angeglichen, unter der er geboren war, dem vagen Gefühl für Rechtlichkeit bald geneigt, bald verschlossen. Gran Mont sagte, als spreche ein SS-Führer: „Ich glaube vielmehr, Ihr mitleidiger Charakter regt sich wegen der kleinen Grausamkeiten auf, die wir manchmal, obschon nicht gern, dem Widerstand entgegensetzen müssen." Und sagte auch: „Da Ihnen, Herr, die Spanier, wenn ich nicht irre, so sehr am Herzen liegen, verspreche ich, sie auf die würdigste Weise zu töten." Die ungeduldigen Küstenbrüder, die bei ihm des privaten Lohnes und des Rausches zügelloser Gewalttat wegen angeheuert, verlangten sofortige Ausreise. Herr de Gussy war froh, eben noch ungeschoren wieder an Land zu kommen, hatte auch ganz vergeblich vorgebracht, daß einige Kriegsschiffe auf dem Wege seien, beauftragt, die Flibustier auseinanderzujagen.

Gran Mont landete in Campeche, dem Ausfuhrhafen der berühmten Farbhölzer. Er nahm die Stadt in mörderischem Straßenkampf. Das Fort aber wurde von nur zwei Soldaten verteidigt, einem Spanier und einem Engländer. Ersteren, der hatte weiterkämpfen wollen, ließ er frei, den Engländer, der die weiße Fahne gesetzt, ließ er enthaupten. Da wenig Beute von Belang zu finden war — die vielen Holzhändler bedienten sich anscheinend schon des bargeldlosen Zahlungsverkehrs, wie er sich über die italienische Banktechnik durchzusetzen begann —, die spanischen Behörden im Inland sich auch keiner Erpressung zugänglich zeigten, befahl Gran Mont, aus den Möbeln der Einwohner und aus über einer Million Farbholzstämmen einen Scheiterhaufen zu errichten und die Leichen von fünf angesehenen enthaupteten Bürgern hinaufzuwerfen. Am Namenstag des Königs züngelten die Flammen empor, und die Räuber segelten ab.

Wieder auf Tortuga, hielt die Behörde für geraten, dem ungestümen Adelssproß einen Beamtenposten anzubieten. Er nahm geschmeichelt an. Aber die Bestätigung aus Paris ließ auf sich warten. Da überlegte er sich die Fessel, suchte sich achtzig der Verwegensten aus, die mit ihm geräubert, und begab sich mit unbekanntem Ziel neuerlich auf Fortun. Er kam nicht zurück. Sein Name wurde aus der Anwärterliste gestrichen. Man verbreitete die Nachricht, er habe, um seinen erbarmungslosen Feinden nach verlorenem Gefecht nicht in die Klauen zu fallen, sein Schiff in die Luft gesprengt. Exquemelin aber deutet an, daß der fast Fünfzigjährige sich auf eine abseitige Insel zurückgezogen habe, gichtleidend, aber noch unternehmungslustig, obwohl durch den Überverbrauch von Alkohol und Frauen seine Gliedmaßen ihm den Dienst versagten.

RUND UM FEUERLAND
1680—1688

Nachdem Henry Morgan vom Freibeuter zum Beamten geworden war, lockerte sich unter seinem Drohfinger die Gilde der Küstenbrüder so, wie seine Faust sie vordem zusammengehalten. Jeder der Kapitäne segelte nun möglichst allein und fragte nicht lange nach dem augenblicklichen Verhältnis einer Nation zur andern, wenn ihm ein geeignetes Meergefäß in Sicht geriet. Denn heute Freund, morgen Feind, heute Bruderherz, morgen Ludersterz, von Pakt zu Pack, das sich bald verträgt, bald blutig schlägt, da mochte sich der Teufel auskennen; und jede Nachricht, die mit der behäbigen Nutzung des Windes von der alten zur neuen Welt herübersegelte, war überholt, wenn sie ankam.

England und Spanien, eben noch Gegner bis in die Nieren, kamen um 1680 überein, den Flibustiern gemeinsam die Ruder zu verlöten. England wollte die Schiffe, Spanien das Geld für die Polizeiaktionen geben. Die Schiffe erschienen, das Geld blieb aus und damit das Unterfangen. Die Pflanzer und Handelsfirmen aller Kronen seufzten und schimpften. Und obschon im Königshafen, zu Port Royal auf Jamaika, die Galgen nicht mehr leer wurden, von umgehend gehenkten Piraten, die karibische Freibeuterei war vorerst so wenig auszumerzen wie damals die anderen Mitesser der Seeschiffahrt, die Wanzen, Kakerlaken und Ratten.

Mehrmals noch fanden sich ein paar Piratenführer zusammen, denen das Gold Panamas und der schon sagenhaft ins Ungeheure erhobene Überfall Morgans auf die reiche Stadt nicht aus den Ohren wollten. Man wußte, das Alexandrien Amerikas war inzwischen aus der Asche wieder erblüht. Eines Tages Anno 1680 landeten sieben Schiffe mit dreihunderteinunddreißig Mann im Golf von Darien. Dreißig Mann, die für anstrengende Märsche weniger tauglich schienen, blieben zur Bewachung zurück. Man hatte sich vorher in Porto Bello verproviantiert, ohne zu zahlen. Indianische Späher, denen es nur recht sein konnte, wenn die weißen Bedrücker sich gegenseitig an die Kehle griffen, führten den Landtrupp über die Wasserscheide zwischen Atlantik und Pazifik, die auf der Karte so harmlos aussieht, aber in Wahrheit ein schartiger Riegel gewaltigen Ausmaßes ist. Durch Urwald, Moskitoheere, Giftschlangen, Stromschnellen, Sümpfe, Bergkämme und Schluchten, mit Fieber, Dornen, Lianen und Entbehrungen kämpfend, erreichte der Trupp — im übrigen ungehindert — in zwölf Tagen die Küste des Stillen Ozeans und überfiel die ahnungslose Stadt Santa Maria. Obwohl in ihrer Nähe die reichsten Goldminen Amerikas sich finden sollten, war die Beute gering.

Schon unterwegs waren Streitigkeiten unter den Kapitänen entstanden. Coxon war wohl zum allgemeinen Kommandanten der Trupps erwählt, aber zu Lande fühlte sich Sawkins ihm überlegen. Und mit Peter Harris gab es ein offenes Duell. Er wurde leicht verwundet, und auch Coxon ging nicht leer aus, doch versöhnten sie sich, als die Wegnahme zweier spanischer Brigantinen im Hafen glückte und jeder wieder seinen Befehlsbereich für sich hatte. Die Stadt Panama war an der Mündung des Rio Grande abseits des alten Platzes neu aufgebaut und besser als vordem befestigt. Die Spanier liefen den Flibustiern mit fünf Galeonen und drei Schaluppen entgegen. Wegen der Untiefen waren die Gegner gezwungen, angesichts der großen Fahrzeuge in Booten zu kämpfen. Nur sechzig Freibeuter konnten ins Gefecht geworfen werden. Sie siegten dennoch über zweihundert Spanier, nachdem von Sonnenaufgang bis Mittag geschossen und gehauen worden war. Die sechzig eroberten drei der Großschiffe, darunter die Fregatte *Santisima Trinidad*, wobei Kapitän Harris fiel.

Die beiden Rivalen, die davonkamen, konnten sich trotz des beachtlichen Sieges nicht einigen, ob Panama nun angegriffen werden solle oder nicht. Die Mehrheit war sowieso angesichts der mächtigen Fortifikation dagegen. Und Coxon kehrte verärgert über den Isthmus zurück und mit ihm siebzig Mann. Er stellte sich Morgan, der inzwischen Vorsitzender des Seegerichtes war, und sollte gehängt werden, wurde dann aber zur Jagd auf einen seiner Küstenbrüder begnadigt und also angesetzt, den französischen Piraten Jean Hamlin zu fangen. Hamlin ist auch einer der Unzähligen, deren Name nur eben einmal aufleuchtet wie eine Sternschnuppe und ohne Antwort auf Woher und Wohin alsbald wieder erlischt. Von Coxon jedenfalls wurde er nicht erwischt.

Nun war Sawkins allein Befehlshaber über den Haufen unzufriedener Beutegeier. Pirat Basil Ringrose, der dabei war, beschreibt ihn als den Tapfersten und bei jedermann Beliebten, und man wird solches an der

Entgegnung ermessen, die er einer Anfrage des spanischen Gouverneurs nach einem Auftrag und nach Entschädigung — da er noch unschlüssig auf der Reede lauerte — übersandte: „Meinen Auftrag werde ich durch die Mündungen meiner Kanonen überreichen, und er wird dann so klar zu lesen sein, wie es in der Beleuchtung durch Schießpulver möglich ist."

Dennoch zog er vor, nachdem er eine Weile den Schiffsverkehr gestört, weniger gewappnete Orte zu kämmen, vereint mit dem Rest der Brüder die sich unterdes anderweitig gütlich getan und deren Anführer Kapitän Sharp war. Sie segelten über Süd die Küste hinauf. Während einer Plünderung in Pueblo Nuevo fiel Sawkins. Jetzt wurde Sharp gewählt, und er versprach jedem „braven Seemann außer wertvollen sonstigen Kleinigkeiten eine Beute von mindestens tausend Pfund Goldwertes", wenn man ihm weiter nach Süden folgen würde. Und da die meisten ihre bisherigen Anteile schon im Würfelspiel verloren hatten, erhob sich kein Widerspruch. Aber die nächsten Wochen brachten nur wenig ein; die Erbitterung war nicht gering. Wohl hatte die Insel Gorgona den Speisezettel mit Kaninchen-, Ziegen-, Schildkröten- und Affenfleisch bereichert, jedoch jeder wollte lieber mit vollen Beuteln in London oder zumindest in Port Royal schlemmen. Und als der Silberminenhafen Arica sich spröde zeigte und Ilo nur etwas Zucker, Wein, Obst und Öl einbrachte, Serena allerdings, um die Räuber loszuwerden, gutwillig fünfundneunzigtausend Piaster herausrückte, streikten die leidenschaftlichsten Würfler, die wiederum umgehend alles verspielt, noch weiter nach Süden zu kutschieren, wo das Klima immer ungastlicher und die Ortschaften immer dürftiger werden, und also um Kap Horn ärmer als zuvor dem Grinsen der Westindier entgegenzusteuern.

Sowohl Sharp aber, der seinen Raub verwahrt hatte, als auch die andern, die den ihren durch die Würfel noch vermehrt, wollten Kurs auf die Antillen nehmen. In der offenen Redeschlacht jedoch wurde Sharp niedergestimmt und abgesetzt. Man warf ihm sonderbarerweise als größte Verfehlung vor, er habe die Feiertage nicht heiligen lassen. Sein erwählter Nachfolger war John Watling, der denn rigoros genug war, den ersten Sonntag schon alle Würfel über Bord zu werfen.

Frömmigkeit paart sich nicht immer mit Menschlichkeit. Als der Bug der von Panama gekaperten *Heiligsten Dreieinigkeit* wieder gen Nord gewendet war und man erneut das Silber von Arica ansteuerte, wurde ein indianischer Fischer der Gegend gefangen, ein alter Mann, den Watling über die Befestigung ausfragte. Unbefriedigt von den Auskünften, bezichtigte er den Alten der Lüge und ordnete seine Erschießung an. Sharp erhob Einspruch, und da es nichts half, prophezeite er einen üblen Erfolg des Angriffs.

In der Tat mißlang das Unterfangen. Watling starb an einem Schuß, der seine Leber zerriß. Die Schiffsärzte — sagt Ringrose — betranken sich indes an einem erbeuteten Faß Schnaps so maßlos, daß sie nicht in die Boote zurückgelangen konnten und gefangengenommen wurden, der Kapitän also unbehandelt verblich. (Doch taucht später dennoch ein Bordchirurg in den Berichten auf, Lionel Wafer, von dem sogar Aufzeichnungen erhalten sind.) Der Rest Flibustier bat nun Käptn Sharp, die Führung wiederum zu übernehmen und sie um Gottes willen und auf Deubel komm raus nach Karibien heimzubringen.

Sharp wird von einer Seite als wahrer See-Artist und wacker (Ringrose), von anderer als weder mutig noch zum Schiffsführer geeignet bezeichnet (Wafer). Bald kam es wieder zu Zwistigkeiten, und vierundvierzig Mann verließen im Großboot die Fregatte Dreieinigkeit. Sie kehrten zur Landenge zurück und marschierten zum Atlantik. Als Anführer wählten sie William Dampier, von dem noch zu hören sein wird.

Sharp nun gelangen ein paar Raubgriffe, ehe schlecht Wetter einsetzte und die *Santisima Trinidad* mit Mühe, die Magellanstraße verfehlend, Kap Horn rundete. Die *Santo Pedro* erleichterten sie um 20 000 Piaster in Kisten und sechzehntausend in Säcken. Die *Santo Rosario* erbrachte eine Ladung Wein und Likör, aber nur wenig Geld, dazu siebenhundert Barren Metall. Die Strolche hielten es für Zinn. Auch war unter der Beute — sagt Ringrose — die „schönste Frau, die ich je in der Südsee sah". Doch schweigt er sich über ihr Schicksal aus. Südsee war damals noch ein gängiger Begriff für das Gesamtmeer jenseits der Neuen Welt.

Nach zwei Jahren endlich wölkte über der Kimm die erste Insel derer Über dem Winde auf, Barbados, überschnitten allerdings von der weniger erwünschten Silhouette eines ankernden britischen Kriegsschiffes. Indes, man vermochte auszuweichen. Vergebens dann suchten die Piraten Erlaubnis zur Einfahrt in den Hafen von Antigua zu erhalten. Erst auf der Reede zu Nevis fand die morsche, lecke Trinidad die verdiente Ruhe, nahe dem Eiland St. Christophe, von wo einst die ersten Pollen Flibusterei in die karibischen Winde gestäubt waren. Auf Nevis ließ Sharp die Beute teilen. Er litt an Rheuma; ihn lockten die heißen Quellen der Insel. Im übrigen war der Vorrat der Tavernen an scharfen Sachen in ein paar Tagen und Nächten ausverkauft. Auch ein Handelsschiff aus Dartmouth, die *Lisboa Merchant*, machte gute Geschäfte im Umtausch einiger Werte an Waren und Edelsteinen. Der Superkargo dann fragte, als einer der Metallbarren ans Licht kam, nach mehr von der Sorte. „Wir haben ihn eigentlich zum Kugelgießen zurückbehalten, obschon Zinn nicht so gut dafür ist wie Blei; die andern sechshundertneunundneunzig haben wir als Plunder über Bord geschmissen", erklärte Sharp. — „Schade!" erwiderte der britische Superkargo: „Pures Silber. Runde hundertfünfzigtausend Pfund Sterling zu Wasser!"

Für entsprechenden Passagepreis segelten mit diesem Schiff vierzehn der entlassenen Genossen nach England. Dort wurden sie umgehend verhaftet. Drei wurden gehenkt. Sharp selber glitt noch eben am Strick vorbei. Auch Basil Ringrose. Es bleibt bezeichnend, daß mehr als einer dieser Wogenwürger sich bemüßigt fühlte, sein und des Vaterlandes Gewissen durch Niederschrift der Erlebnisse zu besänftigen und sich mehr als Forscher und Entdecker denn als Freibeuter hinzustellen.

Nur frisch geräubert,
gemordet, geschändet!
Wo wäre nicht die Zeit,
die das blutigste Kleid,
skribentisch gesäubert,
ins Tragbare wendet?

NIKOLAUS VAN HORN
bis 1683

Van Horn, von jenem Adel der Bauern und Fischer, der urkräftig manchen Schwertadel aussticht, gebürtig aus Osterode oder Dordrecht, war auf Schiffen der holländischen Indiengesellschaften einfacher Matrose gewesen. Sein Typ war der des dunkelhaarigen Friesen von untersetzter, wendiger Figur und bräunlichem Gesicht. Als er einige Gulden der mageren Heuer erspart, desertierte er nach Frankreich, wo gerade Leute für irgendeinen Kaperzug gegen irgendwelche Feinde gesucht wurden. Mit seinem Geld erstand er eine brüchige Schaluppe im Hafen von Le Havre, versammelte in der nächsten Kneipe kraft seiner Selbstsicherheit und verwegenen Versprechungen an zwei Dutzend beutehungriger Wölfe und seilte los. Den nächsten holländischen Bojer, der ihm begegnete und der immerhin besser und geräumiger war als sein Kahn, nahm er durch pure Drohung sozusagen mit dem Kombüsenmesser. Den verblüfften Schiffer nebst Bestmann und Jungen ließ er in der lecken Schaluppe weiterreisen. Hielt sich noch eine Weile an kleinere holländische Wattkreuzer, seine Aufdringlichkeit vor den Übernommenen in ihrer Sprache damit entschuldigend, daß er von den Offizieren der Kompanie miserabel behandelt worden sei und darum nun es den holländischen Handel entgelten lassen müsse.

Die Beuten übernahmen Ostender Firmen, und nach einer Weile besaß van Horn eine gut bestückte Pinte und ein Jahr später eine Fregatte zu zweiundvierzig Kanonen nebst einigen Begleitfahrzeugen. Er verlieh sich nunmehr den Titel Admiral. Sein Name war bald im ganzen Englischen Kanal und in der Nordsee gefürchtet. Er schonte keine Nation, außer — vorläufig — der französischen. Als aber sein Freibrief abgelaufen war, ließ er jede Rücksicht fahren. Die geschädigten Handelshäuser der französischen Häfen versäumten nicht, bei Marschall d'Estrée vorstellig zu werden. Eine Kriegsfregatte wurde beordert, van Horn tot oder lebendig auszuheben. Und da sie trefflich segelte, das Schiff der Piraten aber lange in See und durch Bewuchs behindert war, gelang es van Horn nicht, sich zu entziehen. Er drehte bei, ließ das kleinste Boot ausschwingen und sich von zwei Mann nahe an den Verfolger rudern. Es gelang ihm, von der Bootsbank aus mit dem Kommandanten zu sprechen und sich als beleidigte Unschuld zu zeigen, alle Gaunerei ableugnend. Der Kapitän entgegnete, darüber werde das Marineamt verhandeln, er habe nur Auftrag, ihn nach Frankreich zu bringen, und gab Befehl, ein Boot auszusetzen, den Übeltäter zu ergreifen. Der aber deutete auf sein kampfbereites Schiff, das inzwischen nähergeschwoit war. Es habe Befehl, sich auf die behördliche Fregatte zu stürzen, wenn ihm ein Haar gekrümmt würde, und sich und den Gegner per Pulverkammer ins Jenseits zu befördern. Ob deswegen oder aus dem Grunde halbkollegialer Hochachtung, der Mariner drehte ab. Und van Horn entschwand klüglich gen Übersee.

Er tat sich mit zwei englischen Flibustiern zusammen und bot der spanischen Regierung auf Puerto Rico seine Dienst als Konvoiführer an. Eine Weile mag er sich dabei treulich gezeigt haben; die Kaufleute der Insel waren seines Lobes voll, und sie vertrauten dem braven Hollandsmann immer wertvollere Frachten zum Geleit an. Darauf hatte er gelauert. Als nun einmal sechs besonders fette Galeonen unter seinem Schutze die hohe See erreicht hatten, Kurs Europa, zog er auf seinem „Admiralsschiff" die rote Flagge hoch, das verabredete Zeichen für die Begleitschiffe seiner beiden Kumpane, die alsbald herumschoren und sich jeder ein Opfer vornahmen, es mit Kartätschen streichelten und die Überraschung nutzten. Dennoch entkamen, teils schwer beschädigt, vier der Galeonen. Die beiden ergriffenen jedoch hatten so viel in sich, daß er seine Genossen reich entlohnen konnte und sich also gütlich von den englischen Desperados trennte. Während diese sich nach Jamaika begaben, verdrückte er sich nach Tortuga, wo Leute seines Schlages, zumal sie etwas zu liefern und auszugeben hatten, immer noch willkommen waren. Dort lernte er den genesenden Gran Mont kennen.

LORENZ DE GRAFF
bis 1683

Auch de Graff war geborener Holländer, einer von der friesischen Blondsorte, die Haarfarbe wie Dünensand bei Sonne, ohne jeden Schimmer von Rot, wie die Berichte betonen. Er war lang und aufrecht von Haltung. In spanischen Diensten, wohin er als Kanonengießer und später

als Artillerieoffizier verschlagen worden, scheint er durch die schwarz-
äugigen Andalusierinnen recht kokett gemacht worden zu sein und
pflegte den kleinen Schnurrbart nach Madrider Mode hin und wieder
etwas zu betont martialisch zu zwirbeln.

In Westindien eingesetzt, geriet er in die Pranken der Flibustier. Sie
marterten ihn kräftig, doch er zeigte eine solche Härte, daß sie ihn in
ihre Gilde aufnahmen. Bald befehligte er ein Schiff, und da er die
Schliche der Spanier kannte, brachte er manche Beute gen Tortuga.

Van Horn schloß sich ihm an, und die beiden wurden so beachtet wie
einst Störtebeker und Godeke Michels in der Nordsee. Aber wie unter
Landsleuten üblich, verkrachten sie sich bald. Und nun glaubten die
Spanier, es sei an der Zeit, sie beide einzeln zu erledigen. Zwei Fregatten
zu je sechzig Kanonen und siebenhundertfünfzig Mann Besatzung näherten sich unter der roten Flagge der Küstenbrüder. Van Horn roch
Lunte und suchte unter vollem Segelpreß das Weite. De Graff, froh,
den Wettbewerbler los zu sein, wollte sich den vermeintlichen Genossen
zugesellen, merkte aber dann, in welche Falle er geriet. Er kämpfte
verzweifelt, schoß eigenhändig — gelernt ist gelernt — den beiden Spaniolen den Hauptmast herunter und entkam trotz hoher Verluste und
arg zerfetzter Takelage. In den Gazetten jener Zeit wurde seine Tat
gebührend gewürdigt. Und Frankreich naturalisierte stolz diesen Holländer. Er hatte bald verschiedene königliche Posten und Titel inne.
Die beiden spanischen Kommendanten büßten ihren Kopf ein.

Als Gran Mont auf Vera Cruz zielte, versöhnte er die beiden holländischen Seedegen, denn Leute deren Schlages brauchte er für den
gewagten Plan. Doch als nach dem Rückzug die bedrohliche Flotte des
Vizekönigs von Neu-Granada (Mexiko) an den beuteschweren Piratenschiffen vorbeirauschte, ohne Argwohn zu schöpfen, da war des orgiasti-
schen Freudengelages kein Ende. Bis auf Rudergänger und Wachen war
alles betrunken, und schließlich lagen die Rumleichen schnarchend überall
an Deck, auch de Graff, der sich aber an den scharfen Sud des Wermuts,
an den schillernden Absinth, gehalten hatte und von entsprechenden
Träumen behelligt wurde. Er glaubte zwischen Dämonen in nie gesehe-
nen Gegenden zu schweifen, in phantastische Liebesszenen verstrickt,
irgendwo auf einem anderen Planeten, von dem er ärgerlicherweise jäh
hinabgestürzt wurde. In der Tat fiel er von der Kante des Quarterdecks,
wo er sich niedergelegt hatte, auf den einen Stock tiefer ebenfalls betrunken schlafenden, bei ihm zu Gast geladenen van Horn. Die beiden
Halberwachten, vom Sturz überdies mitgenommen, griffen einander
blindlings an die Gurgeln; doch gelang es de Graff, einen Dolch zu
zücken und ihn dem vermeintlichen Dämon in die Seite zu stoßen.

Die Wunde war an und für sich nicht schlimm, doch hinderte ein
aufkommender Tornado die geeignete Behandlung. Brand trat hinzu.
Van Horn starb, eben bevor das Schiff seines Landsmanns, das er nicht

mehr hatte verlassen können, kapseis ging und auch de Graff ausgelöscht wurde.

De Graff und van Horn
lebten beide im Zorn,
sie räuberten hüben und drüben zu zweit,
und taten viel Böses und gingen zu weit
und gingen im Suff
beide druff.

DAS VERGNÜGEN DES JUNGGESELLEN
um 1685

Edward Davis — nicht zu verwechseln mit dem späteren Piraten Howell
Davis — wurde Quartermeister auf der Brigantine *Revenge*, das einige
der ungesättigten Rückkehrer von der Pazifikstreife Sharps ausrüsteten.
Unter ihnen war auch wieder William Dampier. *Rache* war ein beliebter
Name für Freibeuterschiffe; er spornte an und verscheuchte jeden Skrupel.
Zu rächen galt es immer etwas, und sei es die Erbsünde, die man dem
andern zuschob. Dennoch zeigte sich niemand ungehalten, als man bald
nach Verlassen der Kuhinsel den schmalen Untersatz mit einem etwas
kräftigeren dänischen vertauschen konnte, der sechsunddreißig Kanonen
führte und zu den Jungferninseln wollte, allwo sich Kopenhagen und
ein wenig auch Preußen eingemeindet hatten. Der Dänensegler hieß
höchst reizvoll, das Ziel der Reise sichtlich im Sinn, „Das Vergnügen
des Junggesellen", das Davis alsbald englisch übermalen ließ mit *The
Bachelor's Delight*. Es bedeutet ungefähr dasselbe. Die Hannemänner
bootete man irgendwo aus — die Revenge wurde verbrannt. Dann knüp-
pelte man sich mühsam durch die Februarstürme um das böse Kap Horn
herum ins Pazifische. Und lauerte der Silberflotte von Lima auf. Inzwischen segnete der Kapitän John Cook im Gerangel mit drei Spaniolen
das Zeitliche und wurde den Fischen übergeben. An seine Stelle rückte
Davis. Tollkühn griff er die vierzehn prächtigen Schatzgaleonen an,
sozusagen im laufenden Gefecht. Es hatten sich allerdings wie die Haie
noch ein paar Seelungerer hinzugepirscht, bewiesen aber wenig Geschick
oder Lust, den tüchtigen Signalen des „Vergnügten Junggesellen" zu
folgen. Die Spanier vermochten sich abzusetzen. Fast hatte Davis sich
schon als Kaiser der Südmeere gefühlt. Zähneknirschend sah er die flott
manövrierenden Linnen seiner Schatzkammern hinterm Horizont entschwinden.

Keine Beute, murrende Leute. Auch William Dampier hätte mit den

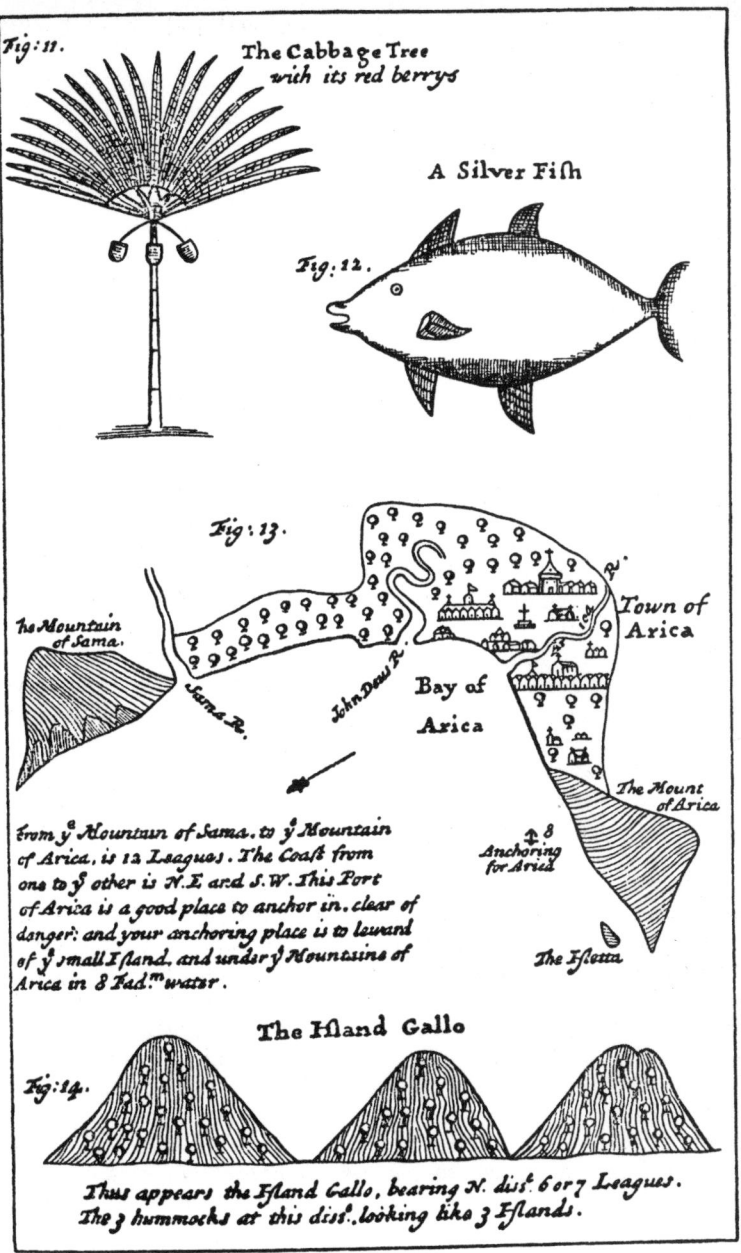

Fig: 11.

The Cabbage Tree
with its red berrys

A Silver Fish

Fig: 12.

Fig: 13.

he Mountain
of Sama.

Sama R.

John Dew R.

Bay of
Arica

Town of
Arica

The Mount
of Arica

8
Anchoring
for Arica

The Isletta

From y^e Mountain of Sama. to ye Mountain
of Arica. is 12 Leagues. The Coast from
one to ye other is N.E and S.W. This Port
of Arica is a good place to anchor in. clear of
danger: and your anchoring place is to leward
of ye small Island. and under ye Mountains of
Arica in 8 Fad.^m water.

The Island Gallo

Fig: 14.

Thus appears the Island Gallo. bearing N. dist. 6 or 7 Leagues.
The 3 hummocks at this dist. looking like 3 Islands.

Eine Seite aus dem Logbuch des Piraten-Kapitäns Dampier

siebzig Köpfen und Körpern an Bord gern noch gepferchter gehaust, falls nebst Kanonen, Tau-, Takelwerk und Proviant die Fülle der eben entwichenen Kleinodien die letzte Ecke der hundertachtzig Tons Schiffsraum beansprucht hätte. Nun stieg er mit einigen anderen unlustig auf einen der neun Gischtkitzler über, die sich gewiß nicht zu gemeinsamem Liedersingen eingefunden hatten und sodann sich grollend wieder in die Winde verstreuten. Mit einundzwanzig war er aus Somerset nach Westindien gekommen, hatte seine Zeit als Soldat abgerissen, war dann Plantagenaufseher, Farbholzfäller, Bukanier und schließlich Flibustier geworden. Nun reiste er auf der *Cygnet* unter Kapitän Swan gen West ins Unbekannte, obschon die ostindischen fetten Fährwege das Ziel waren. Es wurden abenteuerliche Jahre.

Als ihn das Heimweh schließlich nach Old England zurückdrückte, rettete ihn die wohlgeformte Niederschrift seiner Erlebnisse vor dem Galgen. Denn es ergab sich, daß er die Nordküste Australiens und einiges mehr entdeckt oder zumindest zuerst beschrieben hatte, und er wurde als Kommandant von Seiner Majestät Schiff *Rehbock* dann sogar amtlich auf weitere Entdeckungsreise geschickt. So findet sich sein Name — eine Ausnahme unter Freibeutern — hier und da in der Geographie und Botanik — und sogar bei Papa Brehm, anstatt in Gerichtsakten und blutrünstigen Legenden. Daß er eines Tages wieder nur als Steuermann fuhr, läßt auf sein unruhiges Temperament schließen. Immerhin verknüpft ihn ein Ereignis indirekt auch mit der Schönen Literatur. Er war es, der, als er Kapitän Rogers rund um die Welt begleitete, den schottischen Steuermann Selkirk von einer fünfjährigen Einsiedelei inmitten des Pazifiks erlöste. Das sollte aber erst im Jahre 1709 geschehen.

Auf der gleichen Insel Mas a tierra, die auf der Nordseite einen trefflichen Landeplatz aufweist, hatte Kapitän Sharp nach der Übernahme von Frischwasser, Früchten, Grünkram und Lamafleisch ein Besatzungsmitglied, den Indianer Moskito, vergessen. Das war Anno 1682 gewesen. Drei Jahre später erst kam nun Davis in die Gegend der Juan Fernandez-Gruppe, als er sowieso sein Schiff von ungebetenen Mitreisenden, dem Schmarotzerbewuchs, befreien mußte, zugleich auch die Beute verteilen wollte. Denn unterdessen war einiges Erfolgreichere geschehen als mit der Limaflotte. Mancher Frachter hatte das Beste seiner Ladung hergeben müssen. Der Matrose Moskito wurde wohlbehalten angetroffen. Bordarzt Lionel Wafer, der bei Davis geblieben, erwähnte es kurz in seinem Journal. Und auch, daß bei der Beuteverteilung der Grundanteil für jeden fünftausend Stücke von Achten betrug. Ein wahres Vermögen damals. Gemessen an der Summe jedoch, welche die beiden Einsiedler jener Insel, vereint in der Metamorphose Robinson und Freitag, auf friedlichste Weise jahrhundertelang abwarfen, muß jeder Piratenschatz verblassen.

Der Londoner Politiker, Aufrührer, Freidenker und Schriftsteller Daniel Defoe hatte auf Grund der Kapitänsberichte sein Buch über das „Leben und die erstaunlichen Abenteuer des Matrosen Robinson Crusoe aus York" verfaßt. Es erschien 1719 und rief die literarische Piraterie auf den Plan. Bis Anno 1800 ergab das allein in Deutschland rund hundert Robinsonaden. Von Defoes über 250 Veröffentlichungen sind heute die Erlebnisse der *Moll Flanders* und sein Bericht über die *Pest in London* fast schmackhafter als der Robinson.

Davis, dem als Kapitän mindestens das Doppelte wie jedem anderen der Leute zufiel, gedachte für sein Teil in das bequemere Leben zurückzukehren, wie Morgan sich eine Plantage zu kaufen unweit der königlichen Stadt Port Royal, dem Paris Westindiens, dem „muntersten aller Sumpflöcher". In der Spanne aber, die nun einmal zur Kalfaterung eines Schiffes benötigt wird, hatten nicht wenige und gerade die größten Schreihälse ihren Beutesegen wieder verwürfelt, und sie bestimmten, das „Vergnügen des Junggesellen", so frisch rasiert, müsse nun erst endgültig seinen Namen die Ehre machen. Und da sich wie gerufen zwei Windstreicher der mißratenen Lima-Aktion wieder blicken ließen und deren Kapitäne Townley und Gronet unlängst umgekommen waren, übernahm Davis die Oberhoheit über diesen Flottenverband, drillte die Besatzungen mit Landemanövern und überfiel dann in der Bucht Equadors die schöne — nachmals von deutschen Firmen bevorzugte — Stadt Santiago de Guayaquil. Ohne morganischer Grausamkeiten schuldig zu werden, ergatterte er beträchtliche Werte. Und da die andern beiden Fahrzeuge weniger dänisch stabil gebaut waren, segelte er danach allein durch die Hölle von Kap Horn, homeward bound.

Vier Jahre lang hatte das gute Schiff den gewaltigen Beanspruchungen getrotzt. Wie er selber. Beides war eine Ausnahme. Die Kapitäne der Flibustier wechselten oft, entweder durch Neuwahl seitens der Freunde oder durch Tapferkeit vorm Feinde, die häufig mit dem Heldentod endete. Die hölzernen Schiffe aber waren damals meistens schon nach zwei Jahren reif zum Abwracken, falls sie nicht vorher in Sturm, Brandung oder von Gegnern durchlöchert oder gerammt oder in Flammen endeten.

An einem Frühlingstag 1688 landete Edward Davis wieder auf Jamaika, unter voller Flaggengala. Denn schon von Ausreisenden war ihm gewinkt worden, daß gerade wieder einmal ein Gnadenerlaß an den Türpfosten aller Tavernen klebte, allen Piraten zum Trost, die sich unterwerfen und ein achtbares Leben beginnen wollten. Davis nahm dankbar die Gelegenheit wahr. Volle vierzehn Jahre dann genoß er seine „Ersparnisse" in Beschaulichkeit. Bis es ihn nochmals in den gichtig werdenden Gelenken juckte, als die unmelodischen Fanfaren des Spanischen Erbfolgekrieges bis zu den karibischen Eilanden schmetterten und England, gestützt auf einen Großteil Europas, die Stunde nutzte und allen Freibeutern Willkomm und Kommission bot, anderer Nationen Überseeraub auf britisch umzuschalten.

Die *Bachelor's Delight* hatte Davis bald nach seiner Ankunft über hilfsbereite Makler an ein Syndikat in Carolina verkauft, wo es üblich wurde, Piraterie vom Klubsessel aus zu betreiben. Entsprechend neu staffiert, erntete das brave Schiff, wo andere gesät, in den entlegeneren und noch ertragreicheren Gefilden jenes Indiens, das Kolumbus eigentlich gemeint. Oktober 1691 lief es die Zwischenstation Madagaskar an — zur Kalfaterung. In den Notizen des dortigen Waren- und Sklavenhändlers Adam Baldridge findet sich dazu folgende Bemerkung: „Sie hatten in der Roten See ein Schiff genommen, das den Mohren gehörte und machten so viel Geld daraus, daß der Anteil pro Person sich bei siebzig bis achtzig Mann Besatzung auf eintausendeinhundert Pfund belief. Während der Zeit, da sie kalfaterten, versorgte ich sie mit Fleisch, und sie gaben mir dafür eine Portion Perlen, fünf große Kanonen, Munition, sechs Fässer Mehl und etwa siebzig Stangen Eisen."

MUSIKALISCHES ZWISCHENSPIEL
um 1688

Bei der Einnahme von Guayaquil war auch ein junger Musikliebhaber dabei, der sich in seinen Erinnerungen Ravenau de Lussan nennt. Das klingt wie ein Heldenname aus einer der Prunkopern Jean Baptiste Lullys, dem Richard Wagner Ludwigs XIV. Und wirklich bedauert der handfeste Flibustier, der bei de Graff gelernt, seine Laufbahn nicht wie der weltberühmte Komponist als Küchenjunge bei Hofe, sondern — bald abgebrochen — als Marinekadett begonnen zu haben. Nun, am südamerikanischen Gestade zu Santiago, spielte er den erhitzten Räubern in der Kirche das Sieges-Tedeum, soweit sie Franzosen waren, indes die Engländer schon bei den Haussuchungen und Flüchtlingsverfolgungen ihrem Gott gesondert dienten. Mehr unachtsam als gewollt geriet die Stadt in Brand. Löschen half nichts. Man mußte manches vernichtet sehen, was man gerne herausgeholt hätte. Die äquatoriale Sonne zersetzte zudem die Toten, die nicht ganz hatten vermieden werden können, da nicht jedermann klug genug ist, auf die vorgelegte Entscheidung: Geld oder Leben! richtig zu antworten.

Weil man Seuchen befürchtete, verzogen sich die Piraten nebst den vornehmsten ihrer Gefangenen auf die nahe gelegene Insel Puna. Ravenau hatte alle Musiker der Stadt zusammengetrommelt und leitete das Orchester dreißig Tage lang, die er alle als herrlich preist, voller Gesang, Tanz, Schmauserei, Jagd und Spaziergang. Er schreibt: „Einige von uns schlossen Freundschaft mit den gefangenen Damen, die, ohne daß man ihnen hätte Gewalt antun müssen, mit ihrer Gunst nicht geizten. Unsere

Leute freuten sich über dieses Leben so, daß sie alles vergangene Elend der Seefahrt vergaßen und meinten, sie seien mitten in Paris und in Sicherheit."

Er selber hatte ein amouröses Abenteuer mit der Witwe des Säckelmeisters der Stadt, der bei der Plünderung sich geizig gezeigt, wie auch anscheinend im Leben, denn die Senhora tröstete sich rasch mit dem romantisch von See- und Blutgeruch umwitterten Kapellmeister. Sie versprach sogar, ihm den Posten ihres Mannes zu verschaffen. Jedoch die Klimperkantaten der Peseten lockten den Musikpiraten nicht sehr; er mochte berechtigte Rache fürchten, und somit entließ er seine schöne Willfährige mit der Versicherung, sein Leben lang dankbar für ihre Zuneigung zu bleiben.

Erfrischend in der sonstigen kahlen Berichterstatterei, die andern Flibustiern eignet, schwärmt dieser junge Mann gar poetisch von den Palmenhainen, den bunten Vögeln, den lichten Auen, den kühlen Bächen und den gewaltigen Dekorationen der Lianen, von denen etwa der Bühnenbildner zu Paris, eben mit Lullys *Armide et Renaud* beschäftigt, sich sicherlich entzückt hätte anregen lassen.

Edward Davis befand sich nicht auf Puna, sondern zog vor, wachsam zu bleiben. Schon kreuzten zwei spanische Fregatten heran. Der Alarm fegte den scharmanten Hopphei der Franzosen in den rauhen Alltag zurück. Das Lösegeld nebst 400 Sack Mais war inzwischen zum Glück eingetroffen, und mit genauer Not erreichte man damit nach kurzem Scharmützel und nur ein wenig beschädigt die hohe See.

Dort flötete ein anderes Orchester, und der britische Seebold Davis entschwand der Sicht gen Feuerland. Was zurückblieb, traute sich nicht, ihm in die Roaring Forties, die brüllenden Lüfte des vierziger Breitengrades, zu folgen. Die Schiffe der Franzosen erwiesen sich bald als so brüchig, daß einstimmig beschlossen wurde, den Marsch über den Kontinent zu wagen und also zu Fuß den Antillen wieder näher zu kommen. Um diesen Entschluß unumstößlich zu untermauern, steckte man die müden Meergehäuse, die so lange die groben Füße und Flüche und Träume ertragen, in Brand bis auf zwei Boote, mit denen die Piraten auf der Insel Mapalla und später an der Küste landeten. Es waren damals insgesamt zweihundertfünfundachtzig Mann. Ehe sie sich dann in vier Haufen teilten und mit vierzig Mann Vorhut in Marsch setzten, teilten sie die mitgeführte Beute. Sie bestand hauptsächlich aus massiven Silberbarren und Schmuck, dessen verarbeitetes Gold, wie auch Perlen und Edelsteine schwerer zu schätzen war und darum versteigert und mit Silber bezahlt wurde. Die Gesamtwerte beliefen sich — nach Ravenaus Angabe — auf fünfhunderttausend Stücke von Achten oder Piaster, den Fünfliberstücken bester Währung entsprechend.

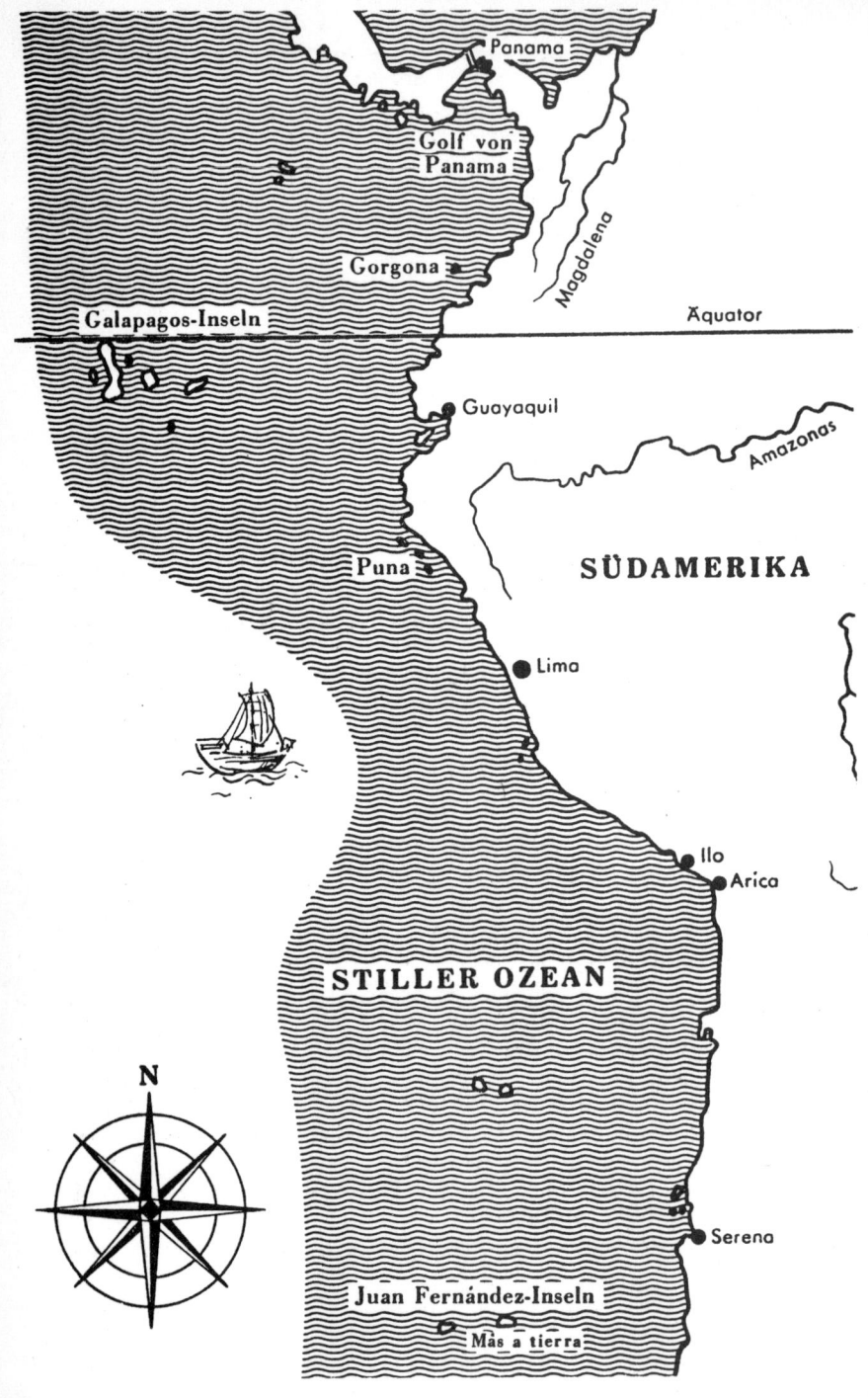

Panama

Golf von
Panama

Gorgona

Galapagos-Inseln

Äquator

Guayaquil

Amazonas

SÜDAMERIKA

Puna

Lima

N

Ilo
Arica

STILLER OZEAN

Serena

Juan Fernández-Inseln
Màs a tierra

Magdalena

Die dann folgende Schilderung einer Durchquerung Südamerikas läßt eine Neigung zu phantastischen Libretti durchschimmern. Die Freibeuter hatten mächtig an ihrem Raub zu schleppen. Wer Preziosen ersteigert hatte, war besser daran als die Silberbesitzer. Man machte auch keinen Versuch, hundert Fässer mit je eintausendeinhundert Piastern, die man bei Guayaquil versteckt, noch zu holen. Wer hätte sie tragen sollen? Und immer ging es bergauf. Und es war Januar. Wohl trieb man ein paar Pferde zusammen, als man aus Nebel und Kälte heraus den Ort Neu-Segovia überrannte. Aber wo war man überhaupt nach diesen elf Tagen bitterer Fortbewegung, wo man sich nach nichts als nach süßem Nichtmarschierenmüssen und geschwellten Segeln und knarrender Takelung sehnte, nach der großen Seemusik aus Wind und Dünung, die hier von dem widrigen Gegecker fremder Vögel und dem Röhren verborgener Raubkatzen abgelöst war (Jazz gab es damals noch nicht).

Am sechzehnten Tag erreichte die immer länger sich hinziehende Kolonne einen Fluß, den niemand kannte, ein tückisches Ungeheuer voller Abstürze und Stromschnellen. Vielleicht war es der große Rio Magdalena oder aber der Segovia. Aus Bäumen weichen Napuholzes bauten sich die Seebrüder jene merkwürdigen Fahrzeuge, die wie Körbe sind und indianisch angeblich Pipiri heißen und jeweils zwei Mann und etwas Gepäck Platz gewähren. Man lenkte sie mit langen Stangen und versuchte, oft bis zu den Hüften eingetaucht, in den Strudeln im Gleichgewicht zu bleiben. Die großen Wasserfälle mußten in den Regenwäldern umgangen werden, und man trug die Boote auf den Schultern.

An solchen Stellen lauerten jene Brüder im Hinterhalt, die schon im voraus, aber in den tobenden Wirbeln gekentert waren und ihr Leben, doch nicht ihre Habe gerettet hatten. Die Bande der Kameradschaft hielten nur bei den Glücklicheren. Im Uferdickicht zwischen Bambus und Tannen sah Lussan fünf Engländer liegen, die Schädel zerschmettert, der Beutesäcke beraubt. Er aber war so schlau gewesen, die schweren Stücke Edelmetalls rechtzeitig in Edelsteine und Perlen zu tauschen und diese auf sichere Freunde zu verteilen. Trotz der unsäglichen Strapazen und Aufregungen war für seinen empfänglichen Geist in der ungeheuerlichen Szenerie und Handlung die Fülle zu verarbeitender Themen nicht zu unterschätzen: Vorspuk vielleicht zu Webers Wolfsschluchtmusik, auch den Brandungsstößen des Fliegenden Holländers, jenes keineswegs wegen Piraterie, sondern wegen der Vermessenheit, gegen den Wind das Kap Hoffnung zu runden, verdammten Segelkapitäns Wagners. Welch Lärm um solche selbstverständliche Absicht! Da hätte Ravenau andere Sünden in Noten zu setzen gehabt. Er hätte den frühen Bogen beginnen können, der zu den Wassersymphonien des Brasilianers Villa-Lobos führt. Und mittendrein das Idyll der Insel mit einem Einsprengsel Rührung und Heimweh, wie etwa in Bachs D-Dur-Suite Nummer drei das „Air" zwischen den Tänzen.

Aber was Ravenau war oder konnte, verlor sich wie die gemachte Beute. Am 9. März erreichte er mit den Überlebenden die Flußmündung, zerfetzt, zerschunden, ausgemergelt, Tieren ähnlicher denn den Menschen. Nur mit Bananen hatten sie sich ernähren können. Vierundneunzig der Genossen fehlten. Auf der Reede der Moskitoküste ankerten englische Handelsfrachter. Wer das Nötige an Werten aus seinen Lumpen hervorkramen konnte, durfte als Fahrgast an Bord. Lussan gehörte zu diesen Bevorzugten. Für die andern, die gänzlich Entblößten, etwa die Passage zu bezahlen kam weder ihm noch irgend jemandem in den Sinn und wurde auch sicher nicht erwartet. Wo das Verhängnis gesprochen, soll der Mensch es nicht berichtigen! war einer der selbstverständlichen Grundsätze jener Zeit. Mit Mühe erst befreite sich die Medizin von dieser Ansicht.

Am 9. April — gerade war auch Kapitän Davis wieder zur Stelle — landete Monsieur Ravenau de Lussan auf San Domingo und weinte vor Freude, als er endlich wieder ringsum die Musik einer salonfähigen französischen Sprache hörte.

WIE IST MORGAN ZU WERTEN?
bis heute

Exquemelins Berichte erster, holländischer Ausgabe zeigen Morgans Bildnis in brokatener Herrlichkeit mit gewichtigem Kommandostab, dickwanstig, vollmondig, schlagflüssig, mit breitäugig lauerndem Blick, mit zierlich gezwirbelten dünnen Schnurrbartfäden, die wie Würmer aus der Nase gekrochen scheinen, und einem fast weiblich geschwungenen Mund. Die Unterschrift nennt seinen Vornamen als Johan, ein Zeichen mehr dafür, wie unsicher die Namensfestlegungen bei den karibischen Piraten und Mordbrennern sind. Die englische Ausgabe Anno 1684 entkleidet ihn des Admiralstabes, verlängert und spiralt seine Bartspitzen, setzt eine modische Fliege unter die trotzige Lippe und kämmt das negroide Kleingelock der „geschingelten" Frisur zu lang herabfallenden Wellen aus. Die Unterschrift lautet nunmehr Sir Henry Morgan. Im Text aber wurde nichts geändert. Und Morgan verklagte den Verleger wegen Verleumdung. Denn es sei niemals — wie behauptet war — als Gedungener nach Barbados verkauft worden und dann Seeräuber geworden, habe nie sein Geld durch Würfelspiel vermehrt, um damit ein Raubschiff auszurüsten, sei auch keines Landarbeiters Sohn, sondern aus altem Waliser Gutsadel und stets nichts als treuer Diener der britischen Krone gewesen.

Obschon er sich selber vielleicht nicht an den Gewalttakten seiner

Horden beteiligt hat, sind es solche, die seinen Namen berüchtigt über die Zeiten erhalten. Zumindest hat er nicht verhindert, daß gefangene Mönche und Nonnen bei Erstürmungen als Kugelfang benutzt wurden, daß Mädchen der Schmuck aus den Ohrläppchen gerissen wurde und man ihnen, so die Ringe nicht rasch herunterwollten, die Finger abhackte. Und auch diese Schilderung des flämischen Arztes hängt ihm an: „Unter anderm fanden sie in einem vornehmen Hause, dessen Bewohner geflohen, einen Gebrechlichen, der sich mit einer seidenen Hose herausgeputzt. An deren Nestel hing ein kleiner silberner Schlüssel. Die Räuber fragten ihn, wo die Truhe dazu sei. Da er's nicht sagen konnte, wippten sie ihn, daß ihm beide Arme aus den Pfannen sprangen, schnürten ihm dann den Kopf auf spanische Art dergestalt, bis ihm die Augen dick wie Eier herausquollen, und als er auch dann nichts bekannte, hängten sie ihn beim Gliede auf, der eine schlug ihn, der andre sengte ihn, der dritte schnitt ihm ein Ohr, der vierte die Nase ab, bis sein Halt zerriß, sie auch keine Tormenten mehr wußten, ihn zum Sprechen zu bringen, er's auch nicht mehr konnte. Da riefen sie einen Neger, ihm mit der Partisane den Rest zu geben." Denn Mörder wollten sie nicht sein.

Das wollte der Rotkopf unmittelbar sicher auch nie. Doch mehr noch peinigte ihn verletzte Eitelkeit, so erhob er Einspruch auch gegen eine Stelle, wo ebenfalls von Mord keine Rede ist. Zu Panama war unter den Gefangenen eine schöne und gebildete Kaufmannsfrau gewesen, die hatte er erst mit Schmeichelei, dann, als sie höflich die Ehre verschmähte, sich dem gewichtigen Räuberführer hinzugeben, mit schlechter Behandlung erweichen wollen, sie schließlich aber erfolglos freigelassen, gegen hohes Lösegeld indes.

Man weiß nicht, was daran ist. Andere Quellen verlegen seine Geburt nach Barbados und sprechen ihm einen „Spritzer mit der Teerbürste" zu, eine mulattische Beimischung; sie suchen sich sozusagen um die reinrassige Verantwortung zu drücken. Daß er als Großräuber sich auf zumindest geheime Aufträge berufen konnte — die von der Regierung natürlich geleugnet wurden —, ist nicht zweifelhaft. Daß er seine Beuteanteile unbrüderlich hoch bemaß, wohl auch nicht. Selbst aus dem Londoner Veröffentlicher seiner Untaten zog er noch Tribut. Der Verleger mußte ihm zweihundert Pfund auf Grund des Gerichtsurteils zahlen. Morgan soll die Summe in einer Taverne zu Port Royal, der Schlemmerzentrale Karibiens, der Stadt, die als „Kloake aller Wollüste", als das verderbte Dorado aller Kolonialprotzen, Glücksjäger und Aufrührer galt, in einer Nacht verfeiert haben. Das mag, da er die letzten Jahre, viel angefeindet und herzleidend, zurückgezogen gelebt, an seinem frühen Ende mitschuldig sein. Eben fünfzig, starb er Anno 1688 im Bett. Man erwog zu London, seinen fürstlich beigesetzten Sarg zur Westminsterabtei in die Versammlung der nationalen Helden zu überführen. Aber ehe es soweit gedieh, wurde die üppige Stadt Port Royal von einem Erdbeben unter den Meeresspiegel gefegt samt ihrer Kathedrale und Morgans Gruft.

Wo peinliche Vergangenheit
bringt Würde in Gefahr,
ist auch der Orgelton nicht weit,
der überspült, was war.

PIRATENMESSE
Anno 1690

Obwohl auf den Allerheiligen-Inseln, die zu denen Über dem Winde gehören, die Fahne Frankreichs wehte, scheute sich der — im übrigen wie so mancher seiner Kollegen geheim gebliebene und unbekannt verschollene — Piratenkapitän Daniel, Franzose von Geburt und über der schwarzen oder roten Flagge nach Gutdünken die bourbonische hissend, keineswegs, die Ansiedlungen zu überfallen, zu berauben und die Bewohner, soweit es ihm dienlich schien, an Bord zu schleppen. Darunter war auch der Geistliche zu Ville Terre d'en Haut, von dem Dominikanerpater Labat erzählt. Daniel, dankbar wegen des gelungenen Streiches oder vom Himmel noch bedeutendere Gunst erhoffend, meinte, es könne nicht schaden, wenn der Pfaffe zur Erbauung der Mannschaft auf Deck eine Messe lese. Der Seelenhirte wagte nicht, sich zu weigern, schließlich war es ja seines Amtes, das Heil zu verbreiten, wo immer es sei.

Unter einem Sonnensegel wurde auf der Poop des Kapitänsschiffes ein Altar improvisiert; die entwendeten Kirchengeräte wurden herbeigeschafft; ein Salut aus der Schiffsartillerie zeigte den Beginn der frommen Handlung an. Auch beim Sanktus erdonnerten die Kanonen, bei der Elevation des Kelches ebenfalls, sodann beim Benediktus und zuletzt nach dem Exaudit. Es war damit das sonst übliche leise Schellengeklingel der Ministranten und das Glockengeläute, entsprechend der andersgearteten Beschwörungsmagie der Freibeuterei, aufs beste ersetzt. Zum Schluß erfolgte, man sollte es kaum für möglich halten, ein treuherziges Gebet für den französischen König und aus den Kehlen der Freibeuter ein rauhes, aber begeistertes Vive le Roi, obwohl sie ihn eben bestohlen hatten. Oder sollte es sich um feine volkstümliche Unterscheidungen handeln, jener Sorte, die den Laden wohl ausleert, aber das Firmenschild schont?

Die Feierlichkeit wurde nur einmal kurz dadurch gestört, daß einer der Kerle ungeziert an die Reling trat, sein Wasser abzuschlagen, und das gerade während der mystischen Verwandlung von Wein in Blut.

Als der Kapitän kurz die Unbotmäßigkeit rügte, entgegnete der Genosse, seiner demokratischen Freiheit bewußt, mit einem gotteslästerlichen Fluche. Wie der Blitz zog da Daniel die Pistole und knallte dem Burschen eins durch den Schädel.

Eigentlich war solche unmittelbare Ahndung einer Verfehlung selbst dem — von der Besatzung gewählten — Schiffsführer höchstens während einer Kampfhandlung bei Gehorsamsverweigerung oder Feigheit gestattet. Es mag aber die vage Ausrede gelten, man habe sich mindestens im Ringen mit dem eigenen Gewissen oder wie Jakob mit dem Engel befunden. Daniel — der sich alsbald zu Recht in einer Löwengrube finden mochte — schwor beim Allerhöchsten, derlei Umschweiflosigkeit an jedem zu demonstrieren, der es an Respekt vor dem heiligen Opfer mangeln lasse. Und wirklich blieb die Gemeinde andächtig.

Der Schuß war unweit des Paters losgegangen und hatte ihn naturgemäß nicht wenig erschreckt. Aber der Schiffsgewaltige wandte sich ruhig zu ihm und sagte: „Seien Sie unbesorgt, mein Vater, es handelt sich nur um einen Schuft, der die Pflicht des Anstandes verletzt hat; ich habe ihn bestraft, um ihn eines Besseren zu belehren."

Es war wirklich — wie Labat in seinen Erinnerungen bemerkt — eine gründliche Art, jemanden davor zu bewahren, nochmals einen ähnlichen Fehler zu begehen. Nach der Messe wurde der Übeltäter über Seite geworfen. Und der Priester erhielt für seine Bemühungen ein paar Zuckerhüte, eine Handvoll Silbermünzen, etwas Lyoner Unterwäsche, die von dem Superkargo des zuletzt ausgenommenen Schiffes stammte, und einen Negersklaven. Der Geistliche sah sich später auch gezwungen, die Einladung zu einem Festschmaus an Land anzunehmen. Dort wurde in unvergessener Kunst der Bukaniere ein fettes Schwein auf dem Hartholzrost gebraten, unterdessen schon schneller gare Hühner nebst Wein im Kreise herumgingen, bis denn das Hauptmahl knusprig war und jeder, so manierlich es ging, mit seinem Entermesser sein Teil herunterschnitt und die Bissen verschwenderisch mit purem Rum in den Schlund spülte.

VON NORDAMERIKA AUS
um 1693

Was den Spaniern recht war und den andern ein Dorn, das Handelsmonopol zwischen Mutterland und Kolonien, das wiederholte sich, kurzsichtig genug gedacht, in der Navigationsakte Englands. Es förderte die britische Schiffahrt, aber es erregte den Nerv nichtenglischer Firmen, die auch ins Geschäft wollten. Und da sie oft billiger liefern konnten, war auch die Gegenseite trotz aller Verbote nicht ungeneigt. Der Schleichhandel blühte und — weil noch billiger liefernd — die Piraterie. So wurde die damals englische Kolonie Carolina der wohlfeilste Markt der Welt. Aber auch Rhode Island, Pennsylvania, Massachusetts und selbst das vornehme Boston waren den Freibeutern zugetan. Pirat Breha ist dort bis heute mit jenem vagen Glanze umgeben, wie er Störtebeker oder Jean Bart ziert. Um 1685 herum versorgte er die Stadt mit den Erzeugnissen Westindiens. Als er gelegentlich ungeniert in einer Hafenkneipe saß, gedachte sich ein Bostoner das ausgesetzte Kopfgeld zu verdienen und rannte zum Kadi. Bürger, die davon hörten, hätten den Angeber um ein Haar geteert und gefedert. Aber es ereignete sich nichts Böses, da umgehend bekannt wurde, daß sich der Bürgermeister gerade aufs beste mit Breha, der eigentlich Michel Andreson hieß und ein augenscheinlicher Wikinger war, perzentuell geeinigt hatte.

Und nun erst New York. Die sechzig Gulden, die der deutsche Pastor und Abenteurer Minnewit in holländischer Firma den Indianern für die Insel Manhattan bezahlt, hatten sich als phantastische Heckpfennige erwiesen. Ein paar Jahrzehnte später, Anno 1664, hatte England — wie schon gesagt — die günstige Lage erkannt und den Einwand Hollands gegen die Navigationsakte dazu benutzt, Manhattan gewaltsam und für Nullkommanichts zu übernehmen. Die eintausendfünfhundert Neu-Amsterdamer, die dort sich vorfanden, wurden in Neuyorker umgetauft. So glänzende Abwicklungen haben den Geist der werdenden Weltmetropole nicht unbeeinflußt lassen können. Und zur Piraten-Konjunktur ab 1690 trug Statthalter Fletcher sein gestrichen Teil Wohlwollen bei; denn er war, anders als sein späterer Namensvetter, keineswegs für schmale Bissen und langsames Kauen. Unter seiner Duldung blühte das Ausrüstungs- und Beteiligungsgeschäft großzügiger als in irgendeinem Hafen sonstwo rings um den Atlantik. Man bevorzugte bald weitdenkend das andere, das echte Indien als Beutelieferanten.

Es dauert immer rund ein halbes Jahrhundert, ehe neue Entdeckungen Einfluß auf die breite Masse gewinnen. Die Schätze, welche die verschiedenen Ostindischen Handelsgesellschaften nach Europa geführt, die Berichte über jene fernen Küsten zwischen dem Roten und dem Gelben Meer, der niemals schlummernde Neid auf die Portugiesen, die dort zuerst eingedrungen, und auf die Holländer, die einen Teil des ersten Entdeckungsraubes auf sich übertragen, regten endlich auch die anglikanische Begierde an. Der englische Schiffsbau hatte von Frankreich und von Holland gelernt. Aber nun, da seine Weitsicht erwacht war, oder genauer, da die Kaufleute zu Bristol, Portsmouth und sonstwo und die Börsenmakler zu London den Radius ihrer Interessen um einige tausend Seemeilen verlängerten, entstanden auf den Werften am Clyde und am Tyne und in Birkenhead und Belfast Fahrzeuge, die an Pracht hinter den Vorbildern zurückstanden, sie aber an nüchterner Verwendbarkeit übertrafen.

Die stets eindrucksfähige Kultur Europas nahm allmählich breiten Anteil an den Nachrichten über die fernen Buchten des Indischen Ozeans. Aus Arabischer und Bengalischer See stiegen vage Märchenbilder vor die ewig unruhige Phantasie des vom Golfstrom befieberten weißen Mannes, unablässig bedrängt von den bunten Schätzen, die durch die Übersee-Kompanien auf den Markt gelangten. In der steigenden Flut der Bücher und ersten Gazetten ließen die Schilderungen und Bilder fernöstlicher Kunstwerke, Zustände und Trachten Zweifel aufkommen, ob man einzig daheim das wahre Maß für Schönheit besitze. Alle Sparten des gesteigerten Handwerks und der Mode spürten die Anregung, im neuen Schwung der Linien, im Spiel der Farben, im Zerwürfeln der überkommenen klassischen und gotischen Formen zu neuen Kurven, bis sich die muntere Nachahmung lustiger „Chinoiserie" ins Schwulstige verüppigt, bis sogar der Zopf der „gelben Heiden" von den christlichen Männerfrisuren übernommen wurde. Eine sonderbar malerische Epoche fürwahr, ein ulkiges Durcheinander, ein Esperanto der Künste, das in den Klippen des Rokoko sich verliert und eine wunderbare Opernkulisse, eine gesellschaftliche Blende ohnegleichen vor den Hintergrund schiebt, der sich unaufhaltsam mit dem ungebetenen Chor struppiger Proleten-köpfe füllte.

Vorerst noch war diese „Unterschicht" gut als Handlanger zu gebrau-chen, um die andere Seite der Kultur, das Kaufmännische, das Geschäft zu fördern, nicht nur in den Werkstätten, Manufakturen und Faktoreien, sondern in jenem direkten Zugriff, der noch nicht ganz verpönt war, der den Kriegen das betriebliche Gewürz verlieh über die Lieferung von Waffen und Heeresbedarf hinaus, im skrupellosen Beutemachen, in der Freibeuterei.

Glühende Schilderungen von den gewaltsamen Fischzügen der halb-staatlichen Ostindischen Monopolkonzerne, von eroberten Radschapalä-sten, von märchenhaften Kleinodien, unvergleichlich schönen und sanften Frauen, Seidenstoffen und Spezereien wurden von der aufkommenden Fixigkeit der Reportage zur Kenntnis gebracht. Eine Auswertung blieb unvermeidbar. Dort im Gefilde des eigentlichen Indien war mehr zu holen als Tabak, Zucker und Indigo, was alles sowieso schon an Gewinn-spanne verlor. Und die Mohrenfürsten — man nannte alles Mohr, was jenseits des Mittelmeeres lag — hatten noch keine rechten Lieferungs-verträge mit weißen Waffenfirmen. Und Kriegsschiffe Europas waren dort seltener als um Karibien herum.

THOMAS TEW
verschollen 1695

Die Reise nach Ostindien war weit; ob von England oder Nordamerika aus, selbst bei günstigem Wetter dauerte sie viele Monate. Ein Ostindienschiff auszurüsten verlangte beträchtliche Investierung. Sie überstieg die Mittel und die Risikolust einzelner. Geldgeber taten sich zusammen. An Kerlen, die für sie die goldenen Eier holen wollten, mangelte es selten, denn auch für sie bestand die Möglichkeit, nicht schlecht zu verdienen, falls die Sache glückte. Damit sie aber mit dem Raube auch heimkehrten, nahm man nach einigen trüben Erfahrungen nur verheiratete Seeleute. Ihre Frauen und Kinder blieben bis zur Rückkunft des Schiffes als lebendiges Pfand zur Verfügung der Reeder und Aktionäre.

Thomas Tew — auch phonetisch Too geschrieben — hatte sich als Seemann schon auf sanktionierten Kaperfahrten bewährt. Man wußte, er stammte aus vertrauenswürdigen Verhältnissen Rhode Islands, und so übertrug ihm ein Konsortium gern das Kommando über eine frisch vom Stapel gelaufene tüchtige Brigg, die *Amity*. Seine Ausstatter verschafften ihm — pro forma — vom Statthalter der Bermudas, der darin nicht kleinlich war, einen Kaperbrief gegen die französischen Niederlassungen an der Goldküste. Gewiß stand schwarzes und weißes Elfenbein noch immer gut im Preis. Aber die Brigg *Freundschaft* hatte einen Geheimauftrag mit weiterem Ziel. Es hieß schlichthin: Das Rote Meer. Denn an dessen Ufern wohnten arabische Fürsten, die reicher noch als heute durch die Ölquellen durch den Zwischenhandel mit Indien, Insulinde und China waren. Der Austausch der Güter wurde durch die sogenannte Mokkaflotte besorgt. Mokka im Jemen, heute nur noch als Kaffeesorte berühmt, war damals einer der bedeutendsten Umschlagplätze der Welt trotz aller Ostindischen Kompanien.

Allerdings wagten sich die Piraten selten direkt ins Rote Meer. Sie lauerten vor der Straße von Bab el Mandeb, dem „Tor der Trauer". Nicht umsonst heißt es so. Es war seit je einer der wichtigsten strategischen Punkte der Welt, und entsprechend viel Blut ist dort vergossen worden.

Was Tew dort wollte, hatte mit Politik nichts zu tun. Mit seiner Besatzung von siebzig Mann überwand er ein großes Mogulenschiff ohne viel Anstrengung. Der Schrecken, den die neuerlichen Kampfmethoden der weißen Drangsalierer und Händler verbreitet, saß den fünfhundert Streitern und Seeleuten, die sich an Bord des Inders befanden, so sehr im Genick, daß sie aus Angst vor Vergeltung nicht einen Schuß aus ihren schmuckvollen Bordgeschützen zu feuern wagten. Es mag auch einigermaßen menschlich bei der Entnahme der Beute zugegangen sein. Tew ließ sich allem Anschein nach an den realen Werten genügen, die in der Fracht und an Kleinodien aufzufinden waren.

Der vielfältige Händler und Lagerhalter Baldridge auf St. Mary schätzte das Gesamtergebnis auf hundertdreißigtausend Pfund Sterling. Die *Amity* frischte sich vor seiner Tür an dem sandigen Strande auf, und er verdiente nach Gebühr. Bei der Verteilung hatte jeder der Mannschaft runde eintausendzweihundert Pfund geerntet. Davon blieb einiges hängen.

Für das Konsortium daheim ergaben sich nach Abzug der Sonderspesen für die Offiziere und etwaige Blessierte rund fünfundvierzigtausend Pfund. Schiff und Ausrüstung standen mit etwa fünfundzwanzigtausend zu Buch. Da zehn Teilhaber gezeichnet hatten, entfiel auf jeden ein vorläufiger Erlös von rund zweitausend Pfund, vom Sofapolster aus verdient. Das, was Tew — des gesicherten Heimathafens froh — auslud an Gold, Silber und Elefantenzähnen wurde aber an Bostoner Firmen abgesetzt. Es brachte über das Doppelte der Schätzung ein, bare hunderttausend Pfund.

Die Hauptstadt Rhode Islands, des kleinsten der Vereinigten Staaten, hieß schon damals Providence. Eine direkte Verbindung zur Insel New Providence in den Bahamas läßt sich nicht feststellen. Daß die britische Krone im Jahre 1663 der baptistischen Kolonie einen besonderen Freibrief erteilte, schloß allerdings die Erlaubnis zur Freibeuterei nicht ein.

Tew blieb den Sommer im Hafen, in Newport bei seiner Familie, indes die *Amity* ins Dock kam und zu neuer Fahrt ausgebessert wurde. Das Gerücht seines Glückes hatte sich längs der Küste verbreitet. Die Schenken barsten von den Übertreibungen derer, die das leicht Gewonnene vergeudeten. Um diesmal ein gestempeltes Zertifikat zu erhalten, brauchte man nicht die entfernten Bermudas zu bemühen. New York lag näher, und Fletcher war großzügiger, obschon nicht billiger. Er nahm dreihundert Pfund für das Schriftstück. Aber er war ungemein liebenswürdig, lud den biederen Kapitän Tew auf offener Straße ein, in seiner sechsspännigen Kutsche mit Platz zu nehmen, schenkte ihm eine goldene Uhr, damit er ja auch New York mit der erwartbaren Beute zum Ankerplatz erküre. Tew erwiderte die Gunst mit einer Handvoll Juwelen.

Kaperbriefe hatte auf den Ostindienfahrten nur beschränkten Sinn. Höchstens daß man auf dem langen Weg seinen Proviant aus feindlichen Fahrzeugen ergänzen konnte. Gefechten wich man aus, um möglichst kampffähig an die Mokkafront zu gelangen. Dort waren die Objekte durchaus in keinem Kriegszustand mit England. Aber — und das diente manchem der Beteiligten als Entschuldigung — es waren Heiden. Ob Hindus oder Moslems, es waren jedenfalls keine Christen. Und selbst wenn, so waren es Farbige. Die Überheblichkeit des weißen Mannes hat eine Menge Konflikte gezeugt, die Mitte des zwanzigsten Jahrhunderts die Diplomatie und die Militärs um den Atlantik herum beschäftigen. Jede Verachtung rächt sich. Daß die Kultur jener Farbigen, zumal der Untertanen des Großmoguls, die der weißen Piratenhorden übertraf, stand nicht zur Erwägung. Shakespeares Othello war letzte Offenbarung. Und wenn alle drei Heiligen Könige Mohren gewesen wären, sie hätten ihre Schätze dennoch hergeben müssen. Der Mohr hatte sein Knie vor der Krippe gebeugt und gutwillig sein Gold gespendet. Was dem Christkinde recht war, durfte den Christen billig sein. Gutwillig oder nicht, das Mohrengold mußte her.

Zur Magie dieser Vorstellung kam die Magie des bestempelten Papiers. Es war ein weiteres, wenn auch dünnes Ruhekissen für schlichte Gewissen. Es beteuerte etwaigen Verhören gegenüber: Wir sind keine Piraten. Wir sind ehrbare Korsaren.

Diesmal gab Tew bei der Ausreise — November 1694 — als Ziel die Bahamas an. Er wolle dort spanischen und französischen Übergriffen einen Blutegel ansetzen. Und wolle im Frühling zurücksein. Dann segelte er, die Kapverdischen Inseln, Ascension, das Kap der Guten Hoffnung und die Komoren flüchtig anlaufend (teils zur Ergänzung von Frischwasser und Proviant, teils, um den Schiffsboden abzukratzen) in die Gefilde gehabter Fortun, in die Arabische See. Aber er lauerte diesmal vergebens auf ein günstiges Opfer. Die weniger milden Nachfolger des großen Friedefürsten Akbar hatten sich inzwischen zur schärferen Sicherung ihrer Schiffahrt zwischen Indien und Arabien entschlossen, die ja nicht nur Frachten, sondern auch abertausende Pilger nach und von dem Weg gen Mekka beförderte.

Auch waren die holländischen Kriegsfregatten sehr aufmerksam geworden und die der Britisch-Ostindischen Gesellschaft ebenfalls. Zu Madras und zu Bombay wurde wenig Federlesens mit Konkurrenten gemacht. Wer geschnappt wurde und nicht als Pirat gehenkt, dem wurde zumindest ein häßliches P auf Nacken und Stirn gebrannt. Schließlich vereinte sich Tew mit einigen anderen Piratenkapitänen, die auch auf der Beize lagen. Und dieser Kolonne Segelhaie gelang es, von der gen Indien zurückkehrenden Mokkaflotte zwei große Schiffe abzuschneiden.

Tew wollte nun zeigen, wie schneidig er's zu machen gewohnt. Vorsichtigerweise nahm er das kleinere, die *Fateh Mahomet*, aufs Korn. Doch selbst damit hatte er diesmal Pech. Die Inder wehrten sich. Und, schlimm für ein Schiff, er, der Kapitän, wurde getroffen. Die Kugel riß ihm die Bauchdecke auf. Einige Minuten hielt er sich, wacker die Enterung befehlend, indes er das hervorquellende Eingeweide mit einer Hand zurückpreßte. Dann sank er um. Seine Leute verloren den Mut und brachten die *Amity* außer Schußweite. Kleinlaut erreichten sie im Dezember 1695 die Insel St. Mary. Händler Baldridge verzeichnete ihre Ankunft und daß der Kapitän tot sei. Von Geschäft war nichts zu notieren. Man hat danach auch nichts mehr von der *Amity* und ihrer Mannschaft gehört. Vielleicht haben sie sich dem Freistaat des Sonderpiraten Misson auf Madagaskar angeschlossen, vielleicht sogar der totgesagte Tew selber.

LONG BEN ALIAS EVERY
verschollen 1696

Long Ben war vordem Segelmeister, also so etwas wie Navigationsoffizier, auf einem Kaper namens *Charles* gewesen, der in Bristol ausgerüstet worden und gegen Frankreich kreuzen sollte. In unblutiger Meuterei, erregt durch monatelange Erfolglosigkeiten, war der Kommandant
gezwungen worden, das Schiff zu verlassen. Statt seiner war Mister
Henry Every zum Kapitän erwählt worden und hatte sich dann den Piratennamen Long Ben beigelegt. Das Schiff war ebenfalls umgetauft worden, in *Fancy*. In diesem Wort vereint sich alles, was zwischen Phantasie
und Laune die Fähigkeit ausdrückt, Zuneigung zu empfinden. Daß diese
bei Piraten nicht sehr zarter Natur zu sein pflegt, wurde oft bezeugt.

Als die *Amity* abgeschwenkt war, setzte Long Ben mit seiner Fregatte
Fancy an und gab dem schon mürben Indienschiff den Rest. Danach
wandte er sich dem größeren zu. Der Kampf dauerte zwei Stunden, für
beide Teile verlustreich. Dann gelangten Long Bens Leute an Bord des
Mogulen. Es galt als das größte aller indisch-arabischen Schiffe jener Zeit
und trug den Namen *Gangisawai*. Es führte zweiundsechzig Kanonen und
vierhundert Musketenschützen. Denn es hatte außer bedeutenden Fracht-
werten einige hohe Damen an Bord, nebst Sklavinnen und Schmuck, auf
der Heimreise von Mekka.

Aus den Berichten der Ostindischen Kompanie wie aus den Aufzeichnungen indischer Geschichtsschreiber geht hervor, daß Long Bens Leute
sich dann wenig anständig benommen haben. Sie rissen den vornehmen
Passagieren die kostbaren Kleider vom Leibe, erschlugen die Männer, die
noch Widerstand wagten, und bedienten sich der Frauen, ob jung, ob alt.
Besonders eine betagte Verwandte des Königs hatte viel zu leiden, und
auch eine Gruppe türkischer Mädchen, die als Sklavinnen für Kaschmir
gekauft und vom indischen Kapitän — er hieß Ibrahim — gezwungen
worden waren, in Turban und Hosen gegen die „Christenhunde" mitzu-
kämpfen.

Ein Besatzungsmitglied Everys bekannte später: „Wir folterten eine
Menge Juwelen heraus, darunter einen Sattel und Zaumzeug voll mit
Rubinen besetzt, ein Geschenk des türkischen Sultans für den Großmogul.
Und überall lagen unsere Leute mit den Weibern an Deck herum, von
denen einige, den Preziosen und dem Benehmen nach, von anderer Klasse
waren als der Rest . . ."

Die Seeräuber verließen das stolze zerschossene Schiff unter Mitnahme
der Beute und der meisten und ihrer Ansicht nach schönsten der Mädchen
und Frauen. Doch warfen sich mehrere der Opfer in die See oder erstachen
sich mit den Dolchen ihrer Überwinder. Andere starben unter der Behandlung.

Als Meuterer durfte Every alias Ben zu Hause sich nicht gut wieder blicken lassen. So wandte er sich ins „Asyl aller Bedrängten", nach Westindien. Britischer Beamter auf New Providence war damals der weitherzige Nicholas Trott. Er gestattete, nachdem ihm per Boot eine schriftliche Anfrage zugegangen war, die Einfahrt in den Hafen. Das zugesagte Entgelt war allerdings nicht gering, zwanzig Stücke von Achten je Kopf der Besatzung und je zwei Stücke Gold sowie das gesamte Schiff nebst Einrichtung, ausgenommen die Beute. Inzwischen aber pfiff einer der Zyklone jener Gegenden dazwischen und warf die *Fancy* auf die Klippen. Die Leute retteten sich und die meisten auch ihren Raubanteil. Die Verteilung hatte schon auf der französischen Insel Réunion (Ile de Bourbon) nahe Madagaskar stattgefunden. Trott veranlaßte, daß wenigstens die besten Kanonen aus dem Wrack geborgen wurden. Sie dienten dann der Hafenbefestigung.

In Indien aber hatte die Britische Handelskompanie auszubaden, was Long Ben vorm Roten Meere angerichtet hatte. Ihre Faktoreien in Agra und Surat wurden besetzt, ihre Agenten und Kaufleute eingesperrt, und einige ließen dabei ihr Leben. Die Krone setzte auf dringendes Ersuchen des Kontors einen Preis von fünfhundert Pfund auf jeden Kopf von Everys Mannschaft. Die Kompanie verdoppelte die Summe. Vergebens suchte Long Ben sich einen Gnadenerlaß zu verschaffen. Trott, der sein Schäfchen geschoren hatte, schrieb scheinheilig nach London, er habe abgelehnt, die Schurken noch länger auf der Insel zu dulden, obschon sie ihm zwanzigtausend Pfund geboten hätten. Er kenne seine Pflicht.

Da auch Jamaika ablehnte, verstreute sich die Besatzung der *Fancy*. An der nordamerikanischen Küste waren Zufluchten genug für Leute mit Geld, seeweitem Gewissen, Erfahrung und Nerv. Zwanzig Mann jedoch kauften sich zwei Schaluppen, damals gebräuchliche Hochseesegler mit einmastiger Kuttertakelung, und begaben sich, zweifellos von Heimweh geblendet, nach England. Für entsprechend unverfängliche Papiere hatten sie gesorgt. Der Führer der einen Slup war ein gewisser Bridgeman. Es war der lange Ben. Sein Piratenname scheint auf eine gewisse Irreführung hin bedacht gewesen zu sein. Denn wenn einige Berichte nicht trügen, war Every von mittlerer Statur, mehr dick als groß, sichtlich ein W-Typ, wie er oft den Weitschweifern eignet.

Nach glücklicher Überquerung des Atlantiks wurden einige seiner Leute bald, andere später verhaftet, schon, weil das Ausladen bedeutender Werte nicht in Schecks und Noten vonstatten ging und also Aufsehen erregte. Einer, John Dann, wurde durch ein Mädchen angezeigt. Die tausend Pfund, die er in bar bei sich trug, hatten sein Jackett ein wenig mehr, als elegant war, aufgewölbt. Nach und nach sammelte man auch noch allerhand aus Übersee heran, und so waren es schließlich vierundzwanzig, denen man den Prozeß machte. Sechs wurden gehängt, wenige freigesprochen, die andern nach Virginia in die Zwangsarbeitsläger deportiert.

Adam, Quartiermeister der *Fancy*, war mit seiner Frau etwas später von den Bahamas nach London gelangt. John Dann sah die Frau, als sie in eine Postkutsche stieg, grüßte und ging näher. Sie sagte, sie fahre zu Käptn Bridgeman. Aber wo das sei, sagte sie nicht.

Every-Long Ben ist nie gefaßt worden. Johnson erzählt, er habe seine indischen Juwelen einem Händler in Bristol zu diskretem Vertrieb überlassen; der Mann aber habe später, als er zahlen sollte, nur gelächelt. Und Every sei so arm gestorben, daß er nicht einmal das Geld für den Sarg hinterlassen habe. Vielleicht stimmt besser die Legende, er sei auf Madagaskar verblieben und habe dort ein eigenes Königreich gegründet. 1712 war er Held eines Stückes *Der erfolgreiche Pirat* im Drury Lane-Theater zu London. Und noch während des zweiten Weltkrieges lebte, sehr bezeichnend, seine Figur als Erzpirat Avery auf: und das durch den alten Seefahrer Harry Reuß-Löwenstein, dem die Nazis das Schreiben verboten. Das Buch wurde trotzdem mutig von Axel Springer verlegt (der damals noch klein war) — ein merkwürdiges Symbol ausgerechnet in der wackeren Hansestadt Hamburg, ein sonderlicher Freiheitsschrei, umglüht von tropischer Fata Morgana, inmitten ungeheuerlicher Bombenschläge ein knabenhafter Traum kaum wirklicher Seeräuberromantik.

> *Wo wäre nicht der Sud,*
> *den sich ein freier Mut,*
> *in Zwang getäut,*
> *zum Nektar bräut?*

MONSIEUR MONTAUBAN
bis 1696

Als Frankreichs Ludwig der Prunkende seine gepflegten Finger — in der gehörigen Armierung — nach dem Raube Straßburgs, Lothringens und des Elsaß auch nach der deutschen Pfalz ausstreckte und das Heidelberger Schloß für den späteren Fremdenverkehr zurichten ließ, schlug zum ersten Male in der Geschichte Europas so etwas wie ein gemeinsames Gewissen für Treu und Glauben, das mehr war als ein konfessionell einseitiges Dafürhalten. Da denn war es auch in Westindien vorbei mit der flibusterischen Waffenbrüderschaft zwischen England und Frankreich, da war sogar Spanien mit im Bunde gegen den Pariser Raubritter. Dessen Kapitäne aber, Kaperer wie Piraten, sahen plötzlich ein ungemein reiches Feld der Flaggen, darin zu ernten ihnen freigestellt war, ob spanisch, britisch, holländisch, schwedisch oder deutsch.

Wenige setzten da die Sichel ihrer Segel so erfolgreich an wie Monsieur

Montauban. Er beschränkte sich nicht mehr auf die karibischen Gewässer. Sein Familienname ist unbekannt. Als Flibustier hieß man — wie etwa auch Lolonois — gern nach dem Geburtsort. Er stammte aus jener harten Stadt zwischen Tescou und Tarn, die es fertigbrachte, bis zum Jahre 1919 inmitten päpstlicher Gebundenheit eine freie theologische Fakultät des Protestantismus zu halten. Ob der spätere Graf von Palikao, unehelich geboren des Namens Montauban, der erste Zwingherr Algiers nach der Eroberung 1831, sowie Anno 1860 der Besetzer Pekings, mit ihm verwandt war, werden die Archive wissen. Der Art nach waren beide eines Wesens, der eine zur See, der andere zu Land.

Kapitän Montauban machte — trotz langer Lehrjahre in Westindien — zuerst von sich reden, als er mit einer Rotte Flibustier an der Gold-, Elfenbein- und Sklavenküste Westafrikas sengte und plünderte. Dort in Guinea hatte endlich auch eine deutsche Kolonialgesellschaft Fuß gefaßt unter dem Banner Brandenburgs. 1683 bis 1685 waren die drei Festungen der Negerbetreuung Groß-Friedrichsburg, Dorothea und Takkarari erbaut worden, bald darauf auch ein Fort auf den Arguin-Inseln, die von den Franzosen als ausgebeutet aufgegeben waren. Montauban, unter dem obwohl feindlichen, doch beifälligen Lächeln Hollands und Englands, tat, was er konnte, um im Jahre 1691 die Anlagen zu zerstören. Doch scheint seine Aussage glaubhaft zu sein, er habe die Sprengungen nur deswegen gelegt, damit die Engländer sich nicht in den Plätzen einnisteten. Preußens Großer Kurfürst galt ihm noch keineswegs als ebenbürtiger Gegner; es war nur lästig, daß der mit Benutzung des früheren holländischen Piraten Benjamin Raule bis zum Senegal Forts und Faktoreien säte und den französischen Firmen ins Geschäft griff.

1694 überfiel Montauban bei den Bermudas einen englischen Konvoi, enterte die Begleitfregatte *Wolf* und zwei Frachter und zerstreute die andern. Mit der Beute kehrte er gen Frankreich zurück, vermehrte sie unterwegs durch eine englische Korvette zu fünfzehn Kanonen, verkaufte letztere in La Rochelle und die übrigen drei Schiffe in Bordeaux. Dort dann erging sich seine Besatzung auf karibische Weise; denn ihre Anteile wurden nach alter Flibustierregel ausgezahlt und alsbald in mancherlei Extravaganzen umgesetzt. Von den Hafenspelunken bis in die Bürgerviertel hinein hallten die Nächte vom betrunkenen Gejohle maskierter Piratentrupps, die allzu lieb Kind bei der Admiralität waren, als daß die Bürger dort Erfolg gehabt hätten, sich zu beschweren. Die Stadtwache selber hielt es für geraten, die offensichtlichen Bestien nicht zu reizen, die, wie zur Zirkusgala phantastisch geschmückt, ein jeder goldbelitzt ein Überadmiral, umhergaukelten, von hilfsbereiten Dienerinnen der Venus begleitet. Am Tage waren die damaligen Taxis der netten Stadt, die Sänften, alle von ihnen beschlagnahmt, und sie ließen sich bei voller Sonne Fackeln vorantragen, nur damit es etwas Rechtes koste und Aufsehen errege. Natürlicherweise gingen einige der Kerle im Unmaß der Orgien sicherer drauf als im Gefecht, und auch die brüderlichen Bolzereien in den Kneipen und Bordellen forderten ihre Opfer.

Ein paar Pfiffige allerdings zogen vor, mit dem guten Gelde noch bei Atem dem wüsten und unsoliden Freibeuterleben Valet zu sagen, was man desertieren nennt. Käptn Montauban, um den Rest zu retten, heizte der Werft, wo sein Raubkahn dockte, mit Macht ein, um nur schleunigst wieder seeklar zu werden. Den Ausfall ergänzte er durch zündende Werbung auf dem platten Lande — wo noch immer hugenottische Einsprengsel der Verfolgung gewärtig waren — und segelte aufs neue gen Guinea.

Im weiten Atlantik war es dann sein Vergnügen, den immer zahlreicher sich blähenden englischen Schiffen die Bugwelle zu dämpfen, zumal zwischen den Kapverden und Kap Dreispitz. Das holländische Küstenwachtschiff dort — das über die Attentate auf die schüchternen Kolonialversuche des Potsdamer Adlers so gegrient — täuschte er diesmal, indem er auch seinerseits die Farben Oraniens hißte, bis daß er sich nahe genug fühlte, um unter seinem wahren Lappen eine Breitseite anbringen zu können. Aber die Tulpenzüchter waren zäh, kriegten auch Verstärkung, hielten aber trotz ihrer vierunddreißig Achtpfünder es für statthaft, sich zu entfernen.

Montauban lief nun ungeduldig gen São Tomé, die Insel, die Heinrich der Seefahrer — trotz späterer holländischer Eingriffe — bis auf den heutigen Tag für Portugal entdecken ließ, nachdem zweitausend Jahre zuvor Nechos Phönizier sie über Steuerbord hatten liegen lassen. Die Kakaoplantagen dort grünten, und englische wie holländische Menschenhändler beeilten sich wie zu Westindien und Amerika, den Bedarf an Arbeitskräften zu befriedigen. Gerade lief ein dickbäuchiger Bristoler vor Kap Juan aus der Munibucht dem französischen Freibeuter in die Reichweite und wurde seine Ladung Elefantenzähne, Urwaldbienenwachs und die dreihundertfünfzig Wollköpfe schwarzen Elfenbeins ohne Gegenleistung los. Den Absatz besorgte nun Käptn Montauban. Er handelte sowieso nebenbei mit Sklaven, die ihm gegen erbeutete Tauschware — vom Messingdraht bis zur Admiralsuniform verflossener Garnitur — die Negerhäuptlinge der Küste gelegentlich zusammentrieben.

So räuberte er sich bis zu den Gestaden Angolas die Küste entlang. Da begegnete ihm die rächende Göttin in Gestalt der englischen Fregatte *Lion*, die alsbald aus ihren zweiundfünfzig Stückpforten Verderben spie. Der Verluste indes ungeachtet, schor Montauban unentwegt näher heran, bis er die Enterdraggen in die Takelage der Löwin werfen konnte. Nicht umsonst hatte er schon in den verwehten Tagen zwischen Mexiko und Florida, Martinique und Tortuga den Beinamen „der Mutige" getragen. Und wirklich, die Britin hißte die weiße Flagge und entleerte ihre Mannschaft in die Boote. Schon sprangen die ersten Flibustier ihr aufs Deck. Da — o grausiger Moment — zerlegte sich der Inhalt der englischen Pulverkammer, daran der Schiffsführer eine reichlich kurze Lunte gelegt, hoffend, dennoch mit seinem Aussteigen klar zu kommen. Er hoffte vorbei. Von seinen Leuten überlebte nicht einer die fürchterliche Explosion; aber auch beide Schiffe fielen ihr zum Opfer. Montauban fand sich jählings bis zur Höhe des eben sich senkenden Flaggenkopfes seines Hauptmastes geschleudert, und gleich diesem schlug er bald danach in die See. Darob den Geist aufzugeben, wie die Mehrzahl der über vierhundert Beteiligten dieses Ereignisses, war er zu abgebrüht. Er tauchte auf, ergriff eine zerspellte Spiere, die im Gebrodel von Wrackstücken und zuckenden Gliedmaßen schwamm, und gelangte nach geraumer Zeit an ein halbwegs noch brauchbares Heckboot, darein schon ein paar gleich ihm Bevorzugte sich gerettet hatten und ihn und noch ein paar Entronnene hineinzogen. Im ganzen waren sie sechzehn, darunter ein Kanonier, dem ein Bein weggerissen war. Er starb als erster, obschon seine Wunden wie die anderer mit Urinwaschungen behandelt und mit Hemdfetzen so sachgemäß, wie es Kapitäne seit je verstehen, verbunden wurden.

Nach zwei Tagen starben weitere fünf Mann. Sie hatten unter der mitleidlosen Sonne vor Durst sich nicht des gefährlichen Meerwassers enthalten können, das, vorsichtig genossen, eine belebende Medizin sein kann, gleichsam ein anregender Gruß dem geschwisterlichen Blute aus Urzeit-Gemeinsamkeit her. Gierig in Mengen geschluckt, aber rächt es die lange Abkehr und Entwöhnung des Menschen, veranlaßt die Magenwände im Vorgang der Osmose zum Blutaustritt und entzündet die Nieren. Am dritten Tag verschieden vier der Schiffbrüchigen, da sie in der Vision einer üppigen Mahlzeit vor Eifer des Zugreifens die Messer einander ins Fleisch stießen. Gerade sah man einen Streifen Küste aufdunen, konnte auch mit den als Ruder und Notmast aufgefischten Holzstücken und Segelresten den Brandungsgürtel gewinnen und mit Hilfe der Vorsehung auch diese letzte schreckliche Bedrohung überwinden und aufs Trockene gelangen.

Endlich fanden sie etwas Eßbares, Pfahlmuscheln an morschenden Wrackstücken, das Lebenerhaltende an den Zeugnissen vernichtenden Scheiterns. Und die erbärmliche kleine Horde Pirat schleppte sich strandlängs bis zu den Kraalen des Negerdorfes Port Gentil beim Kap Lopez im Gabunerland. Dort hatte Montauban vormals einige Gefälligkeiten gewechselt, zumal hier die Fahne der Bourbonen gelegentlich an einem Palmenschaft gehißt worden war. Den Eingeborenen war dabei nicht entgangen, was die Erfindung des christlichen Mönches Schwarz für unchristliche Schwarze bedeutet. Ihres Fürsten Sohn hatte sich klüglich, wenn auch anscheinend etwas ungläubig, auf den Namen Thomas taufen lassen. Zu diesem Herrn schlug Montauban sich durch. O ja, sein Name war hier unvergessen, und die damals gegen einen Schub Eingefangener andrer Stämme erhandelten unmodernen Kavalleriesäbel und Hakenbüchsen zierten die Palastwache, dem Zustande der abgerissenen Fremden gegenüber nicht unterschätzbar. Und obwohl man dem Elenden und seiner

Handvoll halbtoter Begleiter Bananen anbot, wie es das Gastrecht dort fordert, war man doch gewiß, einen Betrüger vor sich zu haben. Denn Montaubans Gesicht war von der Katastrophe verbrannt und entstellt. Selbst der ebenholzfarbene Königssohn erkannte ihn nicht und sagte: „Lügst du, kostet es deinen Kopf."

Montauban aber streifte die Lumpen, mit denen seine Blöße bedeckt war, von sich. Und siehe da, der Kronprinz stand auf und umarmte den Gast. Der echte Montauban wies nämlich an seinem linken Oberschenkel als unverkennbares Siegel seiner zwanzig Jahre Piratentätigkeit die Narbe eines schweren Flintenschusses auf, der sich nun der dunkle Freund von einem Badeausflug her entsann. Er ließ Kleidung herbeischaffen und den Dorfbarbier, und nachdem die Verlotterten angemessen hergerichtet waren, stellte er sie seinem Vater vor. Der war zwar noch Heide geblieben, ohne jedoch an Würde und Zuvorkommenheit einem christlichen Herrscher nachzustehen. Und wie ein solcher freute er sich zu vernehmen, daß der hohe Königskollege im sagenhaften Paris Krieg gegen alle möglichen anderen weißhäutigen Stämme führe, welche alle ebenfalls schon gelegentlich durch Händler oder Missionare an seinen Bastvorhang hatten fassen wollen. Palmwein bekräftigte die hehre Allianz, ein Enkel wurde feierlich hereingetragen, schwarz wie der nie vernarbte Tag der französischen Flotte zu La Hogue drei Jahre zuvor – über den Montauban allerdings schwieg – und schwarz wie der zu Namur, der gerade über den Sonnenmonarchen hereinbrach und ihn zwang, nach Frieden Ausschau zu halten. Aber das konnte Montauban noch nicht wissen. Und so wurde der nackte schwarze Gabunssprößling glorreich auf den Namen Louis le Grand getauft. Wohl oder übel mußte des Bourbonen Pirat ihn über das Taufbecken halten. Wer dabei als Priester amtierte, läßt sich nicht mehr feststellen.

Die Fremden oder doch vielmehr Verbündeten wurden dann im Hinterland noch ein wenig herumgezeigt, weil man dort noch nie Weiße gesehen hatte. Die Eingeborenen kamen neugierig herzu, betasteten die bleiche Haut und versuchten, die vermeintliche Farbe herunterzuschaben. Denn sie fanden sie keineswegs hübsch.

Endlich durften die Freibeuter zurück an die Küste. Bei Kap Lopez nahm ein portugiesisches Schiff sie auf. Der Kommandant kannte Montaubans Korsarenruhm und lieferte ihn an einen britischen Man of War aus. Da inzwischen aber Friedensverhandlungen im Gange waren, auch wieder einmal ein Gnadenakt proklamiert schien, wurden die paar schon fast letzten Flibustier gütlich verpflegt und bei Gelegenheit, sogar mit etwas Kleingeld, in Freiheit gesetzt Richtung Europa. Man konnte nie wissen, ob nicht Old England ihrer wie einst gen Panama wieder bedürfe. Von da an jedoch hörte man nichts mehr von Monsieur Montauban.

Um jene Zeit, als ein russischer Zar als Werftzimmermann in Zaandam anheuerte, wobei doch niemand auf den Gedanken der Werkspionage kam oder solches nötig hatte, als ebendann Frankreichs Sonnenludwig die am Rheine geraubten Gebiete wieder herausrücken mußte — doch leider nicht das Elsaß — und der gierige Glänzer sich zur Rüste neigte, zögerten Spanien und England wiederum nicht, ihre konfessionellen Gegensätze und wirtschaftlichen Mißgünste eine Weile beiseite zu schieben, um gemeinsam dem mürben Pariser am Zeuge zu flicken. Da denn rief die bourbonische Krone noch einmal das Mordgesindel der Flibustier Westindiens zusammen, um wenigstens dort noch etwas Triumph einzuheimsen. Und die arbeitslosen Brüder der Küste ließen sich herbei, unter militärischer Obhut das zu betreiben, was Rotkopf Morgan wohl oft geplant, doch nie ausgeführt hatte, nämlich das reiche spanische Cartagena de las Indias anzugreifen, den großartigen Umschlagplatz und Hafen in der Bucht von Darien. Admiral Pointis verteilte die sechs Piratenschiffe, die sich mit insgesamt sechshundertfünfzig Verwegenen eingefunden, zwischen seine wohlgedrillten Kriegsfregatten. Ihr Anführer war der weiland amtliche Statthalter Tortugas, Ducasse, aber die Freibeuter wählten ihre eigenen Führer, und sozusagen mit dem Gefühl einer kräftigen Nachhut verrichteten sie, angespornt von der Aussicht auf sagenhafte Beute, gierige Taten sogenannter Tapferkeit, indem sie die Schlüsselstellung des Hafens, Bocca Chico, eroberten.

Cartagena, inmitten dampfender Mangrovensümpfe, ist selbst heute noch kein Ort, an dem sich jedermann lange strotzender Gesundheit erfreut. Die Garnison damals war eben vor der nötigen Ablösung. Das Lazarett war mit Kranken überfüllt. Sechzehn Tage lang verteidigte sich die gut befestigte Stadt dennoch mit hoher Bravour. Dann stürmten die brüllenden Horden herein. Die rasche Plünderung ergab Werte von rund vierhundert Millionen Silberfranken. Und da die Flibustier nach Belieben nahmen, nahm auch die Soldateska. Keiner der französischen Offiziere soll unter zweitausend Piaster davongetragen haben.

Der Admiral Pointis allerdings wollte mehr, nämlich Cartagena zu einem französischen Stützpunkt machen wie General Davoust später einmal Hamburg. Doch mißlang es ihm noch rascher als dem Kameraden von der Infanterie. Das Klima griff ein. Eine umgehend sich scheußlich äußernde Ansteckung von Lues, Lepra und verschiedenen Fiebern dezimierte die Reihen der Zugreifer, Vergewaltiger und Siegfeiernden, zumal unter den regulären, tropenungewohnten Söldnern. Die Flibustier hatten insofern Glück — außer, daß sie abgehärteter waren —, als der Admiral ihre geübten langen Finger flink durch einen vorgetäuschten Alarm bändigte und den ganzen Haufen in ein zufällig seuchenfreies Vorfeld ver-

Geheimschrift eines Piraten, aufbewahrt in der Staatlichen Bibliothek zu Rio de Janeiro. Die erste Zeile wurde entziffert als »Cave Picara«, die vierte als »Ave tesoro oro«, was zusammen »Goldschatz in der Vogelhöhle« bedeuten soll. Das übrige sind Ortsbestimmungen.

legte, um ohne sie in Ruhe den Raub zu teilen. Er selber gab später in einem Freundesbriefe zu, daß ihm die Expedition das Doppelte dessen, was seine Offiziere geerntet, eingebracht habe. Er konnte sich damit gemütlich zur Ruhe setzen. Die neidischen Anschuldigungen betreffs seines Verhaltens wurden überstrahlt von dem faustgroßen Smaragd, den er seinem Souverän überreichte. Und durch jene Medaille, die, alsbald geprägt, auf der einen Seite das fette Antlitz der Majestät trägt mit der Inschrift: Ludwig XIV. allerchristlichster König. Auf der Kehrseite sieht man eine recht offenkundig halbentkleidete Trauernde unter einer Kokospalme zwischen verstreutem Raubgut, umschrieben: Die geplünderten spanischen Schätze, Cartagena in Amerika 1697.

Die Flibustier waren nach einigem Krach mit vierzigtausend Piastern insgesamt abgespeist worden. Und der Admiral hatte sich beeilt, die Anker zu lichten. Er nannte Equador sein Ziel, versprach alldort goldene Berge. Ducasse, von Fieber geschüttelt, forderte die Küstenbrüder auf, mitzumachen. Doch sie beschimpften ihn und kehrten sich, froh, die lästige Konkurrenz los zu sein, nochmals gegen Cartagena. Jetzt zeigten sie, wie eine Auslaugung richtig anzusetzen sei. Vier Tage lang hielten die noch rund sechshundert Unentwegten die Bewohner in Schrecken, marterten sämtliche Häuser nochmals, aber gründlicher durch, nahmen auch das letzte aus den zahlreichen Klöstern und Kirchen und rafften auf diese Weise etliche weitere Millionen zusammen.

Als der hehre Herrscher Frankreichs der Priesterschaft Cartagenas etwas Kirchengerät zurückschickte mit den Worten: „Was Gott geschenkt wurde, soll der Mensch nicht wegnehmen", fand sich allerdings nichts von dem dabei, was den Flibustiern in die Hände gefallen war.

Ducasse nun beschwerte sich auf Drängen der Brüder gewaltig über die Art der amtlichen Beuteverteilung. Zwar war er selber nicht zu kurz gekommen. Seiner Tochter, die einen der Herzöge La Rochefoucauld heiratete, konnte er eine Mitgift von 1 200 000 Silberfranken zuschanzen. Ihr offensichtlicher Schwiegervater, der berühmte Schriftsteller, war allerdings schon tot, doch hing sein Ausspruch — Wir haben alle Kraft genug, die Leiden anderer zu ertragen — ironisch lächelnd über dem Heldenvater. Aus der Hofschatulle erhielt er 1 400 000 Franken bewilligt zur Besänftigung der Küstenbrüder, die nach Tortuga und Haiti noch zurückkehrten.

Die Flibustier hatten nämlich mit ihren sechs Karacken die Beute schon auf der östlich Haitis gelegenen einsamen Insel der Kühe teilen wollen, wo keine unliebsamen Augen zu gewärtigen waren. Doch im schönsten Unterwegs gerieten sie in die Breitseiten eines spanisch-englischen Geschwaders. Es kam ein wenig zu spät zum Schutze Cartagenas angesegelt, genoß nun aber den Vorteil, zwei der Raubschiffe erfolgreich zu entern, und gerade die, welche die Hauptmenge des Gestohlenen an Bord hatten. Ein Schiff ging brennend unter, ein anderes scheiterte im Sturm und wurde auf den Strand Cartagenas getrieben, und die Bewohner rächten sich an den Schiffbrüchigen in üblicher Weise.

Nur zwei Schiffe erreichten die Insel Haiti. Völlig abgerissen, warteten die kaum zweihundert Küstenbrüder, die übriggeblieben, auf das Eintreffen der königlichen Entschädigung. Nach zwei Jahren wurde klar, daß die Summe in den vielen Zwischenhänden verdunstet war. Ein paar Jahre lang wurde noch davon gesprochen, es habe sich gar nicht um Geld, sondern um Sklaven gehandelt; denn ein unmißverständliches Dekret riet allen jenen, die sich bislang der freien Seeschäumerei befleißigt, die Anstrengungen nun an Land dem Ackerbau zuzuwenden und statt des Entermessers die Peitsche zu schwingen über die Nigger, die von der

Senegalgesellschaft zu allerdings ständig steigenden Preisen gen West-indien verfrachtet wurden.

Die Zeit hatte sich geändert. Die Drangsalierungskunst in Massen, in ganzen Flotten mit mehr oder minder behördlicher Besonntheit, war auf die nunmehr entwickelten streng amtlichen Kriegsmarinen übergeglitten. Man bedurfte der privaten Beihilfe der Freibeuter nicht mehr. Auch pen-delte die Vormacht des Französischen in dieser Kategorie ins Englische hinüber. Der anrüchige Begriff Flibustier verwehte, die alten Zuflüchte verbiederten einigermaßen. Aber der vermaledeite Geist der Ungebun-denheit erbte sich fort, verlegte sich jedoch von den Antillen weiter in den Atlantik hinauf, auf die Bahama-Inseln.

Was auch in der Welt geschehen mag — einen Sinn herauszufiltern, fällt nicht schwer. Die gelenkten Banden der westindischen Raubbrüder waren sicher geeignet, den egoistischen Machtanspruch Spaniens, seine Handelsmonopole und seine Bekenntnisenge zu unterhöhlen, indes die Drahtzieher in den unterschiedlichen Kabinetten scheinheilig die Achsel zuckten und sich hinterrücks die Hände rieben. Es muß anscheinend lange gesündigt und ins Gras gebissen werden, ehe der Kaufmann geruhig die Lebensbedürfnisse unterentwickelter Gebiete zu fördern und seinen Profit, gering, ehrbar, aber sicher, zu gewinnen vermag.

Kapitän Dampier meinte rückblickend, die verlorene Zukunft der Flibu-stier habe nicht in Karibien, sondern an den Küsten des Stillen Ozeans gelegen. Dort hätten sie gelegentlich so viele Sklaven ergattert, daß damit gemächlich zu siedeln und die berühmtesten Silberminen auszubeuten und also mit reichen Mitteln ein regelrechtes Staatswesen aufzubauen, eine Kleinigkeit gewesen wäre. Zweifellos hätte eine solche Freibeuterrepublik mit den demokratisch frühmärzlichen Bordgesetzen ein hübsches Vorbild abgegeben für manche spätere Bemühung, Menschen in ein System zu fassen.

> *Wann kommst du, hoher Geist,*
> *der uns gemeinsam letzt,*
> *der wenig nur entreißt*
> *und es alsbald ersetzt?*

SANKT MISSON ODER PIRATERIE ENTSCHÄRFT
um 1700

Käptn Charles Johnson schöpft in seinen Berichten über die Seeräuber Amerikas im allgemeinen aus eigenen und den Erlebnissen anderer. Vergleiche mit zugänglichen Aufzeichnungen von amtlichen Verhören, Darlegungen, unmittelbaren Tagebuchblättern ergeben in den Grundzügen ziemliche Übereinstimmung. Daß manchmal über das Ende eines Freibeuters, dem das Zeugnis behördlicher Exekution nicht ausgestellt werden konnte, mystisches Dunkel sich legt und also den Mutmaßungen sich öffnet, ebenso wie über die Herkunft, ist bei diesen Typen, die in ihrem zumeist flüchtigen Aufleuchten den Sternschnuppen gleichen, nicht verwunderlich. Man wird die reine Fabulierkunst des Schriftstellers vergebens bei Johnson suchen, obschon seine Fähigkeit erstaunlich ist, Charaktere durch gelegentliche Dialoge kenntlich zu machen, ohne daß der Wortlaut verbürgt zu sein braucht. Es lassen sich alle von ihm aufgeführten Namen auch anderswo nachweisen, unter Tausenden sind es sowieso kaum hundert.

Nur bei einem versagt die Nachforschung, bei dem merkwürdigen Piraten Misson. Sollte diese Gestalt eine Erfindung des — ebenso mystischen — Johnson sein, darf man ihn zweifellos zu den großen Dichtern rechnen. Und darüber hinaus zu einem erstaunlichen Verfechter einer Menschlichkeit und demokratischen Gesinnung, die damals einzig dasteht. Sie findet sich in dem zweiten Bande seiner *General History of the Pyrates*. Dieser erschien zwei Jahre nach dem ersten, 1726. Es sind darin zum Beispiel Ansichten über Sklavenhaltung geäußert, wie sie erst ein Jahr später, neben der seinen auf weiter weißer Flur erstmalig, veröffentlicht worden sind, nämlich als Aufruf einiger Quäker in Pennsylvania, die Sklaverei abzuschaffen. Zwar war der erste Protest gegen den Sklavenhandel mündlich schon 1688 durch deutsche Mennoniten in Germantown laut geworden, aber ohne Widerhall geblieben. Es ist nicht ausgeschlossen, daß die Figur des Misson den neuerlichen Anstoß gegeben hat. Den Anstoß, den Schneeball, der in anderthalb Jahrhunderten zur Lawine anschwoll, die das offene Sklaventum aus allen weißen Nationen hinausfegte. Erst 1888 trat Brasilien dem internationalen Verbote bei; erst 1895 wurde es in Deutschland Gesetz, die afrikanischen Kolonien betreffend.

Nach Johnsons Angaben entstammte besagter Misson einer alten provenzalischen Familie, war früh aufgeweckt und der Vernunft und der Mathematik zugeneigt. Vom Vater war er für die militärische Laufbahn bestimmt, doch genügte es seinem weiten Geiste nicht, zu Fuß und zu Pferd die Welt zu durchmessen. Er erreichte es, als Kadett zu Marseille anzumustern, und kreuzte eine Weile auf der *Victoire*.

Leider besitzen wir von diesem Kriegsschiff keine der berühmten Zeichnungen des Marseiller Pierre Puget, der so viel zur Ausgestaltung und

Pracht der Schiffspaläste jener Zeit geleistet hat; denn er war von Haus aus Bildhauer. Unter ihm erblühten die Galionsfiguren zu barocken Meisterwerken. Mag sein, daß der junge Misson ihn kennengelernt hat, den eigenmächtigen, seine Unabhängigkeit finster behauptenden Einsiedler, der die bestehende Gesellschaftsordnung verachtete und höher als die Reitermärsche des Sonnenkönigs die Hymnen des Ambrosius schätzte. Vielleicht stand in der Werkstatt noch die belebte, ein wenig pathetische Statue dieses Heiligen und Bienenvaters, ein Auftrag Genuas, der Stadt, darin Kolumbus, der unvergleichliche Durchbrecher des Horizontes, geboren war. Und gerade wurde das marmorne Relief fertig, das im Louvre zu sehen ist und die Begegnung des beliebten Heros Alexander mit Diogenes von Sinope, dem Kyniker, zeigt. Dem jungen Herrn Misson werden dabei zweifellos die ungewöhnlichen, noch wenig zeitgemäßen Anschauungen dieses Philosophen aufgegangen sein, welche Naturnähe, allgemeine Gleichberechtigung, Unabhängigkeit von jedem Vorurteil, Gleichgültigkeit gegen die üblichen Werte wie Besitz, Ruhm und Vaterlandsliebe zugunsten einer weltweiten Menschlichkeit preisen.

So angeregt — man nehme es an — gelangte Misson auf einem Landurlaub von Neapel nach Rom und lernte dort einen ähnlich gesonnenen Klosterbruder der Dominikaner kennen. Nannten diese sich gern Hunde des Herrn, so war der Weg zu den Kynikern dem Namen nach nicht weit, wenigstens für Signor Caraggioli nicht, der nun den Pfaffenrock abstreifte und Misson auf die *Victoire* folgte im Sinne der bei den Marinen nicht ungewöhnlichen Blutsbrüderschaft. Auf einer Kreuzfahrt, die ihnen Gelegenheit gab, sich hervorzutun, gelangten sie nach Westindien, um den Kleinen Antillen möglichst viele bourbonische Siegel aufzudrücken. Die britische Fregatte *Winchester* legte sich dazwischen, flog aber während des Gefechtes in die Luft. Doch auch der Kapitän der *Victoire* wurde getötet. Als Ruhe eingetreten, entflammte der ungemein beredte vormalige Dominikaner Caraggioli die Besatzung, Misson als einem neuen Alexander zu huldigen und ihm in ein neues Dasein ohne Pomp und Rangbedrückungen zu folgen. Bootsmann Tondu, des Malens kundig und der Buchstaben, mußte eine neue Flagge verfertigen, keine schwarze gängiger Piraterie, sondern eine weiße mit der Inschrift: Für Gott und Freiheit.

Sie wendeten den Bug von der Höhe der Insel Martinique an St. Christophe vorbei, von wo aus der Funken der Freibeuterei ganz Westindien entzündet hatte, nun aber schon zu verlöschen drohte. Man hielt hin und wieder ein Schiff an, und die Kapitäne waren baß erstaunt, sich ungemein freundlich behandelt zu sehen und nur gebeten zu werden, ein paar Gallonen Rum, etwas Frischwasser und ein paar Lebensmittel herauszurükken. Derlei war bislang in der blutigen Geschichte Karibiens nicht vorgekommen.

Der Kurs ging dann hinüber nach Afrika. Dort strich ein Niederländer vor den drohenden, dennoch schweigenden Kanonen die Segel, die *Nieuwstadt* von Amsterdam. Sie war mit Goldstaub und Negern befrachtet. Und bei dieser Gelegenheit läßt Johnson den sonderbarsten seiner Piraten die berühmte Rede halten: „Der Handel mit unsern eigenen Ebenbildern kann unmöglich den Augen der göttlichen Gerechtigkeit gefallen. Kein Mensch hat Gewalt über die Freiheit des andern, und wenn jemand, der eine bessere Einsicht in den Willen des Schöpfers haben sollte, Menschen gleich Tieren verschachert, beweist er, daß seine Religion nichts ist als eine Grimasse und sich vom Kult der Barbaren nur dem Namen nach unterscheidet... Wie immer auch diese Neger in Farbe, Gebräuchen und Ritus von den Europäern abstechen, so sind sie doch das Werk desselben allmächtigen Waltens und mit gleicher Vernunft begabt. Und somit sei der Begriff Sklaverei unter uns verbannt!" ...

Die erfreuten Neger wurden von ihren Eisenfesseln befreit, mit Kleidungsstücken ihrer ehemaligen Herren beschenkt und unter die Wachen verteilt; sie scheinen sich trefflich eingefügt zu haben. Auch einige der holländischen Matrosen musterten bei Misson an. Diese brachten leider einige Unordnung in die erreichte Gesittung, unter der das beliebte gotteslästerliche Fluchen und der übermäßige Konsum von Alkohol, was beides man den Seeleuten nachsagt und nachsieht, aufgehört hatten, nunmehr aber mit den saftigen Amsterdamer Maaten wieder auflebten. Als dann der sanfte Misson drohte, die neungeschwänzte Peitsche, das abgetane Marinezepter der Brutalität, aus der Versenkung heraufzuholen, hüteten auch die Youngsters ihre Zunge.

Die rührende schwimmende Republik der *Victoire* rollte ums Kap der Guten Hoffnung aus den atlantischen Wogen in die des Stillen Ozeans, unterwegs den „kaum gerechtfertigten Besitz" anderer nie über Bedarf erleichternd. Als trotzdem einmal ein allzu berstiger englischer Kapitän dabei durchlöchert wurde, war Misson untröstlich; er ließ den Toten an der Küste beerdigen mit einem Salut aus fünfzig Gewehren und dreißig Kanonen — Schießpulver war in Vermeidung sonstigen Gebrauchs reichlich vorhanden. Beauftragte auch einen Matrosen, der Geschick dazu zeigte, einen Grabstein anzufertigen mit der Inschrift: Hier ruht ein wackerer Engländer.

Da für eine Gemeinschaft solch humaner Grundsätze in den bekannten Häfen der Welt ein Ankerplatz damals undenkbar war, segelte Misson zwischen Madagaskar und Mosambik die Komoren an, wählte die Insel Johanna und gründete hinter den Palmenhainen ihres Korallenstrandes einen idealen Freistaat. Johnson berichtet darüber, als sei solch Dasein höchst selbstverständlich. Er durchbricht die „colour bar", die Schranke der Hautfarbe, wie keine Aufzeichnung zuvor. Misson heiratete die Schwester der dunkelhäutigen Königin des Platzes, Caraggioli deren Nichte, und die Besatzung folgte mit einfacheren Exemplaren zum Altar, der nach eigenem freimütigen, den Quäkern verwandten Ermessen errichtet wurde. Das Leben gestaltete sich urchristlich kommunistisch und durchaus manierlicher als auf der Pitcairn-Insel Anno 1790, obschon dort den Meuterern der *Bounty* die Fackel der Französischen Revolution hätte erleuchtend zu Hilfe kommen können.

Da die Insel Johanna aber immer häufiger von andern Piraten aufgesucht wurde und diese die soziale Gastfreundschaft mißbrauchten, siedelte Misson samt Gefolgschaft nach einer der unzähligen Buchten Madagaskars über, deren Umland unbewohnt schien, und gründete einen neuen Freistaat. Er nannte ihn Libertatia. Hier nun scheinen Einrichtungen nötig geworden zu sein, die auch andere hatten, Regierungsgebäude, Titel, Aufsichtsbeamte und Befestigungsanlagen. Schiffe wurden gebaut, *Kindheit* und *Freiheit* genannt und zu Forschungszwecken rund um die Großinsel benutzt. Freibeuterei war zur Versorgung und aus Prinzip nicht ganz vermeidbar. Jetzt kamen auch gelegentliche Bluttaten vor, wahrscheinlich von einigen weniger in Sanftmut geübten Briten, die sich hinzugefunden und die vormals zur Besatzung der *Amity* Tews gehört, sich aber getrennt hatten. Und es war kaum Kapitän Tew, den Tatsachen nach, sondern vielleicht sein Quartermeister — womöglich aber sogar der verschollene Every —, der zum Admiral des Staates Libertatia ernannt wurde. Um die Verständigung der verschiedenen Nationen und Rassen zu erleichtern, schuf Misson eine Art Volapük oder Esperanto, ein dienliches Gemisch aller in Betracht kommenden Sprachen. Und so blühte die ungewöhnliche Piratensiedlung manches Jahr. Bis Mißernten, Eifersüchteleien, Krankheiten und Unglücksfälle den Frieden untergruben, schließlich auch von weißen Kreaturen minder fortschrittlicher Gesinnung die bislang freundlichen Eingeborenen der Gegend aufgehetzt wurden — Johnson verschluckt sichtlich, Zeloten zu nennen, die ein empörtes Auge auf den von keinem Episkopat kontrollierten Zustand geworfen hatten —, so daß „Fürst Misson" und sein Kanzler Caraggioli mit wenigen Überlebenden auf die hohe See entfliehen mußten, woher sie gekommen. Und die See nahm sie für immer auf. Ein Zyklon drückte das Schiff in John Davis' stillen Meerweinkeller. Das ist ein dramatischer Aktschluß fürwahr für ein vormärzliches Seeräuberidyll, das, erfunden oder nicht, jener Zeit inmitten der allgemeinen massiven Unternehmungen nationaler und kolonialer Gewalttaten zu hoher Ehre gereicht.

Die alte europäische Inselsehnsucht nach ungestörtem Frieden, bei Plato zu *Atlantis*, bei Thomas More zu *Utopia* (1516) verdichtet, hatte sogar Grimmelshausen gedrängt, seinen Simplex in einem Ergänzungsband Anno 1669 endgültig auf einer Insel nahe Madagaskar glücklich werden zu lassen. Er haust dort allerdings allein. Misson scheiterte an der Gemeinschaft. Schon das macht ihn glaubhaft. Aber die Zeitgenossen entzückten sich bald (1731) an dem Roman der *Insel Felsenburg*, auf der Johann Gottfried Schnabel, gewesener Feldscher beim Prinzen Eugen,

solche Gemeinschaft wunderbar gedeihen ließ. 50 Jahre später steigerte —
zu noch größerer Freude einer gebildeten Leserschaft — der Hauslehrer
und Bibliothekar Wilhelm Heinse in seinem *Ardinghello oder die glücklichen Inseln* die biedere Utopie ins Bohemische, genau besehen, in ein
piratisches Salon-Tortuga.

In der Farbigenfrage hat sich unterdessen manches (und nicht nur
literarisches) Idyll angebahnt. Wenn auch die weiße Duldung darin nicht
überall auf der Erde gleich gedieh, wenn auch der Mischling noch lange
nicht immer für voll angesehen wird, so scheint doch der verrauchende
weiße Rassenstolz sich durch einen wachsenden farbigen abzulösen.

> *Des andern Kehle zu durchschneiden*
> *fällt schwerer, als der Bürger meint,*
> *doch schwerer ist, was ihm weit leichter scheint:*
> *sich von Veraltetem zu scheiden.*

KÄPTN KIDD
† 1701

In keiner Piratenliste, darin die großen Räuber der Meere aufgezählt
werden, pflegt Käptn Kidd zu fehlen. Sein Name ist ungemein geläufig.
Wahrscheinlich ist er besser zu behalten als andere. Und noch eins kommt
hinzu. Vor seiner Hinrichtung hat er verschiedentlich von einem gewaltigen Schatz erzählt, den er verborgen und dessen Versteck außer ihm
keiner wüßte. Dieser Schatz ist von vielen gesucht worden. Vielleicht hat
er nie existiert. Zudem hätte er bewiesen, daß Kidd tatsächlich ein Pirat
war.

Und noch eins. In seinen Prozeß waren hohe Staatsbeamte verwickelt.
Es war die Zeit, da viele Regierungen, ob klein, ob groß, sich Prozente
aus dunklen Quellen gefallen ließen. Auch das hatte eine Menge Aufsehen erregt.

Colonel Fletcher zum Beispiel hatte allzu öffentlich sein mageres Gehalt
aufgebessert. Die Untaten der Sorte Long Ben hatte er mittelbar gefördert
und ungeziert Vorteile daraus gezogen, unter anderem von Edward Coats,
Kapitän der *Jacob*, aus ostindischem Raubgut runde zweitausendeinhun-
dert Pfund Sterling. Das war bekannt bis hinauf zum Hofe in London.
Man getraute sich jedoch nicht, derartige weitherzige Regierungsvertreter
abzuberufen. Höflich nur setzte man Fletcher einen etwas übergeordneten
Herrn vor die Nase, den flotten irischen Grafen Bellomont. Dieser, als
Statthalter Neu-Englands, Sitz Boston, verlangte allerdings ein entspre-
chendes Gehalt, eben, damit er nicht auf Schmiergelder und derlei angewiesen sei. Es wurde ungern bewilligt.

Jedoch auch Bellomont widerstand der Verlockung nicht, ein Sondergeschäft zu machen. Um den von Benjamin Fletcher sanktionierten Räubern die zu erwartende ostindische Beute abzuknöpfen, wurde zu Plymouth ein Kauffahrteischiff von fast 300 BRT mit vierunddreißig Kanonen, die *Adventure Galley*, ausgerüstet, deren romantischer Name im voraus für illustrierte Zeitungen gemacht schien. Der Begriff Abenteuer war darin verknüpft mit der Vorstellung eines schon nicht mehr modernen Schiffstyps, der Galeere, die nur noch im Mittelmeer zu finden war; das Wort wurde im Englischen langsam die Bezeichnung für Schiffsküche, wahrscheinlich, weil die ununterbrochene Arbeit dort der von Galeerensträflingen glich. In der Tat, durch diese „Abenteuer-Kombüse" wurde eine Unmenge Unheil, Kopfzerbrechen und mehr oder minder lesbarer Piratenliteratur herangesotten.

Zum Kapitän dieser *Adventure* wurde William Kidd erlesen, ein stämmiger Fünfziger, geborener Schotte, sogar Pfarrerssohn, der zu New York Weib und Kind, ein Haus, Grundstücke und eigene Schiffe besaß. Er hatte sich im Seehandel bewährt und auch auf Kaperfahrt. Nie war etwas direkt Unehrenhaftes über ihn laut geworden. Mit Freibeuterei, so wie man solche ansah, hatte er niemals etwas zu tun gehabt. Nun bekam er zu London einen doppelten hochköniglichen Freibrief, einen zur Belästigung der französischen Schiffahrt und einen zum Fang der Rote-Meer-Piraten Tew, Every und Genossen, da diese ihrerseits den Betrieb der britischen und holländischen Handelsgesellschaften belästigten, die beide durch Personalunion dem Herrscher am Herzen lagen. König William III. selber unterzeichnete. Und hoffte nicht nur auf die zehn Prozent an etwaiger Beute, die ihm sowieso zustanden, sondern gedachte sich auch für weitere zehn zu beteiligen. Es unterblieb. Besser für ihn, schade für Kidd.

Es fanden sich aber eine Reihe anderer hochgestellter Herren bis hinauf zum Siegelbewahrer Großbritanniens, die sich einer aussichtsreichen Übereinkunft nicht verschlossen und also einschossen. Das war schon zu Drakes und Raleighs Zeiten Sitte gewesen. Bellomont sicherte sich volle sechzig vom Hundert zu, nach Abzug der königlichen Summe, zumindest aber, falls das Anfallende belanglos würde, seine Auslagen. Er hatte allerdings seinen Satz mit jenen hochmögenden Hintermännern zu ordnen, die ihre Beteiligung lieber geheimhielten. Kidd sollte zusammen mit einem New Yorker Geldgeber, der für 10 000 geradestand, fünfzehn Prozent erhalten, mußte aber selber das Doppelte an Garantie festlegen. Der Besatzung sollten die restlichen fünfundzwanzig Prozent zustehen, aber Kidd wurde zugemutet, sie zu überreden, mit weniger zufrieden zu sein. Es waren hundertfünfundfünfzig ausgesuchte, zumeist verheiratete Leute. Aber siebzig der besten wurden bald nach der Ausreise im April 1696 durch ein britisches Kriegsschiff von Bord geholt und zu den Marinern gepreßt.

William Kidd segelte nach New York und ergänzte dort im Juli seine

Mannschaft. Was jetzt zu ihm stieß, waren allerdings ausgekochte Seelen, und sie veranlaßten ihn, die schmächtigen Bedingungen für die Gasten auf die üblichen sechzig Prozent zu erhöhen. Die Unkosten in New York, wo Fletcher viel Interesse zeigte, wurden durch den Verkauf eines kleinen französischen Seglers gedeckt, der im Atlantik gezwungen worden war, mitzureisen.

Ein ganzes Jahr dann kreuzte Kidd vergebens hinter den gesuchten Piraten her. Bis seine unzufriedene Mannschaft, durch Cholera und Skorbut dezimiert, halbwegs meuterte und er den nächststehenden Nörgler mit einem Eimer niederschlug. Der Mann, Geschützmeister Moore, starb anderntags. Unter echten Freibeutern wäre Kidd nun wahrscheinlich abgesetzt worden. So aber blieb ihm sein Posten amtlich. Doch war ihm nicht gegeben, seine Leute länger von dem zurückzuhalten, weswegen sie angemustert, vom Beutemachen. Sein Schiff war zudem so dockbedürftig, die Planken waren so undicht, die Vorräte so ungenießbar, daß an Heimfahrt gedacht werden mußte. Aber mit leeren Händen?

Die fünf Schiffe, die er anhielt und ausraubte, hatten französische Pässe, doch zwei davon gehörten Armeniern. Die Gesamtbeute belief sich im Wert auf etwa fünfundvierzigtausend Pfund Sterling. Sie wurde auf St. Mary geteilt. Die meisten seiner Leute desertierten dann. Kidd segelte weiter mit Passagieren zu je 100 Dollar, aber nicht nach Haus, und nicht in der *Adventure*, sondern in dem größten der bisher übernommenen Schiffe, der *Quedagh Merchant*, nach St. Thomas. Verhältnismäßig rasch erfuhr man diese Tatsachen in London. Gerade wurde eine Proklamation zur Begnadigung aller Piraten östlich des Kaps der Guten Hoffnung erlassen. Die Kapitäne Kidd und Every jedoch wurden namentlich davon ausgeschlossen. Und ein Geschwader wurde ausgesandt, Kidd aufzugreifen. Es fand ihn nicht.

Kidd, 1699 offen in Westindien aufgetaucht, war empört, dort zu hören, er werde als Pirat verfolgt. Er brachte das geraubte Schiff und seinen Beuteanteil mit Hilfe eines früheren Zolleinnehmers der Insel Antigua in Sicherheit und begab sich in einer unauffälligen Schaluppe heimwärts. Nach behutsamen Tastversuchen im New Yorker Gewässer, der Unterbringung einiger Kostbarkeiten bei dem smarten Leuchtturmwärter auf Gardiners Eiland oder bei dem Besitzer Gardiner selber und nach einer verschwiegenen Begegnung mit seiner Frau an Bord, getraute sich Käptn Kidd, unbestimmten Äußerungen Bellomonts nach Boston zu folgen. Er wurde alsbald verhaftet und in Ketten nach London geschickt. Bellomont, an Krebs leidend, verärgert über einigen Staub, den seine Protektion inzwischen aufgewirbelt, verärgerter sichtlich, Kidd mit unschuldigster Miene und leeren Kisten aufkreuzen zu sehen, scheint sogar die Dokumente hintangehalten zu haben, die jene von Kidd amtlich genommenen Fahrzeuge als „feindlich" auswiesen. Anderweitig hört man, solche hätten sogar dem Parlament vorgelegen, seien aber nicht zu den Gerichtsakten gelangt. Sie wurden erst Jahrzehnte später in den Archiven wiederentdeckt. Klar an der trüben Sache ist, daß die Oppositionspartei bald nach Kidds Auslaufen Gelegenheit erspähte, den am Ruder sitzenden Whigs ob deren Beteiligung an einem Raubzug in die Perücken zu stochern. Selbst dem König war's nun peinlich, und wenn Kidd mit noch so vollen Rümpfen hätte aufwarten wollen, kein Whig noch Tory hätte sich die Blöße geben mögen, auch nur einen Schilling von ihm anzunehmen. Aber ein Sündenbock mußte herhalten; wenn man auch an die zwei Jahre zögerte, die befleckte Weste seiner Auftraggeber war anders nicht vor der Öffentlichkeit zu reinigen: Kidd wurde gehenkt. Und in Ketten zur Schau gestellt. Das Todesurteil war — gewunden wie der Strick — weniger auf Piraterie denn auf Mord hin gefällt, obschon dieser aus Notwehr gegen einen Meuterer geschehen und nach dem Seerecht also straffrei war.

Graf Bellomont war schon vor der Hinrichtung gestorben. Das böse Gewissen über das harte Urteil lebt bis heute.

Erst kürzlich jedoch wurde durch den berühmten Erforscher und Darsteller der Segelschiffahrt Basil Lubbock ein altes Logbuch entdeckt, geführt vom ersten Steuermann des Ostindiers *Septer*, Barlow, das immerhin einige echte Piraterien Kidds aus dem Jahre 1697 berichtet. Es war damals sogar zu einem erfolgreichen Gefecht der *Septer* mit der *Adventure Galley* gekommen, über deren reiche Segel und geschickte Segeltechnik Barlow sich anerkennend seemännisch verbreitet und auch, daß die kleine Fregatte Einrichtungen zeigte, ihre Flucht durch Rudern zu beschleunigen. Auch vernimmt man, Kidd habe eine rote Flagge ohne Emblem gehißt, als er einige *Mohrenschiffe* angriff. Und daß diese sehr dankbar waren, diesmal vor diesem Piraten bewahrt geblieben zu sein. Und daß Kidd nahe Karwar einen Kutter ausgeraubt, der aus Bombay kam mit zwei Engländern und farbiger Mannschaft. Und daß man ihm in Kalkutta weder Proviant noch Wasser hatte geben wollen, obschon er seinen königlichen Freipaß vorzeigte; denn man war zu gut über seine Untaten unterrichtet. Es waren auch drei seiner Leute, die ihn verlassen, darunter ein Jude, festgenommen und zur Aburteilung nach Bombay verbracht worden.

Somit mag der juristische Zweifel sich nachträglich beruhigt fühlen. Der schlichte Volksmund hatte Kidd sowieso aus der zwielichtigen Sparte der „Kommission" längst zum echten Freibeuter erhoben und viele Balladen auf ihn gedichtet. Wenn Unsterblichkeit ein Entgelt ist für Ungerechtigkeit, Kidd hat sie.

Bei peinlicher Durchsuchung seiner Frau Sarah fand man einen Fetzen Papier. In den Ziffern darauf vermutete man den Schlüssel zu versteckten Beuteschätzen. Vergebens suchte man rings um den Erdball. Das Kajütspult Kidds geriet in Trödlerhand. 1932 erwarb es ein britischer Notar und entdeckte darin eine weitere Aufzeichnung, die er

Richtung China zu enträtseln meinte. Zwanzig Jahre später sah ein Japaner auf einer der Linschoteninseln nördlich Taiwan einen einge-meißelten Bockskopf und erspürte dahinter ein verwuchertes Felsenloch und darin zwei morsche Kisten voller Preziosen, Wert rund hundert Millionen Dollar. War man auf Kidds Veruntreuung gestoßen? Sein Name bedeutet Böcklein, und sein Siegel soll dem entsprochen haben. Kid bedeutet aber auch Schwindel, Nasführerei und Täuschung.

Mein Name war William Kidd
unter Seils, unter Seils,
Mein Name war William Kidd
unter Seils,
und der Teufel segelte mit,
wenn mein Entermesser schnitt
unter Seils.

Das Großmogulenschiff
unter Seils, unter Seils,
das Großmogulenschiff
unter Seils,
drehte bei, als ich ihm pfiff
und das Gold herunterkniff
unter Seils.

Was Frankreichs Schiffe sind
unter Seils, unter Seils,
Was Frankreichs Schiffe sind
unter Seils,
ich nahm sie wie der Wind
und leerte sie geschwind
unter Seils.

Was ich an Gold besaß
unter Seils, unter Seils,
was ich an Gold besaß
unter Seils,
das füllte neunzig Faß
und war noch lang nicht das
und keiner weiß, wo und was
unter Seils.

ALS SÜNDER GEBOREN
† 1704

Also sprach Ehrwürden Cotton Mather, protestantischer Hauptpastor der frommen Stadt Boston: „Wir haben es euch oft gesagt, wir haben es euch unter Tränen gesagt, daß ihr euch durch Sünde zunichte gemacht habt. Daß ihr geborene Sünder seid. Daß ihr als Sünder gelebt habt. Daß eurer Sünden viele und furchtbare sind, und daß die Sünden, um derent-willen ihr nun sterben müßt, kein gewöhnliches Ärgernis bedeuten . . .“

Er hielt diese Predigt, die sich lang hinzog, wie Christus vom Boote aus. Es lag am Strande der kleinen Insel, die den reizenden Namen Nixen-freund trägt. Die neun armen Sünder, die dort angesichts des Hafens und

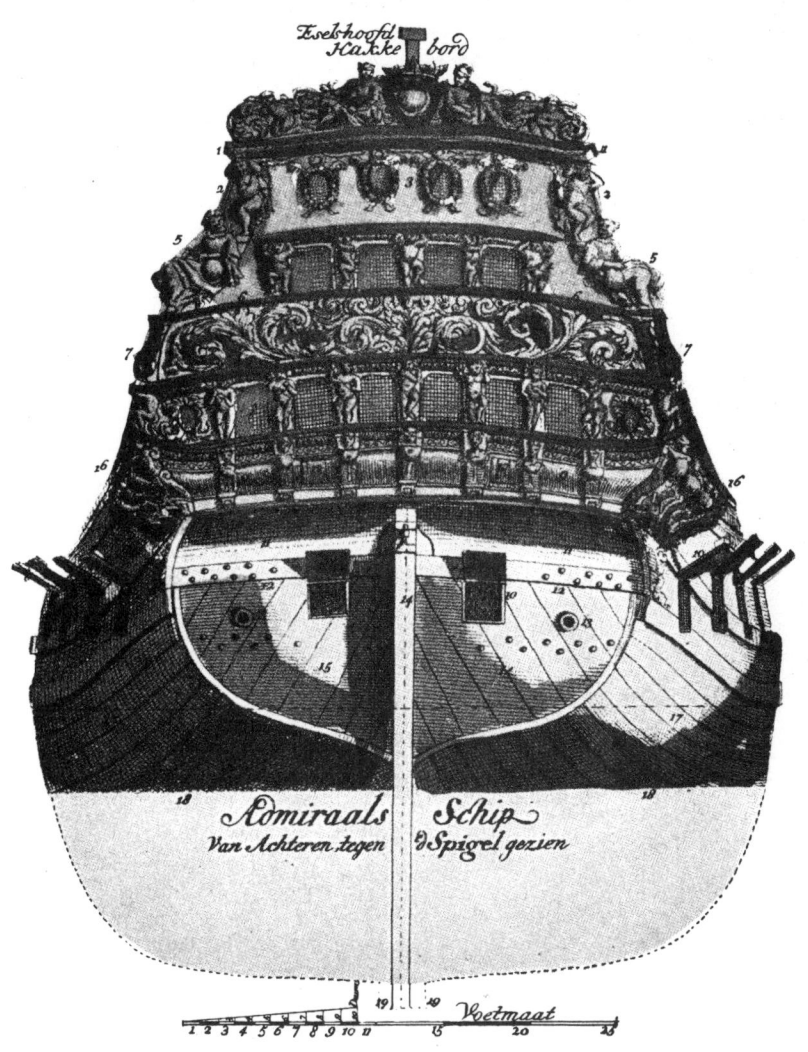

Rückansicht einer Fregatte

Die Piratin Anne Bonny

Die Piratin Mary Read

der Ewigkeit auf der Schwebebühne unter dem Galgenholz standen, waren allerdings Freunde der meerdurchschweifenden Nixen gewesen, romantisch gesehen. Nüchterner betrachtet, waren es gemeine Seeräuber.

Angeheuert hatten sie als Kaper gegen Frankreich und Neufundland, hatten aber vorgezogen, ihren Kapitän über Bord zu werfen und in wärmere Gegenden zu segeln. Als Anführer wählten sie John Quelch und hißten einen *Jolly Roger*, den sie als den alten bezeichneten. Er zeigt den Knochenmann teuflisch gehörnt, mit dem Stundenglas in der einen Hand, in der anderen einen Speer, auf ein Herz gerichtet, aus welchem ornamental verteilt drei Blutstropfen fallen.

Unter dieser furchterregenden Flagge plünderten sie in wenigen Monaten neun portugiesische Frachter. Die Beute bestand aus Goldstaub in Beuteln, goldenen und silbernen Geldstücken im Werte von mehr als tausend Pfund Sterling und einer Menge gängiger Handelsware von der Handfeuerwaffe bis zum Seidenschal, dazu reichlich Lebensmittel und Rum. Damit steuerte die Bande heimwärts. Der Satan mag ihnen das Ruder geführt haben oder die himmlische Gerechtigkeit. Sie landeten kühnlich dort, woher sie ausgereist, in Marblehead. Das läßt auf die Selbstverständlichkeit schließen, mit der im allgemeinen zuzüglicher Umsatz an der nordamerikanischen Küste begrüßt wurde. Diesmal aber mußte endlich ein „Exempel statuiert" werden. Man nahm die Freibeuter beim Schopf. Sie taten erstaunt. Aber von Boston her wehte ein neuer, scharfer Amtswind. Neun von denen, die man hatte fassen können, wurden zum Tode verurteilt. Käptn Quelch, unbeeindruckt von dem wochenlangen Zureden der Stadtgeistlichen, sagte denn auch, das altverbriefte Recht nutzend, das dem Verurteilten ein letztes Wort an die Menge gestattet, und indem er gelassen den Hut zog und sich vor den Gaffern verbeugte: „Ihr Herren, 's ist nur wenig, was ich bemerken will. Was ich zu sagen habe, ist dieses: Ich wüßte gern, weswegen ich hier bin. Ich bin verurteilt einzig auf Annahmen hin. Ich vergebe aller Welt, so der Herr meiner Seele gnädig sei. Und es möge allen zur Warnung dienen, die den Umsatz in Neu-England fördern und Geld hereinbringen, um dafür gehängt zu werden."

Es war nämlich ein Großteil der Beute gleich nach der Heimkunft bereitwillig von verschiedenen Händlern übernommen worden, die aber zumeist in angrenzenden Bezirken von Massachusetts wohnten. Vielleicht war das aufgestachelte Konkurrenzgefühl einiger heimischer Firmen der Hauptgrund für die rasche Verhaftung der Piraten und die behördliche Beschlagnahme und Wiederherbeischaffung des Raubgutes. Es wurde von Boston angefordert und dann auch dorthin abgeliefert. Und nach dort richteten sich die Klagen und Erstattungsanträge der geschädigten Auslandsfirmen und portugiesischen Reeder.

Aber erst einmal wurde von den Werten der Prozeß bezahlt. Es entfielen auf den

Gerichtspräsidenten	26	Pfund Sterling
Staatsanwalt	36	Pfund Sterling
Verteidiger	20	Pfund Sterling
Amtsrichter	5	Pfund Sterling
Scharfrichter	2	Pfund Sterling

Die Nebenkosten für Transport, Unterbringung und Verpflegung der Häftlinge betrugen 638 Pfund.

Der Rest in Münzen und Goldstaub, Gewicht siebenhundertachtundachtzig Unzen, ging — nach zwei Jahren — in fünf Ledersäcken auf Seiner Majestät Korvette *Guernsey* nach London an den britischen Schatzkanzler. Daß die portugiesischen Eigner jemals etwas zurückbekamen, ist nirgends bezeugt.

An jenem tristen Freitag des 20. Juni 1704 nun war fast ganz Boston auf den Beinen uferlängs oder in Booten, das tragische Schicksal zu genießen. Als dann die Schlingen sorgsam um die Hälse der Verurteilten gelegt waren, die mürrisch in Reihe unter dem langen Jammerbalken standen, und auf einen Wink des Gerichtspräsidenten Sewall die Henkersknechte die Stopper wegschlugen, so daß jählings die Schafottplatte sich senkte und die Füße der neun Sünder ins Leere zuckten, da — so berichtet Sewall in seinem Tagebuch — erbarst ein solcher Schrei aus den Frauenkehlen der Menge, daß seine Gattin es hörte, die vorm Haus in ihrem Obstgarten saß und sich sehr wunderte, da der Wind südwestlich war und das Haus eine volle Meile von dem Platze entfernt lag.

Etwa zu gleicher Stunde erlebte jenseits des Atlantiks, in der Hafenstadt Hamburg, das *Seeräuberdrama mit Musik Störtebeker* von Reinhard Keiser — der als Domkantor endete — seine Uraufführung. Es ging darin sehr realistisch zu. Und auch hier ertönte, gesellschaftlich gedämpft, ein Schrei des Erschauerns, als nämlich der gewaltige Freibeuter nebst seinen Gesellen wie vor dreihundert Jahren geköpft wurde und dabei literweise das Blut — in Schweinsblasen bereitgehaltenes Kälberblut — über die Bühne floß.

> *Lüstern steht mancher dabei*
> *in des andern Bedrängnis,*
> *und sein entsetzter Schrei*
> *scheucht das eigne Verhängnis.*

DIPLOMATISCHER SENAT
Anno 1705 und 1752

Ein französischer Pirat nahm Anno 1705 im schönsten Advent einen Hamburger Frachter, der mit Holz und Pelzwerk Ende September, da noch eben kein Eis war, Archangelsk verlassen und in der sanften Anwärme des Golfstroms glücklich an Norwegen vorbei und um Skagen herum gen Süd gewendet die Elbmündung angesteuert hatte. Der Seeräuber legte sich danach mit seiner Prise unter Helgoland, da schlecht Wetter aufkam, er wohl auch noch auf weitere Beute hoffte.

Durch einen Helgoländer Hummerfischer gelangte die trübe Nachricht gen Cuxhaven, von wo sie durch reitenden Boten und auch durch Flaggentelegrafie merklich rasch die heimische Behörde erreichte. Alsbald wurden die Konvoikapitäne Tamm und Voß mit fünfzig Soldaten und fünfzig Seeleuten in zwei kleinen, doch gut bestückten Seglern losgeschickt. Sie trafen den Räuber nebst Raub noch an, und obschon der Franzose ein „schön und großes Schiff" war, haben „dessen ohngeachtet die Hamburger solches tapfer angegriffen und sich dessen bemächtigt". Und auch der Prise. „Welches die Kaufmannschaft wohl aufnahm und darüber ihre Freude bezeigte."

Ein paar Jahre vorher war ein Hamburger Orlogschiff bei solcher Unternehmung im Sturm gekentert und der französische Pirat entkommen. Der diesmal gefaßte Räuber und achtundvierzig seiner Leute wurden nach Hamburg verbracht. Die erhaltene Namenliste zeigt ein Durcheinander französischer, holländischer, englischer und deutscher Namen, das übliche Brigantengemisch. Es wurde ihnen ein Gesamtpaß ausgestellt sozusagen als Weihnachtsgeschenk mit dem Vermerk:

„Wir Bürgermeister und Rath der Stadt Hamburg, nebst Erbietung unserer willigen Dienste und freundlichen Grußes, einem jeden Standes-Gebühr nach, ersuchen hiemit jedermänniglichen, Sie wollen Vorzeigern dieses, welche vor der Elbe auf Capitain Peter Wormuths von Duynkerken Kaap-Schiff, La Royale genannt, durch unsere Schiffe genommen, anhero gebracht und alhie dimittiret worden, nunmehro aber sich wieder von hier nach Duenkercken zu begeben gewillet, jedes Ortes frey, sicher und ungehindert pass- und repassieren lassen. Solches vergleichen und beschulden wir ümb eines jeden Standes Gebühr nach gerne und willig hinwiederümb.

Uhrkündlich unseres hierunter gedrückten gewöhnlichen Stadt-Secret-Siegels, Actum den 23. December. Anno 1705"

Die Freilassung solch ausgesprochener Piraten war bislang in der Hansestadt nicht üblich gewesen. An vierzehn Jahrzehnte zuvor hatte man einen der berühmtesten Geusenkapitäne vor der Elbmündung auf frischer Raubtat gepackt. Er hatte ein Hamburger Schiff angegriffen entgegen seiner ursprünglichen Instruktion, nur die spanischen Schiffe Albas zu behelligen. Und obschon eine Menge holländischer Flüchtlinge verständnisvolle Aufnahme in Hamburg fanden, war man doch gegen Übergriffe zur See und so nahe der Elbpforte seit je empfindlich. Und so heißt es denn in Jannibals Chronik kurz und bündig: „1569 den 4. August, Morgens neun Uhr wurde Johann Brokken, einem Seeräuber, auf der Obermühle der Kopf abgeschlagen, danach nach dem Bruch geführt, der Leib unter die Erde begraben und der Kopf auf den Pfahl gesteckt. Sein Lieutenant Breyse ward pardonniert."

Der Grund für die senatliche Milde gegen die Besatzung der *La Royale* — das Schiff wurde einbehalten — ist diplomatischer Natur. Man wollte Frankreich, unter dessen Flagge das Vergehen begangen, nicht reizen.

Überhaupt war man geneigter als vormals, durch Verhandlung allein und durch Höflichkeit statt durch Gewalt seine Ziele zu verfolgen. Die Zeiten der hochbewaffneten und gefürchteten Hansa waren längst dahin. Andere Mächte waren aufgeblüht, Seemächte mit Kriegsflotten, die ihre Kauffahrer gelegentlich zu schützen vermochten, zumindest aber als eine handfeste Drohung gegen räuberische Zufälle wirkten. Sie waren leider behindert durch nationale Eifersüchteleien, aus denen zumal die barbaresken Raubstaaten ihre Vorteile und Tribute unverschämt bezogen nebst der Kühnheit, ihr flinkes, flottes, einträgliches Piratentum trotz aller angetragenen Verträge nicht aufzugeben.

Die kleine Welthafenrepublik Hamburg war nie so reich wie Venedig, Toskana oder Genua gewesen. Selbst seine Kriegsflotte zur Blütezeit der Hanse hat sich nie mit der eines der Stadtstaaten am Mittelmeer messen können. Um 1700 besaß es nur drei, allerdings tüchtige Konvoifregatten zum Schutze gegen Seeräuber, vor allem zu Geleit in die Levante. Die Namen dieser Schlachtsegler verteilen die Sympathie auf die drei Grundpfeiler, beziehungsweise Zufluchtsorte bürgerlicher Ordnung, Vaterstadt, Reich und Himmelreich: *Das Wappen von Hamburg*, *Kaiser Leopold* und *Der Prophet Daniel*.

Ab 1663 war allen gen Spanien und Portugal ausreisenden Handelsschiffen überdies auferlegt, sich mit mindestens vierzehn, je vier bis acht Pfund Eisen schießenden Stücken und genügender Munition und Bedienung zu versehen. Ein Schutz durch eine deutsche Flotte bestand nicht.

Der Hamburger Admiral Karpfanger begleitete 1678 fünfzig Walfangschiffe aus grönländischen Gewässern zurück und bestand mit seiner Fregatte einen heftigen Kampf gegen fünf gut ausgerüstete Dünkirchener Wogenstreifer. Er schoß zwei in den Grund und trieb die andern drei in die Flucht. Dieser tapfere Seemann jagte in atlantischen Gewässern einem Barbaresken sogar eine schon geenterte spanische Silbergaleone wieder ab. Leider fand er beim Brand seines Admiralschiffes ein vorzeitiges Ende. Hamburg verzichtete schließlich auf die kostspielige Kriegsmarine und suchte sich allein durch Verhandlungen zu behaupten. 1749 erlöste es noch hundertfünfzig Landeskinder aus der Barbarei kraft seiner Sklavenkasse. Zwischen 1718 und 1729 waren daraus rund hundertneunzigtausend Mark Banco an die Raubstaaten gezahlt worden. Aber 1752 machte man auch damit Schluß und erkaufte die Freiheit Hamburger Seeleute lieber im voraus. Der letzte Absatz des Briefes, der damals an den algerischen Blutsauger ging, lautete:

„Endlich unterlassen wir nicht, Ihnen, Erhabener Gnädiger Herr, für all Ihren guten Willen zu danken, den Sie uns bis jetzt zu erweisen geruhten. Wir verbleiben unbedingt, Hochberühmter, sehr Erhabener, Weiser und Tugendreicher Gnädiger Herr, Ihre ergebensten und gehorsamsten Diener . . ."

Einmal machte sich sogar ein Hamburger Beamter des Seeraubs schuldig. Bernd Beseke, Turmvogt der Insel Neuwerk, überfiel anno 1536 einen Stader Kauffahrer, der auf Kurs Dänemark wegen Flaute ankerte. Eigner und Mannschaft wurden erschlagen. Einer der Knechte fand unter Deck versteckt die Tochter des Kapitäns, floh mit ihr im Beiboot, meldete den Vorfall, wurde aber trotzdem wie seine Kumpane geköpft.

ZUR RUHE GESETZT
bis 1711

Robert Drury, Matrose auf einem englischen Ostindienfahrer, überlebte einen Schiffbruch an der Küste von Madagaskar unweit Tamatave, wurde von den Eingeborenen gefangengenommen und hauste mit ihnen fünfzehn Jahre nach ihren Sitten. Eines Tages gelang es ihm, eine weiße Ansiedlung zu besuchen, die von seßhaft gewordenen Piraten gegründet war. Sein schlichter Bericht darüber lautet: „Einer dieser Leute hieß John Pro, war Holländer und sprach gut Englisch. Gekleidet war er in einen kurzen Überwurf, den breite metallene Knöpfe zierten; auch das übrige machte einen annehmbaren Eindruck, nur daß er weder Schuh noch Strümpfe trug. In seiner Schärpe stak ein Paar Pistolen, und eine hatte er in seiner Rechten. Der Mann neben ihm war mehr nach englischer Mode gekleidet, ebenso mit zwei Pistolen im Gürtel und einer in der Hand wie sein Gefährte. Dieser John Pro hauste da in wirklich netter Weise. Sein Haus war mit Zinngeschirr und dergleichen versorgt. Es gab da ein richtiges Bett mit Vorhängen und anderen Dingen dieser Sorte, ausgenommen Stühle, aber eine Seekiste oder zwei dienten derem Zweck hinreichend. Er besaß ein Extrahaus als Küche und zur Unterbringung eines Kochs, ein Lagerhaus und ein Sommerhaus; das Ganze war von Palisaden umgeben, wie es bei den Großen dieses Landes üblich ist; denn er war wohlhabend und besaß einen Haufen Rindvieh und

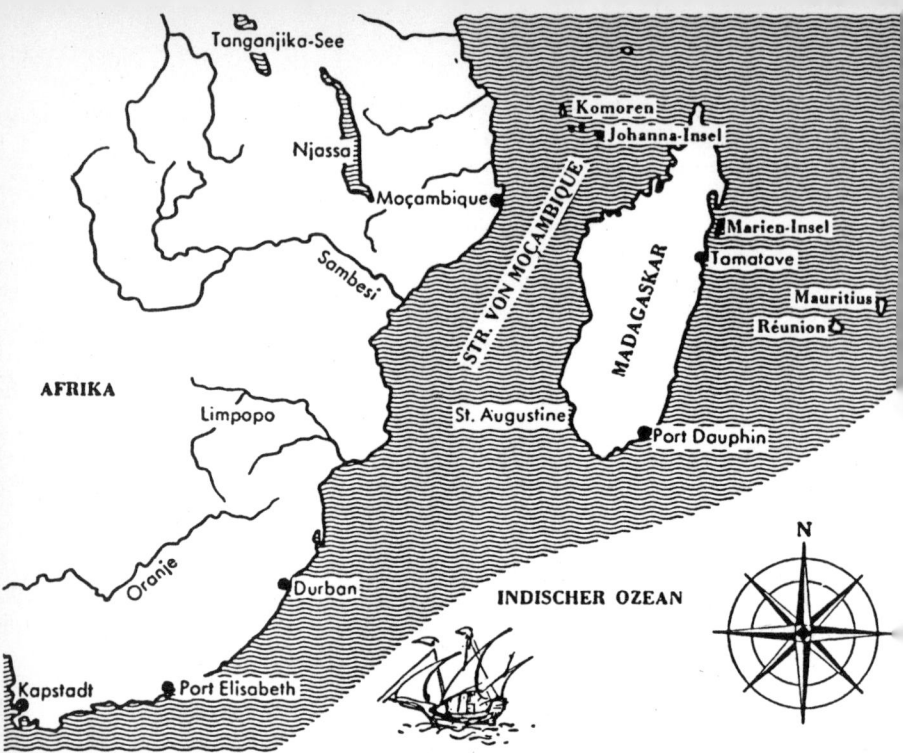

Sklaven. Sein Vermögen stammte hauptsächlich von Fahrten in die arabischen Gewässer, woher sein Schiff verschiedentlich bedeutende Werte mitgebracht, und er hatte solche auf St. Mary umgesetzt. Als dann das Schiff alt und brüchig wurde, die Besatzung auch unermeßlich reich war, zogen sie sich nach Madagaskar zurück, machten einen gewissen Thomas Collins, einen Zimmermann, zu ihrem Anführer und bauten sich ein kleines Fort, das sie mit ihren Schiffskanonen ausstatteten. Und so hatten sie nun schon neun Jahre ohne Piraterie gelebt . . ."

Daß Jonny Pro sich zum Königsrang aufgeschwungen, ist nicht festzustellen; doch es gab Weiße, zumeist gewesene Freibeuter, die sich an anderen Stellen dieser Insel, die an Flächeninhalt sich mit Spanien vergleichen läßt, gewisser Macht erfreuten. Zu Massalege, Maritain und St. Augustine saßen vorübergehend bleichfarbige Herrscher. Sie lebten in tropischem Behagen mit Sklaven für jede Art Bedienung, leiteten die Kriegszüge gegen benachbarte Stämme, lieferten die Mordwaffen für die nötigen Erfolge und übernahmen die gemachten Gefangenen als gute Handelsware für die anlaufenden Sklavenfrachter. Selbstredend hatten sie auch Proviant und sonstigen Reisebedarf auf Lager. Sie handelten mit allem, was anfiel, von der Kokusnuß bis zum ausgedienten Piratenboot mit und ohne Bemannung und Ausrüstung.

In Port Dauphin an der Südecke Madagaskars thronte ein Mulatte aus Jamaika, der seine immerhin lesbaren Urkunden mit Abraham Samuel Rex unterfertigte. Auch er hatte sich vom Seeraub abgesetzt. Und 1704 entschloß sich die gesamte Mannschaft eines Bostoner Schiffes, die der Mokkaflotte Werte von fünfzigtausend Pfund Sterling entrissen, unter Kapitän Halsey auf Madagaskar zu bleiben. Sie hatten sichtlich vom Schicksal des Kapitäns Quelch erfahren. Oder von Missons Gründung des Freistaates Libertatia.

Doch der riesige Raum Madagaskars war keineswegs ein unaufhörliches Eden. Und die piratischen Siedler waren keine Engel. Skrupellose Händler wie Adam Baldridge auf dem kleinen Voreiland St. Mary (St. Marien) mußten über kurz oder lang in Zwiespalt mit den Eingeborenen geraten. Ende 1697 überfielen die Howas seinen Lagerkamp, und trotz der fünf Kanonen, die er sechs Jahre zuvor von der *Bachelor's Delight* erworben hatte, mußte er die kleine Marien-Insel aufgeben.

Bald darauf richteten einige Piratenmannschaften der „Rotmeer-Gangs" unter den Howas ein furchtbares Blutbad an. Sie konnten den vortrefflichen Hafen und die dienliche Zwischenstation nicht entbehren. Damals setzten sich ungefähr tausendfünfhundert Freibeuter auf St. Marien fest. Das Eiland, langgestreckt, ist etwa doppelt so groß wie St. Helena. Sie befestigten die schmale Hafeneinfahrt mit vierzig Kanonen. Eine Weile schien sich hier ein neues Tortuga, ein üppigeres New Providence aufzutun. Baldridges Tausch- und Bedarfsläger erstanden neu nebst Sklavenmarkt, Wirtshäusern, Wechselstuben, Spielhallen und Frauenbaracken.

Es war die Zeit zwischen den Kriegen, wo aus sanktionierten Piraten private Freibeuter wurden. Erst als die Klagen der Ostindischen Monopolisten zum Himmel schrien und einige höchste Herren zu London und Boston ihren Beutel geschröpft oder vernachlässigt fühlten — zum Beispiel in der Affäre Kidd —, erweichte sich die Admiralität, ihre sowieso zu sonst nichts nützlichen Kriegsschiffe unter Admiral Warren in den Indischen Ozean zu schicken. Vor allem sollte die „Pestbeule St. Mary" ausgebrannt werden.

Als das Geschwader nahte, versenkten die Piraten ein paar ihrer Schiffe in der Einfahrt des Hafens, bohrten die übrigen an und steckten sie in Brand. Nachdem sie auch die Warenschuppen und Kaufläden größtenteils vernichtet hatten, ohne an Verteidigung zu denken, verzogen sie sich in das schwer zugängliche Gestrüpp und setzten nach und nach in Kanus zur großen Insel über. Kommandant Warren konnte das Plakat mit dem Wortlaut des Gnadenerlasses vom Jahr zuvor nur noch inmitten einer rauchenden Wüstenei an einen Baumstamm heften.

Und er segelte dann weiter, ohne etwas zu fangen, und segelte heim, als die europäische Wirrnis sich den nächsten Krieg leistete, wo dann jeder tüchtige Seemann ohne Frage nach seinem Vorleben in die staatliche Piraterie einheuern durfte, auch ohne eines Gnadenaktes zu bedürfen. Denn Gnadenakte schlossen gerichtliche Vernehmungen nicht aus, enthielten auch zumeist — ähnlich wie manche urheberrechtlichen Verträge bei Funk und Film — allerlei Finten und Angeln in Augenpulverschrift, die zu lesen oder zu verstehen vielen der schlichten Seeknechte nicht gegeben war, so daß sie gutgläubig in die Falle tappten und in den Galgenstrick. Sicherer war jedenfalls, sich rechtzeitig in einen stillen Winkel zurückzuziehen, auf eine der zahllosen Inseln der Ozeane, und dort das merkwürdige, nie ganz ausbleibende Gefühl des Heimwehs (nach irgendwelchen grauen, kühlen Orten der Herkunft) mit mehr oder minder kräftigen Narkotika zu ersticken.

Als der ehrbare Diener der Krone und Weltfahrer Kapitän Rogers, ein strenger Verächter der freien Piraterie, wenn auch nicht der Kaperei, Anno 1711 Kapstadt anlief, hörte er von einigen „Begnadigten", die von Madagaskar kamen, daß dort nur noch wenig über fünf Dutzend Ehemalige in ziemlicher Verwahrlosung lebten. Die übrigen waren massenweise verkommen, umgebracht oder abgewandert. Doch sollte dies nicht das letzte Kapitel der dortigen Freibeuterei sein.

PRÜGELJUNGEN DER KRONE
bis 1715

Die europäische Heimat bot ein begrenzteres Feld für unkontrollierte Schandtaten. Für reine Piraterie war man längst zu polizeilich gesonnen. Einer der unehelichen Söhne des Sonnenkönigs, Louis Alexandre Graf von Toulouse, beschäftigte sich so ernstlich wie nur je eine spätere Genfer Konferenz mit den Spitzfindigkeiten des Seerechts, obschon nur in der Sparte Schädigung des Feindes und Mehrung des patriotischen Ruhms und Vermögens. Denn er brachte es zum Admiral. Seit aber in der Person Colberts sogar ein Bürgerlicher Marineminister gewesen, hatten sich Bürgerliche bis in die Offiziersstellen der Seestreitkräfte Frankreichs zu drängen versucht. Entschieden waren es fähige Leute, doch die Adligen in den Messen distanzierten sich. Toulouse und sein illegitimer Vater fanden den Ausweg, derlei brauchbare Kämpen mit Sonderkommandos zu betrauen. Es steckt eine Ahnung in solchen Kommissionen, die man als Kaperbriefe bezeichnet, wie verächtlich das gesamte Handwerk ist, dessen gesteigerte Anwendung man gern Männern geringer Herkunft überließ wie etwa das Henkeramt. Man lobte sie, solange man sie nutzen konnte. Sie durften begehen, wofür man sich in der Marine offen für zu gut hielt, sie mochten den weniger ehrenbekodexten Buckel hinhalten und mit unverfrorenen Fingern ins Feindeigentum greifen. Man lieh ihnen vorübergehende Titel, zeichnete sie aus, hielt Abstand und drehte ihnen bei Friedensschluß den Rücken. Die meisten starben so arm, wie sie begonnen hatten. Ihre Schiffe wurden ihnen von einem Konsortium smarter Reeder und Gewinnerhoffer ausgerüstet, die auf strengste Abrechnung hielten und schon ungern die fünf bis zehn Prozent Anteil an die Krone abführten, an Unkosten aber Summen addierten, die dem „Korsaren" wenig übrigließen.

Es mag ein Gemisch von Eitelkeit und Rauflust sein, von geschmeichelter Niedrigkeit und robuster Seemannschaft, was besagte Halbpiraten zu tollkühnen Streichen befeuerte. Fast jeder Hafen an der französischen Küste hat seinen Sonderhelden aus jener Zeit, da sich das übrige Europa mit den Strahlen der Ludwigschen Sonne zu erstechen drohte. In Nantes lebt der Korsarenruhm des Sarghändlersohnes Jacques Cassard bis heute fort. Dünkirchen ist stolz auf seinen Jean Bart, der aus einer Familie flämischer Piraten stammte. In Erinnerung an ihn tauchen auch die Namen der Familie Jacobsen auf, unter denen der mit dem Vornamen Michel den zweifelhaften Titel *Meerfuchs* erhielt. Sie trieben sich beutehungrig zwischen Cypern, Amerika und Spitzbergen herum, großartige Segler, eiserne Kerle, deren Saftigkeit und Ausdauer anders keine genügende Anwendung fand. Sie taten dem Handel der andern Abbruch, solange die Kriegsflagge wehte, und ein bißchen gelegentlich darüber hinaus. Sie klopften den muselmanischen Räubern von Saleh auf die Pfoten, sie drangen in die Themse und in die Elbe ein.

Jean Bart versuchte einmal, eine gekaperte preußische Fregatte in Hamburg zu verkaufen, und da es mißlang, erklärte er den Hanseaten unter dem Augenzwinkern seines Königs den Krieg. Seine Freunde und Korsarenkapitäne Kaspar Keyser und Mesmaker tragen Namen, die gleich dem seinen vom Stamme der Wikinger zu sein scheinen. Wie Landsknechte wechselten sie gelegentlich die Herrschaft, was aber auch bei Leuten wie Derfflinger, Graf Nassau oder Graf Moltke vorkam.

Durch rücksichtslose Wegnahme auch neutraler Frachter voll Getreide rettete der Flame Jean Bart Frankreich vor einer Hungersnot.

Aus englischer Gefangenschaft entwetzte er mit einem Ruderboot über den Kanal. Er brachte der Krone viel Geld ein und seinen Reedern noch mehr. Und brachte den Fürsten Conti, der König von Polen zu werden meinte, ungefährdet bis nach Danzig und, da es wegen August dem Starken nichts wurde mit der französischen Personalunion — die später viel schöner geistig durch Chopin vollzogen wurde —, glücklich wieder heim. „Wenn sie uns angegriffen und übermannt hätten?" fragte der Fürst. Jean Bart lächelte: „Hoher Herr, mein Sohn hatte Auftrag, dann sofort der Sankta Barbara (der Pulverkammer) einzuheizen."

Der wackere Mann, auf den stillen Posten eines Hafenkommandanten abgeschoben, in hundert Seeschlachten und Handgemengen unverletzt, in Wind und Wetter unverwüstlich, starb mit zweiundfünfzig Jahren an einer kleinen Erkältung, Anno 1702, gerade als ein neuer Krieg ihm ein neues Schiff unter die Sohlen schieben wollte.

> *Jan Bart, Jan Bart,*
> *wohin geht die Fahrt?*
> *Nach Westen, nach Osten,*
> *das soll uns nichts kosten,*
> *da wollen wir schnappen*
> *die goldenen Happen,*
> *die engelschen Pinten,*
> *die hollandschen Krinten,*
> *den spanischen Wein.*
> *Steig ein!*

So klang noch lange sein Name in den Kinderliedern der Küste.

Saint Malo nennt den Sohn eines Matrosen, René Duguay-Trouin, als den korsarischen Seehelden der Stadt. Als junger Mensch wechselte er von einem geistlichen Seminar hinüber in die Slums von Cannes. Nach einem regelrechten Mädchenraub nebst Totschlag verzog er sich auf ein Schiff, an dessen Ausrüstung sein Onkel beteiligt war und das auf Piraterie auszog. Da er von seltsamen Vorahnungen gelenkt war, wie er in seinen Erinnerungen berichtet, glückte ihm eine rasche Laufbahn, und er erbeutete für seine Auftraggeber eine Menge „Gold, Silber, Zucker, Indigo und Tabak". Sein kräftigster Schlag gelang ihm gegen den Hafen Rio de Janeiro. Die Ausnutzung Brasiliens war eine Zeitlang von den Portugiesen auf die Holländer übergegangen, und deren Westindische Kompanie hatte das ungeheure Gebiet an drei skrupellose Herren verpachtet, einen Kaufmann namens Hamel aus Amsterdam, den Goldschmied Basis aus Haarlem und den Zimmermann Ballerstraat aus Middleburg. Die Folge war ein Aufstand, und die Kolonie rutschte in die portugiesische Betreuung zurück, nicht ohne daß Holland sich mit acht Millionen Banco in Geld und Waren abfinden ließ. Bald danach wurde — ähnlich wie in Alaska nach dem russischen Verzicht — Gold in Brasilien gefunden. Grund genug, Korsar René Trouin die Lust zu reizen, sich daran ohne Schürfarbeit zu beteiligen. Mit guter Regierungshilfe brachte er eine Flotte zusammen und plünderte die Stadt ganz nach Piratenmanier. Von den erbeuteten fünfundzwanzig Millionen an Goldwerten brachte er einiges nach Haus. Zwei seiner Schiffe gingen im Atlantik verloren. Er starb arm. Und im Bett. Beides war unverdient.

Neben diesen fast bieder anmutenden Typen machten sich zwei offenbare Übeltäter einen besonderen Namen. Der eine war der nur wegen seiner angeblichen Adligkeit aus peinlichen Begängnissen kaum gestraft entrinnende Provenzale Graf Forbin-Gardanne, der mit Jean Bart zusammenarbeitete und ihm seine Verachtung nicht verhehlte. Der andere war der zu Lüttich geborene Ludwig Demel, der sich später Le Mel nannte, als ihm die naheliegende Schreibung seines Namens „de Mel" verargt wurde.

Über Forbin ist nicht viel zu sagen. Seinesgleichen gab es viele. Zu bemerken ist höchstens, daß er ein paar Jahre in Siam Generaladmiral der dortigen eingeborenen See- und Landstreitkräfte war und sich dementsprechend betrug. Sein Name lautete damals Opra Sac Disom Cram; sechsunddreißig Sklaven und zwei Elefanten standen zu seiner Verfügung, dazu täglich zwei Wachskerzen und sieben Tänzerinnen. Es bleibt dunkel, warum er dieses feudale Leben eines Piratenfürsten aufgab. Wahrscheinlich mußte er es aufgeben. Er tauchte in Dünkirchen wieder empor und übernahm wie schon einmal einen Offiziersposten auf einem der von Jean Bart befehligten Schiffe. Später streifte er im Mittelmeer gegen die Barbaresken. Noch mehr als mit Schlachtenruhm prahlt er in seinen Memoiren mit den zur Strecke gebrachten Damen. Nach Mißerfolgen gegen England zog er sich an die Riviera zurück, ins Weite grollend, die milden Lüfte genießend und seufzend auf galante Abenteuer mählich verzichtend. Die Behörden rechneten nicht mit ihm ab. Noch gab es keine Französische Revolution. Man ließ ihn links liegen, das war alles. Und mehr notgedrungen als freiwillig ergab er — wie Jean Merrien sagt — eine gemischte Illustration der beiden Fabeln La Fontaines, in denen von den zu hoch hängenden Trauben die Rede ist und von dem Wolf, der Eremit wurde.

Ludwig Demel war von ungewisser Herkunft. Als er 1695 in Dünkirchen, dem Sammelplatz vieler Gestrandeter damals, aufkreuzte, sprach er Plattdeutsch so gut wie Flämisch und Dänisch. Nie erwähnte er seine Herkunft, und als er einige fette Prisen eingebracht, fragte auch niemand mehr danach. Er hatte sich alsbald ein Schiff von zwanzig Tonnen besorgt, einen armseligen Kutter, fand dreißig Gleichgesinnte, montierte vier kleine Kanonen und segelte in die Themse, schwang mit der Flut bis zum Ankerplatz der Kriegsschiffe, wand sich durch die und rund dreißig schlummernden Einheiten an fünf Kauffahrteier heran und stieg so geschickt mit den verwegensten seiner Kumpane von einem Schiff aufs andere, jeweils die Mannschaft zwingend, Anker zu hieven und Segel zu setzen, daß den Dreadnoughts erst Böses dämmerte, als er schon mit dem ganzen Schwung nach freundlichen Flaggengrüßen auf der Kimm lag und, von Ebbe und Wind begünstigt, die See gewann. Vierzig Kriegsschaluppen gingen hurtig zu Wasser und setzten ihm nach. Vergebens.

Diese unglaubliche Tat begründete seine vergängliche Glorie. Die Jubelfeier in einer Taverne endete damit, daß er mit der Kellnerin ins Bett stieg und sie bald darauf — da sie schwanger wurde — heiratete. In wenigen Monaten nun brachte er an Rauberlös fünfhundertfünfzigtausend Livres zusammen. Doch blieb ihm selber nur wenig davon. Die Ausrüster und der Fiskus strichen die letzten drei Nullen für sich ein.

Durch jene Mittelsmänner, die in gewissen Budiken neueste Nachrichten verkauften, hörte er, von Hamburg seien einige Schiffe mit dem Sold für die brandenburgische Garnison nach Emden unterwegs. Begierig segelte er schleunigst los, ohne auf seinen Kollegen Kapitän Pieter de Rousq und dessen Fregatte zu warten. Er vertraute seit dem Streich in der Themse dem unauffälligeren kleineren Fahrzeug. Mit einer Schaluppe, darin fünfzig Mann verstaut, erreichte er die Ems. Aber diesmal kam ihm der Wind ins Gehege. Er gelangte nicht nahe genug an sein erwähltes Opfer heran; dieses entdeckte seine Absicht und spie gewaltig los. Die Hälfte seiner Mannschaft wurde durch das Feuer erledigt. Ihm selber fuhr eine Kugel durch Hut und Haar und verbrannte ihm die Kopfhaut. Halb betäubt gab er Befehl, die weiße Flagge zu hissen. Die weiße Flagge, das sozusagen unbeschriebene Blatt, das sich dem Gegner zur Niederschrift der Begnadigung anbietet; das Symbol der geheuchelten Unschuld, das so hilflos im Winde wedelt und dennoch — wenigstens damals noch — sich wie eine Panzerplatte zwischen die Feindseligkeiten schiebt.

Die Gefangenen wurden mit Knüppeln und unter Steinwürfen der Menge ins Gefängnis zu Wasser und trocken Brot geleitet. Ein Dutzend wurde danach gezwungen, sich als Pfluggespann nützlich zu machen. Sechs andere wurden füsiliert und mit den Pfählen, daran man sie gebunden, in den Ebbstrom geworfen. Den Kapitän Demel ersuchte man, eine Erklärung zu unterschreiben, daß weder er noch seine Leute mißhandelt worden seien und er für ein Lösegeld von dreitausenddreihundert Livres einstehe. Er verweigerte die Unterzeichnung, und schließlich, wegen französischer Vergeltung besorgt, entließ man ihn gegen seine bloße Zusicherung der Summe. Man hatte gegen seine Leute wie gegen Piraten gehandelt und im Grunde mit Recht. Ludwig XIV. ließ, in „mildem" Gegenzug, alle Holländer, deren er habhaft wurde, auf die „Galeeren" ketten. (Es gab, wenigstens im Mittelmeer, immer noch Galeeren.) Dabei war Emden gar nicht holländisch, sondern eine freie Stadt, die sich seit einigen Jahren zu ihrem Schutze einige Soldaten des Großen Kurfürsten lieh. Aber immerhin war es der holländische Admiral Raule, der von Emden aus deutsche Kolonialpolitik in Westafrika betrieb.

Späterhin wurden die piratischen Eigenschaften Demels offensichtlicher. Das heißt, er steigerte nur ein wenig die üblichen Kriegsgepflogenheiten, verschaffte sich mit List Pläne über die Angriffsmöglichkeiten auf Texel und Vlieland, bändelte intim mit einer Schwedin an, benutzte sie dazu, biedere Lotsen von ihren Posten zu locken, und legte dem Marine-amt einen handfesten Spionage-Ertrag vor. Doch man traute ihm wohl Kühnheit, aber keinen strategischen Scharfblick zu. Zu letzterem war ja das Amt da. Ungesäumt änderte er den Kurs und fuhr auf eigne Faust wieder gen England. Mit drei fetten Prisen, aber schwer verwundet kam er zurück. Ungeachtet seines Zustandes ließen ihn seine Ausrüster fest-setzen, weil er angeblich Beutegelder unterschlagen, auch fremde Reeder und Geldleute heimlich beteiligt habe. Ein Ehrenschwert des Königs, das fast wie ein Orden so billige Emblem für tapfere Herbeischaffer, rettete ihn aus dem Gefängnis. Aber er verlegte seinen Ankerplatz von Dünkirchen nach Ostende.

Trouin und Jean Barts Bruder Gaspare besorgten ihm ein neues Schiff. Diesmal brachten ihm die Raubzüge so viel ein, daß er den Forderungen früherer Reeder nachkommen konnte. Es handelte sich hauptsächlich um Ersatz für Beschädigungen an deren Schiffen, die unter seiner Leitung durch „feindliche Berührung" entstanden waren. Einem adligen Herrn hätte man derartige Rechnungen kaum zu präsentieren gewagt; Demel jedoch galt nur als hergelaufener Matrose von auswärts, dem man kräftig diktieren durfte.

Anno 1719 verlor er seine Fregatte im Sturm. Mittellos verdingte er sich einem Konzern zu St. Malo, der über den Hafen Morlaix mit marok-kanischem Weizen handelte und einigen dunkleren Frachten, die als Konterbande noch mehr abwarfen. Bevor Kapitän Demel das Quarter-deck betrat, ging die Hauptfirma, welche die nötigen Vorschüsse zu zahlen hatte, in Konkurs. Demel schrieb verzweifelt nach Dünkirchen um Reisegeld für Paris, wo er dem Ministerium neue Pläne vorlegen wolle.

In Wahrheit brauchte er einiges für eine Freundin. Und die Freundin dieser Freundin machte seine Frau darauf aufmerksam. Seine Frau wandte sich an einen ihr bekannten Aufseher des Dünkirchener Zuchthauses, der ihr im Lesen und Schreiben von Briefen über war. Der legte der Polizei den Fall schriftlich dar, verfehlte auch nicht, den von der Freundin der Freundin angegebenen Ort zu nennen, wo der Betreffende sich auf-halte. Die Polizei tastete sich ans Ministerium heran. Immerhin war Käptn Demel Träger einer hohen Auszeichnung und in Staatssachen verdient. Man mußte vorsichtig sein. Das Ministerium zog Erkundigun-gen ein. Der Polizeiherr von Argenton meldete: „Der Betreffende führt allhier ein skandalöses Leben mit einer zweifelhaften Person, die ihn in Mannskleidern anscheinend auch schon an Bord begleitet hat, wäh-rend seine rechtmäßige Frau mit vier Kindern ein elendes Dasein fristet und von ihm keinen Cent erhält." — Auch die feudalen Herren des Marineamtes äußerten sich nicht günstig. Ein Admiral urteilte: „Le Mel, unternehmungslustig, aber ein kühner Lügner, ein Meister jeder Schur-kerei, ist nur deshalb nicht dem Strange zu empfehlen, weil er als Korsar schätzenswerte Dienste leistete. Bedenklich ist, daß er bei mehrmaliger Gefangennahme wieder freikam. Man hat an auswärtige Mächte gerichtete Briefe von ihm abgefangen, die, sichtlich als Entgelt für seine Entlassung, Angaben über die Seehäfen Rochelle, Calais und St. Malo enthalten. Es sind höchst belanglose Hinweise allerdings, immerhin eben an der Grenze des Hochverrats ..."

Die kleine, nette Stadt Argenton lag keineswegs auf dem Wege nach Paris. Das Paar schien gen Marseille reisen zu wollen, wo immer einige Agenten saßen, die für unerschrockene Leute um Beschäftigung nicht verlegen waren, und seien es Renegatenposten bei den Barbaresken. Dahin scheint Demel gezielt zu haben. Aber eben vor seiner Weiterreise klopften die Beamten an die Gasthoftür. Sie brachten ihn nun wirklich nach Paris, seine Geliebte dabei. Beide wurden in die Bastille gesperrt. Und ausgerechnet René Duguay-Trouin, selbst von kleiner Herkunft und von sonst sentimentaler, aber auch prüder Rechtschaffenheit innerhalb der vorgeschriebenen Moral, sprach sich so scharf aus, daß den beiden der Strick sicher schien. Dennoch zögerte König Ludwig, betreffs des Ehrenschwertes öffentlich einen Irrtum einzugestehen. Bezüglich Moral aber waren die Vorbilder des Hofes nicht geeignet, bei Ähnlichkeiten zu verweilen, so unadlig sie sein mochten. Somit verwahrte man diesen Le Mel vorsichtshalber bis zum Friedensschluß.

Es dauerte vier Jahre. Endlich frei, bat er um die Erlaubnis, nach Haiti auswandern zu dürfen. Dort schulde ihm ein holländischer Kapitän fünfundzwanzigtausend Livres. Die Regierung bewilligte ihm einen Schiffsplatz ab Calais. Er benutzte ihn nicht. Und wieder griffen seine Gläubiger zu. Nochmals wanderte er ins Schuldgefängnis. Aber in der allgemeinen Aufregung über das Sterbelager des Sonnenkönigs entfloh der kleinere Ludwig. Das war Ende August des denkwürdigen Jahres 1715, denkwürdig vor allem, da der an der atlantischen Küste geborene, höchst geschickte literarische Freibeuter Le Sage den ersten Band seines großartigen Schelmenromanes *Gil Blas de Santillane* veröffentlichte.

Ludwig Demel scheint auf einem englischen Segler nach New Providence gelangt zu sein. Von dort wird er als Freibeuter unerlaubt das getan haben, unter neuem Namen freilich, was er vormals mit behördlicher Rückendeckung begangen. Niemand hat wieder von ihm gehört, auch seine Frau nicht. Sie hatte außerdem den Kummer, das Ehrenschwert wieder herausrücken zu müssen, das sie nachts neben sich zu betten gepflegt als kalten Ersatz für den Verschollenen. Sie mußte auch vernehmen, daß man den Namen Le Mel amtlich aus der Liste der französischen Helden gestrichen habe.

Jede Mutter hat mehr Heldentum
als alle Helden mit Schlacht und Ruhm.

RÄUBERPARADIES
um 1715

Mit dem Frieden zu Rastatt war der zweite große europäische Krieg, der, welcher die spanische Erbfolge zum Vorwand gehabt, beendet. Die amtlichen Marinen kehrten, teils siegreich, teils geschlagen, in die Flottenbasen zurück. Den Kaperern wurden die Erlaubnisscheine entzogen, und die Handelsschiffe konnten wieder einigermaßen beruhigt ihrem Vorhaben zustreben, die Güter der Welt zu verteilen. Ihre Kapitäne durften mit Recht denen, die über blinkenden Achseln und Ordensgeflimmer auf sie herabsahen, sagen: Wir wenigstens heben den Umsatz und bringen etwas ein, während ihr nur kostet, im Kriege verderblich, im Frieden unnütz.

Die Kaperer aber waren jählings brotlos. Sie konnten für sich und den Staat buchen, selbst im Kriege manches eingebracht zu haben. Jetzt aber mußten sie sich für notorische Schädlinge erklären lassen, falls sie ihr Gewerbe weiter ausübten. Wer aber einmal — wie sagt doch schon die alte Weisheit Chinas? — das Raubtier in sich entdeckt und die Süße der Beute geschmeckt, dem fällt es schwer, zumal bei dürftigem sonstigen Stellenangebot, sich mit geringerer Aussicht zu begnügen. Es leuchtet ihm sowieso nicht ein, sich aus dem Schein des Heldentums auf die Ebene des Verbrechens abgeschoben zu finden. Schon die Brüder der Küste waren in der Sophistik diplomatischer Auslegungen ihres Lebens weniger sicher als in jedem Sturm und Gefecht gewesen.

Und nun, nachdem die Reisläufer des Meeres, die Flibustier und Bukaniere eben zur Legende verdämmert, nachdem zumal ihre französischen Mitglieder in der Depression einer besiegten Flagge vorzogen, so ehrsam es eben ging, in den zugesprochenen Besitzungen einiger der Kleinen und Großen Antillen an Land zu bleiben oder in der Kauffahrtei unterzuschlüpfen, war der aufstrebenden Seemacht Englands ein anderer Wind in die Segel gefahren und wölbte auch des einzelnen Brust, der sich zu dieser Nation bekannte. Das war weniger ein Gefühl des Patrioten als der Weltweite, des unbändigen Herrschertums zur See. Jede Fessel mußte denen, die einmal in solchem Luftzug als Beutemacher gesegelt, unerträglich erscheinen. Zurück in die harte Zucht der Marine — wo sowieso Tausende entlassen wurden — oder in die wieder häufigeren Angebote der Handelsschiffahrt, deren Betrieb kaum weniger verlockte?

Solange die Wasserwildnis zwischen Westindien und Ostindien polizeilich kaum überwachbar war, solange noch an allen Küsten Häfen für die Bringer billiger, sonst kaum erhältlicher oder erschwinglicher Waren sich öffneten, solange noch Statthalter, von ihren Regierungen mäßig bezahlt, gegen Geschenke und Anteile dunkler Herkunft nichts einzuwenden hatten, so lange mußte das Piratengewerbe blühen. Das Freiheitliche ist zu allen Zeiten verführerisch gewesen. Gepaart bei leichten Bedingungen mit der Aussicht auf raschen Reichtum, wird es unwiderstehlich. Das Leben riskierte man auf See sowieso. Der Galgen im Hintergrund war allerdings eine bittere Gewürznelke. Aber unter Tausenden brauchten nur wenige daran zu glauben. Und ein einziger erfolgreicher Wogenritt konnte, wenn das Glück hold war, mehr abwerfen als — bei mittleren Anlagen — ein ganzes langes Leben voll ehrlicher Mühe. Kein Wunder, daß noch im Jahre 1950 ein anständig und gründlich schaffender britischer Journalist einer ähnlichen Betrachtung anfügt: „Wer, unter jenen Umständen, hätte da nicht Freibeuter sein mögen?"

Um 1700 waren die Kleinen und Großen Antillen so ziemlich unter die damaligen Großmächte aufgeteilt. Beamtenstäbe und Kolonisten zogen ein, aber auch deportierte Verbrecher. Doch wie in belebteren Gegenden anderswo strebten die „gezeichneten Elemente" aus dem Gesichtskreis der Gesetzlichkeit hinweg zueinander. Was in New York etwa die Slums waren, wurden — nachdem Jamaika und Tortuga ausfielen — die Bahamainseln für Westindien. Dieser zerstückte Wall unmittelbar am Atlantik zwischen Florida und Kuba, weniger gastlich zumeist als das übrige Karibien, besteht aus neunundzwanzig bewohnten Eilanden und rund zweitausendfünfhundert Riffen. Eine der größten dieser Inseln ist New Providence.

Die Bahamas, wo Kolumbus zuerst gelandet, waren seit dem spanischen Zugriff in verschiedene andere Hände übergewechselt. 1634 übernahm Johann Moritz von Nassau-Siegen sie im Vorüberstreifen eine Weile für Holland, als er auf Brasilien zielte. Auch Curaçao kam damals an den Haag und blieb von jenen westindischen Errungenschaften bis heute daran hängen, berühmt durch seinen Pomeranzenlikör. Nassau auf der Neuen Vorsehungsinsel behielt bis heute wenigstens den Namen jenes gelegentlich zwischen den Generalstaaten und Brandenburg pendelnden Haudegens und Direktors der Hollandsch-Westindischen Kompanie. Doch seine Siedlung hatte wenig Bestand. Die ursprünglichen indianischen Besitzer erlagen im Sklavendienst, die eingeführten Neger wurden unmenschlich vernutzt, ebenso die weißen „Arbeitsverpflichtungen". Doch standen um 1700 hundertsechzig Holzhäuser. Sie wurden von französischen Kaperern ausgeraubt, niedergebrannt, die Bewohner weggeführt. Daß diese in vernachlässigten Siedlungen sowieso nur noch von Strandraub gelebt, ist vielleicht üble Nachrede. Viele Jahre lang lagen die Bahamas verödet.

Anno 1705 erwog man im britischen Unterhaus, die Bahamas zu besetzen. Doch geschah nichts. Aber die letzten Reste der englischen Flibustier begannen damals, sich hier niederzulassen, besonders auf New Providence. Nassau erstand aus der Asche, primitiv wie eine Goldgräbersiedlung, und es wurde für alle Heimlosen Westindiens, die indes entschlossen waren, umgehend noch etwas Lohnendes aus dem Dasein zu

Major Bonnet am Galgen

David Simpson ——— Thos Sutton ———
Wm Magnes Chris Moody
Rich Hardy Valentine Ashplant

Ye and Each of you are adjudged and
Sentenced to be carried back to the Place from whence
ye came; from thence to the Place of Execution
without ye Gates of this Castle, and there within
the Flood Marks to be hanged by the Neck, till
ye are Dead Dead Dead, and the Lord have
Mercy on ye Souls.

After this ye and Each of you Shall
be taken down, and yr Bodys hung in chains.

Dated this 2d of Aprill 1722

A Herman
James Phipps
Henry Dodson
Bryse
Edmund Hyde
J. Barnsley
Cha: Fanshawe

Todesurteil für 52 Piraten des Kapitäns Roberts

klauben, dasselbe an Treffpunkt wie in Hamburg-St. Pauli vormals die Finkenbude. Nur daß man weit mehr als in dieser vorerst außer jeder behördlichen Kontrolle stand.

Um 1713, zehn Jahre nach dem französischen Überfall — an dem sich auch Spanier beteiligt —, wurden also die stillen Bahama-Inseln von Leuten neu entdeckt, denen die Abseitigkeit recht war, obschon kaum aus romantischen Gründen. Der Gouverneur der Bermudas, auf vorgeschobenster Station weit im Atlantik, am Rande des Saragassomeeres, berichtete besorgt, in Westindisch-Nassau hausten zweihundert Familien ohne behördliche Ordnung durcheinander, und jeder dort tue, was ihm recht dünke. Ein Nest, ein Pfuhl infamer Schurken, ein Piratensumpf, den auszumerzen je eher, desto besser ratsam sei. Er meinte dies vor allem wegen der Gefährdung des Handels, der unter seiner Obhut von und nach den Bermudas trefflich gediehen war.

Um jene Zeit wurde die Flagge in Piratenkreisen Mode, die in entsprechenden Abenteurergeschichten keine kleine Rolle spielt, die schwarze Flagge mit den Insignien des Todes, der Jolly Roger. Ihre Herkunft wird dieselbe sein wie die Embleme an den Kopfbedeckungen oder Fahrzeugen gewisser Elitetruppen, ein magisches Symbol, das sowohl den Todbringer als auch den Todesmutigen kennzeichnet. Vorzüglich war es zum Schreckeinflößen gedacht. Reizvoll sind einige Abwandlungen, die sich einzelne Piratenführer leisteten. Ob schon Rotkopf Morgan sich ihrer bediente, ist zweifelhaft. Er begnügte sich zumeist mit der bis dahin üblichen roten Flagge, die den gnadenlosen Angriff anzeigte und — angeblich in Blut getaucht — zumindest in der Farbe andeutete, was bei Widerstand zu erwarten sei. Die ihm zugeschriebene Flagge mit dem weißen nackten Mann in schwarzem Feld, der ein blankes Hackschwert und ein Stundenglas mit ausgestreckten Armen zückt, wird im Verein mit Totenschädel und gekreuzten Schenkelknochen auch als französische Piratenflagge gedeutet. Statt eines Stundenglases, das den erbarmungslosen Ablauf der Daseinsfrist androht, sah man gelegentlich ein Gerippe ein Weinglas heben — sicher den bitteren Lebenskelch — und in der andern Hand einen Spaten halten. Daß dem Skelett Teufelshörner aufgesetzt sind, bezeugt die Herkunft dieses Totengräbers; er scheint jedoch vom Lande zu stammen; auf See bedarf es seiner nicht. Der Spaten, die Schippe als Symbol findet sich aber auch auf der französischen Spielkarte als Pik und galt bei den meisten Kartenlegerinnen im Pik-As als Zeichen für den Tod. Kartenspiel aber und Kartenschlagen standen seit dem Mittelalter in Europa in wachsender Beliebtheit. Unter Seeleuten waren Spielkarten unentbehrlich wie Schnaps und Tabak und wie in der Schweiz stets zur Hand, ersetzt an Bord allerdings oft notgedrungen durch Würfel, die das Seewasser besser vertragen.

Piratenflagge aus der Blütezeit der Westindischen Seeräuber um 1700

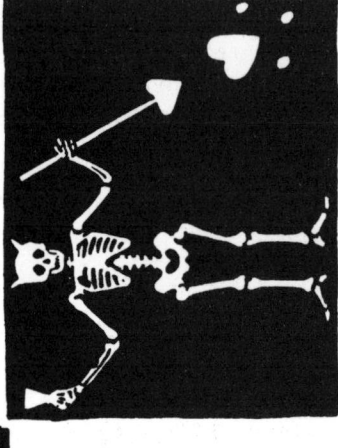

Calico Jack

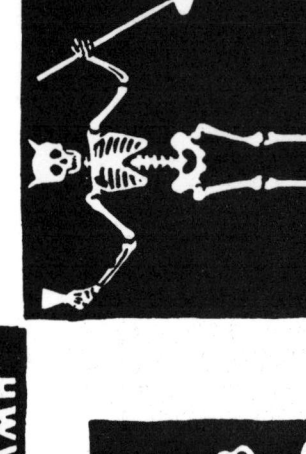

Schwarzbart

Kapitän Roberts

Long Ben

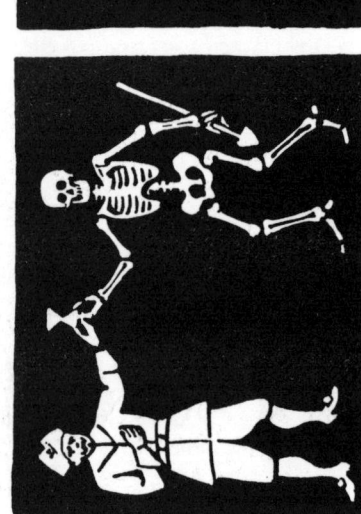

Major Bonnet

Französische Flibustier

Wimpel des Kapitäns Condent

Kapitän Tew

Kapitän Wynne

Kapitän England

Die Verhältnisse auf New Providence glichen denen von Tortugas munterster Blüte, nur daß sich hier statt des französischen hin und wieder ein englischer Statthalter einfand. Da er wie üblich schlecht bezahlt wurde, die Insel aber an Exporterzeugnissen nur dürftig etwas hergab, so war nicht erstaunlich, ihn in vollem Einklang mit der billigen Beibringung von Geld und Ware durch Seeräuberei zu finden. Einer der damaligen Kapitäne jener Sparte sagte von Oberst Webb, der den Posten vorübergehend bezog, er habe sein amtliches Gehalt von jährlich dreißig Pfund unschwierig auf vierzigtausend Pfund gebracht, ähnlich wie sein Vorgänger Trott, der größte Piraten-Zwischenhändler, den Amerika je gesehn.

Um Nassau herum gab es immerhin Wälder, gut frisch Wasser, Tropenobst, Grünzeug, Yams, wilde Schweine und Rinder, Fische, Krabben und Schildkröten. Es war ein Paradies, wie man es als Junge träumt, wenn noch die uralte Lust, Seeräuber werden zu wollen, ungedämpft in einem flackert. Den Piraten folgten die Typen, die ihnen die Beute wieder abnahmen, doch anders als der Fiskus. Hier gab es den flotten Umtausch in Genuß. Die Händler waren da, die das Raubgut an die Schmuggler des Festlandes, zumal nach Carolina, weiterreichten. An Wirtshäusern, Läden aller Art und Freudenhütten war bald kein Mangel. Auf den Ruinen entstand eine Stadt aus Wrackholz und Baumstämmen, rasche krumme Unterkünfte, mit Palmblättern gedeckt. Kamen die wilden golfströmischen Zyklone, wirbelte der ganze Krempel zum Teufel. Aber er war schnell wieder aufgebaut. Man lebte drauflos. Man ließ den andern gelten, und so ging es im allemeinen. Ab und an fuhr die grobe Hand eines der gerade im Hafen liegenden Wogenklepper dazwischen, spielte den Richter, stellte eine Wachmannschaft zusammen, lud ein paar erbeutete Geschütze aus, damit man die beiden hübschen Hafeneinfahrten gebührend bestreichen könne, falls irgendein Staats-Marinebulle das Idyll zu stören wage.

In der Tat hatte sich gelegentlich ein Beamter eingefunden, Captain Walker. Er hatte fertiggebracht, ein paar Piraten zu verhaften und auf ein Schiff zu verfrachten. Sie sollten in Port Royal abgeurteilt werden. Unterwegs verdufteten sie. Bald darauf warf man den unbequemen Schnüffler hinaus. Es ist bezeichnend, daß er lebendig fliehen durfte. Die Blutrünstigkeit, die den Piraten gern nachgerühmt wird, wurde in Wahrheit gern durch beachtliche Zurückhaltung ersetzt. Mord war zu allen Zeiten für Nichtmilitärs einwandfreie Garantie, bei Ergreifung den Prozeß sehr einfach gestaltet zu finden. Und man starb selber nicht gern gewaltsam.

1714 war's, als ausgerechnet ein anderer respektabler englischer Marineoffizier dem piratischen Reigen auf New Providence Form verlieh: Henry Jennings. Er war nach den vorübergehend beigelegten europäischen Staatswürgereien so etwas wie Hafenkommandant auf Barbados

geworden, jenem Eiland, das nebst Jamaika sozusagen als kleiner Vorschuß auf die begehrte, noch immer in spanischer Hand befindliche
Schlüsselfeste am Golfstrommund, Trinidad, nun schon Jahrzehnte in
britischer Kralle lag. Der junge Seebär langweilte sich mit den purita-
nisch erzogenen Enkelinnen der ersten der Siedler aus Old England,
die je unter karibischen Sternen Home sweet home gesungen oder vielmehr das, was damals statt des erst hundert Jahre später aufkommenden
Opernschlagers — Text des New Yorker Dramatikers und späteren Konsuls in Tunis John Payne — als Heimwehlied modern war. Wahrscheinlich war es noch etwas von Purcell, etwa aus dessen brillanter Oper
The Indian Queen, die zwei Jahrzehnte zuvor über die Londoner Bretter
gerauscht. Die indianischen Königinnen waren zwar ausgerottet; ihre
Nachkommen wuschen in der Küche ab. Aber das Gold und das Silber,
daraus ihr Schmuck geschmiedet, wurde noch immer aus dem Schoße
ihrer vergewaltigten Heimat gefördert. Und Jennings kriegte Wind, daß
eine der spanischen Flottillen, die den Raub in den unersättlichen Schlund
Iberiens schwenken sollten, an der scharfen Zunge Floridas gestrandet
sei. Der wackere Offizier — obschon zufällig kein Krieg herrschte — nahm
das Abenteuer wahr. Mit dreihundert Seesoldaten bemächtigte er sich
der schon an Land gestapelten, von sechzig Spaniern nur dürftig be-
wachten Haufen Silberbarren, ergänzte sie aus einer weiteren Galeone,
nahm auch noch eine Fracht Cochenille und Indigo mit und wich dem
allseitigen Krach aus, indem er sich auf New Providence niederließ.
Seine Mannschaft war ihm begeistert gefolgt.

Bald fanden sich, animalisch angesogen, weibliche Außenseiter dazu,
abgeschobene Grisetten, wegen Schwangerschaft entlassene Dienstmädchen, entflohene Sklavinnen.

> *Wo Helden mit Hetären nisten,*
> *bleibt Übeltat nicht lange stumm;*
> *da brutzelt aus vereinten Listen*
> *und hemmungslosen Liebeszwisten*
> *sich's munter zum Spektakulum.*

EINES FREIBEUTERS ANSPRACHE
Anno 1716

Charles Bellamy, einer der Genossen von New Providence, suchte
den Kapitän eines geraubten Frachters mit folgender Rede zum Beitritt
zu bewegen:
„Verdammt noch mal, Ihr seid ein schnieflicher Hundsbalg und ge-

nauso wie alle, die hinnehmen, von Gesetzen regiert zu werden, die reiche Leute zur eignen Sicherheit gemacht haben, weil diesen feigen Hundeseelen die Courage fehlt, auf andre Weise das zu verteidigen, was sie durch ihre Schurkereien zusammengerafft. Fluch und Blut über dieses Pack gerissener Schufte! Und über Euch, die Ihr denen als ein Posten hühnerherziger Trottel gerade recht dient! Sie verhohnepipeln uns, diese Fetthälse, diese Racker, und das ist der einzige Unterschied: Sie berauben die Armen unter dem Deckmantel des Gesetzes, nicht wahr? Und wir plündern die Reichen unter dem Schutz allein unserer Courage. Verflixt, wär's nicht tausendmal besser für Euch, bei uns mitzumachen, anstatt hinter den Ärschen dieser Bösewichter herzuschnüffeln bloß wegen ein bißchen Beschäftigung? Nein?

Verdammich und Gott, Ihr seid ein höllisch eingefleischter Schurke! Ich bin ein freier Fürst und hab Macht, der ganzen Welt den Krieg zu erklären wie nur einer, der hundert Segel und Schiffe und hunderttausend Mann im Feld hat. Mein einfachster Menschenverstand sagt mir das alles; aber mit solchen Schwanzwedlern ist ja kein Argumentieren, mit derartigen Weichbolden, die jedem Protz erlauben, sie nach Laune übers Deck zu pfeffern. Und die ihren Glauben an einen Kuppler von Pfaffen heften, einen Hohlwanst, der weder tut noch meint, was er den hirnvernagelten Narren vorsetzt, denen er predigt.

Das aber sage ich Euch, Ihr könnt laufen, wohin Ihr wollt und denen nach wie vor in die schmutzigen Hintern kriechen. Solch schäbige Windeln zwinge ich zu nichts. Aber verdammt und Dreck, es tut mir leid, wenn die Leute hier Euch Eure Slup nicht wiedergeben wollen. Es ist durchaus nicht meine Art, irgend jemandem etwas Unliebsames anzutun, es sei denn zu meinem Vorteil. Dann also! Haut ab! Verduftet! Enthebt uns der Anstrengung, Euer beleidigtes Gesicht länger in unserer Mitte zu sehen, als unsere Gutmütigkeit es erträgt! Beibei, Käptn! Tschirio! Euer kleines Boot steht zu Eurer Verfügung. Gute Reise! Sprecht gut über uns! Oder laßt Euch nie wieder blicken! Tata!"

Charles Bellamy, von Johnson mit wenig mehr als diesem zügigen Vorspuk sozialer Umwälzungen ausgezeichnet, machte die westindischen Gewässer eine Weile unsicher. Über seine Herkunft ist so wenig Genaues bekannt wie über sein Ende. Er war plötzlich verschollen. Vielleicht war er einer der ersten weißen Piraten, die sich bis in die Südsee wagten und dort auf einem schmuckvollen Atoll ihre Ansichten an Land verpflanzten — soweit es ihr Vorteil zuließ.

AMTLICHE GNADENSONNE
Anno 1717

„Weil allda eine so große Anzahl unbewohnter Inseln mit sehr be-
quemem Anlanden und gelegenem Gestade zur Ausbesserung der Schiffe
seynd mit einem Überfluß von Lebens-Mitteln, an Geflügel, Schild-
Kröten, Austern und andern Meer-Fischen, deren sie so oft benöthigt,
also, daß wenn sie nur allein keinen Mangel an starken Getränken haben,
sie allezeit im Stande seyn, einen neuen Streiff vorzunehmen, ohne daß
ihnen jemand daran könne verhinderlich seyn."

So übersetzt der zu Göttingen emeritierte Professor und Juris utriusque
Doctor Joachim Maier im Jahre 1728 eine gewisse erklärende Stelle aus
Captain Charles Johnsons Berichten über die Secräuber Westindiens.
Das Buch war vier Jahre zuvor in London erstmals erschienen und hatte
in zwei Jahren vier Auflagen erlebt. Der britische Verfasser, äußerst gut
unterrichtet, wahrscheinlich selber Mitglied der Piraten gewesen, hatte
ein Pseudonym gewählt. Seine Persönlichkeit ist bis heute umstritten.
Zweifellos gehörte er zu jenen Schlauen, die der Proklamation des englischen Königs vom 5. September 1717 folgten, darin so umständlich
wie köstlich Folgendes zu lesen steht — ebenfalls in der Meierschen
Übertragung:

„Nachdem Wir berichtet worden, daß verschiedene Unterthanen von
Groß-Brittannien seit dem 24. Junii des Jahres 1715 allerhand Seerauber-
reyen und Plünderungen in denen West-Indischen Meeren und der Gegend unserer Plantagien begangen, welche denen Kaufleuten von Groß-
Brittannien und anderen Handels-Leuten dieser Gegend großen Schaden
gethan, ohngeachtet der von uns gegebenen Ordres, um eine genugsame
Macht zu Vertreibung dieser See-Räuber aufzubringen: So haben Wir,
um mit größerm Nachdruck hierinnen zum Ende zu kommen, mit Gut-
befinden unseres Geheimten Raths dienlich erachtet, diese unsere Königliche Proclamation zu publicieren. Versprechen also und erklären hiemit,
daß alle und jede Seeräuber, welche bis zum 5. September 1718 sich vor
einen unser Secretairen von Groß-Brittannien oder Irland oder einem
Gouverneur oder Unter-Gouverneur einiger unserer Plantagien jenseits
des Meeres unterwerfen, unsers gnädigstens Pardons aller derer Meer-
Raubereyen genießen sollen.

Wir injungieren und befehlen also auf das allernachdrücklichste allen
unsern Admirals, Capitans und anderen See-Officiers, wie auch allen
unsern Gouverneurs und Commandanten der Festungen, Schlösser und
anderer Plätze in unsern Plantagien und allen andern sowol Civil- als
Militär-Bedienten, sich aller See-Räuber zu bemächtigen, welche da sich
weigern oder verabsäumen, sich nach Inhalt dieses zu unterwerffen.

Wir declarieren im übrigen, daß alle diejenigen, welche einen oder
mehr dieser See-Räuber entdecken oder arrestieren, oder machen können,

daß man sie entdecke oder arrestiere, von Anfang des 16. Septembers 1718, also, daß sie der Justiz in die Hände geraten, um die Strafe ihrer Laster zu empfangen, zur Belohnung haben sollen, nämlich:

vor jeden Schiff-Commandanten
die Summa von   100.— Pfund Sterling,
vor jeden Quartermeister,
Segelmeister, Steuermann,
Zimmermann oder Kanonier   40.— Pfund Sterling,
vor jeden Unter-Officier   30.— Pfund Sterling,
und vor jeden Gemeinen   20.— Pfund Sterling
und so jemand von ihnen in Diensten ihrer Commandanten und Schiffe sich eines Commandanten bemächtigen oder machen kann, daß man denselben arrestiere,
soll derselbe von einem jeden   200.— Pfund Sterling
haben ...

    Gegeben zu Hampton Court den 5. September 1717
    im vierten Jahre Unserer Regierung
            Georgius I"

Man sieht, daß damals die Schiffszimmerleute und Kanoniere zu den Offizieren rechneten.

Um jene Zeit stand noch immer Captain Jennings in hohem Ansehen auf New Providence. Und mit ihm der vom einfachen Matrosen wegen unnatürlicher Körperkräfte zum Quartermeister und zum Kapitän aufgerückte Benjamin Hornigold, der eigentliche Vertreiber des „admiralischen Henkers" Walker, dem er mit furiosem Scheiterhaufen gedroht hatte, prahlend, alle Piraten genössen seinen persönlichen Schutz.

Jennings — vielleicht nie ganz ohne zarte Knüpfungen zu dem prüde gewordenen Jamaika, das ihm die Zuflucht mit bedauernd knirschendem Achselzucken hatte verweigern müssen — berief nach den drei Jahren unvergleichlicher Freibeuter-Demokratie eine Versammlung. Das königliche Dokument scheint von den Bermudas mit einem kleinen Segler, der als Beute allzu fliegenhaft war, direkt an ihn gerichtet worden zu sein. Vielleicht war er sowieso einer der wenigen, die richtig lesen und schreiben konnten. Jedenfalls sah er für sich die goldene Brücke. Aber indem er das Pamphlet verlas, ließ er keinen Zweifel über etwaige Schwierigkeiten. Denn unter den rund siebenhundert ruppigen Köpfen, die sich da auf dem schönen Strandplateau um ihn geschart — wo heute sich elegantere Figuren, wenn auch kaum malerischer, bewegen —, sah er manches Gesicht, dessen Träger unfähig sein würde, sich in geordnete Verhältnisse zurückzufügen. Er riet weder ab noch zu. Seine Aufgabe war nicht die eines Schulmeisters oder Büttels. Nur im Gefecht hatte er unumschränkte Befehlsgewalt. Doch genügte bei diesen durchsichtigen

Seelen, ein wenig das Pathos bei der Lesung zu steigern, so ein bißchen an die Grenze hin, wo der Hohn beginnt und der Argwohn geweckt wird. O nein, hier galt nicht seine, hier galt Volkes Stimme, und ihm war nur recht, daß sie wie üblich geteilt war. Die einen stimmten für mannhafte Verteidigung der Insel, die andern für Abzug auf eine andere — mit behördlicher Zusicherung —, die dritten für Befestigung mit Abwarten, ob der Pardon ernst gemeint sei, die vierten aber, an hundertfünfzig Mann mit Jennings an der Spitze, gingen unter Segel und unterwarfen sich dem Statthalter der Bermudainseln.

ERZENGEL ROGERS
Anno 1718

Seiner Britischen Majestät Kapitän Rogers kam unter dem Schutze zweier gutbestückter Fregatten auf dem Kauffahrtei-Segler *Delicia* gen Nassau, und es fand sich ein bereiter Lotse unter den Freibeutern, der ihm die Kriegsschiffe durch eine der beiden engen Durchfahrten in den Hafen brachte. An vierhundert Piraten ergaben sich dem Gnadenakt. Nur Charley Vane, der mit seiner Brigantine in der andern Durchfahrt lag, entkam, indem er ein eben erbeutetes Schiff als Kugelfang gegen die Geschosse der Fregatte *Rose* benutzte.

Er war einer von denen, die unter Jennings gedient, und er war dabeigewesen, als dieser das aufgefischte Silber der gescheiterten spanischen Galeonen an sich gebracht. Schon zwei Tage später fiel ihm eine Schaluppe aus Barbados zur Beute und bald danach ein mexikanischer Schmuggler mit einigem Geld, auch ein Segler namens *Johann und Elisabeth*. Er lief mit seinen Prisen eine abseitige unbewohnte Insel an, um sein Schiff — das im Gefecht gelitten — auszubessern. Ein erbeuteter Vorrat an Rum verschönte seiner Mannschaft den Aufenthalt, und Vane war kühn genug, dem neuen englischen Befehlshaber auf Providence einen Brief zukommen zu lassen mit der Drohung, er werde nicht ruhen, bis er ihn verjagt und die alte „Ordnung" auf New Providence wieder hergestellt habe.

Der neue Statthalter war in alles andere als in ein Paradies geraten. Er war als Zivilbeamter eingesetzt, und man hatte ihm von London nur ein paar pensionierte Berufssoldaten des Königlichen Invalidenhauses zu Chelsey mitgegeben. Die Fregatten, die ihn auf seinen neuen Posten begleitet, verzogen sich bald. Ihr Dienst wandte sich dem lukrativen Geschäft des Konvois zu, für den die Kaufleute Virginiens, Neu-Englands und New Yorks runde zwölf oder mehr Prozent des Frachtwertes zahlten. Auch war in den korrupten Zeiten nicht unüblich, daß Piratengruppen oder ihre Zwischenhändler, deren sich auch auf New Providence reichlich angesammelt, zum sicheren Transport ihrer Beutewaren in die Absatz-häfen sich britischer Kriegsschiffe bedienten.

So wenig etwa eine preußische Moral solch Unterfangen seitens der Kapitäne gutheißen wird, darf doch nicht vergessen werden, daß nur selten sehr vornehme Charakter robust genug waren, im brutalen Betrieb der Marine bis zu hohen Posten durchzuhalten, und daß zudem ihre amtliche Heuer gering war, so gering wie die der kolonialen Statthalter. Die Verlockung war allzu süß, sich auf gelegene Weise einen Zuschuß zu verschaffen. Ein ungenauer Zustand zwischen Krieg und Frieden und erlaubter und unerlaubter Kaperei begünstigte manche Schiebung inmitten der zu Westindien konkurrierenden Handelsinteressen Europas, daran nur die Schweiz, Schweden und Deutschland nicht teilhatten. Hinzu trat die nervöse Spannung des Klimas an der Wurzel des Golfstroms. Die mühsam errungenen Begriffe weißer Moral hielten hier nicht dicht. Hier galt das fiebernde Zugreifen um jeden Preis, das rasche Erraffen mit dem Gefühl im Untergrund, sich möglichst bald mit möglichstem Gewinn dem verderblichen Strudel zu entziehen.

Woodes Rogers hatte sich 1708/09 auf einer Weltumseglung als „Privateer", als amtlicher Kaperkapitän, bewährt — mit Dampier als Navigationsoffizier — und der britischen Krone spanische Werte in Höhe von achthunderttausend Pfund Sterling eingebracht. Man kann seine von ihm selber ausgezeichnet beschriebene Reise auch als Südsee-Expedition bezeichnen. Bemerkenswert daran ist ferner, daß auf jener Fahrt der „maroonte" Steuermann Alexander Selkirk von der „Robinsoninsel" erlöst wurde. Nun war Rogers selber auf eine Insel verdammt, die, schlimmer als unbewohnt, von entschlossenen Tagedieben wimmelte. Aber er wußte sie zu behandeln. Er schenkte ihnen allen ein Stück Land, obschon sie behaupteten, es gehöre ihnen längst. Er ließ ihnen alles an Beute, was sie bisher erplündert. Aber es war klar, sie warteten nur auf mehr, und sei es ein gestrandetes Schiff. Am meisten warteten sie auf Charley Vane, damit der den neuen und so ungemein rechtlich denkenden Mann zur Hölle jage.

Denn Rogers war wirklich eine Ausnahme. Es reizte ihn nicht, sich wie seine Vorgänger Governor Trott oder Webb am Handel mit Piraten-gut zu bereichern. Er war ein echter Gentleman, ein christliches Vorbild und ein so tapferer wie kluger Beamter. Sein freundlich gelassenes Gesicht — Hogarth hatte es inmitten der netten Familie gemalt — war auf der Weltumseglung durch eine spanische Musketenkugel, die den Oberkiefer getroffen, ins Unheimliche entstellt. Er mußte seine Worte sehr deutlich formen, um verstanden zu werden. Aber es wirkte um so besser. Durch die hingeworfene Bemerkung, er habe Wind davon, daß die Spanier die Bahamas neu überschlucken möchten, brachte er die unlustigen Siedler dazu, das zerfallene Fort kräftig zu befestigen, ohne daß ihnen aufging, wie sehr es zugleich eine Abwehr gegen ihresgleichen und ihren Genossen Vane sei. Und er stellte sie alle in königlichen Dienst, jedoch beließ er ihnen einen Hauch der demokratischen Behandlung, an die sie sich gewöhnt hatten. Den ungebärdigen Seeschäumer Hornigold setzte er mit Kapitänsrang ein und schickte ihn erfolgreich gegen frühere Raubbrüder, auch gegen solche „Begnadigte", die in das alte Gewerbe zurückfielen, sobald sie außer Sicht der Insel waren.

Rogers, „Captain-General and Governor-in-Chief", riskierte sogar, einige der Aufgegriffenen auf der Zinne des Forts hängen zu lassen. Und obwohl die Verurteilten angesichts ihrer früheren Spießgesellen hofften, sich im letzten Augenblick befreit zu sehen, rührte sich kein Finger. Rogers gewährte den Todeskandidaten volle dreiviertel Stunden unter dem Galgen, sich in letzten Gesprächen oder Gebeten zu ergehen. Der Gebete waren, den Dokumenten nach, weniger. Galgenhumor scheint unter Freibeutern Ehrensache gewesen zu sein, namentlich, wenn sie in Gemeinschaft gerichtet wurden. Einer der Verurteilten dämpfte sich die Todesfurcht, indem er die unterhalb des Schafotts gaffenden Mitschuldigen von einst als lahme und feige Hunde beschimpfte. Ein andrer bat um ein Glas Wein, da er immer gewünscht habe, betrunken zu sterben. Ein dritter streifte, schon den Strick am Genick, die Schuhe ab, um, wie er ausrief, denjenigen Lügen zu strafen, der ihm vormals prophezeit, er werde in den Schuhen sterben.

Alles in allem aber wäre selbst ein so wackerer britischer Pionier wie Rogers gescheitert und den Anschlägen erlegen, denen sich sogar einige seiner mitgebrachten Soldaten anschlossen, wären die Spanier mit französischer Unterstützung nicht tatsächlich in den Bahamas erschienen. Sie landeten mit eintausendsechshundert Mann auf New Providence, wurden aber von den ehemaligen Freibeutern in Waffenbrüderschaft mit den Militär-Pensionären zurückgeschlagen. Die Inselflur zwischen Florida und Kuba, die Bahamas, blieb von da an britischer Besitz. Heute ist der Hafen Nassau ein mondäner Badeort, dem die Erinnerung an die Zeit der Freibeuter propagandistisch weit mehr nützt als etwa das — so gut wie verschollene — Gedenken an deren braven Vertilger, der ohne Dank in London starb. Wenn auch die modernen Hotels den aus Treibholz zusammengestoppelten Hütten, Tavernen und Lustgelassen wenig gleichen, darin die Blackbeards, Vanes, Rackams und ihre Mannschaften verkehrten, fühlen sich die High-Life-Besucher hier besonders wohl, wenn sie zu den beliebten „Piratenbällen" in den wilden Kostümen der Vergangenheit erscheinen und sich schämig bemühen, einen Hauch Verworfenheit in ihr bürgerliches Gemüt zu zaubern.

Piratisch bunt sich zu maskieren,
ist mehr als biederes Gemogel;
aus halbverschämten Unmanieren
lugt still ein echter Galgenvogel.

Stede Bonnet hatte es in den europäischen Schlachten zum Major gebracht. Das setzte damals auch beim Landheer eine ungewöhnliche Härte der Konstitution voraus, nicht so hart allerdings wie bei der Marine. Man darf nicht vergessen, es war ein Militär, der als erster Verse Hölderlins gesammelt; auch verleiht Goethe in den *Wahlverwandtschaften* einem Major viel Verstand und Seele. Und wer nicht wird den prächtigen Major Tellheim Lessings lieben? Auch Stede Bonnet scheint ein empfindliches Gemüt gehabt zu haben, denn ihm wird nachgesagt, daß er um seiner Frau willen zum Piraten wurde. Er scheint aus romantischer Neigung mit ihr in die Kolonien gegangen zu sein und hatte eine Pflanzung auf Barbados erworben. Das Klima dort ist nicht für jeden günstig. Zarte Nerven leiden. Außerdem wird Missy Bonnet weniger gut ertragen haben, daß gerade Barbados sich zum Mittelpunkt des Sklavenhandels aufschwang. Viele Frauen dachten damals schon wie nachmals Harriet Beecher-Stowe.

Major Bonnet, schon in den Jahren der Mitte, wo die Gefährdung des Gleichgewichts nicht selten ist, war schon länger den Nörgeleien seiner Gattin mit Schwermut begegnet. Plötzlich entließ er seine Sklaven. Seine Nachbarn schlugen die Hände überm Kopf zusammen. Er ist wahnsinnig! sagten sie. Er war es vielleicht. Einige der Entlassenen, die ratlos dastanden oder von andern eingefangen wurden, fanden sich bei ihm ein, als er nun das Haus mied und in Bridgetown eine Schaluppe kaufte. Sie wurden seine erste Besatzung. Ob er ihretwegen das Boot *Vergeltung* benannte, ist nicht bekannt geworden.

Er wandte sich zur Küste Virginias, wo der beste Umsatzplatz für Negersklaven war. Hier schädigte er die Lieferer ab Frühjahr 1717. Und auch vor Neu-England war er erfolgreich darin, sich der Sklaventransporte zu bemächtigen. Vielleicht hat er in Pennsylvania viele befreite Sklaven an Land gesetzt, wo sie auf den Plantagen und in den Magazinen, schlecht bezahlt, aber immerhin als freie Arbeiter Beschäftigung finden konnten. Im August übernahm er auch vor Charleston zwei gute Frachten und begab sich dann zur Kalfaterung in eine Bucht des Piratenasyls Nord-Carolina. Von dort segelte er in die Bai von Honduras, wo alljährlich so etwas wie ein Herbst-Kongreß der Freibeuter stattfand. Hier schloß er sich an Kapitän Schwarzbart an. Womöglich hatten sie die gleichen politischen Ansichten; der eine gebildet, der andere roh, fanden sie in der Anziehungskraft der Gegensätze Gefallen aneinander. Zwar äußerte der Schwarzbart ironisch, so ein Gentleman solle doch, statt sich auf See zu schinden, es sich an Land leichter und vergnüglicher machen. Aber Bonnet hatte etwas hinter sich gelassen, das weder leicht noch vergnüglich gewesen. Er gab allerdings das Kommando über seine *Vergel-*

tung eine Weile ab an einen von Blackbeards Leuten und blieb so lange zu gegenseitiger Unterhaltung auf der — etwas größeren — *Rache der Königin Anna*, Schwarzbarts Flaggschiff.

Gemeinsam nahmen sie im Dezember die *Margaret* in Höhe der Krabben-Insel weit über dem Winde nahe St. Christophe und erleichterten sie um die Ladung Rinder und Schweine, nahmen auch alle Waffen, Bücher und Instrumente mit. Und auch den Matrosen Bibby, der sich ihnen freiwillig anschloß, beeindruckt von der humanen Weise, mit der so rasch Gewinn erzielt werden konnte.

Um diese Zeit wurde ihnen von der neuen Gnadenakte König Georgs I. erzählt. Aber sie niesten drauf. Griffen auch beinahe den neuen britischen Gouverneur der Kleinen Antillen, rauschten dann aber nach kurzem Besuch der alten Trutzfeste New Providence — es war Januar 1718 und Erzengel Rogers erst auf dem Anflug — ab gen Nord-Carolina, wo Bonnet, dort nicht fremd, es übernahm, seinen „Kollegen im Freimars" dem unzweifelhaften Wohlwollen des Statthalters Eden zu empfehlen. Doch später, bei der Beuteteilung in der Topsegel-Bucht, fand Bonnet den Charakter Schwarzbarts denn doch zu haarig, übernahm seine alte Slup und ließ sich in Bath Town durch Eden neue Papiere ausstellen, darin sein Schiff nunmehr *Royal James* hieß und er selber Kapitän Thomas. Die erste Umtaufe läßt vermuten, daß er statt des Hannoveraner Kurfürsten Georg lieber den letzten Stuartsprößling, den dritten Jakob, auf dem britischen Throne gesehen hätte. Die eigene Umbenennung in den Namen des apostolischen Zweiflers ist sichtlich auch nicht willkürlich gewählt. Er hatte Grund zu manchem Zweifel. Selbst daran, ob fünfzehn Mann in der Topsegel-Bucht durch Schwarzbart zu Recht ausgesetzt seien. Er segelte hin und nahm sie an Bord. Danach kreuzte er zwischen Philadelphia und den Bermudas, kehrte August 1718 mit zwei Beuteschiffen nach Nord-Carolina zurück und legte sich hinter Kap Hatteras in den Pamplico-Sund, um sein elend leckendes Fahrzeug aufzumöbeln, verholte aber bald in die Mündung des Kap-Fear-Flusses, die ihm geschützter dünken mochte.

Doch gerade hier wurde er von zwei Schaluppen überrascht. Es waren die *Henry* und die *Seenymphe*, die in Charleston von geschädigten Firmen mit privaten Mitteln für die Piratenbekämpfung ausgerüstet worden. Zwar versuchte Bonnet durchzubrechen, Wind und Ebbe nutzend, aber bei dem rasch ablaufenden Wasser geriet er wie seine Schergen auf Grund und hatte Zeit, sich fünf Stunden lang mit ihnen zu beharken. Daß dabei auf seiner Seite nur sieben Tote und fünf Verwundete, auf der anderen zusammen zehn und zwanzig zu beklagen waren, ist bei dem Munitionsverbrauch erstaunlich. Als die *Henry* mit der einsetzenden Flut flott kam und auf die *Royal James* zuhielt, setzte ihre Besatzung die weiße Flagge, obschon der Major tobte, er werde das Deck mit dem Hirn der Feiglinge sprenkeln und sie allesamt mit Sankt Barbara ins Firmament blasen. Sie nahmen ihn nicht mehr ernst. Und er machte auch nicht Ernst. Er ergab sich als Kapitän Thomas und wurde samt den dreißig, die ebenfalls Pardon erhofften, nach Charleston gebracht, allwo man ihn als Major Bonnet erkannte.

Man behandelte ihn vorerst anständig, immerhin war er gewesener Offizier. Aber er bestach die Wachen und floh mit seinem Steuermann Herriot. Alsbald wurde ein Kopfgeld von siebenhundert Pfund auf beide gesetzt. Zwei Neger, denen er vormals die Freiheit geschenkt, versuchten, die beiden Flüchtlinge auf einer kleinen Insel in Sicherheit zu bringen. Aber das Boot wurde von den Verfolgern erspäht und beschossen. Dabei fand Steuermann Herriot den Tod. Er war gut daran. Die beiden Schwarzen wurden verwundet und später zu Tode geprügelt. Major Bonnet ergab sich zum zweiten Male. Diesmal zögerte man zu Charleston nicht. Der Richter verbreitete sich des längeren über den Begriff Seeräuberei, der noch nicht jedermann klar zu sein schien. Er erklärte, das Meer sei von Gott zum Nutzen des Menschen erschaffen, darum dürfe auch auf dem Wasser von Herrschaft und Eigentum gesprochen werden, und in besonderer Weise habe der König von England Anspruch auf beides und schütze also durch Gesetz Handel und Schiffahrt.

Die Menschheit war offenbar bemüht, die schwanken Ansichten über Piraterie mit deren Einordnung in die Kolumne der Verbrechen zu festigen. Erst ein Jahr später übrigens berief sich — daheim in Old England — die Behörde zu Hampton Court sogar auf Cicero in ihrem Erlaß und erklärte, der Pirat sei ein Feind der Menschheit, dem man weder Schwur noch Wort zu halten brauche, den man sogar, auf frischer Tat zur See ertappt, ohne langes Gericht und Urteil am Mastbaum aufknüpfen dürfe.

Zu Charleston wurde eine Jury aus den angesehensten der Bürger gebildet, und da viele von ihnen durch Freibeuterei geschädigt worden waren, konnte das Urteil nicht fraglich sein. Der Richter bat Gott um Verzeihung, dann verkündete er nach einer nochmals ausführlichen moralischen Rede, daß die dreißig Piraten und ihr Kapitän am Halse aufgehängt werden sollten, bis sie tot, tot, tot seien. Der Herr möge ihrer Seele gnädig sein.

Major Bonnet sank nach diesem Spruch in Ohnmacht. Darüber waren viele der Damen, die im Zuschauerraum saßen, gerührt, begaben sich zum Gouverneur und baten um das Leben des Mannes. Vergebens. Das zeitgenössische Kupfer (abgebildet gegenüber Seite 288 dieses Buches), das die Hinrichtung höchst anschaulich darstellt, weist ihn allerdings als eine vornehmere Erscheinung als etwa die seines gewesenen Freundes Schwarzbart aus. Man sieht darauf, wie ihn der pomponbemützte Henker mit geschäftiger Miene vom Schinderkarren stößt, der zu Charleston noch das bewegliche Podium oder die Fallklappe fortgeschrittener Galgenkonstruktionen ersetzte. Unbewegt halten ringsum die Wachen in ihren Dreispitzhüten. Eine Frau wendet sich entsetzt ab. Ein breiter Bürger erläutert einem Jungen den Vorgang mit warnendem: So geht's den

Tunichtguten. Ein Hund schlappt unbeteiligt aus einer Pfütze. Lächelnd blickt der Pfarrer sich nach dem in Hemd und Hose schwungvoll dem Strick überlieferten Sünder um, diesem Wirrkopf, dem gewiß neumodische Ansichten über Gott, Tugend, Unsterblichkeit, Toleranz und Selbstbestimmung nicht mit den salbungsvollsten Ermahnungen selbst vor dem letzten Sekündlein hatten ausgeredet werden können. Jetzt zappelt er und hängt, in den gebundenen verkrampften Händen, seinem letzten und gewährten Wunsche gemäß, statt des Kruzifixes ein paar herbstliche Feldblumen.

> *Für manchen Sonderling,*
> *der am Galgen hing,*
> *hätt sein Weib hängen sollen,*
> *das ihn zu wenig hat küssen wollen.*

SCHWARZBART
† 1719

Ähnlich wie Käptn Kidd ist der Pirat Edward Teach — auch Tatch oder Drumond genannt — zu Unrecht als eine besondere Ausgeburt der Freibeuterei bekannt geworden. Er ist unter den Seeräubern das, was Sudermann unter den Schriftstellern. Der Bart förderte seinen Ruhm. Ein Bart, den Johnson als höchst malerisch beschreibt: Er war schwarz, von außerordentlicher Länge und Breite und reichte ihm oben bis unter die Augen. Er pflegte ihn mit Bändern zu durchflechten, in kleine Schwänze zu drehen, wie bei den Zopfperücken, und hängte sie sich über die Ohren.

Dieser gepflegte Fußsack verschaffte ihm den Namen Blackbeard — Schwarzbart. Johnson fügt auch gleich eine passende Beschreibung der übrigen Erscheinung hinzu: Während des Gefechts trug er ein Bandelier über den Schultern mit drei Paar Pistolen in Halftern und befestigte brennende Lunten unter seinem Hut, welche, an jeder Seite seines Gesichtes herabbaumelnd, zumal da seine Augen schon von Natur wild funkelten, insgesamt ihm ein solches Aussehen verliehen, daß keine Einbildungskraft sich einen höllischen Teufel ausmalen könnte, dessen Anblick schrecklicher gewesen wäre.

Eine solche Schilderung bleibt im Gedächtnis. Sie entspricht dem handfesten Auftreten, das man bürgerlicherseits von einem Piraten erwarten darf. Und wenn auch seine Raubtaten ein wenig enttäuschen, weil niemals, selbst in der endlichen Gerichtsverhandlung nicht, Mord, Totschlag, Tortur und Vergewaltigung ihm nachgesagt werden konnten, so ist sein Ende immerhin ganz so, wie man es bei einem zünftigen Freibeuter — sofern man ihn als Helden sehen möchte — sich lieber vorstellt als den trüben Gang zum Galgen.

Schwarzbarts Herkunft ist dunkel wie die der meisten Piraten. Die Historiker schwanken in der Annahme zwischen Bristol, Carolina und Jamaika. In den Berichten der Admiralität — als der Seepolizei — erscheint er Ende 1716. Damals segelte er unter Hornigold mit der Basis New Providence. Anfang 1717 erbeutete er ein eigenes Schiff, einen französischen Guineasegler mit vierzig Kanonen. Er ließ den alten Namen überpinseln und ihn englisch und patriotisch durch *Queen Ann's Revenge*, Königin Annas Rache, ersetzen.

Rache, der alte treuherzige betrügerische Ansporn für jede Schandtat. Zur Zeit war gar nichts zu rächen. Es herrschte Friede so ziemlich auf allen Meeren. Und die hübsche dicke Königin Anna war seit drei Jahren tot. Wollte Schwarzbart rächen, daß nun statt der Tories wieder die Whigs am Ruder saßen und sich auch in den Staaten breitmachten, die Großkrämer und Plantagenbullen, die einen Hannoveraner auf den englischen Thron gebracht, der kein Wort Englisch konnte und britisches Volksvermögen an deutsche Mätressen verstreute? Edward Teach fühlte sich sichtlich den Tories gewogen, deren Ahnen immerhin so etwas wie Freibeuter und Bandenführer gewesen waren, obschon sie wohl gerade deswegen sich im Falle Käptn Kidd so empfindlich gezeigt hatten. Und welche Vergangenheit hätte je der Rache genug gefrönt? Schwarzbart rächte weiter, allerdings ohne Ansehen der Nation. Er hatte vielleicht recht. Schuldig waren sie alle, zumindest des Blutvergießens, das er, solange es ging, vermied.

Er enterte viele Schiffe, ohne jeden Kampf. Sein Aussehen, sein Ungeheuer von Bart und bald das Gerücht des Höllischen, das ihm vorauslief, legten jeden Widerstand lahm. Nach einigen Monaten hatte er eine kleine Flotte zusammen und siedelte damit von der Insel New Providence nach Nord-Carolina über. Das hatte geschäftliche Gründe. Er konnte dort anstatt an den Zwischenhandel direkt an die Kolonistenfirmen verkaufen. Und billiger. Die Provisionen, auch die der Mittelsmänner an die das Festland versorgenden Schmuggler, fielen weg. Major Bonnet führte ihn angemessen ein.

Nord-Carolina war im Vergleich zu dem in Baumwolle erblühten Süd-Carolina noch ein wenig unterentwickelt. Es hatte bislang keinen rechten Export wie Virginia und andere der Staaten, die deshalb der ehrbaren Kauffahrteischiffahrt den Vorzug gaben. Was konnten Piraten schon bringen? Das Mohrengold war längst durch Marinepatrouillen verriegelt. Zucker, Tabak? Das baute man selber, und fehlenden Kleinkram beschaffte der schmugglerische Freihandel. Nord-Carolina jedoch übernahm noch gern billige Frachten aller Art. Der Statthalter dort und sein Sekretär hatten ein Herz für das bedürftige Land und für die Piraten, ohne selbstredend sich selber zu vergessen. Und die nordcarolinische Küste bot treffliche Schlupfhäfen.

Um jene Zeit wurde zu Süd-Carolina Charleston, eben erst gegründet, der größte Hafen und Umschlagplatz der Gegend. Hier residierte die Aristokratie der Baumwollbörse, die Pflanzer, die Hunderten schwarzer Sklaven geboten; hier rollte das Geld. Auf der Kimm aber lauerten die Piratensegel und stießen in den unablässigen Schwarm der Frachter. Hier auch lag Blackbeard ein paar Wochen, damals noch zusammen mit Bonnet. Er raffte zehn Schiffe weg, entleerte sie ihrer Ladung, entließ die Mannschaften zur Küste und verbrannte die Fahrzeuge. Bis auf das zehnte. Es war für England bestimmt. Neben Baumwolle waren sechstausend Golddollar an Bord und einige Fahrgäste von Rang und Reichtum. Darunter auch Mister Wragg, einer der angesehensten unter den Charlestoner Bürgern.

Die Piraten waren zwar vor Blessuren in Kampf und Getümmel bewahrt geblieben, doch auf den Gefilden der Liebe, in den Hinterhalten der Willfährigkeit, wie sie auf New Providence und andernorts zum Treffen luden, war es nicht ohne Andenken abgegangen. Noch immer rächte sich die Indianerseuche, die Lues, über die Jahrhunderte hin an der weißen Invasion und wurde weitergereicht durch die Priesterinnen der Venus aller Hautschattierungen. Zudem mangelte es an Medikamenten. Blackbeards Schiffsarzt stellte eine gehörige Liste auf, so für runde vierhundert Pfund Sterling, und dann wurde ein ebenfalls reputabler Passagier mit zwei Piraten an Land geschickt, dem Gouverneur die Wünsche zu überreichen mit der Bemerkung, der Schwarzbart werde, falls die Sachen nicht überkämen, die Gefangenen töten, Samuel Wragg nicht ausgenommen, und die Köpfe dem Gouverneur schicken und zudem näher kommen und alle Schiffe an den Kais verbrennen und ihn bei den Ohren nehmen.

Der Statthalter berief eine Sitzung ein. Man wollte nicht und entschloß sich doch, da kein rettendes Kriegsschiff sich sehen ließ. Der Fahrgast wartete im Vorzimmer, die beiden Piraten aber, die ihn begleitet, bummelten frech in der Stadt umher. Und wirklich, sie kriegten die Medikamente und packten sie ins Boot und waren keck genug, als sie im Brandungsschwall kenterten, nochmals an Land zu klimmen und den Morgen abzuwarten. Es geschah ihnen nichts. Die Medizinkisten hatten sie gerettet.

Als sie an Bord kamen, war zwar das von Schwarzbart gestellte Ultimatum abgelaufen. Aber er hatte niemandem ein Haar gekrümmt, ließ das erleichterte Schiff nebst Besatzung und Fahrgästen laufen und segelte mit seiner Flotte von dannen.

Ihm scheint danach vorgeschwebt zu haben, sich etwas abzusetzen. Er wandte sich zurück gen Nord-Carolina. In der Topsegel-Bucht geriet sein Admiralsschiff — immer noch die *Queen Ann's Revenge* — auf Grund, wohl nicht ohne Absicht. Er teilte die Beute. Es gab Streit. Fünfzehn Leute wurden verurteilt, marooned zu werden, das heißt, sie wurden auf einer verlassenen Insel ausgesetzt. Die übrigen Gruppen trennten sich. Es waren nahezu vierhundert Mann gewesen. Mit Schwarzbart gingen nur vierzig. Und er brachte nach wie vor seine Beute nach Nord-Carolina, versteigerte geraubte Negersklaven öffentlich im damaligen Handelszentrum Bath und lieferte dies und das an bereite Abnehmer. Trieb augenscheinlich auch Geschäfte mit St. Thomas, dem dänischen Hafen der Jungferninseln, wo man ebenfalls weitherzig dachte. Eines Tages landete er in Bath mit einem französischen Frachter voll Zucker und Kakao. Um das Gemüt des Statthalters Charles Eden nicht zu belasten, schwor er, er habe das Schiff gottverlassen auf hoher See angetroffen und berechtigterweise aufgelesen. Der Form halber wurde eine amtliche Konferenz abgehalten und das solide Schiff feierlich als echtes Wrack erklärt. Da aber die Eigentümer womöglich nachforschen würden, tat der hohe Beamte ein übriges. Er unterschrieb eine Erlaubnis, das Schiff zu verbrennen, weil es leck sei und bei etwaigem Sinken das Fahrwasser blockiere. Als Erkenntlichkeit erhielt Eden sechzig, sein Sekretär zwanzig Zuckerhüte.

Teach hielt sich dann in Bath auf; er hatte ein vierzehnjähriges Mädchen geheiratet, angeblich seine vierzehnte Frau, und führte ein liederliches Leben, prahlte umher, fuhr über Land, lud sich mit seiner Horde bei den Farmern ungebeten zu Gast, aß kräftig, trank unmäßig deren Maisschnaps und hofierte alles, was ihm Weibliches in die Quere kam. Klagen über ihn wurden laut. Eden überhörte sie. Empörte Ehemänner wandten sich an den Gouverneur des Nachbarstaates Virginia, der strenger dachte als Eden. Und die Klagen der geschröpften Reeder und Kaufleute vereinten sich mit denen auch der Geistlichkeit.

Virginia hatte zwei Kriegsfregatten zur Verfügung. Und nach langen Erwägungen und nachdem Freiwillige der Marine erst durch Versprechungen hoher Kopfpreise sich gelockt fühlten, Jagd auf den Schwarzbart zu machen, wurden dort zwei Schaluppen gemietet und mit fünfzig Mann besetzt.

Teach hatte sich, wie man erspäht, in die Ocracoke-Bucht hinter Bath zurückgezogen und wollte dort, wie man hörte, ein „anderes Madagaskar" gründen. Seine kleine Brigantine führte neun Kanonen. Nur zwanzig Mann waren an Bord. So geheim die Vorbereitungen zu seiner Ergreifung gehalten waren, Edens Sekretär hatte Wind davon bekommen und den Schwarzbart gewarnt. Doch dieser tat nichts, um rechtzeitig zu entkommen. Er verhielt sich sogar noch abwartend, als die beiden Slups den Abend vor der Bucht erschienen und Anker warfen. Er soff die Nacht durch, und erst, als am andern Morgen die Angreifer — nur mit Musketen bewaffnet — bei geringem Wind näher kamen, aber nacheinander in dem seichten Wasser festgerieten, ging er segelauf, kappte seinen Anker und schwoite heran. Feuerte dann eine Breitseite auf die kleinere Slup und tötete deren Kommandanten und einige Leute. Hielt dann auf die größere Slup zu, die von Leutnant Robert Maynard befehligt wurde und die eben wieder flott kam. Mit Ladungen von Hackblei und mit Rumflaschen, die,

mit Pulver und Eisennägeln gefüllt, wenig angenehme Handgranaten abgaben, richtete er auch dort Verheerungen an. Maynard ließ im Qualm
der Explosionen seine Leute bis auf den Rudergänger und sich unter Deck
verschwinden. Er selber war unverwundet und blieb es fast bis zuletzt.
Damals, als die Offiziere noch vornweg fochten, entschied die Erhaltung
des Anführers oftmals den Sieg.

Als Schwarzbart nun das Marinedeck im abziehenden Dampf so nackt
sah, hob er eine zur Hand befindliche Buddel Gin triumphierend empor,
trank und befahl Enterung. „Die Schweine sind weggefegt! Gebt dem
Rest den Rest!" brüllte er.

Die Piraten sprangen über Seite auf die niedrigere Slup über. Aber auf
Maynards Pfiff brachen seine Wackeren aus der Luke hervor. Ein fürch-
terliches Handgemenge mit Säbeln, Messern und Pistolen begann. Teach
verknallte furios seine sämtlichen Schießeisen, aber der Gin war der Treff-
sicherheit nicht günstig. Maynard traf besser, doch der borstige Riese
wankte nicht. Der Seeleutnant rückte ihm auf den Pelz. Teach griff zum
Säbel. Die beiden hieben aufeinander los, Maynards Klinge aber zer-
knickte, der Stahl mochte nicht aus Sheffield stammen, und ein Finger
war ihm weggeschnippt. Er wäre dem Schwarzbart nun auch nicht entgangen, hätte nicht ein Mariner dem Berserker über den Hals gehauen,
der, obwohl aus fünfundzwanzig Wunden blutend, dennoch und als letzter unentwegt um sich schlug. Maynard vermochte das Pistol neu zu laden
und den Rasenden endlich niederzustrecken.

Zu guter Letzt sprang ein Neger auf das grausige Schlachtdeck und
winselte um Gnade. Er hatte von seinem Kapitän Auftrag gehabt, bei
schlechtem Ausgang des Kampfes die Pulverkammer zu allgemeiner
Himmelfahrt zu entzünden. So aber beklagte die Marine nur zehn Tote
und vierundzwanzig Versehrte, von denen mehrere allerdings den schweren Wunden noch erlagen. Die Piraten hatten neun Mann verloren, alle
übrigen waren verletzt. Sie kamen sämtlich an den Galgen, vermehrt um
einige, die sich in Bath herumgedrückt hatten und dort geschnappt wurden. Darunter war auch Blackbeards Segelmeister, Israel Hands, genannt
Basilica. Er wurde als einziger begnadigt. Denn er hatte den Schwarzbart
schon länger verlassen, nachdem der gelegentlich, betrunken und mut-
willig, die Pistolen bei gelöschter Lampe unterm Tisch in die Runde der
Zechkumpane gelöst, um zu erkunden, wer ein „Glücksschwein" sei oder
nicht. Basilica schien keins gewesen zu sein und war es nun doch. Wenn
man es Glück nennen will, mit einem steifen Knie später in London um-
herzubetteln und im Rinnstein zu sterben. Louis Stevenson erkor den
Hinkefuß zur Hauptfigur in dem Piratenroman *Treasure Island* und ließ
ihn also auferstehen.

Schwarzbarts struppiger Schädel, unter Triumphgeschrei vom Rumpfe
getrennt und an die Bugspritspitze von Maynards tapferer Slup gesteckt,
erschreckte Bath Town zum letzten Male und prangte danach auf einem

Pfahle noch eine Weile an Virginias Strand, eine dunstende Trophäe des Rechts, allen Seeleuten zur Warnung.

Den Amtswaltern, die nicht ohne Eigennutz dem Schwarzbart die Flagge gehalten, wurde nach langen, schon amerikanisch unverblümten Palavern ein durchaus reines Hemd bezeugt. Doch die Zuckerhüte und einiges mehr an auffindbarer Beute waren sie bei der Haussuchung durch die Marine losgeworden. Maynard scheint wegen Überschreitung seiner Befugnisse nachträglich Strafe gezahlt zu haben, so daß sein schwer errungenes Kopfgeld dabei draufging. Überdies wurde der Erlös aus dem von ihm eroberten Fahrzeug Blackbeards nach vier Jahren auf die beiden vollen Besatzungen der Kriegsschiffe verteilt, nicht etwa auf deren Freiwillige, die bei der Aktion beteiligt gewesen. Das scheint einige verdrossen zu haben. Sie desertierten und wurden Freibeuter.

Auch um den unheimlichen Bart des Kapitäns Teach funkelt der piratische Glanz vergrabenen Goldes. Johnson berichtet, in dem Gelage jener Nacht, als draußen schon die Vollstrecker lauerten, habe einer der Mitzecher den Schwarzbart gefragt, ob, falls irgend etwas in dem zu erwartenden Treffen passieren sollte, seine Frau wisse, wo er sein Geld verborgen habe. Und Teach habe geantwortet: Niemand als er selber und der Teufel wisse wo, und wer am längsten lebe, der würde das Ganze kriegen.

Einer seiner rechtzeitig nach Ostindien abgeschwenkten Kumpane, der Portugiese Silvestro, hat, um Angaben über den Ort zu machen, keine Genauigkeit gescheut: York River in Maryland, nahe der Mulberry-Insel, am oberen Rande der kleinen sandigen Bucht, wo man gut landen kann, dort wo die fünf Bäume stehen, dazwischen findet sich die Stelle, wo beträchtliche Summen Geldes in großen eisenbeschlagenen Kisten wohlversteckt liegen.

Man hat nachgeforscht und nichts gefunden. Silvestro war vielleicht doch nicht genau genug. Die Landhausbesitzer jener Gegend hoffen noch heute, daß womöglich in ihrem Garten ... Nirgends wird das Loch für einen neu zu pflanzenden Apfelbaum so sorgfältig tief gegraben wie am York-Fluß.

Nach dem Tode des Schwarzbarts ging die Piratenjagd entlang der nordamerikanischen Küste angeregt weiter. Denn die ausgesetzten Kopfgelder waren verlockend. In wenigen Monaten wurden über hundert der Seeschnapper bei den Streifen getötet oder nachdem gehenkt. Nord-Carolina war von da an kein gesuchter Ankerplatz mehr für Freibeuter, zumal dort ständig ein schwerbestücktes Wachtschiff kreuzte und eines auch vorm Hafen Charleston.

KAPITÄN SNELGRAVES ABENTEUER
Anno 1719

Dieses berichtet Kapitän William Snelgrave: „Segelte die *Bird Galley* mit Fracht von Holland und erreichte den Gambia-Fluß 1. April 1719. Ankerte in der Mündung. Es war sieben Uhr abends. Eine Stunde später, ich saß beim Abendbrot, wurden mir Geräusche eines Bootes gemeldet. Dachte gleich an Piraten. Beorderte meinen ersten Steuermann Simon Jones, im Mitteldeck alles bereitzumachen, mir auch zwanzig Mann mit Feuerwaffen und Seemessern aufs Quarterdeck zu schicken.

Es war zu dunkel, um zu erkennen, was die lauter werdenden Ruderschläge bedeuten mochten. Unser Anruf wurde ausweichend beantwortet, und dann folgte eine Salve Pistolenschüsse. Somit befahl ich meinem Ersten laut, auf das Boot feuern zu lassen. Aber es erfolgte nichts. Auch waren die beorderten Leute nicht aufs Quarterdeck gekommen. Ich war äußerst überrascht und noch mehr, als ein anderer Offizier kam und meldete, die Leute weigerten sich, Waffen zu gebrauchen. Daraufhin ging ich ins Mitteldeck und sah, wie dort unschlüssig einer auf den andern blickte. Ich fuhr sie an, warum sie nicht gehorcht hätten, und nannte einige der aufgewecktesten mit Namen, sagte, welch unerhörte Schande vor aller Welt es wäre, von einem Boot überrumpelt zu werden. Worauf sie sagten, sie hätten die Waffen wohl zur Hand genommen, aber der Kasten, worin sie aufbewahrt wurden, sei nicht zu finden.

Inzwischen war das Boot längsseits, und ohne jeden Widerstand kamen die Piraten alsbald an Bord und aufs Quarterdeck und knallten von dort verschiedentlich ins Mitteldeck; sie trafen dabei einen Matrosen in die Nieren, woran er bald darauf starb. Auch warfen sie Handgranaten zwischen uns; ein Wunder, daß nicht mehrere von uns dadurch und durch die Schießerei getötet wurden.

Schließlich bedachten sich einige unserer Leute, um Pardon zu ersuchen. Die Piraten gewährten diesen, und ihr Quartermeister kam ins Mitteldeck und fragte, wo der Kapitän sei. Bis jetzt war ich es, sagte ich ihm. Daraufhin fragte er mich, wie ich hätte wagen dürfen, Befehl zu geben, auf ihr Boot zu feuern; sie hätten es mich mehrmals wiederholen hören. Ich antwortete, es sei doch wohl meine Pflicht, mein Schiff zu verteidigen. Daraufhin setzte er mir eine Pistole auf die Brust, und ich hatte grad noch Zeit zu parieren, bevor der Schuß losging, so daß die Kugel mir zwischen Seite und Arm hindurchfuhr. Als der Schurke sah, daß er mich nicht erledigt, drehte er die Pistole um und schlug mir den Kolben so heftig über den Schädel, daß ich halb betäubt in die Knie sackte; mich aber flugs ermannend, sprang ich auf und zum Quarterdeck hinauf. Dort stand der Bootsmann der Piraten, ein blutgieriger Schuft. Mit seinem Breitsäbel zielte er einen vollen Hieb nach meinem Kopf, ich duckte mich aber so tief, daß der Schlag in die Reling fuhr und die Plempe zerbrach. Somit wurde ich davor bewahrt, in Stücke gehauen zu werden. Und ehe er mich mit seinem Pistolenschaft bearbeiten konnte, legten sich einige von meiner Besatzung ins Mittel: ,Bringt nicht unseren Kapitän um, wir sind nie mit einem besseren Mann gefahren!' Worauf sich seine Wut und die zweier anderer Piraten gegen diese Leute wandte und sie grausam und erbarmungslos auf sie losdroschen. Jedoch erlitt keiner ernsthafte Verletzungen.

Das alles spielte sich in wenigen Minuten ab, und dann kam der Quartermeister herauf und ordnete an, die Hände unserer Leute zu binden. Sagte mir dann, falls keiner von meiner Mannschaft sich über mich beklagen werde, könne ich meines Lebens versichert bleiben. Er nahm mir dann meine Uhr ab und veranlaßte, da mein Arm stark blutete, einen Verband um meine Wunde. Bald darauf brachte mich das Boot zu dem Piratenschiff, der *Rising Sun* (Aufgehende Sonne). Und man half mir, hinaufzukommen, da mein Arm behindert war. Ich war sehr niedergeschlagen, so überrannt worden zu sein. Im Räuberboot hatten nur zwölf Mann gesessen, wir aber hatten fünfundvierzig und dazu sechzehn Kanonen. Allein der Verrat des Ersten Steuermanns Simon Jones hatte uns in die Patsche gebracht. Er hatte den Kasten mit den Gewehren und Seemessern versteckt und keinen herangelassen. Die Piraten sagten mir aber überdies, sie bauten stets auf das gleiche Glück, sie hätten noch nie Widerstand erlebt, weil die Leute im allgemeinen froh seien, endlich Gelegenheit zu finden, sich ihnen anzuschließen. Leider ist das nur allzu wahr.

Es lagen damals zudem drei Piratenschiffe vor Gambia; die Kapitäne der anderen beiden waren Howell Davis und La Bouche. Der von der *Rising Sun* hieß Cocklyn. Er war leider der übelste von den dreien. Seine Mannschaft hatte ihn wegen seiner Brutalität und Rücksichtslosigkeit gewählt, nachdem sein Vorgänger namens Moody ihnen zu aalglatt gewesen und sie bei der Beuteverteilung beschissen hatte.

Cocklyn ließ mich zu sich aufs Quarterdeck kommen und eröffnete mir: ,Bedaure, Sie so schlecht behandelt zu finden, aber das ist sogenanntes Kriegsglück. Ich erwarte genaue Auskunft auf alle meine Fragen, andernfalls laß ich Sie in Stücke hacken.' Und er fragte nach Herkunft, Fracht und Reiseziel. Was sollte ich machen, ich gab Antwort der Wahrheit gemäß. Und er war des zufrieden. Es erschien dann ein klobiger Mensch mit vier Pistolen im Gürtel und den Säbel in der Faust und stellte sich als ein alter Schulkamerad vor; er sei aber nur ,gezwungen' dabei. Er führte mich in die große Kabine, wo aber keinerlei Inventar war, weil sie immer klar Schiff zum Gefecht hätten; somit wurde ein Teppich auf den Boden gebreitet, und wir setzten uns mit gekreuzten Beinen zum Punsch. Kapitän Cocklyn trank auf meine Gesundheit, und ich solle nicht mißgestimmt sein über mein Pech. Einer von der Bootsmannschaft habe ihm berichtet, daß meine Leute gut von mir gesprochen, und wenn ich wollte, wäre Chance genug da, einen Mann aus mir zu machen.

Die Nacht blieb der genannte Schulkamerad, er hieß Griffin, bei mir; denn die Piraten hatten auf meinem Schiff allerlei Trinkbares gefunden, und er fürchtete für meine Sicherheit, sorgte auch für eine Hängematte, indes sonst keinem zustand, solche zu benutzen, und jedermann rauh auf den Planken schlief, auch der Kapitän. Mitternacht kam tatsächlich jemand herein, es war der Bootsmann, schwer betrunken, und er bedrohte mich mit dem Seemesser. Und obwohl Griffin ihm riet, Abstand zu wahren, drang der blutdürstige Schweinehund auf mich ein, mich zu erledigen. Griffin versetzte ihm eins, aber es traf ihn nicht recht; er lief weg, und so lag ich ungestört bis zum Morgengrauen. Da denn beschwerte sich Griffin beim Quartiermeister über den Burschen, weil der die unter ihnen eigens aufgestellte Regel verletzt, daß nach gegebenem Pardon kein Gefangener noch übel behandelt werden dürfe. Und er wäre ausgepeitscht worden, trotz seiner Beliebtheit bei einigen, hätte ich nicht für ihn gesprochen, es sei sicher nur im Rauschzustand geschehen. So kam er mit einer strikten Verwarnung davon.

Dann traf ich Simon Jones, meinen Ersten, dem wir's zu verdanken hatten. Er sagte mir, seine häuslichen Verhältnisse seien nicht die besten, vor allem, weil er mit seiner Frau schlecht stehe; aus dem Grunde habe er sich für die Piraten entschlossen, auch schon die Artikel unterschrieben. Ich sagte ihm, was ich von solchem verzweifelten Schritt halte. Aber schließlich mußte er wissen, was ihm gemäß war. Gerechterweise muß ich sagen, er hat sich im übrigen nicht respektlos gegen mich benommen, und auch die andern zehn, die gleich ihm beitraten, blieben mir anständig gesonnen. Nach einigen Tagen schon bereuten sie ihre Einwilligung und wollten mich bewegen, in der Sache zu vermitteln, damit sie wieder klar-kämen. Auf direktes Rücktrittsgesuch stand nämlich Todesstrafe. Aber es schien mir doch ein zu heikles Unterfangen, und so mußte ich ablehnen.

Die Piraten kamen überein, ihre *Rising Sun* zu verlassen und auf meine *Bird Galley* überzuwechseln, und sie warfen Ballen der Fracht über Bord und vernichteten leichtsinnig Werte von drei- bis viertausend Pfund Sterling. Ich mußte dazu schweigen. Griffin warnte mich, es seien da noch eine Anzahl Kerle, die mir wegen meines Feuerbefehls grollten.

Unter den Händlern der Küste, die von der Beute erfahren und zur Besichtigung kamen, war auch ein Kapitän Glynn, ein alter Freund von mir. Der hatte bei seiner ersten Landung hier ebenfalls durch die Piraten zu leiden gehabt, sich dann aber bei ihnen durch seine Rechtlichkeit in ziemlichen Respekt gesetzt. Er nahm zum Beispiel niemals persönliche Geschenke von ihnen. Er wurde später Direktor der Königlich Afrikani-schen Kompanie zu Gambia. Sein verbindliches Auftreten sicherte ihm die Achtung aller; selbst die Piraten taten, was er wünschte. Durch ihn er-reichte ich, daß Howell Davis sich für mich verwandte."

Howell Davis war Sohn eines begüterten Reeders und hatte in Oxford den ersten Grad juristischer Gelehrsamkeit erreicht. Doch voller unnützer Einfälle, hatte er nach studentischer Hochfeier einen Polizisten entwaffnet, gebunden und geknebelt und vor die Tür des Magistrats gebettet. Danach mußte es klüger für ihn sein, zur See zu gehn. Als Steuermann unter Kapitän Skinner aus Bristol war er vor der Goldküste dem Piraten Edward England in die Fänge geraten. Skinner war im Gefecht gefallen. Pirat England gab das nur leicht geplünderte Schiff, die *Cadogan*, an Davis und riet ihm, die Ladung, wie vorgesehen, auf Barbados und in Brasilien abzuliefern und dann in Frieden zu leben.

Auf Barbados zeigte einer von der Besatzung den neuen Kapitän an, er habe sie überreden wollen, mit dem Piraten Mister England zu gehen und dessen Gewerbe aufzunehmen. Obschon Davis nichts Derartiges nachzuweisen war, wurde er ein paar Monate eingesperrt und verlor sein Schiff. Mittellos und zu Unrecht abgestempelt, schloß er sich einem Segler an, mit dem die Behörde und Kaufmannschaft, die so rigoros mit ihm verfahren, höchst günstige Geschäfte abwickelte. Es gehörte dem Piraten Jean Tise — der später von seinen eigenen Leuten erstochen wurde. Mit ihm gelangte Howell nach New Providence, eben bevor Rogers kam. Er unterwarf sich und wurde Kapitän eines jener beiden Fahrzeuge, die Statthalter Rogers zur Beschaffung von Lebensmitteln aussandte. Bei einer Meuterei schieden sich die Geister. Das eine Schiff wurde denen eingeräumt, die zur „Freiheit" zurückzukehren wünschten, das andere denen überlassen, die dem „Staatsknecht" Rogers dienen wollten. Dieses war nicht das Schiff Howells.

In der verschwiegenen Bucht Coxon Hole an der Ostküste Kubas — wo John Rackam eine Plantage besaß — verproviantierte Davis sich. Dann lauste er sich an Haiti entlang, fand aber bald geraten, den Kurs in den Atlantik zu legen. Auf der Insel Sao Nicolao von den Kapverden verteilte er die Beute. Die portugiesischen Wirte und einige Frauen zeigten sich geneigt, einen Teil davon zu übernehmen. Man blieb ein paar Wochen. Howell Davis dachte schon fast wie sein Segelmaat Franklin. Der nämlich verliebte sich hier und heiratete und zog vor, gleich vier anderen, in dem milden Klima zu siedeln und Purgiernüsse für das verstopfte Europa zu züchten.

Um nicht noch mehr Leute einzubüßen, segelte Davis weiter, vertauschte nach manchen glücklichen Prisen sein leckes Fahrzeug mit der schönen *King James* und wandte sich dann zur afrikanischen Küste nach Gambia. Er hatte schon in Bristol gehört, daß dort Gold zu holen sei, aufgestapelt in der Festung des Regierungsvertreters. Getarnt als vornehme Kaufleute, vermochten er und sein zweiter Offizier und der

Schiffsarzt, beide gleich ihm höchst unerschrockene Typen, bei Imbiß und Umtrunk inmitten der gut besetzten Garnison den Statthalter zur Übergabe zu überreden. Doch erwies sich die Beute nicht als der Erwartung entsprechend; außer baren zweitausend Pfund Sterling und einigen silbernen Bestecken waren es lediglich drei Gemälde, für die aber nur der Kapitän und der Doktor Meinung hatten.

Die Stimmung seiner hundertfünfzig Mann sank auf Null, so sehr sie ihren Kapitän sonst schätzten. Doch hielten sie wieder zusammen, als ein anderer Pirat auftauchte und verärgert, aber auch bewundernd von der Heldentat Kenntnis nahm. Es war der Franzose Olivier la Bouche. Und noch ein dritter rauschte unter schwarzer Flagge herzu, der Scharfzahn Cocklyn.

Zu dritt kämmten sie einige Wochen die Sklavenhändler jener Gefilde durch, die mit allerlei Brauchbarem aus den europäischen Kanalhäfen kamen, Eisen und Kattun, Messingdraht und Schnaps gegen schwarzes und weißes Elfenbein einhandelten und gen Amerika damit weiterreisten. Den arabischen Großhändlern, die bis an die Küste ihr unbarmherziges Netz gelegt, konnte man die Frachten mehrere Male verkaufen. Es war ein herrliches Bumeranggeschäft. Oft kam man zu dritt zusammen, den Erlös zu feiern. Leider geriet man einmal in vorgerückter Stunde über die Anteile an Ruhm und Materie einander in die Haare. La Bouche griff hitzig zu einer der Eisenstangen, die Davis ihm knapp zuvor geschenkt. Doch Cocklyn schlug ihm eine Flasche ins Genick, und man lag einander wieder in den Armen, ewige Treue schwörend. Andern Morgens trennte man sich nüchtern.

Davis blieb allein in dem Gebiet, darin er schon vor den anderen geräubert. Er war seinen abgeschwenkten Kumpanen an Geist, Menschlichkeit und Wortgewandtheit überlegen. Ein unbestechliches Zeugnis über ihn findet sich in den Aufzeichnungen des Kapitäns Snelgrave, dessen Segler — wie vordem berichtet — Cocklyn geentert. Davis sagte vor versammelter Mannschaft: Er schäme sich über ihr Verhalten. Sie sollten sich erinnern, daß sie Piraten geworden seien, um sich an blutsaugerischen Kaufleuten und grausamen Schiffsführern zu rächen. Snelgrave aber sei allgemein bei seinen Leuten beliebt. Und daß er sich habe wehren wollen, nun, wenn er, Davis, sein Schiff genommen, hätte er ihn nur doppelt deswegen geschätzt . . .

Davis sorgte auch dafür, daß der tapfere Kapitän ein anderes Beuteschiff zur Heimfahrt und auch einen Teil seiner Sachen und der geplünderten Fracht zurückerhielt.

Als Howell Davis Ende 1719 den Trick, eine portugiesische Festung zu erobern, wiederholen wollte, geriet er in eine Falle. Zum Dinner eingeladen, wurden seine Begleiter und er hinterrücks durch eine Gewehrsalve niedergestreckt. Und sie hatten doch den Kommandanten nur ein wenig an Bord nehmen wollen, um dann ein Lösegeld zu erpressen.

Nur einem der angeblichen Lords gelang es zu entkommen. Es war Bartholomew Roberts.

> *Wer fragt nach Anstand und Gemüt,*
> *wenn ihm sein Gut gestohlen?*
> *Nur was in fremden Gärten blüht,*
> *soll gern der Teufel holen.*

DIE ADVOKATENTOCHTER ANNE BONNY
bis 1719

Die Begebenheiten um Anne Bonny könnten von Boccaccio erfunden sein, aber Kapitän Johnson in seiner Geschichte der amerikanischen Seeräuber betont, sie seien so wahr wie die Existenz von Pirat Blackbeard und Major Bonnet. An beiden ist nicht zu zweifeln. Warum also an Anne Bonnys Herkunft?

Ihr Vater war Rechtsanwalt in einer irischen Kleinstadt nahe Cork. Seine Gattin — aber das war, bevor die kleine Anne in Erscheinung trat — suchte wegen einer Unpäßlichkeit Erholung auf dem Lande. Das war schon damals ein beliebtes Gegengift gegen Rumor und Üppigkeit der Städte. Es war Mode geworden durch gewisse Hirtengedichte. Deren Verfasser, der Londoner Edmund Spenser, war Verwaltungssekretär in Irland gewesen und stand als solcher keineswegs in gutem Gedenken, ruhte aber schon hundert Jahre im Grabe. Seine Verse indes lebten. Sie erwiesen sich als geeignet, den erwachten Sinn für das Idyll stiller Landschaften mit Medizinischem zu paaren. Der Advokat nun zeigte sich einer noch älteren Hirtenpoesie geneigt, die noch freimütiger als Spenser, dem sie zum Vorbild gedient, das Natürliche und Liebreiche pries in jenem reizenden Paare, das als Daphnis und Chloë unsterblich ist. Eine lose Nachahmung solcher Anregung verlegte der sonst so strenge Sachwalter von Anstand und Ordnung in das von seiner Hausfrau entblößte Heim und verführte zu diesem Zwecke das dralle Dienstmädchen.

Auf dieses allerdings hatte längst ein Weißgerbergeselle Augenmerk und Begier gerichtet. Wie im Bänkelsängerliede der Schuster aus Treuenbrietzen hatte er eine etwas unbefangene Meinung betreffs Aufbesserung des eigenen schmalen Vermögens, nur daß er die silbernen Löffel bei einem Besuch im Advokatenhause selber nahm. Die Sabine dieses Falles bemerkte indes sofort das Fehlen der drei Suppenheber, und da niemand sonst in der Wohnung zugegen, stellte sie den Weißgerber zur Rede. Dieser leugnete. Sie drohte, ihn anzuzeigen. Man sieht, von tiefer Zärtlichkeit ist hier wenig zu melden. Der Lederwalker erwiderte gekränkt:

„Du wirst die albernen Dinger versust haben. Such nur fleißig, dann werden sie schon wieder antanzen!" Er tat auch, als suche er mit, schob aber heimlich die Löffel unters Bettlaken des Mädchens. Und entfernte sich.

Die Magd, ihrer schlimmen Vermutung gewiß, ging stracks zur Polizei. Diese notierte sich's und schickte einen Beamten. Der Weißgerber sah den Mann kommen und entfernte sich noch weiter, so daß der Konstabler die Sache erst einmal auf sich beruhen ließ.

Nach wenigen Tagen kam die Frau des Rechtsanwalts nach Haus, genesen und munter. Das erste, was sie vernahm, war die Betrübnis mit den gestohlenen Löffeln. Und da sie ihre Schwiegermutter mitgebracht, war die Aufregung nicht gering. Das Mädchen wurde nochmals zur Polizei geschickt, um zu erkunden, wie weit die Nachforschung gediehen. Als es eben unterwegs war, erschien mit pfiffiger Miene der Weißgerber und erzählte den Damen, wie es sich mit der Löffelei zugetragen, und es sei alles nur Scherz gewesen. Das klang kaum glaublich. Aber die Hausfrau fand in der Kammer des Mädchens tatsächlich die Silberlöffel unter dem Bettlaken. Und damit schien alles geklärt zu sein. Ihr Mann war übrigens nicht daheim. Dringende Besprechungen angeblich hatten ihn den Morgen nach auswärts gerufen.

Das Geschäft eines Anwalts hat gewiß mit viel menschlicher Unzulänglichkeit zu tun. Manche unerfreuliche Episode mochte auch der Gattin mit zu Ohren gekommen sein und sie mißtrauischer gemacht haben, als sie von Natur war. Nicht, daß sie annahm, das Mädchen habe die Löffel stehlen wollen. Dennoch bedurfte es keiner detektivischen Überlegung, bis sie sich sagte, das kecke Ding könne unmöglich inzwischen in der Kammer geschlafen haben, sonst hätte es unweigerlich die Löffel entdecken müssen, die ja immerhin nicht aus Daunen waren. Und sie ahnte voller Trauer und Eifersucht, dieses Mädchen habe in den Tagen ihrer Abwesenheit ihren Platz im Bette ihres Mannes ausgefüllt. Zuinnerst bebend und keines noch untrüglicheren Beweises bedürftig, drängte es sie, sich an der Unbotmäßigkeit zu rächen. Sie schob die Silbernen wieder an den Ort, wo sie dieselben angetroffen.

Nachdem sie die Kammer dann verlassen, befahl sie dem Mädchen, das eben mit hinhaltender Nachricht von der Behörde heimkehrte, das Bett frisch zu beziehen, weil sie ein paar Nächte darin schlafen und ihr eigenes ihrer Schwiegermutter überlassen wolle. Die Magd dürfe so lange mit einem Lager auf dem Speicherboden fürlieb nehmen.

Als nun die Magd mit dem frischen Linnen in der Kammer hantierte, war ihr Schreck nicht gering, als sie der Löffel ansichtig wurde. Verwirrt schloß sie die elenden Glitzerlinge in ihren Koffer. Ihre Absicht war, sie gelegentlich mit dem überraschten Schrei des Wiederfindens und offener Freudigkeit dem Haushalt neu einzuverleiben.

Da sie nun gar nichts alsbald verlauten ließ, fühlte sich der Verdacht ihrer Herrin nur um so mehr bestätigt. Doch schwieg auch sie vorerst und tat ganz harmlos, als sie den Abend sich wirklich in der Mädchenkammer schlafen legte.

Spät nachts kam der Advokat nach Hause. Seine Gattin glaubte bei dem Geräusch anfangs, es seien Diebe, und sie vermochte, als jemand die Kammerklinke faßte, vor Angst nicht um Hilfe zu schreien. Die Tür öffnete sich leise, und ein Wispern ertönte. Aha! O Himmel! Das war zweifellos die Stimme ihres Gatten, und so zärtlich, wie sie es seit der Brautzeit nicht mehr vernommen. Aber er flüsterte nicht ihren, er flüsterte den Namen des Mädchens. Sie muckste sich nicht, und er tappte in der Finsternis herzu und schlüpfte zu ihr, ohne zu merken, bei wem er zu Gaste sei.

Noch vor Tag — er schnarchte tief — erhob sich seine Gemahlin, verließ leise die Kammer und berichtete weinend ihrer Schwiegermutter, was sich zugetragen. Bald darauf entschlüpfte auch ihr Mann der Stätte seiner Heimlichkeit und begab sich aus dem Haus, so verstohlen, als habe keine Seele etwas gespitzt. Gegen Mittag kam er zurück, so, als komme er gerade von der Reise. Da denn mußte er hören, daß nicht weniger als drei silberne Löffel entwendet worden seien. Man habe den Konstabler geholt. Und der habe eine Haussuchung veranstaltet und alle drei im Koffer des Dienstmädchens gefunden. Und habe seines Amtes gewaltet und die Diebin dem Schnellrichter zugeführt. Und nun sitze sie schon.

Holla! Es gab einen gehörigen Krach. Der Advokat wies brüsk jede Beschuldigung von sich ab und tobte, wie man damals noch toben durfte, zumal auch seine eigne Mutter sich gegen ihn wandte. Am Ende räumten die beiden Frauen weinend das Feld. Mochte denn der Berserker allein hausen!

Die Magd wurde nach einiger Zeit aus dem Gefängnis entlassen. Sie der Absicht des Diebstahls zu überführen, ergab sich als hinfällig, zumal ihr Brotherr mit juristischem Einspruch nicht kargte. Über das andere wurde taktvoll kein Wort verloren. Das mochte Privatsache bleiben. Doch wurde bald offenbar, daß die in so unliebsamen Verdacht Geratene gesegneten Umstands sei. Ihre vormalige Herrin indes machte kein Wesens davon. Und rang sich zu der Einsicht durch: Was hier an Verbrechen geschehen, ging einzig aufs Konto der Liebe. Die Strafe dafür war für eine Unverehelichte sowieso hart genug.

Als nun das Mädchen mit einer Tochter niedergekommen, nahm der Anwalt das Kind zu sich. Er hatte sich stets eins gewünscht, aber seine Frau hatte ihm keines zu schenken vermocht. Um aber allem Gerede vorzubeugen, äußerte er gegen jeden, der es wissen wollte, es handle sich um den Sohn eines verstorbenen Verwandten. Und er ließ das Töchterchen, das auf den Namen Anne getauft worden, als Knaben kleiden, dem er den nicht humorlosen Namen Anders verlieh. Vielleicht war's zudem sein Gaukelbild, an den Maler Leonardo da Vinci zu denken, der auch als eines Advokaten und einer Magd Erzeugnis galt. Seine Frau, die bislang beherrscht zugesehen, erboste sich nunmehr über diesen Betrug und um so mehr, als er nun auch noch das Mädchen ins Haus nahm und ohne Skrupel und Schein an ihre Stelle setzte. Die Empörung der Nachbarschaft konnte nicht ausbleiben. Und obgleich Mister Boykott erst hundert Jahre später auftrat, entwickelte sich die Sachlage nach entsprechender Gebührlichkeit. Der Advokat wurde gemieden. Er verlor selbst seine auswärtige Praxis. Und war genötigt, auszuwandern.

Jenseits des Atlantiks die Neue Welt fragte nicht nach Vergangenheiten. Der Verfechter des Rechts faßte frisch Fuß in Süd-Carolina. Dort trieb er neben seinem erlernten Beruf bald weit einträglichere Handels- und Maklergeschäfte. Die wackere Magd lebte mit ihm als seine Frau. Leider starb sie, ehe das Töchterchen die Kindersohlen recht verwetzt hatte. Es im fremden Lande als Knaben auszugeben, war zwar nicht nötig gewesen, aber Anne entwickelte Eigenschaften, die jedem Bengel eher angestanden hätten als einer knospenden Jungfrau. Zur Führung des Haushaltes zeigte sie wenig Talent. Über eine Negerköchin, die es besser verstand als sie, eiferte sie sich indes einmal so, daß sie diese mit einem Küchenmesser gefährlich verletzte. Und einen jungen Burschen, der ihr ein wenig mehr, als sie willens war, nahetrat, biß sie so kräftig in den Hals, daß er lange darniederlag. Trotzdem galt sie als gute Partie. Verschiedene brave Leute von Rang hielten um sie an. Sie jedoch war nicht für das Brave. Sie hängte sich an einen Bootsknecht, der nach See und Abenteuern roch und mit munterer Tätowierung und Muskulatur aufwartete. Im übrigen war er ein purer Schlucker. Annes Vater, uneingedenk der eigenen Sünden, warf beide zur Tür hinaus.

Was nun? Bootsknecht James Bonny hatte geglaubt, einen Goldfisch an der Angel zu haben. Jetzt war's nichts als ein Katzenhai. ,Schaff an!' sagte Anne. — Dann gibt's nur eines, versetzte er: ,New Providence.'

New Providence! Das war der Schlachtruf der Abgeräumten, der nach langen Kriegen und Kaperfahrten Arbeitslosen, der handfesten Außenseiter, der Kerbholzbelasteten, der Großlungerer nach raschen Trümpfen. New Providence, das neue, noch immer bestehende Piratenparadies Westindiens, der scharfe Zahn im atlantischen Gebiß der Bahama-Inseln. Die beiden schlugen sich durch, Bootsknecht Bonny und der forsche Anwalts-Teenager, inzwischen irgendwo getraut, und kamen hin trotz Wetter, Strapazen, Golfstrom und Wirbelwind.

Im Hafen Nassau, wo es heute im Luxusbadeverkehr so gesittet zugeht, herrschte damals, Anno 1717/18, ein Betrieb wie eben vorm Weltuntergang. Jeder der dort aus mancher Nation Zusammengewehten kannte nur ein Motto: Leben, so tüchtig es geht! Wer weiß, was morgen ist? Es sah aus, als sei das tropisch begabte Eiland nicht umsonst mit dem Namen einer neuen Vorsehung beladen, Providence, von Witzbolden Profitence geschrieben, als biete es aus wahrer Himmelsgüte Asyl und Gewinn allen, die nichts Besseres gelernt hatten oder lernen wollten, als mit freiem Zugriff vom Handelstableau der See zu leben, Beute zu machen, Beute umzusetzen oder möglichst mühelos am Umsatz beteiligt zu sein. Welch Witz zudem, daß dieser schwüle Ort aus rohen Baumhütten, Wrackholz und Padangblätterdächern, diese Siedlung von Desperados und Hasardeuren, im Entstehen schon überwuchert von exotischer Blütenpracht, überschwirrt von bunten Vögeln und Schmetterlingen, Nassau hieß! Dieser Name war ihm eingesiegelt von einem Haudegen und verspäteten Konquistadoren der Oranierfamilie, aber ulkig erinnernd an den biederen Ort fern jenseits des Atlantiks, in einer versunkenen Alten Welt, wo man mit sächsischen Staatsstipendien an Freitischen speiste und allda, wenn man die Lücke eines wegen Mandelwehs oder Paukbodenabfuhr Ausfallenden erwischte, sich die Betitelung Nassauer gefallen lassen mußte. Oho, wie um so lieber dann doch hier, wo es ohne Staatshilfe frei zu schmausen galt und der Kauffahrtei die Zeche zu prellen! Hier breitete sich die lecker besetzte Tafel der See zwischen Yukatan und Florida, nein, zwischen Neufundland und Kap Hoffnung und weit bis zur Südsee und Insulinde und dem andern, dem von Kolumbus versäumten Indien. Was war's denn? Man saß hier gleichsam auf einem Irrtum der Weltgeschichte. Zum Wohl denn! Der morsche Kontinent des weißen Mannes beeilte sich, ein Bombengeschäft aus dem Unvermuteten zu schlagen. Nur zu, nur heran und heraus, Segel um Segel, Rumpf um Rumpf prall und praller gefüllt! Hier warteten die gerechten Abschäumer des Übermaßes. Mochten sich die Balken der europäischen Kabinette noch so verärgert biegen unter den Klagen der Reedereien! Mochte die Krone zu London mit Gnadenerlassen und Drohungen hilflos Einhalt zu bieten suchen . . .

Am flottesten damals trat John Rackam auf, genannt Calico Jack, Quartermeister auf Charley Vanes zackiger Brigantine. Die hatte gerade einen saftigen Zug hinter sich, eine spanische Fregatte erleichtert und gleich darauf eine holländische Fleute so zwischen Maracaibo und Curaçao. Nun klimperten die silbernen Pesos duro, die gängigen Stücke von Achten und — verdammt noch mal — goldenen flandrischen Gulden über die Tavernentresen. Und Händevoll Edelsteine vieler Sorten und spatzeneiergroße Perlen, echt wie das Permuttfarbene im Auge der Halbblutkreolin, die eben ein neues Freudenhaus eröffnete. Sie und die Wirte und Zwischenhändler, die Fleppenmischer, Zuhälter und Huren dampften von Konjunktur. Nur so ist der wilde Zustand zu bezeichnen, in den die beiden frisch mit dem virginischen Aufkäufer herbeigesegelten Grünhörner aus Carolina eintauchten. Was war da Bootsknecht Bonny noch? Was gegen diesen Kerl von Calico Jack? Dessen Spitzname von den Hosen herrührte, die aus seiner Marinezeit stammten — und deren vormals blau und weiße Streifung die Farbe faulender Planken angenommen und nach Tang, Teer, Schweiß, Blut und Dreck dunsteten. Man wußte, er wusch sie nie, so wenig wie man ein reelles Schiffslogis waschen soll, falls man den Klabautermann nicht rebellisch machen will. Und sie seien darum schußfester als jede Ritterrüstung. Und schon wieder hatte er große Dinge vor, ausgesottene Schlitzereien, das Silber Perus und das Gold Mexikos in eins geknüllt und in die Welt gestreut, leichthin wie Erbsen unter die Täubchen und großartiger als Rotkopf Morgan oder Großmaul Schwarzbart. Wie das? — Nichts schnipper als das: Gesichtet und ran und längsseits und geentert und kein langes Palaver und kein Pardon, ob Schiff, ob Täubchen, ob Himmel, Hölle oder Welt: Ran!

„Willst du mit?" fragte er eingekniffenen Auges den Bootsknecht Bonny.

„Und ich?" warf Anne ein. Und weiß Gott, sie schniegelte sich heran an den gewaltigen Calico Jack. Bonny warf einen Blick in die gierige Runde. „Komm weg, Anne!" sagte er. Calico Jack drückte ihn mit dem Ellenbogen zur Seite. Bonny griff, wie er's dem Anlaß schuldig war, zum Messer. Später fand er sich, halbtot erwachend, auf der Straße zwischen Abfällen und blumigem Unrat. Ein Köter leckte ihm Blut vom Gesicht. Anne — Anne aber war davon.

Kein Zweifel war möglich, John Rackam hatte sie mit an Bord genommen. Doch schien sich alsbald zu bewahrheiten, daß solcher Vorwitz nach gängiger Meinung kein Glück brachte. Vanes Schiff, die *Dragon*, hatte übrigens noch nicht einmal die gesamte Beute gelöscht, als — wie schon berichtet — der königliche Beauftragte Wooden Rogers nahte, um die ehemals von den Bermudas schon angekündigte, nie für voll genommene Gnadensonne über dem Höllenpfuhl New Providence aufgehen zu lassen. Die ekelhaft bestückten Men of war anzugreifen? Dazu hätte sich kein Freibeuter hergegeben. Man riskierte sein Leben nicht, wenn nur der Tod in Aussicht stand. Unterdes auf der Insel das Für und Wider der Verteidigung oder Unterwerfung aufwogte, schickte Charley Vane frech ein Boot mit Rackam hinaus und ließ dem mächtigen Abgesandten einer nebelhaft fernen Regierung einen kurzen Brief an der schroffen Bordwand hinaufreichen mit der Anfrage, ob bei Annahme des Pardons alle Beute Eigentum bliebe oder nicht.

Man antwortete behördlich nicht gerade vornehm. Einer der Staatsmatrosen wurde nämlich beordert, dem harrenden Piratenboote den nackten Allerwertesten zu zeigen. Calico Jack hatte noch eben Zeit, den gleichen Gruß zu entbieten. Schon mußten sich seine Leute prall in die Riemen werfen. Die dicken Fregatten hatten sichtlich einen Hund von Verräter als Lotsen an Bord und schoren haargenau mit den steifen Kielen in das schmale Tiefwasser der Einfahrt. Vane nahm das Boot eilends auf, schon selber unter Segeln und ankerhoch, und dann rauschte er zur andern Rinne hinaus gen See. Der königliche Beamte Rogers wollte ihm das verwehren und knallte sonor herüber. Aber Vane hatte die holländische

Fleute ebenfalls auf Trab gesetzt, dünn bemannt, eben nur zum Steuern, und benutzte sie geschickt als Kugelfang, feuerte auch kräftig darüber hin auf die breite Marine und gewann so unter Donner und Doria wahrhaftig das Freie. Er, als einziger der ganzen Blase von Nassau-Hafen, und er hatte damit auf die angebotene Verzeihung schnöde verzichtet. Tat auch einen Eid, den Regierungsbüttel wieder davonzujagen.

Aber es unterblieb. Charley Vane, von einer drahtigen Besatzung als der Fähigste gewählt, war plötzlich nicht mehr der alte. Er ließ sich zu aller Ärger einen französischen Marinesegler entgehen, von dem jedermann annahm, er habe die Löhnung für die gesamten Antillen in den Kisten. Gewiß, er war achtbar bestückt. Und Vane meinte, man habe zuviel auf die Britannier verschossen, um ein langes Gefecht durchhalten zu können. An Vanes Stelle wurde Quartermeister Rackam, Calico Jack, zum Kapitän gewählt.

Vielleicht ist es nicht müßig, zu überlegen, ob die von Rackam mitgebrachte Person in dieser bemerkenswerten Umwandlung eine Rolle gespielt hat. Frauen an Bord waren in der westindischen Piraterie streng verpönt. Man ahnt, warum. Schlimmer als Karten, Würfelspiel und Schnaps waren sie geeignet, Männer um die Vernunft zu bringen, Streit zu entfachen und die Kampfkraft zu schwächen. In den aufgefundenen Bordregeln oder Artikeln, die jeglicher, der anmusterte, zu unterschreiben oder zu unterkreuzen hatte, je nach Bildungsgrad, fand sich stets ein Paragraph, der etwa lautete: Jeder, der ein Mädchen überredet, ihm in Männerkleidung auf See zu folgen, soll mit dem Tode bestraft werden. — Mag sein, daß Calico Jack kraft seines Postens, der ihn als Verwalter und Aufseher des Schiffes außerhalb der Aktionen fast über den Kapitän stellte — ganz ungleich dem Unteroffiziersrang eines Quartermeisters heutigentags —, daß also dieser verwegene Bursche das Verbot zu übertreten gewußt und die erlebnishungrige Anne Bonny, jung und rank, unverdächtig als Matrose hat einschmuggeln können. Sie war ja schon einmal als Junge namens Anders geführt worden; ihr Vater hatte davon fast wehmütig erzählt, und sie hatte mit ihm bedauert, nur ein Mädchen zu sein. Jetzt genoß sie die Tarnung, war auch gleich in die richtige Kanonentaufe gelangt.

Wie lange konnte solche Komödie sich halten? Kapitän Johnson berichtet zwar, niemand außer Rackam selber habe gewußt, daß nicht nur Männer an Bord seien. Diese treuherzige Aussage ist sicherlich auf damalige Leserkreise abgestimmt. In Wirklichkeit wäre es auf einem engen Schiffe jener Zeit, in der Primitivität der Schlafgelegenheiten und des Abtritts, selbst wenn man von der Neigung, sich gelegentlich mehr als die Hände zu waschen, absieht, nicht einmal einem himmlischen Engel möglich gewesen, seine körperlichen Merkmale auf die Dauer zu unterschlagen. Und ganz und gar nicht etwaige nähere Beziehungen zu einem der Besatzungsmitglieder. Denn eigene Offizierskammern gab es unter Freibeutern nicht. Gleiche Bedingung herrschte in Verpflegung und Logis vom Kapitän bis zum Anwärter. Im allgemeinen wurde auch kein Minderjähriger, kein Kajütsjunge, kein Mousse, wie er französisch heißt — man möchte es mit Schaumflocke übersetzen; in der deutschen Schifffahrt ist das weniger poetische Moses daraus geworden —, an Bord geduldet. Es darf nicht prüde verschwiegen werden, was damals öffentlich niemals zur Sprache kam: Invertive Beziehung zwischen Männern war in allen Marinen und sogar bis heute nichts ungewöhnliches. Bei den Flibustiern bedingte sie durch die Bindung der „Matelots", der Blutsbrüderschaft durchaus nicht das Körperliche. In der moralischen Ungebundenheit der Piraterie aber mag sie oft selbstverständlich gewesen sein.

Ob Rackam die Stimmung gegen Vane bewußt geschürt, ob er bei der Ausbootung der Unliebsamen so geschickt hat verfahren können, daß nur die zurückblieben, die Genüge an sich und einander fanden, ihm also seine Ausnahme gönnten, wird fraglich bleiben. Diese kleinen schwimmenden Kommunen hatten gerade wegen der strikten Brüderlichkeit und Gleichberechtigung soviel Anziehungskraft. Wenn denn schon eine Frau sich freiwillig unter ihnen aufhielt und also von den Grundsätzen abgewichen wurde, ergab sich die schlichte Folgerung, sie nicht auf den Genuß eines einzelnen zu beschränken. Wie Zeugen später bekundeten, dachten die beiden Damen — es kam bald eine hinzu — auch gar nicht daran, sich der Reize fraulichen Kostüms zu enthalten. Sie seien höchst geschäftig und zu allem bereit gewesen, heißt es da, und erst bei Aussicht eines Unternehmens und Kampfes hätten sie sich in Männertracht geworfen und nur, weil solche weniger hinderlich war beim groben Betrieb des Beutegewerbes auf See und im Umgang mit Riemen, Enterbeil und Waffen.

Wie dem allen auch immer sei, Anne Bonny blieb bei John Rackam. Sie sagte später aus, sie habe sich, obschon anderweitig verehelicht, als seine Frau betrachtet. Da sie nun nach entsprechender Zeit nötig hatte, ein paar Wochen Ruhe zu haben, setzte Calico Jack sie in einer noch auf keiner Karte genau verzeichneten Bucht Kubas ab, wo er ein Blockhaus besaß und ein paar Sklaven, die Feldbau und Schweinezucht betrieben, genug, um hier, unbeobachtet und billiger als an den Plätzen des Handels, in dürftigen Zeiten den Proviant zu ergänzen. Eine alte Indianerbaba — manche hielten sie für Rackams Mutter — nahm Anne in Obhut und, nach der Niederkunft, auch das Baby. Anne ging zurück an Bord.

> *Ein zartes Schwälblein unter Geiern,*
> *wie soll es sie betören,*
> *daß sie's zu ihren groben Feiern*
> *verehren statt verzehren?*

CHARLEY VANES ENDE
† 1719

Charley Vane hatte mit denen, die gleich ihm das Zeugnis der Unfähigkeit empfangen, eine vormals gekaperte Schaluppe übernehmen dürfen. Sein Mut war gebrochen, und als habe das Schicksal darauf gewartet, zerbrach es ihm auch noch das bescheidene Schiff. Es wurde im Zyklon auf die scharfen Korallenklippen der gottverlassenen Insel Barnako geschleudert. Seine Leute ertranken. Ihn zogen indianische Schildkrötenfischer, die zufällig in der Nähe waren, aus der Brandung. Zwischen denen fristete er eine Weile sein Dasein.

Dann kam eine Brigantine in die Bucht, um nach Frischwasser zu fahnden. Freund oder Feind? Der Pirat verbarg sich, bis er erspähte, daß er den Kapitän kenne, Holford. Der war auch einer von der früheren Sorte, die aber die Gnade geschluckt. Vane machte sich bemerkbar und wollte einsteigen. Holford aber winkte ab. Alte Freundschaft hin und her. Unbändigen Naturen wie Vane durfte man nicht trauen.

„Du würdest mir die Mannschaft aufhetzen", sagte er: „Derlei Methode ist uns beiden nicht fremd. Aber ich habe nicht Lust mir den Hals brechen zu lassen. Sei froh, daß ich nicht genügend Eisen an Bord habe, dich dingfest zu machen!"

Das war unfreundlich geäußert. „Wie denn zum Satan soll ich hier wegkommen?" fragte Vane niedergedrückt.

„Haben die Fischer kein Boot?"

„Soll ich die etwa berauben?"

Holford durfte wohl lachen über ein plötzlich so zartes Gewissen bei diesem Seeklemmer Vane, der ihn an Skrupellosigkeit vormals weit übertroffen. „Dann bleib nur, wo du bist!" lachte er und ging ankerauf.

Die Kanus der Fischer waren allerdings kaum ein Untersatz, um zu neuem Glanz zu gelangen. Darum war Vane nicht müßig, als nach wenigen Tagen ein anderer Segler in die Bucht kam, sich als schiffbrüchiger Matrose eines Frachters auszugeben. Er wurde aufgenommen. Doch das Schicksal ließ den begonnenen Faden, aus dem der Strick sich dreht, nicht abreißen. Im nächsten Hafen begegneten sie Holfords Schiff. Holford, vom Kapitän zu einem Drink eingeladen, eräugte Vane und äußerte, welch gefährlicher Bursche sich da in die Back gesetzt. Und da er inzwischen genügend „Eisen" zur Hand hatte, wurden Pistolen gezückt und Vane zu ihm übergebootet. Und so wurde Rogers' Widersacher nach Jamaika gebracht und dort gehenkt.

> *Das war die Kimm, die also trog*
> *mit ihrem Windsbraut-Wunder-Ringe*
> *und enger sich und enger zog,*
> *unlösbar bis zur Henkerschlinge.*

New Providence wieder anzulaufen und etwa dort den Tumult zu erregen, der Charley Vane so flüchtig vorgeschwebt, wurde immer weniger ratsam. Von aufgefischten Schiffbrüchigen und Flüchtlingen hörte man, daß dort strenges Regiment herrsche. Das Schlimmste waren die „Umgeschalteten", zumal der alte Seetiger Hornigold, der unter Statthalter Rogers' Gnadenschein sich vom Piraten zum Piratenjäger gewandelt, eifrig wie ein Konvertit.

Es wurde überhaupt ungemütlicher in den westindischen Gewässern. Die spanische Regierung hatte mit Hilfe von Kaufmannsgeld einige Küstensegler ausgerüstet. Diese Wachtboote waren geeigneter als die tiefgehenden Fregatten, den meist kleinen und wendigen Fahrzeugen der Piraten in die Schlupfwinkel zu folgen und die Buchten und Strände abzukämmen oder zu behüten. Es wurde einsamer und gefährlicher, Freibeuter zu sein. An einen festen Stützpunkt, wie Tortuga, wie Nassau ihn geboten, war nicht mehr zu denken. Diese Zuflüchte, vormals oft verflucht, schienen in der piratischen Erinnerung den Glückseligen Inseln der Alten zu gleichen. Ihr Ersatz war nun allein das Schiff, ein schwimmendes Eiland, ein Planet mit eigener, in vielen Zufällen abgelenkter, unruhiger Bahn, des drohenden Unterganges gewiß und sich dennoch Ewigkeit vortäuschend.

Und wieder einmal wurde einer der Versprengten aus den verrauschten Tagen in einem Kanu treibend auf offner See angetroffen und aufgenommen. Es war ein merkwürdig glatthäutiger Mensch, sozusagen frisch rasiert, wie man unter der Salzkruste ahnen konnte. Er nannte sich Matrose Mac Read. Das tätowierte P über Totenschädel und gekreuzten Schenkelknochen auf dem rundlichen Oberarm wies ihn als Pirat und zugehörig aus. Und er war noch eben fähig, ohne Beistand über Seite emporzuklimmen, schien aber zu frösteln, da er sich die Jacke eng über der Brust zusammenzog. Immerhin fluchte er wie ein betagter Bootsmann, so jugendlich die Stimme aus der von Durst geschwollenen Kehle sich hervormühte. Ein Schluck Rum wollte kaum hinunter. Anne Bonny mochte etwas Besonderes wittern und nahm den Schiffbrüchigen beiseite, ließ ihn aber erst einmal in Ruhe, da er sie, verblüfft, in dieser Umgebung ein Frauenzimmer zu sehen, abweisend anknurrte.

Kapitän Johnson, der sich keine dramatische Möglichkeit entgehen läßt, erzählt, Anne Bonny habe sich in das glatte Gesicht des neuen Gastes verliebt. Wahrscheinlich war sie langsam der borstigen Massivität, der sie zweimal und gesteigert gefolgt, etwas überdrüssig. Oder aber es handelte sich um die Gleichberechtigung aller, von der sich der Neue zu ihrem und anderer Erstaunen ausschloß. Vielleicht war sie geradezu gekränkt, ihre Reize nicht gewürdigt zu finden. Kurzum, sie nahm den Befremdenden in einem Winkel so dringlich vor, daß der sich genötigt sah, sie endgültig zu enttäuschen und also zuzugeben, was ihr unnachsichtiger Griff sowieso schon festgestellt. Calico Jack, sagt Johnson, sei darüberzu gekommen und habe die mehr klagende als freudige Umarmung mißverstanden, habe eifersüchtig sein Seemesser gezogen und sei fast zum Doppelmörder geworden, hätte nicht eine rasche Aufklärung ihn beschwichtigt.

Denn dieser Matrose Mac war in Wahrheit eine gewisse Mary Read. Auch deren Laufbahn ist nicht weniger phantastisch als die der Anne Bonny. Betreffs ihrer Eltern ist zu berichten: Es war einmal ein Seeman, der verliebte sich, heiratete und ging wieder an Bord... Die Zurückgelassene genas eines Knaben. Da ihr Mann niemals mehr von sich hören ließ, hatte sie es schließlich satt, weder Ehefrau noch Witwe zu sein. Es war zu London, wo es an Tröstern nicht mangelt. Da sie nun die Folgen solcher Tröstungen spürte, schämte sie sich vor den Nachbarn, bei denen sie als anständig gegolten, und noch mehr vor ihrer rechtlich denkenden Schwiegermutter. Somit schützte sie eine Reise vor und verzog mit ihrem Söhnchen an einen ländlichen Ort. Dort brachte sie ein Mädchen zur Welt. Es wurde Mary getauft. Der Vater war nicht auszumachen, scheint aber ein besonderer Draufgänger gewesen zu sein. Das Söhnchen aber starb bald darauf.

Als nun das kleine Kapital, das sie aufgespart, verzehrt war, entschloß sich die Mutter der kleinen Mary zu einem frommen Betrug. Immer hatte die Schwiegermutter sich liebreich nach dem Ergehen des Enkels erkundigt, dem einzigen Vermächtnis des verschollenen Sohnes, und die Schwiegertochter hatte nicht übers Herz gebracht, ihr das Hinscheiden des Kleinen mitzuteilen. Das kam ihr nun zustatten. Selbstverständlich hatte sie auch das ungesetzliche Töchterlein verheimlicht, und nunmehr zog sie dieses als Knaben an, schärfte ihm ein, daß es von nun an Mac heiße — so hieß der Verstorbene — und ein Junge sei. Dann fuhr sie mit diesem neugebackenen Mac nach London und führte ihn der beglückten alten Dame vor. Und sie erreichte damit — und hätte es anders wohl nicht erreicht —, daß diese einen Unterhaltsbeitrag von einem Taler die Woche herausrückte.

Mary, genannt Mac, war dreizehn Jahre alt, als die gute Großmutter verblich und somit auch die Talerquelle. Da denn hielt die Mutter für ratsam, das kräftige und mutwillige Kind einzuweihen. Beide entschieden sich, die Täuschung fortzuführen. Mac wurde Page bei einer reichen Lady. Es war eine nette, ruhige, harmlose Stellung. Aber in Mary-Mac rumorte das wahrscheinliche Seefahrerblut ihres unbekannten Vaters. Bei Nacht und Nebel verließ sie den betulichen Posten und musterte als Junge auf einem Kriegsschiff an. Den dort üblichen eindeutigen Annäherungen fühlte sie sich jedoch weniger gewachsen als dem rauhen Dienste. Sie gedachte, ihr Geheimnis zu bewahren, das in der gepferchten Unterbringung an Bord vielleicht bedroht war. Hannah Snell, eine Zeitgenossin von Mary, hat allerdings verstanden, jahrelang unentdeckt als Mariner durchzuhalten. Auch von zwei Französinnen ist solches bekannt. Mac-Mary aber war entschieden zu jung und zu appetitlich. Sie zog vor, an der holländischen Küste zu desertieren. Doch hatte ihr das Kriegerische so gefallen, daß sie sich nunmehr bei der Infanterie anwerben ließ, allwo es schon möglicher ist, bei natürlichen Verrichtungen abseits zu bleiben, die Marketenderinnen auch dafür sorgten, die Erotik normal zu halten.

Doch wer zur See gefahren ist, läuft ungern lange zu Fuß, Mary wechselte — immer als Mac und stämmig heranreifend — zur Kavallerie über. Denn ein Pferd ist einem Boote schon ähnlicher als der mühsame Verlaß des Sandhasen auf die eigenen Untersätze. Nachdem der Dragoner Mac sich verschiedentlich ausgezeichnet und von nichts als Heldenruhm zu träumen schien, verliebte er — oder vielmehr sie — sich urplötzlich, sie wußte nicht wie, in einen Zeltkameraden, einen blonden Flamen. Und eines Tages vermochte sie nicht anders, als sich ihm zu verraten, indem sie in gespielter Unachtsamkeit ihre — so sagt Johnson — „Brüste sehen ließ, die sehr weiß waren". Aus dieser intimen Kenntnis des anonymen Piratenhistorikers zu schließen, er sei ein rechtzeitig entflohenes Besatzungsmitglied der *Dragon* gewesen und habe daher den umfassenden Einblick, ist vielleicht nicht einmal abwegig. Und Johnson fügt sichtlich schmunzelnd hinzu, daß Marys Reitergenosse erfreut meinte, „ein Liebchen ganz für sich allein gefunden zu haben, was in der Armee zu den Seltenheiten gehört".

Daß Johnson solche Seltenheit aber ohne Wimperzucken auf ein Piratenschiff verlegt, ist indes mehr als eines Schmunzelns wert.

Doch noch befinden wir uns mit Mary im Reiterzelt. Mary zog den privat gelüfteten Vorhang erst mal wieder zu. Sie wich der erweckten Begierde des Kameraden sanft und geschickt aus, so lange, bis der Angeheizte sich bereit erklärte, sie zu heiraten. Beide reichten nun den Abschied ein. Er wurde ehrenvoll gewährt. Und Mary vertauschte die Uniform mit der Damenmode der Zeit, Schnürmieder, Schneppentaille, Faltenrock, Schleppenmanteau und dem Kopfputz aus Musselin und Spitzen, der Fontange, deren Form einem vollgetakelten Brigantinenmaste glich. Das Ereignis erregte weiterum Aufsehen, und als die beiden nahe der Festung Breda das Wirtshaus „Zu den drei Hufeisen" eröffneten, brauchten sie um Kunden nicht bange zu sein.

Dem Glücksschimmel jedoch schien auf die Dauer das vierte Eisen zu fehlen. Er hinkte. Marys tüchtiger Gatte erlag einem Unfall. Und der Friede zu Utrecht Anno 1713, andern willkommen, verminderte die Garnison und damit die Kundschaft der Gaststube. Die junge Wirtin saß vereinsamt bei verstaubten Krügen und sah sich bald gezwungen, die „Drei Hufeisen" zu verkaufen, um das fehlende in andrer Fortun zu suchen.

In der Kleidung ihres Verewigten und wieder als Mac wurde sie Matrose auf einem holländischen Westindienfahrer. Um diese Zeit war sie zwanzig Jahre alt und wußte sich ihrer Haut zu wehren, hatte vielleicht auch „Mutter Roß" kennengelernt, die als Dragoner Christian Davies unter Marlborough, dem Vorfahren Sir Winston Churchills, in den Niederlanden gefochten und sich zur Tarnung eines in Silber höchst natürlich getriebenen und bemalten und mit Lederstrippen befestigten Urinariums bedient. Mary hatte dieses Scheinglied vielleicht sogar übernommen; denn die zu London wieder in die Weiblichkeit zurückgekehrte Dragonerin Davies bedauerte, die Kuriosität in Flandern für sieben Louisdors verkauft zu haben. Daheim hätte sie bei wachsendem Andrang von Interessenten einen ganz andern Preis oder gar eine ständige Einnahme in einer Schaubude erzielen können.

Unweit der Bermudas nun fiel der Amsterdamer Westinder englischen Piraten in die Klauen. Sie kamen von New Providence. Dem Matrosen Mac als einzigem britischen Untertan des Geplünderten wurde höflich, aber dringend nahegelegt, sich den Wogenkleppern anzuschließen.

Nach einigen Unternehmungen, darin sie ihren Mann stand, unterwarf sich Mary — noch immer als Mac — dem königlichen Gnadenschein, der unter Commander Rogers aufgegangen war. Wie ihre Kumpane lebte sie dann von dem erbeuteten Geld, versuchte auch, einen Gemüsegarten hochzubringen; aber Geld und Gartenlust verflogen. Zu sehr war sie an gröbere Abenteuer als die der Beete gewöhnt. Zweifellos hatte sie wieder einmal auch den Vorzug ausgekostet, eine Frau und Mary zu sein und sogar unter begehrlichen Wildlingen sich darin zu behaupten. Aber selbst derlei Aufregungen genügten ihr nicht. Und als Woodes Rogers zur Herbeischaffung knapp werdender Lebensmittel einige Schiffe einsetzte und mit Freiwilligen der alten Piratenhorde bemannte, mischte sie sich in Mannskleidern dazwischen und war wiederum nichts als Matrose Mac.

Die vormaligen Seeschnapper hatten alle Urfehde geschworen. Jedoch nach zwei Tagen auf hoher See erwachte der Freiheitsdrang. Angesichts der kleinen Insel, die Grüner Schlüssel heißt, beschloß die Mehrzahl, nochmals die Pforte der unbeschränkten Hoffnung aufzuschließen, die ihnen der Staat vor der Nase zugeschlagen. Wer nicht mitmachen wollte, wurde an Land gesetzt, marooned, wie man das nannte. Es waren im ganzen nur acht. Mary-Mac war nicht darunter.

Die Abtrünnigen hatten jedoch kein Glück. Sie gerieten in die Kartätschen einiger spanischer Wachtboote. Was entrann, zerstreute sich schwimmend, auf Flößen, in Kanus und war froh, ein unbedrohliches Ufer zu erreichen oder ein Segel zu sichten, das nach Freundschaft aussah.

Die acht Maroonten landeten nach unsäglichen Strapazen wieder in Nassau-Hafen. Auf ihren Bericht hin schickte Rogers sofort den markigen Hornigold auf Fang. Der jedoch sah sich darauf beschränkt, Schiffbrüchige einzusammeln, und auch das waren nur dreizehn. Die meinten schon, der alte Räuber habe noch das alte Herz. Aber er ließ nicht einmal ihre Wunden richtig verbinden. Somit starben drei schon unterwegs. Neun wurden auf New Providence gehenkt. Einer wurde begnadigt, weil er, gelernter Kanonier, von den Piraten zum Verbleib gezwungen worden war.

Mary war den Spähungen Hornigolds entgangen. Sie wurde von einem anderen Schiff, eben der Brigantine *Dragon* des Kapitäns Rackam, aufgelesen. Es wurde schon berichtet. Und dort blieb sie an Bord wie Anne Bonny.

In der gesamten Geschichte westlicher Piraterie hält den Rekord, sogar zwei Frauen in der Mannschaft und trotzdem Disziplin gehalten gehabt zu haben, dieser Calico Jack. Und seltsamerweise blieben beide in den zahlreichen Affären, die dieser Seeräuber durchstand, genau wie er unverwundet, obwohl beide nach Augenzeugenberichten keineswegs sich schonten, sondern walkürenhaft dreingewettert, auch wohl nicht wenig anfeuernd gewirkt haben. Jedenfalls bereitete die *Dragon* der Schiffahrt in den westindischen Gefilden viel Ärger und Verlust. Die Handstreiche gelangen dem nunmehr hinreichend berüchtigten Drachensegler zumeist ohne Blutvergießen. Ganz im Gegensatz zu der üblichen Unkerei, schienen die beiden Seeschwalben darauf ungemein Glück zu bringen. Oder war es noch immer Jacks ungewaschene Kalikohose, die Erinnerung an ehrbar saure Tage des Beginns zur See? Er trug die Vielgeflickte wie ein Märchenprinz das Nesselhemd, das unverletzlich macht. Blei und Stahl glitten an ihm vorbei. Bis zuletzt.

Als eines Tages sich ein französischer Großsegler ergeben hatte, zwang Calico Jack — indes er die übrige Besatzung nach Umladung der Schiffskasse und der Fracht weiterreisen ließ — einen jungen Segelmacher, sich ihm anzuschließen. Techniker wurden selten von den Piraten unbehelligt gelassen. Man übernahm sie wie heute die Ingenieure. Mary Read — ihr Nachname scheint erst in Karibien sich geformt zu haben und auf ihre allgemeine Bereitwilligkeit zu deuten — Mary nun verliebte sich neu. Denn der Segelmacher stammte aus Flandern und mochte sie an ihren früh abberufenen Gemahl erinnern. Der Hinzugemusterte hatte sie während des Unternehmens nicht anders als einen der Halunken kennengelernt, denen sie mit Säbel und Pistole und Redensarten und Benehmen nicht nachgestanden. Bald jedoch enthüllte sie — ähnlich wie in der verwehten flandrischen Dragonerzeit — ihr Eigentliches. Auch diesmal wurde es vorschnell als Aufmunterung zur Unmittelbarkeit verkannt; der Segelmacher zeigte sich als nicht von Pappe. Aber Mary war klug wie damals. Erst als er ihr ewige Treue geschworen, durfte er, was die andern womöglich alle gedurft. Dennoch, von da an hielt sie sich — nach ihrer Aussage vor Gericht — wieder für so verheiratet, als sei das Band in der Kirche geknüpft.

Die Meinung, Frauen an Bord bringen kein Glück, ist in der Seemannschaft tief verwurzelt. Aber manchmal haben Frauen selbst beachtliche Segelschiffe sicher in den Hafen gesteuert, wenn die Besatzung an Gelbem Fieber oder Pocken dahingesiecht war; so die Kapitänsfrau des deutschen Windjammers *Johanna* von Mauritius nach Freemantle. Leider starb, als endlich Land in Sicht war, auch das letzte, was außer ihr noch an Bord. gelebt, ihr Baby. Ähnlich heroisch leitete die Kapitänsfrau der englischen Viermastbark *Primrose Hill* ihr Schiff von Rio rund Kap Horn nach dem Bestimmungshafen Tacoma, Anno 1891; sie kam früher an als erwartet und brachte ihrem Reeder einen besonders guten Gewinn an den Frachtraten, die zwei Tage später unangenehm fielen. Der leidenschaftlichste und erfahrenste Kenner der sterbenden Segelschiffahrt, der Australier Alan J. Villers, erlebte auf der in finnische Hand gelangten deutschen Viermastbark *Herzogin Cecilie*, deren Schönheit er preist, Anno 1928 eine hübsche junge Landsmännin. Sie hatte sich in Sidney an Bord geschlichen, weil sie unbedingt Kap Horn kennenlernen und Seeoffizier werden wollte. Jeder der Mannschaft betrachtete diesen blinden Passagier voller Ingrimm, da man gerade die Wettfahrt der berühmten Weizenflotte zu gewinnen hoffte. Jetzt schien jede Chance verloren. Aber es kam nicht so. Die andern wurden glänzend geschlagen. Außerdem hatte das junge Mädchen das Zeug zum Seemann. Sie wurde dann Fahrstuhlführerin in London und ging später nach Rußland. Denn dort schien eher Gelegenheit. Der Erste Steuermann des sowjetischen Schulschiffes *Tovarisch* zum Beispiel war eine Frau.

Mindestens einem von der Besatzung Rackams, einem besonders vierschrötigen Burschen, scheint die plötzliche Zurückhaltung Marys nicht behagt zu haben. Vielleicht war er auch nur vorgeschickt. Es kam zu Händeln zwischen ihm und dem Segelmacher, die in die übliche Forderung zum Duell endeten. Mary nun, wirklich zutiefst entflammt, wußte, daß Leuten auf Handelsschiffen der Umgang mit scharfen Waffen kein so täglich Brot war wie den Seeschäumern und daß eine Segelnadel kein Säbel und ein Hansch kein Schießeisen ist. Darum setzte sie ihrerseits dem Querulanten mit spitzer Zunge zu, bis er sich zu einer Ohrfeige hinreißen ließ, worauf sie diese Beleidigung dem Urteil der Mannschaft unterbreitete. Die Mannschaft, ein echtes Volkstribunal, darin jeder die gleiche Stimme hatte, ob Offizier oder Putzlaputz, billigte Mary Read zu, sich noch vor dem Austrag des Segelmachers mit dem Grobian zu schlagen. Dem war es nur recht. So begehrlich ihm der Braten gedeucht, jetzt war er begierig, ihn zur Hölle zu pfeffern und den Galan hinterdrein. Im Grunde war er wohl ein Mann der alten strengen Freibeuterordnung, die durch Kapitän Rackam ins Wanken geraten war. Sein Spitzname war Cachelot, Pottwal, wegen seiner Massigkeit. Sein Sieg schien kaum zweifelhaft.

Die *Dragon* tat eine abgelegene Stelle koralligen Landes an, und die Duellanten nebst Sekundanten und Unparteiischen wurden hinübergebootet. Kein Zweikampf unter hoch satisfaktionsfähigen Mitgliedern militärischer oder akademischer Kasten konnte geregelter vor sich gehen. Die Kämpfer wurden Rücken an Rücken gestellt, die bereite Pistole in der Rechten, den gezogenen Säbel in der Linken oder umgekehrt, je nach Vereinbarung der Sekundanten. Auf ein Kommando marschierten die Gegner je zehn Schritte voneinander weg, drehten sich um und schossen. Keiner durfte jedoch schießen, ehe sich der andere ebenfalls umgedreht hatte.

Mary schoß schneller. Sie traf den Pistolenarm des Pottwals, eben als er feuerte. Seine Kugel pfiff vorbei. Dann fuhren die Säbel aufeinander los. Mary zeigte sich wendiger. Sie traf die Halsschlagader des Beleidigers; er stürzte und gab den Geist auf, ehe er an Bord zurückgeschafft werden konnte. Man überließ ihn der Fauna und Vegetation.

Das war im Frühling des Jahres 1720. Und nach diesem „Rechtsbeweis" scheint die bemerkenswerte Sonderordnung an Bord der *Dragon*, der gefürchteten *Drachin*, nicht mehr gestört worden sein. Die Kühnheit ihrer Mannschaft sprach sich weit herum. Und im Herbst krönte sie ihre Untaten mit der Enterung des besten der damaligen spanischen Kriegsschiffe. Einzelheiten darüber sind leider nie näher bekannt geworden. Die spanische Admiralität verschwieg sie beschämt. In der britischen Gerichtsverhandlung wurde der unbehagliche Zwischenfall nur eben erwähnt.

Da die ergatterte reichbestückte und barock verzierte Fregatte zu groß war, um in ein Versteck bugsiert zu werden, auch zu bekannt, als daß sie zur Weiterbenutzung oder als Schrott irgendwo an den Mann zu bringen war, schickte Rackam die ganze stolze Belegschaft — sie hatte keine Toten und kaum Verwundete — in die Boote, an die dreihundert Mann, übernahm dann alles, was an baren Werten und an gutem festen und flüssigen Proviant zu finden war, und legte eine wohlberechnete Lunte an das Pulvermagazin des sozusagen letzten Veteranen der vormals so mächtigen Armada und Beherrscherin der Neuen Welt. Als die Detonation erfolgte, strichen Rackams Segel schon am Horizont.

Die Teilung der Beute erfolgte in einer verschwiegenen Bucht der Insel Green Key, Grüner Schlüssel. Schon einmal hatte der in dieser Gegend zu Hoffnung und Freiheit, aber auch zum Himmels- oder Höllentor gepaßt. Man wußte es. Der Nachrichtendienst jener Tage funktionierte auch ohne Funk. Die Sekunden waren damals nur ein wenig länger. Einige von Rackams Leuten zogen nun vor, den Schlüssel selber in die Hand zu nehmen. Mit ihrem Anteil an Bargeld verschwanden sie mehr oder minder heimlich in alle Winde. Die anderen, runde zwei Dutzend widmeten sich desto ergiebiger der Beute an Vino tinto und Aqua dente und feierten den Sieg.

Unterdessen schon hagelten die diplomatischen spanischen Proteste von Havanna mit Windeseile in Richtung Nassau, das noch immer an dem Rufe trug, ein Raubnest gewesen zu sein. Und gen Kingston, wo der britische Generalgouverneur der westindischen Kolonialgebiete in der neuen Hafen- und Hauptstadt Jamaikas saß, die an Stelle des durch Erdbeben zerstörten Port Royal erblüht war. Wenn man sich dort auch ins Fäustchen lachte, wenn auch der dreiste private Schurkenstreich kaum politische Verwicklungen in sich barg, der Schein mußte gewahrt bleiben. Wenigstens versuchen mußte man, die Übeltäter dingfest zu machen; denn zweifellos waren sie englische Untertanen. Es durfte ehrenhafter sein, sie an den Galgen ihrer Nationalität anstatt an einen fremden zu liefern.

Doch die bewährte Piratenzange Hornigold hatte schon den störrischen Charley Vane nicht fangen wollen oder können. Betreffs Rackam zeigte er noch mehr Zurückhaltung. Im Jamaikahafen lagen immerhin ein paar Kriegsschiffe. Aber der Gouverneur pochte vergeblich an ihre Stückpforten. Piratenjagd? Das lag ihnen nicht. Rührte der Titel Admiral nicht aus dem Arabischen her, amir al rahl, und hieß übersetzt klipp und klar nichts als „Befehlshaber der Transportflotte"? Also! Konvoi? Ja, dazu war man bereit gegen reelle Perzente der zu beschützenden Frachten. Auch etwaige Transportbegleitung von Gütern, deren Herkunft weniger mit Konnossementen bepflastert war, kam durchaus in Frage, natürlich gegen etwas höhere Quoten. Sollte man die dunklen Lieferanten von solchem, sollte man die Garanten der eigenen Notwendigkeit absägen und damit den schönen Nebenverdienst, zumal mitten in flauester Friedensepoche? Das durfte man dem schmächtigen Salär von Seiner britischen Majestät Seeoffizieren nicht zumuten. Zudem: Den Spaniolen die piratischen Blutegel vom Fell zu klauben, das verbot sowieso schon der Flaggenstolz. Die Tabakskrämer und Zuckerreeder scheffelten trotz aller Einbußen immer noch genug und waren vor Preisstürzen sicher. Litt ihr Geiz die Geleitkosten nicht, so mochten sie sich selber gegen die Mitschlürfer helfen!

Und sie halfen sich selber. Derlei geht unamtlich sowieso schneller. Heute würde die eben geschilderte Auffassung der Marine unmöglich sein. Damals fand man nichts dabei. Und somit charterten ein paar Großfirmen, denen eine Trübung der spanischen Handelsbeziehungen nicht genehm sein mochte, eine gerade segelfertig und wohlgerüstet auf der Reede ankernde Schaluppe und heuerten gegen einen Sündenlohn den Kapitän Barnet, einen früheren Kaperer und Piraten, der sich gerade auf einen sonnigen Lebensabend eingerichtet hatte. Der denn trommelte im Nu einen Schub abgesalzener Herumlungerer zusammen und seilte los. Wohlbezahlte Erspitzelung hatte hinreichende Winke für den Kurs ermittelt.

An Bord von Jack Calicos Brigantine war man noch immer bei der Vertilgung der spanischen Spirituosen. Die dringend nötige Kielholung und Kalfaterung der lecken und bärtig bewachsenen Planken hatte man von Tag zu Tag verschoben, verblieb aber deswegen in der gegen Sicht hübsch getarnten und für dicke Schnüffler viel zu schwierig passierbaren Bucht der Grünen-Schlüssel-Insel. Über eine Woche schon feierte man den phantastischen Triumph. Man begoß ihn unaufhörlich mit dem Elixier, welches das Große größer und jedes Bedenken kleiner macht. Es war ja nicht nur die übliche Mangelkost damaliger Seefahrt zu ergänzen, es fehlte da auch im Innersten etwas, dem eine Scheinmedizin bekömmlich war. Auf der *Dragon* war gewiß eine Art Vakuum zu beachten. Nach einer so unverschämten Leistung war nichts mehr zu bieten, nur noch zu erwarten. Und gewißlich ein Echo, ein unabschätzbares. Man mußte sich zuinnerst wappnen oder betäuben. Womöglich fiel es verderblich aus. Aber war nicht ebenso möglich das Staunen der Welt, die restlose Bewunderung, die ehrenvolle Anerkennung, belohnt zumindest mit allerköniglichster Gnadenhuld? Ja, das war es, nur das! Man mußte es begießen, unaufhörlich, auf daß es der Vorstellung nicht entschwand, sondern wuchs und wuchs und als ein prächtiger Anspruch dastand, mit dem man sich gefeiert sah, in Gala, unter Kronleuchtern, auf Teppichen, so, wie man sich ohne diese fürs erste in der armen Ungepflegtheit selber feierte.

Und sollte nicht gar eine Heimkehr möglich sein in das kühle grüne England? Oder Irland? Oder Schottland? Ja, das war's nebenbei, was ertränkt werden mußte: das Heimweh. Zwei Jahre und mehr war die *Dragon* auf See, in Passat und Tornado, in Tropengewitter und sengender Flaute, ohne Hafen und Zuflucht als die entlegene kubanische Bucht, immer in Spannung, immer in Angriff oder Flucht, dem guten Willen der Zwischenhändler für die Beute immer ausgelieferter, kaum noch Zeit und Versteck findend für die Überholung des Schiffes, wofür in dem privaten Küstenloch, das Calico Jack sich auf Kuba vorbehalten, kein Platz war. Er ließ überhaupt niemanden dort an Land außer den „Damen" und sich. Denn an Land, das war anders als an Bord. An Land hörte die Gemeinschaft auf. An Land gab es Privatbesitz. Und gab Wege hierhin und dorthin.

Aber nun war man an Bord und ein Herz und eine Seele, und man verspielte mit Würfeln und Karten, was man gewonnen, und verlor und gewann neu, solange man noch klar Bube und Dame unterscheiden konnte. Schließlich verschwamm auch das, und alles war nur noch ein einziger Hymnus schwebender Verworrenheit. Man darf in diesem Falle wohl von einer schicksalhaften, halb bewußten Beihilfe zur Selbstvernichtung sprechen. In jenem raschen Morgengrauen, da Barnets Slup — aus alter Kenntnis des Fahrwassers — plötzlich schwarz vor dem aufglühenden Osthimmel stand und mit der jähen Tageshelle hereinschwalkte, war von Rackams Leuten nicht einer noch oder schon wieder nüchtern genug, um einen Plempengriff von einem Krughenkel zu unterscheiden.

Nur Anne Bonny und Mary Read, diese ungewöhnlichen Schwestern in Mars und Venus, hatten ihre Sinne noch beieinander. Aus gewissem Grunde waren sie inmitten der ungeheuerlichen Beschlauchung behutsam geblieben. Sie befanden sich nämlich in dem Zustand, bei dem der Seemann ans Kap der Guten Hoffnung denkt. Das hielt sie nicht ab, sich alsbald in die Gefechtshosen zu werfen. Und, weiß der undurchsichtige Gott aller Piraterie, sie, diese beiden Frauen, waren die einzigen der ganzen Bande, die dem enternd hereinprasselnden Haufen der Beauftragten Widerstand boten. Verzweifelt hieben und stachen sie um sich, bis ihnen hinterrücks ein Segel über die handtuchumwundenen Furienköpfe geworfen ward, und nach einem letzten wüsten Gerangel ihr Helden- und Seeräubertum ein Ende hatte.

Wie durch ein Wunder waren sie unversehrt geblieben und wurden zu dem hilflos betrunkenen Knäuel ihrer Genossen unter Deck gestaucht. Man schenkte ihnen keine besondere Aufmerksamkeit. Noch als sie im Kielwasser der Slup mit Prisenbesatzung Jamaika erreichten und an Land gesetzt wurden, fielen sie anscheinend niemandem auf. Jeder Uneingeweihte hätte wohl auch eher lebendige Tiger als etwa, und sogar zwei, streitbare Weiber auf einem Piratenfahrzeug vermutet.

Man schaffte die Bösewichter nicht nach Kingston. Dort trieb sich zuviel Gelichter umher, das der Freibeuterei gewogen war. Und sogar einige am Schwarzmarkt interessierte, sonst sehr reputierliche Kontore hätten sicher lieber einen Fackelzug als einen peinlichen Prozeß befürwortet. Deswegen verbrachte man die so unwahrscheinlich leichtlich Aufgegriffenen an den abseitigen Küstenplatz St. Jago de la Vega. Hierher auch berief der Statthalter das zuständige Gericht der Vize-Admiralität. Die spanische Bezeichnung dieser bebauten, dem Patron aller Pilger gewidmeten Aue enthüllt, daß auch bei ihr ein Raubfall vorlag. Aber Mister Penn, der die ganze Insel den Spaniern gestohlen, wie diese sie den Eingeborenen, war Admiral. John Rackam hingegen war von keiner Behörde, sondern nur von seiner Mannschaft ernannt worden. Ihn schützte kein Kabinett, keine anerkannte Flagge. Er war Präsident einer kleinen Demokratie gewesen, an deren Bestehen keiner Großmacht etwas lag.

Die Verhandlung dauerte zwei Tage, Mittwoch und Donnerstag, den 16. und 17. November 1720. Eine Abschrift der Prozeßakten wird im Staatsarchiv zu London bewahrt. Sie bestätigt vieles, was an Kapitän Johnsons Bericht sonst novellistisch anmuten würde. Allerdings stand das Vorleben der Angeklagten nicht zur Begutachtung. Es wurden nur ihre Übergriffe zur See behandelt. Und die genügten, den ganzen ernüchterten Verein zum Tode zu verdammen. Bis auf den Segelmacher, der sich als gezwungen ausweisen konnte. Er wurde freigesprochen.

Auch jetzt noch schien niemand den beiden glattgesichtigen Typen unter der bärtigen Schar — immerhin waren sie zerwettert und verdreckt wie die anderen — besondere Beachtung zu schenken. Das änderte sich mit einem Schlage, als nach der vorgeschriebenen Schlußfrage des Richters, ob jemand etwas Triftiges gegen das Urteil einzuwenden habe, die beiden sich meldeten, vor die Schranken traten und leise, aber vernehmlich sagten: „My lord, we plead our bellies."

Das war eine Formel, wie sie hin und wieder in Frauenprozessen vorgebracht wurde, oft nur als Vorwand und Versuch, Aufschub zu gewinnen. Sie besagt übertragen: Herr Richter, wir erheben Einspruch wegen anderer Umstände. — Das war allerdings in einem Verfahren gegen Seeräuber noch nie vorgekommen. Jedenfalls wurde die Angelegenheit der beiden sofort getrennt behandelt. Eine umgehende ärztliche Untersuchung bestätigte die angedeutete Schwangerschaft. Und den Piratinnen wurde ein neuer Termin zugebilligt, der 28. November, ein Montag.

Ihre Genossen wurden schon Freitag, den 18., gehenkt. Den Morgen vor der Exekution bat John Rackam den Gefängniswärter, Anne Bonny noch einmal sehen zu dürfen. Da er andere letzte Wünsche nicht hatte, wurde die Erlaubnis erteilt, und Anne wurde zu ihm geführt. Ihr Besuch aber ergab nur einen mageren Abschiedstrost für den vormals so flotten Calico Jack. Seine Geliebte, die ihm durch Top und Takel gefolgt war, wußte ihm zu böser Letzt — und wohl mit Recht — nichts zu sagen als: Tut mir leid, dich so zu sehen. Hättest du dich gehalten wie ein Mann, brauchtest du dich nicht erwürgen zu lassen wie ein Hund.

Diese Advokatentochter war sichtlich eine stabile Person. Übrigens werden in der gesondert angelegten Akte ihre Decksgefährtin Mary Read und sie schlichtweg als „Jungfern von New Providence" aufgeführt, doch wird ihrem Namen Bonny ein „alias Bonn" angefügt. Dem Gericht mochte Bonny zu sehr ein piratischer Kosename dünken; er bedeutet hübsch und mollig. Vielleicht aber hat ihr verlassener Mann wirklich Bonn, Jakob Bonn geheißen. Vielleicht war er sogar deutscher Herkunft. Genauere Paßnotizen trug man damals nicht bei sich. Dem Gutdünken des einzelnen war viel Raum gelassen, auch dem der Polizei. In strittigen Fällen griff sie zur Tortur. Doch im allgemeinen war das heutige behördliche oder gar journalistische Eindringen in Privatangelegenheiten noch unbekannt. Man gestattete dem Segelmacher sogar, seinen wahren Namen zu verschweigen. Auch Mary verriet ihn nicht. Sie gab dazu im Protokoll nur an, daß dieser Segelmacher ein ehrbarer Mensch sei und mit Piraterie nichts gemein habe; er und sie hätten sich vorgenommen, bei erster Gelegenheit ein neues, ordentliches Leben zu beginnen und eine Taverne zu eröffnen. (Dies wäre sicherlich durch ein Wirtshausschild mit vier goldenen Hufeisen geziert worden.) Anscheinend zeigte sich der Gerichtshof solchem Vorhaben gegenüber nicht zugeknöpft; er erwog Marys Begnadigung. Wäre nur einem Beisitzer nicht noch eine Frage eingefallen! Sie betraf eine Bemerkung, die Mary gemacht haben sollte, als sie zu Rackam an Bord kam. Rackam hatte sich gewundert, was für ein Vergnügen sie daran finde, sich Seeräubern anzuschließen, unter denen sie nicht nur ständige Lebensgefahr, sondern bei Gefangennahme auch einen schmählichen Tod zu gewärtigen habe. Ihre Antwort hatte gelautet: „Der Galgen schreckt mich nicht. Den Tod hab ich nie gefürchtet; das überlasse ich den Feiglingen, die Gott sei Dank durch die angedrohten Strafen von See ferngehalten werden und sich begnügen, an Land zu räubern, Witwen und Waisen zu betrügen, die Nachbarn zu schädigen, und dennoch für anständig gelten. Würden diese Halunken ungestraft den Ozean überfluten, dann wäre es bald aus mit jeder vernünftigen Freibeuterei und der Ruin von Seefahrt und Handel unaufhaltsam."

Diese Ansicht als die ihre zu bestätigen, war Mary Read ehrlich und unvorsichtig genug. Daraufhin war der Strick unvermeidbar. Und auch Anne Bonny, deren Register an Gesetzwidrigkeiten sowieso das ihre übertraf, wurde zum Galgen verurteilt. Weil jedoch in der britischen Justiz nicht erlaubt war, mitsamt den Schuldigen auch etwaige ungeborene Unschuldige zu richten, wurde die Vollstreckung aufgeschoben. Sie sollte unmittelbar nach der Entbindung stattfinden.

Mary starb gleich nach der Niederkunft, Frühling 1721, auf dem Gefängnisstroh an Wochenbettfieber. Die jüngere Kollegin, im Vorgang besser erfahren, kam besser durch. Und inzwischen hatten sich Geschäftsfreunde ihres Vaters für sie eingesetzt. Die Hinrichtung wurde hinausgezögert. Anne wurde entlassen.

Der Holländer S. Vestdijk läßt sie in seinem großartigen Roman *Rumeiland* geheimnisvoll zur Gattin des Gouverneurs von Jamaika aufsteigen.

Nach Carolina scheint sie nicht zurückgekehrt zu sein. Sie wird sich mit ihrem Säugling und dem mutterlosen Segelmacherswürmchen hinüber nach Kuba begeben haben, in die einsame Bucht, wo zwischen Urwald, Brandung, Bananenplantagen und Kolibris bereits ihr erstes Kind aufwuchs.

> *Wer will die richten, die sich frei*
> *ins Unerhörte fortgewagt*
> *und fern sind wie ein Kondorschrei*
> *und lächeln, wenn man sie beklagt?*

CHRISTOPHER CONDENT
um 1720

Piratenkapitän Condent führte nicht einen, sondern drei Totenköpfe über gekreuzten Schenkelknochen in seiner schwarzen Flagge. Es war seine Glückszahl, und er ist einer der wenigen, von deren unbehelligten Rückzug in einen gesicherten Lebensabend Kunde in die Nachwelt gedrungen. Er hatte New Providence verlassen, ehe die Staatshand sich darüberlegte. Eine Zeitlang räuberte er bei den Kapverdischen Inseln, tastete die Seeweiten des Südatlantiks ab, an Ascension und St. Helena vorbei, rundete das Kap der Guten Hoffnung und landete im Juni 1720 in einer Bucht Madagaskars. Dort begrüßten ihn einige zerlumpte Graubärte, die letzten der Kru, die sich vor sechzehn Jahren unter Kapitän Halsey hier niedergelassen. Sie und einige Veteranen erzählten Wunderdinge von den Schätzen, die sie damals im Golf von Aden erbeutet. Leider war kein Krümchen davon nachgeblieben. Nun waren sie froh, an Bord steigen zu dürfen, um als Lotsen zu dienen. Wohin? Es gab nur ein Ziel, wie vormals: die sagenhafte Mokkaflotte.

Aber die Mokkaflotte kam nicht oder war schon vorbei. Condent nahm ärgerlich Kurs in die Arabische See zur Westküste Indiens. Lange mußte er sich mit kleinen Sambuks und Patamars begnügen, darin wenig mehr als Reis und Trockentang zu ergattern war. Aber die Ostindische Kompanie fand sich trotzdem alarmiert und forderte ein Geschwader Fregatten an. Die Admiralität schüttelte den Kopf. Seit den Tagen Kidds und Everys hatte man keine richtigen Klagen mehr über Seeräuber gehört. Piraten von Madagaskar? Die waren doch längst verkommen oder von den Eingeborenen gefressen. Jeder Störung ihrer Ernten abhold, mochten die Monopolhändler Gespenster sehen.

Aber Kapitän Condent war kein Spuk. Oktober 1720 tat er den erhofften Großfang. Eine hübsche, prächtig gezierte indische Baggalat, ein wahres mogulisches Märchenschiff, fiel ihm in die Klauen, und das in Sicht der Küste Bombays. Es war voll reicher Fahrgäste, die sich klug genug zeigten, den mutigen Begleitsoldaten jeden Widerstand zu untersagen. So retteten sie wenigstens deren und ihr Leben. Condent entließ sie, gründlich ausgezogen, allesamt aufs Festland und verschwand mit der Baggalat über Süd. Er verholte seine fette Beute zur Sankt-Marien-Insel, der alten kleinen Zuflucht einer nun schon fast verschollenen Piratengeneration. Was er mitbrachte, übertraf fast das gleißende Seemannsgarn über Kidds, Tews und Everys oder gar Halseys Errungenschaften. Jeder der Gasten, die diesmal mit von der Partie gewesen, erhielt einen Anteil wertmäßig von fast zweitausend Pfund Sterling. Dabei wurden kostbare Waren wie Gewürze, Spezereien, Drogen, Seidenstoffe und Porzellan kaum beachtet und lagen über den Strand verstreut, nachdem die Horde das Eiland verlassen und sich in alle Winde zerschlug.

335

Condent und vierzig seiner Mannen fanden Unterschlupf auf der Insel Réunion, 550 Kilometer südöstlich St. Mary, wo bei einer Landegebühr, wie erfolgreiche Piraten sie zahlen konnten, niemand nach dem Woher fragte. Des Freibeuterkapitäns smartes Auftreten und Vermögen betörte zudem die Schwägerin des Gouverneurs so, daß der hohe Herr in die Verbindung willigte, um nicht eine Anne Bonny in eigner Familie zu erleben. Das Paar siedelte nach St. Malo über, wo Christopher Condent, dem dortige Verwandte der Gattin zum Start verhalfen, ein „ehrbarer Kaufmann" wurde, wahrscheinlich als Vertreter der Französisch-Ostindien-Kompanie. Damals hieß die Insel noch Ile de Bourbon und war der Handelsgesellschaft verpachtet.

In ihrer Hauptstadt St. Denis erlebte einer von Condents Mannschaft, der Bootsmann Adam, noch die Nachricht von Leutnant James Cooks berühmter Fregatte *Endeavour*, die Anno 1770 gen Tahiti segelte, um die Venus bei ihrem Durchgang durch die Sonne zu beobachten. Adam war damals schon mehr allein für die Sonne. Ihn fror allmählich trotz des tropischen Klimas. Er hatte es auf 104 Jahre gebracht und stellte damit selbst den Seeräuber Rotbart-Cheireddin in den Schatten.

Wie man's auch treibt,
schließlich treibt man allein,
und keine Sünde bleibt
als, nicht mehr da zu sein.

MEISTERPIRAT ROBERTS
1719—1722

Nachdem Howell Davis den Versuch, einen portugiesischen Gouverneur als Objekt eines hohen Lösegeldes zu verwerten, mit einem tödlichen Bauchschuß bezahlt hatte, wurde statt seiner sein Landsmann aus Wales, Roberts, gewählt. Er ist einer der wenigen Piraten, die ihren Geburtsnamen beibehalten haben. Und kein zügiger Neckname hat sich der Nachwelt eingeprägt. Es gibt zu viele Roberts', und selbst sein Vorname Bartholomew ist ungeeignet, weil zu lang, um gängig zu sein. Zu seiner Zeit aber war er drei Jahre in aller Munde der atlantischen Häfen und Seefahrt, ein geradezu mystischer Moloch der Meere.

Anfang 1719 noch war er bieder und brav dritter Steuermann auf dem Sklavensegler *Princess*, der mit Schnaps, Salz, Glasperlen, rostigen Vorderladern, Schießpulver, Bleikugeln und einem Haufen Eisenfesseln zur Goldküste wollte, um dort seine Fracht — bis auf den zuletzt aufgezählten Artikel — gegen schwarzes Arbeitsvieh für Amerika einzutauschen. Davis enthob ihn auf der Höhe von Anamabee dieser Mühe und überredete Roberts, dem noch aussichtsvolleren Gewerbe der Piraterie beizutreten.

Die einhundertfünfzig Mann, die sich unter Howell Davis zusammengewürfelt, müssen ein besonderer Verein gewesen sein. Es leuchtet ein Hauch Größenwahn darüber hin, sie fühlten sich erhaben über andere, die schlichtweg räuberten, indes sie „edle Ränke und Kriegslisten pflogen" und sich allesamt den Titel Lord beilegten. Selbst wenn sie an Afrikas Küste sich zwischen die schwarzen „Ladies" begaben, legten sie Wert auf glanzvolle Kleidung. Howell lieh sich zu diesem Zwecke bezeugtermaßweise einmal den Staatsrock des gefangenen Kapitäns Snelgrave. Was sonst sarkastischer Ulk war, die Bezeichnung der englischen Matrosen, sailor, die ursprünglich Segler bedeutet, als sealord, Seelord, zu sprechen, hier wurde es fast ernst genommen und trug entschieden zur Haltung bei.

Bartholomew Roberts nun paßte zu dieser Gesellschaft der Nobelpiraten; denn er war ein Mann von Aussehen, Benehmen und trefflicher Seemannschaft, groß, dunkel, nicht mehr jung, eben siebenunddreißig. Er selber hat sich niemals einen Titel beigelegt, der ihm nicht zukam. Die Wahl nahm er an mit der bezeichnenden, so dreisten wie verächtlichen Bemerkung: „Wo ich schon die Hände in schmutziges Wasser getaucht und Pirat geworden bin, halt ich's allerdings für besser, oben anstatt unten zu sein." — Ähnlich sagten zweihundertfünfzehn Jahre später manche, die in eine gewisse Partei eintraten: Wenn denn Gefängnis, dann lieber Wärter.

Roberts übernahm das Kommando über die *Royal Rover*, da Howells *King James* wegen Leckage aufgegeben werden mußte. Er brachte die zweiunddreißig Kanonen und siebenundzwanzig Drehbassen auf Hochglanz und hob die Stimmung mit Übernahme und Verbrennung zweier Portugiesen-Segler sowie der Beschießung jenes festen Platzes, auf dem sein Vorgänger geblieben war. Nachdem so dem Rachebedürfnis Genüge geschehen, kehrte er der Guineaküste das Heck und nahm Kurs auf die reicheren Jagdgründe mit Portugalwild gen Brasilien.

Schon unterwegs, wo in den grauen Weiten eine Möglichkeit zum Aussteigen und Aussetzen gering war, zeigte er seinen Leuten, daß er sie zu dem Besonderen, für das sie sich hielten, durchaus zu erziehen gedachte. Er setzte eine Menge strammer Artikel auf und ließ sie von jedem der Kumpane unterzeichnen. Auch dem Widerborstigsten machte er klar, daß Sicherheit zum Vorteil aller diene. Darum wurde streng verboten, nach Dunkelwerden, also bei Kerzenlicht, unter Deck zu trinken oder Würfel und Karten oder überhaupt um Geld zu spielen. Über Schwatzhaftigkeit an Land wurde nicht weniger scharf geurteilt als über Urlaub ohne Erlaubnis. Eine Frau in Männerkleidung an Bord zu schmuggeln wurde mit dem Tode geahndet. Roberts war kein Calico Jack. Er ging einen Schritt weiter. Besonders verbot er auch, Knaben in die Gemeinschaft aufzunehmen. Bei ihm gab es keine Schiffsjungen. Er scheint aus eigner Lehrzeit trübe Bedrängnisse erfahren zu haben. Denn er soll ein hübscher Mensch gewesen sein.

Und mit geradezu unbequemen Beispiel ging er seinen Leuten voran. Er war — außer etwa Bully Hayes — der einzige Freibeuter westlicher Sorte, der nichts von „Besanschot an!" hielt, also nichts von irgendwelchem Alkohol. Er rauchte nicht einmal. Ein Seemann, der nicht qualmt noch säuft, auf Wasser wie auf Balken läuft... Das eine schien so unwahrscheinlich wie das andere, in jenen Tagen sowohl wie manchmal noch heute. Und Roberts konnte seiner Mannschaft keineswegs beibringen, sich mit Tee, Kaffee und Fruchtsaft zu begnügen. Vielleicht waren letztere Getränke damals sowieso luxuriöser als Schnaps. Und sie machten innerlich wacher, anstatt gewisse Bedenken einzulullen. Das konnten die wenigsten brauchen. Auch ist betreffs Roberts keine einzige Frauenbegegnung bekannt. Er ist auch der einzige, der eine gelinde Schranke zwischen Mannschaft und sich zu legen verstand, ohne daß dieses drei Jahre lang zu Schwierigkeiten führte. Man möchte fast die Meinung über diesen Meisterpiraten hegen, er sei, ohne daß es je erkannt wurde, weiblichen Geschlechts gewesen, hermaphroditisch vielleicht, zumindest hormonisch verschoben. Auch seine ausdrückliche Anordnung, ihn, falls er falle, in voller Montur sofort in die See zu werfen, ist bemerkenswert. Er kleidete sich zudem ungewöhnlich bunt und reich. Und unterhielt ein großes Bordorchester, gönnte ihm aber strikte Sonntagsruhe. Daß er Musikinstrumente statt der Geschütze einsetzte — wenn es irgend anging —, ist weiter ein köstlicher Zug, der abseits jeden rohen Heldentums steht. Und vielleicht ist sogar seine zierliche Handschrift nicht ohne Aufschluß. Das Kupfer zu Johnsons Bericht zeigt zwar ein grobes Gesicht, indes bartlos und über schmalen Schultern. Johnsons Illustrator — dessen Name unbekannt blieb — scheint sich auf Unterlagen von Augenzeugen zu stützen, viele Einzelheiten, die über den Text des Buches hinausgehen, beweisen es. Dennoch mag die damenhaft elegante Pose der zierlichen Linken des Meisterpiraten Zufall sein, sofern es Zufall gibt.

Roberts war der erfolgreichste aller echten Freibeuter des Atlantiks. Und einer der intelligentesten und willensstärksten. Ein sicher völlig Einsamer, der verstand, genau das zu bleiben, was er war und wollte. Das Schwingen entblößter Waffen, martialisches Gebrüll und ungeheuerliche Musik, die Darbietung unabsehbarer Bedrohlichkeit, die unheimlichen Flaggen als wabernde Visionen von Durchlöcherung, Zerfleischung und abgelaufenem Stundenglas, dieses Höllenspektakulum wirkte oft zerschmetternder als der Einsatz von Kanonen und veranlaßte manches noch so gut bestückte Schiff zu unblutiger Übergabe.

Einmal segelte Roberts vor Bahia in dieser Weise mitten in eine ausreisefertige portugiesische Konvoiflotte, suchte das tiefstbeladene und größte Fahrzeug aus, ging längsseits, schickte eine Entermannschaft hinüber, die nach geringem Einspruch die Segelstellung korrigierte und das Ruder übernahm, deckte den fetten Braten mit seinem *Royal Rover* gegen den langsam erwachenden Beschuß zweier noch vor Anker liegenden Kriegsschiffe und entkam. Er muß ein fähiger Navigator gewesen sein, ein Segelkenner wie Nelson und ein beachtlicher „Kultivator" seiner Bande. Nur zwei Leute büßte er bei diesem tollkühnen Unternehmen ein. Die erbeutete *Sagrada Familia* enthielt außer Fracht an Tabak, Zucker und Häuten bare vierzigtausend Gold-Moidors, gleich zweihundertfünfzigtausend Dollar! Ihre vierzig Kanonen hatten ihr nichts genützt und ihre einhundertfünfzig Mann wurden auf den Teufelsinseln ausgebootet.

Damals hießen diese nachmals so berüchtigten Eilande noch Iles du Salut, Inseln des Heils, und waren noch keine französische Verbrecherkolonie. Auf der größten der drei ließ sich sogar gut leben. Und die Piraten wurden herzlich begrüßt. Es fanden sich dort bereits Zwischenhändler. Für den reichen Baranteil konnte dann jedes Mitglied der Besatzung so viel scharfe und sanfte Sachen haben, sei es flüssig, sei es in weiblicher Form, wie er konsumieren wollte. Roberts ließ ein paar vergnügte Wochen verstreichen, unterdes in gelegentlich härterer Anstrengung die *Royal Rover* frisch geschabt, kalfatert und getrimmt wurde.

Inzwischen wurde eine Schaluppe gesichtet. Sie kam von Rhode Island und war so gut gebaut, daß Roberts sie zum Flaggschiff erkor. Dem Kapitän gab er die große, für Piratenzwecke zu unhandliche Portugiesin. Die *Royal Rover* überließ er einem der großmäuligsten der „Lords". Rover heißt Seeräuber. Davis war mit diesem Namen unverfroren deutlich gewesen. Und besagter „Lord" begab sich damit in die Heimatgefilde der Freibeuterei zurück, nach Westindien. Was Tortuga, Jamaika und New Providence einmal gewesen, war jetzt, etwas verhaltener, St. Thomas zwischen den Jungferninseln. Unter dänischer Weitherzigkeit war dort — wenigstens nach Ansicht britischer Nachbarn — der Hort aller Schurken und Herumtreiber. Der Governor der Leeward-Inseln, William Hamilton (ein früher Namensvetter des mehr durch eine Lady berühmt gewordenen Sir William) wurde recht unmißverständlich gegen den Herrn Hannemann, so daß die *Royal Rover* abgeschoben wurde und fast den Diensteifer einer britischen Korvette erregte, die zwar so tat, als ob sie nicht so sei, jedoch vergnügt mit ansah, wie der Pirat auf die Riffe zu Nevis geriet. Was nicht ertrank, rettete sich an Land, ganze sieben Mann. Bis auf einen wurden sie umgehend gehenkt. Das Wrack schoß die Korvette in Brand.

Roberts indessen siebte die Gefilde um Barbados. Er hatte die Rhode Island-Schaluppe in *Good Fortune* umgetauft. Aber sie brachte kein Glück. Die alarmierten Firmen in Bridgetown, die vor allem ihren unvergleichlichen Sklavenmarkt gestört sahen, gaben Geld zur Ausrüstung zweier Polizeischiffe. Die „Gute Fortuna" wurde gestellt und erhielt durch einen Treffer ein so gewichtiges Leck, daß Roberts sie im Boot verlassen mußte. Er setzte auf die Brigantine über, schwang dann zur Küste Nikaraguas und brachte die Gefechtsschäden in Ordnung. Den Händlern der größten der Kleinen Antillen, so gallisch wie anglikanisch, steckte er sozusagen die Zunge, will sagen die Flagge heraus. Den Jolly Roger, den er bislang geführt, im schwarzen Felde einen Seelord und ein Skelett, die gemeinsam ein Stundenglas erheben, ergänzte er gleich phantasievoll durch einen Seelord, der nun aber nicht mehr die Hand aufs Herz legt, sondern ein Schwert zückt; er setzt zudem den Fuß auf je einen Totenschädel, und unter dem einen stehn die Buchstaben ABH, das bedeutet: A Barbadians Head = ein Kopf von Barbados, und unter dem andern AMH, das bedeutet: A Martinicians Head = ein Kopf von Martinique.

Denen zu Martinique hatte er vergebens eine Ladung Barbados-Nigger nebst Schiff angeboten. Vielleicht wollte er dann an anderer Stelle den Absatz tätigen. Carolina, Virginia waren bekannte Märkte. Ob das Geschäft zustande kam, bleibt unbelegbar, aber ebenso die Behauptung, daß er, um die Fracht loszuwerden, die ihm hinderlich war, das Schiff in Brand steckte. Ehe alle Sklaven, zwei an zwei gefesselt, in die bereitgehaltenen Kanus gebracht werden konnten, griffen die Flammen um sich. Die Ausbootung mußte abgebrochen werden. Eine Menge unglücklicher Schwarzer kam im Feuer oder im Wasser ums Leben. Die Brigantine entsegelte dem ekligen Qualm; weit stieß sie nach Norden vor, als müsse sie sich frische Luft zufächeln.

Auf den Neufundlandbänken war Hochsaison. Zweiundzwanzig Fischereifahrzeuge und Frachter lagen auf der Reede von Trepassey bei Kap Race. Roberts übernahm sie alle. Er hatte nur sechzig Mann und nur zehn Kanonen. Aber sein Name, seine Flagge und seine Musikbande lähmten jeden Widerstand. Selbst berichtende Regierungsstellen konnten dem Schneid und der Offenkundigkeit der Leistung eine gelinde Hochachtung nicht versagen. Volle zehn Tage lang besetzte Roberts den Hafen, nahm, was ihm gutdünkte, und suchte aus dem Andrang von Strolchen, Buchtkämmern und Ausgebooteten, die alle bei ihm Fortun zu machen gedachten, die Befahrensten heraus. An mehr oder minder salonfähigen Schönen, die den Landaufenthalt versüßten, fehlte es — für seine Leute — ebensowenig.

Danach weiter auf den Bänken kreuzend, reihte der „königliche Seeräuber" acht französische und englische Kabeljauschoner in die Liste seiner Opfer. Das ergab nicht viel mehr als Proviant und ein paar besonders stramme Gasten als Zuwachs. Doch fand sich als neunte Beute ein Versorgungsschiff aus Bristol, eine vorzüglich gebaute scharfbugige

Galeasse, dreimastig mit trefflicher Takelung. Er vertauschte sie mit seiner schon reichlich lecken Brigantine und wandelte die Bezeichnung in *Königliche Glücksbringerin*, in *Royal Fortune* um.

Und noch hatte er wirklich königlich Glück. Ohne Schuß und Säbelhieb fiel ihm die *Samuel* aus London zu. Sie war ein rechter Ozeaner, halb Frachter, halb Fahrgaster, auf dem Wege nach New York, die Queen Mary jener Zeit. Viele reiche Reisende waren an Bord. Ein Reporter berichtete, die Piraten seien wie ein „Schub Furien" über die Decks gestürmt. Dennoch wurde niemand verletzt. Aber die Fracht wie die guten Anzüge und die Barschaft und der Schmuck wechselten die Besitzer. Es kam sogar hier und da zu kurzen Unterhaltungen. Der Kapitän der *Samuel* wies fast gemütlich auf den ergangenen Gnadenerlaß des Königs Georg hin. Aber die Antwort war Gelächter. „Lord" Ashplant, genannt der lange Valentin, meinte herablassend, wenn sie eines Tages genug geerntet hätten, wollten sie darauf zurückgreifen, falls dann noch Gelegenheit sei. — Und „Lord" David Simpson fügte unrasiert hinzu: Und wenn nicht, dann heidi eine Lunte unter St. Barbaras Puderrock und damit lustig zur Hölle!

Die Ernte war diesmal nicht schlecht. Und wenn auch nicht die beiden eben Erwähnten, so zogen sich doch verschiedene andere mit ihrem Anteilswert von rund achthundert bis neunhundert Pfund Sterling aus dem aufregenden Piratendasein zurück. Roberts ließ sie gehen. Neue Leute von frischer Spannkraft waren unschwer zu kriegen. Jeder Schiffsjunge träumte davon, unter Roberts einmal ein gewaltiger Freibeuter zu werden. Aus der *Samuel* stieg auch einiges über. Bei vier Mann bedurfte es allerdings leichter Nachhilfe, drei davon waren Musiker. Der vierte war der Segelmeister und Navigationsoffizier Harri Glasby. In welchen Häfen der nordamerikanischen Ostküste Roberts den Haufen erbeuteter Schiffe und Fracht losschlug, ist nicht ruchbar geworden. Derlei dunkle Geschäfte wurden nicht in den Büchern geführt.

Vier Wochen später tauchte die *Royal Fortune* wiederum in karibischen Gefilden auf. Sie griff nach geübter Art in Handel und Wandel ein. Sie griff auch befestigte Plätze an, landete ihre Mannschaft, wie Morgan getan, nur daß Gewaltakte selten waren. „Rover Roberts!" Das war ein Alarmruf, der nicht gerade das Blut in den Adern gefrieren ließ. Man begnügte sich, die Arme sinken zu lassen oder auf Aufforderung hochzunehmen.

Dann kreuzte der große Freibeuter aufs neue vor den Inseln Über dem Winde. Die Kleinen Antillen hatten sich nunmehr fast endgültig in französische und englische Ansprüche geteilt. Roberts schonte beide nicht. Da er nun hörte, auf St. Christophe sei einer von der *Royal Rover* noch am Leben, versuchte er Verbindung mit der Behörde aufzunehmen und fuhr in die Hafenbucht von Bridgetown. Alsbald begann die Küstenartillerie ihn zu beballern. Roberts schoß nicht zurück, aber er enterte auf der Reede ein Schiff nach dem andern und steckte sie alle in Brand. Dann zog er sich außer Schußweite zurück und schickte dem Vertreter Mister Hamiltons einen Brief, der trotz seiner spärlichen Interpunktion einen gewissen Bildungsgrad erkennen läßt. Er lautet übersetzt:

„Royal Fortune den 27. September 1720.

Meine Herren,

Dies kommt per express von mir euch wissen zu lassen daß wenn ihr rübergekommen wärt gebührenderweise und ein Glas Wein mit mir und meinen Leuten getrunken, ich nicht eines der Schiffe in eurem Hafen angetastet hätte. Weiter sind es nicht eure Kanonen mit denen ihr gefeuert die mich schrecken oder uns hindern an Land zu kommen, sondern der Wind der nicht unsrer Erwartung gemäß wehte verhinderte es. Die Royal Rover habt ihr verbrannt und einige unserer Leute barbarisch behandelt aber wir haben jetzt ein ebenso gutes Schiff zur Vergeltung und somit mögt ihr versichert sein daß hier und hernach ihr von unserer Seite nichts anderes zu erwarten habt als das was einem Piraten ansteht und noch eins meine Herren der arme Bursche den ihr da zu Sandy point in Gewahrsam habt ist völlig unbelastet was ihm auch untergeschoben sein mag und so mit Verlaub macht euch umgehend klar laßt euch erbitten und behandelt jenen Mann als einen anständigen Menschen und nicht als einen C (committed for trial = dem Gericht ausgeliefert) wenn wir irgendetwas anderes hören dürft ihr auf keine Gnade für irgend jemanden eurer Insel rechnen der eure   Barth. *ll* Roberts"

Ob das Glas Wein bei diesem Teatotaller ernst gemeint war, bleibe dahingestellt. Das Schriftbild zeigt im Original bemerkenswert gewandte Züge, verbindliche Schwünge, in der Schrägstellung innere Bewegtheit, äußerlich gezügelt. Humor fehlt. Bezeichnend aber für diesen Charakter ist nicht nur die glatte Form, die Wertlegung auf Erscheinung und Geltung, sondern die Rückbezüglichkeit der d-Kurven. Das deutet fraglos auf ein geheimes Hängen an der Vergangenheit, auf ein Vermissen des „reinlicheren Wassers" von einst.

Merkwürdig ist das Doppel-l hinter dem abkürzenden Punkt des Vornamens in der Unterschrift. Sollte es dennoch einen Titel andeuten, einen verkappten, kleingeschriebenen L. L., einen Lord-Lieutenant, ein sarkastisches Abbild des höchsten britischen Friedensrichters und Oberbefehlshaber der Miliz?

Die Tröstung durch Macht, das Betäubungsmittel der glänzenden Hülle äußerten sich bei Roberts auch in der sorgfältigen, geradezu fürstlichen — aber wie schon gesagt etwas weibischen Kleidung. Damast, Atlas, Brokat und Seide trug er sogar im Gefecht, an Goldlitzen des roten Rockes, dem der höchsten britischen Offiziere nachgebildet, war nicht gespart. Um den Hals an schwerer Goldkette hing ihm das große Dia-

*Brigantine oder Schonerbrigg, das um 1700 herum
von den Piraten Westindiens bevorzugte Fahrzeug*

mantenkreuz, das aus der *Sagrada Familia* stammte und als Geschenk
für den König von Portugal gedacht gewesen war. Seinen Hut schmückte
eine seltene blutrote Paradiesvogelfeder. Man sieht, er hatte sich in die
Gemeinschaft eigenernannter Lords mit persönlicher Note eingefügt.

Zwischen dem 28. und 31. Oktober 1720 raubten, plünderten, ver-
brannten oder versenkten diese „Lords" in den Gewässern Haitis fünfzehn französische und englische Schiffe, ohne Gegenwehr zu finden. Der
Angriff auf einen holländischen Freihändler ging weniger glatt vor
sich. Ein Schiff dieses Gewerbes, das die Behörden als Schmuggel bezeichneten, war auf Behelligungen gefaßt. Es führte dreißig Kanonen
und neunzig am Gewinn beteiligte Mann, die wußten, was auf dem
Spiel stand. Das Schlamassel dauerte vier Stunden. Dann grüßten die
Musikanten der *Royal Fortune* mit gewaltigem Tusch die weiße Flagge
des Erledigten, und die Gasten stiegen über, die „Entlausung" vorzunehmen.

Die behördlichen Marinekapitäne zeigten sich genau wie im Falle
John Rackam ungeneigt, den Weisungen der kolonialen Regierungsstellen
zu folgen. Ihre Wichtigkeit und ihre Konvoiprozente waren durch Roberts außerordentlich gestiegen. Eine mittelbare Verbindung zu seiner
Beuteverwertung ist dabei nicht nachweisbar, aber wahrscheinlich.Vor
allem wurde der französische Handel geschädigt. Grund genug für bri-

tische Firmen und Flottenoffiziere, die Maßnahmen nicht zu übertreiben. Aber plötzlich — sicher beunruhigt durch das Ende Rackams — verschwand Roberts aus den westindischen Gewässern. Er war einer der wenigen Piraten ohne jede Basis. Seine Freunde saßen an allen atlantischen Küsten, aber sie waren nicht immer aufnahmefähig und unbespitzelt. Somit ließ er die *Royal Fortune* in das alte afrikanische Revier hinüberschwenken, begleitet von zwei „Spürhunden", der *Great Ranger* und der *Little Ranger*. Da sein Flaggenschiff aber zu mürben begann, vertauschte er es mit der Fregatte *Onslow*, die er alsbald auf den Namen des königlichen Glücks umtaufte. Sie hatte der Ostafrikanischen Gesellschaft Britanniens gehört wie andere seiner Opfer auch. Die Aktionäre waren gewichtige Herren und erreichten, daß die Admiralität zwei Segelkreuzer zum Schutze des Afrikahandels bestückte.

An Bord der *Onslow* fand sich eine Passagierin. Elisabeth Trengove. Sie hatte sich als Kinderfräulein für eine Beamtenfamilie in Cape Coast Castle gemeldet. Roberts stellte eine Schildwache vor ihre Kabine und bestimmte den gröbsten Bullen dafür, Simpson. Es war sicher, daß der niemand anderen über die Schwelle ließ.

Bis Ende 1721 hatte Roberts über vierhundert Schiffe zur Strecke gebracht. Diese Anzahl hat nicht einmal ein Brigant des Mittelmeeres erreicht. Im Januar und Februar 1722 suchte der große Pirat mit seiner kleinen Flotte verschiedentlich die Reede von Widah an der Guineaküste nahe Kap Lopez auf. Der Ankerplatz dort hinter der Barre des Papageiensandes war seit je günstig. Das Hinterland eröffnete Karawanenstraßen bis tief ins Innere von Dahomé. Vor allem blühten hier der Sklavenhandel und das entsprechende Importgeschäft an Versorgungsgütern und Tauschware. Hier saß hundert Jahre später der berüchtigte Cha Cha Don Francisco de Souza, ein Halbblut aus Rio, der den Negerexport im großen betrieb. Um 1720 war der Umsatz nicht weniger lebhaft, nur sprach man noch nicht so viel darüber. Roberts fing einmal auf einen Hieb elf gutbeladene Frachter. Am 9. Februar näherte sich ein neues Segel der Einfahrt. Es mochte der Form nach ein Portugiese sein. Roberts beorderte die *Great Ranger*, das nicht allzu üppig scheinende Wild zu beschnuppern. Es entzog sich. Aber der „große Spürhund" setzte ihm nach. Beide verschwanden hinter der Kimm.

Roberts hatte mit der Einstreichung von Lösegeld zu tun. Die meisten Kapitäne der übernommenen Fahrzeuge nutzten die Möglichkeit, in den Reederei-Vertretungen an Land oder ihnen bekannten Faktoreien das Nötige zusammenzuborgen, um mit geleertem Rumpfe wieder auslaufen zu dürfen. Auf Wunsch wurde ihnen eine Bescheinigung ausgestellt zur entlastenden Vorlage beim Heimatbüro. Eine solche lautete zum Beispiel:

Hiermit wird bestätigt, daß wir Fortunatsjäger
8 Pfund Goldstaub für die Rückgabe des Schiffes

Hardey, Kapt. Dittwitt, erhielten.
Von uns unterfertigt den 13. Januar 1722
Barth. Roberts.   Harri Glasby

Der „gezwungene" Segelmeister und Navigator Glasby war zu Roberts' Quartermeister ernannt worden, zu seiner rechten Hand also, und ihm als Verwaltungs- und Disziplinarchef fast gleichgeordnet. Ein Fluchtversuch des wie er sich nüchtern haltenden Mannes hatte daran nichts geändert. Der Eingefangene wurde zwar von der Mannschaft zum Tode des Erschießens vorm Großmast verurteilt; aber nach einigem Palaver hatte Roberts doch eine Mehrheit erreicht, die dafür eintrat, sich der tüchtigen Kraft weiter zu bedienen.

Am 11. Februar kreuzte ein Franzose in Sicht, Kurs Port Gentil. Roberts nahm sich seiner persönlich an. Der große Frachter war voll Kognak und Rotspon. Ergeben luden die Bretagner Faß um Faß auf die *Little Ranger* und die *Royal Fortune* hinüber. Achtzehn Mann ihrer Besatzung erklärten sich bereit zu unterschreiben. Die andern ließ Roberts mit dem leeren Schiff ungekränkt weiterreisen. Die Piraten legten sich wieder in die Bucht und feierten den gestohlenen Weinkeller als wahres Himmelsgeschenk. Zur Abstinenz ihres Kapitäns hatten sich diese Seelords noch immer nicht bekehrt. So sehr sie Roberts respektierten, so wenig sie die ganzen Jahre daran gedacht, ihn abzusetzen, so unbedingt sie seinen Weisungen folgten, in diesem einen Punkte hätte sein Wort versagt. Schließlich war der Alkoholverbrauch auf See damals eine Vitaminfrage. Selbst Meerschweine, wenn man ihnen eine Weile frisches Grünfutter entzieht, trinken Schnaps, vor dem sie sonst entsetzt zurückweichen.

Von den alten Leuten aus der Zeit des Howell Davis waren nur noch fünf dabei, und zwei hatten sich unter Major Bonnet betätigt. Die übrigen fast zweihundert Mann hatten im Laufe der Zeit aus den verschiedenen Beuten und Häfen sich hinzugefunden und die Abgänge ersetzt.

Der durchzechten Nacht folgte ein klarer Tropenmorgen; er sah nur Roberts und Quartermeister Glasby noch nüchtern. Auf Deck lagen Gruppen Schlafender mit noch Singenden durcheinander. Letzte Schanties, oder was deren Vorläufer waren, grüßten die Sonne oder fluchten ihr, und die letzten Töne des dahingewelkten Orchesters erstarben im lauwarm von See hereintappenden Wind. Das Frühstück war fertig. Noch stets hatte der Koch mit den zugeteilten Meßgehilfen den Mahlzeiten auf den Fersen zu bleiben gewußt, trotz schwerster Beglimmerung auch heute. Es gab ein einfach zu bereitendes scharfes Katergericht, ein Salamagundi, ein Labskaus westindischer Art, gemischt aus Pökelrind, Stockfisch, Oliven, Palmöl, Essig, Pfeffer, mit etwas Schießpulver als ermunterndem Sondergewürz.

345

Gerade war Besuch übers Fallreep heraufgeklettert, Käptn Will, ein alter Seehase, der sich gichtknochig in eine Faktoreivertretung zurückgezogen hatte und Zwischenhandel trieb mit allem, was an der dunkeln Kontinentkante anfiel. Er wurde in die Galerie eingeladen, mitzuessen. Getränk hatte er selber mitgebracht, ein paar Flaschen Hamburger Bier, aus einer Niederlage in Klein-Popo bezogen, wohin brandenburgische Schiffe derlei besorgten. Roberts trank Kaffee, schwarz wie die unruhige Iris seiner Augen und gesalzen statt gezuckert.

Will, der zugleich eine Sorte Nachrichtenbüros unterhielt, wußte zu erwähnen, daß die beiden britischen Marinepirscher *Swallow* und *Weymuth* in der Annabombucht gesehen worden seien. Sie hatten sich den Winter über in Westindien erholt. Ihre Ausfälle an Skorbut waren behoben, der Bestand noch vergangene Woche durch dreißig Freiwillige ergänzt.

„Freiwillige? Hier? Gibt es vernünftige Erdenwürmer, die zur Marine gehn?" fragte Roberts. Mit schmalem Zeigefinger strich er über die eingekerbten Buchstaben, die den Hängetisch wie die Flagge zierten. Sein Blick aber glitt immer wieder durchs Heckfenster, dahinter der Seehorizont lag wie eine frisch gewetzte Rasierschneide.

„Was blieb ihnen übrig?" nickte der Besucher: „Es sind Aufgefischte von der *Porcospino* mit deren Kapitän Hettcher dabei."

Will zog eine neue Flasche auf. Der Fraß sengte ihm das Zäpfchen.

Roberts stocherte mit der Gabel in der Perücke. Sie war schneeig gepudert wie jeden Morgen. Aber gegen Läuse half selbst die Beimischung von Pottasche nichts. Porcospino? Sein langes, glattes, windgebeiztes Gesicht verkrauste sich. Dies war kein Morgenthema. „Der Korkenzieher", sagte er (sein Lächeln zurückgewinnend), „ist von frommer Herkunft; gehörte einem Pastor, der nach Kapstadt wollte. Umgänglicher Herr, nicht prüde in allem, hätte ihn gern dabehalten, nur zum Teekochen und zur Predigt. Er wollte nicht. Zwingen tue ich höchstens einen Segelmacher, keinen Seligmacher. Also kriegte er alle seine Sachen zurück. Erstaunlich, was so ein Nachfolger des armen Herrn Jesus alles besaß. Nur seine ungemein handliche Taschenbibel behielt ich und diesen Korkenzieher. Er brauchte ihn für den Abendmahlswein, sagte er. Denken Sie an die Hochzeit von Kana, sagte ich: Vielleicht können Sie das Wunder wiederholen. Dort war übrigens nur von Krügen die Rede. Dafür braucht man so ein Ding nicht."

Käptn Wills Gichtknochen schienen jede rasche Kursänderung zu behindern. Er wischte sich den ergrauend gelben Schnauz und murrte: „Ich hatte verdammt Vorschuß auf die Niggerfracht, achtzig prima Stück, ff Ware. Hättet ihr sie über Seite geschmissen, müßte die Versicherung blechen. So hängt's mir am powern Säckel."

Roberts starrte auf die flimmernde Weite. Er sitzt da wie ein Maskeradenhäuptling, dachte Will: Kein Nigger könnt' so was genußsüchtiger, und ist doch sonst so gewitzt, mir sauber retourzuliefern, was für andere auf cif war.

Die *Porcospino* war die vorletzte der Robertsschen Beuten gewesen und voreilig in Brand geraten, ehe man die Sklavenladung ausgebootet. Will spürte mit Genuß: Den Piratenfürsten graulte nun sichtlich die Erinnerung an einen ähnlichen Pechfall zwischen Florida und Virginien. Man hatte bis Bombay davon geredet. Peinlich der stechende Qualm schmorenden Menschenfleisches und das schaurige Gewinsel! Und wenn's auch nur Viehzeug ist, heidnische Kanaker. Dennoch: Beste Ware, das war's.

„Die *Swallow?*" murmelte Roberts: „Es kreuzte in jener Stunde etwas Verdächtiges hinter der Qualmbank heran. Hab nie Lust gespürt, Seiner Majestät schlechtbezahlte Fleischhauer auszustechen. Ich bin nicht fürs Blutvergießen, das weiß die Welt."

Will entzündete eine Pfeife, strich die Qualmbank zur Seite: „Hab gehört, Mister, die beiden Königsspritzer sind nach Fernando Po, spielen Gerichtsvollzieher, treiben Gelder ein für Londoner Schmalzpamper, die den Portugallern zu treuherzig geliefert."

Roberts griff plötzlich in den brokatenen Rock und würgte die Taschenbibel hervor, stieß einen Daumen zwischen die Blätter, hielt die erkundete Stelle vors Auge, als pflege er derlei Orakelei nicht das erste Mal; tat dann belustigt, las heftig: „Paulus an die ... Hören Sie das, Käptn! ... Unser Opferlamm, für uns geschlachtet und zum Mahle bereitet."

„Es ist Christus gemeint, nicht die *Porcospino*", entgegnete Will.

„Will, und wir wollen die Kannibalen belehren? Sehen Sie, ich verabscheue jedes Hammelfleisch, seitdem ich's gelesen."

Roberts lenkte den Blick zum Horizont zurück.

Will trank ihm bescheiden zu. Er war Großabnehmer für manches. Für Gotteslästerungen war er nicht zu haben. Doch nun befliß er sich einer Warnung. Ihm war wichtig, den unabsehbaren Lieferanten sich erhalten zu wissen. Nachrichten hin und her. Die Faktoreinigger hatten es die Nacht per Trommel aufgeschnappt. Aber traue wer dem Geklapper! „Mister Roberts", sagte er vorsichtig. „Wenn ich eine Meinung äußern darf? Wechseln Sie so rasch wie möglich den Ankerplatz! Schwalben fliegen manchmal schneller, als man ahnt."

Roberts erhob sich, bewußt ragend. Sein teures Zeug knisterte. Will schätzte das auffunkelnde handgroße Diamantkreuz auf das Sechsfache der abgeschriebenen Sklavensumme. Schließlich hätte auch einer der mit Juwelen eingelegten Pistolengriffe in der seidenen Schärpe genügt, den Schaden zu tilgen.

Roberts drehte sich zur Fensterluke, schnupperte in den Luftzug. Sagte dann ungeduldig: „Wir gehn ankerauf, sobald die *Great Ranger* zurück ist. Schirmer hat sich vorgestern einen Portugalöser vorgeknöpft. Und da — wenn man vom Satan spricht — da kommt er. Oder?"

Jedes weniger geübte Auge hätte die Mastspitze übersehen, die aus dem tropischen Geglitzer der Ferne dünner als ein Mückenfühler aufspitzte. In diesem Augenblick schwang sich Glasby den Niedergang herab: „Käptn! Ein Segel!"

Auf dem Oberdeck wälzte sich betrunkenes Gegröle. Das Lied von den drei Segeln schwoll auf.

> *Drei Segel, purpurrot von Blut,*
> *holl di ran,*
> *durchstreifen kühn die blaue Flut,*
> *ran alle Mann!*

Roberts hatte das Fernglas ergriffen. Ganz leise durch die Zähne sagte er dann:„Oder!"

Und die Sekunde darauf war an Bord der *Royal Fortune* der Teufel los. Lauter als die Alarmtrompete, schriller als jede Bootsmannspfeife brüllte Roberts über die Decks. Seine Stimme vermochte den betüktesten Mann auf die Beine zu bringen. Wehe, wer jetzt ein verqueres Wort riskierte! Bei Alarm hatte der Kapitän Gottesgewalt. Und Roberts hatte gelegentlich gezeigt, daß er sie auszuüben verstand. Käptn Will verdrückte sich hurtig über Seite ins Kanu, das gewartet, und ließ sich von seinen Schwarzen zurück an Land paddeln.

Obschon außer Roberts und Glasby niemand bei Vernunft war, gingen dennoch die Segel hoch; die Ankertaue wurden kurzerhand gekappt. Schon waren die Geschütze bemannt, Munition heraufgeschleppt, das Deck mit Wasser begossen, es gegen Brandkugeln zu wappnen. Die paar nun noch völlig bewußtlos Schnarchenden wurden roh ins Galion gestopft, in den Vorbau unterm Bugspriet, dem die geschnitzte Göttin des Glücks starr lächelnd, nackt in Rosa und Gold, voranschwebte. Dort mochten sie gischtgekitzelt sich besinnen.

Jetzt war die *Swallow* klar auszumachen. Sie kam in voller Preß ihrer Linnen bei günstiger Brise unversehens näher. Jetzt mußte sie halsen, um die Rinne vor dem Papageiensand nicht zu verfehlen. Die Piraten stierten sie an. Mochte das Aas doch auflaufen! Billy Armstrong, der auf ihr gedient und letzten Herbst zu Roberts desertiert war, sagte auf einmal ganz klar: „Sie macht es! Es wäre gut, wenn wir ihr vorm Schnabel vorbeikommen und raus!"

„Wir sind doch nicht allein", meinte jemand. Aber dem war noch dämmrig. Auf der *Little Ranger*, der elenden Töle, rührte sich überhaupt nichts. Dort hatte man sich noch gründlicher geletzt. Roberts ließ, als kein Signal half, einen Achtpfünder hinüberknallen. Es traf mittschiffs. Und langsam kam man drüben zu sich, zu spät jedoch, um das Absacken zu verhindern. Viele ertranken in ihrem Suff und durften vielleicht ihrem Schöpfer danken.

Und wo war die *Große Ranger?*

Sie war mit kleiner Prisenbesetzung auf dem Wege gen Cabo Corso, dorthin, wo die Kolonialregierung saß. Oh, ran alle Mann! Die portugiesische Taube, der sie so gierig nachgebiestert, hatte sich erst weit, weit auf hoher See als englische Schwalbe entpuppt, als die *Swallow*, in den Topsegeln leicht lissabonisch getarnt. Das war Kriegslist, brave Heimtücke, der Begegnung mit den „Piratenlords" würdig. Und dann hatte sie Dreck zu speien begonnen, unangenehm treffsicher. Baldigst der halben Takelage beraubt, konnte die *Great Ranger* an Absetzung nicht mehr denken. Also hatte sie verbissen zurückgebellt, an zwei Stunden und mehr.

Dem Kapitän Schirmer, der in verschollener Jugend Deutscher gewesen, wurde ein Bein weggerissen. Doch man hatte ihn nicht umsonst mit dem Posten betraut. Er kommandierte weiter. Als dann unabwendbar die Entermannschaft der Marine in zwei Booten heranschor, und die wenigen bis dahin unverletzt Gebliebenen zu keiner Gegenwehr mehr den Mut zeigten, befahl er, das zu tun, was David Simpson mit der Lunte unter St. Barbaras Rock gemeint. Steuermann Bertin schoß darauf mit dem Terzerol in den Pulverhaufen. Aber die Zerlegung der grauschwarzen Mordmasse blieb unvollkommen. Nur Bertin, genannt der Spitzer, ging drauf, und einige wurden grausig versengt und schrien um Pardon. Schirmer ließ von dem letzten, der noch kriechen konnte, die zerfetzte schwarze Flagge herunterholen und in die See entflattern, auf daß sie nicht über dem Unglück derer wehe, die unter ihr lange mit Glück gefahren.

Die *Swallow*, nach ihrem Triumph, hatte den Kurs wieder gen Kap Lopez gerichtet, hoffend, das Flaggschiff des großen Piraten noch anzutreffen. Die Eintreibung der portugiesischen Firmengelder hatte sie dem Schwesterschiff allein überlassen.

Fast jedoch wäre Roberts noch eben entwichen, hätte er nicht bei dem schrägen Wind und dem einsetzenden Flutstrom einen leidigen Schlag über Steuerbord lavieren müssen; er wäre sonst seinerseits auf die Barre gescheuert. So geriet er in Schußweite. Es kam aber zu einem nur kurzen Feuerwechsel. Vom ersten Kartätschenhagel schon wurde er in den Hals getroffen. Er stürzte wie ein gefällter Baum. Glasby wollte ihn aufrichten, da sah er, daß die Augen gebrochen waren. Einer der Betrunkenen weinte. Glasby ließ den Leichnam zur Reling schleifen und ins nasse Grab kippen. Mit der ganzen Pracht der Kleidung, so, wie es der Tote seinerzeit in den Artikeln festgelegt. Keine Hand wagte, etwa die sechsfache Goldkette und das blutüberströmte Königskreuz anzutasten. Selbst die aus der Schärpe gerutschten kostbaren Pistolen schleuderte Glasby hinterdrein.

Als der Quartermeister sich umsah, zogen einige Torkelnde ein Hand-

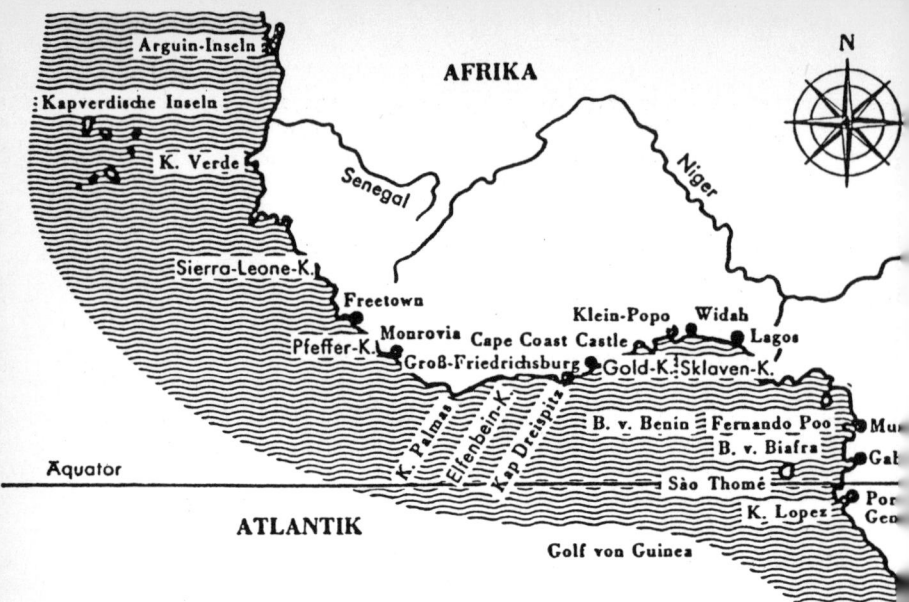

laken hoch. Es war nicht frisch, aber von weitem mochte es als hinreichend weiß gelten. Er gab keinen Gegenbefehl. Endlich winkte ihm die Freiheit. Die *Royal Fortune* hatte nur zwei Tote zu beklagen außer dem Kapitän. Ohne ihn aber, ohne den Rover Roberts, den man für sagenhaft unverwundbar gehalten, war die Mannschaft nichts. Sie hatte sich größtenteils unter Deck geflüchtet, sowieso kaum kampffähig.

Zusammen mit den Überlebenden der beiden *Ranger* wurden einhundertneunundsechzig Piraten gefangen.

Der Kapitän zur See Chaloner Ogle, Kommandant der *Swallow* erhielt den Adelstitel. Ein Sonderfall fürwahr! So hoch wurde die Bedeutung des großen Freibeuters Bartholomew Roberts gewertet. Und überdies hatte endlich einmal ein Angestellter der Krone Ernst gemacht mit der Ausrottung der Piraterie.

Vier der Gefangenen starben noch vor der Admiralitätsverhandlung. Alle anderen behaupteten, sie seien nicht schuldig, sie seien nur „gezwungen" gewesen. Der Richter hielt sich zu gerechter Belangung an die klaren Aussagen Harri Glasbys. Er kam als eindeutig „Gezwungener" frei. Ebenso alle Mediziner und Heilgehilfen bis auf einen. Und alle Musikanten. Und die achtzehn Franzosen des zuletzt geraubten, des Weinschiffes. Und weitere fünfundsechzig, denen nichts Gravierendes nachzuweisen war. Neunundreißig wurden zu langer Zwangsarbeit verurteilt. Zweiundfünfzig zum Tode. Die bewahrte Urkunde enthält ihre Namen mit dem Zusatz:

Ihr und jeder von euch wird befunden und verurteilt, zurückgebracht zu werden zu dem Orte, woher er gekommen, von hier zu dem Orte der Hinrichtung außerhalb der Tore dieses Kastells, und dort innerhalb der Flutmarken am Halse aufgehängt zu werden, bis ihr Tot, Tot, Tot seid, und der Herr sei euren Seelen gnädig.

Danach sollt ihr und jeder von euch herunter genommen werden und eure Leichname in Ketten hängen.

Datiert diesen 2. April 1722.

Cabo Corso war die älteste weiße Siedlung an der Goldküste, vormals portugiesisch, seit 1665 in englischer Hand, Hauptsitz der Afrikanischen Kompanie und Regierung. Der Name des dienlichen Hafens wandelte sich um die Zeit in Cape Coast Castle. Er war schwer befestigt. Und die Admiralität meinte sich leisten zu können, in der Gaffermenge, die zu der außergewöhnlichen Mammut-Exekution herbeigeströmt war, auch Eingeborene zuzulassen. Die Entgötterung des weißen Mannes wurde dadurch unter den Aschantis ungemein gefördert. Es dauerte dann noch fast zweihundert Jahre, ehe sie sich überzeugen ließen, daß eher sie als sämtliche Europäer an den Galgen gehörten. Heute denken sie schon wieder wie damals.

Elisabeth Trengove war übrigens als Zeugin bei der Gerichtsverhandlung aufgetreten. Sie hatte äußerst günstig für Harri Glasby ausgesagt. Nach Bootsmann Simpson wurde sie weder befragt, noch bezichtigte sie ihn irgendwelcher Übergriffe. Doch als er sie — wahrscheinlich hatte sie die ihr anvertrauten Kinder an der Hand — unter den Zuschauern entdeckte, die den bitteren Weg zum Galgen säumten, bemerkte er hörbar: „Dieser Sau hab ich dreimal beigelegen, und nun kommt sie, um mich baumeln zu sehn."

Durch Zuspruch mehrerer Geistlicher wurden nicht alle Delinquenten zu offenbarer Reue überredet. Einige wünschten ungeziert den Richtern den gleichen Tod. Willy Mayen, in der Blüte seiner Jahre, äußerte: „Wir gelten als miserable Räuber, und man läßt uns henken, weil wir arm sind, indes viele Reiche, die weit mehr Unrecht begangen, ungestraft davonkommen." — Die meisten aber fügten sich achselzuckend in das Schicksal, das ihnen seit Beginn der Piratenlaufbahn im Nacken gelauert. Nun war es soweit. Royal Rover, Royal Fortune? Das amtlich Königliche hatte über Seeraub und Privatglück gesiegt. Alas!

Henry Bunce, eben 25, äußerte, ehe die Schlinge sich über ihn legte, es seien eitle Träume von Ruhm und Reichtum gewesen, die ihn verführt. Er sprach im Grunde für alle.

Der geistvolle königliche Historiograph Frankreichs, Charles Pinot Duclos, sagte ein paar Jahre später: „Der Galgen ist eine Schmeichelei für jene, die nicht daran hängen. Er macht sie glauben, sie seien tugendhaft."

Und manches, was sich golden malt
und zehrend lockt, ihm nachzujagen,
entlarvt sich erst, wenn man bezahlt.
Mit Gold? O nein, mit Kopf und Kragen.

EDWARD ENGLAND
† 1723

Edward England hatte als armer irischer Bauernsohn früh kennengelernt, was zweierlei Recht heißt, das Recht der Herren und das Recht der Knechte. Das letztere bestand nur aus Pflichten. Er war zur See gegangen und hatte bei der Handelsmarine und auf Kriegsschiffen die gleiche Einteilung des Rechts erfahren. Darum desertierte er und ging unter die Piraten.

Als geübter Seemann wurde er bei einem Kapitän Winter Quartermeister, zeigte sich umsichtig, unerschrocken und die allgemeinen gleichen Rechte achtend. Er wurde deshalb nach Winters Ableben zum Kapitän erkoren. Sein Revier war die afrikanische Westküste. Er liebte das Blutvergießen nicht, aber er besaß nicht die Überredungskunst eines Misson und die Persönlichkeit eines Roberts. Er mußte also gewisse Ausschreitungen seiner Mannschaft dulden, um sie bei Laune zu halten. So schnappten sie eines Tages einen „Abtrünnigen", der sie fast an ein Kriegsschiff verraten hatte und „der Schinder" genannt wurde. Sie banden ihn über ein Geschützrohr und zerschlugen geleerte Flaschen an seinem Körper, bis er verschied.

Auch war die Ansicht der Leute, daß Neger und Heiden minderwertige Geschöpfe seien und keineswegs gleiche Rechte beanspruchen dürften, nicht die Edward Englands, aber er konnte nicht verhindern, daß, wie auf jedem Sklaventransporter, schwarze Frauen und Mädchen, so sie irgend unter die Fäuste der Banditen gerieten, wohllos hergenommen wurden. Als man zur Ausbesserung des Schiffes einen Platz an der Küste aufgesucht hatte, kühlte die Horde ihren Ärger über eine entgangene Beute und ein verlorenes Gefecht, indem sie ein Negerdorf überfiel und sich an Greueln sättigte, die nicht zu beschreiben sind, sodann das Dorf anzündete, danach aber Mühe hatte, das kaum schon wieder seefähige Fahrzeug zu erreichen.

Kapitän Englands Mannschaft, unzufrieden mit den atlantischen Möglichkeiten, beschloß, dem gaukelnden Phantom der Schätze Indiens nachzusegeln. Die Rote See! das war das Füllhorn aller Juwelenträume. Es ist aber das Arabische Meer gemeint. Auf Madagaskar brachten sie das Schiff in Ordnung. Es war ungemein gut gebaut, ein früherer Holländer,

Französische Piratenfregatte kehrt mit Beute heim, Anno 1700. Gemälde im Café de l'Univers zu Saint Malo

William Kidd in Ketten

Brutale Behandlung gefangener Frauen an Bord eines Piratenschiffes

wie Everys schon zur Sage gewordenes Schiff in *Fancy* umgetauft. Dann seilten sie frisch gen Nord und brachen als weiße Tiger über einige Nachzügler der Mokkaflotte her. Die Hoffnung des Kapitäns, seine Leute würden die zarten indischen Frauen rücksichtsvoller behandeln, schlug fehl. Das Ruchlose war nicht zu bekehren. „Es sind Heiden!" brüllte Store Peeps: „Und weder Teufel noch England soll mich stoppen!"

Die Beute war bedeutend. Sie wurde auf der St.-Marien-Insel geteilt. Von früheren Piraten fand man dort keine Spur mehr. Die Eingeborenen, wohlbewaffnet, grinsten und verhielten sich „teilnehmend". Kapitän England befestigte seinen Landeort, zog dann aber vor, die Insel Johanna anzulaufen, unter Mitnahme der erst halb verteilten Werte. „Sankt Missons Demokratie" war damals schon verschwunden.

In der Johanna-Bucht lagen ein Ostender Frachter und zwei britische Ostindier. Die beiden Kompanieschiffe hatten Auftrag, nach Piraten zu fahnden. Als solche nun hereinkreuzten — es hatte sich die *Victory* unter John Taylor der *Fancy* angeschlossen —, da ging der Ostender unter Segel und entschwand. Und ebenso der eine Ostindier, die *Greenwich*. Der andere, die *Cassandra* unter Kapitän Macrae, ließ sich nicht durch die schwarze Flagge am Hauptmast und die rote im Vortop der Freibeuter, die sich zudem nicht schämten, am Heck das Georgskreuz zu hissen, unter die Schürze jagen; er griff wacker die *Fancy* an. Der Geschützkampf dauerte mehrere Stunden. Die *Cassandra* verlor dreizehn Mann, vierundzwanzig waren schwer verwundet, der Kapitän selber durch einen Kopfschuß. Er hatte fast alle Munition verschossen, die Segel waren zerfetzt. Als nun die *Fancy* zum Entern näherrückte und er wußte, daß kein Pardon zu erwarten sei, beorderte er alles, was noch fähig war, in die Reste der Boote und entwich damit an den Strand. Leider mußte er drei der am schwersten Verletzten zurücklassen. Kapitän Englands Leute, in ihrer Wut nicht zu zügeln, hieben sie in Stücke. Denn die *Fancy* hatte mörderisch gelitten; sie zählte über hundert Tote und Verwundete. Die Übriggebliebenen freuten sich aber bei der Plünderung besonders über die große Medizinkiste des Schiffsarztes, darin sie sich vor allem auf die Pülverchen aus chinesischer Ginsengwurzel stürzten. Es galt als Heilmittel gegen alle möglichen Leiden.

Der Gesamtwert der Beute wurde auf 75 000 Pfund geschätzt.

Man ging daran, die *Cassandra* auszubessern, die *Fancy* aber aufzugeben und zu verbrennen. Inzwischen nahm Kapitän Macrae Verhandlungen auf, und England war milde genug, ihm die *Fancy* zu überlassen und sogar noch etwas von der Cassandra-Fracht dazu.

Macrae gelangte dann unter großer Mühsal nach Indien, wurde dort als Held gefeiert und zum Gouverneur von Madras eingesetzt. Ihm scheinen jedoch die piratischen Gepflogenheiten selber nicht fremd gewesen zu sein. Denn er verstand, von seinem Jahresgehalt, das 500 Pfund betrug, in acht Lenzen 800 000 Pfund „überzusparen".

Kapitän Taylor von der *Victory* hatte sich an dem blutigen Gerangel kaum beteiligt gehabt. Er pflegte Härte mit Vorsicht zu paaren. Seine guterhaltene Mannschaft ärgerte sich, zusammen mit den größten Krakeelern der *Fancy*, daß man den „Polypen" Macrae so ungemein liebreich behandelt habe. Sie booteten Kapitän England aus — nebst einigen, die sich für ihn erklärten — und wählten Taylor an seine Stelle.

Edward England, so gut wie marooned, erreichte mit seinen paar Getreuen, halbverhungert und -verdurstet, eine gastliche Aufnahme bei Piratensiedlern in der St.-Augustins-Bucht an der Westküste Madagaskars. Vergebens versuchte er, wieder ein Schiff zu erhalten. Sein Spottname wurde: England ohne Schiff. Er kränkelte dahin. Vielleicht hat er versucht, die Spuren des weißen *Friedenskönigs* Misson und seines Reiches „Libertatia" auszukundschaften. Sie waren schon verweht.

James Plantain, vormals Matrose bei England, dann zu Taylor übergegangen und später König von Ranters Ray, begegnete dem ausgesetzten Kapitän eines Tages und fand ihn sehr elend, geplagt von Gewissensbissen über die vergangenen Untaten, was — wie Plantain bemerkte — bei Piraten ungewöhnlich sei. „England ohne Schiff" habe dann auch wenige Wochen danach das Zeitliche gesegnet oder, genauer gesagt: verflucht.

Ein warmes Herz in kalter Horde
gleicht einem Blatt, das auf die Borde
des Schnees herniedersank und sich
sanft eingräbt, tief und wunderlich.

Unter Hunderten von Namen, die aus Registern und Dokumenten, Briefen und Akten mit dem fragwürdigen Glanz des Freibeuterischen hervorleuchten, sind in vorliegender Chronik nur die herausgegriffen, von denen mehr als nur eine Erwähnung überliefert ist. Wer war zum Beispiel Jean Tise? Man weiß nur durch Johnson, daß er von seiner eigenen Mannschaft erstochen wurde. Selten ist das Ende eines Piraten einwandfrei bekannt, es sei denn durch eine amtliche Exekution besiegelt. Benjamin Hornigold, Paul Williams, John Barges und Olivier la Bouche erlitten früher oder später Schiffbruch und entschwanden aus den Augen der Welt. Ebenso erging es John Evans, Jan Philipps und dem Engländer Roche. Und wo blieb der Piratenkapitän Thomas Barrow, der 1715 der Rädelsführer zu Nassau war und seine Streifzüge von Florida bis Maine ausdehnte? Ein Jahr später schon war Hornigold an seine Stelle getreten. John Martels Leute wurden versprengt; er selber fand Zuflucht auf einer unwirtlichen Insel und verkam. Thomas Cocklyn und Richard Sample erwischte der Henkerstrick. Jacob Life und Charles Bellamy verschollen ohne Spur. Christoph Winter starb an Bord, Nicolas Brown erwirkte Aufnahme bei den Spaniern und tat Dienst auf kubanischen Wachtschiffen, bis der Teufel ihn holte.

Thomas Anstis, von Woodes Rogers auf Piratenjagd geschickt, traf mit Roberts zusammen, hielt sich eine Weile teilnehmend bei ihm, trennte sich aber vor Afrika von ihm. Roberts war ihm zu gentlemanlike. Anstis wurde eine besondere Schandtat nachgesagt. Nach Enterung eines irländischen Schiffes, das mit Pökelfleisch gen Martinique beordert war, habe er einen Passagier halbtot geprügelt, den Oberst von Monserrat, weil der sich der Mißhandlung einer Passagierin habe widersetzen wollen, die vor seinen Augen von einundzwanzig piratischen Bestien vergewaltigt und dann über Bord geworfen worden sei. Auch hier förderte sichtlich patriotische Voreingenommenheit das Böse.

Kapitän Worley verließ September 1718 New York in offenem Boot mit neun Mann, sechs alten Musketen, etwas Zwieback, geräucherter Rinderzunge und Wasser. In der Delawaremündung beraubte er eine Schaluppe, ließ den Schiffer aber weitersegeln. Auf offener See vertauschte er dann sein Boot gegen eine Mulattenbrigg, deren Besatzung sich größtenteils zu ihm schlug. Nach sechs Wochen waren sie fünfundzwanzig Mann und hatten sechs Kanonen an Bord. Die Fahrzeuge, die sie überfielen, versenkten sie nach der Beraubung, um nicht entdeckt zu werden, die Mannschaft, soweit sie nicht beitrat, wurde umgebracht. Zu unterschreiben war nur ein einziger Artikel, der hieß: Ohne Pardon bis zum letzten Blutstropfen. — Zwei Streifenboote des Gouverneurs von

Süd-Carolina, die als harmlose Frachter getarnt waren, griff Worley versehentlich an. Der Devise getreu, fielen alle seine Leute im Handgemenge. Er selber versteckte sich im Kielraum, wurde hervorgezogen und zusammen mit einem, der schwerverwundet noch eben lebte, anderntags gehenkt.

Hauptmann Massey leitete einen Soldatentransport nach Gambia. Empört über die schlechte Unterbringung dort und durch den Hochmut der Kolonialbeamten und Faktoristen, schloß er sich der Meuterei des zweiten Steuermanns Georg Lowther an, kam nach Westindien und hatte die Piraterie bald satt. Seine soldatische Ehre schien ihm so beschmutzt, daß er sich in Jamaika dem Gericht stellte. Das war so ungewohnt, daß man ihn nach London schickte. Man glaubte, es mit einem Geistesgestörten zu tun zu haben, obschon die Afrikanische Kompanie Haftbefehl beantragte. Sein altes Regiment bewirkte durch hundert Pfund Sterling Kaution, daß er vorerst unbehelligt blieb. Es waren auch anfangs keine Zeugen gegen ihn aufzutreiben, bis dann der heimberufene Gouverneur aus Gambia anlangte nebst dem Kapitän, den man damals ausgebootet. Massey verteidigte sich nicht. Er vermehrte die Anklage durch Selbstbezichtigung, die einem modernen Volksgericht des Ostens gemäß gewesen wäre. Zweifellos nahm er die Moral, mit der sich das Soldatische in Friedenszeiten schmückt, überaus ernst. Er verlangte zu sühnen, und sein Wunsch wurde erfüllt. Drei Wochen nach dem Todesurteil Anno 1723 in Old Baily begrüßte er den Henker wie einen Freund.

Steuermann Lowther blieb bei dem erwählten Gewerbe. In Porto Rico ergänzte er seine Mannschaft durch englische Marinedeserteure, raubte einen Spanier aus und traf in der Bai von Honduras, dem alten Treffpunkt der Piraten, Edward Low, der zu ihm aus schwer beschädigtem Untersatz überstieg und sein Quartermeister wurde. Seitdem herrschte Unfriede an Bord. Low erwies sich als gemein brutal. Aber bald hatte man eine kleine Flotte beisammen. Als man zum Kalfatern einen einsamen Strand aufgesucht, erschienen plötzlich an tausend Eingeborene und fielen über die weißen Eindringlinge her. Denen blieb nichts übrig, als nach ziemlichen Verlusten sich in einer Schaluppe abzusetzen. Einander beschuldigend, hätten sie fast einander erledigt. Die Erbeutung eines Lebensmittelschiffes behob Mangel und Streitlust. Aber bei nächster Gelegenheit trennte man sich von Lowther und überließ ihm eine schöne Brigantine. Fünfundvierzig Mann, die ihm glichen, folgten ihm.

Lowther stieß bei der nächsten Unternehmung auf Gegenwehr. Er sah sich gezwungen, sein Schiff auf Grund zu setzen und an Land zu flüchten. Der verfolgende Kapitän, Gwatkins, wurde durch eine Musketenkugel getötet, und die Verfolger kehrten um. Die Piraten verbrachten den Winter unter Entbehrungen auf der kleinen Insel, bauten aus den Trümmern ihres Schiffes ein schlechtes Boot, raubten damit ein besseres, trieben sich damit zwischen Westindien und Neufundland herum, ohne viel Glück, wurden beim Kalfatern auf der wüsten Insel Blanco aufgespürt und flohen in den Busch. Fünf wurden bald, vier später ergriffen. Die anderen verhungerten. Lowther beging Selbstmord. Lowthers Quartermeister Spriggs trieb es noch eine Weile und verschwand dann ins Unbekannte. Dessen Quartermeister wiederum, Philip Line, machte sich selbständig, fand bei Enterung eines Holländers Widerstand, brachte siebenunddreißig Seeleute um, wurde bald darauf gefaßt und mit zwanzig Mann auf Curaçao enthauptet.

Low, genannt der Holzfäller, weil er als solcher zu Campeche seinen ersten Mord begangen, war unter Spitzbuben aufgewachsen. Schon als Bub lernte er das Stehlen. Sein älterer Bruder trug ihn in einer Kiepe auf Märkten herum, wo er Hüte und Perücken und alles Erreichbare einheimste. Als Pirat hatte er klein mit zwölf Mann angefangen, aber sich alsbald eine schwarze Flagge mit einem blutigen Skelett als Emblem zugelegt. Er beraubte den Schiffer Hannes Hansen, der von den Molukken kam, und im Hafen von Mossâmedes eine ganze Flotte. Das Schiff *Rose* ließ er mitsamt dem Koch verbrennen, weil dieser die Kombüse und sich selber nicht sauber genug gehalten. Solche ästhetische Empfindlichkeit paßt sich zwanglos den Grausamkeiten an, die Low nachgesagt wurden. Man weiß, daß ein gewisser Himmler vom Frühstückstisch aufstand, wenn eine Fliege sich auf die Semmel setzte. Low, dessen Name an den Aufrührer Loh zu Hamburg erinnert, der allerdings ein paar Jahrhunderte früher lebte, war, anders als Roberts, ein großer Liebhaber des Feuerwassers. Betrunken, trieb er allerlei blutige Scherze mit den Gefangenen, zumal wenn es Spanier waren, die er katholische Heiden schimpfte und sie für den gleichen Höllentopf verdammt erachtete, darin auch Kanaker und Chinesen seiner Ansicht nach schmorten. Er pflegte sie an vielen Stellen aufzuschlitzen und gab ihnen die eigenen Ohren zu essen.

Nachdem ihm aber überdies sieben der besten Englandfahrer in die Klauen gefallen, wurde die Korvette *Greyhound* beauftragt, ihn zu jagen. Low ließ ein Begleitschiff im Stich. Es hieß *Ranger* wie die Begleiter des Kapitäns Roberts. Um es gleich zu sagen: Der geflüchtete Low räuberte noch bis ins nächste Jahr, bis selbst seine Kumpane seiner steigenden Unmenschlichkeit überdrüssig wurden. Sie booteten ihn zweimal aus. Halbverdurstet, wurde er von einem französischen Schiff aufgelesen, erkannt und an die Rah geknüpft.

Der Kommandant der *Greyhound* aber erhielt ein Dankesdiplom, wenn auch kein königliches. Es ist dennoch ein ungewöhnliches Dokument und neben der Erhebung Kapitän Ogles in den Adelsstand eine Anerkennung, die im Kampfe gegen die Freibeuterei nicht ihresgleichen hat. Leider ist die bedeutsame Urkunde selber nicht aufzufinden, wohl aber blieb der Text erhalten. Er lautet:

„Beschluß des Stadtrates von New York, gefaßt in der City Hall den 25. Juli Anno 1723 in Gegenwart des Bürgermeisters Robert Walter, Esquire.

Der Gerichtshof hat den großen Dienst, den Kapitän Peter Solgard, Kommandant des königlichen Schiffes ‚Greyhound', unserer Kolonie und im besonderen allen Untertanen Seiner Majestät im allgemeinen geleistet hat, voll gewürdigt. Kapitän Solgard wurde kürzlich bei Erfüllung seiner Pflicht von zwei Schiffen, befehligt von einem gewissen Low (einem bekannten Piraten) angegriffen und in einen Kampf verwickelt. Trotz verzweifelten Widerstandes des Gegners konnte Kapitän Solgard sich eines der Schiffe bemächtigen, während das andere in der Dunkelheit entkam. Sechsundzwanzig der gefangenen Piraten wurden hingerichtet. Der Stadt und den Provinzen sind schwere Schäden und große Kosten erspart geblieben. Darum wurde beschlossen, Kapitän Peter Solgard auf Grund der hohen Achtung, die seiner Person und seinem Erfolg gebührt, zum Ehrenbürger der Stadt zu ernennen. Das Dokument dieses Beschlusses soll eine goldene Hülle erhalten, mit deren Entwurf die Herren Recarder und Rickley beauftragt werden und mit dessen Ausführung die Assessoren Kip und Krueger. Die Vorderseite wird eingraviert das Wappen der Stadt zeigen, die Rückseite die Szene des Kampfes nebst der Inschrift: Quesitos sitos humani generis hostes debellare superabam, 10. Juni 1723. Der Stadtnotar wird die geziemenderweise auf Pergament zu schreibende Erklärung aufsetzen.

Auf Veranlassung des Rats

William Sharpas,
Syndikus."

PIRATENKÖNIG VON RANTERS BAY
bis 1726

James Plantain war in Chocolate Hole auf Jamaika geboren. Unter Taylors Kommando auf der *Cassandra* segelte er wiederum zur „Roten See". Im Golf von Aden nahmen sie zwei „Mohrenschiffe" und hausten noch ungehinderter als unter Käptn Englands betretenen Augen. Sie zermürbten und plünderten einen Konvoi der Ostindischen Kompanie, erholten sich beim gutgespickten holländischen Statthalter zu Cochin und feierten die Weihnacht 1720 auf See so unmäßig, daß ihnen der Proviant ausging. Zu Skeletten abgemagert, erreichten sie die Insel Mauritius. An Geld und Juwelen fehlte es nicht, so konnten sie sich ungestört unter französischer Flagge auffrischen. Wollten dann auf der Bourboneninsel — wahrscheinlich über den Mittelsmann Condent — den größten Teil der

Mohrenbeute in bar umschlagen. Doch dann auf der Reede fiel diesen Seegeiern nochmals ein Treffer sondergleichen zu. Es ankerte ein großes portugiesisches Schiff mit dem Vizekönig von Goa an Bord, der seine Familie in Lissabon besuchen wollte. Er hatte entsprechende Reiseandenken in seiner Staatskabinenflucht. Die Gischtschlitzer überrannten seine verdutzte Wachmannschaft und ihn. Ohne das Lösegeld, das nicht gering war und über die Bank der Französischen Kompanie in St. Denis erflüssigt wurde, fielen den Plünderern Diamanten im Werte von drei bis vier Millionen Dollar in die Pfoten, außerdem eine halbe Million in Goldmünzen. Die alte *Victory* überdies verkaufte man an einen Wrackschrotter und übertrug den Namen auf die portugiesische Prise.

Der Raub wurde nach St. Mary gebracht und dort verteilt. Man war im Grunde höchst zufrieden und beglückwünschte einander, daß man seit dem bitteren Gefecht in der Johannabucht und der Absetzung Englands den Bestand der Besatzung kaum ergänzt hatte. Nun erhielt jedermann — angeblich — viertausend Pfund Sterling in bar und vierzig Diamanten.

Bei der Beute war ein sehr großer Stein, größer als der berühmte Großmogul oder Orlow in russischem Besitz oder der Florentiner, den Karl der Kühne 1476 in der Schlacht verlor, oder der Kohinoor aus der Schatzkammer des Radschas von Lahore. Der Deckshai, der ihn an Stelle von vierzig kleineren erhielt, murrte und zersplitterte das unschätzbare Objekt in einem Mörser, so daß er alsdann stolz mehr Einzelstücke sein eigen nannte als seine Kumpane.

Was sonst noch an den Strand gebracht worden aus den reichen Andenkenkisten des Vizekönigs von Goa wurde achtlos in die Sonne geworfen, die köstlichen Service, Vasen und Figuren aus edlem Chinaporzellan wurden mit den Füßen zur Seite gestoßen, noch in Scherben fürstlich. Landkrabben bezogen Wohnung in schneeweiß glatten, silberblinkend ornamentierten Drachenschüsseln aus der Werkstatt von King-te-tsching. An anderen Stellen lagen der süß duftende Zimmet und die kostbaren Gewürznelken und der teure Sumatrapfeffer fußhoch verschüttet, sammetbraune, grüne und schwarze Haufen, und mischten sich weich in den grauen, scharfen Korallensand.

Inzwischen war ein Geschwader unterwegs, die Räuber zu fangen. Aber wieder hatte Taylor Glück. Ein Brief gelangte in seine Hände. Der eingeborene Häuptling hatte von „dem großen dicken Kapitän mit den vielen goldenen Litzen", der letzthin dagewesen, Auftrag, ihn dem Kapitän zu übergeben, der demnächst St. Marien anlaufe. Hier nun also war so ein anderer weißer Kapitän. Der Auftrag wurde erledigt.

Das Sprichwort der Küste allhier hieß: Ehrlichkeit ist die Stärke der Schwachen. — Es war aber immer fraglich gewesen, wer stark und wer schwach sei. Der Brief war von Kommodore Mathews an Kapitän Cockburn von der *Salisbury* gerichtet, dem er ungeduldig vorausgeeilt. Taylor hatte in verblaßter Jugend so viel lesen gelernt, daß er dem Kollegen

Olivier La Bouche, der auch gerade zwischen den Korallenriffen sich blicken ließ, Mitteilung hinüberwinken konnte über die Reiseroute des beorderten Häschers und auch, daß hier mehr von der Sorte demnächst zu erwarten sei, und daß sie zum nächsten Treffpunkt, Bombay, nachfolgen sollten; von dort wolle man wiederum Mauritius und La Bourbon aufsuchen, danach wieder Madagaskar und so die amtliche Harke durch den Indischen Ozean ziehen, bis keine Seelaus mehr entwischt sei.

Zu meinen, die beiden Piratenhäupter hätten nun grimmig die Messer gewetzt und den Fregatten blutdürstig aufgelauert, ist abwegig. Piraten kämpften nicht gern mutwilligerweise, sondern nur, wenn es gar nicht mehr anders ging. Vor Kriegsschiffen, zumal britischen oder holländischen, hatten sie sowieso einen beachtlichen Respekt. An Beute war auf diesen Regierungskostgängern wenig zu holen. Nur unter dem Aspekt kräftigster Gewinnmaterie war ein rechter Freibeuter überhaupt zu bewegen, zum Angriff den Hosenriemen strammer zu schnallen.

La Bouche setzte sich schleunigst ab. Das letzte, was man von ihm erfuhr, war eine höhnische Inschrift. An einer bequemen Bucht der Insel Mauritius, darin das Wasser blau ist wie ihre berühmte Briefmarke, befand sich unter Palmen das Grab des Kapitäns Carpenter, eines braven Mannes, der an Malaria starb und pietätvoll von seiner Mannschaft an Land beerdigt worden war. Die Bucht heißt nach ihm. Auf seinen Grabstein schrieb der Franzose mit Holzkohle, er habe vergebens auf die Herren Vollstrecker gewartet und segle nun hinüber nach Fort Dauphin.

Tatsächlich las Mathews, von Bengalen kommend, die Zeilen, suchte auch Fort Dauphin auf, den kleinen günstigen Hafen. Aber dort war niemand. Er segelte dann die Madagaskarküste wieder aufwärts. War nicht die St.-Marien-Insel sets der eigentliche Treffpunkt der Abschäumer gewesen?

Vorsichtshalber ankerte er dreimal fünf Seemeilen unterhalb des gefährlichen Eilandes und schickte ein Spähboot los. Es fand die Insel leer. Die Hafeneinfahrt war mit versenkten Frachtern verstopft. Und auch die *Victory* Taylors war dabei. Im übrigen waren die Eingeborenen emsig tätig, am Strand und auf den Wracks Nachlese zu halten. Den beiden Offizieren der Bootsmannschaft wurde vom Häuptling ein Willkommenstrunk aus Salzwasser und Schießpulver kredenzt, so, wie es in den Zeremonien der Verbrüderung mit den Piraten ihm beigebracht worden. Die Herren lehnten höflich nicht ab. Auch nicht die ebenfalls kredenzten Häuptlingstöchter. Leider bekam es ihnen nicht recht. Der eine starb bald daran, der andere litt lange an schrecklichen Ausschlägen. Man wußte nicht, kam es vom Bruderschluck oder von den Töchtern.

Zu Charnock Point aber, wo Mathews ankerte, kreuzte ein anderer Häuptling auf, ein weißer, wohlbehangen mit Schießeisen, gesichert zudem von einer farbigen Leibgarde. Es war James Plantain. Seine Vorsichtsmaßregeln waren unnötig. Mathews wollte ihm gar nichts tun. Mathews war mehr für Geschäfte als fürs Piratenfangen. Und er nahm gern eine Einladung an in den Palast dieses offensichtlichen ... Nein! Wie nannte er sich? König von Ranters Bay. Wirklich, der Kerl hauste nicht schlecht. Da war eine regelrechte Festung, gespickt mit noch ganz brauchbaren alten Schiffskanonen. Da gab es luftige Räume, behangen mit Teppichen und Stickereien, die nur aus der Umgebung des Roten Meeres stammen konnten. Da sah man allerlei Mobiliar, dessen vormalige Verwendung auf Schiffen der Ostindischen Kompanie verschiedener Nationalität kaum zu verheimlichen war. Und draußen trat eine kleine Armee an, stramme, gut gedrillte Eingeborene, bewaffnet mit Lieferungen, die ihre Abnehmer in Kambodscha verfehlt haben mochten. Der harte Anblick wurde gemildert, als Seine Majestät geruhte, seinen Harem vorzuführen. Das war eine hübsche Reihe junger Schokoladenmädchen in verschiedenen Tönungen, aber alle mit den schönsten Seiden und Juwelen geschmückt. Nur an gutem Getränk fehlte es sichtlich. Da konnte denn Abhilfe geschaffen werden. Jedoch eine belanglose Frage noch vorauf: „Haben Eure Majestät jemals etwas von einem gewissen Piraten Taylor vernommen?"

„Doch!" lächelte Plantain: „Aber der hat sich augenblicklich sehr tief in das Innere dieser geheimnisvollen Insel verdrückt."

Kommodore Mathews fand das nur angenehm. Angenehmer noch war, daß der König von Ranters Bay nicht nur frisches Zebu- und Hammelfleisch für die Kombüsen lieferte, sondern auch Bedarf zeigte an Hemden, Socken, Hüten und Schuhwerk aus der königlichen Bekleidungskammer und freudig, prompt und großzügig mit portugiesischen Golddublonen und — Diamanten bezahlte. Am lohnendsten aber wurde der Abschluß über einige Fässer Arrak, echt insulindischen Reisschnaps, und auch ein tüchtiges Gebinde Burgunder konnte Mathews abgeben, einen Rotspon, der durch die halbe Weltreise gerade in die rechte Trinkbarkeit geschaukelt worden war.

Als nun König Plantain die Sachen an den Strand gehäuft hatte und eben den Rücken kehrte, um das nötige Gefährt für den Weitertransport zur Residenz zu besorgen, schickte Mathews eine nervige Pinasse los, ließ die teuren Oxhöfte wieder abholen, ging segelauf und entschwand. Auch die Wächter, die Plantain immerhin zu den Sachen gestellt, hatte die Pinasse mitgehen heißen. Sie brachten andernorts dann ein übriges ein, indem sie als Sklaven preiswert abgesetzt wurden.

Wie hieß das Sprichwort der Eingeborenen? Ehrlichkeit ist die Stärke der Schwachen. Der weiße Kommodore fand, bei den Starken könne Ehrlichkeit als Schwäche gelten, und er habe die ihm behördlich verliehene

Gewalt der Gerechtigkeit sowieso äußerst milde ausgeübt. Zudem weise dieser Schurke Plantain entschieden einige „Spritzer mit der Teerbürste" auf und sei nur wenig besser als die farbigen Kreaturen.

James Plantain ließ sich die Zugehörigkeit und Zuneigung zu der angeblichen Herrenrasse dieser Welt nicht vergrätzen. Schließlich war der amtliche Übergriff noch gelinde ausgefallen. Betrinken konnte man sich auch an Palmwein.

Dann hörte er, der mächtigste madagassische Herrscher, den man allgemein den „Langen Dicken" nannte, der zu Messaleage, habe eine reizend erblühte Enkelin, fast weiß und blond und sehr blauäugig. Sie war von einem Missionar auf Eleonore Brown getauft. Ihr Vater war ein englischer Kollege des freien Seegewerbes gewesen und hatte ihr christliche Bildung beigebracht.

Der König von Ranters Bay ruhte nicht, bis er dieses Kleinod erworben. Es kostete viel Blutvergießen. Denn der „Lange Dicke" hatte einige Vasallen und Armeeführer angestellt, die in der vormaligen Eskorte Taylors und anderer Piraten gelernt hatten und auch für entsprechende Bewaffnung sich zuständig zeigten. Die Banden dezimierten einander mit geübtester Grausamkeit. Plantain gewann jedoch die Oberhand. „Long Dicks" Metropole sank in Asche. Seine „Feldherren" wurden erschlagen. Seine Schätze wanderten nach Ranters Bay.

Und Eleonore wurde dort Hauptfrau und Königin. Obwohl sie ein Kind von einem andern Engländer erwartete, betete Plantain sie dennoch an, er, der in Chocolate Hole sich wegen nicht ganz reinrassiger Herkunft hatte stets auf die Seite klemmen müssen, wenn die neuen Herren Jamaikas des Weges gekommen. Königin Nelly nun sagte ihm täglich mehrmals das Vaterunser, den Glauben und die zehn Gebote vor, und er ließ es über sich ergehen, glücklich wie ein Rabe, den eine Möwe erhört. Gern hätte er dies Kleinod nebst anderen einmal den staunenden Augen daheim zu Chocolate Hole vorgeführt. Er hörte aber vom Ende der Kollegen Rackam und Roberts und meinte, da sei ein anständiger Pirat seines Lebens ja nicht mehr sicher, wenn er den Atlantik überquere.

Auch in der Nähe aber wuchs Bedrohliches. Die Lobeshymnen, die seine Untertanen vormals auf ihn gedichtet, wandelten sich in die Aufzählung seiner Grausamkeiten. Ehe sie aber in offene Schmähverse überglitten, hatte er, noch einmal die Sklavenpeitsche schwingend, aus dem besten Urwaldholz eine seetüchtige Schaluppe bauen lassen, packte seine Kleinodien zusammen, sorgte für Proviant und Wasser, wählte ein paar Getreue aus und segelte mit seiner Nelly und deren Töchterlein den langen Kurs zur Malabarküste. Er hatte schon unter dem sanften Kapitän England lose Beziehungen geknüpft zu den indischen Piraten dort. Und Fürst Angria soll ihn als handliche Kraft wohlwollend in Dienst genommen haben.

Damit entschwindet der piratische Königskomet James Plantain aus dem Gesichtskreis auch des Matrosen Clement Downing, der zu Mathews' Geschwader gezählt und einiges mitgemacht hat. Er gibt auch zu, daß keiner der gesuchten Piraten gefangen wurde. Taylor zum Beispiel sei nach Westindien zurückgekehrt und habe geholfen, die Reste der spanischen Kolonialbelange zu stützen.

Um Madagaskar herum aber waren seitdem die Piraten so gut wie ausgelöscht.

Wie auch der Tiger tobt,
die Mitwelt zu erschrecken:
Zuweilen, sanft gelobt,
möcht er ein Pfötchen lecken.

GRAF CLANCARTY
um 1730

Daheim in England hatte man andere Sorgen. Da war zum Beispiel Maccarthy of Maccarthy Donough, Earl of Clancarty, einer der Vasallen des britischen Königs Jakob II. Seinem Monarchen getreu, war er zugleich mit diesem zum Katholizismus „zurückgetreten". Beide verloren in den insularen Glaubenskämpfen Vermögen und Heimat. Clancarty wurde sogar in den Tower eingekerkert, entfloh aber nach drei Jahren und folgte dem verbannten Herrscher nach St. Germain bei Paris, wo Ludwig XIV., der luxuriöse Großstreiter des Römischen Stuhls, bereitwillig Asyl gewährte, auch gestattete, daß Graf Clancarty mit irischen Flüchtlingen an französischer Küste Landungsmanöver übte. Der Erfolg blieb aus, versagte sich ihm ähnlich wie später Sir Roger Casement. Er selber entkam. Auch verfinsterte sich der gewaltige Himmel des Sonnenkönigs, da sich dem zweifellosen Freibeutertum der absoluten Dynastie das Bedenken der anderen in den Weg legte. Und als Jakob II. verbittert starb, 1701, da verließ Clancarty das sowieso ausgesogene, mit neuen Kriegslasten überbürdete Frankreich.

Er suchte sich nun mit der vornehmen Familie seiner Frau, den Spencers, zu versöhnen, vorerst schriftlich. Er wurde abgelehnt. Und Lady Elisabeth fand nicht den Mut, England heimlich zu verlassen. Da erschien — in gehöriger Verkleidung — eines Nachts der Gatte überraschend in ihrem Schlafzimmer und — wie der Chronist berichtet — „gewann die ganze Leidenschaft der geliebten Frau zurück". Doch die Beschließerin unter den Dienstboten des Hauses hatte einen leichten Schlaf und ein im Horchen ergrautes Ohr. Sie verriet den — durchaus unkatholischen — Verwandten, wer da so unangemeldet und verborgen zu Besuch sei.

Die Verwandten verständigten die Behörde. Clancarty wurde erneut in den Tower gesetzt. Seine Gattin flehte die Obrigkeit an, die Zelle mit ihm teilen zu dürfen. Aber die Justiz war gefühllos. Man sperrte die Hingebungsvolle in eine Sonderzelle. Das nun erregte die damaligen Frauenvereine, soweit es sie schon gab, zumindest aber die teetrinkenden Damen der englischen Gesellschaft ein wenig mehr, als es den Ohren ihrer Gatten bequem sein konnte. Immerhin war der Oranier Wilhelm III. mit einer Tochter desjenigen vermählt, dem Clancarty, der Treue halber, alles Unglück verdankte. So denn wurde Gnade walten gelassen. Der Graf erhielt sogar eine kleine Pension, doch mit der Bedingung, schleunigst abzureisen.

Er wandte sich elbauf ins damals Dänische, wo vor den Toren der Hansestadt Hamburg europäische Emigranten eine Zuflucht fanden. Die Namen der Straßen Große und Kleine Freiheit bezeugen bis heute die Unvoreingenommenheit Altonas gegen Außenseiter, die aus politischen oder konfessionellen Gründen flüchtig waren. Auch war hier der Zwang der Zünfte aufgehoben. Jeder konnte ein Handwerk nach Neigung ausüben. Daß diese Freiheit sich in den Nebengassen schon damals bis ins Gewerbe der freien Liebe erstreckte, ist nicht erstaunlich. Es war wie mit der englischen Navigationsakte. Gewisse Waren waren amtlich zu selten und zu teuer. So entstanden Unternehmen wie *Brüder der Küste*, die unamtlich das Begehrte beibrachten und sich amtlich — wenn auch insgeheim — geschützt fanden. Was hier aus der Nachfrage der Seefahrer im Schatten des Welthafens sich anbot und anbietet, ist so wenig romantisch wie die Freibeuterei, aber ähnlich erklärlich. Es besagt auch, daß kein hoher Begriff so wie der der Freiheit sich in sonderlichem Teufelszirkel selber zu verschlingen vermag.

Graf Clancarty erwarb für siebenhundertfünfzig Taler ein abseits gelegenes Haus und Gelände am hohen Ufer westlich des Stadtkomplexes. Das Grundstück hieß „Der Weinberg". Ein Vorbesitzer hatte hier versucht, Rebensaft zu züchten. Und obschon der ein pfiffiger Advokat war und aus Aachen stammte, mißlang die Sache. Lady Clancarty pflanzte Rosen, und es ließ sich günstiger an. Doch das Mißlungene eines Ortes wirkt nach, wenn das bisherige Schicksal des Erwerbers dem entgegenkommt. Clancarty, einmal in die Politik geraten, blieb der irischen und schottischen Rebellen verbunden. Jede Epoche hat ihre Spionagezentrale. Was heute gelegentlich die Schweiz war, war damals Altona, das ehrgeizig neben der zugeknöpften und hochmütigen Stadtrepublik Hamburg auch etwas zu gelten gedachte und immerhin den ersten Freihafen Nordeuropas eröffnete. Von hier spannen sich geheime Fäden zu unruhigen Zellen, Winkeln und Häkchen in der ganzen damals erwachenden Welt. Die bewahrten Akten über Clancartys Verhalten erwähnen allerdings nur unbezahlte Weinrechnungen und bestrittene Alimentationsforderungen. Daraus zu folgern, wie seine Chronisten bislang getan, der Graf sei ein lockerer Vogel gewesen, und das trotz seiner solid irländischen Herkunft und seines Bekenntnisses, wäre sicher nicht gerecht. Es mag sich vielmehr um großangelegte Netze gehandelt haben, die in dem internationalen Durchgangsviertel zwischen den „Freiheiten" und den Dückdalben des Hafens neben politischen Aussichten auch einiges privatere Vergnügen mitfingen.

Der Landsitz nun sah allerlei flüchtige Gäste. Von einem „hochverräterischen Verschwörernest" zu reden, ginge zu weit. Doch hatte der Platz vorher und nachher Bewohner, die sinngemäß in den Reigen passen, auch wenn sie nicht wie Clancarty gelegentliche Freibeuter waren. Nach dem Aachener Rechtsgelehrten Rulant war es ein niederländischer Emigrant und Mennonit, als Hoflieferant der Schauenburger Grafen reich geworden. Dann kam, eben nach dem Dreißigjährigen Kriege, der Leipziger Bürgermeister Lorenz, dann der hannoversche, dann der polnische, dann der batavische Gesandte — akkreditiert zu Hamburg —. Dann der jüdische Bankier Texeira, Vertrauter der Königin Christine von Schweden. Dann, auf dem schon aufgeteilten Gelände, als Nachbar Clancartys, der Feldmarschall von Güldenlov. Und später, nach einem englischen Courtmaster der *Merchant Adventurers*, der berüchtigte General Köller-Banner, ein geborener Hesse in dänischen Diensten. Er war der Henker Struensees. Und auch Struensee, der geborene Thüringer, hatte auf dem „Weinberg" wohnen mögen, ehe er vom Altonaer Stadtphysikus aufstieg zum Leibarzt Cicisbeo und unumschränkten Minister des Kopenhagener Hofes. Dort jedoch kam er wegen geradezu freibeuterisch demokratischer Ansichten zu Fall durch jene, welche sich in ihren Vorrechten beraubt fühlten. Mit Hilfe von dreihundert „piratisch" eingesetzten Matrosen wurde der Mächtige gestürzt. Der General überlebte ihn um runde vierzig Jahre, doch unstet umhergetrieben und von Selbstmordneigung verfolgt. Das hinderte ihn, den Henker, nicht, den gekauften Besitz als Gastwirtschaft und Vergnügungslokal zu nutzen, was denn der Adjutant des französischen Revolutionsgenerals Dumouriez, Rainville, weitberühmt fortsetzte. Es ist noch erwähnenswert, daß auf der andern Seite der Straße der Messiassänger Klopstock begraben liegt.

Über dem Ufer, wo Clancarty so kurz sich niedergelassen, baute eines Tages Salomon Heine ein Sommerhaus. Er hatte es von einem armen kleinen Besitzer eines bescheidenen Wechselgeschäfts zum allmächtigen Bankherrn gebracht, dem es leichtfiel, der Wahlheimat Hamburg — er stammte aus Hannover — nach dem großen Brande 1842 die Gelder zur Auferstehung vorzuschießen. Sein Neffe Heinrich scheint die sonderbare „Bedrängnis" des Ortes tiefer als nur familiär empfunden zu haben:

Vermaledeiter Garten! Ach,
da gab es nirgends eine Stätte,
wo nicht mein Herz gekränket ward,
wo nicht mein Aug geweinet hätte . . .
Am Ende der Allee erhob
sich die Terrasse, wo die Wellen
der Nordsee zu der Zeit der Flut
tief unten am Gestein zerschellen.
Dort schaut man weit hinaus gen See.
Dort stand ich oft in wilden Träumen.
Brandung war auch in meiner Brust.
Das war ein Tosen, Rasen, Schäumen —
ohnmächtig gleichfalls wie die Wogen,
die kläglich brach der harte Fels,
wie stolz sie auch herangezogen. ·
Mit Neid sah ich die Schiffe ziehn
vorüber nach beglückten Landen . . .

Die leicht freibeuterische Stimmung dieser Verse wird auch auf Clancarty passen. Und vielleicht sogar auf diesen oder jenen Besucher der Gegend heute, die teils Volkspark geworden ist, teils eine ehrbare Seefahrtsschule trägt.

Den Tautropfen in den Gartenrosen aber wird die schöne Elisabeth, geborene Spencer, manche Träne zugesellt haben. Sie war seit ihrem elften Lebensjahre mit dem unruhigen, vier Jahre älteren Manne verbunden (1684). Ihre Freundin Annabella Churchill schien die bessere Partie gemacht zu haben, und war sie auch nur die Mätresse Jakobs II. gewesen, so brachte das ihrer Familie doch just in dem gleichen Jahre 1702, da der Name Clancarty in den Gerichtsprotokollen an der Elbe auftrat, den Herzogstitel ein. Die Spencers erbten diesen allerdings später, aber die Lady zu Altona-Ottensen hatte nichts davon. Auch mußte sie schon nach Jahresfrist den hübsch gelegenen Weinberg-Rosengarten aufgeben. Ihr Mann verkaufte den Besitz mit Gewinn, um seine Verpflichtungen zu decken. Er erwarb ein Anwesen weiter stromab zu Wittenbergen am Strand. Dort war es noch einsamer. Und unauffälliger als zu Ottensen gingen dort Gestalten aus und ein, die von fremden Schiffen im Boot übersetzten und der dänischen wie hansischen Paßkontrolle auswichen. Das Haus war seit alters eine Art Schmugglerspelunke gewesen. Der Lady schien es nicht zu behagen. Anno 1704 schloß sie für immer die Augen.

Dort, zu Wittenbergen-Rissen, hatte zuvor auch ein Poet geweilt und ein Lustgärtchen besessen, Pastor Rist, der Gründer des *Elbschwanenordens*, Verfasser des Chorals *O Ewigkeit, du Donnerwort*, darin es tröstlich heißt:

Kein Unglück ist in aller Welt,
das endlich mit der Zeit nicht fällt
und ganz wird aufgehoben.

Und auch mahnend:

Wach auf, o Mensch, vom Sündenschlaf,
ermuntre dich, verlornes Schaf,
und bess're bald dein Leben!

Diese beiden beherzigenswerten, obschon protestantischen Äußerungen drangen keineswegs in die Clancartyschen Lebensumstände. Den juristischen Befunden, die gegen ihn sich häuften, fügte der Graf nun seinerseits eine Klage hinzu. Er beschuldigte eins seiner Dienstmädchen, es habe ihm silberne Löffel gestohlen. Das mochte besser stimmen als bei dem Verdacht, dem die Mutter der Piratin Anne Bonny ausgesetzt gewesen. Graf Clancarty stammte übrigens wie sie aus der Corker Gegend.

Die Verhandlung — Vol. B. XI. 4. Nr. 1118, Anno 1703, X. Staatsarchiv Schleswig — ergab, daß die Verhältnisse im Wittenberger Haushalt Clancartys noch weniger geordnet waren, als der adlige Emigrant es von den englischen erhoffte. Er bezahlte weder seinen Koch noch die Haushälterin, noch den deutschen, geschweige den englischen Diener oder gar die verschiedenen Stinen und Trinen, die als „Deensdeerns" angemustert waren und von denen seine Kinder Plattdeutsch lernten. Den Lieferanten erging es nicht besser. Die Bediensteten suchten sich durch unerlaubten Zugriff schadlos zu halten und liefen weg, und die Bäcker, Schlächter, Modisten und Handwerker pfiffen auf die vornehme Kundschaft und riefen nach dem Büttel.

Aber der Graf war schwer zu fassen. Zumeist war er verreist, „seiner Geschäfte halber drei Meilen hinter Bremen". 1707 wechselte er wiederum das Standquartier. Er kaufte — sicher nicht von eigenem Geld — die Insel Rottum. Das ist ein einsames Sandstück mitten im Watt vor der Emsmündung und holländisch, Borkum benachbart. Hier half er — noch offner als zu Wittenbergen — seinen Finanzen auf durch schlichten Strandraub und Anteil an Piraten-Unternehmungen. Letztere liehen sich den Mantel fortschwelender Rebellion und waren dem katholischen Teil des Hauses Stuart verschworen wie die Bayernpartei ihrem Kini, nur handgreiflicher. Gewiß hat die britische Faktorei zu Hamburg, darin einige gebürtige Schotten gelegentlich den Ton angaben, den Konspiranten Clancartys, obschon er Ire war, Vorschub geleistet, wenn auch nicht für lange. Den Kaufherrn reizt auf die Dauer nur das Solide.

Zu Groningen wurde noch vor kurzem erzählt, welch muntere Feste damals auf dem öden Eiland Rottum gefeiert wurden. Bei auflandigem

Wind habe man die Musikkapelle, die der Graf sich hielt, bis an die Küste vernommen. Groninger Fischer berichteten von erstaunlich edlen Herren und schönen Damen, die dort verkehrt, und wie sich manche gegen guten Fährlohn von und an Bord fremder Schiffe haben befördern lassen. Andere seien heimlich zur Nacht in eignen Fahrzeugen gelandet oder abgereist. Die Regierung der Generalstaaten sah sich zeitweise sogar genötigt, durch Kriegsschiffe das Inselchen bewachen zu lassen, den Vorstellungen Londons zuliebe. Doch wurde selbst das an einem Mastbaum aufgepflanzte Plakat nicht entfernt, das jedem, der in See treibende Güter heranführe, die Hälfte des Wertes versprach.

Der Graf ließ sich weder beirren noch fangen. Fast ein Vierteljahrhundert hielt er es auf Rottum aus. Von den Groningern sah er sich besser verstanden als von den Hamburg-Altonaern. Der Ort lag zudem günstiger am Segelweg gen Britannien und Irland und in die weite Welt. An Bringern und an Abnehmern für Piratenbeute fehlte es nicht. Seine Fäden gen Altona, Dockenhuden, Blankenese und Wittenbergen waren übrigens nie ganz abgerissen. Er besaß dort Gewährsleute, die ihm Schiffahrtsnachrichten zukommen ließen, und auch in der Nordecke Frieslands, bei Kollum, unterhielt er einen Beobachterposten.

Im Jahre 1731 verschwand der „tolle Graf" aus dem Wattenmeer der Nordsee. Vielleicht hat er an den letzten Kämpfen der Hochlandschotten gegen die englische Krone teilgenommen. Eine andere Fama weist nach Westindien, wo Clancarty zu den letzten der dortigen Freibeuter gestoßen sein und mit ihnen Neufundland geschröpft haben soll. Doch mag dies damit verwechselt sein, daß sein ältester Sohn, Robert, in englischem Seedienst 1733—35 dort Statthalter war.

Anno 1733 tauchte der Graf wieder an der Elbe auf und erwarb nahe Altona das Gut Praalshof, starb aber eben dort schon ein Jahr darauf. Seine Gläubiger hatten das Nachsehen. Er hinterließ nur Schulden. Doch erwies sich, daß die einsame Spelunke zu Wittenbergen ihm noch immer gehörte. Erst 1783 wurde das völlig verwilderte Grundstück losgeschlagen an Johann Wilhelm Meyer, von welchem aber nichts weiter zu berichten ist.

Doch lockerte sich in diesem Jahre die brutale Faust Englands, die auf Irland lag und gegen die Clancarty vergebens sich empört.

Um 1850 sah ein Fischer vom Strand zu Blankenese aus einen Fremden an Bord seines Ewers. Der Mann schien altmodisch, aber kostbar gekleidet, soweit es bei dem diesigen Wetter zu erkennen war. Unwirsch verwundert, preite der Fischer ihn an. Daraufhin zückte der Fremde ein Pistol, sprang von Deck und kam, wie Petrus auf dem Wasser wandelnd, wilden Auges auf den Eigentümer zu, zerging aber sodann wie der Qualm aus dem Brösel des Erschrockenen, ehe das Ufer erreicht war. Ob dies der Geist Clancartys gewesen, läßt sich ebensowenig erhärten wie die Sage, der unbequeme Graf sei, als er an die Elbe zurückgekehrt

Kapitän „England ohne Schiff“, der wegen offenbarer Milde von seiner Mannschaft abgesetzt wurde

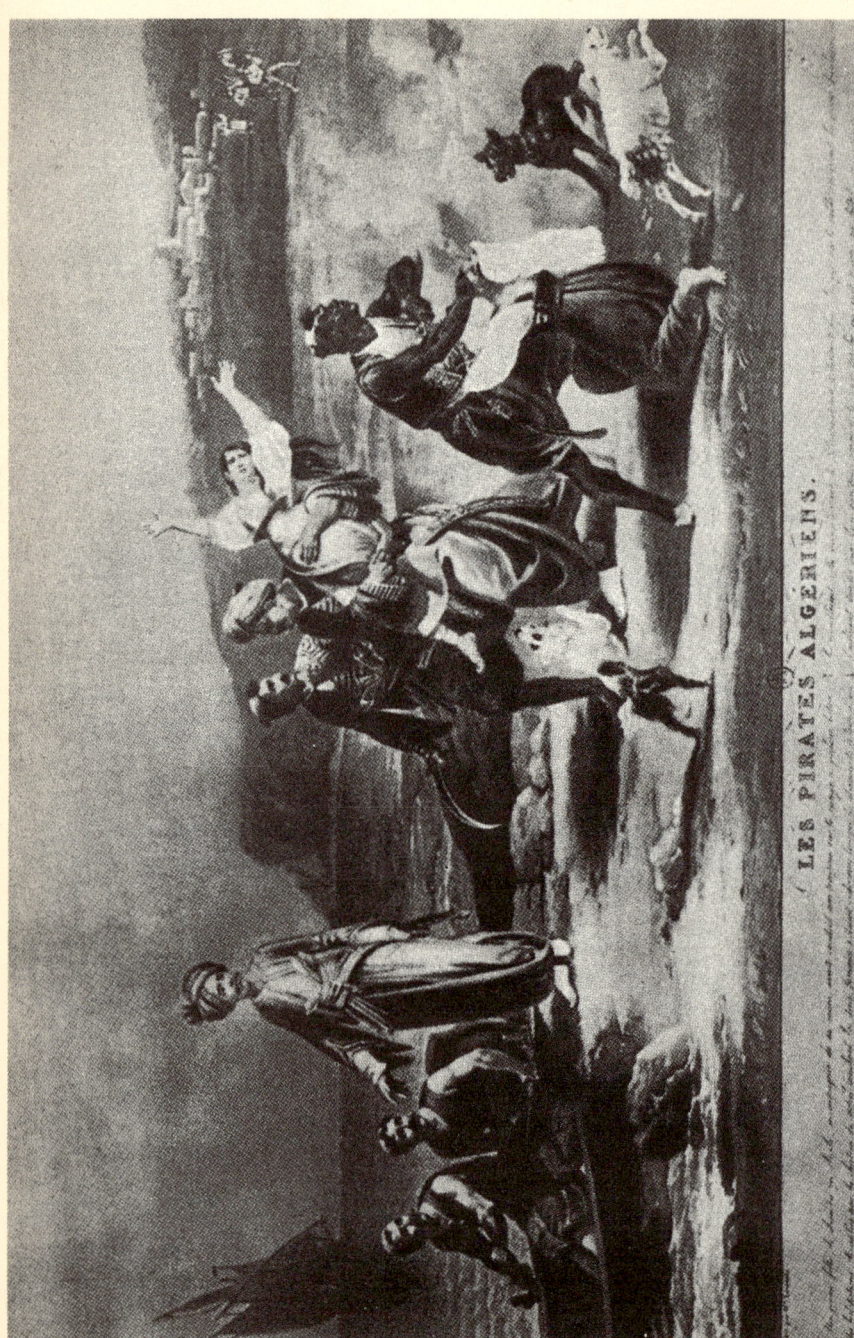

LES PIRATES ALGÉRIENS.

war, von handfesten Geschädigten erledigt und unter dem hohen Ufer
Wittenbergens verscharrt worden.

Was mächtig scheint und toll,
wer weiß, was darin tagte
und was an Sinn und Soll
sich mühte und versagte.

HARK OLUFS IN DER BARBAREI
um 1730

Auf dem Friedhof beim Dorfe Nebel auf der nordfriesischen Insel
Amrum steht ein merkwürdiger Grabstein. Er trägt kein Kreuz, sondern
ein griechisches Giebelfeld. Darin erkennt man, in den Sandstein gehauen
und von Wind und Wetter verschlissen, nicht den Walfisch oder das
Walfängerschiff manch andern stillen Schläfers, sondern einen Turban,
dazu einen Bogen mit Köcher und Pfeilen, eine Trompete und eine
Reiterstandarte. Darunter, zierlich und deutlich eingemeißelt, ist zu lesen:

Hier liegt der große Kriegesheld
Ruht sanft auf Amrums Christenfeld
als der Selige
HARK OLUFS

So daselbst gebohren auf Amrum Anno 1708 den 19. July. Bald darauf in seinen jungen Jahren ist er Ao. 1724 d. 24. Marty gefangen
genommen worden. In welcher Gefangenschaft aber hat er den Türkischen Bey zu Constantin als Canadaje 11 und ein viertel Jahr gedinet,
bis Ihm endlich dieser Bey Ao. 1735 d. 31. October aus gewogenheit
zu ihm Seine Freyheit geschenket, da er denn das folgende Jahr darauf
Ao. 1736 d. 25. April glücklich wiederum alhier auff Seinem Vaterland
angelanget ist. Und sich also Ao. 1737 in dem Stande der heiligen
Ehe begeben mit

Antje Harken

Solche sich nebst 5 Kindern in dem betrübten Witwenstande befindet.
In solcher Ehe haben sie aber einen Sohn und 4 Töchter gezeuget. So

Algerische Seeräuber
Gemälde von Lecomte

mit Ihr alle den Tod ihres Vaters fühlen müssen, da er gestorben ist
Ao. 1754, d. 13. October und sein Leben gebracht auf 46 Jahr und
13 Wochen.

Die Rückseite schmückt folgende Poetik:
Gott gebe dem Leibe eine fröhliche Auferstehung am jüngsten Tage.
An den Meinigen ruffe ich aus dem Grabe noch diese Zeilen zum
Andenken zurück:

> *Ach, leider: in meinen jungen Jahren*
> *Must ich zum Raub der Algierer fahren*
> *Und halten fast zwölf Jahr die Slaverey*
> *Doch machte Gott durch seine Hand mich frey*
> *Darum sage ich noch einmal:*
> *Ich weiß mein Gott ich mus nun sterben*
> *Ich will, eins aber bitt ich aus*
> *Las doch die Meinigen nicht verderben*
> *Bewahre du das Witwen Haus*
> *Ach Gott weil ich nicht sorgen kan*
> *So nimm dich Frau und Kinder an.*

Hark Olufs hatte als Schiffsjunge auf dem Dreimaster *Die Hoffnung*
angemustert und hatte zu Hamburg, dem Auslaufhafen, gerade noch
miterlebt, wie zwei Schwindler und Stubeneinbrecher schwer gefoltert,
auch mit Handschellen versehen und mit einer eisernen Stange, daß sie
die Hände nicht zusammenbringen konnten, schließlich mit Strick und
Kette gehenkt worden waren. So gut vorbereitet für zu erwartende
Abenteuer, vielleicht auch mit dem Schiffsnamen hoffend, in weniger
brutale Gefilde zu kommen, fand er das harte Leben an Bord erträglich,
war auch auf der kargen Nordseeinsel Amrum mehr auf Dornen als auf
Rosen gebettet gewesen. Und da endlich das widrige Wetter des Ärmelkanals hinter ihnen lag und auf der Höhe der Scilly-Inseln die märzliche
Kühle schon vom Golfstrom erwärmt war, nun auch die ungeheure freie
Weite des Ozeans sich breitete, da mochte dem blonden Jungen das Herz
höher schlagen. Die Knabenträume von tropischen Küsten, von Palmen,
bunten Papageien, wundervollen Früchten und — in erster, scheuer
Ahnung — fremden braunen, willfährigen Mädchen rückten der Erfüllung näher. Denn der Kurs lag gen Westindien.
    Unvermutet aber rauschte ein Auslieger mit eigentümlicher Besegelung
über die Kimm und erwies sich als ein rechter und tückischer Türk,
wenn denn dieses Wort im Türkischen wirklich Barbar und Unhold
bedeutet. Es war ein Barbareskenpirat aus Algier, deren sich damals
mehrere in atlantische Gewässer trauten. Ihnen fielen in kurzer Zeit
drei große Hamburger Schiffe zum Opfer. Was im einzelnen dabei ge-

schah, wird sich dem allgemeinen Ablauf solchen Vorganges unrühmlich anschließen. Hark Olufs aber fand sich mit drei ebenfalls strohblonden und blauäugigen Matrosen, die gleich ihm von Amrum in die Freie Hansestadt an die Elbe gepilgert waren, um die Welt zu sehn, auf dem Badestan zu Algier wieder. Er ging für 1000 Goldfranken weg, also muß er ein gutes Objekt gewesen sein. Außerdem wurde diese Christenware rarer. Der Aufkäufer setzte ihn um das Doppelte an den Bey von Constantine ab. Von seinen Kameraden sahen er und die Öffentlichkeit nichts wieder.

Hark aber fügte sich in sein Schicksal, und eben nicht verwöhnt, erledigte er die ihm aufgetragenen Dienste gelassen, umsichtig und ordentlich, gewann das Vertrauen seines Herrn und erhielt sogar die Erlaubnis, mit einem deutschen Forschungsreisenden zu sprechen, mit einem Gärtner Augusts des Starken, der in Nordafrika seltene Blumen und Pflanzen für die Dresdner Hofparks sammelte. In dessen Tagebuch soll sich die Notiz befinden, die lautet: „Traf heute auf drei neue Spezies und einen Jüngling, der mir half. Er sah deutsch aus, sprach aber einen unverständlichen Dialekt, wohl Plattdeutsch oder Friesisch, sagte, er sei Sklave beim Bey und ob ich etwas zu seinem Loskauf ermöglichen könne. Da aber wären wohl viele, und meine Aufgabe ist es nicht . . .“

Im übrigen hatte Hark Olufs es nicht schlecht. Der Fürst zu Constantine, das damals eine gewisse Selbständigkeit aufwies, erkannte die angeborene und anerzogene Ehrlichkeit des jungen Friesen und erhob ihn nach anderthalb Jahren zu seinem *Casnadaje*, seinem obersten Schatzmeister. Und eines Tages wurde ihm sogar das Kommando über die berittene Leibwache des Fürsten anvertraut. In der Heimat hätte man wohl darüber gelacht. Denn auf den Inseln vor der schleswigschen Küste galt das Sprichwort: Ein Seemann zu Pferde ist ein Greuel vor Gott. — Das mag für das Hippodrom in der Großen Freiheit zu St. Pauli-Altona gelten. Für die milde Sklaverei Harks mochte es eine willkommene Abwechslung sein, und er wird sicher keine üble Figur gemacht haben auf den edlen Pferden, deren Stammbaum bis vor Mohammeds, ja, Christi Geburt zurückreicht.

Ob er zum Islam übergetreten ist, fragt eine zarte Stimme. Man weiß es nicht. Auf den Nordseeinseln wohnt der liebe Gott in Sturm und See. Olufs Grabstein zeigt, daß man Gottes Pronomen nicht groß schrieb. Vormals hieß Gott wahrscheinlich Wotan. Er konnte vorübergehend auch gut mal Allah heißen. Das tat der wackeren friesischen Haltung keinen Abbruch. Um die Zeit vertrieb der Erzbischof von Salzburg gerade rund zwanzigtausend Protestanten gen Ostpreußen. Und August des Starken Nachfolger prügelte sich um Polen, dessentwegen doch der Hof extra katholisch geworden war.

Daß nun aber der Schiffsjunge von Amrum gar zum Kommandanten von vierzigtausend berittenen Spahis wurde und erfolgreiche Gefechte gegen Nebenbuhler und Nachbarn seines Herrn führte und alle Schrecken, Grausamkeiten, Hinterhälte und Siegesfeiern solchen Postens gesund überstand, klingt wie ein orientalisches Märchen, scheint aber Tatsache. Es gibt eine rührende — spätere — Briefstelle von ihm, die in heutiger Rechtschreibung lautet: „In den Augen des Volkes dort war ich ein angesehener Mann. Doch war ich in Wahrheit nur ein Sklave. Ein kleines Versehen, und ich wäre ebenso tief erniedrigt worden, wie ich damals erhöht war. Ich ging jeden Tag mit meinem Leben in meiner Hand. Aber es war mir gleich, ob ich lebte oder stürbe."

Denn er litt an Heimweh. Eines Tages trat er vor den greisen Herrscher Constantines und bat um seine Freilassung. Der fast hundertjährige Despot erschrak und wunderte sich zugleich. Hatte Hark Olufs, sein Sklave, nicht alles, was das Herz begehren mag, Geld, schöne Kleidung, irdische Güter, Sklavinnen und Freuden, ein sorgloses Leben und großen Ruhm?

Der Fremdling aber wußte, daß der Neider viele waren und daß nach dem Tode des Beys seine Stunde sowieso schlagen würde, anders, als er erstrebte. Der Sarazene nun erwies sich als ein guter Glaubensbruder des Saladin, gewährte den Abschied und sagte: „Kapitän, ich danke dir für deine treuen Dienste. Und habe ich dir etwas zuwider getan, wirst du mir gewiß verzeihen."

Hark fiel bei diesen Worten geflissentlich — und sicher auch echt bewegt — auf die Knie. Der Barbareske hob ihn auf, und indes ihm die Tränen in den Bart rannen, legte er segnend die Hände auf das friesische Haupt und sagte: „Geh mit Gott!"

So hat Hark es später auf Amrum erzählt. Über Algier, Marseille kehrte er auf dem Landwege über Lyon und Paris und Hamburg heim, um nicht noch einmal und etwa christlichen Seeräubern zu begegnen.

Sein Vater war ihm entgegengereist und wurde halb osmanisch, halb friesisch mit „Adj, Adj, man leewe Adj!" begrüßt, und der Alte erklärte beglückt, er habe den Namen der unglücklichen Bark *Die Hoffnung* nie bei sich untergehen lassen, wie denn auch der Pastor ihn bestärkt habe mit dem Vers:

> *So wenig Gottes Wort kann lügen,*
> *so wenig kann die Hoffnung trügen.*

Der Ankömmling erregte in der vielgeschäftigen, merkwürdige Gäste gewohnten Hansestadt, obwohl er seine wunderbare sarazenische Generaluniform anbehalten hatte, lange nicht soviel Aufsehen wie das Meeres-Einhorn, das, tot am Elbstrand gefunden, gerade zur Schau gestellt war. Aus der Barbarei durch die Sklavenkasse ausgelöste Seeleute waren zwar teurer als Klöben und Rundstücke, aber kaum weniger alltäglich. Und für militärische Uniformen hatte Hamburg sowieso nicht viel übrig.

Anders war es da auf der biederen Heimatinsel, wo Hark also prächtig erschien, „sehr zum Schrecken der Amrumer Mädchen" (erzählte noch kürzlich die uralte Gesine Tedens, die es von ihrer Großmutter hatte). Aber es fand sich, wie sein Epitaph bezeugt, dennoch eine, die ihn zum Manne nahm. Schon der hohen Ehre wegen. Hatte doch der dänische König Christian höchstselbst den illustren Heimkehrer in Tondern empfangen und ihm einen Admiralsposten bei der Flotte angeboten, da er gern den Schweden an die Krone wollte. Hark hatte abgelehnt. Er wollte mit keiner Sorte Piraterie noch etwas zu tun haben, auch nicht schon wieder ein Sklave sein. Er wollte endlich wieder ein freier Friese sein und es bleiben.

> So laßt uns diesen Teepunsch weihn
> dem kargen Erdenstück,
> das unser ist! Dort frei zu sein:
> Prost! Das ist Glück.

WAS SAGTE VOLTAIRE?
um 1750

Gelegentlich unternahmen es Frankreich, England oder Holland, die Barbaresken zu züchtigen oder gar Algier zu erobern, um Karls V. begonnenes Werk endlich zu vollenden. Eine Besetzung gelang durch Frankreich erst 1830, eine Eroberung nie.

Algier wurde verschiedentlich beschossen. Es wurde manchmal dem Erdboden gleichgemacht, wie es so anschaulich in den Berichten solcher Taten zu heißen pflegt: aber es wuchs immer wieder sehr rasch empor. Denn wer in geraumer Frist sein Haus nicht neu baute, verlor das Grundstück an den Fiskus. Der Dey fragte den französischen Konsul nach einer derartigen Einebnung, was die Beschießung gekostet habe. — Runde fünfzehn Millionen Goldfranks, antwortete der Konsul. — Der Dey meinte daraufhin, das hätte Frankreichs Staatskasse und Volksvermögen billiger haben können; schon für die Hälfte hätte er selber ganz Algier in Asche gelegt.

Waren die Knallflotten weg, flitzten die Barbareskenfeluken sofort auf neuen Fang. Wie auch anders sollte oder wollte die Berberei sich behaupten?

Hin und wieder gelang mit solch halben Gewaltmaßnahmen auch die Befreiung größerer Mengen von Christensklaven. Als Gegenleistung waren vorher gewöhnlich die europäischen Gesandtschaftsmitglieder abgeschlachtet worden, soweit man ihrer mit Kind und Kegel habhaft wurde. Es kam damals in Nordafrika die merkwürdige Mordmethode auf, den Abzufertigenden vor ein Geschützrohr zu binden. Soviel man weiß, haben sich nur noch die Engländer in Indien derselben, man möchte fast einwenden, kostspieligen Verfahrensweise hin und wieder bedient.

Für die europäische Harmonie jener Tage, da eine entschlossene Einheit hinter den ganzen Piratenrummel Nordafrikas einen Punkt gesetzt hätte, ist eine Anekdote Voltaires bezeichnend. Sicher beruht sie auf einer tatsächlichen Episode. Trouville, Graf Anne Hilarion de Contentin, ein Erprobter vieler menschen- und wertevergeudender Schlägereien mit britischen und holländischen Geschwadern, wird darin von dem großen Satiriker entsprechend, in halb deutscher Entlehnung, als Hansdampf in allen Wassergassen andeutend bezeichnet. Es heißt da:

„Als Admiral Dampfreville zu Algier im Namen Ludwigs XIV. alle Sklaven befreit hatte, befanden sich unter denen, die bereits an Bord gelangt waren, viele Engländer. Diese behaupteten, sie seien nur mit Rücksicht auf den König von England losgekommen. Darauf ließ der Admiral die Engländer wieder an Land setzen und erklärte den Algeriern: Diese Leute da sagen, sie seien einzig im Namen ihres Königs befreit worden. Mein König nimmt sich daher nicht die Freiheit, ihnen dieselbe anzubieten. Ich reiche sie euch daher zurück. Jetzt also liegt es an euch, dem König von England zu zeigen, was ihr ihm schuldig seid. — Daraufhin wurden die Engländer wieder in Ketten gelegt."

PIRATEN DER PFEFFERKÜSTE
bis 1755

An der Malabarküste, der Pfefferküste zwischen Bombay und Cochin, hatten sich seit dem Altertum mancherlei ungebetene Gäste eingefunden, Araber und Syrer, Juden und Christen, Portugiesen, Holländer und schließlich die englischen Handlungsgehilfen. Zustatten kam den Parasiten die Uneinigkeit der eingeborenen Fürsten. Der große Akbar, der ganz Indien in den Schleier allgemeiner Menschenliebe gehüllt, war 1605 gestorben. Seine Nachfolger dachten weniger weltweit. Sie machten allerdings auch nicht die besten Erfahrungen mit den Weißen, die Akbar so großzügig ins Land gelassen hatte; sie verfolgten höchst egoistische Ziele, schnitten einander die Gurgel ab und trachteten, jeder für seine Nation, Firma und sich möglichst viel zu erraffen, leider oft, ohne sich an Versprechungen und Abmachungen zu kehren.

Wer wollte darum dem Marathen Angria verdenken, wenn er seinerseits gegen die Gierhälse kreuzte und sie aushob, wo er nur vermochte?

Er befestigte die Malabarküste, mehrte seine Flotte Jahr um Jahr und lachte über die Drohungen des Londoner Privatkontors zu Bombay. Tunichtgute, Glücksjäger, Phantasten und Desperados weißer Hautfarbe stießen zu ihm, aber er wählte scharf, und da er gut zahlte, konnte er es sich leisten, viele Posten seiner Marine mit ausgezeichneten europäischen Seeleuten zu besetzen, meistens Deserteuren der Holländisch-Ostindischen Kompanie, deren Heuer- und Verpflegungssätze anscheinend noch schlechter waren als die der Britischen. Nach Ansicht der europäischen Kolonisatoren trieb er umfangreich und mächtig das Gewerbe der Freibeuterei. Zwischen 1704 und 1729 beherrschte er die Indische See. Er hielt sich schadlos an den teuren Frachten, die Europa billig aus seinem Lande sog; er brachte vieles davon zurück. Man wird nicht behaupten wollen, daß er wie ein Ghandi und ein Nehru das Wohl des ganzen großen Vaterlandes im Sinne hatte. Er war ein Maharadscha mit bedeutendem Selbstkonsum; ein Abnehmer der Abnehmer, kein Mehrer, kein Aufbauender, hielt auch wenig von der „sanften Gewalt", die allerdings unendlicher Geduld bedarf, ehe sie mehr erreicht als jeder brutale Zugriff. Gangster, welche wie Kidd und Every am Roten Meer gelungert und „Mohrenschiffe" geplündert, traten, wie etwa John Plantain, gern in seinen Dienst, als die weiße Piraterie in indischen Gewässern zu gefährlich wurde.

Nach des großen Angria Tod stritten sich fünf Söhne um sein Erbe, Tulaji stieg siegreich daraus hervor. Er begann seine glanzvolle Laufbahn mit der Wegnahme von fünf britischen Frachtseglern unter den Augen und Kanonen zweier Kriegsschiffe. 1749 enterte er das größte Schiff der Bombayflotte, die *Restauration*, nach einem Gefecht, das vom Mittag bis zum Abend dauerte. Er schonte auch die Holländer nicht. Anno 1754 verlor Portugal drei große Munitionsschiffe durch ihn, sicher zur heimlichen Genugtuung Englands, das überall die Erbschaft Portugals anzutreten bestrebt war. Und Englands mählich eifrigere Marinekapitäne und die wachsende Durchschlagskraft der vom Vorläufer Armstrongs gelieferten Geschosse donnerten die goldenen Festungen und schmuckvollen Dhaus der Inder zusammen und in die Abhängigkeit hinein. 1755 nach ungeheuren Blutbädern mußte Tulaji Angria verzichten. 130 000 Pfund in Gold und Juwelen wurden unter die englischen Streitkräfte aus der Beute verteilt.

FLUCHT AUS KAMTSCHATKA
Anno 1771

Um jene Zeit, da Rußlands Flotte zum ersten Male im griechischen Inselmeer operierte und zum letzten Male den Schutz des Christentums gegen den Halbmond zum Vorwand nahm, sich erklecklicher Gebiete am Schwarzen Meer zu versichern, ohne doch den Bosporus zu bekommen, befand sich ein bedeutender Untertan der preußischen Generalstochter Sophie Auguste, die in Rußland Katharina die Große hieß, in sibirischer Verbannung. Es war der freimütige Graf Moritz August von Benjadowskij. Er war wegen sozialer Gesinnungen, die man damals als freibeuterisch bezeichnete, in Ungnade gefallen. Anno 1771 gelang es ihm, als Anführer von achtundsiebzig Mitverbannten in Kamtschatka den Hafen Bolscheretzk zu erreichen, die Galeote *St. Peter und Paul* piratisch zu besetzen und damit in das portugiesische Makao zu entfliehen.

Nicht ohne den Unterhalt auf der Weiterreise gen Europa mit gelungenen Handstreichen gegen kleinere Frachtsegler zu bestreiten, doch ohne sich schlimmerer Untaten schuldig zu machen, gelangte er bis nach Hamburg zurück. Dort eröffnete er einen Briefwechsel mit Petersburg. Seinen Mitverschworenen wurde auf Grund seiner nur sich selbst bezichtigenden Aussagen von Katharina die Heimkehr gestattet. Er selber, als schuldig verdammt, irrte eine Weile heimatlos umher, bis er in Frankreich ein Asyl fand. Doch legte man ihm nahe, der Fremdenlegion beizutreten, die damals noch allgemein den Titel Kolonialarmee führte. Man schickte ihn in gutem Offiziersrang nach Madagaskar.

Madagaskar war damals noch nicht dem amtlich piratischen Zugriff Europas erlegen. Was als weißer Mann dort an Land gegangen, was an versprengten Freibeutern der großen Segelzeit gelegentlich sich zu Königsrängen aufgeschwungen, war ohne nationale Verbindung zur Heimat geblieben, war als Außenseiter gekommen, hatte sich eingepaßt und war als Eigenbrötler verblichen. Der Stamm der Howas widersetzte sich heftigerem Eindringen in die eingeborenen Rechte. Aber Frankreichs Begierde riß nicht ab, mit Gewalt, Mord und Versprechungen die Insel an sich zu reißen.

Unter diesem trüben Stern wurde auch der russische Flüchtling aus Kamtschatka verbraucht. Ehrgeiziger, pflichttreuer, gegen das Asylland dankbarer, gegen die „Wilden" anmaßender als jemals ein echter Pirat es für klug gehalten, tat er als hemmungsloser Kämpfer für die Bourbonenflagge und die französischen Monopolfirmen sein Bestes. Die Niederlagen blieben nicht aus. Der Nachschub versagte. Seine Mannschaften schmolzen zusammen. Eines Tages fand er sich allein. Er hatte sich geweigert, mit dem Eingeständnis des Versagens nach Frankreich zurückzukehren. Die Eingeborenen boten ihm die Friedenspfeife an. Er lehnte ab. Ungehindert ließen sie ihn ziehen. Er verschwand im Busch, wurde bald hier, bald dort gesehen, eine lange, magere, immer gespenstischer wirkende Gestalt, die sich in der Wildnis wie ein Tier zu ernähren verstand.

Anno 1786 fand man den russischen Grafen Benjadowskij an der Ostküste, oder vielmehr sein Skelett, aufrecht in die Falte einer schwarzen Klippe gelehnt. Der Anblick glich einer alten Piratenflagge. Die leeren Augenhöhlen waren auf die fernen Heimatgefilde gerichtet.

> *Heimweh steht jedem an,*
> *am edelsten stumm.*
> *Wer drüber reden kann,*
> *kommt nicht darin um.*

EINES DEUTSCHEN ARZTES ERLEBNISSE IN ALGIER
um 1780

In seinen *Reisen zu Wasser und zu Lande* berichtet der Arzt Johann Friedrich Keßler über seine Sklaverei in Algier. Er war von dem späteren Kaiser Leopold 1775 als Chirurg für ein toskanisches Schiff verpflichtet, das gegen die barbareskischen Seeräuber kreuzte. Unweit der nordafrikanischen Küste sah sich die Fregatte überraschend von zwei Feluken angegriffen, und eh sie auch nur ihre „Kanonen abgepfropft" hatte, fegten ihr schon zwei Salven über Deck. Und bald schon waren die Piraten längsseits. Dem toskanischen Kommandanten entsank die Erinnerung an seine Aufgabe und sämtlicher Mut. Er ließ die weiße Flagge ins Schau hissen. Zumal sein Bordarzt alsbald selber verwundet worden und ohnmächtig dalag, also von dem bei etwaigen Kampfblessuren keine Hilfe zu erwarten war.

Sechs Muslims kletterten an Bord und übernahmen die Fregatte. Der Arzt kam erst in Algier wieder zu Bewußtsein, als man ihm nämlich die Splitter gehackten Bleis, die ihm fast den Fuß zerrissen, aus der Wunde herausschnitt. Über das Geschoß, das ihn getroffen, sagt er: „Die Mohren schießen mit größeren Kugeln als die Christen, und über diese Kugeln laden sie noch eine halbe, welche sie in zwei bis drei Stücke zerhacken. Das macht den Schuß sicherer und die Wunde gefährlicher."

Diese Sorte Dum-Dum-Geschoß, in kleinerer Form auch in Kolonialkriegen beliebt, wurde später völkerrechtlich verpönt. Warum man da nicht auch die ebenso unmenschlichen Sprengstücke von Granaten, Minen und Bomben verbot, zeugt von der abgründigen Heuchelei der gesamten Rüstungsbelange.

Keßler behauptet, Glück gehabt zu haben, daß er keinem maurischen Medizinmanne, sondern einem englischen Feldscher zur Behandlung überwiesen wurde. Dieser machte dem Deutschen um die Wunde, über der sich schon der Brand zeigte, Umschläge aus einer Abkochung von Rosmarin und Feldrosenblättern in spanischem Rotwein. Dieses Rezept läßt allerdings auf maurischen Ursprung schließen. Denn die westliche Heilkunst hatte im Mittelalter auf der weltberühmten Universität Salerno arabische Medizin gelernt, darin die erst weit später im Westen bekannt gewordenen Griechen, wie Hippokrates, längst verarbeitet waren, und war auch noch später der arabischen weit unterlegen. Daneben gab es eine uralte erfahrene Volksmedizin, halb auf Magie, halb auf der Kenntnis natürlicher Heilkräfte beruhend. Keßler meint verächtlich, die sarazenischen Ärzte hätten nur einige Ahnung in der Pflanzenheilkunde. Darin aber etwas zu wissen ist heute, fast zweihundert Jahre später, wieder sehr modern.

Kurz, er genas so weit, daß er an Krücken umhergehen konnte. Trotz seiner Wunde aber mußte er einen schweren Eisenring nebst Kette am Fuß tragen.

Keßler wurde einem angesehenen Halbblut auf der Versteigerung zugesprochen, dessen Mutter aus Toskana stammte und in jungen Jahren von einem berberischen Piraten geraubt worden war. Der Berber war ein aufgeklärter Mann; er ließ sich von Keßler viel von den Einrichtungen Europas erzählen, fand aber nicht viel Nachahmenswertes darin. Der englische Feldscher verkehrte im Haus, trieb auch wohl einigen Sonderhandel. Denn die Engländer waren damals beliebt, weil sich einige Ingenieure darunter befanden, die dem Dey die Festungswerke aufs beste verstärkten. Was denn wohl auch Lord Nelson abgehalten haben mag, angedrohte Vergeltungen wahrzumachen. Den Rotwein übrigens hatte der französische Konsul für die Wundbehandlung geliefert. Solch erfreuliches Beispiel europäischer übernationaler Hilfsbereitschaft ist angenehm zu buchen. Sie war nicht selbstverständlich. So gut sich Keßler mit seinem Hauswirt verstand, nachts mußte er mit andern Sklaven in den Keller und wurde eingeschlossen. Da die Verpflegung unzureichend war, fingen seine Leidensgenossen Mäuse, brieten sie, bestreuten sie mit Salz, verzehrten sie mit Genuß und versicherten, sie schmeckten besser als junge Tauben.

Die Stadt Algier war trotz vergangener Erdbeben, Feuersbrünste, Pestepidemien und Beschießungen damals wieder so schön wie hundertfünfzig Jahre zuvor, wo der französische Trinitarierpater Dan ihre hundert fließenden Brunnen und ihre achtzehntausend zaubrischen Gärten gepriesen hatte. Aber die dauernde Feststimmung von damals war nicht mehr bemerkbar. Damals hatte der Seeraub mehr eingebracht als nun, wo allzu unangenehm bewaffnete englische und französische Fregatten sich eine gewisse Polizeigewalt anmaßten. Damals hatte niemand nötig gehabt, richtig zu arbeiten; denn das taten die Christensklaven, die sich jeder leistete, da sie kaum mehr als den Anschaffungspreis kosteten, oft aber durch Weiterverkauf und als Handelsobjekt oder durch Lösegeld hohe Gewinne abwarfen.

Jedermann besaß auch Anteilscheine an den Raubfahrten, und man handelte diese wie Börsenpapiere. Mit der Beute selbst zu handeln lag allerdings zumeist in den Händen weniger, zumeist jüdischer Großfirmen. Das hatte sich inzwischen noch mehr gefestigt. Und da die Landwirtschaft vernachlässigt war, die Sklaven kostspieliger wurden und man nicht einmal aus den fischreichen Küstengewässern Nutzen zu ziehen Lust hatte, eben nur auf weniger anstrengende und einträglichere Räuberei sich gespitzt, gab es zu Algier mehr denn je das, was man Proletariat nennt.

Keßler sah vor den strotzenden Moscheen und Synagogen sogar bettelnde Kapitäne sitzen, die einst der Schrecken der Adria und des Tyrrhenischen Meeres gewesen. Denn selbst die gesetzlich geregelte Versorgung verwundeter oder alter Seeleute — damals in Europa so gut wie unbekannt — schien bei den Piraten davon abzuhängen, wie voll die Staatskasse gerade mit Beutesummen, Tributen und Lösegeldern war.

Durch Wiener Hofgeld und über das algerische Bankhaus Bacri und Busnach wurde Dr. Johann Friedrich Keßler schließlich freigekauft.

EIN GEDENKSTEIN AM TYNE
Anno 1781

Im schönen Seebad und Hafen Tynemouth, Nordküste Englands, stand am Kai noch gegen 1900 eine rührende Galionsfigur, eine aufrechte, sittsam bekleidete Frauengestalt, von den Schiffern dort *Old wooden Dolly*, das alte Holzpüppchen genannt. Sie war über hundert Jahre alt und stammte von der Brigg *Alexander und Margret*. Und ein dazugehöriger Gedenkstein wurde gezeigt. Dessen Inschrift besagte:

„Zur Erinnerung an David Bartleman, Kapitän der Brigg Alexander und Margret von North Shields am Tyne, welcher unterwegs mit Kohlen nach London den 31. Januar 1781 an der Küste von Norfolk mit nur drei Dreipfündern und zehn Männern und Jungen sich tapfer verteidigte gegen einen Piratenkutter mit achtzehn Vierpfündern und hundert Mann, befehligt von dem berüchtigten Freibeuter William Fall. Kpt. Bartleman wehrte ihn glänzend ab. Zwei Stunden später jedoch kam der Pirat zurück. Da der Steuermann Daniel Marcanley, völlig entkräftet und schon sterbend, sein letztes Blut verlor und der Kapitän selbst schwer verwundet war, wurde er gezwungen, sich zu ergeben und zu unterschreiben, ein Lösegeld von vierhundert Guinees zu zahlen. Der Pirat behielt den Matrosen David Mitchel als Geisel. Bartleman aber brachte die schwer beschädigte Brigg nach Great Yarmouth, wurde dort gefeiert mehr als ein Eroberer und starb an den empfangenen Wunden den 14. Februar, fünfundzwanzig Jahre alt.

Diesen Stein habe ich, sein betrübter Vater Alexander Bartleman, über seinem ehrenvollen Grabe errichten lassen zum Gedenken an die Tapferkeit meines Sohnes und seines Steuermannes und zugleich als Brandmarkung des schändlichen und unmenschlichen Piratentums.

> Sein Gegner war stark und verrufen,
> der Böse in Menschengestalt;
> er trat ihm entrüstet entgegen
> und tat, Gott Dank, seine Pflicht."

Ein Gemälde besagten Kampfes fertigte der englische Marinemaler Carmichel. Es ist heute im Besitz der Kohlenfirma zu Newcastle, welche damals die Ladung für die Brigg geliefert.

Wenn damals auch Krieg war und William Fall sich als Korsar betrachtete, ist allein die Tatsache anrüchig, daß er, der geborene Engländer, mit französischem Freibrief von Dünkirchen aus räuberte. Jean Merrien verzichtete darum auch, ihn in seiner Geschichte der französischen Kaperei zu erwähnen. Dieser Fall verscholl als schlichter Seeräuber.

HAMIDU UND DIE AMERIKANER
zwischen 1793 und 1815

Der wirklich erste Weltkrieg, der von Kanada bis Ostindien tobte, 1776 bis 1783, und aus dem von den europäischen Mächten nur Deutschland, Italien und die Schweiz sich heraushielten, endete ebenfalls in einem Frieden von Versailles. Damals erwirkten die Vereinigten Staaten von Nordamerika ihre Unabhängigkeit von England. Im übrigen ging England als Sieger hervor. Seine Seemacht schien von da an unüberwindlich, sein Weltreich, durch die freibeuterischen Maßnahmen der Ostindischen Kompanie gewaltig vermehrt, war größer als jemals das römische und schien für die Ewigkeit gefestigt.

Somit klingt es verständlich, wenn eben nach dem Friedensschluß Lord Sheffield im britischen Oberhause meinte: „Man wird kaum annehmen dürfen, daß sich die gewonnene Freiheit der Amerikaner auch auf die Freiheit ihres Handels im Mittelmeer ausdehnen könnte; denn es gibt wohl keine der großen Mächte in Europa, die Interesse daran hätte, die amerikanischen Schiffe gegen die Barbaresken zu schützen."

Benjamin Franklin meinte dazu: „Wenn Algier noch nicht bestünde, so würde England es errichten."

Somit war die junge Nation der Neuen Welt auf sich selber angewiesen. Verschiedene „Friedensverträge" mit den nordafrikanischen Beys und Deys nützten wenig. Tributzahlungen auch nicht. 1793 wurden elf amerikanische Schiffe durch den tollkühnen jugendlichen Reis Hamidu gekapert und die Besatzung in die Sklaverei verschleppt. Amerika, noch ohne hinreichende Marine, zahlte zu deren Loskauf 525 000 Dollar, außerdem 21 600 Dollar jährlich, dazu alle zwei Jahre für „Geschenke" 17 000 Dollar, und um die Beglaubigung seines Konsuls zu erhalten, 20 000. Die Geschenke, die sogenannten, bestanden auf Verlangen hauptsächlich in Kriegsmaterial. Als die Lieferanten, die keineswegs etwa die ausgebrauchten Kanonen aus dem Freiheitskrieg an die „vertrackten Mohren" loswurden, auch einmal ein privateres Geschäft machen wollten und zwei Frachter voll der neuesten Modelle nach Algier schickten, übernahm der Dey die köstliche Ladung lächelnd als „Sondergabe" und zahlte ebenfalls nichts. Er nahm auch gnädig eine voll ausgerüstete Fregatte an, bestellte sogar zwei gleiche auf einer amerikanischen Werft, doch ist diesmal weder Lieferung noch Zahlung festzustellen.

Indessen gelang es dem amerikanischen Unterhändler Bainbridge, den „Marineminister" Algiers, der vormals ein einfacher Pirat gewesen und noch immer ein üppiger Sklavenhalter war, zu einer Gesandtschaft mit besagter Fregatte gen Konstantinopel zu bewegen. Der Marinepascha nahm mit sicher berechtigtem Mißtrauen sein gesamtes Barvermögen mit, dessen Erwerb wie so manches in der Barbarei dunkel war, hier nur 1 000 000 Franken in Gold, dazu seinen Harem, der, seinem Geschmack entsprechend und dem Yankee ein besonderer Greuel, aus lauter Negerinnen bestand, hundert an der Zahl, und den Haufen Kinder dazu, aber auch eine ganze Menagerie von Affen, Papageien und Löwen. Das märchenhafte Bild zu genießen und recht auszumalen, diesen letzten Hauch aus Tausendundeiner Nacht, war dem kühlen Mann aus Washington nicht recht gegeben.

Aber immerhin war er der erste Amerikaner, der mit einem bestückten Schiff — und zwar unter der Vernebelung durch listige Salutschüsse und weil das rauchschwache Pulver erst später erfunden wurde — unangefochten durch die Dardanellen kam. Und obwohl die türkische Vormundschaft über Nordafrika längst fadenscheinig und abgemeldet war, enthielt die Spange des moslemischen Halbmonds in Zweifelsfällen immer noch die Möglichkeit, sich in eine Geierkralle oder ein Hackmesser gegen den weißen Mann zu verwandeln. Was in Istanbul diesmal an Dollars nötig war, um die Schärfe zu mildern und das Symbol zum erträglichen Gestirn zurückzuzaubern, ist nicht öffentlich bekannt geworden. Es war das Jahr 1800, da Lord Nelson den *Crescent*, die zunehmende Sichel der Luna osmanii, in Diamanten als Agraffe für seinen Admiralshut verliehen bekam mit dem Titel: Retter des Islams. Man darf wohl annehmen, daß Amerika mittelbar die Unkosten für jene teure Auszeichnung trug.

Aber ein Dutzend Jahre darauf stöhnten schon wieder zahlreiche amerikanische Seeleute in barbaresker Sklaverei. Amerika einigte sich auf

721 000 Dollar Lösegeld. Der Dey zu Algier erhöhte es, da die Auszahlung ihm nicht rasch genug erfolgte, auf eine Million. Als dann das Tributschiff *Alleghani* ankam, wurde dem Kapitän vorgeworfen, er habe einige Faß Pulver zu wenig in der Fracht und habe die an Marokko geliefert. Eine Entschädigung und Buße wurde gegen Drohung der Sklaverei alsbald fällig und war nur gegen 25 Prozent Zinsen bei Bacri & Busnach zu beschaffen. Und da diese Bankfirma zugleich ein Getreidemonopol besaß, wurden den Vereinigten Staaten bedeutet, jede Getreideverschiffung nach Europa einzustellen.

Mit Güte und Verhandlung läßt sich nur dann etwas erreichen, wenn egoistische Vorbehalte keine Rolle spielen. Amerika aber wollte nun einmal ins europäische Geschäft gelangen, und seine Überschüsse waren auch durchaus geeignet, den Märkten des alten Kontinents Auftrieb und Durchlüftung zu geben. Somit befand sich Amerika bald im Kriegszustand mit Algier wie fast alle übrigen christlichen Staaten außer England, mit dem Unterschiede, daß es frei von Kabinetteleien war und rücksichtslos aus sich selber heraus handelte. Es hatte sich inzwischen ein kleines, tüchtiges Geschwader zugelegt.

Der Nachfolger der Barbarossa, Uluch, Ciccala, Scheelen-Murad und Danser war damals noch immer Hamidu. Er hatte inzwischen sich zum vielfachen Millionär emporgeräubert, konnte aber das luftige Piratenleben nicht missen. Seit er gelegentlich das portugiesische Flaggschiff nach Algier eingeschleppt, klang sein Name aus dem Munde aller Balladensänger bis in die Kaffeehäuser Beiruts und Kairos. Niemals war ihm ein Streich mißlungen. Er strahlte wie der zärtlich vom Halbmond umfangene Jupiter und war der vergötterte Liebling jener Epoche des Sarazeniums.

Das damalige erste bewaffnete Eingreifen der USA in afrikanische Verhältnisse bereitete diesem Raubstrahler ein jähes Ende. Die Maßnahmen dazu waren nicht prüde. Der amerikanische Admiral Decature ließ nämlich, sobald die Straße von Gibraltar erreicht war, die britische Flagge hissen. Hamidu war mit seiner gewichtigen — von britischer Werft gelieferten — Fregatte *Maschuda* unterwegs und wollte — kollegial die algerische Flagge dippend — zwischen den vermeintlichen Freunden zum Atlantik hinauspirschen. Unterdes machten die Yankees heimlich klar Schiff zum Gefecht, aber der Signalmaat, der die übrigen Einheiten zu verständigen beordert war, hißte versehentlich statt des entsprechenden Lappens die Stars und Stripes.

Hamidu erkannte die Falle und gedachte auszuweichen. Aber die schwerfällig bedienbaren Rahsegel hatten nichts von der alten, flinken Rutentakelung der Galeassen, Feluken und Schebeken. Sein markiges Fahrzeug kenterte fast, als er über Steuerbord halsend bei heftigem Südwest sich der spanischen Küste zuwandte. Die Amerikaner vermochten ihm vor den Kurs zu laufen und ihm den Weg zu einem neutralen Hafen abzuschneiden. Als er nun nochmals über Stag ging, konnte ihm das eine der amerikanischen Schiffe auf eine halbe Seemeile Entfernung eine volle Breitseite in die Flanke jagen.

Die Wirkung war heftig. Die Takelage der *Maschuda* war größtenteils zerstört, die Aufbauten waren weggefegt. Hamidu, schwer verwundet, ließ sich einen Sessel an Deck tragen und leitete den Kampf nach wie vor. Aber seine Stunde hatte geschlagen; ihn traf eine Stückkugel von zweiundvierzig Pfund und zerschmetterte ihn vollständig.

Seine Leute kämpften verzweifelt weiter. Sie schlugen acht Enterungen der Amerikaner zurück. Erst beim neunten Ansturm wurden sie überwältigt. Diesmal war Allah mit den Christen gewesen oder zumindest nicht gegen sie. Die Männer aus der Neuen Welt beklagten trotz des neunmaligen Handgemenges angeblich nur einen Toten und drei Verwundete, die Barbaresken siebenundsiebzig Tote, einhundertsechs Verwundete und vierhundert Gefangene. Alle arabischen Völker hatten dem Piraten Hamidu übernatürliche Kräfte zugeschrieben. Das Blut des Drachenbaumes auf Teneriffa, den er bei einem Raubzug aufgesucht, sollte ihn unverwundbar gemacht und das kleine Ohr, das er einer nicht willfährigen, jungfräulichen venezianischen Edeldame abgeschnitten und als Talisman an diskreter Stelle trug, ihm Unbesiegbarkeit verliehen haben. Es war nichts damit gewesen. Bestürzung herrschte an allen moslemischen Küsten. Die Talismanhändler hatten flaue Tage. Und der Dey von Algier ließ sich erweichen, in allem, was die kaltäugigen Herren des fremden Kontinents wollten, nachzugeben, die Sklaven herauszurükken, die Schiffe zu ersetzen und auf USA-Tribute fürderhin zu verzichten.

Anderthalb Jahrhunderte später findet man dennoch sowohl amerikanische Kriegsschiffe wie Tribute sich der „arabischen Gefilde" annehmen. Die Ausmaße dabei sind freilich andere und auch die Sorgen, darin das Mittelmeer nur ein kleiner Burggraben wurde gegen das gigantische Piratengelüste Ost.

> *Der Zauber, der von Amuletten strahlt,*
> *hat andern Preis, als den der Träger zahlt.*

GOETHE UNTER WEISSER UND ROTER FLAGGE
Anno 1787 und 1831

Als der „deutsche Maler Filippo Miller" nach einem unbefriedigenden Aufenthalt am 13. Mai 1782 Sizilien verließ, wählte er ein französisches Schiff. Gleich ihm drängte eine große Anzahl Fahrgäste, darunter Frauen und Kinder, gerade auf diese unbequeme Korvette. Denn sie führte eine weiße Flagge. Das Zeichen der Unterwerfung oder zumindest der Parlamentäre und der Waffenruhe erlaubte um jene Zeit eine Weile allen französischen Schiffen im Mittelmeer, von den Barbaresken, den nordafrikanischen Seeräubern, ungeschoren zu bleiben, solange die vereinbarten Tribute von Paris an Algier, Marokko und Tunis bezahlt wurden und nicht etwa einer der sarazenischen Kapitäne und Felukenführer, sich eines Sonderappetits befleißigte.

Die französischen Schiffe taten denn auch alles, um möglichst unappetitlich zu erscheinen und die Raubgier nicht auf sich zu lenken. Dennoch mußten selbst auf ihnen die Reisenden damit rechnen, statt in Neapel oder Livorno irgendwo an der Küste des Schwarzen Kontinents zu landen.

Wäre einem der hinterm Horizont kreuzenden Freibeuter verraten worden, welcher vornehme und begüterte Nichtfranzose sich an Bord des vollgestopften Seglers befand, hätte er bestimmt jede Rücksicht auf den unschuldsbeteuernden Lappen vergessen. Unter dem Namen Miller verbarg sich nämlich ein schon fast weltberühmter weimarischer Minister. Der hätte auf dem Badestan, dem Sklavenmarkt zu Algier, sicherlich keine schlechte Figur gemacht. Elastisch von Körper und Geist, hätte er ein solches Abenteuer womöglich als ein denkwürdiges Ereignis aufgenommen, und sein Tagebuch wäre um eine anschauliche Schilderung reicher. Wegen des Lösegeldes dürfte ihm nicht ängstlich gewesen sein. Der Bankier zu Messina war im Bilde und weder aus der Welt noch ohne arabische Geschäftsbeziehungen. Und weder der Hof zu Weimar noch die Frankfurter Erbliegenschaften hätten gezögert, den illustren Gefangenen schleunigst für Europa und die Menschheit zurückzugewinnen.

Goethes Reisenotizen enthalten von diesen Erwägungen nicht mehr als eine Andeutung. Wie anregend jedoch jene Meerfahrt und ihre Gefahren nachwirkten, läßt sich aus der bekannten Szene im zweiten Teil des Faust erahnen. Da erwacht noch einmal das knabenhafte Vergnügen, das für den Binnenländer mit allem zusammenhängt, was Seefahrt und zumal Piraterie heißt. Er, der auf der ersten Italienreise begeistert gelernt, eine Fregatte von einer Korvette zu unterscheiden, er, der nach Hause schrieb, niemand, der sich nicht wenigstens einmal rings vom Meer umgeben gesehen, wisse, was Welt und Dasein bedeute, bedient sich nun mit diebischer Freude seiner Phantasie, um statt unter der weißen, so spät und aus weiser Sicherheit hervor, einen Streifzug unter roter Flagge nachzukosten.

Bezeichnend trifft er dabei mit dem Begriff „Patron", dem alten römischen Wort für „Schutzherr", das Verhältnis der nordafrikanischen Scheichs zu ihren Räuberkapitänen, zugleich aber auch jenes gewisser Statthalter in Übersee zu dortigen Wogenstreichern. Wie er das Begebnis nun hinsetzt und ausmalt, könnte es in ein Kinderbuch passen. Freibeuterei, hofbühnenfähig, entgiftet, ohne Blutspuren, heiter wie eine Kurpromenade, vom Turm wie vom Parkett gleichermaßen nett betrachtbar.

Doch finden sich ein paar kräftige Folgerungen ganz beiläufig und harmlos wohllautend dabei ein. „Man hat Gewalt, so hat man Recht." Halb klingt es wie Spott, halb wie Anklage und ein wenig auch nach: Ach, könnte man doch!

Man darf dabei nicht an eine andere westliche „sarazenische Auswertung", nicht an Lessings Nathan denken. Andererseits auch nicht an Malteser Grundsätze, die konfessionell so unversöhnlich waren wie die im Nathan versöhnlich. Bei Goethe liegt beides jenseits der Betrachtung. Ein Johanniter hätte das Wort Handel aus der christlichen Freibeuterei als beleidigend gestrichen. Der feudale Orden hielt es moralisch für weniger verderblich, sich durch Seeraub, verbunden mit Schädigung der Ungläubigen, zu ernähren, als durch Kauf und Verkauf.

Bei Goethe aber hatte der freibeuterische Hauch, der um die Diwan-Gedichte geistert, längst einen poetischen Frieden zwischen öst- und westlichem Gelände gewoben. Die Fragen des Glaubens waren belanglos geworden gegenüber den Zweifeln an politischen, sozialen und wirtschaftlichen Strukturen. Weit mindere Unantastbarkeit als die Heilige Dreifaltigkeit erfuhr die unheilige, die Mephisto nennt: Krieg, Handel und Piraterie.

Kaufleute wie Militärs haben diese Zusammenstellung übelgenommen. Indes, der Dichter kannte beide noch besser als die Schiffahrt. Und obwohl seine Erfahrungen vom Main und von der Campagne in Frankreich niemand verallgemeinern wird, fügen sich den Schlußzeilen des goethischen Piratenbildes gewisse neuere, wenn auch fernöstliche Äußerungen an, wie sie sich in den von Robert H. Sperling gebotenen Aufzeichnungen der *Piratin Fu* ergeben. Da erwähnt der ehrbar gekleidete, bieder aussehende Inhaber einer ostasiatischen Ex- und Importfirma Anno 1943:

„Meine Freunde liefern durch die feindlichen Linien hindurch japanisches Benzin an die chinesische Nationalregierung. Und chinesisches Wolfram für die japanische Rüstungsindustrie. Japanische Waffen für die chinesischen Guerillas und chinesisches Opium für die Japaner, die damit unsere Großstädte im Norden vergiften. Von der Insel Formosa holen wir Kampfer für Amerika und liefern englische Ersatzteile für Elektrizitätswerke in den Inselbergen. Wir sind reich. Sehr reich sogar. Aber das meiste Geld müssen wir wieder ausgeben, nämlich für die Bestechung der verschiedenen Dienststellen. Nach beiden Seiten."

Auf den leisen Einwand, derlei Machenschaften sähen einem Piratenbund ähnlich, meinte der Biedermann lächelnd: „Wenn man Dinge im großen tut, spricht man nicht von Piratereien, sondern von nationalen Aufgaben." Und somit darf das goethische Bilderbuch aufgeschlagen sein, dessen Eigentliches zwischen und hinter den Zeilen steht:

Türmer:
> *Wie segelt froh der bunte Kahn*
> *mit frischem Abendwind heran!*
> *Wie türmt sich sein behender Lauf*
> *in Kisten, Kasten, Säcken auf!*

(Prächtiger Kahn, reich und bunt beladen mit Erzeugnissen fremder Weltgegenden)
(Mephistopheles. Die drei gewaltigen Gesellen)

Chorus:
> *Da landen wir,*
> *da sind wir schon.*
> *Glückan dem Herren,*
> *dem Patron!*

(sie steigen aus, die Güter werden an Land geschafft)

Mephisto:
> *So haben wir uns wohl erprobt,*
> *vergnügt, wenn der Patron uns lobt.*
> *Nur mit zwei Schiffen ging es fort.*
> *Mit zwanzig sind wir nun im Port.*
> *Was große Dinge wir getan,*
> *das sieht man unserer Ladung an.*
> *Das freie Meer befreit den Geist,*
> *wer weiß da, was Besinnen heißt!*
> *Da fördert nur ein rascher Griff,*
> *man fängt den Fisch, man fängt ein Schiff,*
> *und ist man erst der Herr zu drei,*
> *dann hakelt man das vierte bei;*
> *da geht es denn dem fünften schlecht,*
> *man hat Gewalt, so hat man Recht.*
> *Man fragt ums Was und nicht ums Wie.*
> *Ich müßte keine Schiffahrt kennen:*
> *Krieg, Handel und Piraterie,*
> *dreieinig sind sie, nicht zu trennen.*

Sodann wird nicht die freibeuterische Gewohnheit der Gleichteilung vergessen, die Enttäuschung über zu geringe Anerkennung und die Vertröstung auf die „bunten Vögel", offensichtlich die Hafenschnepfen. Der Erläuterer der Hamburger Ausgabe vermutet hier mit sichtlichem Professorenschauder einen „Einschlag von Matrosensprache". Er sagt auch, Faust habe seine Schiffe als Kauffahrer ausgesandt, als Piratenschiffe kommen sie zurück. Es deucht ihm fast ein Symbol für das ganze faustische Wesen.

Man möchte anfügen: Die europäische Geschichte beweist, daß jeder heftig begonnene Versuch, in die Weite zu gelangen, in Piraterie mündete. Und letzten Endes auch wie diese sich bestraft sah.

Diese unbändige europäische Sehnsucht und Betrieblichkeit besitzt zweifellos das innerste Wohlwollen des alternden, zu Weimar „eingebannten" Geheimrats. Was aber jüngere deutsche Schwärmer an italischer Becherpoesie auf den Markt brachten, behagte seinen Ansprüchen nur selten. Doch gefiel ihm von den „Liedern aus dem Meerbusen von Salerno" des Dessauer Schneidersohnes Wilhelm Müller immerhin „Der kleine Hydriot". Er wurde noch hundert Jahre später in Hamburger Schulen auswendig gelernt. Goethe nun veranlaßte er um 1825 zu der erstaunlichen Bemerkung in der Zeitschrift *Kunst und Altertum:* „Welche Erziehungsart ich für die beste halte? Antwort: Die der Hydrioten. Als Insulaner und Seefahrer nehmen sie ihre Knaben gleich mit zu Schiffe und lassen sie im Dienste herankrabbeln. Wie sie etwas leisten, haben sie Teil am Gewinn; und so kümmern sie sich schon um Handel, Tausch und Beute, und es bilden sich die tüchtigsten Küsten- und Seefahrer, die klügsten Handelsleute und verwegensten Piraten . . ."

Wie weit dem Befürworter solcher Pädagogik die Laufbahn des Papstes Cossa-Johannes bekannt war, der als Pirat in jenem von Müller besungenen Meerbusen begann, und ob er sie gar bewundert hat, wird der Nachwelt wohl verborgen bleiben.

WAR NELSON PIRAT?
Anno 1798

Man würde jedes britische Herz empören, wenn man Seehelden wie Nelson und gerade ihn, den man auf der Säule am Trafalgar Square zu London hoch über den Tageslärm erhoben hat, zu den Piraten rechnen wollte. Er wirkte zum Schaden anderer für sein Vaterland, war amtlich dafür angestellt, amtlicher als zweihundert Jahre vor ihm der Spanienfresser Drake, der nur Wegbereiter, kein endgültiger Sieger war und an der Amöbenruhr anstatt in der Schlacht starb. Und er war der Sohn eines armen Landpfarrers, war, mutterlos, schon mit zwölf an Bord gekommen, war figürlich immer ein Knabe geblieben und innerlich ein entsprechender tollkühner Phantast, mit der Fähigkeit, es in Worte und Taten zu fassen und andere damit anzufeuern. Zudem war er ein Kloniker, ein von Krämpfen Heimgesuchter. Leute dieser Belastung haben allemal das Zeug zum Ehrgeiz. Es drängt sie, sich ungemein zu beweisen. Es drängt sie zum Flammenden, zum Gewaltigen, zum Unerhörten, zum weiten Radius. Paulus zählt zu ihnen, auch Julius Cäsar. Und eben auch Nelson. Weniger Begabte dieser medizinischen Sparte findet man als Heizer, Artillerist, Bombenflieger. Auch schlichte Brandstifter sind darunter; der Zirkel reicht vom apostolischen Zettelverteiler bis zum Mordbrenner und Völkervernichter.

Noch zu Nelsons Zeit war den höheren Marineposten erlaubt, das dünne Salär durch geeignete Zugriffe zu füttern, durch die sogenannten Prisengelder. Da das nur an Feindeigentum geschehen durfte, war Krieg der ersehnte Zustand für diese Helden. Nelson hatte zu London einen eigenen Verwalter für sein Beutegut. Wohlgemerkt, es handelte sich um sanktionierte Freibeuterei. Private Übergriffe auf dem Marinesektor, wie Drake, Hawkins und Raleigh sie sich unter der großen Elisabeth gestatteten, lagen ihm, der in Haus und Dienst Gehorsam gelernt, durchaus fern.

Anders entwickelte sich sein Schicksal in persönlicherem Verhältnis zu jenen Objekten, die wie der Mond und die Schiffe im Englischen weiblich sind. Ohne diesbezügliche Erfahrung geriet er zu Westindien sozusagen in Piratenhände, in die zarten der geschiedenen Kreolin Frances Nisbeth, genannt Fanny, und er fand sich unversehens verehelicht. Doch nur, um in die noch kräftigeren Fesseln der Sirene Amely, der Lady Hamilton, zu geraten und sie piratisch zu beanspruchen. Es war zu Neapel. Es war nach der Schlacht von Abukir. Sein Ruhm hatte lodernd begonnen.

Man hielt und man hält es für eine große Tat, daß er — unter dem gefälligen Lächeln des Halbmondes — die leere Transportflotte Bonapartes zerschmetterte und den dreisten Korsen auf Europa zurücklenkte. Er schob damit die europäische Zurechtrückung der sarazenischen Welt und zumal der Barbaresken Nordafrikas nicht nur zweiunddreißig Jahre hinaus, also bis zu dem Tag, da Frankreich Napoleons verhinderte Absicht, Algier zu erobern, in Szene setzte. Am 29. September 1958, an Nelsons zweihundertstem Geburtstag, da sich eben Frankreichs Kolonien keineswegs für lange zum Verbleib beim Mutterland entschieden, dürfte man eingesehen haben, daß der gefeiertste aller westlichen Flottenführer der Schrittmacher der Arabischen Liga war und sein Denkmal nicht minder in Kairo stehen könnte.

Zu Neapel um 1798 war der Hof bourbonisch im Stile etwa wie der König Faisals im Irak oder Husseins in Jordanien oder des Sultans Muda Hassim in Sarawak es war. Durch die Französische Revolution erregt, hatten sich auch im „Königreich beider Sizilien", Hauptstadt Neapel, unruhige Zellen gebildet. Und es war gerade ein Adliger und überdies der Admiral des gurkennäsigen Königs Ferdinand, Fürst Francesco Caracciolo, der sich den schreiend notwendigen sozialen Reformen geneigt fand und an die Spitze der ausgerufenen sogenannten Parthenopäischen Republik trat. Lord Nelson ließ ihn wie einen gemeinen Piraten an die Rah des britischen Flaggschiffes knüpfen. Dabei hatte Caracciolo selber Piraten gejagt auf seiner Fregatte *Sirena*, hatte Anno 1792 zwei große algerische Raubschiffe versenkt. Als er nun genügend sichtbar über der blauen Bucht gebaumelt, wurde der Fürst über Seite geworfen.

Nach drei Tagen kam der weißhaarige Kollege Nelsons wieder hoch. Und kraft der Gase des Galgenfrühstücks und an den Füßen beschwert mit drei zweiunddreißigpfündigen Doppelkopf-Kanonenkugeln, schwamm der Leichnam, bis zur Brust in strammer Haltung aus dem Wasser ragend, am Admiralsschiff der Engländer vorbei und streckte die Zunge heraus. Es war nur der Stumpf einer toten Zunge, schon von Fischen angefressen, aber immerhin. Die merkwürdige Wiederbegegnung verfolgte Nelson sein Leben lang.

Man bewahre das Bild gleich ihm im Gedächtnis, wenn von Helden und Rebellengerichten in der Welt die Rede ist: Leichter als Nelson wird es dabei fallen, sich nicht von Haltungen erschrecken zu lassen, die auf Kanonenkugeln oder ähnlichen Gewaltgewichten mit dem Auftrieb der Vergänglichkeit beruhen. Als der Abukirsieger mit den Hamiltons Anno 1800 über Triest, Laibach, Wien, Prag, Dresden und Hamburg heimreiste, spielte man am Gänsemarkt einen Reißer, *Corsar aus Liebe*.

Die Chronik der Freibeuterei hält gelinden Abstand von jenen Untaten zur See und zu Lande, die sich mit Regierungsaufträgen entschuldigen. Entschuldigung und Selbstbezichtigung wohnen im Volksmund dicht beieinander. Die mit ungeheuren Unkosten und Metzeleien erreichte Vorherrschaft zur See und im Handelsverkehr bürdete England das Amt eines Polizeiherrn der Ozeane, ja der Welt auf. So, wie Pirat Rotkopf Morgan zum Piratenwürger wurde. Immer wird der letzte, erfolgreichste Räuber der unerbittlichste Scherge. Und entgeht der Sühne dennoch selten. Des heimlich gärenden piratischen Wettbewerbs ist kein Ende, kein Ende der Gier, der Gewalt und der Raubtat. Wer heute anmaßend die Schlinge zieht, hängt morgen selber darin. Das war immer so. Es scheint dem Menschen nirgends und unter keiner Hautfarbe, am wenigsten unter der weißen, gegeben zu sein, allen etwas Rechtes zu gönnen, sich selber zu bescheiden, sich des Friedens von Herzen zu freuen und — ihn zu bewahren.

Nelsons Glorie strahlte um jene Zeit, als August Ludwig Schlözer, der weltweit gelehrte Schwabe, Petersburger Geschichtsprofessor, Göttinger Professor der Philosophie, Herausgeber der köstlich zeitkritischen *Staatsanzeigen* (die 1793 nach einem Zusammenstoß mit einem Zollbeamten verboten wurden) und des *Versuchs einer Geschichte der Seefahrt und Handlung*, zu dem Schluß kam, die „lumpigte Menschheit" bestehe aus lauter Tyrannen, Feiglingen, Räubern und Dummköpfen. Doch paßt dies zum mindesten nicht auf seine kluge Tochter, die als eine der ersten Frauen die Doktorwürde errang und dann als Frau Senator Rodde zu Lübeck in der hanseatischen Ära der Seefahrt und Handlung eine gesellschaftliche Insel feiner geistiger Kultur schuf.

Natürlicherweise ist eine vernünftige oder gar vornehme Einstellung von niemandem zu verlangen. Die Natur weiß nichts von sogenanntem Anstand, nichts von Ehrbarkeit oder gar von Gleichheit und Brüderlichkeit, und mit der Freiheit hapert's selbst bei Schwalben, Mücken und Elefanten. Piraten im kleinen, große Geister im großen erhoben sich über die Natur. Nelson dachte nichts dergleichen. Er war die geballte Selbstsucht seiner Nation. Als er aber von der „gesitteten Linie" privat abwich, war man verschnupft.

> *Daß er in Haß und Massenmord*
> *groß war und selbst kam dabei um,*
> *bewunderte man fort und fort.*
> *Das, was er liebte, nahm man krumm.*

VON BONAPARTE BIS DE GAULLE
1798 bis 1964

Als Bonaparte, ohne jede Hochachtung vor den ehrwürdigen Rechten des Ordens, Malta geraubt hatte, da schwammen Algier, Tunis, Marokko und Tripolis in Freudentaumeln. Der größte Feind der Sarazenen war lahmgelegt. Und eilends fuhr der Bankmann des Dey zu Algier und der meisten nordafrikanischen Firmen, die mit Landesprodukten, Raubgut und Menschen handelten, Naphtalie Bacri, nach Paris. Er erzielte mit Talleyrand günstige Abschlüsse. Und es sah aus, als habe er das unverschämte barbareske Geschäft gegen etwaigen Appetit des Korsen gesichert. Seinem Bruder teilte er mit: „Hätte ich den Lahmen (Talleyrand war klumpfüßig wie Goebbels) nicht an der Hand, würde ich auf nichts rechnen." — Diese Bemerkung läßt entsprechend tief blicken.

Als nun aber der Dey Mustapha sich seelenruhig erlaubte, unter anderen auch ein paar französische Schiffe für den täglichen Bedarf zu räubern — es geschah dies sogar angesichts der provenzalischen Küste —, ließ Napoleon ihm mittels reichbestückter Fregatte ein persönlich diktiertes Schreiben übermitteln, das ohne weitere Anrede beginnt:

„Wenn Sie mir Genugtuung verweigern, werde ich 80 000 Mann an Ihrer Küste landen und Ihr Reich vernichten. Sie und Ihre Berater tun gut daran, vom Inhalt dieses Schreibens genaue Kenntnis zu nehmen . . ."

Das allerdings war ein anderer Ton als der, den etwa der Hamburger Senat, sicher notgedrungen, anzuwenden sich getraute.

Mustapha erschrak denn doch ein wenig, ließ auch den schuldigen Reis fast köpfen, verlangte dann aber, als der französische Vertreter Gnade empfahl, eine Million Franken „Entschädigung" für die „zurückerpreßte Beute". Das wurde von Bonaparte kühl abgelehnt. Darüber nun wurden die barbaresken Milizen, die Janitscharen, ungehalten. Ihre selbstherrliche Militärmacht lebte von Beuteeinnahmen wie der Dey. Seeraub und Tribute hielten das hehre Staatswesen aufrecht. Kurzerhand fanden sie einen „weißen" Sündenbock; sie beschuldigten die Bankiers, die jüdischen „Berater" des Dey, heimlicher Durchstechereien mit den europäischen Mächten, zumal mit dem anmaßenden Korsikaner, dessen Vorfahren doch wohl auch nur Seeräuber gewesen seien. Sie warfen der Firma Bacri & Busnach Getreidewucher und Blutsaugerei vor, auch, daß sie Mustapha zu Verschwendung, Volksbedrückung und wahllosen Todesurteilen angeregt. Und als Monsieur Busnach von besorgter Sitzung den Stadtpalast verließ, schoß ihn ein Janitschare vorm Eingang nieder. Sein Teilhaber Bacri entkam vorerst. Aber in Algier brach ein Pogrom aus, das seinesgleichen in Rußland und im Naziregime sucht. Doch auch Mustapha entging dem Pöbel nicht, Eindringlinge erwürgten ihn, sein entkleideter Körper wurde gleich den andern Opfern durch den Straßenkot geschleift und auf den Schindanger geworfen, wo die Hunde sich an den Leichen sättigten. Ähnlich erging es später Bacri.

Der Nachfolger des Deys war zuerst vorsichtig. Die auferlegte Stauung machte sich jedoch bald Luft, diesmal weniger gen See als ins Landesinnere hinein, wo, um ausfallende Beutegelder zu ersetzen, heftige Steuereintreibungen vorgenommen wurden. Das war nicht nach dem Sinn der alten Kabylenstämme, die frei in den Bergen hausten und sich als die Urherren Nordafrikas fühlten, sicher mit Recht. Der Dey bewies ihnen zu Unrecht das Gegenteil. Ihre abgeschnittenen Köpfe und Gemächte wanderten in Karawanenladungen zur Hauptstadt, teils zu einwandfreier Buchführung, teils, damit die womöglich Auferstehenden kopflos und ohne Zeugungskraft ungefährlich blieben. Die stinkenden Trophäen wurden nach der Zählung in Boote geschaufelt und weit auf See über Bord geschwenkt. Da mochten die Seelen lange suchen!

Nach solchem inneren Erfolg wurde die Außenpolitik wieder stabiler. Den christlichen Nationen wurden neue Tributforderungen zugestellt. So unerhört, so lächerlich die barbareske Frechheit war — falls man sie nicht als ewig unabgeltbare Schuld für die Vertreibung der Mauren ansehen wollte —, die Nationen zahlten. Sie zahlten, um ihre einträgliche Kauffahrtei wenigstens notdürftig vor den uneingeschränkten, von keinem Malteserritter noch bedrohten moslemischen Beherrschern des Mittelmeeres zu schützen. Nach wie vor war die europäische Uneinigkeit der unüberwindliche Verbündete der nordafrikanischen Raubstaaten.

Anno 1807 entrichtete Spanien 12 000 Goldfranken an Algier, Holland 40 000, Österreich 50 000, Amerika gar 100 000, England nur 10 000, die Hansestädte zusammen aber mehr als die Vereinigten Staaten. Portugal gar sollte runde 200 000 zahlen. Es schlug bedrückt vor, sich für 20 Jahre auf jährlich 50 000 Goldfranken zu verpflichten. Höhnisch wurde solche Lapperei abgewiesen, wurden sämtliche portugiesischen Schiffe, wo immer sie sich im Mittelmeer blicken ließen, gejagt und erledigt.

Was die nordischen Kabinette zahlten, kam nicht recht ans Licht. Sie tätigten anscheinend vorzüglich Abschlüsse auf Lieferungen von Kriegsmaterial. (Das taten die Handelshäuser der andern Nationen genausogern.) Aus Dänemark kamen zum Beispiel Anno 1787 vierzig eiserne Kanonen, vier Bronzemörser, zwanzigtausend Kugeln, sechstausend Bomben, überdies große Mengen Schiffsbedarf, Plankenholz, Pech, Tauwerk und Schiffsuhren, zweifellos zu gediegener Ausrüstung der Räubersegler.

Frankreich indessen zahlte nichts, solange Bonaparte am Ruder war. Die Epoche, in der es den Sarazenenpiraten Cheireddin fürstlich eingeladen, war dahin. Napoleon ließ mit raschem Zugriff alle algerischen Schiffe in den französischen Häfen beschlagnahmen und die Besatzungen einsperren. Daraufhin machte die algerische Miliz ihren Dey einen Kopf kürzer. Und wählte zu seinem Nachfolger einen schwachsinnigen ehemaligen Leichenwäscher, Hadj Ali, hoffend, in ihm ein gefügigeres Werkzeug zu finden. Solange seine Opiumräusche ihn nicht unfähig zu irgendwelchem Entscheid machten, war er dem leisesten Wink und Verdacht zugänglich. Algier erbebte von den unaufhörlichen Schreien Gefolterter und zur Richtstätte Geschleppter. Zumeist waren es Christen. Die schon etwas veraltete Strafe, mit dem Gesäß auf einen gespitzten Pfahl gesetzt zu werden, wurde wiedereingeführt, ebenso das Abziehen und Ausstopfen der Haut. Zu Ehren kamen auch noch einmal die rostigen Vorrichtungen an der Stadtmauer bei den Toren Bab' Azoun und Bab el Sund, über die Anno 1694 ein deutscher Reisender berichtete:

„Oberhalb der Tore findet man in der Mauer unterschiedliche eiserne Haken, welche wie Gänsehälse ellenlang krumm herfürragen. In solche werden die Missetäter von oben hinab geworfen. Wie nun der Körper darauf trifft und hängen bleibt, folgt der Tod langsam oder geschwind. Damit aber der arme Patient nicht so bald sterbe oder ihm der Rücken breche, holen sie ihm mit einem Strick den Kopf und die Füße etwas in die Höhe, wodurch sein Schmerz verdoppelt und verlängert wird. Es hat sich vor einigen Jahren zugetragen, daß ein Sklave, von Hamburg gebürtig, geringer Ursache da hinuntergeworfen worden, welcher am dritten Tag noch gelebt, darauf erbeten und wieder geheilt worden ist."

Gewiß gab es auch in der christlichen Justiz noch nach 1800 sonderbar viehische Möglichkeiten der Geständniserpressung, Strafe und Abschreckung. Die Geheimen Staatspolizeien in West und Ost haben es in dieser Sparte bis in die Gegenwart nicht an sadistischer Phantasie fehlen lassen.

Algier hin, Algier her, bis heute ist es ein Dorn im Rücken Europas. Napoleon I. hätte ihn gern unschädlich gemacht. Aber der Fluch der beraubten hochkatholischen Malteserritter war anscheinend wirkungsvoll. Er rief die protestantischen Engländer auf den Plan. Nicht, daß sie den Johannitern Malta zurückgaben; sie behielten es selber, jedoch weniger als Hort gegen die Araber als gegen die europäischen Nebenmächte zur See. Die napoleonischen wohldurchdachten Pläne wurden von den blutigen Streifen des Georgskreuzes durchgestrichen. Schon der große Weise der Deutschen, Leibniz, hatte Frankreich, hatte den Sonnenkönig von Europa auf Afrika ablenken wollen. Englands Intrigen hatten das Manöver gar nicht erst anlaufen lassen. Jetzt hatte es mit Hilfe der Russen den französischen Cäsar zurückgebogen auf Europa. Um einer vorübergehenden Glorie willen. Um nach und nach Ägypten, Zypern, den Suezkanal, Ostindien eine Weile zu übernehmen und alles dieses eines Tages wieder zu verlieren.

Algier blieb bis 1830 eine ständige Verspottung der weißen Seefahrt und ihrer Eifersüchteleien. Wollten die ewig hungrigen, ewig erfinderischen und ewig geschäftigen westlichen Fabriken und Händler ihre Kulturerzeugnisse gen Übersee verkaufen, Rohstoffe einheimsen, diese „veredeln" und wieder zurück an den Mann bringen, so mochten sie sich von denen schröpfen lassen, die, weniger aktiv, auf Allah vertrauten und des Propheten Wort befolgten: Nähre dich von den erlaubten Gütern des Feindes! Der Feind war billigerweise der Christ. Nicht, daß die angeblichen Segnungen der europäischen Warenverfertigung verachtet wurden, es gab ja schon damals neben poliertem Reis auch manches, das zu wirklichem Bedarfsartikel veredelt wurde, von der Sicherheitsnadel bis zum Hinterlader, vom Kammertopf bis zum Piano etwa.

Anno 1818 gründete zu Hamburg der Kaufmann Keyssing einen Antipiratischen Verein. Neuerungen in der konservativen Hansestadt werden selten anders als von Butenländern angeregt. Keyssing war Preuße. Zusammen mit dem britischen Konsul für Mecklenburg verfaßte er eine Flugschrift. Daß der britische Konsul dabei war, besagt nicht, daß sich sozusagen eine Kontrolle in die Angelegenheit drängte; denn sonst wäre folgende Stelle kaum zum Druck gelangt: „Mit Tributen und Geschenken erkauften die einzelnen europäischen Staaten die Freiheit ihrer Schiffahrt im Mittelmeer. Nur England zahlte so gut wie nichts, blieb indes wegen seiner Flottenmacht unbehelligt und schien den andern die Behinderung zu gönnen, wie unter Kaufleuten und Staaten üblich."

Allein Marokko jedoch verlangte vom Hamburger Senat Anno 1819 60 000 Reichsthaler banco als angebliche Tributreste, ehe es sich auf „antipiratische" Verhandlungen einzulassen gedenke.

Nach Bonapartes Verschwinden wurde auch Frankreich wieder gezwickt, und zwar so, als sollte das Versäumte dreifach nachgeholt werden. Der patrotische Zorn Galliens war demgemäß wach. Aber als Keyssing — in Vorahnung der UNO — vorschlug, Europa solle eine vereinigte Flotte von zwanzig Kriegsschiffen zusammenbringen, wehrte sich nicht nur England, sondern vor allem Frankreich gegen solche christliche Gemeinschaft. Es hat nach 150 Jahren wenig dazugelernt.

So war es schon auf dem berühmten Wiener Kongreß gewesen, der sich wie die meisten derartigen Veranstaltungen durch ein diskretes Geklapper von Hintertüren ausgezeichnet. Dort hatte die Piratenfrage auch gelegentlich auf der Tagesordnung gestanden. Und der weitblickende anglikanische Geistliche Sidney Smith hatte eine Denkschrift eingereicht, darin er eine allgemeine Seepolizei unter gemeinsamer, noch zu erschaffender Flagge empfahl. Derlei abenteuerliche Ideen wurden von den einander wie je mißtrauenden Kabinetten, sozusagen mit dem Seufzer unerlaubter Vernunft, nach wie vor unter den Tisch befördert.

Wer nicht alles hatte — auf eigene Faust — gelegentlich unternommen den perfidesten der Raubhäfen, Algier, zu züchtigen oder gar zu erobern! Es war über eine mehr oder weniger unwirksame Kanonade selten hinausgelangt. Einmal machte sich sogar ein dänisches Geschwader daran; es kam aber nicht nahe genug, und der Dey ließ durch Flaggensignal anfragen, ob der Admiral die Fische beschieße.

Selbst England wütete dort gelegentlich höchst bedrohlich. Zu einer Landung reichte es jedoch nicht. Und noch weniger zu nachhaltigem Erfolg. Die Piraterie blühte weiter.

Anno 1830 dann also beschloß das französische Kriegsministerium kraft neuerlicher Brisanzverbesserung und Reichweite der Artilleriegeschosse nach dreijähriger fruchtloser Blockade die Landung in Algerien. Es galt auch, innere Krisen zu überbrücken. Trotz zweier Revolutionen gelang es bis Mitte des Jahrhunderts tatsächlich, sich wenigstens der nordafrikanischen Küstenplätze einigermaßen zu versichern und der Seeräuberei den Riegel vorzuschieben.

Um 1880 meinte der Doktor der Philosophie und Theologie Georg Weber, ein geborener Pfälzer, dazu: „Wie teuer der Besitz von Algerien die französische Nation auch zu stehen kam, und von welchen Greueln und blutigen Kämpfen das unglückliche Land auch heimgesucht wurde ..., der hartnäckige Kampf mit den streitbaren, von religiösem Fanatismus angefeuerten Beduinen- und Kabylenstämmen hielt in der Nation Kriegsmut und Kampflust wach und gab den Truppen Gelegenheit, sich im Gebrauch der Waffen zu üben und die durch den langen Frieden (fünfzehn Jahre!) erzeugte Erschlaffung und Scheu vor Kriegsnot und Kriegsgefahr von sich fernzuhalten. Das afrikanische Land bot der französischen Regierung einen geeigneten Schauplatz, Unzufriedene und Widerspenstige von Frankreichs Boden zu entfernen und in der Fremde zu beschäftigen. Auch viele Rebellen anderer Länder zogen halb freiwillig, halb gezwungen über das Mittelmeer, um in der Fremdenlegion ihr Blut für fremde Eroberung auf fremder Erde zu verspritzen."

Diese gemütvolle Darstellung bedarf keines Kommentars. Als das Unterfangen, das bittere und nie beendete, begann, hatte Roy Charles X., eben bevor er zum Abtritt gezwungen wurde, noch Zeit, den stolzen bourbonischen Ausspruch zu tun: „In Nordafrika werden wir zum größten Nutzen der Christenheit das zerstörte Regime ersetzen."

Heute verbitten sich Marokko, Tunis, Tripolis-Libyen und auch die 1958 gegründete Exilregierung Algiers solchen Nutzen. Im gleichen Jahre wählte Frankreich, das vergebens sich noch einmal mit militärischer Gewalt in Algier zu behaupten mühte, einen General zu seinem Präsidenten. Dieser vermochte mit verlockenden Wohlfahrtsversprechungen die mehr als zwei Dutzend Kolonien, die Frankreich noch immer besitzt, außer der alten Sklavenküste Guinea-Senegambien zu einem Vertrauensvotum zu bereden, auch Algier. Doch auf die Dauer war das nur ein Aufschub. Mit der algerischen rebellischen Mischung aus den Nachkommen der Deportierten, der Renegaten, Desperados, Sklavenhändler, Piraten und der Berg- und Wüstenstämme konnte selbst ein de Gaulle nicht fertig werden.

Europa hat riesige Summen zu christlichem Nutzen in die arabische Welt gesteckt. Nun buchen sich die Straßen, Eisenbahnen, Hafenmolen, Spitäler, Schulen, Staudämme, Kraftwerke, Öltürme und Pipelines ohne Dank zurück ins alte Raubkonto.

Der Missions- und Kreuzzugsgedanke von vormals, der das Mittelmeer blutig vom Islam reinigen und es allein zu beherrschen trachtete, ist höchsten noch in abseitigen Kirchenlitaneien nicht ganz getilgt. Desto ungestümer glimmt, brennt, lodert der frisch entzündete Fanatismus der Gegenseite. Die Arabische Liga ist nicht nur politisch ein Zusammenschluß. Sie ist es weit mehr rassisch und konfessionell. Noch läßt sie sich von Westen und Osten füttern. Was immer an weißer Haltung oder Absicht ihr naht, sei es christlich oder kommunistisch, sie nutzt es ungeziert, nutzt es in schlauer Berechnung der untilgbaren westlichen Uneinigkeiten, und sie nimmt die Beihilfen für ihre „Unentwickeltheit" so selbstgerecht wie vormals die piratischen Tribute. Daß auch die westlichen Versäumnisse echter sozialer Betreuung sich dabei rächen, ist eine Nebenerscheinung; sie wird zu inneren Umwälzungen führen, die dem Westen keine Lenkung mehr erlauben, die aber auch dem Osten kaum die erhoffte Gelegenheit bieten werden, sich breit ans Mittelmeer zu wälzen. Der Sichel des Halbmonds den Griff der Erntesichel anzufügen, würde der diplomatische Akrobatentrick des Jahrhunderts sein. Aber die moderne arabische Lyrik, selbst in den Aufruhrversen des Irakers Maruf el-Rasafi, ist nichts als pan-arabisch.

> *Schläfer, wach auf aus der Nacht deiner Martern!*
> *Wach auf, schon graut der kommende Tag!*
> *Fron ist unser Los, Schweiß unser einziges Erbteil.*
> *Aber ich tat einen Schwur, mein Leben zu geben,*
> *auf daß mein Sohn es besser habe als ich ...*

Lyrik, das Lied, ist seit alters und immer noch Stimme des Volkes. Im Raume Groß-Arabiens heute ist es beflammt vom Glanz der Vergangenheit, bebend im Rücktraum eines islamischen Reiches, das sich vormals vom Ganges bis Gibraltar erstreckte. Das ist es, was nicht nur

erträumt, sondern was mit patriotischer Gefährlichkeit und blindlings
erstrebt wird.

Mit einer Hoffnung auf Ewigkeit im Herzen
und einem vernichtenden Haß.

Die sogenannten Mutterländer öffneten sich seit längerem den farbigen
Auchkindern, dem wachsenden Hereinstrom aus den Kolonien und Man-
daten, es ließ sie teilhaben an den weißen Vorrechten und Einrichtungen,
vermittelte ihnen Geist von weißem Geiste, ließ sie herein in Fabriken
und Industrien, aber auch in Kasernen, auch in Schulen und Hochschulen,
machte sie vertraut mit den Waffen, Techniken, Künsten und Unvoll-
kommenheiten des Westens, kurzum, es wurde für die „lieben Wilden"
gesorgt, wie etwa die Römer für Hermann den Cherusker sorgten, knüp-
fend das angeblich einigende Band der Bildung. Und wir feiern Hermann,
nicht die Römer, wir bewundern den, der die Fremden mit deren Taktik
schlug. Wir lernen in der Schule, ihn als Helden und Befreier zu ehren.
In den Schulen zu Timbuktu, Oran, Dakar und Kapstadt wird es eines
Tages ähnliche Themen geben.

Noch nach dem ersten Weltkriege, trotz der weißfarbigen Waffen-
brüdervermischung, tanzten die Farbigen vieler Tönungen in Paris oder
London mit weißen Mädchen nicht ohne sichtliche Ehrerbietung. Heute
zeigen ihre Mienen bei solchen Gelegenheiten einen verwegenen, ja,
einen selbstverständlichen Anspruch. So gepriesen die europäische Gastfreundschaft sei, so wenig irgendwelchen weißen Rowdys und Teddyboys
die Stange gehalten werden soll, gewisse neuerliche Ausschreitungen
wie in Tottenham sind als — durchaus hilflose — Abwehr nicht uner-
klärbar.

Einen letzten Blick auf Nordafrika. Was geschieht, falls der weiße
Mann seine Hand, seine Erfahrung, Umsicht, Arbeitslust und sein Kapital
herauszieht? Was, falls der wachsende Nationalismus dort nicht nur den
Franken und das Pfund, sondern auch den Dollar und den Rubel als
seiner unwürdig von sich weist und allein der grünen Fahne Allahs
vertraut?

Der Ewigkeit gewiß wie nie ein Reich zuvor,
im Hassen groß und größer noch im Ruhm.

Ob damit sich der ersehnte und beneidete Lebensstandard des Westens
aus eigenem Fond erreichen läßt? Es sei dem unentwegt zunehmend
gezeichneten, doch nie sich füllenden Halbmonde gegönnt, wenn er
Frieden hält. Womöglich aber wird den an sich armen Gefilden zwischen
Tripolis und Saleh wie vormals nichts übrigbleiben, als sich dem alten
Barbareskentum zu widmen und das Mittelmeer mit einer neuen Freibeuterei zu beglücken, die mit modernen Mitteln weniger malerisch, aber

entschieden mörderischer sein wird als je zu Uluchs oder der Malteser Zeiten. An europäischer Förderung wird es nicht mangeln.

Ich sah mich um, sie schacherten wie je,
nur gierig, daß sich ihre Konten mehrten,
und lieferten die Waffen übersee,
erstaunt, als diese gegen sie sich kehrten.

DIE WITWE CHING
um 1810

Weit unheimlichere Gegenstücke hat der Ferne Osten aufzuweisen. Selten hat es weibliche Kapitäne gegeben. Jene resolute Frau gegen Ende des neunzehnten Jahrhunderts, die nach dem jähen Ableben ihres Mannes seinen Kapitänsposten übernahm — sie war schon bei mehreren Reisen an Bord — und den Segler von Australien sicher nach Europa brachte, ist eine Ausnahme und wurde weltberühmt. Einfache Matrosen weiblichen Geschlechts waren häufiger. Abenteuerlust trieb sie auf See. Ihre Erlebnisse sind wie sie verschollen. Vielleicht waren diese nicht so reizvoll wie die der Joan Lowell, die unter den Rahen aufwuchs und darüber in ihrem schönen Buche *The Cradle of the Deep*, die Wiege der Tiefe, berichtet hat. Noch weniger haben Frauen in den blutigen Abseiten der Kriegsmarine zu tun. Aber auf dem Gefilde der Freibeuterei finden sich seit dem Altertum hier und da nymphide Gestalten, die gleich wild gewordenen Galionen mit blanker Waffe den Gegner ansprangen. Man denke an die Dame von Clisson. Und an Mary Read. Und Anne Bonny.

China gleicht einem fetten Manne, sagt der weise Chun Li, es bedarf von Zeit zu Zeit der Blutegel. Einer dieser aus der geheimnisvollen Therapie der Historia angesetzten Schröpfköpfe war Admiral Ching. Er hatte als Pirat so viel Ruhm und Macht gewonnen, daß der Kaiser ihn zum „Goldenen Drachen des Herrscherstabes" erhob. Damit wurde erreicht, ihn wenigstens von den heimischen Gefilden abzulenken.

Desto verheerender wütete er an den Küsten von Kotschinchina und Annam. Anno 1800 aber erlag er unter der Gegenwehr der Bevölkerung, der einige französische Kanonensegler beigesprungen waren. Die Schlacht zog sich weit ins Land hinein. Ching wurde noch lebend gefangen und unter langer Marter zu Tode gebracht. Die Entkommenen seiner Horden erreichten den Teil seiner Geschwader, der unversehrt im Hintertreffen gewartet. Auf dem Flaggschiff wurden sie von Frau Ching mit den Worten begrüßt: „Unter einem Manne seid ihr geflohen. Wollen sehen, wie ihr euch unter der Hand einer Frau bewährt."

Die Witwe Ching übernahm das Kommando. Sie brachte wieder Ordnung in die zerrüttete Flotte, vervollständigte sie, teilte sie in sechs große Geschwader und gab jedem eine eigene Flagge unterschiedlicher Grundfarbe. Die einzelnen Geschwaderchefs erhielten Leutnantsrang in offenbarer Anlehnung an europäische Marinen, nur daß ihre Kleidung malerischer aussah und auch ihr Ehrenname. Sie hießen zum Beispiel: Mahlzeit der Frösche, Vogel und Stein, Kleinod der ganzen Mannschaft, Geißel des östlichen Meeres, Messer am Genick. Ihre eigne Flagge des Hauptgeschwaders war rot mit goldenem Drachen.

Zehn Jahre lang zog sie ihren Tribut von allen Küsten des Gelben Meeres und bis zur Straße von Malakka. Sie gab ihren Raubzügen den Anstrich sozialen Ausgleichs, brandschatzte die Paläste und Güter der Mandarinen, bezahlte die Bauern und verpflichtete einige, alle Erzeugnisse zuerst oder ausschließlich für ihre Flotte zu liefern. Ähnlich wie europäische Piratenkapitäne hundert Jahre zuvor verfaßte sie strenge Vorschriften für die Besatzungen. Man möchte meinen, daß ähnliche Verhältnisse zu ähnlichen Regeln führen, die unter zusammengewürfelten Gemeinschaften Disziplin halten sollen. Da heißt es unter anderem:

„Nicht der kleinste Gegenstand darf von der Beute privat beiseite gebracht werden. Alles muß genau registriert werden. Dem einzelnen stehen von zehn Teilen nur zwei zu. Acht Teile kommen ins Lagerhaus, in den allgemeinen Grundvorrat. Wer aber daraus etwas nimmt ohne Erlaubnis, wird mit dem Tode bestraft.

Geht irgend jemand der Besatzung eigenmächtig an Land, sollen seine Ohren vor der ganzen Flotte durchlöchert werden. Bei nochmaliger Übertretung soll er den Tod erleiden.

Niemand soll seine Lust an gefangenen Frauen in den Dörfern oder auf offenen Plätzen stillen. An Bord muß er zu diesem Zwecke erst die Erlaubnis des Zahlmeisters einholen und sich dann beiseite in den Schiffsraum verfügen. Gegen eine Frau Gewalt anzuwenden ohne Genehmigung des Zahlmeisters, wird mit dem Tode bestraft."

Man sieht, bei der Witwe Ching nimmt der Zahlmeister die Stelle ein, die bei den westlichen Piraten der Quartermeister innehatte. Heute hat der Posten des Quartermeisters in der Handelsmarine nur noch Unteroffiziersrang, anders als der des Zahlmeisters, der auf den großen Transozeanern, zumal etwa bei der Hapag, fast das hohe Ansehen wie unter der Witwe Ching genießt. Sie war eine der wenigen Piratenfiguren mit ausgeprägtem Sinn für Organisation. Ihre Kollegen hatten meistens von der Hand in den Mund gelebt. Sie sorgte umsichtig für die Zukunft, und ihre Geschwader waren deshalb stets gut verpflegt, gut gerüstet und gut gelaunt.

Anno 1808 schlug sie eine kaiserliche Flotte, die mit ihrer Sonderherrschaft aufräumen sollte. Leutnant Paou brachte den gefangenen Admiral Kwo-lang vor Lady Ching. Sie redete sanft zu dem verzweifelten

Beamten, obschon der hoffte, durch einige Unziemlichkeiten sich Zorn und Vernichtung zu gewinnen. Da er sich so milde behandelt fand, ertrug er die Schmach nicht länger, stieß sich den Dolch, den man ihm belassen, durch die eigene Kehle und starb zu Füßen der Siegerin.

Inmitten der Toten, Sterbenden und Triumphierenden ringsum sprach daraufhin Leutnant „Feste aller Festen": „Wir sind nur Rauch im Wind, nur wie die Woge der See im Taifun, wie zerbrochene Bambusstäbe, hinfließend und versinkend, auf und ab, ohne der Rast zu gedenken. Der Tod dieses tapferen Admirals wird über uns kommen. Wer wird glauben, daß er sich selber tötete? Man wird uns vorwerfen, wir seien so ruchlos gewesen, ihn umzubringen, nachdem er sich ergeben . . ."

In der Tat wurde ein neuer Feldzug gegen die Dame Ching unternommen. Doch wieder vergebens. Der neue Admiral verlor angesichts der prächtigen Piratenflotte den Mut, wurde auf der Flucht eingeholt und erschlagen. Das Jahr darauf schickte die Regierung hundert Kriegsschiffe los, die Scharte auszuwetzen. Diesmal gelang es, ohne daß jedoch Frau Ching gefangen werden konnte. Bevor noch die kaiserlichen Schiffe mit ihren Beuten den Heimathafen erreicht, hatte die Piratin schon die Reste ihrer Geschwader gesammelt, neu befeuert und war in den Nacken des Feindes gesegelt. Ihr Angriff war so tigerhaft, daß die Regierungsflotte zersprengt wurde und die amtliche Siegesfeier ins Wasser fiel.

So ging es eine Weile hin und her. Niemals wurde Frau Ching selber erwischt oder verwundet. Ihr Ansehen stieg gewaltig, ihre Flotte vermehrte sich sogar noch nach dem Schlachtentod ihres Geschwaderführers „Kleinod der ganzen Mannschaft", durch den Racheschlag seines Kollegen „Feste aller Festen", um fünfundzwanzig Regierungsdschunken.

Von da an hatte die große Ching einige Jahre freie Hand. Sie verlegte sich auf die Plünderung ganzer Städte bis tief in die Flußläufe hinauf und auf den einträglichen Handel mit geraubten jungen Chinesinnen. Die Abnehmer saßen großenteils in Makao. Von dort gingen die „zierlichen Transporte" auf die Harems- und Bordellmärkte zu Singapore, Bombay, Port Said, Muskat und bis nach San Francisco und Südamerika. Sie scheute sich auch nicht, europäische Schiffe zu überfallen und hohe Lösegelder für weiße Gefangene zu erpressen.

Wie britische und auch andere europäische Souveräne sich der Piraten gelegentlich durch Gnadenerlasse zu erwehren suchten und damit oft wenigstens eine Aufspaltung der Banden erreichten, versuchte ähnlich die chinesische Regierung, die unerträglich blutbefleckte Witwe mit einem Pardon zu ködern. Nicht sie, aber ihr Unterführer vom Geschwader der Schwarzen Flagge unterwarf sich alsbald mit den achttausend Mann seiner Befehlsgruppe und den dazugehörigen einhundertsechzig Kampfdschunken, fünfhundert großen Kanonen und fünftausendsechshundert

Waffen verschiedener Sorte. Das war ein bitterer Schlag. Zumal die Regierung den Überläufern klüglich zwei große Wohnsiedlungen nebst genügend Ackerland überließ. Wo die bisherigen Bewohner und Besitzer blieben, ist nicht festzustellen. Sie wurden schlechtweg auf die Straße gesetzt.

Die große Witwe Ching wog die Chance und das drohende Verhängnis gegeneinander ab. Und begann ihrerseits, behutsame Fühler auszustrecken. „Ich bin zehnmal so stark wie diese schwarze Ratte von Verräter", äußerte sie: „Wie viele Städte hat das Kabinett denn mir zu bieten?"

Man lächelte vielsagend und hinhaltend.

Sie wandte sich an den schlauesten ihrer Mittelsmänner zu Makao, den wohlgebildeten Dr. Chang, Mediziner, Diplomat und Spionageleiter in der portugiesischen Kolonie. Immerhin holte der nach langer Feilscherei heraus, daß jeder Pirat, der nun noch den Pfad zur Tugend betreten wollte, als Wegzehrung erhalten sollte: ein Stück Schweinefleisch, einen Liter Wein und etwas Zehrgeld.

Daraufhin schickte die Admiralin die Besatzungen ihres Flaggeschwaders an Land und zog sich still nach Makao zurück. Sie übernahm dort die Leitung eines Schmuggelunternehmens und entwickelte es, wie nicht anders zu erwarten, zu einem der größten Konzerne dieser Art.

Einige ihrer Geschwaderchefs folgten ihrem Beispiel, andere zeigten sich widerborstig, anderen verweigerte die Regierung, nunmehr mit Oberwasser, die Verzeihung. Die „Geißel des östlichen Meeres" gehörte zu dem glücklicheren Teil. Hingerichtet wurden im ganzen außer einigen Unterführern nur etwa einhundertfünfzig Piraten. „Mahlzeit der Frösche" floh mit seinem Geschwader in die Gewässer der Philippinen. Stürme und Mißbehagen lockerten die Verbindung; fünfhundert Piraten nebst ihren Frauen wurden von spanischen Fregatten abgefangen. Der Rest, sechsundachtzig Dschunken mit nahezu viertausend Mann, ergab sich freiwillig im Hafen zu Manila.

Wie wenig anziehend das Leben an Bord dieser Fahrzeuge war, schilderte ein Offizier der Britisch-Ostindischen Kompanie, der drei Monate Frau Chings Gefangener war: „Wir lebten in gräßlicher Enge und fürchterlichem Dreck wochenlang von Reis mit hineingekochten Raupen. Die Piraten selber aßen allerdings auch sämtliches andere, reichlich vorhandene Ungeziefer von der Ratte bis zur Wanze mit Genuß. Ihre freie Zeit verbrachten sie — wie andere Piraten — mit ihrer Sorte bei Würfel- und Kartenspiel und mit Rauchen, nur, daß es nicht Tabak, sondern Opium war."

DIE SEERÄUBERKÜSTE
bis 1819

Gegenüber Iran der südöstliche Rand des Persischen Golfes, gelegen zwischen Saudi-Arabien und Oman, heißt seit alters die Seeräuberküste. Als die Admiräle Alexanders hier entlang den halbgeglückten Erkundungs- und Raubzug gen Indien unternahmen, saßen dort schon erfahrene Schiffbauer, die längst die Weite der arabischen See mit schmucken Sambuks belieferten. Da sie aber den Wald rücksichtslos dafür verholzten, waren sie bald gezwungen, ihre Kiele und Planken von weither zu beziehen, und sie dehnten ihre Fahrten bis nach Insulinde aus, schon damals, als an der Nordseeküste der erste Wagehals tolldreist eben erst den ersten Einbaum ins ablaufende Wasser schob und sich, nicht ohne vorher dem Sturmesgott Wotan einen Hund geopfert zu haben, auf Buttfang begab.

Die arabischen Werften, Fischer und Perlenhändler von Abu Thabi, Dibai, Umm und Schardscha machten es sich eine Zeitlang sehr bequem. Sie fuhren mit morschen, abwrackreifen Untersätzen aus und kamen mit stattlichen Baggalats oder Garokus wieder heim. Nebenbei ergab das auch noch kostbare Importe an Frachten und Sklaven, für die man sich nicht die Mühe des tauschfähigen Exports zu machen brauchte. Man nennt solches Verfahren gemeinhin Seeraub. Es lohnte sich eines Tages noch mehr, als der weiße Mann auf den wogenden Plan trat und seinerseits nicht nur zu nehmen gedachte, sondern auch den trauten Handel wettbewerbend störte. Da man inzwischen an der Piratenküste zum streitbaren Gott Allah betete, bekam das einträgliche Gewerbe die Weihe des Sakralen. Die „Christenhunde" hatten dadurch ein paar hundert Jahre zu tun, um den gutsegelnden Fanatikern einigermaßen einzuprägen, daß man, wie Alexander, Raub nur im großen betreiben darf, um nicht als Verbrecher zu gelten.

Besonders der Stamm der Joasmis erwies sich als zäh unbelehrbar. Die Portugiesen hatten vergeblich die Rute geschwungen. Nun wurden auch britische Schiffe von den Turbanträgern angegriffen. 1778 ging ein königlicher Segler trotz des Georgskreuzes in einer dreitägigen Schlacht verloren. Sechs siegreiche Sambuks schleppten ihn nach Ras al Khyma. Die Besatzung und die Passagiere beschlossen ihr Dasein als Hausgehilfen in etlichen Sultanaten. Wichtige Londoner Depeschen, die sich an Bord befanden, wurden zur. Auswertung an die Pforte nach Istanbul verkauft. Damals war die Türkei noch der Knauf an der Fahne des Propheten. Einhundertachtzig Jahre später wäre das Geschäft mit Kairo gemacht worden.

1779 mußten wieder zwei Schiffe der Britisch-Ostindischen Kompanie daran glauben. Und Oktober 1797 wurde sogar der englische kleine Kreuzer, die *Viper*, heimtückisch fast erledigt. Wahrscheinlich hatte sein

Name, den ein kundiger Muslim mit „Kreuzotter" übersetzte, anregend gewirkt und auch, daß der Kommandant vordem einen kleinen Sonderhandel getätigt und den Sarazenen von seinem eigenen guten Schießpulver verkauft hatte.

Daraufhin verpflichtete England den Sultan von Oman, gegen Zahlung, die immerhin billiger war als teure Flottenstationierungen, den heftigen Nachbarn auf die Langfinger zu sehen. Die Joasmis hatten allen Respekt vor der sultanischen Flotte des berühmten Hafens Muskat, aber bei erster Gelegenheit brachten sie den gestrengen Aufpasser um. Und hausten danach gewalttätiger denn je zuvor. Bis Kapitän Seton, britischer Botschafter zu Muskat, selber den Oberbefehl über die arabisch-osmanische Flotte an sich nahm und die Joasmis mit der Sprache überlegener Kanonen zu einem Vertrag bewog, der ihnen freiließ, so viel seezuräubern wie sie wollten, wenn sie nur die englische Schiffahrt in Ruhe ließen. Das war im Jahre 1806.

Es nützte nicht lange. Denn gewisse Firmen scheinen besser verdient zu haben, wenn den natürlichen Neigungen der Bereicherung keine amtlichen Kontrollen beigegeben wurden. Marineoffiziere, die sich tapfer mit den Piraten schlugen, fanden sich im Kontor zu Bombay mehr gerügt als belobt. So erging es Leutnant Gowan von der *Fury* Anno 1808 und Leutnant Graham von der *Sylphe* im gleichen Jahre. Seiner Mannschaft wurde von den Piraten die Kehle auf der Reling durchgeschnitten. Er entkam schwerverwundet und — wurde entlassen. Und der Handelsoffizier Jowl und der Matrose Pennel, einzige Überlebende der Brigg *Fly*, die nach unsäglichen Strapazen und Leiden mit wichtigen geretteten Papieren das Büro der Ostindischen Kompanie erreichten, wurden mit kalter Schulter abgefertigt, ohne Entgelt.

Es war dort üblich, von den „unschuldigen Arabern" zu reden. Diese taten denn in ihrer Unschuld nach Bedarf. Seit Nelsons Sieg bei Abukir war der Halbmond liebes Geschwister des Georgskreuzes. Das nutzte man. Die Joasmis dehnten ihre Raubzüge bis nach Kalkutta. Lord Minto, der in Wien sich so kühl beim Besuch Nelsons und der Hamilton verhalten, war nach Indien versetzt worden. Dort eiferte er der Tüchtigkeit des Admirals nach, jedoch gegen den Halbmond. Er ließ Anno 1809 rund hundert Piratenfahrzeuge der Joasmis zerstören. Aber sobald die Streitkräfte abgezogen, wuchsen neue Sambuks, Garokus und Baggalats auf den Werften der Piratenküste, bis 1819 ein britisches Geschwader und dreitausend Mann weiß und farbig gemischter Landtruppen einigermaßen den dortigen Elan zertraten.

Erst Anno 1855, als Rußland die Hand wieder einmal nach Nahost ausstreckte, hielt London es für geraten, den „Waffenstillstand zur See" im Persischen Golf von den Piratenfürsten auch auf andere Seehandelsmächte ausdehnen zu lassen. Damit erlosch der freibeuterische Umtrieb so ziemlich. Der Ausfall an Wohlstand wurde durch britische Beihilfen ersetzt. Auch versuchten Ölgesellschaften den Lebensstandard zu heben. Der Persische Golf wurde so friedlich wie der Genfer See. Jedoch der Name Piratenküste blieb bis auf den heutigen Tag. Es soll dort noch einige Familien geben, die ihren Stammbaum auf die alten Joasmi-Kapitäne zurückführen und verwurmte Trophäen aus jener glorreichen Zeit wie Heiligtümer hüten.

Vergangenheit, Verfangenheit,
Gestrüpp im Dunst, konturlos breit,
ein Friedhof, daraus Mal an Mal
aufragt mit Spruch und Jahreszahl.

TOM HORTON, SCHEICH VON KISCHMA
1798 bis 1821

Die Gewinnspanne der Britisch-Ostindischen Monopolgesellschaften war so erquicklich, daß Tributzahlungen an die Piratenscheichs des Persischen Golf kaum ins Gewicht fielen; für die geschäftlichen Beziehungen aber blieben sie dienlicher als jede Polizeiaktion. Die Lage war ähnlich wie im Mittelmeer den Barbaresken gegenüber. Vom Kontor zu Bombay wurden die Summen gebucht unter der höflichen Bezeichnung: Ersatz für Auslagen zur Unterdrückung der Seeräuberei.

Im Jahre 1818 besorgte die Korvette *Hope* die Verteilung und steuerte zu diesem Zwecke auch den Hafen von Kischma an. Sie geriet dabei in Grundberührung mit einer blinden Klippe und erlitt Bodenschaden. Nach einigem Palaver erhielt der Kapitän die Erlaubnis, die Reparatur in der Werft des Platzes vornehmen zu lassen. Zugleich wurden er und seine Offiziere eingeladen, während der Liegezeit im Palast zu wohnen. Ein Widerspruch war nicht geraten. Aber man war doch angenehm überrascht über die ungemein liebenswürdige Aufnahme.

Dabei stellte sich heraus, daß der völlig arabisch gekleidete und sich arabisch benehmende, würdige und leicht ergraute Scheich geborener Engländer sei. Doch liebte er es nicht, daran erinnert zu werden; er führte die Unterhaltung auf arabisch mittels Dolmetscher. Als er hörte, die Gesamtbesatzung der Korvette belaufe sich auf einhundertzwanzig Köpfe, entließ er als Abschiedsgeschenk die gleiche Anzahl dunkler Sklavinnen aus seinem „Magazin". Auch das durfte man nicht ablehnen, obwohl die Unterbringung in den Schiffsräumen, zumal bei dem Klima jener Gefilde, mehr eng als genußreich war. Der Kapitän atmete auf, als er nach glücklicher Rückfahrt die „ebenholzfarbenen Engel" zu Bombay wieder los wurde. Sie wurden einem Heim für junge Mädchen

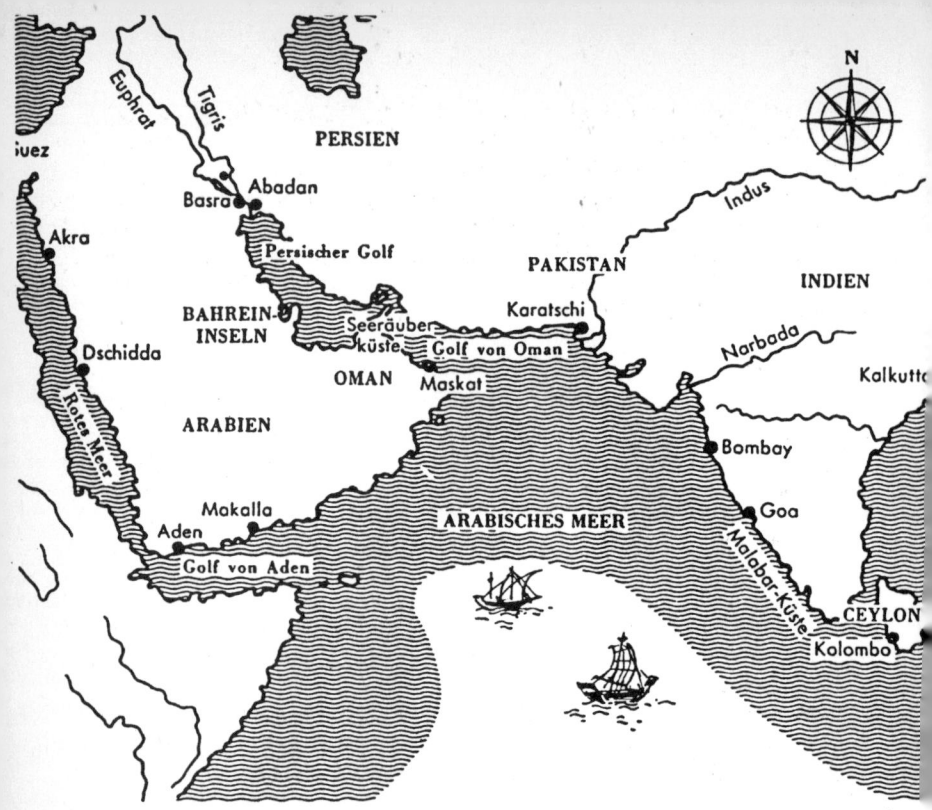

überwiesen, dessen Firmenschild lautete: Freundinnen der Seeleute.

In Bombay und London begann der Secret Service der Herkunft jenes großzügigen Scheichs nachzugehen. Und stellte folgendes fest: Geboren war der Mann als Tom Horton 1759 zu Newcastle am Tyne, war gelernter Schneider, fälschte mit siebzehn einen Scheck von sechs Pfund, indem er eine säuberliche Null dahinterfügte und ein ty hinter six, zahlte seinem Meister die sechs und verduftete mit dem Rest nach Schweden. Trat dort in die Armee ein. Die Frau seines Hauptmanns verliebte sich in ihn. Der Hauptmann starb sonderbar plötzlich. Die Witwe heiratete den schmucken Fremdling und floh mit ihm wegen Mordverdachts. Die beiden wandten sich nach Rußland. Eröffneten ein Wirtshaus an der Wolga. Trieben einträglichen Schmuggel. Doch eines Tages bezichtigte Frau Horton ihren Mann der Untreue und drohte, ihn wegen Mordes an ihrem Verewigten anzuzeigen. Daraufhin verschwand sie plötzlich. Fischer fanden ihren Leichnam in der Wolga. Horton wurde zum Tode verurteilt. Bestach die Wärter, floh in die Krim. Schloß sich tatarischen Banditen an. Erntete runde dreißigtausend Goldrubel und verzog sich

404

nach Basra im Irak und hinunter an den Persischen Golf, getarnt als moslemischer Händler.

Eine Pilgerfahrt nach Mekka verschaffte ihm Ansehen. In politische Umtriebe verwickelt, ermordete er den türkischen Statthalter Basras und begab sich in den Schutz des Scheichs von Kischma. Dort kaufte er Land und baute Häuser und Schiffe. Wurde Admiral der Flotte zu Kischma. Trieb Seeraub. Erbeutete unter anderem eine bewaffnete Brigg der Ostindischen Gesellschaft Britanniens und ermordete die gesamte Besatzung. Sein Einfluß wuchs mit seinem Reichtum. Er zettelte einen Umsturz an, reich genug, die nötigen Leute zu bezahlen, erstürmte den Palast des Scheichs, der ihn so freundlich aufgenommen, und erdrosselte ihn mit eigener Hand. Wiederum heiratete er die Witwe des Ermordeten oder machte sie vielmehr zu seiner Hauptfrau. Die Pforte bestätigte Anno 1798 nach gehörigen Geschenken seine Nachfolge auf dem Thron zu Kischma. Von da an hatte sich der vielfache Mörder und Rechtsbrecher als ein trefflicher Herrscher erwiesen. Er tat das, was gewisse arabische Souveräne bis heute noch nicht vermocht, er schuf eine verhältnismäßig gerechte Ordnung in Verwaltung, Justiz und Besitzverteilung und regierte beliebt und geachtet. Gemessen an Salomos Harem war der seine bescheiden: vier Frauen und zehn Kebsweiber. Kinder hatte er zu seinem Kummer keine.

Einer seiner arabischen Nachfolger, der Anno 1959 Genf besuchte, brachte die doppelte Anzahl Frauen mit nebst deren Wächtern und Sklavinnen. Das für diesen Harem gemietete Hotel kostete dem Orientalen täglich runde 7200 Schweizer Franken. Er zahlte es leichthin; denn — wie ein westlicher Journalist schrieb — gehörte er nicht zu jenen Heineschen Asras, die sterben, wenn sie lieben, sondern zu denen, die Öl finden, wenn sie bohren.

Den souveränen Machthaber eines arabischen Staates konnte ein westliches Gericht so wenig belangen wie der Löwe einen Haifisch, und habe er noch so viele Schandtaten auf dem vom Geheimdienst ausgefüllten Fragebogen. Außerdem benützt die Politik bei Bedarf andere Maßstäbe als der rechtlich denkende Laie. Am Persischen Golf konnte der britischen Krone ein zahm gewordener Pirat und getarnter Landsmann jedenfalls genehmer sein als ein unruhiger Tugendbold und offener Fremdling. Somit wird Tom Horton alias Scheich Ibrahim, obschon Nachrichten über sein Hinscheiden fehlen, wohl einer der wenigen nahöstlichen Despoten gewesen sein, die ungewaltsam und in Frieden von den Huris ins Paradies geleitet wurden.

> Woher du kommst
> und was du je begangen,
> zählt nicht, wenn du dem Rechtsverlangen
> der Massen frommst.

Der Einzelgänger William Read war nur ein geringfügiger Freibeuter. Seine Schonerbrigg allerdings trug den bezeichnenden Namen *Dear Mary*. Mary Read war zwar schon 1721 im Kerker gestorben. Über das Kind, das sie dort zur Welt brachte, ist nachträglich nichts zu erfahren. Mag sein, daß es am Leben blieb. Mag sein, daß ihre begnadigte Kollegin Anne Bonny sich des Würmchens angenommen und es zusammen mit ihren eigenen beiden Kindern in Chocolate Hole oder wo immer auf Kuba hat aufziehen lassen. Mag sein, daß Kapitän William Read sich tatsächlich als Enkel oder Urenkel Mary Reads hätte ausweisen können oder aber, daß es sich nur um eine romantische Zuneigung handelt. Jedenfalls taucht William Read zwischen 1818 und 1822 mit seinem Schiff in verschiedenen Häfen der Westküste Südamerikas und bis Kalifornien und Arizona auf. Es ist die Zeit, da die Lateinstaaten sich von Spanien losreißen. Mag sein, daß dieser Read anstatt von Kuba aus England stammt, vielleicht aus Kensington, woher Thomas Cochrane kam (vielleicht war sogar Mary Read dort geboren). Und daß er unter Commander Cochrane womöglich gegen Frankreich zur See gefochten und wie jener, Anno 1814 entlassen und brotlos, nach Chile ging. Cochrane wurde dort Admiral.

Read zog vor, privat zu bleiben. Doch anstatt auf erlaubten Kaperfahrten zweifelhaften Ruhm und Vermögen zu erwerben, daran Flüche und Tränen und Blutvergießen kleben, beschränkte er sich zumeist auf die notwendigsten Verproviantierungen oder auf nur schmächtige Prisen. Sein Haupteifer scheint den gegenständlicheren Hinterlassenschaften piratischer Vorläufer gegolten zu haben, als es der Name von Calico Jacks Gefährtin war. Die sagenhaften vergrabenen Schätze hatten es ihm angetan. Anno 1818 durchwühlte er die Isla de Cocos im Stillen Ozean nach den Goldrupien und Sovereigns, die angeblich Käptn Kidd dort verborgen hatte. Ob er mehr gefunden als ein paar gebleichte Gebeine, ist nicht bekannt geworden.

Später verfügte er sich mehrmals an geheimgehaltene Plätze der Küste Perus, für die er Pläne besaß. Neuere Forscher haben einige davon zusammengebracht. Einer betrifft das alte Totenfeld der Inkas bei Aucon, 282 Kilometer westlich Cusco. Ein anderer ist der malerische Lageplan von sechsunddreißig Fäßchen Gold. Ein weiterer rührt aus den Tagen der holländischen Marineblüte her und wird dem Piraten Joris Spilberg zugeschrieben. Dieser verließ Texel den 8. August 1614, durchsegelte im März des nächsten Jahres die Magellanstraße, trieb sein Unwesen an der Westküste, ankerte verschiedentlich vor Inseln, deren Lage er verschwieg, und kehrte am 1. Juli 1617 nach Texel zurück. Ehe er aufs neue losfuhr, kam er in einem Wirtshausstreit um.

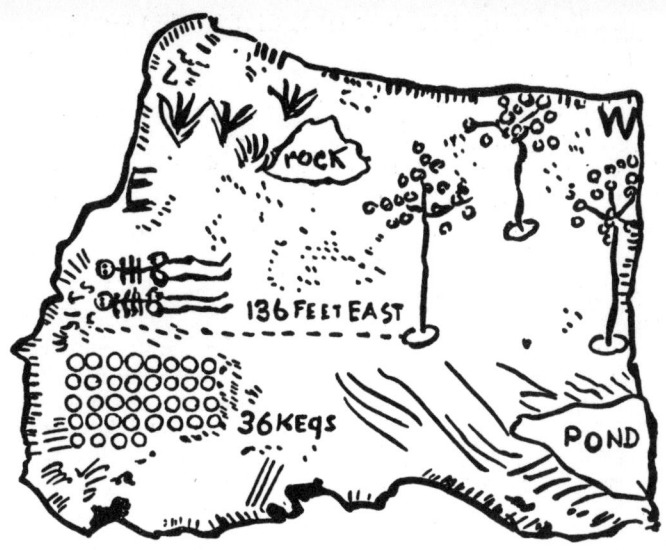

Lageplan eines Schatzes des Piraten-Kapitäns William Read
mit 36 Fäßchen Gold; etwa 1819

Aus seinem angeblichen Nachlaß gelangten zwei Pläne in Reads Besitz. Der eine scheint eine genaue Karte zu sein oder vorzutäuschen; der andere enthält in der Form einer Zeichnung verkappte Geheimzeichen und Hinweise. Solche Geheimzeichen hat der peruanische Professor Montero an vielen Stellen seiner heimischen Gestade entdeckt und sieht in den meisten echte Spuren verschollener Piraten.

Nach Ablauf der chilenischen Kaperbriefe Anno 1822 scheint Käptn Read sich in dem alten kleinen Hafen Puerto Bodega auf auskömmlicher Unterlage zur Ruhe gesetzt zu haben. Womöglich war ihm wirklich ein Schatzfund geglückt.

> *Zwei Männer landeten alldort,*
> *wo wild die Brandung rollt.*
> *Der eine kam zurück an Bord,*
> *die Taschen voller Gold.*

DREI DAMEN UM STEUERMANN SMITH
1821–1823

Dieses ist der Bericht des Steuermanns Aaron Smith:

„Segelte als Erster Offizier der *Zephir*, Kapitän Lumsden, den 29. Juni 1821 von Kingston, Jamaika, Kurs England. Hatten Fracht und sieben Passagiere. Lumsden erwies sich als dickköpfig. Er wählte nicht die sichere Leeward-Passage durch die Floridastraße, sondern die Windward-Passage zwischen Haiti und Kuba, obwohl jedermann wußte, daß man dort eine Begegnung mit Piraten riskierte. Waren fünf Tage unterwegs und auf der Höhe von Kap Antonio, als sich ein verdächtiger Schoner näherte. Sein Deck wimmelte von Bewaffneten. Da Widerstand oder Flucht unmöglich war, ergab Lumsden sich ohne Umschweife. Unser Schiff war im Handumdrehen ausgeplündert nebst den Passagieren. Danach durfte es seine Fahrt fortsetzen. Nur ich wurde gezwungen, an Bord des Schoners überzuwechseln. Man brauchte einen Navigator. Ich sollte das Schiff nach Rio Medios, Kuba, bringen. Erreichten den Hafen zwei Uhr desselben Nachmittags. Waren dort bald von Booten und Kanus umringt. Zwei Regierungsbeamte, ein Geistlicher und etliche Damen und Herren stiegen an Bord, wurden vom Kapitän mit großer Geste begrüßt und beglückwünschten ihn zu seinem Erfolg, der sodann in der Kabine mit einem guten Trunk gefeiert wurde. Ich war hinzugebeten.

Es wurde auch getanzt. Die Tochter einer der Magistratspersonen forderte mich auf. Ich lehnte ab. Und da sie in mich drang, meine Weigerung zu erklären, sagte ich, ich sei verheiratet, zudem gezwungen an Bord, könne darum keine Lust an leichtherzigen Vergnügungen finden. Sie glaubte mir aber nicht, sagte, wirklich verheiratete Männer seien bestrebt, es zu verbergen. Und zog mich in eine Ecke. Sprachen lange über alles mögliche, was Ritterlichkeit, Ehrbarkeit und die Bedrängnis des Gemüts betrifft. Nannte mir auch ihren Vornamen, Serafina. Zeigte großes Mitleid mit meiner Anwesenheit auf dem Piratenschiff. Sagte, sie wolle ihren Vater überreden, für meine Entlassung zu sorgen. Sie war jung und ohne Ahnung von der Welt und deren Ränken, ungezwungen in ihren Äußerungen, offen und freimütig in allem.

Der Kapitän unterbrach unsere Unterhaltung und befahl mir, die Dame wieder auf Deck zu führen. Ich durfte nicht wagen, zu widersprechen. Es war schon gegen Morgen, als die Gäste aufbrachen. Der Kapitän geizte nicht mit Geschenken. Das erste war ein Koffer mit Linnen und Seide, der mir gehörte. Er wurde dem Geistlichen gegeben, der hochbeglückt versicherte, er werde den Kapitän in seine Gebete einschließen, wie denn auch der jetzige Erfolg zweifellos seiner Fürbitte bei der Jungfrau zu verdanken sei. Keiner der Gäste verließ das Fallreep ohne ein Angebinde; es stammte alles aus der *Zephir*.

Gegen Mittag brachten eine Menge Boote Haufen von Kubanern, welche die Beute kaufen wollten. Wieder waren Serafina und ihr Vater dabei. Ich mußte den Kaffee auswiegen und die Rechnungen schreiben, da weder der Kapitän noch einer von der Mannschaft etwas von Arithmetik verstand. Dann flüsterte mir der Kapitän zu, ich solle irgend etwas zur Herzstärkung mixen, das, nach dem Essen gereicht, die richtige Kaufstimmung anheize. Ich mischte also Wein, Rum, Gin, Branntwein und Porter, und alle fanden das Gesöff ausgezeichnet. Die Wirkung war wunschgemäß. Bei Versteigerungen der Zephirware wurde wie wild geboten, für den lächerlichsten Tand wurden Unsummen gezahlt. Als die meisten der Gäste, von der Herzstärkung übermannt, in die Ecken sanken und schliefen, huschte Serafina zu mir. Unterhielten uns noch inniger als den Abend zuvor. Versprachen einander, wenn die Gelegenheit es zulasse, zu entfliehen und zu heiraten.

Den andern Tag kreuzten wir auf See. Der Kapitän spürte Unzufriedenheit unter seinen Leuten. Die Anteile schienen ihnen nicht ordnungsmäßig verteilt. Ein paar Mann versuchten offen zu meutern. Sie wurden in raschem Handgemenge erledigt und nach einigen wahllosen Messerstichen über Bord gekippt, der Rädelsführer an den Mast gebunden. Zur Warnung für alle schlug man ihm sämtliche Gliedmaßen herunter, warf ihn dann nebst diesen über Seite. Am dritten Tag brachte man einen Holländer auf. Er ließ sich, ohne zu mucksen, nach Kuba dirigieren.

Hörten im Hafen, Serafinas Vater habe einen Dieb überrascht und sei verletzt worden. Ich wurde angefordert, seine Wunde zu behandeln. Man traute mir medizinische Kenntnisse zu. Der Kapitän ließ mich ungern an Land, wollte aber den Magistratsbeamten nicht verdrießen, schickte mich also los, jedoch mit Bewachung. Ich sah Serafina trotzdem öfter allein. Sie sagte mir zu unserer beider Freude, daß alles zur Flucht vorbereitet sei. Unter Vorwand einer längeren Operation täuschte ich meinen Bewacher. Pferde standen hinterm Haus. Der damit wartende, als zuverlässig angesehene Negersklave aber bekam es mit der Angst. Mußten den Plan verschieben. Inzwischen hatten die Piraten mehrere kleine und ein großes englisches Schiff hereingebracht. Wieder turbulenter Markt und Auktion. Dazu ein weiterer kubanischer Räuber mit der Fracht von drei englischen Schiffen. Das Raubgut wurde öffentlich versteigert. Der Gouverneur von Havanna schickte allerdings eine Warnung und eine Polizeitruppe. Letztere wurde still gespickt, abgefunden und verschwand.

Dann ein amerikanisches Schiff aufgebracht. Zwei Passagiere darauf, spanischer Offizier und Frau. Diese, durch den Überfall schockiert, verlangte ärztliche Hilfe. Da wenig Raum, wurden die beiden Gefangenen in meine Kammer gelegt, lagen auf Matratzen dicht beieinander. Die heißblütige Spanierin näherte sich mir so, daß der Gatte eifersüchtig wurde. Sie redete sich stets hinaus. Er beschwerte sich beim Kapitän. Der lachte nur. Gab aber das Paar frei; es verfügte sich nach Havanna.

Wieder Warnung vom Magistrat, Gouverneur habe fünf Kanonenboote beordert, die Piraten auszuheben. Gingen darum in See. Nahmen eine französische Brigg, plünderten sie gründlich, hatte eine Menge Likör an Bord. Ankerten in Küstennähe, Wind wurde heftig. Kapitän legte sich mit Fieber. Ich gab ihm einen guten Schlaftrunk. Mannschaft betrank sich am Likör. Da achtern ein Fischerboot sich in Lee angeleint und dessen Besatzung mitsoff, ersah ich Gelegenheit, wegzukommen. Packte gegen Morgen meinen Sextanten und Kompaß, was beides sich noch an Bord befand, und etwas Schiffszweiback in einen Seesack, kletterte damit sachte ins Boot hinunter, kappte die Fangleine und ließ mich mit der Strömung treiben. Sobald dann außer Hörweite, hißte ich das Segel und nahm Kurs auf Havanna.

Segelte den ganzen andern Tag und die folgende Nacht, erreichte die Einfahrt und ging den Vormittag an Land. Dachte, nun ist alles in Ordnung. Wollte mich beim britischen Konsul melden. Ging die Hauptstraße entlang. Kommt da ein Trupp Soldaten, voraus der spanische Offizier, mein eifersüchtiger Kabinengenosse. Er erkannte mich, schickte gleich zwei seiner Söldner zu mir, die schleppten mich aufs Präsidium.

Verhör. Angeklagt wegen Seeraub. Sollte dem Capitano einen Haufen Geld gestohlen haben. Sagte, das stimmt nicht. Half nichts. Wurde eingesperrt. Schauriges, uraltes Festungsverlies. Nach ein paar Tagen Kreuzverhör. Dann ins Massengefängnis, zusammen mit 400 bis 500 Spitzbuben aller Nationen. Mußte Zigaretten drehen. Sieben Wochen lang. Schließlich vor Gericht. Doch die Richter nicht einig. Nach weiteren paar Tagen kam einer der Richter, sagte, gegen hundert Dublonen könne er mich fortlassen, andernfalls würde ich nach Jamaika befördert. Man habe von dort meine Auslieferung verlangt. Da ich nicht einen Penny besaß, kamen tatsächlich andertags drei englische Offiziere von Admiral Rowleys Flaggschiff, nebst einer Wache spanischer Soldaten, und holten mich ab. Brachten mich an Bord des Kreuzers *Sibylle*. Wurde dort zu meinem Erstaunen in Eisen gelegt und in die Piek gesperrt. Lange, unangenehme Fahrt über den Atlantik. Gefängnis in Old Baily. Ein Haufen Zeugen. Nichts Belastendes gegen mich. Meldete sich eine weitere Zeugin, Fräulein Sophia Knight, sehr anziehende Erscheinung. Ich konnte meine Rührung nicht verbergen, als sie in die Schranken gerufen wurde. Sie erklärte, mehr als drei Jahre innigst mit mir verbunden zu sein, habe erwartet, bei meiner Rückkehr meine Frau zu werden, brach weinend zusammen. Mir war ähnlich zumute. Auch die Geschworenen schienen bewegt. Zogen sich zur Beratung zurück. Dann Verkündung des Urteils. Lautete: Nicht schuldig. Es war drei Tage vor Weihnachten 1823."

Wann immer sich das Zünglein stellt,
als sei das Schicksal schon erfüllt,
blitzt Hoffnung auf, wenn unverhüllt
ein Engel dran den Finger hält.

KUBANISCHE PIRATEN IM SPIEGEL DER PRESSE
1821 bis 1825

„New York Gazette" 3. November 1821:

„Wie wir erfahren, sind im August einige Schiffe aus Maine den Piraten zur Beute gefallen. Die *Dolphin* von Nobleboro wurde geentert, der Kapitän erschlagen und die Besatzungsmitglieder gefoltert, bis sie gestanden, wo das Geld versteckt sei. Andere Schiffe erlitten dasselbe Schicksal, so die *Mechanic* aus Portland, die *Alliance* aus Kennebunk, die *Mary Jane,* die *Milo,* die *Evergreen* und die *Dispatch.*"

„The Lincoln Intelligencer" 31. Oktober 1822:

„Seit den Tagen des Kapitän Kidd oder des nicht weniger gefeierten Schwarzbart ist nie von so vielen Untaten der Piraterie zu berichten gewesen, wie sie nun täglich die Spalten unserer Zeitung füllen. Jene berühmten Seeräuber damals hatten das Ziel, reich zu werden, aber ihr Leben und ihre Handlungen sind lange nicht so befleckt von solchen brutalen und blutigen Verbrechen wie die der Piraten unserer Tage. Es ist kaum zu fassen, daß in unserer aufgeklärten Zeit und trotz der verfügbaren Kräfte der USA-Marine derartige Räubereien und Mordtaten begangen werden können. Um Kuba herum machen an die zwanzig Piratensegler die Gewässer unsicher. Tod und Verderben erwarten den unglücklichen Seemann am fluchbeladenen Kap Antonio. Hier der Bericht des Kapitäns der Brigg *Hannah* von Philadelphia, die von einem Piratenschoner zu drei Kanonen namens *Creole* und geführt von einem Spanier namens Panchez überfallen wurde. Sie plünderten die Ladung, 460 Sack Kaffee, raubten tausend Dollar in bar und für fünftausend Dollar Schildpatt, entkleideten die Brigg auch der gesamten Takelage und Segel. Sie sperrten den Kapitän, seinen Bruder und fünf Passagiere in den Niedergang und rösteten sie mit Feuer so lange, bis sie angaben, wo das Geld war, sie wurden auch unmenschlich geprügelt. Der Koch wurde aufgehängt, doch wieder heruntergeholt, bis er halbtot bekannte, was er wußte.

Der Hauptplatz dieser Schurken heißt Fleuras, an dreißig bis vierzig Meilen in Luv von Kap Antonio."

„Salem Gazette" 15. Januar 1823:

„In der Hafenbucht von Havanna gibt es ein Dorf, das heißt Regla. Die Einwohner sind fast alle Seeräuber. Man nennt sie die Muselmänner; jeder kennt sie dort und viele auch in Havanna. Ihr Anführer heißt Mateo Gracia. Er prahlt offen mit seinen Beute-Erträgnissen und daß ihm die Gerichte nichts anhaben, weil er Geld genug hat, alles und jeden zu bestechen. Von seiner Mole aus beschäftigt er einen Haufen Küstenboote und Segler. Ohne vom Zoll oder von der Polizei belästigt zu werden, passieren sie Morro Castle mit Proviant, Waffen und Munition, und eben auf See, wimmelt das Deck von Bewaffneten. Sogar in Sicht der Küste begehen sie ihre Raubüberfälle. Beladen mit Handelsware aller Art kehren sie nach Havanna zurück. Ohne viel Mühe bringen sie ihre Fracht durch die Kontrollen. Die Beamten sind froh, etwas privat zu verdienen. Die Sachen werden dann offen an Havanner Bürger verkauft."

„The Lincoln Intelligencer" 27. Februar 1823:

„Kapitän Granger von Matanzas benachrichtigte uns, daß zwei Schiffe, vermutlich Amerikaner, sechzehn Meilen westlich von dort Piraten in die Hände fielen. Die Besatzungen wurden in die Riggen gebunden, dann die Schiffe angezündet, und alles zusammen verbrannte. Drei dieser Piraten kreuzten zwischen Point Yercos und Havanna."

„New York Gazette" 14. Juli 1823:

„Am 2. März von Port-au-Prince kommend, wurde die Brigg *Belisarus*, Kapitän Perkins, von einem spanischen Piratenschoner gestellt, Größe etwa vierzig Tons. Dreißig bis vierzig Banditen sprangen an Deck, schlugen auf den Kapitän ein und hieben ihm einen Arm ab. Und obwohl er ihnen dann sagte, wo eine Summe von zweihundert Dublonen verborgen sei, hackten sie ihm auch den andern ab und dann die Beine, stopften schließlich Werg in seinen Mund und unter seinen Körper, gossen Petroleum drauf und steckten es an, so daß er bald den Geist aufgab. Dem Steuermann jagten sie einen Säbel durch die Lenden. Sie plünderten das Schiff von oben bis unten, nahmen alles an sich, was nicht niet- und nagelfest war."

„New York Gazette" 8. März 1825

„Endlich wurde erreicht, daß zehn bewaffnete Marineschaluppen die Piratenpest rund um Kuba unter Aufsicht nahmen. Der letzte Anstoß zum Eingreifen unseres Congresses wurde angeregt durch die viehische Abschlachtung armer Schiffbrüchiger aus Wiscasset, die von spanischen Fischern, bei denen sie nach Verlust der Brigg *Betsy* Zuflucht gesucht, an kubanische Piraten ausgeliefert wurden. Wären nicht zwei der Mannschaft, obschon schwer verletzt, der eine gar nach Einbuße beider Hände, durch ein Wunder entkommen, und hätte der eine nicht den Obmann der Fischer nachdem in Matanzas erkannt und angezeigt, das furchtbare Verbrechen wäre wohl nie ans Tageslicht gelangt. Die Mordbande wurde gefaßt und gehenkt. In ihrem Raublager wurden dreizehn Skelette von anderen hingemetzelten Seeleuten gefunden. Nur eine Stelle aus dem Bericht des überlebenden ersten Steuermanns Daniel Collins sei hier angeführt: Unter Lachen und Singen ergriffen sie den unmenschlich gefesselten Kapitän Hilton bei den Haaren, drückten ihm Kopf und Schultern über die Bootskante, und ich konnte genau hören, wie sie ihm die Nackenwirbel durchhackten. Dann drehten sie sein Genick, trennten mit einem leichten Schlag der Machete seinen Kopf vom Rumpf und ließen ihn ins Wasser fallen. Der ersterbende Schrei, das wilde Zucken des Körpers, das aus dem Rumpfe hervorstürzende Blut hatten das unschuldige Gesicht unseres Schiffsjungen Mr. Merry erstarren lassen. Er hob sich auf die Knie, wimmerte noch an der Schwelle der Ewigkeit um Erbarmen. Ein Stoß mit dem Hirschfänger (der immer noch dem Stutzsäbel, dem ,Cutlass' der Flibustier glich) warf ihn zurück. Mit dem langen Messer durchstachen sie dann unter Gelächter seinen Körper an verschiedenen Stellen und schnitten ihm danach die Kehle durch von Ohr zu Ohr . . ."

Vorstehende Pressemeldungen sind sichtlich auf ein Publikum zugeschnitten, das kräftige Kost liebte. Sie werden, wie üblich, sowohl den Tatsachen als gewissen Absichten gerecht. Der junge nordamerikanische Bundesstaat war damals noch in jenen Neigungen seiner Mutter Europa befangen, die auf Ausdehnung zielten. Anno 1819 kaufte er die Halbinsel Florida von England, welches diese ein paar Jahrzehnte zuvor den Spaniern abgenommen hatte. Der nächste Brocken, direkt vor der Nase des Neuerwerbs, war die Insel Kuba. Sie war Spaniens letzter Rest seiner vormals so ungeheuren mittelamerikanischen Kolonialgefilde, und es sträubte sich gegen jedes Angebot. Somit blieb nur Gewalt übrig. Die USA scheuten sich nicht, zumal auf Drängen einiger Wirtschaftskreise, die Bestrebungen der unruhigen Piraten- und Sklavennachkommen Kubas nach Unabhängigkeit mit geheimen Waffenlieferungen und das ins Auge gefaßte eigene militärische Eingreifen mit blutrünstigen Zeitungsmeldungen zu fördern. Das ging so lange hin und her, bis Madrid sich gezwungen sah, Anno 1898 unter sein transatlantisches „christliches Raubgut" den endgültigen Schlußstrich zu ziehen. Kuba wurde sozusagen selbständig. Denn die offene Aneignung durch Washington widersprach inzwischen dem Weißen Hause; es hatte sich moralisch abgesetzt — die eigene Einflußnahme im Sinn — von dem, was es der Alten Welt immer dringlicher als Kolonialismus und politische Freibeuterei verargte.

Was dann auf Kuba zu regieren versuchte als Idealist, Fanatiker oder Despot, war abhängig von nordamerikanischen Konzernen. Eine Befreiung von deren Ausbeutung oder der eigener Unternehmer schlug lange fehl. Es ist leicht, Revolutionär zu sein, so einfach fast wie Freibeuter. Sich aber friedlich zu bewähren, eine gerechte Ordnung zu schaffen und zu erhalten und ihr im Rahmen der irdischen Möglichkeiten weise und anerkannt zu dienen, ist schwer selbst zwischen weniger heißblütigen Elementen als in Karibien, zumal wenn robuste Kapitalkräfte mit dem Hintergrund kompakter Waffengewalt das mehr oder minder geheime Ruder führen. Der schreiende Gegensatz zwischen dem Hungerdasein der kubanischen Plantagenarbeiter und den Gewinnen gewisser Handelsgesellschaften, der Zerlumptheit der Landbevölkerung und dem strotzenden Glanz der Metropole Havanna läßt sich nicht mit Massenhinrichtungen besänftigen oder gar ausgleichen und nicht mit Abschaffung von Mißständen, die andernteils Geld einbrachten. Ulkig genug, bedient sich beispielsweise die Co-op in der Schweiz, ein Ableger der weltweiten „co-operative stores", als Reklame für ihr Rabattmarken- und Sammelsystems eines malerischen Seeräubermotivs.

Anno 1959 auf Kuba zum Präsidenten erhoben, fand sich der jugendliche bestgewillte Rebell Castro bald gezwungen, die eben entrüstet von ihm geschlossenen Spielkasinos nebst Prostitutionsbetrieb wieder eröffnen zu lassen, dem einträglichen Fremdenverkehr zuliebe. Ebenso mußte er die melkende Kuh der mehr Privat- als Staatslotterie wieder einführen. Und mit den Enteignungen, obschon heilig versprochen, zögern und mit der Lohnaufbesserung. Der ihm vorgeschwebte Zustand wundervoller Demokratie und nationalster Unabhängigkeit ist ja selbst abgeklärten Großmächten nur mit gewaltigem Gesetzes-, Polizei-, Militär- und Finanzapparat möglich. Nur mit übermäßigen Unkosten scheinen sie fähig, dem unausrottbar lauernden Piratentum innerhalb und außerhalb ihrer Grenzen zu steuern, wobei sogar bei ihnen noch ab und an ein Auge zugedrückt werden muß. Beneidenswerte Ausnahmen sind höchstens kleine abseitige Kulturen langer stiller Überlieferung und Unberührtheit wie die der Hunzas und einiger Urwald-Zwergvölker. Staunend ist zu verzeichnen, daß auch Quäker und Mormonen Beachtliches zur Zähmung der menschlichen Schwachheit zuwege gebracht.

Heute liegt Kuba, von kommunistischen Mächten gefüttert und bewaffnet, den USA wie eine lauernde Hornisse vor der Nase.

> *O Welt, o Staffelei,*
> *davor der Meister grübelt,*
> *ob es sein Abbild sei,*
> *das sich ihm so verübelt.*

Seitdem die Gewässer um Kuba von nordamerikanischen Polizeibooten beobachtet wurden, zerstreuten sich die Piratenbanden. Die meisten ihrer Mitglieder vermehrte das Gesindel der Hafenstädte bis um Kap Horn herum. November 1827 gelang es einem Dutzend dieser Desperados, auf einem portugiesischen Sklavensegler anzuheuern, der im Hafen von Buenos Aires vierzig Mann am Gelben Fieber eingebüßt hatte. Er nahm Kurs auf die afrikanische Küste, neue Fracht zu holen. Unterwegs verständigten sich die Halunken mit dem zweiten Steuermann, Benito de Soto. Dieser, ein kleiner, aber drahtiger Spanier, wies wegen Beförderungsärger die hinreichende Neigung auf, in eigner Regie zu Rang und Vermögen zu gelangen.

Als das Schiff, die *Defenso de Pedro*, Ende Januar 1828 vor Mina an der Guineaküste vor Anker gegangen und der Kapitän und der erste Steuermann sich zum Einkauf an Land begeben, übernahm de Soto das Kommando und schickte die Leute, die sich an der Meuterei nicht beteiligen wollten, ins Boot. Es war nur ein kleines Boot. Es schlug in der Brandung um, als es die Küste zu gewinnen suchte, und alle, die darin waren, ertranken.

Der Name des Schiffes wurde geändert in *Black Joke*. Das heißt soviel wie Schabernack. Als Flagge wählte man nicht den anrüchigen Jolly Roger, der schon in die Märchenbücher gewandert war, sondern die der Republik Großkolumbien. Sie war das damalige Symbol der Freiheit, auch der mißbrauchten. Den 13. Februar wurde auf der Höhe der Himmelfahrtsinsel die erste ersehnte Beute gesichtet, die *Morning Star*. Sie kam von Ceylon und wollte nach England. Der Reeder, ein Quäker namens Tindall, hatte die Bewaffnung gespart. Er nahm es ernst mit dem Vertrauen auf den Herrn. Aber sei es, daß die Fracht an Zimmet und Kaffee unter Preisdrückung eingehandelt worden ... oder daß die fünfundzwanzig Invaliden der Indienarmee, die an Bord heimwärts reisten, mehr als die üblichen militärischen Maßnahmen begangen hatten, oder daß unter den zivilen Fahrgästen sich ein besonders schwarzes Schaf, ein sogenannter Jonas, befand, der Himmel entzog diesem „Morgenstern" Tindalls die Hilfe der Engel. Sein Kapitän hoffte vergebens, mit den Flügeln seiner Segel zu entrinnen. Durch die lange Jagd wurde nur die Wut de Sotos geschürt, so daß er, nachdem der Kapitän endlich beigedreht hatte und auf Befehl mit dem Boot herübergekommen war, ihn sofort erschoß. Dann schickte de Soto ein „Prisenkommando" unter dem Franzosen Barbazon auf die *Morning Star* mit dem Befehl, dort niemanden am Leben zu lassen. Und wirklich hieben und stachen die Banditen auf alles ein, was sich an Mannschaft oder Fahrgast an Deck befand; doch gebot die französische Ritterlichkeit immerhin, die Frauen und

Mädchen zu schonen. Deren Gesellschaft würzte dafür das üppige Mahl, das — nach gründlichster Plünderung all dessen, was irgend nach Wert aussah — der ebenfalls zunächst davongekommene Steward in der Messe auftischen mußte, bevor er über Seite geworfen wurde.

Was noch lebte, hatte sich in den tiefsten Schiffsraum geflüchtet und wurde auch nicht lange verfolgt. Die Luken wurden einfach vernagelt.

Als der Lärm von Betrunkenheit und Orgie und die Schreie erzwungener Lust allzu lange sich hinzogen, donnerte de Soto von der *Black Joke* her einen Schuß durch die Takelage der *Morning Star*. Daraufhin ließ Barbazon das wüste Feld räumen, doch nicht bevor sämtliches stehende und laufende Gut an Tauwerk gekappt, die Masten abgesägt und einige Löcher in den Schiffsrumpf unter die Wasserlinie gebohrt waren.

Erst als der Bordrand der *Black Joke* hinter der Wölbung des Horizonts verschwand, wagten die Frauen, sich an die Öffnung der Luken zu machen. Ehe es nach unsäglicher Anstrengung gelang, standen die Eingeschlossenen schon bis zum Mund in eindringenden Wasser. Doch vermochte man durch pausenlose Arbeit an den Pumpen die *Morning Star* so lange flott zu erhalten, bis glücklicherweise schon den nächsten Morgen ein anderes englisches Schiff zur Rettung erschien. Es war zudem ebenfalls auf dem Wege nach Hause. Und es entging dem Wolfsblick de Sotos. Merkwürdig genug, strebte auch er heimwärts. Er stammte aus Coruña. Mag sein, daß in dieser schönen spanischen Hafenstadt sich ihm von Kind auf unfreundliche Gefühle gegen alles Englische eingeprägt hatten. Denn von hier war die berühmte Armada gestartet. Und hier hatte der beamtete britische Großpirat Drake mordbrennerisch gehaust.

Um die Azoren herum nahm de Soto noch einige gutbeladene Frachter vor. Dabei denn leitete er selber die Plünderungen und sorgte gründlicher als sein Maat Barbazon für Tilgung jeder Spur. Barbazons „Ritterlichkeit" sollte Herrn Tindalls Ansichten in gewisser Weise rechtfertigen, wenn auch nur nach der negativen Seite der Rache hin, die doch in der milden „Gesellschaft der Freunde", wie die Quäker sich nennen, sonst nur gering gewertet wird.

In Coruña besorgte sich de Soto prächtige Konnossemente für die Frachten, die seine *Black Joke* so billig übernommen hatte. Dann segelte er gen Cadix, wo die Marktpreise günstig lagen, geriet aber die Nacht in einen heftigen Sturm und wurde auf die Klippen geworfen. Noch aber zögerte der Finger der Gerechtigkeit, ihn zu verderben. Wind und Seegang beruhigten sich. Die Besatzung konnte den wertvollsten Teil der Beute in die Boote verstauen und damit die Küste und Cadix erreichen.

Dort gab sie sich als schiffbrüchig aus und log, ihr Kapitän und Reeder sei ertrunken. Die Banditen erhielten sogar Erlaubnis, das Wrack mit dem noch darin gebliebenen Warenrest zu verkaufen. Für eintausend-siebenhundertfünfzig Dollar war es sozusagen geschenkt. Aber eben sollte die Summe abgehoben werden, da wurden einige der fremden Seeleute verhaftet. Sie hatten in Kneipen und deren verschwiegen damen-bedienten Hinterstübchen nicht ganz dichthalten können, auch ein wenig zu bedeutungsvoll mit englischen Sovereigns geklimpert.

De Soto ließ den Bankscheck fahren und entkam mit Barbazon in die neutrale Zone zwischen Spanien und Gibraltar. Sobald aber die Zeitungen Berichte brachten von Überlebenden der *Morning Star* und ein Schrei der Empörung über den Antlantik brach, trennte sich de Soto von dem Franzosen. Daß er ihn im Zorn erstochen, wäre verständlich, ist aber nicht bezeugt.

Falsche Pässe ließen sich mit Geld besorgen. Unbehelligt gelangte de Soto ins Territorium der Festung Gibraltar. Dort logierte er in einer abseitigen Taverne und spielte, nach letzter Londoner Mode reich ge-kleidet, den Sonderling, den Globetrotter, wie er in der Entwicklung des Typs John Bull als der nüchterne, aber spleenige Engländer in die europäische Literatur einzog. Doch das Zimmermädchen fand etwas be-unruhigend, daß der schwarzlockige, so kühn blickende Fremde ständig einen Dolch unterm Kopfkissen liegen hatte. Sie erzählte das dem Wirt. Dieser ließ in Abwesenheit des Gastes das Zimmer durchsuchen. Man fand Waffen. Man fand Kleidungsstücke, Schmucksachen, die in die Liste paßten der Veröffentlichungen über den schrecklichen Fall *Morning Star*. Aber mehr noch, man fand das Notizbuch des unglücklichen Kapi-täns jenes Schiffes.

De Soto wurde verhaftet, verurteilt und zum Schafott geführt. Er leugnete lange. Erst unterm Galgen küßte er reumütig das Kruzifix, kletterte auf den Henkerkarren und — da der Strick zu hoch hing und mehr für die Statur von Engländern berechnet war — auch noch auf seinen Sarg, strich sich noch einmal den martialischen Schnurrbart und steckte den Kopf in die Schlinge. Als er dann sah, wie das Karrenrad sich zu drehen begann, rief er laut: „Adios, todos!" Ade, jedermann! und ließ sich fallen.

Mister Tindall war darüber einigermaßen versöhnt mit dem Höchsten. Aber er zog doch vor, seit dem traurigen Erlebnis der *Morning Star* seine Schiffe zu bewaffnen, und er tat es kräftiger als andere Reeder jener Zeit.

> Doch auf den Meeren walten frei
> Wind, Woge, Glück und Ungemach,
> und keine Mauer spricht, kein Dach
> zum Gast, daß er geborgen sei.

DIE BRÜDER LAFITTE
† 1828

Vielleicht tut man den Brüder Lafitte zu viel Ehre an, wenn man sie nur als Freibeuter bezeichnet. Sie waren vielmehr Unternehmer mit der Fähigkeit, dunkle Geschäfte aus dem Hintergrund zu lenken. Sie waren Schwarzhändler en gros, handelten mit Sklaven, Rauschgift und allem, was teuer war, hatten Liebesaffären wie nur irgendein Gangsterchef, traten hier und da in der Gesellschaft als Grandseigneurs auf, schneidig gekleidet, gepflegt mit dem leichten Parfüm der Gefährlichkeit, gewandte Schwätzer mit dem verführerischen Ausdruck geheimer Schwermut, zu jeder Zeit bereit, Patriotismus in Dollar umzusetzen und gegen Dollar jeden Spitzeldienst zu leisten für jene Seite, die am besten zahlte. Sie ließen die Finger aus der Politik, strebten nicht nach Ämtern und Titeln, sie standen abseits und ließen die Fäden spielen. Wo es mulmig wurde mit dem behördlichen Beistand und der öffentlichen Meinung, traten ihre gutbezahlten Rechtsanwälte auf den Plan. Nicht immer konnten diese, wenigstens bei dem einen der beiden nicht, eine Einsperrung verhindern. Aber mit den nötigen Bestechungsgeldern gelang schließlich wenn nicht die Entlassung — so doch die Flucht.

Sie hatten eine Art Piratennest nahe New Orleans auf der Insel Barataria vor der Mississippimündung. Der Name paßte gut zu ihren Schmuggelgeschäften, denn im Seerecht bedeutet das Wort Baratterie soviel wie Betrügerei. Sie verdienten viel Geld, als nach dem Verbot des Sklavenhandels der Bedarf an Sklaven nicht schwächer wurde und die Preise entsprechend stiegen. Der jüngere der beiden Brüder, Jean, bewaffnete eines Tages ein eigenes Schiff für solche Zwecke, ohne doch selbst sein Leben darauf zu riskieren. Ihm genügte, mit gedämpft tragischer Stimme in eleganten Damenzirkeln zu erzählen, daß er aus edlem französischen Geschlechte stamme, mit achtzehn Jahren Kaufmann auf San Domingo gewesen und zu Geld gekommen sei. Mit einer schönen Frau verheiratet, hatten er und sie Sehnsucht nach Europa gespürt. Unterwegs sei sein reichbeladener Segler von einem spanischen Kriegsschiff beraubt, einschließlich der Juwelen seiner Frau, er und sie aber auf einer einsamen Sandbank ausgesetzt worden. Eben vor Wahnsinn und Hungertod habe ein amerikanischer Schoner sie gerettet und nach New Orleans gebracht, in die reizende leichtlebige Stadt, wo aber seine Frau nach drei Tagen habe die Erde verlassen müssen auf Grund der erlittenen Strapazen. Ja, und dann habe er selber einen Schoner erworben und den Spaniern Haß und Tod geschworen. Sein Bruder habe sich diesem Schwure angeschlossen.

Diese Geschichte wurde gelegentlich unter spanischen Abnehmern, mit leichter Auswechslung der nationalen Bezeichnung, ebenso wirkungsvoll zum besten gegeben.

Pierre, der Ältere, war in den Liebeleien beweglicher, im Geschäft weniger gewitzt. Er mußte herhalten, indes Jean sich rechtzeitig in Sicherheit brachte. Einmal wurden beide zusammen überrascht, als die Löschung einer Fracht Neger, halbtot aus Lagos eintreffend, nicht zu beschönigen war. Die Lafittes erschossen den Anführer der zudringlichen Zollmiliz. Und beschwichtigten die Söldner mit einem kleinen Gelage nebst Trinkgeld. Ein andermal jedoch war eine Polizeistreife wirklich so vorurteilsvoll, die Brüder Lafitte am Schlafittchen zu nehmen und ins Loch zu stecken.

Gegen hohe Kaution kamen sie frei und trieben es wie bisher. Und hatten sie in der napoleonischen Ära ihre Kapitäne auf Kaperei gedrillt und Unsummen verdient, so nach 1814 in purer Piraterie. Zwar war das alte Räubernest in den Wirren der Kriegszeit von englischer Marine zerstört, und einige der Räuberschiffe waren aufgebracht worden. Ihre Rechtsanwälte klagten bei verschiedenen Regierungen auf Schadenersatz; sie strichen laut heraus, wie verdient sich die Brüder Lafitte bei der Verteidigung New Orleans' gemacht. Sie hatten in der Tat dem General Jackson das Pulver geliefert, gutes oder schlechtes, je nachdem, wie ihnen der Wind zu wehen gedeucht.

Der Gouverneur von Louisiana setzte schließlich einen Preis von fünfhundert Dollar auf die Ergreifung des Jean Lafitte. Der Aufruf klebte an allen verfügbaren Mauern von New Orleans. Wenige Tage später klebte ein ähnliches Plakat daneben, darin war nur der Name Lafitte in den des Gouverneurs Claiborne gewandelt und die Summe auf fünfzehnhundert Dollar erhöht. Philip Gosse nennt aus anderer Quelle die Zahlen fünftausend und fünfzigtausend Dollar. Man sah jedoch den Gesuchten in Pariser Brillanz durch die Straßen kutschieren, und jedermann lächelte ihm nach, auch die Polizei. Selbst Frau Claiborne lächelte; denn sie hatte den Herrn zufällig auf der Plantage einer Freundin kennengelernt. Mein Gott, er war so scharmant, so zuinnerst allein, so rührend um das Schicksal der Vereinigten Staaten und der Menschheit besorgt gewesen. Man hatte sich spät abends mit Mühe aus der angeregten Unterhaltung getrennt. Wie weit sie leiser die Nacht über fortgesetzt worden, man wußte es nicht. Man wußte nur, daß beide, Jean Lafitte und die Gouverneursgattin, am Morgen die gastliche Farm verließen — in entgegengesetzter Richtung.

Wer dann eingesperrt wurde, war Pierre. Es dauerte diesmal sogar lange, ehe er mit Hilfe dreier Neger, er, der alte Negerverkäufer, entweichen konnte.

1816 begannen von der Galveston-Insel aus Kaperzüge gegen den spanischen Handel. Manuel de Herrero, Kommandant der mexikanischen Flotte, und der Franzose d'Aury auf ähnlichem Posten sammelten ein paar hundert Patrioten um sich. Das Ziel war, die spanische Herrschaft abzuschütteln. Ehe solches Anno 1821 gelang, war der korsarische Verein von Kuba aus zersprengt, waren die Rädelsführer umgebracht, die Insel Galveston verödet.

Da tauchte Jean Lafitte auf mit einigen seiner alten Kapitäne und richtete ein kleines Neu-Nassau ein, nannte es Campeachy, was soviel wie Heldenlager heißen mag, und hißte die Flagge — Venezuelas. Gerade war die alte Welserkolonie durch den großen „Libertador" Simon Bolivar aus Spaniens Krone herausgebrochen. Venezuela, oder besser noch die Zusammenfassung von einigen weiteren „Republiken" zu „Großkolumbien" war damals ein flammender Begriff aller Freiheitsdurstigen Amerikas, so, wie einhundertvierzig Jahre später Ungarn es für Osteuropa fast geworden wäre.

In Kürze hatten sich mehr als tausend Abenteurer um das blutrot bemalte Haus Lafittes angesiedelt, den offenen Mäulern der Geschütze trauend, die aus den Fenstern des ersten Stockwerks lugten. Rasche Hütten, Hotels, Tavernen, Kaffeeschenken, Spielsäle und Singspielhallen entstanden. Nur die vormals offen gepflegten Freudenhäuser verbargen sich heuchlerisch im Hintergrund der Gaststätten. Das rollende Geld floß nach wie vor aus dem Sklavenschmuggel. Die klingenden Goldmünzen seien dort so kommun gewesen wie Zwieback, berichtete Sam Culsquit, weiland Matrose bei Lafitte, ehe man ihn dem Henker übergab.

Einer der golfischen Zyklone zerstörte die leichtgebaute Brigantenzentrale. Aber Lafittes Schiffe waren draußen und kamen mit unbeschädigter Ladung heim. Die Summen zum Wiederaufbau Campeachys waren bald beschafft. Haftbefehle aus Washington gegen die Piraten- und Schmugglerbande zerflatterten im unruhigen Wind der Zeit. Lafitte hielt die Waage zwischen den virginischen Ideen der Unabhängigkeit und den britisch königstreuen Aufmerksamkeiten, die ihm von Jamaika zugingen. Wurden seine Leute auf frischer Tat ertappt, übergab er der Behörde einige Unliebsame als die Schuldigen oder hängte sie gleich selber auf mit der Miene spitzbübischer Entrüstung und Genugtuung.

Als aber das Küstenwachtschiff *Alabama* einen seiner besten Raubschoner aufbrachte und die Besatzung in Eisen nach New Orleans brachte, zeigte sich, wie viele Firmen an seinen Unternehmungen verdienten und wie groß die Zahl seiner Freunde also war. Ein kleiner Volksaufstand geradezu brach los. Und auf einmal war auch der ältere Lafitte wieder da, niemand wußte, wo er so lange seit seiner Flucht aus dem Gefängnis sich aufgehalten. Doch ebenso rasch tauchte er wieder unter. Denn nach langem Rechtsstreit und vielen Leitartikeln der aufblühenden Presse wurde die gefaßte Piratenmannschaft dennoch gehenkt. Sie hatte den Fehler begangen, ein amerikanisches Schiff auszunehmen.

Jean Lafitte entging dank seines Verteidigers dem Strang. Er wurde sogar freigesprochen. Und obwohl die Gazetten die Liquidierung seines Ne-

stes auf Galveston verlangten, drängten sich nach wie vor die „Kloaken-
spritzer" der Zivilisation um ihn. Seine Schiffe suchten sich nun auf das
alte Freibeutergehege der Karibischen See zu beschränken. Aber Jean
Lafitte war nicht mehr der prächtige Magnat von einst, dessen gebändig-
ter Wimperzuck Renegaten und Sklaven zittern und der Damen Herzen
schmelzen ließ. Er war grau geworden, ohne die rechte Würde des Alters,
nachlässig gekleidet, sichtlich geneigt, nicht wie vormals Wohlhabenheit
zu verraten. Ein großer Teil seines Vermögens war in die Taschen seiner
Rechtsbeistände geflossen und zu Beschwichtigungen und Bestechungen
nötig gewesen. Wieviel er auf die Seite gelegt, wußte niemand zu be-
rechnen. Seine Schiffsbesatzungen nahmen ihn nicht mehr so ernst wie in
den Tagen, da er den Krösus gespielt. Für geringe Chefs geringe Anstrengung. Sie hielten sich längst weniger, als ratsam war, an seine Weisungen zur Vorsicht. Und schließlich wurde Statthalter Kearny von
Washington dringlich beauftragt, Lafitte zum Verlassen der Galveston-
Insel zu bewegen. Doch sollte Aufsehen möglichst vermieden werden.

Der Statthalter erschien persönlich mit kleiner Begleitung zu Besuch. Er
wurde im roten Festungshause zu Campeachy in alter Fürstlichkeit empfangen. Noch einmal erwies sich der ergrauende Fuchs als scharmant und
amüsant. Er neigte sich den höflichen Vorstellungen. Bat bescheiden um
zwei Monate Räumungsfrist. Man gewährte sie. Man drückte ihm gerührt
die Hand.

Nach Ablauf der sechzig Tage erschien wiederum die Kommission.
Diesmal war der Tisch in der Staatskajüte des Lafitteschen Flaggschiffes
gedeckt. Es faßte zwar nur 200 Bruttoregistertonnen und führte nur sechzehn Kanonen, verfügte jedoch im Innern über die Behaglichkeit einer
Patrizierwohnung. Die letzten Getreuen aus den großen Piraten- und
Schmugglertagen waren indes auf einer schmucken Schonerbrigg ange-
treten, deren Sprung die Linien späterer Windrenner der Sklaven-, Gold-
gräber-, Tee- und Weizenklipper vorwegnahm. Ein schnittiger Wogenjäger fürwahr, dessen Name *The Angel* (Der Engel) leicht ironisch an-
mutete. Der ausgezeichnete Rumgrog hob die Stimmung. Der Gastgeber
wies pathetisch zum Ufer. Man nahm behördlich Notiz von verlassenen
Hütten, eingerissenen Schuppendächern und den Trümmern des roten
Privatkastells. Das trübe Gemälde wurde überschnitten von einem Galgen, dem peinlichen Winkelmaß des Rechts, daran ein Leichnam in der
atlantischen Brise schaukelte.

„Ein Elender, meine Herren", sagte Lafitte. „Er hat einen New Yorker
Frachter geplündert. Sie sehen Exzellenz, das ist meine Einstellung zu
Übergriffen. Zum Wohl denn! Ich überlasse die Insel den Ratten und den
Möwen."

Eine junge hübsche Kreolin schenkte Rum nach. Doch da Lafitte bemerkte, wie einer der Leutnants verstohlene Blicke mit ihr wechselte,
schickte er sie mit einem seiner alten Wimpernzucke hinaus. Der Offizier

lenkte die geschwellte Brust ins Poetische und zitierte die Korsarenverse, die Lord Byron, angeregt von einer Zeitungsnotiz, der Teilnahme des Gastgebers an den Heldentaten um New Orleans gewidmet. Somit wurde die Stimmung gerettet.

Die Nacht darauf war Campeachy ein flammendes Fanal des Abschieds. Die Piratenschiffe waren verschwunden, und selten nur ergab sich gelegenheit, noch an Lafitte erinnert zu werden. Er war ausgelöscht. Als Schiffbrüchiger in Kuba gefaßt? Gerettet von Freunden? Als Reeder in Charleston? Und nichts mehr von Konflikten, Schiebungen und Gewalttaten? Schade! sagte der sensationshungrige Zeitungsleser.

Das letzte über Lafitte war der Bericht seines Kapitäns Manuel Lopez, eines Portugiesen, der schon auf der Barataria-Insel ihm gedient. Mit diesem hatte Jean Lafitte die Schonerbrigg in einem Hafen Yukatans verlassen, in einem Boot und mit einigen schweren Kisten. Über den Verbleib dieser schwieg Manuel. Lafitte aber sei dann in dem Indianerdorfe Sisan erkrankt, gestorben und dort begraben worden.

Um dieselbe Zeit, Anno 1828, starb sein Bruder als schlichter Bürger unauffällig in New Orleans.

Manche Romanze heftete sich an die Brüder Lafitte, und ihre Namen gerieten darin manchmal durcheinander. Nachträglich wurden sie gelegentlich zu Piratenkapitänen, die selber Ruder und Entermesser geführt, die Klöster und Kirchen und unzählige Frauen geschändet und in Blut, Flüchen und Tränen gewatet, um sodann durch eine fromme Schöne und einen schon fast zu Ende gemarterten Priester der ewigen Verdammnis noch eben um ein Haar zu entrinnen.

Aber in Wahrheit waren beide nur smarte Manager.

Noch im Todesjahre der beiden brachte ein Dr. Luis Julian Genella — der Name sei hiermit der Nachprüfung anheimgestellt — angebliche Beweise vor, daß Jean Lafitte der Sohn der Jessica Corsica Bonaparte und des John Paul Jones gewesen sei, also ein echter Neffe Napoleons I., Pierre aber nur sein Milchbruder. Der tollkühne Jean habe verstanden, den unglücklichen Onkel auf St. Helena unbemerkt mit einem gut bezahlten Doppelgänger zu vertauschen. Aber der Kaiser sei auf dem Segler gen Louisiana unterwegs verstorben, habe die Reise dann in Meerwasser gebettet vollendet und liege auf dem alten Friedhof südlich von New Orleans, auf dem kleinen Vorgebirge bestattet.

In einigen mexikanischen Hafenplätzen werden bis heute unterderhand höchst geheime Pläne an zahlungskräftige Glücksdurstige vermittelt, darin die Lage von Lafittes vergrabenen Schätzen in rätselhaften Zeichen sich kundtut. Bislang hat man von keinem Ergebnis vernommen. Doch noch vor kurzem war nicht ungewöhnlich, den Namen spontan in freudiger Bestürzung genannt zu hören, wenn irgendwo am Strand ein wer weiß wann verlorenes Geldstück wieder zum Vorschein kam. Ha, sieh da, Lafitte!

Verweht, verloren ist die Wirklichkeit,
sie war nur trist und voller Talmiglanz,
doch dieser hebt sich, lüstern wie die Zeit
nach Aufsehn und wird gar zum Lorbeerkranz.

NACHWEHEN IN WESTINDIEN
zwischen 1819 und 1871

Die letzten Zuckungen der hinscheidenden Überseemacht Spaniens wurden von England und den Vereinigten Staaten aufmerksam gefördert. Damals im lebhaften Einzug nichtspanischer Handelsfirmen in alle Bereiche vormaliger iberischer Monopole indes tauchten noch einmal ungesetzliche Störenfriede auf, Schröpfer zumal der entwickelten nordamerikanischen Schiffahrt, Washington sah sich genötigt, einige Kriegsschiffe in die Karibische See und den Busen von Mexiko zu schicken. Doch es dauerte lange, bis die neue Freibeuterei an den Wurzeln gefaßt war.

Die kreolischen Wogenwürger bevorzugten, wie einst die Flibustier, sehr kleine Raubschiffe, mit denen sie sich leicht in Korallenbuchten, Riffschleusen und Mangrovenschlünden verstecken konnten. Ihr Ansporn war wie eh und je die Beutegier, doch kam ein gut Teil Haß hinzu gegen die smarten Übernehmer einstiger Vorrechte. Und hatten die Blauäugigen und Blonden eine Weile den Negerhandel fast ausschließlich an sich gerissen, jetzt gingen sie daran, ihn zu unterbinden und somit die alte Plantagenwirtschaft unrentabel zu machen. Kurz und schlimm, des Vorwands war genug, die fremden Schiffe zu jagen, auszunehmen und samt ihrer Besatzung möglichst im Nichts verschwinden zu lassen.

Wenige Namen glitzern aus jener Zeit blutig über die Fluten; die meisten Piraten kamen und verschollen namenlos wie so oft. Viele, aufgegriffen auf frischer Untat, endeten umgehend an der Rah eines Patrouillenfahrzeuges. Lange Untersuchungen, Verhandlungen, Vernehmungen und Protokolle, wie sie vormals feierliche Vorschrift gewesen, sparte man möglichst. Die Geschnappten führten selten Personalausweise bei sich; ihren Angaben zu trauen hatte man wenig Grund; also trug man ins Bordbuch etwa ein: „Diesen Morgen sieben Piraten gefaßt, aufgehängt und nach Erklärung des Schiffsarztes, der Tod sei eingetreten, dem Meere übergeben."

Drehte ein Piratenfahrzeug, das eingeholt worden war, nicht alsbald nach Aufforderung bei und wehrte sich gar, wurde es gewöhnlich durch Kanonenschüsse versenkt. So geschah es einer Brigantine vor der Mündung des Apalachicolaflusses Anno 1819. Später stellte sich heraus, daß sie

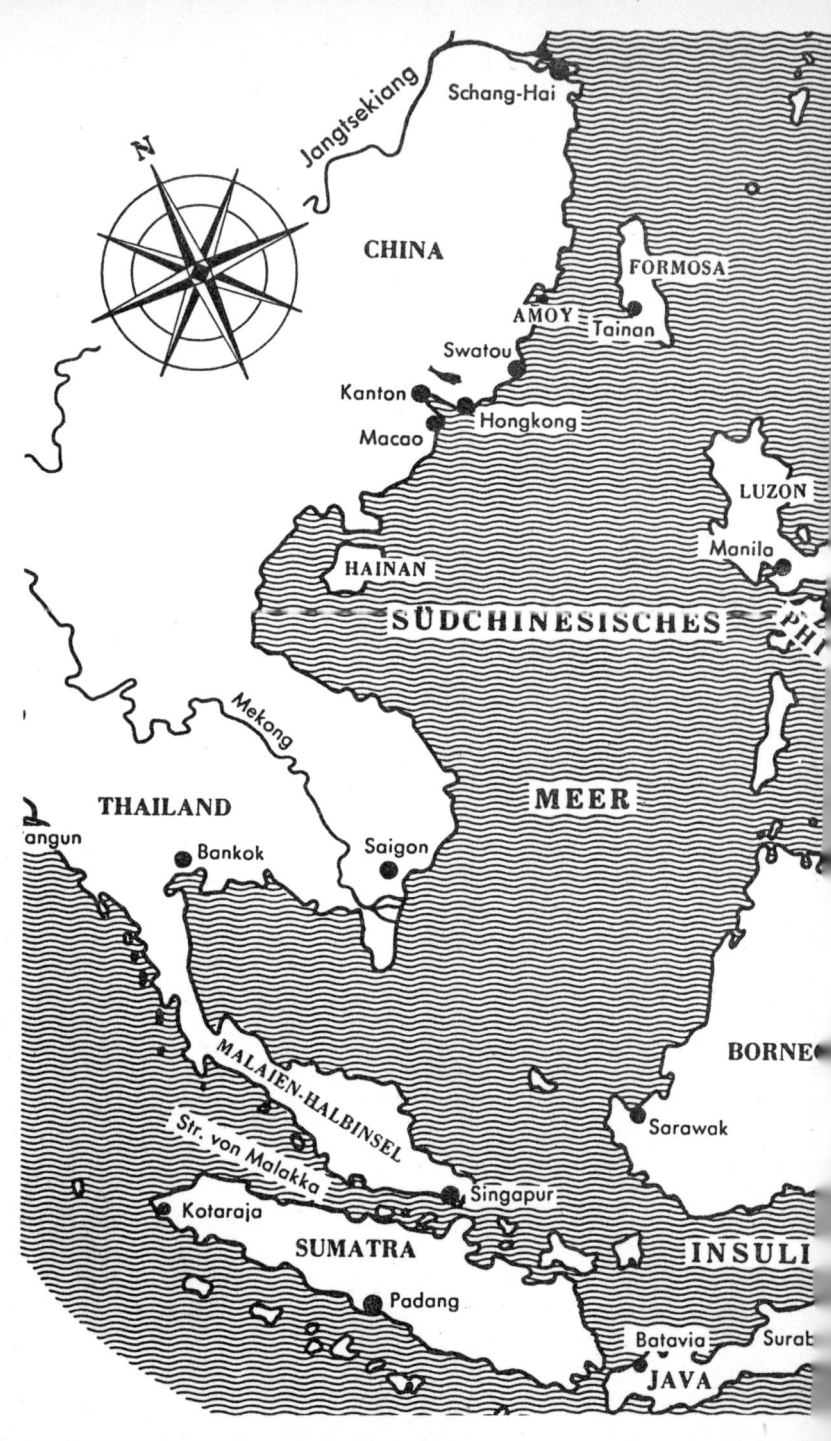

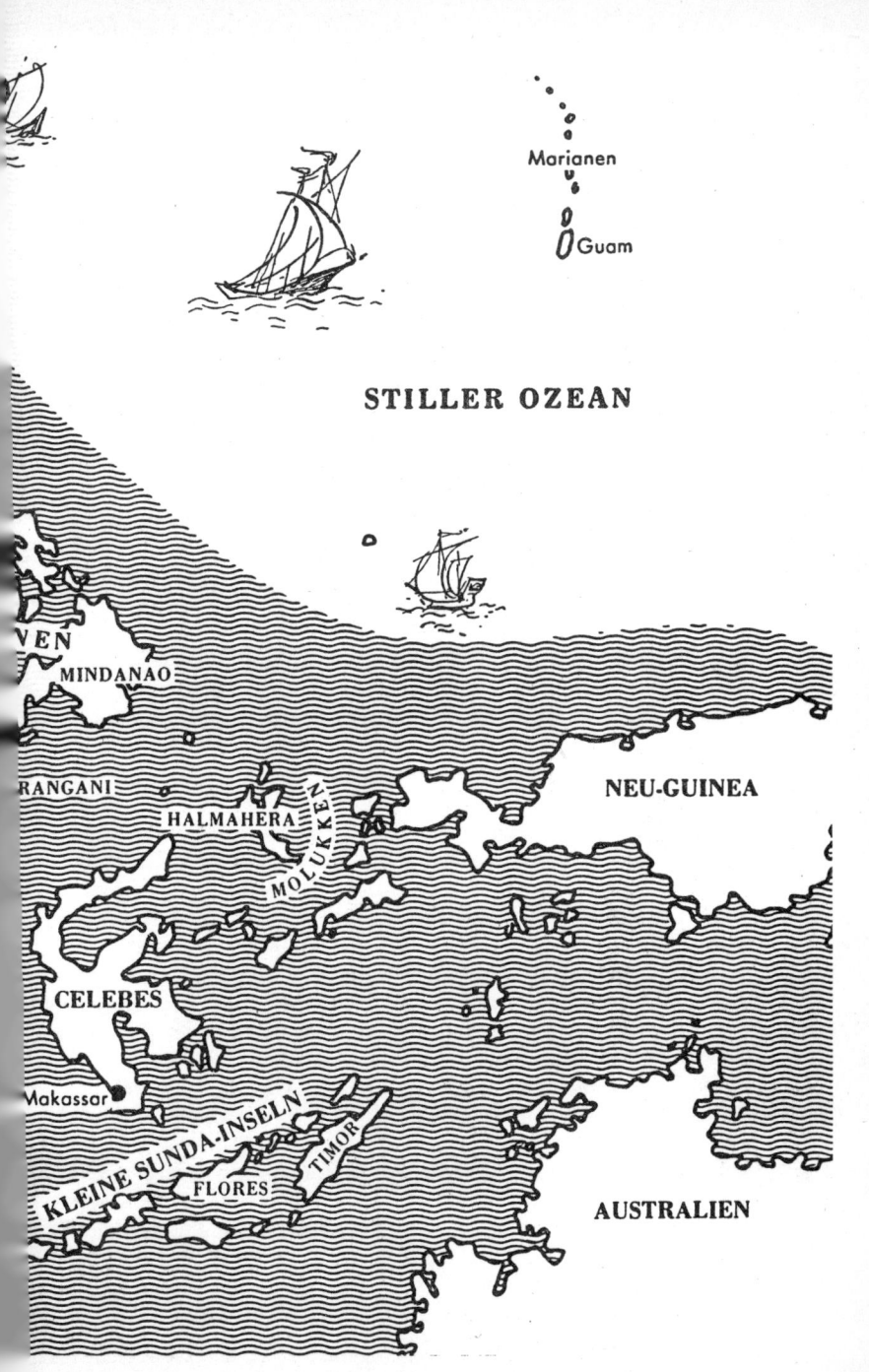

Marianen

Guam

STILLER OZEAN

MINDANAO

RANGANI

HALMAHERA

MOLUKKEN

NEU-GUINEA

CELEBES

Makassar

KLEINE SUNDA-INSELN

FLORES

TIMOR

AUSTRALIEN

über zweihunderttausend Dollar in Gold bei sich geführt hatte und dringend in Guatemala zur Finanzierung der nächsten Revolution erwartet wurde.

In der gleichen Gegend am St.-Georgs-Sund hatte ein Freibeuter namens Casparilla einen versteckten, fürstlich ausgestatteten Unterschlupf. Nach einer saftigen Raubfahrt wurde sein Schiff Anno 1821 auf dem Heimweg durch nordamerikanische Bordgeschütze beschädigt und sank. Und mit ihm über eine Million goldener Beutedollar.

Eine der letzten regelrechten Piratenbanden in den karibischen Gefilden war die der *Schlangengeier* aus San-Blas, Mexiko. Sie überfiel Mai 1871 — keck wie die verwehten *Brüder der Küste* — eine ganze Insel, nämlich Puerto Rico, plünderte fast drei Tage lang die Hafenstadt Guayama und qualmte auf ihrem 40-PS-Raddampfer schwerbeladen und unbehelligt wieder ins Blaue von dannen. Mit den vormals üblichen Beigaben der Tortur und Vergewaltigung war milde umgesprungen worden. Die Läger hatten sich klüglich von selber geöffnet, und an entgegenkommenden Vertreterinnen des andern Geschlechts war die Auswahl reich, besonders in Schwarz, da man eben dabei war, die Sklaverei aufzuheben und die Tabak- und Baumwollarbeiterinnen vorerst auf die Straße gesetzt hatte. Denn man war sich über die Löhne noch nicht einig. Vielleicht erhoffte sich der minderbemittelte Teil der Bevölkerung von den „strengen Grundrechten der Gleichheit", wie sie den Seeräubern nachgesagt wurden, einen hereinbrechenden Abglanz, ja, eine kleine umgehende Beteiligung an dem, was da so reichlich anfiel. Die *Schlangengeier* aber verschoben die soziale Reform und entfernten sich, als über der Kimm die ungestüme Rauchfahne eines Kreuzers mit den Finger drohte.

Der deutsche Konsul zu Tepik, gestützt auf den Ruhm der Schlachten daheim, erreichte, daß der Vertreter einer der betroffenen deutschen Firmen die entsprechenden Ballen und Säcke sich aus der hübschen Geheimfiliale zu San-Blas wieder heraussuchen durfte. Die Ware war nur ein bißchen durch Seewasser beschädigt, konnte aber dennoch günstig abgesetzt werden. Mußten sich die Räuber betreffs dieser Kolli zwar die Nase wischen, so waren sie doch im übrigen geneigt, ihre Bordartillerie durch die Firma Krupp modernisieren zu lassen und die bisherige, von Frankreich gelieferte Bestückung abzustoßen. Die Mittel waren vorhanden. Das Piraten-Umsatzgeschäft begann wieder einmal prächtig zu florieren.

Doch es war eine tropische Blüte. Sie welkte rasch. Die drohende Rauchfahne kam näher, schwärzer als je eine schwarze Flagge. Vergeblich taten die Schaufelräder des Piratenpüsters ihr möglichstes. Es wurden auch Segel gesetzt, was Mast und Stangen hielten. Und man wäre auch diesmal entwetzt, wenn nicht die Reichweite der Granaten schon wieder zugenommen und den Kessel erwischt hätte, eben bevor er selber platzte. Und somit versank der letzte Piratenzauber unbeweint in das alte Blutmeer.

Der letzte? Vielleicht der letzte. Es wird selbst in Westindien über manche Vorfälle Schweigen bewahrt.

Gedenkfeiern an piratische Überfälle gehören in den karibischen Seebädern zum einträglichen Bestand des Fremdenverkehrs und der Kostümfabriken, besonders in der Hafenstadt Tampa, Florida.

Die vielschichtige Blutmischung auf den Inseln enthält hier und da zweifellose Beigaben aus einer Vorfahrenreihe von Außenseitern jeder Sorte, die sich ungern in übliche Ordnungen fügten. An Stoff für Unruhen wird es daher niemals mangeln, besonders nicht auf den Großen Antillen. Auf den Bahamas liegt die Sache anders. Unter britischer Flagge wurde dort eisern Disziplin geschaffen, aber nicht ohne die klügliche Beihilfe bedingungsloser Steuerfreiheit. Oder zumindest einer nur symbolischen Tributzahlung; sie bestand manchmal zum Beispiel in einem einzigen Pfefferkorn jährlich. Seit einigen Dezennien kann man die kleineren, zumeist bislang unbewohnten Eilande privat erwerben. Der kanadische Goldmilliardär Harry Oakes nutzte das Angebot und kaufte fast die gesamte Inselflur zu Spottpreisen. Da die Neigung derer, die sich's leisten können, eine abseitige Zuflucht in der raketengefährdeten Welt zu besitzen, ständig wächst, braucht Sir Harry um das Weitergeschäft nicht besorgt zu sein.

Phantasievolle und vorausschauende Besitzer eines Segelbootes, mit dem sie die Wunderwelt jener Zonen besuchen, tun dennoch gut, falls sie auf irgendeiner malerisch abseitigen Reede ankern, das Deck für die Nacht mit einer Schachtel voll Reißnägel zu bestreuen. Morgens kann man sie wieder zusammenfegen. Das ist billiger als Revolverpatronen. Seeräuber in den Tropen pflegen nämlich seit Urzeiten barfuß zu entern.

Kapitän Joshua Slocum wandte diese einfache Art der Abwehr schon 1896 erfolgreich in der Magellanstraße an. Er war mutterseelenallein mit seiner deftigen Slup auf Weltumsegelung. Von den hungernden Patagoniern konnte man für solch Unternehmen kaum die gebührende Hochachtung verlangen. Sie hatten die Schiffsrümpfe voll Nahrung und Schnaps seit Jahrhunderten an sich vorbeiächzen gesehen, ohne recht Anteil nehmen zu können. Um die neunziger Jahre war dann eine berüchtigte Piratenbande tätig, da etwas Wandel zu schaffen. Ihr Anführer war ein bärtiger Mischling mit dem Spitznamen Black Pedro. Ihre Mittel waren allzu primitiv. Dennoch dauerte es lange Zeit, ehe die argentinische Polizei in jenen unwirtlichen Breiten den Würger von Feuerland zur Strecke brachte.

DIE „PANDA"
aufgebracht 1834

Anno 1906 im vierundneunzigsten Lebensjahre ging Captain Thomas Fuller zum Seefahrerhimmel ein. Er war der letzte der Augenzeugen einer der letzten echten Seeräubereien im Atlantik. Wenn er bei Grog und Bröseldampf die Erinnerung daran aus den Runzeln kramte, sträubten sich den Lauschern die Haare auf der Gänsehaut. Aber die Aufzeichnungen eines seiner Kameraden von damals, der lange vor ihm verblich, bestätigen einwandfrei sein unheimliches Garn. Er hatte wie der als Matrose auf der Brigg *Mexican* angemustert in dem schönen Hafen Salem zu Massachusetts, wo er auch zu Hause war.

„An dem Morgen", sagte er, „als da wir segeln sollten, standen wir schon bei dem Lagerschuppen an der Pier. Warteten noch auf Smutje, den Koch, und gingen schließlich, ihn zu holen. Er logierte bei Missis Ranson, einer dunklen, aber ganz säuberlichen Haut, Becket-Straße. Dachten uns schon, und richtig, der Dicke zeigte keine Lust, wollte lieber noch Sonntag machen. Na, endlich bequemte er sich doch, kam herunter, und wir pilgerten los. Saß grad 'ne schwarze Henne auf dem Platz vorm Haus, flog auf den Zaun, flappte mit den Flunken und gackerte uns an. Der Koch wurde ganz blaß vor Schreck. ‚Da seht ihr's, meine Ahnung!' gnäkelte er. ‚Ein böses Omen!' — Und er suchte krampfhaft nach einem Stein, dem Unglücksvogel das Hirn auszublasen. Fand aber keinen und trottelte also knurrend hinter uns drein, ohne seine Mordabsicht ausgeführt zu haben.

An Bord wurden wir gleich angepönt, das Kleingeld für die Rückfracht zu verstauen. Man machte das damals ja noch nicht so leichthin wie heute per Scheck, und wir hatten da zehn Kisten zu je zwotausend Dollar in Silber. Außerdem wuchteten wir noch hundert Sack Salpeter und hundert Kisten Tee in die Luken. Hievten dann Anker und gingen in See, einem netten Südoster glatt in die Zähne. Passierte aber weiter nichts. Unser Schiff war gut und schnittig und die Segel neu und wir alle befahren und nüchtern. Na, sitz ich da mal im Großmast, wo mein Törn war, und tu, was zu tun ist, bring ein paar schadhafte Bendsel in Richtigkeit, da hör ich unten den Alten mit dem Ersten über Seeräuber sprechen. Na, man hatte ja früher mal davon gehört. Und ganz war solch Schweinkram wohl noch immer nicht ausgerottet. Ich fand komisch, daß die beiden sich ziemlich benaut über den Unsinn unterhielten. So leicht solln die von mir nichts kriegen! sagte Käptn Butman. Als ich anderntags am Ruder stand, kam er vorbei und fragte so beiläufig, wie mir's denn zumute sei, so von zu Hause weg. Ach, erwiderte ich, nicht anders wie immer, völlig allright. Merkte nachher, daß er auch die andern von der Mannschaft alle dasselbe gefragt. Wir segelten also die Tage dahin und war weiter nichts los. Bis denn der Abend des 19. September kam. Wir hatten gegessen und saßen herum, und jeder war plötzlich erpicht, irgendein Garn über Piraten zu spinnen und sich dabei mehr oder minder ins Zeug zu legen. Ich ging um 12 Uhr mitternacht zu Koje, und um vier Uhr wurde ich dann zu meiner Wache gepurrt. Wie ich da an Deck komme, schlurft der Erste gleich heran und sagt: ‚Paßt mal scharf Obacht, da treibt sich ein Segel herum, ist uns hinterm Steert nach Lee geschliddert!'

Ich setz mich also vor die Buglippe, die wir Judasohr nannten, und guck so scharf aus, wie's gehn wollte. Taucht da wirklich nach ein paar Minuten ein Segler auf, geht voraus vorbei und verschwindet gen Luv. Na, ich hatte ihn natürlich gleich ausgesungen, und Steuermann kam mit dem Kieker heran, konnte aber nicht ausmachen, was für'n Schloren das sei.

Wir liefen eine hübsche gute Fahrt, und ich sagte, wenn Tag wird, wird das Ding wohl wieder in Luv aufkreuzen. Und richtig, als es dämmerte, entdeckten wir etwa fünf Meilen querab unserer Wetterseite einen Topsegelschoner am Wind auf gleichem Kurs wie wir. ‚Aha!' sagte da Käptn Butman. ‚Das hab ich geahnt!' Und ließ alle Segel setzen. Der Wind war nur leicht. Aber der Schoner sah nicht nach Schnellsegler aus. Somit gedachten wir, etwas mehr Luft zwischen ihn und uns zu legen. Sahen dann auch ein weiteres Schiff, eine Brigg, östlich von uns. Der Schoner strich von uns ab und auf die Brigg zu.

Na, wir setzten uns erst mal ans Frühstück. Aber als wir davon aufstanden, sahn wir den Schoner in vollem Preß auf uns losseilen. Also womöglich tatsächlich ein Pirat? Wir wollten es kaum glauben. Stellten jedoch vorsichtshalber zwei Faß Pulver neben unseren beiden Karronaden auf, dem einzigen Geschütz, was wir an Bord hatten. Aber eine Verteidigung damit erwies sich als unmöglich; die Geschosse, die man uns geliefert, waren um ein paar Nummern zu groß. Noch ehe uns das aber richtig klar war, hatte der Schoner uns schon eins herübergeknallt, damit wir beidrehen sollten. Und er hißte die Freiheitsfarben Kolumbiens.

Was wollten wir machen? — Wir drehten also bei. Es war so ein richtiger Baltimore-Klipper, lang und niedrig, etwa 150 Tons, schwarz gestrichen mit heller Leiste und einer gehörnten Galionsfigur in strahlendem Weiß. Einen Namen konnten wir nicht erkennen. Auf Deck sah man an die dreißig schwerbewaffnete Kerls.

Wir wurden durchs Sprachrohr angepreit, woher und wohin und was für Fracht. Und der Kapitän sollte rüberkommen mit den Papieren. Nun gut, ich war mit im Boot, das ihn rüberruderte, und Käptn schüttelte unserem Steuermann die Hand, bevor er einstieg, und bat ihn, nach dem Rechten zu sehn, falls er nicht wiederkomme. Beim Schoner angelangt, sprangen fünf der Piraten zu uns ins Boot und beorderten es zurück zu unserer Brigg. Sie hatten Pistolen im Gürtel, und am Ärmel steckten lange Messer. Einer fragte zum Schoner zurück auf spanisch, was sie mit den Leuten tun sollten. Die Antwort seines Gangsters von Kapitän war: **Tote Katzen miauen nicht. Durchsucht den Kasten genau!** Und bringt rüber, was gut ist! Und im übrigen wißt ihr ja Bescheid. — Einer von unserer Bootsmannschaft konnte Spanisch, und er brach in Tränen aus. Ardissone hieß er, und er sagte, es wär alles aus mit uns. Käptn Butman, wir und die fünf Piraten kletterten dann bei uns an Bord. Zwei gingen mit in die Kajüte, und die andern verteilten sich auf Deck. Und unser Steuermann kam mit dem Bootsmann wieder herauf und sagte, wir sollten die Geldkisten an Deck holen. Da wir wohl ein bißchen verdutzt gafften, stürzten Piraten auf uns los und schlugen uns die Messer über den Schädel. Meine gute schottische Kappe, darin noch ein großes baumwollen Taschentuch eingefaltet lag, wurde durch und durch geschlitzt, bewahrte mich aber vor ernster Verletzung. Mister Reed, unser Steuermann, griff dazwischen, und da wandten sie sich gegen ihn. Ich aber rannte mit den andern davon; dabei stürzte Ardissone in die offene Luke und brach sich ein paar Rippen, hauptsächlich deswegen, weil wir auf ihn fielen. Im untersten Raum war wenig Ladung, wir konnten die ganze Länge durchlaufen, sammelten uns in der Vorpiek. Irgend etwas hatte jeder abgekriegt, doch nichts gar zu Gefährliches. Unser Koch jammerte am meisten, aber mehr wegen seiner bestätigten Vorahnung.

Inzwischen hatte einer der Schurken zum Schoner rübergepreit, sie hätten gefunden, was sie erwartet, warf auch eine Handvoll Silbermünzen in die Luft, daß es nur so funkelte. Daraufhin kamen in einem großen Boot mehr von der Gesellschaft, an die zwei Dutzend mindestens. Und nun ging die Durchsuchung erst gründlich los. Sie schlugen das messingne Sprachrohr unserm Kapitän auf Kopf und Schultern in Stücke, damit er ja alles herausgäbe. Wir indes hatten unser eignes Geld erstmal im Pökelfaß untergebracht. Als wir aber die gotteslästerlichen Flüche hörten und die Schwüre, uns alle zu zerhacken, falls noch Geld gefunden würde, das wir nicht angegeben, nahmen wir es wieder heraus und steckten es in den Hohlraum zwischen den Plankenbelag, wo es denn ins Kielschwein rutschte. Ein Glück, denn das erste, was sie nun taten, als sie uns da fanden, war, das Pökelfaß umzukehren. Sie machten die Plünderung überhaupt hübsch genau. Rafften alle gute Kleidung, Tabak, Pfeifen und so weiter an sich. Auch ein nettes Bildchen, das aus London stammte, mit Unterschrift: ,Dem verliebten Seemann', und mir verehrt worden war. Na, das ist lange her. In der Kabine durchwühlten sie Käptns Seekiste bis zum Grund. Aber sie merkten nicht, daß da in einem Doppelboden bare 700 Dollars lagen; sie zwickten ihm nur die paar Dollars ab, die er in der Tasche trug, und seine goldene Uhr, nahmen auch die silberne vom Steuermann.

Um Mittag herum schien es merkwürdig still an Deck zu werden. Wir hatten uns jeder mit einem Holzknüppel bewaffnet, um, wenn sie wiederkämen, unser Leben so teuer wie möglich zu verkaufen. John Battis nun, Leichtmatrose, war neugierig, zu sehn, was sie da oben machten. Steckte aber kaum die Nase heraus, fühlte er auch schon eine Pistolenmündung an seinem Döz, und sie sagten ihm: ‚Komm 'raus!' Und zwangen ihn, die Türen für das Logis einzusetzen, die wir bei gutem Wetter immer unten hatten. Die bestanden aus drei Teilen, und als er nun das dritte Stück einsetzen wollte, sah er, wie einer das Messer zückte, somit drehte er sich, daß die Tür ihn deckte und landete mit einem verzweifelten Salto im Logis. Das Messer fuhr hinterdrein, traf ihn aber nicht, und er kam wieder bei uns an, indes die Piraten oben alles dichtmachten und wir dann unten allesamt eingeschlossen waren. Denn auch den Niedergang zur Kabine verkeilten sie, nachdem sie sich versichert hatten, daß unsere Offiziere drunten waren.

An dem Lärm, der nun droben loslegte, merkten wir, daß sie das Werk der Zerstörung begannen. Wir hörten, wie sie alles laufende Gut durchschnitten, die Segel zerfetzten, die Rahen herunterhieben und alles, was nur irgend an Einrichtung und Sachen sich bot, demolierten. Wir hockten in der Dusternis der Vorpiek und wagten nicht, uns zu rühren in unserer Ungewißheit, was die Halunken als nächstes unternehmen würden und ob nicht für jeden und alle von uns das Ende nahe sei. Das ging wohl eine Stunde so, dann hörten wir nichts mehr als den haltlos im Schwell pendelnden Großbaum und das Waschen der See am Schiffsrumpf. Es war etwa drei Uhr nachmittags. Hatte da den Eindruck, daß die Piraten das Schiff verließen. Tappte vorsichtig nach oben in die Kabine und spähte durch die beiden kleinen Heckfenster. Und einer nach dem andern von der Besatzung getraute sich mir nach. Sahen, wie die Piraten zu ihrem Schoner zurückpullten. Kapitän Butman kletterte auf den Kabinentisch und luchste durch das Oberlicht. Ich sagte ‚Käptn', sagte ich, ‚es riecht hier verdammt nach Rauch. Die Satanasse werden doch kein Feuer angelegt haben?' Er nickte: ‚Weiß schon, Fuller! Aber jetzt nichts als Ruhe! Geht wieder 'runter und schaut aus, bis ich Bescheid gebe!'

Ich sah noch, wie er vom Tisch stieg und niederkniete und so ein paar Sekunden im Gebete verharrte. Wir waren auch nicht lange wieder unten, da rief er uns, wir sollten alle irgend vorhandenen Eimer mit Wasser aus den Fässern im Raum füllen. Dann öffnete er das Skylight, die Oberlichtklappe der Kajüte, die einzige Öffnung, welche die Piraten vergessen hatten zu verschalken. Er war Gott sei Dank von handiger Figur, wie wir alle übrigens, bis auf den Smutje. So konnte er sich hindurchzwängen und stemmte sich aufs Deck. Ließ sich dann einen kleinen gefüllten Wassereimer herausreichen, kroch damit und so, daß die vom Schoner ihn nicht wahrnahmen, im Schutz der Reling zur Kombüse, woher der Rauch kam. Grad brach dort die Flamme durchs Dach. Aber er warf ein paar Handvoll Wasser darauf und hielt den Brand in Schach und setzte das eine Weile fort, ohne doch zuviel dran zu tun, damit die Piraten nur nicht merkten, daß ihr Plan vereitelt wurde; ließ also den Kram immer noch genügend qualmen. Die Saubrüder hatten die Kochsgalley mit Abfällen und Teer und Werg und Holz vollgestopft und das Zeugs angesteckt, hoffend, so das Schiff und uns zur Hölle braten zu lassen und damit jede Spur ihrer Schandtat zu vertilgen.

Endlich war der Piratenschoner, ein wirklich schnellerer Segler, als wir ihm zugetraut, über Ost hinter der Kimm verschwunden und auch seine letzte Topsegelspitze weg. Da erst wagten wir, uns richtig umzusehen. Himmel, wie sah unsere *Mexican* aus! Kaputt alles, was nur kaputt-zumachen war. Die Masten ihrer Stage beraubt, so daß sie in der rauhen See wackelten, als sollten sie gleich niederknicken. Und alles Tauwerk, alle Segel zermetzt und zerschlitzt und im Wasser nachschleifend. Nun gingen wir dem Feuer erstmal ans Magere. Räumten dann auf, flickten und splißten und schoren neu ein, alles mit Tempo, und bevor es dunkel wurde, hatten wir schon eine gewisse Ordnung in die Verwüstung ge-bracht und sogar frische Segel angeschlagen. Glücklicherweise hatte unser Kapitän in seiner Umsicht alle wertvollen Schiffsinstrumente, Kompaß, Sextant, Quadrant und so weiter, rechtzeitig versteckt, als ihm nämlich das wahre Gesicht des Schoners klargeworden; er hatte die Dinge im Deckshaus mit einem Haufen Werg bedeckt, und die Piraten waren, merk-würdig genug, fortgesetzt dran vorbeigelaufen, ohne drauf zu achten. Unsre Brigg wurde nun vor den Wind gebracht, Kurs auf Nord. Wie von der göttlichen Vorsehung geschickt, kam eine saftige Brise auf und ent-wickelte sich noch vor Nacht zu einem furiosen Kuhsturm mit Donner und Blitz. Wir ließen die *Mexican* getrost dahinjagen und refften die paar Lappen um keinen Zoll. Steuerten Nord bis zum nächsten Morgen, gingen dann über Stag auf West, änderten besorgt auch noch mehrfach den Kurs einen oder zwei Tage lang, bis wir den Bug schließlich heimwärts richte-ten. Den 12. Oktober gelangten wir dann nach Salem. Hatten dann aller-lei Scherereien mit der Reederei und den Behörden und den Reportern, was beinah schlimmer war als mit den Bösewichten. Bin auch bald wieder auf See gegangen, bin Bootsmann, Steuermann und Kapitän geworden, hab aber derlei Hackmack nie wieder erlebt."

„Und die Piraten, Käptn Fuller?"

„Die? Na, wir hatten ja wirklich Glück gehabt, wie sich später heraus-stellte. Die duften Brüder kriegten sich gleich, nachdem sie uns verlassen, in die Wolle. Ihr Schoner hieß übrigens die *Panda*, was ja wohl sowas wie'n Raubtier ist. Ihr Kapitän hieß Gibert. Als der nun spitzte, daß seine Kerls uns nicht allen die Kehle durchgesägt, soll er mächtig getobt haben und hat umkehren wollen, damit kein Überlebender etwas verraten könne. Na, das erregte ja denn wohl Meinung gegen Meinung und Zeter

und Mordio. Jedenfalls, gefunden hat uns die Bande nicht mehr. Ihre *Panda* wurde dann an der afrikanischen Küste in der Nazarethmündung von einem englischen Kanonenboot entdeckt, das auf Jagd nach Sklavenhändlern kreuzte — Kommandant hieß, glaub' ich, Trotter. Ende vom Liede war, daß die Schurken größtenteils an Land jumpten. Zwölf davon aber ketschte ein Negerhäuptling und lieferte sie an Trotter aus. Der brachte sie, natürlich in Eisen, erst nach England. Und dann kamen sie per Schub mit einem andern Kriegsschiff hierher nach Salem. Das war schon Anno 1835. Und dann nach Boston ans Gericht. Gibert und ein anderer sollen da noch Selbstmord versucht haben, mit einem Stück Glas oder vom Blechnapf. Den einen hat man sogar im Stuhl unter den Galgen setzen müssen. Aber es waren nur drei, die man außer den beiden gehenkt hat. Den Zimmermann, Ruiz hieß er, hat man in eine Irrenanstalt gesperrt, glaube aber, mehr oder weniger verrückt waren wohl alle, die sich zu jener Zeit noch mit solchem aussichtslosen Krampf abgaben wie Seeräuberei. Ein anderer der Horde, de Soto, ein anderer als der Pirat gleichen Namens, den sie ein paar Jahre zuvor in Spanien aufgehängt, wurde sogar von unserem Präsidenten begnadigt — Jackson war's wohl damals. Der Soto hatte Anno 1831, wo er selber ein Schiff geführt, 72 Schiffbrüchige vom Bahama-Riff gerettet und sogar einen Silberpokal dafür von der Versicherung gekriegt. Muß wirklich 'ne Heldentat gewesen sein. Kam also deswegen davon. Wie die fünf weiteren. Sind ja immer welche in Soda und Gomora, die wie unschuldige Lämmer unter die Bestien fallen und es sogar der Behörde verklaren können. Zur Gesundheit denn, Jungs! Auf das, was wir lieben!"

> *Doch was wir lieben, sei gefeit*
> *vor jener Überheblichkeit,*
> *die mit Gewalt und Hinterlist*
> *mehr haben will, als löblich ist!*

Die chinesische Piratenkönigin Lai Cho San an Bord ihrer Führerdschunke

Insulinde, welch zauberhaftes Wort! Welch tropisch gewürzte Bilder, Düfte, Klänge durchschwirren die Phantasie! Insulinde ... Die großen Wunderinseln zwischen Asien und Australien, halb noch Indien, halb schon Südsee. Aller jungen Seeleute Sehnsucht, Märchenstrände mit sanften braunen Menschen und leise rauschenden Palmenwipfeln. Noch dem an Bord Verstorbenen, der in Segellinnen eingenäht, mit hinreichend eiserner Kette beschwert, sein Grab in den Fluten findet, schallt es wehmütig hinterdrein:

> *Glori glori glori Gloria,*
> *schön sind die Mädchen in Batavia.*

Sie waren, soweit Eingeborene gemeint sind, wirklich schön und sind es noch immer, hoben sich auch reizvoll ab von den umfänglichen Frauen der holländischen Herren von einst, selbst auf Borneo, wo die zierlichen Schönen meinten, ihren Bewerber nicht als voll ansehen zu dürfen, falls er ihnen nicht einige abgeschnittene Feindesköpfe vor die zarten Füße legen konnte. Heute spielen sie Tennis und haben schon im Kindergarten gelernt, daß ein schnittiger Volkswagen oder mindestens das dazugehörige Radiogerät eine bessere Morgengabe ist, obschon solche mit Tapferkeit nichts zu tun hat. Es sind ja aber auch nicht mehr so viele Feinde und Dämonen mehr im Dschungel und Urwald, gegen die der Mann das schwache Geschöpf verteidigen soll. Dafür hatten die Missionare gesorgt. Nun sind sie fast alle davon, die Dämonen und Missionare. Und die andere Sorte Weißer liefert schärfere Sachen als die Zehn Gebote und die Bergpredigt. Sie taten es sowieso schon immer, schon um sich gegenseitig die Ausnutzung Insulindes zu verargen. Jetzt sind auch diese Leute davon. Aber liefern tun sie noch immer. Das Wort Gottes ist weit schwerer so handgreiflich weiterzuliefern. Es bringt auch weniger Handgreifliches ein. Als der gewesene Flibustier William Dampier in jene Zauberwelt geriet und ein halbes Jahr unter dem Stamm der Ilanos auf den Sulu-Inseln lebte, fand er diese Dajaks, die aus Borneo herübergekommen waren, höchst nett und friedfertig. Das war Anno 1687. Von Piraterie gab's damals keine Spur.

Hundert Jahre später waren die Ilanos die gefürchtetsten Kopfjäger zur See. Sie sammelten Köpfe, es war ihr Sport, ihre Mode, wie anderswo das Sammeln von böhmischen Gläsern oder Schmetterlingen. Sie hatten sich vom Reisbau auf die See begeben, weil ihrer allzu oft von den Feldern durch europäische, zumeist spanische „Arbeitsvermittler" weggefangen und in heimatferne Plantagen und „Kulturaufgaben" verschleppt worden waren. Als Muslims hatten sie sowieso kaum einen Vorwand nötig, um den Christenhunden so viel wie möglich zu schaden. Sie griffen europäische Schiffe mit schauriger Kühnheit an, ohne Pardon zu verlangen oder zu gewähren. Ihre mondsichelförmigen Praus waren schnelle, wendige, seetüchtige Boote mit Auslegern, sehr schmal und mit großem Rutensegel aus Bast. Sie hüpften, sie schwebten über die Wogen, sie sahen so winzig aus, so in die Weite verloren, aber plötzlich waren sie längsseits, und was wie Maukis flink die Bordwand an blitzschnell die Reling fassenden Knebelstricken emporklomm, kam mit Speer und Kris und Schwert und hauste wie am Jüngsten Tag. Natürlich hatten sie auch Feuerwaffen. Der weiße Handel hatte sie darin keineswegs vergessen, und sei es über chinesische Zwischenträger.

Betreffs der Beute aber dachten sie anders als andersfarbige Kollegen und Kolleginnen. Sie waren nicht auf Gold und Silber aus. Sie sammelten Männerköpfe, ohne wie der Vatikan, das Pantheon oder die Walhalla Wert auf deren Berühmtheit zu legen. Und als Halsschmuck bevorzugten ihre zierlichen Bräute und Gattinnen keine Perlen noch Diamanten, sondern — wie zu Abessinien — die abgeschnittenen Gemächte der Erschlagenen. An gängigen Werten jedoch heimsten sie Frauen ein, Frauen und Kinder jeder Sorte und Schattierung. Für die dunkleren Marken segelten sie bis nach Neuguinea. Der Markt für wollköpfige Papuamädchen war das stolze unabhängige Land Atschin auf Nord-Sumatra, wo man vom Islam hauptsächlich die Vorzüge des Harems übernommen hatte und pflegte. Das Sultanat Brunei hingegen bevorzugte milde, musikfreudige Malaienmädchen von Java oder Bali. Der Hauptmarkt für hellhäutigere Wesen aber befand sich auf der Philippinen-Insel Sarangani vor der Südspitze Mindanaos. Verirrte sich dorthin ein weißes Spähschiff, so blieb kaum aus, daß sein Name nach Monaten in Lloyds Londoner Versicherungskontor an die Totenglocke als verschollen gehängt wurde. Von Mindanao gelangten sogar weiße blonde Frauen neben vielen Leidensgefährtinnen mehr oder minderer Tönung auf den geheimen Markt zu Batavia, der sich abseits der „wohlzufriedenen" Europäerviertel zwischen den versumpften Grachten im Chinesenviertel fand, wohin kein noch so getarnter weißer Polizist sich verlief, ohne daß er längst „gemeldet" war, und also nichts zu sehen bekam. Zehntausende gelber Junggesellen waren da willige Käufer oder auch Pächter; denn aus China hatten sie keine Frau mitnehmen dürfen.

Zwanzig Jahre lang, von 1811 bis 1831 beherrschte Fürst Raga die Piratenflotten zwischen Borneo und Celebes. Von der Makassarstraße reichte sein Einfluß bis nach Luzon und Sumatra, nach Java und Timor. Fast auf jeder der tausend Inseln hatte er seine Späher und Signalmaaten. Und in allen Hafenstädten seine Spitzel. Vergebens versuchten Engländer und Holländer gemeinsam, des Piratenfürsten habhaft zu werden. Später spielten sie ihn unter der Hand gegeneinander aus. Er war schlau genug, sich's nach Bedarf zunutze zu machen, schonte aber keine gelegen des Weges kommende Beute; ganz gleich, welche Flagge sie als scheuchendes

435

Tuch hißte, es mußte ihr Tränen- und Leichentuch werden. Mehr als vierzig große europäische Schiffe fielen ihm in die Hände. Was an Männern an Bord war, wurde restlos erledigt. Der Kapitän jeweils wurde für Ragas persönliche „Rache an den weißen Drangsalierern" aufgespart.

Anno 1830 gelang es einem weißhäutigen Reisenden namens Dalton dennoch, mit großer Unverfrorenheit und unter Tarnfarbe das Hauptquartier des Hochberüchtigten und in ganz Insulinde von den Eingeborenen Gefeierten zu beäugen. Es lag in der Mündung des Pergottanflusses. Was er zu sehen bekam, lag öffentlich in Bazaren zum Verkauf, Haufen europäischen Plünderguts, darunter Bibeln in allen Sprachen der fernost verkehrenden Nationen, Schiffsglocken, beschädigte Ferngläser, Quadranten, Seekarten, Kompasse, Kanonenrohre, Segeltuch, Belegnägel, rostige Sägen und Schiffsbeile, Handwerkszeug und Kleidungsstücke, darunter auch Damenstrümpfe und Damenwäsche, gezeichnet in Kreuzstich mit S. W., auch flanellene Unterröcke, rot wie die Erdbeeren eines geeigneteren Klimas. „Woher mögen die stammen?" fragte der Besucher vorsichtig. „Frag lieber nicht danach!" entgegnete der Händler. „Allah ist groß und gibt's den Seinen ungefragt."

Auch erlugte Herr Dalton, als er unversehens um eine Ecke bog, eine zweifellose Europäerin, die entschieden duftigere Sachen trug, aber sich gleich abwandte und ins Haus lief. Wahrscheinlich war auch sie ungefragt hierhergelangt, und auch in ihrem Falle war es besser, schweigend sich dem Schicksal zu fügen wie sie.

Die Amerikaner brauchten weniger Rücksichten auf koloniale Wettbewerber zu nehmen. Anno 1831 wurde ein Schoner aus Salem, die *Freundschaft* (Friendship), von Piraten vor Sumatra heimgesucht. Obschon sie ganz friedlich Pfeffer geladen und bezahlt hatte und gänzlich unbewaffnet war, wurde ihre Besatzung, gerade als sie sich mit einigen braunen Willfährigen vergnügte, Mann für Mann niedergemetzelt. Raga selber war nicht bei diesem Streich zugegen. Sonst wären nicht der Kapitän, der zweite Offizier und weitere vier Mann in einem Boot entkommen. So jedoch gelangte die furchtbare Nachricht nach Washington, und die berühmte Fregatte *Potomac* wurde zur Vergeltung ausgesandt. Sie vollführte ihre Sache amerikanisch gründlich und zerstörte den Ort der Schandtat, Kuala Batu, trotz heldenhafter Gegenwehr. Selbst die Frauen der Verteidiger mußten, da sie sich nicht gefangen gaben, sondern wie Tigerinnen kämpften, einzeln niedergemacht werden. Mehr war nicht zu wollen.

1838 kam der Faktorist der Englisch-Ostindischen Gesellschaft, James Brooke, ein Abenteurer von Format, mit seiner Jacht gen Sarawak auf Borneo. Der Sultan Muda Hassim von Brunei, der Liebhaber hellhäutiger Malaiinnen, üppiger Tafelfreuden und devoter Untertanen, fühlte sein Allah-Gnadentum von den eigenen Landeskindern bedroht. Er fand es unverschämt, daß sie endlich auch einmal so ähnlich leben wollten wie er und nicht wie armselige Hunde. Der smarte Jachtbesitzer sah ein, daß selbst tropischer Reichtum nicht dazu ausreicht, viel mehr als einen einzigen Palast, Harem und Hofstaat zu befriedigen, und lieh seine neuesten Flintenmodelle zum Schutze des Despoten und zur Niederwerfung der Aufsässigen aus. Wurde zum Dank dann zum Radscha von Sarawak erhoben, zum Statthalter, und er sah denn doch die Möglichkeit, auf dem Rücken vieler Höriger einen zweiten Palast und Hofstaat zu gründen, den seinen.

Mister Brooke war ein guter Christ. Er gedachte nun, aus den Kopfjägern brave Engländer zu machen. Es gelang ihm, indem er auf Ablieferung von Feinden mit Kopf eine Prämie aussetzte und hübsche Köpfe aus Pappmaché als Ersatzschmuck in die Hütten lieferte. Vermutlich stellte er sie selber aus gelesenen New Chronicles und Times-Ausgaben kunstreich her, unter Zusatz von Knochenleim und Korallenstaub. Nur die echten Seeräuber glaubten nicht ganz, daß die Kraft des Feindes auch in solchen allzu leicht duftenden und wiegenden Masken stecke. Außerdem hatten sie nicht Lust, sich dem langsam steigenden Soll an Feldfrucht anzupassen, mindestens nicht mit eigener Pflanzarbeit. Sie störten auch die Fügsamen. Sie waren überhaupt gegen diesen weißen Radscha. Er hatte es somit nicht leicht. Da aber die Admiralität ihm einen weißen Raddampfer lieh und etliche Kanonen, verschaffte er sich gehörig Respekt, sowohl bei der Gilde der Sarebas Anno 1843, als auch ein Jahr später bei den Sakarrans. In wenigen Stunden vermochten die europäischen Waffen die Plünderung und Vernichtung der Stadt Patusan zu gewährleisten, die Wohnstätten von fünftausend Piraten. Vier starke Befestigungen wurden dem Erdboden gleichgemacht, mehrere hundert Boote zerstört. „Müde, aber zufrieden mit unserem Tagewerk setzten wir uns an die Abendmahlzeit", berichtete Kapitän Keppel von Her Majesty's Ship *Dido*. Wovon die fünftausend vertriebenen Obdachlosen zu Abend essen sollten, erwähnte er nicht. Nur noch, daß ihr Fürst, der mächtige Sheriff Sahib, der Patron der Piraten in den letzten zwanzig Jahren, nunmehr sein gedemütigtes Haupt im Dschungel verstecken müsse.

Er versteckte es, solange Radscha James persönlich eine starke Polizeitruppe befehligte. Aber als der „Weiße Satan" 1848 einen Urlaub in das unruhige Europa antrat, war der „Braune Satan" alsbald zur Stelle und errichtete seinerseits eine Schreckensherrschaft ohne die christlichen Hemmungen, die Mister Brooke immerhin gelegentlich empfunden. Die mühsam erreichte Agrarkultur wurde weit und breit ein willkommener Anlaß für die Piraten, da nämlich gerade Erntezeit und die Bauern auf den Feldern waren, sich der Frauen und Kinder anzunehmen. Wobei denn einer der schlimmsten Kopfjäger — obwohl Malaie und kein geborener Dajak — namens Dungdong in Verfolgung einer besonders leckeren jungen Schönheit etwas abseits geriet, seinen Speer, um besser laufen zu können, in den Boden stieß, das Mädchen nun auch fing, und, als er seinen Speer wieder an sich nehmen wollte und nicht fand, diesen jählings durch seinen Nacken jagen fühlte. Der Vater der reizenden Blume hatte — in diesem Einzelfall — rechtzeitig eingreifen können.

Wenige Monate darauf griff Radscha Brooke ebenfalls wieder ein, numehr als Sir James, neu gefestigt in seiner europäischen Herrenwürde. Mehrere Mächte, auch sein Vaterland, hatten ihn als Souverän Sarawaks anerkannt. Wieder standen ihm Marinestreitkräfte zur Verfügung. Gerade hatten die Piraten mit zwei Frachtern aus Singapore ihren Lebensstandard aufgebessert, da glitten sie in das Kartätschenfeuer der britischen Zurechtweisung. Die Strafexpedition ging weit ins Innere flußauf bis zu den großen Handelshäusern der Kanowit-Dajaks, darin sich Raubgut aus langen Jahrzehnten gesammelt und die, in Räumen, groß genug, um je 1500 Personen zu fassen, auf weitere Beutezüge warteten. Damit war es nun aus, wenigstens vorläufig.

Die schöngewachsenen Dajakleute hatten zu büßen; sie mußten sogar die Messingringe von den Armen und Beinen streifen, beste Importware aus deutschen Gelbgießereien via Amsterdam — Batavia, direkt von Bord bezogen und zum Zeichen der Piratenschaft erkoren.

Andere Leidtragende der harten weißen Hand waren die chinesischen Händler, die Abnehmer und Weiterverkäufer, die Vermittler von Luxus aller Art, von Bonbons und Opium bis zu Feuerwerk, Seidenschals und jeder Sorte Weiblichkeit. Radscha Sir James, in puritanischem Eifer, hatte für gerade das letztere, lukrativste Geschäft nicht den geringsten Nerv. Überhaupt war er gegen die „gelben Wanzen", wie er sie zu nennen beliebte, und ihre Tüchtigkeit. Sein verständlicher Ehrgeiz galt der Förderung des britischen Handels. Viel Häßliches mußte er deswegen einstecken, Mordanschläge und Verleumdungen und schließlich Anno 1857 einen regelrechten Aufstand der damals noch bezopften Söhne des Himmels. Er schlug ihn nieder. Was blieb ihm auch übrig? Aber nach sechs weiteren schwierigen Jahren kehrte er heim und lebte noch fünf stille Lenze im kühlen Devonshire seiner Erinnerung. Zu Sarawak folgten ihm Neffe und Großneffe in der Regierung, bis dann eines Tages allgemein in Insulinde der weiße Mann sich zumeist wieder auf Waffenlieferungen beschränkt sah.

Aber das Piratische dort lebt weiter. September 1957 durchkämmten Zollkreuzer der Philippinen vergeblich die südliche Sulusee nach einer Piratenbande der Moros, die, alter Überlieferung huldigend, ein Dorf auf der Insel Delawan vor Britisch-Nord-Borneo geplündert hatte. Fünfhundert Einwohner waren dabei geraubt oder umgekommen.

Aus der verklungenen Zeit her aber macht noch ein anderer Held Indonesiens von sich reden. Er war auf den Molukken zu Hause, wo die Holländer das Monopol der Gewürznelken grausam gehandhabt. Noch heute wirkt sein Ruhm und Ruf bis nach Java, Timor und Sumatra. Die Sänger haben ihn, wie seit Urzeiten üblich, zum Götterliebling, ja, unter die Götter erhoben.

Der Malaie Chairil singt von ihm seiner Liebsten vor:

Ich bin Pattiradjawane,
gefeit durch die Götter,
ich allein.

Ich bin Pattiradjawane,
Schaum der See
und das Blendende der Bläue.

Als ich geboren ward,
da schickten die Götter
ein Boot mir.

Ein Schiff wie ein Seevogel
mit Segelschwingen,
allen Fremden zum Tort.

Ich bin Pattiradjawane,
bewacht vom Muskatnußwald
und von Feuern der Bucht.

Wer dort landen will,
dreimal rufe er meinen Namen:
Pattiradjawane . . .

In der Stille der Nacht
tanzen die Blumen zu meiner Trommel,
die Muskatnußbäume werden Mädchen

und sind lebendig, bis es tagt.
Komm und tanze,
spiel mit . . . und vergiß!

Das allerdings ist eine zartere Piratenpoesie als etwa die um Störtebeker oder Käptn Kidd. Da aber auf die Dauer das Zarte siegreich bleibt in aller Welt — auf die Dauer wohlgemerkt —, so ist es nicht verwunderlich, daß der weiße Großräuber eines Tages von Insulinde verschwinden mußte.

OPIUM UND CHRISTUS
1849—1886

Gegenüber Blankenese an der Elbe zu Neuenfelde liegt die zierlichste aller Bauernbarockkirchen. Als dort jemand den Grabstein des berühmten Orgelbauers Arpad Snitger betrachtete, kam ein alter Schiffer drüberzu, und es ergab sich, daß er eine kleine private Jubiläumsandacht halten wollte zur dankbaren Erinnerung. Im Dorfkrug dann, als die Zunge durch einige Köms und Grogs gelockert war, erzählte er zwar nicht, was gewesen, sondern erwähnte es nur eben. Er hatte als Schiffsjunge Mitte der sechziger Jahre — er war inzwischen fast hundert — die Bekanntschaft mit den „schmierigen Fächerewern", mit chinesischen Seeräuberdschunken im Gelben Meer gemacht. Die Banditen hatten die Altenländer Brigg *Albertine* — sie reiste derzeit unter hannoversch-britischer Flagge — auf dem Wege gen Nanking so ziemlich ausgeraubt, waren aber bei Herannahen eines englischen Kanonenbootes von dannen gehuscht. Den Anführer, der als letzter von Bord wollte, hatte der Steuermann ohne Lärm „von den Füßen gebracht und in die offene Ladeluke" geschleudert. Der munter betagte Berichterstatter zeigte ein verblichenes Stück Seidenkordel vor. Er trug es seitdem als Talisman am Hosenbund und hatte es dem „geelen Röverkaptein" von der Jacke gerissen, bevor den die Marine übernahmen.

„Was für Fracht war's denn damals?" fragte der Fremde.

„Och, wie üblich und das beste Geschäft: Eisenwaren und Opium, das eine aus Sheffield, das andre hatten wir in Kalkutta an Bord gekriegt."

Der Handel britischer Firmen mit indischem Opium nach China wurde von der Pekinger Regierung untersagt. Nicht dazu hatte man dem Drängen und Eindringen weißer Kaufleute nachgegeben, daß sie die Volksgesundheit untergruben. Aber die großen weißen Steuerzahler mit den ehrbaren englischen Familiennamen und ihren guten Verbindungen zum Parlament waren stärker als die vernünftige Einsicht zu Peking. Sie erhielten Unterstützung durch Kriegsschiffe und Landungskorps. Und das Opiumgeschäft florierte weiter.

Ähnlich wie Koxinga weiland gegen Holland und Portugal in der Besitzergreifung Formosas, so wandten sich zwei chinesische Rebellenführer gegen England, als dieses als „Sühne" sich der Insel Hongkong bemächtigte. Es waren Shap-ng-tsai und Chui-apoo. Sie waren Piraten mit patriotischem Anstrich und hatten den Briten Rache und Verderben geschworen. Mit gehörigem Aufwand schossen englische Kriegsschiffe an die hundert Mattensegler in den Grund und über tausend Piraten dazu. Der eine der entkommenen Anführer stellte sich daraufhin seiner Regierung zur Verfügung und wurde mit einem hohen Posten belohnt. Ein anderer hielt sich ein Jahr länger, ehe auch seine kühnen Dschunken in die Tiefe sanken. Er entrann aufs Festland. Der hohe Kopfpreis in Sterlingspfunden, den der britische Statthalter aussetzte, veranlaßte einige Chinesen, die nicht derselben Kaste waren, den teils gefeierten, teils gefürchteten Patrioten und Piraten einzufangen und nach Hongkong zu liefern. Er wurde zur Deportation verurteilt. Dieses schien ihm eine größere Schmach als der Tod, und somit erdrosselte er sich in der Zelle mit seiner seidenen Gürtelschnur.

Er hatte zuletzt noch Verbindung mit den Taipingleuten aufgenommen, deren Name Allfriede bedeutet und die dennoch eines der größten Blutvergießen veranlaßt, die je in der Welt geschehen. Ihr Führer, von christlichen Missionaren erzogen, wandte das halbwegs Aufgefaßte phantastisch an. In einer Vision erkannte er sich als der auferstandene Christus. Sein betörendes Leitwort für die Massen aber entnahm er dem fünften Buche Moses, wo es heißt: Denn das Gebot, das ich dir heute biete, ist dir nicht verborgen, noch zu ferne, noch im Himmel, daß du möchtest sagen: Wer will uns in den Himmel segeln, daß wir's hören und tun? Es ist auch nicht jenseits des Meeres, daß du sagen möchtest: Wer will uns über das Meer fahren und uns holen, daß wir's hören und tun?

Merkwürdig genug, aber ganz im Sinne der monarchischen Haltung seiner Lehrer und der meisten Bauern, entflammte er sich gegen den von der Mandschu-Regierung erstmals angestrebten Gemeindekommunismus. Aber auch immer heftiger gegen die Fremden. Indes Europa einigermaßen Frieden hatte, Mitte des 19. Jahrhunderts, schwamm das Reich der Mitte in Blut. Über zwanzig Millionen kamen dort um. Die meisten durch europäische, teils gelieferte, teils direkt angewandte Feuerwaffen.

Die Reste der Taiping (genauer geschrieben t'ai-p'ing) sammelten sich unter schwarzer Flagge in Tonking und erhielten sich vom Roten Fluß aus notgedrungen und verbissen durch Seeraub. Erst 1886 erlagen sie französischen Bordgeschützen.

> *Ein Hundsfott?*
> *Ein Schlagetot?*
> *O nein, bei Gott:*
> *Ein Patriot!*

NATTY GORDON, SKLAVENHÄNDLER AUS MAINE
Anno 1862

Offensichtlich der letzte Weiße, der unter Anklage der Piraterie zum Tode verurteilt und gehenkt wurde, stammte aus Portland im Staate Maine. Viele empfanden das Urteil damals als ungerecht. Denn Kapitän Nathaniel Gordon, genannt Natty der Saubere, war gar kein Pirat. Er war Sklavenhändler. Und das war seit dem Altertum so etwas wie ein Herrengewerbe in Ost und West. So war noch der Vater des britischen Premiers Gladstone aus Liverpool — der langjährigen Zentrale des Sklavenhandels — ein hochangesehener Händler in „schwarzem Elfenbein" gewesen und ein Großsklavenhalter auf seinen westindischen Plantagen. Der Sohn fügte sich indes einer humaneren Zeitströmung. Britische Firmen, britische Händler und Kapitäne hatten von 1680 bis 1786, bis zu dem Tage, da die Vereinigten Staaten selbständig wurden, rund 2 150 000 Negersklaven nach Amerika befördert. Englands Schiffahrt, Handel und Industrie waren daran emporgeblüht. Die Gewinne waren enorm. Man rechnete trotz der hohen Sterblichkeitsziffern bei den unmenschlichen Transporten mit dreihundert bis fünfhundert Prozent.

Aber nachdem in Übersee das Freiheitsbanner der Sterne und Streifen gehißt war, hatte England keine Neigung mehr, das amerikanische Wirtschaftsleben zu fördern; es fand plötzlich geraten, das schwarze Arbeitsvieh in Afrika selber zu brauchen. Schon die Propaganda, Sklavenhandel als abscheulich zu brandmarken, ließ es sich einiges kosten. Mehr noch aber die zwanzig Briggs und Brigantinen, die es, mit Polizeigewalt befugt, rund um Afrika einsetzte. Das Parlament bewilligte seit 1840 runde 230 000 Pfund jährlich dafür.

So schmerzlich es manchen Kaufleuten Großbritanniens gewesen sein mag, sie beugten sich der neuen Einstellung. Das Kontor Redman, London, wird eine Ausnahme gewesen sein. Es war sozusagen der ehrenwerte Strohmann für den Florentiner Kapitän Theodore Canot, den Vertrauten des schwarzen Königs Fano-Toro. Der lieferte überschüssige Untertanen nach Bedarf. Zahlungsmittel waren Erzeugnisse der weißen Kultur vom Fusel bis zum Schießgewehr. Auch ausgediente Uniformen waren ein gängiger Tauschartikel. Canots üppige Faktorei lag an der Westküste Afrikas bei Grand Cape Mount. Er hatte sie in Anhänglichkeit an seine Herkunft New Florence genannt. Eine britische Marinestreife brannte sie Anno 1846 gefühllos nieder. Er selber wurde auf einem vollbeladenen Sklavenschiff geschnappt. Da es jedoch unter nordamerikanischer Flagge fuhr, entging er der gerichtlichen Belangung. Sein Geschäft war dahin. Arm und vergrämt starb er irgendwo in Virginia.

Zu jener Zeit dachten die Vereinigten Staaten trotz aller Vorhaltungen der Quäker noch milde über den einträglichen Umsatz an Menschenfracht.

Doch die großen Händlerdynastien dieser Sparte in Afrika welkten dahin. 1849 starb an der Küste von Dahomé zu Widah der Cha Cha Don Francisco de Souza; ein Halbblut aus Rio de Janeiro, genannt der König des Sklavenhandels. Er besaß wie Salomo tausend Frauen, einen Palast, „strotzend von Silbergerät" — wie ein Besucher erzählte —, eine Menge Faktoreien und Lagerhäuser sowie eine Spielhölle und hinterließ achtzig Söhne und die Legende, er sei ein edel denkender Charakter gewesen. Er hatte sich nämlich gegen die Menschenopfer seiner schwarzen Häuptlingsfreunde geäußert, es sei doch eine unkluge „Vergeudung von Ware". Doch verlief die Trauerfeier ihm zu Ehren nicht ohne diese. Wochenlang tanzte man in Busch und Urwald, gehüllt in den billigen Kattun, den Cha Cha teuer geliefert, und servierte die gegrillten Opferstücke auf Import-Emaille.

Nördlich dieser Gefilde — wo einst der große Pirat Bartholomew Roberts durch eine britische Kartätschenkugel geendet — hatte sich Don Pedro Blanco niedergelassen, ein spanischer Pirat und Schwarzhändler aus Malaga. In der Inselflur von Gallinas und küstenlängs bis Digby besaß er ein Dutzend Faktoreien mit je etwa acht Gebäuden. Jede seiner Baracken konnte jeweils bis zu zweitausend Neger aufnehmen. Eines der Eilande war ausschließlich seinem Harem eingeräumt. Nichts fehlte an halb europäischem, halb barbarischem Komfort. Kein Märchenfürst konnte malerischer residieren. Hier gab es — für ihn, seine Geschäftsfreunde und seine Lieblingsweiber — alles, was in der Welt als gut und kostbar galt. Rings um die eingezäunten Läger erhoben sich, nach alter und neuer Gewohnheit, hohe Wachttürme. Ständig beobachteten die Posten durch scharfe Feldstecher den Horizont. War die Luft gelegentlich rein, kreuzte nirgends eines der „Wauwaus", der britischen Spähboote, dann rauschten die wartenden Transporter vollgestopft mit jammervoller Kreatur durch die Lücke der Blockade in See, Kurs Westindien oder Südamerika.

Dem flotten englischen Korvettenleutnant Denman riß schließlich die Geduld. Diesmal kam er nicht wie schon einmal vorher als loyaler Gast, sondern als unbarmherziger Scherge. Er leerte die Läger, ließ die ganze umfängliche Anlage in Flammen aufgehen und die Sklaven nach Sierra Leone überführen, in die von britischen Philantropen gegründete Oase schwarzer Freiheit. Aber den Manager Pedro Blanco erwischte er nicht. Der hatte rechtzeitig Lunte gerochen und mit dem letztabgefertigten Frachtsegler den Atlantik gequert. Gemütlich ließ er sich auf Kuba nieder und trieb die Sache von da an mit weniger Pomp und Unkosten, doch nicht unlukrativer durch bereite Mittelsmänner. Der mehr und mehr erschwerte Handel machte die dunkle Ware nur desto einträglicher. Die Gewinnspanne stieg. Er starb als Pfund-Millionär, hochgeachtet und von der Kirche, die er gut bedachte, als Wohltäter gesegnet.

Natty Gordon, der eine Weile eng mit ihm zusammengearbeitet und bei ihm wahrscheinlich auch begonnen hatte, endete weniger glücklich. Er machte sich nach Blancos Hinscheiden selbständig. Kapitän und Reeder und Händler in eins. Ihm gehörte der schnittige Clipper *Erie*, der extra für die scharfe Route des „Ebenholzhandels" gebaut war, schneller als alle britischen Marinebriggs. Mochten die Aufpasser noch so eifrig sein, die Küste zwischen Niger- und Kongomündung bot Schlupfwinkel noch immer genug, über die noch kein europäischer Flaggenstock sich reckte. Der Strich bei Togo und um Klein- und Groß-Popo, aber auch bei Lagos blieb noch lange trefflich geeignet zu heimlicher Übernahme der lebendigen „Schokolade". Es gab dort abgebrühte Existenzen nach wie vor, so weiß als farbig, die ohne andere Bedenken als die der Dividende Tausende und aber Tausende Eingeborener dem Heimatboden entrissen und ins Joch gen Übersee verschacherten. Trotz aller seit 1808 erlassenen Verbote wurden noch Anno 1859 nicht weniger als 15 000 Schwarze allein in die Südstaaten der USA eingeführt. Zumeist waren Kuba und Mexiko Umschlagstationen. Es war der düstere Streifen, auf dem auch Natty Gordon reiste. Wie er stammten die meisten der damaligen Sklavenkapitäne aus den Nordstaaten. Das Risiko bedurfte kühner Männer. Von vier Transporten mußten oft drei auf Verlust gerechnet werden. Der vierte aber lohnte sich für die verlorenen mit. Das Bankkonto schwoll.

Und so hatte die *Erie* schon einige glückliche Fahrten hinter sich (zugegeben wurden später nur vier). Da, vor der alten afrikanischen Goldküste, erwies sich eines schönen Tages Anfang 1862 der amerikanische Segler *Mohican* von noch besserer Knotenzahl als der smarte Clipper. Und es nützte keineswegs, die Stars und Stripes zu hissen oder Entrüstung zu mimen. Inzwischen war nämlich der leidige Wirtschaftskrieg zwischen Nord und Süd ausgebrochen. Die Sklavenfrage spielte dabei eine wichtige Rolle. Sie diente zu moralischen Untermauerung des gegenseitigen Blutbades. Und somit veranlaßte Präsident Lincoln, daß endlich Ernst gemacht werde mit der Abschaffung unchristlicher Leibeigenschaft und mit der Abdrosselung der Sklaveneinfuhr.

Die *Erie* hatte in ihren fünfhundert BRT 977 Neger zusammengekettet. Unter Kaperkommando wurden diese nun anstatt nach Havanna oder Galveston nach Monrovia geleitet, der Hauptstadt des Negerfreistaates Liberia, den eine private nordamerikanische Gesellschaft Anno 1822 geschaffen. Gerade war er auch amtlich von Washington anerkannt worden. Auf der kurzen Fahrt in die Erlösung starben mehr als dreihundert der grausig Eingepferchten. Man hatte Gordon und seine Leute in Eisen gelegt, und die Gasten der *Mohican* verstanden weniger vom Niggergeschäft und der wenn auch spärlichen, so dennoch nötigen Versorgung der schwarzen Kolli mit Essen und Trinken.

Kapitän Gordon wurde nach New York gebracht. Sein Vergehen hätte ein paar Jahrzehnte zuvor höchstens die Finanzbehörde interessiert. Jetzt wurde es in juristischem Anschluß an eine britische Akte von 1824 in die Kolumne Piraterie eingereiht. Es hieß darin: „Des Seeraubs ist auch schuldig, wer auf hoher See irgendwelche Personen als Sklaven wegbringt." Die angedrohte Strafe lautete auf Tod durch den Strang. Geflissentlich übersah das New Yorker Gericht, daß Anno 1837 die Todesstrafe für dieses Delikt in lebenslängliche Deportation umgewandelt worden sei. Und immerhin hatte schon 1857 ein anderer Amerikaner, der sogar unzweifelhaft vielfache Seeräuberei getrieben, der fast mädchenhaft zierliche und äußerst scharmant auftretende Eli Boggs, vor einem englischen Gericht den Vorzug des geänderten Paragraphen genossen. Wohin aber hätten die USA deportieren sollen? Sie besaßen kein Australien. Außerdem waren sie nicht mehr englisch.

Die öffentliche Meinung zeigte sich geteilt. Redner standen auf Seifenkisten an allen Ecken der Stadt. Zettelverteiler waren nicht müßig. „Bürger von New York", hieß es da entflammt. „Kommt! Rettet die Gerechtigkeit! Soll mitten unter euch ein Justizmord geschehen, ohne daß sich empört eine Stimme dagegen erhebt? Kapitän Nathanael Gordon ist für ein Verbrechen zum Tode verurteilt, das seit sechsundachtzig Jahren einzig auf dem Papier als strafbar steht."

Das mochte stimmen. Anno 1776 hatte der Kongreß den Sklavenhandel verboten, wenn auch nicht die Sklavenhaltung. Die Volkszählung 1790 ergab bei einer Einwohnerzahl der Vereinigten Staaten von rund vier Millionen runde 700 000 Sklaven. Im Jahre 1860 war die Zahl auf die der inzwischen allerdings auch angewachsenen Einwohner von Anno 1790 gestiegen: auf vier Millionen Negersklaven. Das empfanden viele Amerikaner als grauenhaft. Aber mehr als jede Kongreßdebatte, jede sachliche Aufklärungsschrift und jedes Gesetz wirkte der erste gewaltige Bestseller Nordamerikas, ein sentimentaler Roman, den die gewesene Lehrerin Harriet Beecher-Stowe nach den Berichten des aus Maryland entwichenen Negers Josiah Henson geschrieben unter dem Titel „Uncle Tom's cabin", Anno 1852. In neun Monaten war die erste Million verkauft gewesen und die Übersetzung in alle Kultursprachen gesichert.

Mittelbar wurde die keineswegs ganz stichhaltige Veröffentlichung Anlaß zu dem unvergänglichen amerikanischen Volkslied über den Heißsporn John Brown. Der durch das Buch entflammte junge Idealist dieses Namens blieb nicht bei Betrachtungen stehen. Mit zwanzig Freiwilligen fiel er Anno 1859 in die Südstaaten ein. Er hoffte einen Negeraufstand zu entfesseln. General Lee griff sofort zu. Browns Leute wurden aufgerieben. Er selber geriet verwundet in Gefangenschaft und wurde gehenkt.

Alsbald galt er den Nordstaaten als rechter Märtyrer, dessen Körper wohl im Grabe faulte, dessen Seele aber weiter mitmarschierte — wie etwa die Toten im Horst-Wessel-Lied.

John Browns body lies a mouldering in the grave,
but his soul goes marching on . . .

Die unbarmherzige Verurteilung des Sklavenhändlers Natty Gordon wirkte wie die direkte Antwort auf die Erledigung John Browns. Aber nicht jedermann schien diese Vergeltung gerecht und notwendig.

Am Tag der Hinrichtung, dem 8. März 1862, einem Samstag, versammelten sich Haufen unruhiger Elemente vor dem Tombsgefängnis. Ein Aufgebot schwerbewaffneter Marinesoldaten gewährleistete die Vollstreckung des behördlichen Entscheids.

Die Luft strich neblig naß vom Atlantik, südlicher Wind, doch ohne Frühlingsahnung, ohne einen Hauch Wärme des Golfstroms, der weitab gen Neufundland fließt. Hier und da bellte ein Husten aus der Menge; es waren nicht die Begüterten, die da herumlungerten; mancher hatte schon den ganzen Winter nichts Rechtes anzuziehen gehabt. Und nun begann es noch zu schneien. Die Flocken tanzten böse, als seien sie von dem Trommelwirbel abgeschnippt, der über die Mauer rasselte und den Beginn der Exekution anzeigte. Ein paar heisere Schreie platzten aus der Masse, aber es bewegte sich nicht viel. Die Hände blieben fröstelnd in den Taschen. Die Mariner blickten stur pflichtgemäß bedrohlich. Der Trommelwirbel brach ab. Ein Farmer sagte achselzuckend: „Ich hätt's sehn mögen, bin sechs Meilen geritten deswegen. Wollt feststellen, ist's ein Fragezeichen, ist's ein Ausrufungszeichen, wie er da nun hängt?"

197 Tage später, eben zu Sommers Ende, garantierte Abraham Lincoln allen Sklaven der Vereinigten Staaten die Freiheit.

Später wurden auch in den USA Freibeuterei und Sklavenhandel nur dann mit dem Tode gesühnt, wenn erschwerend sich vorsätzlicher Mord zu dem Frevel gesellte. Die beiden Delikte stehen übrigens noch in dem internationalen Genfer Abkommen über die hohe See von 1958 eng beisammen. Es heißt da im Artikel 13:

„Jeder Staat hat wirksame Maßnahmen zu ergreifen, um den Transport von Sklaven auf Schiffen, die zur Führung seiner Flagge berechtigt sind, zu verhindern und zu bestrafen . . ."

und Artikel 14:

„Alle Staaten haben im größtmöglichen Ausmaß an der Unterdrückung der Seeräuberei auf dem offenen Meer oder an jeder anderen außerhalb der Hoheitsgewalt eines Staates gelegenen Stelle mitzuwirken . . ."

Man sieht, auch heute wäre Natty der Saubere nicht davongekommen, selbst wenn er seinen Betrieb ins Luftmeer verlegt hätte. Nur zu sterben hätte er nicht brauchen.

Was
gut, was
böse ist,
das weiß jede Zeit.
Doch fragend schweigt die Ewigkeit.

SEEMANNSGARN UND DICHTUNG
um 1865

· Geschichten über Freibeuterei genügen durch ihre zumeist erregenden Tatsachen. Man verlangt keine Dichtung von ihren Berichterstattern, man ist sogar mißtrauisch gegen das sogenannte Seemannsgarn, das allzu leicht gesponnen wird. Doch ist Phantasie allein auch noch keine Dichtung. Dichtung ist: Verdichtung der Ereignisse, der Gestalten, der Beweggründe zu menschlicher Nähe. Man findet es selten. Eine der trefflichsten Schilderungen des Piratischen gelang Joseph Conrad in der Figur des Mister Brown im Roman *Lord Jim*. Er schildert einen Typ der verbrecherischen Sorte, einen, der „Eingeborene zu stehlen pflegte, um sie zu verkaufen, einsame weiße Händler bis aufs Hemd auszog und sie dann zu einem Duell auf Schrotflinten einlud, dessen Ausgang bei den sowieso vor Schreck schon halb Gelähmten nicht zweifelhaft sein konnte . . ." Conrad meint, Brown sei ein moderner Freibeuter nach berühmten Vorbildern gewesen, aber was ihn von Räuberbrüdern wie „Bully Hayes oder dem honigsüßen Pease oder dem parfümierten stutzerhaften Schurken, der als der Schmutzige Dick bekannt war", unterschied, sei die Unverschämtheit gewesen, die aus seinen Missetaten sprach. „Er konnte beim Erschießen oder Verstümmeln eines Fremden ein solches Übermaß an wilder Rachsucht an den Tag legen, daß noch der letzte Desperado sich davor hätte entsetzen müssen. In den Tagen seines größten Ruhmes besaß er eine bewaffnete Bark als Schreck der Südsee mit einer gemischten Mannschaft aus Kanaken und entlaufenen Walfangmatrosen, rühmte sich auch, die Kosten der Ausrüstung stillschweigend von einer achtbaren Kokoshandelsfirma vorgeschossen bekommen zu haben. Später verführte er die Frau eines Missionars aus Clapham; sie erkrankte und starb auf seinem Schiff, und er soll über ihrem Leichnam wilder Schmerzensausbrüche fähig gewesen sein . . ."
Es ist manches darin in dieser Geschichte, das wie bei Käptn Johnson und Mijnheer Exquemelin dem Leser den gehörigen Schauder vermittelt. Auch das Ende der schließlich halbverhungerten Mannschaft und schon die Aufzählung ihrer Mitglieder: „Zwei weggelaufene Blaujacken, ein schmächtiger Deserteur eines Yankeekreuzers, ein paar einfältige blonde Skandinavier, ein verdrossener Mulatte, ein sanfter Chinese, der kochte,

und die übrige unbeschreibliche Brut der Südsee", die denn auch ein blödes Gemetzel auf einer Insel Insulindes anrichtet. Conrad würdigt solches Gesindel immerhin als „blinde Spießgesellen der dunklen Mächte". Es fehlt auch das entsprechend malerische Ende nicht. Drei Überlebende der Bande werden im Indischen Ozean von einem Frachtdampfer an Bord genommen, „vertrocknete gelbe Gerippe, von denen zwei flüsternd den dritten als ihren Kapitän bezeichneten". Es ist Brown, der große Pirat, der dann noch eben seine Schandtaten beichten kann, ehe er wie die beiden Genossen seinen Geist aufgibt, ohne der behördlichen Nachhilfe noch zu bedürfen.

Conrad, der als Ukrainer fühlte, als Franzose dachte und als Engländer schrieb, befaßte sich ein Vierteljahrhundert später noch einmal mit einer Freibeutergestalt, läßt sie aber einen guten alten Mann sein: in dem Roman *The Rover*, einen französischen Kaper, der in ostindischen Gewässern sich die Weste privat mit Goldstücken gefüttert hat, sie aber, heimgekehrt, in einen Brunnen versenkt und in stiller Menschenfreundlichkeit schließlich den Seemannstod durch eine britische Fregatte sucht. Auch Zola, auch Seeoffizier und Indianerromantiker Cooper, auch der Hamburger Weltreisende Gerstäcker haben piratische Figuren auf die Beine gestellt, und die Literatur dieses Themas ist bis heute unverwüstlich. Sie ist die Hintertür bürgerlicher Hemmung und die Zuflucht abenteuernder Seelen.

> *Da lasen wir und wußten, daß wir lasen,*
> *und waren dennoch er und seiner Opfer Schrei*
> *und Wind und See und starben und genasen*
> *und ahnten bang, daß dies das Leben sei.*

BULLY HAYES
† 1878

Die Erwähnung des Piraten Bully Hayes und eines andern namens Pease bei Joseph Conrad knüpft an tatsächliche Gestalten an. Ähnlich wie die kleineren Korallenstreifer Joe Bird, Paunchy Bill, Paddy Conny und Joachim Ganga, Buchtkämmer und Perlenschieber, Krämer, Banditen, Abenteurer, waren sie Verlorene an den Zauber der Südsee, den es nicht nur in Songs und Schlagern gibt, waren zumeist verkommene Träumer

> *Offenherzige, nicht bös gemeinte Reklame einer Schweizer Co-op*
> *(Co-operative stores)-Konsumgenossenschaft für ihre Prämienmarken*

BØJ FODSTYKKERNE TILBAGE

SÆT EN KLODS PÅ LANGS DENNE LINIE!

HAVØRNEN

und üble Weiberjäger, unverbesserliche Schwindler und Marodeure, die dem weißen Ansehen nicht minder geschadet als manche koloniale Verwalter, Polizisten und Steuereintreiber. Der Unterschied war zweifellos, daß sie meistens besser mit den Eingeborenen umzugehen wußten und — anders als die Missionare — nichts Unverständliches von ihnen wollten. Zu großer Piraterie eigneten sich die Gewässer Ozeaniens sowieso nicht. Die Fracht von Kopraschonern lohnte keinen Kampf. Anders war es mit gelegentlichen Perlenfunden. Dann kam es auf einen Mord mehr oder weniger nicht an.

Hayes war nicht einmal als Seefahrer in die Südsee gelangt. Er war Mitglied einer reisenden Musikkapelle und blies Trompete. So gastierte er auch in der aufblühenden britischen Kolonie Neuseeland. Aber als dort ein Aufstand der Eingeborenen losbrach, stieß er in ein anderes Horn. Ihm gefiel es, die Maoris mit Schußwaffen und Munition zu versorgen und derart seinen Unterhalt zu fristen.

Nachdem die Insulaner scharf zurechtgewiesen waren, hielt er es für gesünder, abseitigere Eilande aufzusuchen. Ob er wie der Rattenfänger von Hameln dort gewirkt, so daß ihm die Kinder der Natur freiwillig auf den morschen Segler gefolgt, den er mit ein paar ähnlichen Desperados flottgemacht, ist schwer nachzuprüfen. Jedenfalls galt er bald zwischen den Marschallinseln und Tahiti als der beste „Amselfänger". Amsel, Blackbird, war der mikronesische Ausdruck für Negersklave. Er sammelte ein und teilte aus. Er versorgte viele Pflanzer auf den zahllosen Inseln mit farbigen Arbeitstieren. Wie reich er dabei wurde, war schwer zu ermessen. Er war wie Pirat Roberts Abstinenzler und kam nicht in Versuchung, in Tavernen beglimmert umherzuschwatzen. Und er hielt nichts von großer Mannschaft. Mit zwei oder drei tüchtigen, aber willfährigen Kumpanen, knapp gehalten, aber anständig beteiligt, so lavierte er schließlich ein sehr stabiles Topsegelboot namens Lenore durch die Strömungen, Korallenriffe und Atolle. Ein blonder Bulle, der vielleicht aus Thüringen stammte, aber nicht ablehnte, wenn man ihn mit dem Grönlandforscher Isaak Hayes verwechselte. Da seine Geschäfte sich schließlich bis San Francisco und zu den Philippinen ausdehnten, wurden verschiedene Regierungssitze auf ihn aufmerksam. Und schließlich fingen ihn die Spanier und sperrten ihn Anno 1875 zu Manila ein. Hier spielte er den reuigen Sünder, erbat geistlichen Beistand und Unterricht, wußte den aussichtsvollsten der Seelsorger, den spanischen Bischof, für sich zu erwärmen und wurde ein sichtbar eifriger Katholik. Es war ein günstiger Augenblick. Die eben eingetroffene Gaceta de Madrid, Datum vor zwei Monaten, meldete empört, daß in Preußen sämtliche katholischen Orden und Vereine verboten worden seien. Als gebessert

Piratenschiff als Kinderspielzeug. Ein Ausschneidebogen aus Dänemark

entlassen, blies Hayes sogar mit frommem Augenaufschlag ein paar Gottesdienste lang gedämpfte Trompete im Orchester der Kathedrale zur Allerseligsten Jungfrau. Dann aber, mit etwas verdientem Kleingeld, verließ er die schöne, doch streng bürgerliche Insel Luzon und verlegte sich wieder auf die endlose wandelbare Melodie der Weite.

Wieder spielte er den Blackbirder, und da nur ein Schiff die „Angeworbenen" nicht faßte, stahl er andere Schiffe hinzu und verkaufte diese gelegentlich weiter, mit oder ohne Ladung. Dabei wurde er von einem englischen Streifenkutter gefaßt.

Olosenga, die kleinste der Samoa-Inseln, war sein nächster, unfreiwilliger Aufenthalt. Ein zu erwartendes Kriegsschiff sollte ihn nach Australien zur Aburteilung mitnehmen. Bis dahin durfte er frei umherspazieren und abends beim Konsul musizieren. Der Konsul, ein Gentleman, hielt es für gut, den Eingeborenen keinen eingesperrten Weißen zuzumuten und dem Ehrenwort des Briganten, keine Flucht zu unternehmen, zu trauen.

Eines blendenden Mittags schob sich ein mürbes Segel in die Bucht der Regenbogenfische. Hallo, das war eine Freude! Ben Pease, dürr wie eine trockene Vanilleschote, trat an Land, faltig grinsend, zäh und unentwegt. Der Konsul hielt seinen Trommelrevolver entsichert. Aber es war alles eitel Sanftmut. Pease kaufte — wirklich, er kaufte — zerhackte Kokosnüsse, Kopra samt den kitzligen Käfern.

Er habe nie jemals jemandem ein Haar gekrümmt wie Hayes, der Raufbold und Zuhälter. Aber das sagte er süßlich lächelnd, schon in vorgerückter Stunde. Bully Hayes zeigte darauf die Hörner, indem er mit Bullenkraft den Beleidiger, dessen Piratenname nicht mit Peace, Frieden, zu verwechseln war, sondern weiche Erbsen beziehungsweise das Ausgekochte an sich bedeutete, am Hosenriemen hochstemmte. Es sah aus, als wolle er das strampelnde Bündel hinunter in das lauernde Dunkel hinter die Veranda schleudern. Doch er besann sich, nüchtern geblieben wie immer und wie oft bestrebt zu zeigen, daß er aus besserem Hause sei. Somit stellte er den Kollegen, mit dem er manchen Raid gestartet, auf die Füße zurück und ging wuchtig gereckt davon in die tropische Nacht. Man hörte ihn später von fern ein trübes deutsches Volkslied blasen: „Ach, wie ist's möglich dann, daß ich dich lassen kann..." Der Konsul bezog es auf die zersprungene Freundschaft der beiden Seestrolche. Daß diese Melodie und rührenden Verse schon einmal unter falscher Voraussetzung in ein Schauspiel gelangt waren, in das der mit der Liebe ein wenig freibeuternden Enkelin der Karschin, Helmine von Chézy, wußte er allerdings nicht. Sie war unter anderem die Geliebte des Weltumseglers Chamisso gewesen und hatte Karls des Großen Biographen Einhard „Eginhard" genannt. Der jedoch hieß Angilbert und hatte ein Verhältnis mit Bertha, des Kaisers Tochter, gepflogen, die hinwieder sie — der Sage folgend — als Emma dramatisierte. Dieses dichterische Gespinst paßte trefflich auf die mehr nützlich gedachten Tarnungen, wie das handfestere Verbrechen sie liebt. Wirklich glaubte der britische Inselverwalter schließen zu dürfen, daß Hayes nicht, wie gefürchtet, sein Ehrenwort brechen und mit Ben Pease davonsegeln würde. Käptn Pease verabschiedete sich den andern Morgen, laut seinen Groll gegen den andern betonend. Und segelte weiter. Der Konsul atmete auf. In drei Tagen würde die Korvette kommen.

Nach drei Stunden entdeckte er, daß auch Hayes verschwunden war. Der vom Zaun gebrochene Streit hatte als unverdächtige Laufplanke gedient. Wieder war danach Hayes Kapitän eines Kopraschoners *Lenore*, wieder suchten ihn verschiedene Behörden wegen Menschenraubs und Waffenschmuggels. Er hatte damals einen norwegischen Steuermann, einen richtigen Wiking, der, im Gegensatz zu ihm, ein Liebhaber scharfer Getränke war. Als Bully Hayes ihm das einmal etwas heftiger als sonst verübelte, griff der Nordmann sich einen eisernen Belegnagel, der dann kurz wie eine allzu hohe Viertelnote auf dem vergilbten Blatt der Dämmerung stand, ehe er niedersauste. Hayes hatte ausgespielt. Der Wiking warf den schweren Körper über Seite. Eine Woche später endete auch die *Lenore*, irgendwo in der gnadenlosen Brandung, auf den Korallenriffen von Oahu.

Nun war es aus mit dem zynisch mißbrauchten Zitat „Lenore fuhr ums Morgenrot ...", das Hayes oft beliebt. Es stammte aus der weltberühmten Ballade des unbürgerlichsten aller deutschen Dichter, der ausgerechnet Bürger hieß. Gerade aber eröffnete sich ein neuer unabsehbarer Markt für Blackbirder, obschon ein wenig weiter gen Osten. Zwei Jahre zuvor war den Briten — die sich eben Zyperns bemächtigten — eine der größten wirtschaftlichen Piratereien geglückt. Der Botaniker Wickham hatte, obschon Todesstrafe darauf stand, 70 000 Samen des Helveabaumes aus Brasilien nach England geschmuggelt. Zu Kew Garden waren die Pflänzlinge gediehen und dann gen Asien verschifft, wo alsbald der Plantagenbau begann. Er deckt heute 90 Prozent des Weltbedarfs an Naturkautschuk.

So laßt in heiserm Trompetenton —
gestopft mit blutiger Faust —
ein Liedlein blasen vom Sündenlohn
und vom Frieden, der abseits haust!

ZWISCHEN HONGKONG UND MAKAO
Anno 1907

An den Stätten des Überseehandels zählen begreiflicherweise die Musen zu den Dienstboten, aber ebenso die Militärs. Selbst der gewesene Fregattenkapitän Fritz Brehmer, der sodann als Dramaturg bei Max Reinhardt arbeitete, galt in Hamburg besonders nur deswegen etwas, weil er Handelsvertreter und Konsul der Südafrikanischen Union wurde. Konsul, das ist in den Wirtschaftsmetropolen der Welt der einzige Titel, der einem Großkaufmann etwas sagt. Ein Konsul ist der Vertraute, der Berater, der Freund des Handels. Erst heutzutage wurde er manchmal auch mit der Wahrnehmung kultureller Belange belastet. Nur gelegentlich ist der Titel bloßes Ornament.

Das Gegenteil von einem Konsul ist der Freibeuter, der böse Feind des geregelten Umsatzes, der allzu offene, unverblümte, gewalttätige Plünderer, der nur mit dem Risiko seines Lebens zahlt und die geordnete Verbindung zwischen Lieferanten und Kunden häßlich unterbricht. Der Freibeuter, das ist die ins Große kristallisierte „Sünde", die, nach Jesus Sirach, so wie der Nagel zwischen zwei Steinen in der Mauer zwischen Verkäufer und Käufer steckt.

Eine persönliche Begegnung mit solchen „Nägeln" gelber Abart vom Kriegsschiff aus erzählte Kapitän Brehmer bei einem Frühstück des Rotary Club. Nach der Jahrhundertwende hatten die europäischen Mächte wieder einmal Kanonenboote eingesetzt, um den Handel ihrer Großfirmen gegen Piraten zu schützen, besonders in den südchinesischen Strommündungen mit den Operationsbasen Hongkong, Makao und Kanton. Bei der allgemeinen Armut der chinesischen Bevölkerung war es allerdings nicht verwunderlich, wenn die großen Dschunken oder kleinen Dampfboote, welche den Weitertransport damaliger Westwaren — von der Petroleumfunzel bis zum Grammophon, von der Bibel bis zum Trommelrevolver — die Flüsse hinauf besorgten, ab und an von Leuten erleichtert wurden, die sich solch begehrte Sachen nicht kaufen, noch am Gewinn jemals auf rechtlichem Wege sich beteiligt finden konnten.

Konsul Brehmer, dem geborenen Lübecker, Großneffen des Dichters Emanuel Geibel, waren selbst damals, als er Kommandant des deutschen Kanonenbootes *Tsingtau* war, tolerante Überlegungen keineswegs fremd. Ein „Piratenstück", das sich der Sohn eines weißen Missionars leistete, bezeichnete er freimütig als solches. Der Junge war frech in eine chinesische Prozession hineingestürmt, hatte sich des mitgeführten Votivbildes bemächtigt und es zu seinem Vater geschleppt. Die empörten Teilnehmer waren ihm gefolgt, ins Haus gedrungen und hatten dem Burschen das gebührende Fellvoll verabreicht. Gewisse Nachrichtenbüros sprachen alsbald von „Christenverfolgung".

Fregattenkapitän Brehmer wurde beauftragt, den Fall zu ahnden. Er ließ es bei einer gemütvollen Aussöhnung der Parteien bewenden, nahm den Knaben an Bord und brachte ihn zur Erziehung in die Heimat. In seinem Rapport empfahl er, das religiöse Empfinden Chinas nicht minder als das eigene zu achten. Der Bericht wurde vom Kriegsmarineamt bis zu höchster Stelle weitergereicht. Kaiser Wilhelm II. schrieb an den Rand: „Das geht ihn einen Dreck an!"

Die Aufgabe eines Marineoffiziers besteht allerdings kaum darin, religiöse Fragen anzuschneiden. Selbst im Mittelmeer zur Zeit Dorias und in Westindien zur Zeit der Konquistadoren hatten solche Erwägungen, wenn überhaupt, einseitig zu sein. Der Lebenszweck der *Tsingtau* war, den allgemein als solchen anerkannten Seeräubern auf die Pfoten zu klopfen. Auf der Fahrt von Hongkong nach Makao, wo — wenigstens im Film — noch heute die tollsten Piratenstücke geleistet werden, hatte das Kanonenboot gegen Abend in einer kleinen Bucht Anker geworfen, eben hinter der Biegung des Flußlaufes, und die ganze Besatzung saß ruhig beim Abendessen. „Da kam vom wachhabenden Unteroffizier die Meldung, daß sich ein Flußdampfer nähere, auf dem auffallender Lärm zu vernehmen sei. Sofort wurde das Schiff in Alarmzustand versetzt: Die Geschütz- und Maschinengewehrmannschaften eilten zu ihren Waffen, die Bootsbesatzung brachte den leichten achtruderigen Kutter zu Wasser, das Maschinenpersonal holte die Feuer unter den Kesseln vor, und alle übrigen traten mit den stets bereithängenden geladenen Revolvern an Deck.

Das verdächtige Schiff kam mit vollen Lichtern näher und erwies sich, als der weiße Balken des Scheinwerfers darauf gerichtet wurde, als ein unter englischer Flagge fahrender Heckdampfer, der mit sichtlich aufgeregten Menschen angefüllt war. Und plötzlich hörte man durch die Nacht herüberrufen: Got pirates an Board! Es war offenbar die Stimme des Kapitäns. Piraten an Bord! — Boot ablegen! befahl ich", sagte Konsul Brehmer und zündete eine frische Upman an. Dann erzählte er weiter: „Nach kaum zwei Minuten gelangte unser Boot mit langen, schönen Schlägen nach dem angestrahlten Dampfer, der querab von der Tsingtau gestoppt hatte. Dann hörte man von drüben die scharfe Stimme unserer Leute: Hands up! Hands up! Und nach einer spannenden Viertelstunde fernen Tumults kam das Boot zurück. Oberleutnant Rochlitz, der es geführt, sprang als erster an Deck und meldete mir: Flußdampfer Sainam, in Wutschau beheimatet, englischer Kapitän und englischer Maschinist, sonst nur chinesische Besatzung. Das Schiff bis an den Rand voll chinesischer Fahrgäste, keine Europäer darunter. Kapitän auf Brücke gefesselt. Maschinist ebenfalls, zudem bewußtlos, vielleicht tot.

Den Maschinisten hatte das Boot mitgebracht, aber der Mann um den sich alsbald unser Schiffsarzt bemühte, war schon wieder bei Besinnung, und wir erfuhren folgendes: Der Dampfer, auf dem Wege gen Hongkong, hatte anfangs eine ungestörte Reise gehabt. Plötzlich aber hatte sich eine Gruppe von Fahrgästen über das Schiff verteilt, auf ein Kommando die Pistolen gezückt und alle an Bord Befindlichen auszuplündern begonnen. Ein paar Kerle waren in den Maschinenraum gesprungen und hatten den Maschinisten überwältigt. Der Kapitän auf der Brücke hingegen leistete, von einigen seiner Seeleute unterstützt, Widerstand. Als aber sein Schießeisen versagte — jemand mußte vorher dafür gesorgt haben —, wurde auch er gebunden. Er konnte gerade noch, da er das Kanonenboot bemerkte, laut rufen. Als dann der Scheinwerfer den Flußdampfer traf, sprangen die Halunken wie die Frösche über Seite und schwammen zum nahen Ufer.

Einer der Banditen aber, nach Aussage der Passagiere der Piratenhäuptling, war von ein paar handfesten Chinesen zu Boden geschlagen worden. Man brachte ihn, einen baumstarken Burschen, aus dem Boot an Deck und boxte ihn vor mich. Ich befahl, seine Taschen zu durchsuchen. Dabei kamen mehrere Hände voll Patronen und ein schwerer sechsläufiger, geladener Revolver zum Vorschein. Ich fragte kurz: Was will der Kerl mit dem Ding? — Der Halunke erwiderte: Es sind oft Piraten auf diesen Schiffen, da ist es besser, eine Waffe bei sich zu haben. — Tschong Mun, unser Koch, der als Dolmetscher wirkte, konnte ein Grinsen nicht unterdrücken, als er diese Antwort übersetzte. Ich befahl: In die Arrestzelle mit ihm! Aber gebt ihm tüchtig zu essen; denn er wird kaum mehr lange zu leben haben.

Der Rest dieses Abends verlief nach solcher Abwechslung, die nicht so oft vorkam, wie man sich wohl gewünscht hätte, angeregt heiter. Am andern Morgen lieferten wir den Piraten an die nächste Regierungsstelle ab, und am nächsten Tag kam der hohe chinesische Beamte, begleitet von zahlreichem Stabe, feierlich an Bord, um sich zu bedanken und zu berichten, gleich hinter der Stelle des Überfalls liege ein Dorf, das schon lange der Seeräuberei verdächtig sei. Aus diesem Dorfe stamme der Gefangene sowie acht weitere Kerle, die man inzwischen gefaßt und bei denen man die noch nassen Kleider gefunden habe. Andere Mitglieder dieser Dorfbande hätten mit Booten längsseits kommen sollen, um den Überfall zu vollenden und die Beute samt den Räubern und wohl auch Geiseln an Land zu schaffen. Das ahnungslos gerade in besagter Gegend ankernde Kanonenboot habe den schönen Plan vereitelt."

Jemand, der allerdings in der Auslese des Rotary nicht zu den Kaufherren zählte, auch ohne militärische Vergangenheit war und mehr dem Geistigen geneigt, meinte in eine gedankenvolle Pause Brehmers hinein: „Waren sicher arme Teufel."

Konsul Brehmer blies einen Qualmring seiner Zigarre, der vollendet war wie eine Galgenschlinge, wischte ihn mit einer nachsichtigen Handbewegung weg und äußerte so lapidar, wie seit Jahrtausenden in unbequemen Fällen geäußert wird: „Sehr richtig, aber trotzdem!" Und fuhr fort: „Die Beschuldigten hatten alle gestanden. Der Würdenträger machte eine lächelnde Andeutung von Foltern. Anderntags bei Sonnenaufgang sollten die Freibeuter geköpft werden. Ich war freundlich eingeladen, dem Feste beizuwohnen. Doch beeindruckt von der Schnelligkeit des Verfahrens, verzichtete ich dankend auf das Vergnügen, ließ die Anker lichten und dampfte weiter nach Makao, der reizvollen Stadt, der ersten, die Europäer im Fernen Osten gegründet. Noch steht der alte Leuchtturm, der älteste Asiens, und die kleine Marienkapelle, die von den ersten portugiesischen Missionaren erbaut wurde. Und immer noch gehört das Gebiet zu Portugal und ist nun das letzte christliche Missionszentrum fernost und die letzte weiße Hintertür, wie es das erste Einfallstor der Weißen war. Makao, schläfrig blinzelndes Barock und wenig Modernes. Bis 1873 Mittelpunkt eines schwungvollen Menschenhandels. Später lebte die Stadt von zahllosen Spielhöllen und vom Opiumschmuggel. Heute ist es still geworden, stellt das alte Feuer nur gebändigt her in Zündhölzern und Feuerwerkskörpern, geschickt balancierend zwischen Rot- und National-Chinesisch und zwischen West und Ost, immer noch eine wichtige Spionagezentrale Großasiens und schon darum vorm Erlöschen gefeit, und sicher trägt auch die berühmte Höflichkeit seiner Polizisten dazu bei.

N. d. P., meine Herren, wie das muntere Zerrbild aller Admirabilität, Rabums, zu sagen pflegte: Na, denn Prost! Und ein Pereat aller Piraterie, es sei denn, wir hegten ein unangebrachtes Verständnis für jenes Erbgut der Seefahrt, daraus die glorreichen, jedoch unverwechselbaren Helden unserer Kaperfahrten von Mücke bis Luckner und Rogge entsprossen."

Graf Luckner hat tatsächlich eine romantische Piratenflagge geführt, aber kein Blut vergossen. Indes die allzu piratische Kampfweise Ruckteschells mit Zuchthaus geahndet wurde.

Sie glaubten hoch an Ehr und Zier,
an Ruhm und Majestät.
Das Gold der Litzen kündet dir,
um was es wirklich geht.

MONSANTO UND DIE GALIONEN
Anno 1907

Die Jungferninseln an der Südecke der Kleinen Antillen hatten seit je etwas Vertrauenerweckendes für jeden Seefahrer. Denn obwohl sie völlig unnahbaren Heiligen zu Ehren benannt wurden — noch von Kolumbus selber —, ist der Seemann weit entfernt, nur die leichtsinnigen Mädchen nett zu finden. Im Gegenteil, es gibt keine treuherzigeren Verehrer aller ungebrochenen Zartheit. Selbst unter Piraten fand man gelegentlich einen Hauch Ritterlichkeit, und trotz aller verlockenden Witze schätzten sie die Virgin Islands auch der frommen Bezeichnung wegen. Der Name der Hauptinsel, St. Thomas, gab dann sozusagen die Erlaubnis zu den üblichen Zweifeln.

Daß der hübsche kleine Hafen auf St. Thomas lange Zeit in Verruf stand, ein besonders freimütiger Unterschlupf für Wogenschlitzer zu sein, hat er mit andern karibischen Häfen gemeinsam. Es mag aber an der behaglichen, sachlich denkenden dänischen Verwaltung gelegen haben, nicht zu deutlich nach dem Woher der einlaufenden Kapitäne und Frachten zu fragen oder gar, wenn sich einer der Herren mit einigen wohlgefüllten Beuteln in dem ersprießlichen Passatklima zur Ruhe setzen wollte. Das war auch anderswo so.

Irgendwann in der zweiten Hälfte des vorigen Jahrhunderts landete ein hochgewachsener, noch keineswegs alter Mann in der Stadt Charlotte Amalie (wie damals und bis 1917 das heutige St. Thomas sich nannte, bevor Kopenhagen es den USA verkaufte). Er hatte jenseits des Kaps der Guten Hoffnung auf der Monsunstrecke ein Vermögen zusammengebracht als Freibeuter, er bekannte es offen und war sicher, daß kein Hund noch Hahn Genaueres werde verraten können. In der Tat hatte ihn niemals jemand belangt. Die Schiffe, auf denen er geräubert und die er geplündert, waren inzwischen sowieso alle dahin mit Mann und Maus. Seinen Namen gab er mit Monsanto an.

Er hatte sich in einem Boot mit zwei Gefährten bis nach Mosambik durchgeschlagen. Die beiden waren bald an den erlittenen Wunden und Strapazen gestorben. Er aber erholte sich von einem schlimmen Beinschuß und suchte sich den seiner Meinung nach schönsten Platz der Welt für den Rest seines Daseins aus, einen Grundbesitz an der Thomasbucht, eine halbe Stunde südlich der Stadt an der Hafenausfahrt, wo man die atlantische Brise, golfstromgewürzt, aus erster Hand empfängt.

In seinem Gepäck, das sonst nicht umfangreich war, hatte sich eine riesige Galione, eine Figur vom Bug eines alten Seglers, befunden. Er stellte sie in seinem Garten auf, ein ziemlich scheußliches Abbild des Sonnenkönigs, und recht verschlissen. Woher sie stammte, ist nie von ihm erzählt worden. Anno 1907, als der Marinearzt und später so berühmte Fastendoktor Otto Buchinger den alten Seeräuber besuchte, der damals an die achtzig, sehr zerknittert, hinkend, aber noch munter war, hatten sich die Galionsfiguren um viele vermehrt, und es gab da Nymphen, Meerpferde, Götter und Göttinnen und was alles sich da krümmte und bäumte in dem verrückten tropischen Karneval seines Parkwaldes. Monsanto beschwor ihre phantastischen Herkünfte in einem Kauderwelsch aus Spanisch, Englisch und Französisch, ein „Seeräuber im Unruhestand", und ließ ohne Augenzwinkern offen, ob er das unheimliche, teils grellfarbige, teils abgesalzene Museum gekauft oder erbeutet habe.

Mit raschen Segeln klaubte er sie — in seinem fremdenführenden Bericht — aus unterschiedlichen Breiten, nannte Tonnagen und kostbare Frachten, Kapitäne und dunkle Ereignisse, doch stets, als habe er nur davon gehört. Als wir aber — erzählte Dr. Buchinger — den zweifellosen Louis XIV. riesig über uns getürmt sahen und fragend dastanden, sagte dieser Piratenveteran mit dem gleichen unbewegten Gesicht: Das war mal ich, meine Herren.

Und ging zurück ins säulengeschmückte Haus . . .

VOR DER BIASBUCHT
Anno 1914

Jeden Dienstag und Freitag verkehrte ein hübscher Dampfer zwischen Hongkong und Makao. Er gehörte einer englischen Reederei. Das Promenadendeck für die besseren Fahrgäste war angenehm geräumig. Aufbauten wie Windhuzen, Exhauster, Oberlichter, aber auch Bänke und Strandkörbe fehlten jedoch nicht deshalb, um dem beliebten Shuffleboard oder dem Tennisspiel mit Gummiringen mehr Auslauf zu gönnen, sondern um freies Schußfeld zu belassen. Auffällig war auch das Panzerschott mit kleinen Schießscharten, welches freien Zugang zur Kommandobrücke hinderte. Die schmucken seemännischen blauen Uniformjacken der weißen Offiziere zeigten unterm Rücken eine etwas mehr als anatomische Gewölbtheit. Sie rührte von zwei Mehrladepistolen her. Und warum das alles? Erwartete man, einem Piratenkreuzer zu begegnen? „Das nicht", erwiderte gelassen Kapitän Miller, ein rotblonder Irländer: „Wenn, dann sind sie sowieso schon an Bord. Sehn sie, wir haben da diesmal an 350 Kulis im Zwischendeck, bescheidene, nette Kerls, die haben auf den englischen oder holländischen Pflanzungen drei Jahre geschuftet, fahren nun mit den ersparten Kröten und dem Bündel armer Habseligkeiten via Makao ins weite chinesische Irgendwo. Selbstredend sollen wir jeden einzelnen an der Gangway auf Waffen untersuchen. Machen Sie das mal! Sind eben mit dem ersten Dutzend fertig, ist schon einer unbemerkt dazwischengeschlüpft. Können sich ja wohl manchmal geradezu unsichtbar machen, geborene Taschenspieler und Hexenmeister und dabei immer so unschuldig lächelnd. Wette, daß unter dem zurückhaltenden Haufen sich wie immer auch diesmal ein paar waschechte Piraten befinden, sogar schwer bestückt. Meistens baldowern sie bloß, kundschaften aus, wie das Schiff, wie die Besatzung, wie die Offiziere, wie die Sache so oder so zu behandeln sein würde. Na, wir sind immer auf dem Kiwiew.

Wie so ein Überfall vor sich geht? Ganz einfach. Die Rollen dieser gelben Gangster sind wunderbar eingeschliffen. Irgendwo ein kleiner, harmlos klingender Pfiff? Das wäre noch zu auffällig. Das Anzünden einer Zigarette tut's auch. Plötzlich stehen sie da. Gewöhnlich vier Gruppen. Eine schließt die Fahrgäste in den Salon und hält sie mit dem Schießeisen in Räson. Eine hat den Moment erwischt, wo das Brückenschott nicht verriegelt ist. Die dritte nimmt die übrigen Offiziere vor. Die vierte den leitenden Ingenieur und sein Personal. Das geht rasch wie'n Hornissenstechen. Bei Widerstand wird sofort geknallt. Menschenleben wiegen da nicht viel, höchstens ein Lösegeld. Und darauf sind die Kanauken ja denn auch aus. Vornehme chinesische Kaufleute und gar weiße von Format, das lohnt natürlich besser, als bloß den mageren Kulis das bißchen Eigentum abzuschnippen, was natürlich trotzdem gründlich besorgt wird. Sodann, wenn's soweit geglückt ist, verlassen die Banditen mit den aussichtsvollsten Gefangenen das Schiff in dessen Rettungsbooten und verschwinden in der Biasbucht und deren zahllosen Schlupfwinkeln. Kein Spürhund der Welt, am wenigsten die jetzige Zentralregierung (1914) wird ihrer dort habhaft werden. Sehen Sie das ausgebrannte Wrack dort vor dem Sandriff über Backbord? Das war unser Dienstagdampfer. Vorige Woche haben die gelben Bestien ihn gekillt. Hatten ihn beim Absetzen in Brand gesteckt. Hatten die Maschine auf volle Kraft gestellt, hatten das Steuerruder in Richtung Riff festgelascht. Den Erfolg sehn Sie ja. Die 407 Kulis, die er im Bauch hatte, sind alle mitverbrannt. Und soviel man bis jetzt erfahren konnte, sind alle Weißen, die an Bord waren, ebenfalls umgekommen. Friede ihren Seelen!

Und was, fragen Sie, wird da zum Teufel von Reederei und Behörden unternommen? Na, erstmal wird unser Generalkonsul in Hongkong benachrichtigt; der hält sich an die chinesische Regierung: Schadenersatz für den Dampfer, Entschädigung der Hinterbliebenen, soweit es Weiße waren, Bestrafung der Täter. Das sind die nachdrücklich vorgebrachten Forderungen. Die Zentralstelle gibt's weiter an die Provinz. Der Gouverneur preßt die geforderte Summe, plus 30 Prozent für sich, in Mexikodollars aus der Provinz. Das ist ganz einfach. Weniger einfach ist die Sache mit den Schuldigen. Oder noch einfacher. Es werden von den Unzähligen, die arbeitslos oder so in Kanton herumlungern, ein paar Diebsgesichter aufgegriffen. Wie wollen die ihr Alibi nachweisen? Sie beteuern ihre Ahnungslosigkeit, ihre Unschuld. Das wirkt nur als ‚Verstocktheit'. Und ihrer sechs bis zehn, ja nach Geberlaune des betreffenden Beamten, werden auf den Richtplatz der Stadt geführt. Die Arme sind ihnen auf dem Rücken zusammengeschnürt. Sie knien nieder in den vom Blut ihrer Vorgänger gedunkelten Sand. Einer der Henkersknechte faßt ihren Zopf, zieht ihn hoch, daß der Nacken frei und der Kopf in die richtige Lage ein wenig nach vorn gebeugt wird. Ein schwungvoller Schlag des Scharfrichters mit dem Zweihänderschwert, der Kopf purzelt in den Sand, das Blut fontänt aus den Halsadern, der Körper bricht vornüber.

Und so der nächste und so weiter. Der hinzugebetene europäische Regierungsvertreter notiert: Ultimatum erfüllt. Obschon er weiß wie jedermann, daß keineswegs die wahren Schuldigen gebüßt haben. Aber, was die Hauptsache ist: Das Gesicht wurde gewahrt. Das ist eine chinesische Redewendung. Sie enthält das moralische Gesetz Asiens. Beziehungsweise aller Diplomatie. Bis Anno 1911 wurden solche Hinrichtungen zu Kanton und auch mindere Strafen, wie das Abschlagen einer Hand, eines Fußes, immer am Freitag vorgenommen. Warum? Weil dann der Ausflugsdampfer aus Hongkong eintraf und die Sache mit ins Programm der Gesellschaftsreisen gehörte. Gegen kleine Sondergebühr natürlich. Außer den Opfern wollte ja jedermann verdienen. Man konnte den Vorgang auch als Ansichtspostkarte haben. An der Rückfront des Vollstreckungsplatzes standen merkwürdig große Tontöpfe, über mannshoch und mehr als meterbreit. So was konnte damals nur China herstellen. In diese Behälter wurden die Leichname nebst den Köpfen und auch, was sonst noch an Abgehacktem anfiel, hineingeworfen, ein paar Handvoll Kalk hinterdrein. War der Inhalt dann genügend verkompostiert, wurde er als wertvoller Dung verkauft und auf den Feldern verwertet. Das war eine selbstverständliche Sitte seit Urzeiten. An empfindlicher Nase litt der Chinese, wenigstens damals, nicht. Seit Sun Yat Sen nun am Ruder ist, hat er wenigstens mit der grausigen Öffentlichkeit des Schauspiels aufgeräumt." Erst Mao machte völlig Schluß damit.

Was war denn zu verlieren?
Das Leben? Ach, das Leben war
die allersicherste Gefahr,
es zu verlieren.

VON GELBEN MANAGERN GELEITET
um 1927 und später

Nach dem Ersten Weltkrieg hatten sich die chinesischen Piratenbanden in aller Stille noch besser organisiert. Wie überall in der Welt begann der Manager auch hier sein Schaltbrett im Hintergrund einträglicher Vorgänge aufzubauen, bei denen er nur die Finanzierung und die Einkassierung übernahm, ohne sich die gepflegten Finger zu beschmutzen. Sein Büro hielt einen ausgezeichneten Informationsdienst über Schiffahrtsbewegungen aller asiatischen Häfen und einiger mehr, über Verladelisten und Personallisten, genaue Berichte über einzelne Kapitäne, Offiziere, Passagiere und andererseits über tüchtige Leute für die Ausführung wohlerwogener Anschläge. Selbstverständlich wurden auch ständig die Wetterkarten zu Rate gezogen. Die Methode, das erwählte Opfer lange zu beobachten und gründlich zu erforschen, war als dienlich beibehalten worden. Man war nur noch großzügiger.

Der reiche, leicht besorgt dreinschauende und hin und wieder aus der Weisheit des Konfuzius — zu seiner Beruhigung wegen der doch sicher lächerlichen Piratengerüchte — zitierende, etwas gichtbehinderte chinesische Großkaufmann zum Beispiel, der schon ein paarmal zur Geschäftsreise den stattlichen Ozeaner zwischen Singapore und Dairen bevorzugt hatte, erwies sich eines schönen Tages, jäh sich höchst wendig aus seinem Deckstuhl erhebend und den Revolver zückend, als Anführer einer flotten Bande. Diese aber brach nunmehr nicht nur aus dem engen Zwischendecksgewühl hervor, das eben noch so malerisch, so echt, so recht volkstümlich harmlos von Miß Heavymight bewundert worden war (sie befand sich mit ihrem Vater, einem Flugzeuglieferanten für Korea, auf der Heimreise via Singapore).

Gewöhnlich geschah solch Überfall in der Abenddämmerung, wenn jedermann, auch die meisten Offiziere und Besatzungsmitglieder, waffenlos beim Essen saß. Der erste Sprung war in die Funkbude. Hände hoch! Überall, überall sieht man plötzlich die kleinen, schwarzen Mündungen, dahinter der Tod auf einen geringen Fingerzuck wartet. Kaufleute, Seeleute, Kulis, ein buntes Gemisch abgeworfener Tarnung. Jedermann wird einzeln vorgenommen, durchsucht; Waffen und Wertsachen wechseln den Besitzer. Überall wird eingeschlossen, werden Wachen verteilt. Die höfliche Anweisung auf der Brücke: „Sie werden Kurs auf die Biasbucht nehmen und dann und dann dort sein . . ." nicht zu befolgen, würde eine noch schlimmere Katastrophe bedeuten. Mit gelöschten Lichtern setzt das Schiff seine Reise in ungewollter Richtung fort. Bis an bestimmter Stelle unter Land der Anker fällt und aus Dutzenden von Sampans Hunderte gieriger Räuber an Deck klettern und alles mitnehmen, was loszuschrauben geht, selbst messingne Türdrücker, sowie jene Bedauernswerten, die nach Lösegeld aussehen. Das ausgeraubte Schiff darf dann weiterfahren. Nur im Sonderfall des Widerstandes kommt noch Brandlegung in Frage. Stahlschiffe brennen sowieso schlecht. Und man soll den Ast, darauf die Beute gegebenenfalls nachwächst, nicht voreilig zerstören. In Hongkong wird der Fall klariert. Eine Genugtuung? Das ist fast aussichtslos. Man kann polizeilich eine Liste des Geraubten anfertigen. Das ist alles. Und danach vergißt man den Fall am besten.

In den großen Häfen durfte man allmählich der strengen Polizeikontrolle trauen. In den kleineren waren die Schiffsoffiziere selber gezwungen, die Kulis einzeln zu durchsuchen. Doch der britische Dampfer *Yatsing*, 2300 BRT, verspätet durch einen abgewetterten Taifun, hatte es mit seinen acht europäischen Fahrgästen und einer Ladung Gefrierfleisch eilig. Er traute den Erklärungen der Hafenbehörde, die 150 gelben Zwischendecker, die in Swatow an Bord kamen, seien allesamt bis unter die Haut abgetastet worden. Es stimmte nicht. Man hatte sich eine wohlgedrillte Räuberbande aufgeladen. Bei solcher Übermacht wäre Widerstand unklug gewesen. In aller Ruhe leerten die Piraten das Schiff und die Taschen und Koffer der „weißen Teufel", die ihnen doch immerhin so dienliche Verkehrsmittel in ihre Gewässer gesetzt. Im übrigen verhielten sie sich gut erzogen. Der Schiffsführung blieb vorbehalten, den trüben Zwischenfall zu melden. Die verlorenen Werte wurden mit hunderttausend Dollar beziffert, aber nie ersetzt.

Es nützte den Reedereien nicht immer, schwerbewaffnete indische Soldaten anzustellen, die ständig Wache zu gehen hatten, billig und tapfer waren und die Chinesen haßten. Bei dem geringsten Verdacht sollten sie Alarm geben. Gewöhnlich blieb ihnen, falls es Ernst wurde, keine Zeit für den Warnungsschuß. Sie waren die ersten, die hinterrücks und lautlos umgelegt wurden.

So geschah es zum Beispiel auf dem ebenfalls britischen Dampfer *Siangtau*, wo auch der zweite Maschinist, ein Europäer, dran glauben mußte. Für den verschleppten Kapitän verlangten die Piraten ein Lösegeld von viertausend Pfund Sterling. Es wurde notgedrungen bezahlt. Man war schließlich auch für diese Sorte Unfall versichert. Die Prämien dafür waren entsprechend hoch. Der Kapitän des norwegischen Dampfers *Solviken* wurde erschossen, weil er seine Kammertür nicht rasch genug öffnete. Auf der *Anking* fegte ein Feuerstoß die Brücke leer, tötete den Ersten Offizier und den Quartermeister und verwundete den Kapitän lebensgefährlich.

Auf der *San Nam Hoi*, die unter englischen Offizieren fuhr, fand ein heftiger Kampf mit dreißig Piraten statt, die sich eingeschmuggelt hatten. Es war aber eine „Gang" privater Amateure, die nicht flink genug zu handeln verstanden. Sie wurden nach längerem Schußwechsel von Bord gejagt. Der Taifunheuler half dabei mit und alarmierte eine Militärstreife. Man befand sich noch unter Land, unweit Pok-Hoi. Diesmal wurden offenbar einige der tatsächlichen Seegangster gefaßt und ins Jenseits befördert. Man hatte sich darin dem Westen angeglichen. Denn auch der Zopf war der westlichen Mode zum Opfer gefallen. Die Aussicht auf ein neues Rokoko bestand vorerst nicht. Und da nun die Henkersknechte Mühe hatten, den Kopf des Missetäters in die richtige Schwertlage zu rücken, erschloß sich auch die Hinrichtungsmethode dem europäischen, wenngleich mehr militärischen Einfluß. Die Einzelbehandlung wich der gleich massenweise anwendbaren Füsilierung.

Aus der *Hsin Chi* holten die Seeräuber nicht weniger heraus als aus der *Anking*, nämlich Werte in Höhe von hunderttausend mexikanischen Dollars, der damaligen Silberwährung des Fernen Ostens. Aus der *Hsin Wah* etwa ein Viertel davon, fünfundzwanzigtausend Dollar, aus der *Tean* nur für siebentausend. „Solche Geringfügigkeiten wie letztere dekken allerdings kaum unsere Unkosten", äußerte der schlicht gekleidete, ungemein ehrbar dreinschauende Inhaber einer der kleinen gelben, unverdächtigen Im- und Exportfirmen zu Makao.

Selbstverständlich taten die europäischen Botschaften ihr mögliches, dem Unwesen mit Protesten zu steuern. Die Admiralitäten fieberten. Aber die Kabinette, ja selbst die Handelskonzerne dämpften die Gefühle der Vergeltungsbegierde. Bewaffneter Geleitschutz in fremden Gewässern sieht nach Provokation aus, nach Mißtrauen gegen die entsprechenden Machtverhältnisse. Es war ähnlich wie im Mittelmeer noch hundert Jahre zuvor. Gewissen Großhändlern und den mit ihnen befreundeten Parlamentariern deucht mit Recht ein unangenehmer Aderlaß hin und wieder erträglicher als ein völliger Zusammenbruch des Geschäftes. Sie, die weit vom Schuß rechneten und den Segen der Arbeit genossen, waren ja so wenig unmittelbar an den gefährlichen Außenposten zugegen wie die Manager jener sogenannten Aderlässe.

Außerdem war Britannien nicht geneigt, mit den eigenen auch die Marinestreitkräfte konkurrierender Nationen mehr als unbedingt schon zugegeben auf den gelben Plan zu locken. In irgendeiner früheren Strafexpedition war sowieso schon, bei dienlicher Schonung eigener Reserven, mit dem Schlachtruf *The Germans to the front!* eine ärgerliche Reklame für andere in die Welt posaunt worden.

Man machte die schließlich dennoch nötig erscheinende Bewachung der Bias-Bucht darum sozusagen unterm Tisch. Wozu hatte man U-Boote? Damit konnte man zugegen sein, ohne anderer Leute Patriotismus aufzuregen. Eines Abends im Oktober 1927 sichtete das britische Tauchboot L 4 denn auch einen dieser Dampfer und Opfer mit gelöschten Lichtern der Schlupfbucht der Freibeuter zustrebend. Das Schiff mochte seine stattlichen 4000 BRT haben. L 4 tauchte auf und ließ den Scheinwerfer spielen. Am Bug des Dampfers erkannte man den Namen *Irene*. Aber auf Blinksignale antwortete die dunkle Dame nicht. Man wußte, sie fuhr in Charter einer Kanton-Reederei. Sie ging darum den britischen Kaleu eigentlich gar nichts an. Aber vielleicht waren Engländer an Bord, die es zu retten galt. Rumms! ein Schuß vor den Bug. So brachte schon Käptn Morningcroft verdächtige Schiffe vor Afrikas schwärzester Küste und im Ersten Weltkrieg zum Stopp. Aber die *Irene* war eigensinnig. Sie rauschte geschlossenen Auges weiter. Dann also mittschiffs! sagte Morningcrofts schneidiger Nachfolger. Die Granate barst zielsicher mitten in *Irenes* Maschinenherzen. *Irene* begann alsbald zu sinken, mit rund fünfhundert Zwischendeckern, einiger Besatzung und 25 Piraten. L 4 fischte 226 Kulis und sieben Piraten auf. Die Besatzung ertrank. Sie war gefesselt.

Diese unkomplizierte Art, Freibeuterei zu bekämpfen, wirbelte eine Menge Gischt auf, nicht nur in China. Allzu viele Unschuldige hatten büßen müssen. Man war ja nicht einmal im Krieg. Was half es, daß die sieben Piraten in Hongkong gehenkt wurden? Selbst das war ein Übergriff in gelbe Rechte. Die britische Admiralität stellte sich aufrecht hinter ihren Offizier, lobte jedoch vor allem die erstaunliche Rettung so vieler Menschen durch ein einziges kleines U-Boot.

In Kwantung hatte sich der Marschall Li Chai Sum zum Diktator erhoben, sichtlich gewillt, Ordnung in das Erwerbsleben seiner Untertanen zu filtern. Er setzte einen Polizeiposten mit Funkeinrichtung an die Bias-Bucht und kaufte unterderhand ein Kanonenboot. Es legte sich in jene trüben Wasser auf Station. Und langsam wurden die Überfälle seltener, nicht zuletzt deswegen, weil die fortschreitende Revolution jedermann zu geregelter Arbeit oder in den Soldatenkittel zwang. Immerhin:

Anno 1949 gingen in Kanton fünfzehn hübsch getarnte Piraten an Bord der *Hwai Shan*, überwältigten, eine Stunde nach Abfahrt, die Besatzung und plünderten die Passagiere bis aufs Hemd aus.

Anno 1950 wurde zweihundert Seemeilen vor Aden eine schöne Londoner Lustjacht von Freibeutern ausgeraubt. Aber diesmal waren es arabische.

August 1951 überfielen japanische Piraten eine Insel der Ninegogruppe zwischen dem Äquator und Neuguinea.

1952 wurde der britische Frachter *Wing Sang* von einer motorisierten, schwerbewaffneten Dschunke angehalten. Der Kapitän und ein amerikanischer Fahrgast wurden heruntergeholt und kamen erst ein paar Wochen später, nach Entrichtung eines Lösegeldes von tausend Pfund Sterling, wieder frei. (Ein paar Jahre später passierte dem Dampfer dasselbe nochmals.)

Im gleichen Jahre 1952 besetzten chinesische Piraten den englischen Dampfer *Hupeh*. Als ein neuseeländisches Torpedoboot sie stellte, verhandelten sie. Nachdem sie gedroht, die Beute in die Luft zu sprengen, gaben sie den Raub schließlich zurück, aber nicht eher, als bis ihnen freier Abzug schriftlich zugesichert worden war. Um diplomatische Verwicklungen zu vermeiden — augenscheinlich wegen der von den Wogenmardern als Konterbande geschmähten, nicht näher zur Sprache gelangten Ladung —, wurde das Versprechen gehalten.

Japan hinwieder büßte durch Seeräuber Anno 1956/57 zweiundvierzig Fahrzeuge ein und von deren halbem Tausend Besatzungsmitgliedern kehrte nur wenig mehr als die Hälfte zurück.

August 63 enterten Piraten in Motorbooten einen malaiischen Trawler, beraubten die Besatzung und steckten das Schiff in Brand.

Übrigens U-Boot! Da wäre am Rande zu erwähnen: Als im Zweiten Weltkrieg in besagten Gefilden das japanische Rote-Kreuz-Schiff *Lisbon Maru* von einem amerikanischen U-Boot-Torpedo versenkt wurde, befanden sich über tausend alliierte Kriegsgefangene an Bord. Diesmal wurde keiner gerettet. Einen ähnlich unglücklichen Schuß tat Kapitänleutnant Prien 1940 auf die 15 000 BRT große *Arondar Star*, die auf dem

Wege nach Kanada deutsche Kriegsgefangene beförderte. Ein USA-U-Boot wurde übrigens kaltschnäuzig *Sea Rover* getauft. Und es gibt ein deutsches Jugendbuch von W. Heichen: *Der U-Boot-Pirat.*

> *Wohlan, laßt das gewollte Leid*
> *heim in die Hölle wandern!*
> *Gern! spricht ein jeder, lustbereit,*
> *und schiebt es auf den andern.*

FRAU LAI, FRAU LO UND DIE GOLDENE ANMUT
um 1938

Selten werden die Namen gelber Piraten bekannt. Erstaunlich bleibt, daß sich immer wieder Frauen als Anführer und Kapitäne unter ihnen befinden. So die berüchtigte Lai Cho San. Sie befehligte zwölf Dschunken und beschränkte sich darauf, in der Umgebung ihrer befestigten Privatinsel kleinere Frachter zu überfallen. Das Arsenal ihrer Kanonen enthielt Bronzemörser noch aus dem portugiesischen Kolonialbeginn, Festungsgeschütze aus der Zeit Bonapartes und Feldschlangen vom Ende des vorigen Jahrhunderts, aber auch ganz moderne Erzeugnisse Armstrongs.

Frau Lai lebte an Bord sehr einfach. Ihr Thron war eine Holzkiste, ihre Kleidung die praktische moderner Soldaten. Sie war eine vorzügliche Schützin. Und eine gute Rechnerin. Die Bedeutung der Witwe Ching erreichte sie zwar nicht. Dazu hatten sich die Zeiten allzusehr geändert. Ihre Gefangenen behandelte sie nicht grausamer als üblich. Wurde das Lösegeld nach der zweiten Mahnung nicht bezahlt, erhielten die Verwandten mit der dritten einen abgeschnittenen Finger oder ein Ohr des Betreffenden. Half auch das nichts, ließ sie ihn unbarmherzig erstechen.

Wir haben Aufnahmen von ihr. Sie sieht — um die Vierzig herum — nicht gerade schön aus, ist aber schlank und nervig. Die Stirn ist nicht dumm, der Blick nicht gütig, das Ohr intelligent, der Mund bitter. Sie scheint durch gewisse Erlebnisse das Lachen ziemlich verlernt zu haben. Ein einziger Weißer hat verstanden, sie auf einer Streife zu begleiten, der Journalist Aleko E. Lilius aus Manila. Er kam lebendig davon, beschützt von einem Paß in Ringform, den die Piratin ihm geschenkt. Eines Tages,

Ein Fingerring mit Schriftzeichen
als chinesischer Piratenpaß um 1930

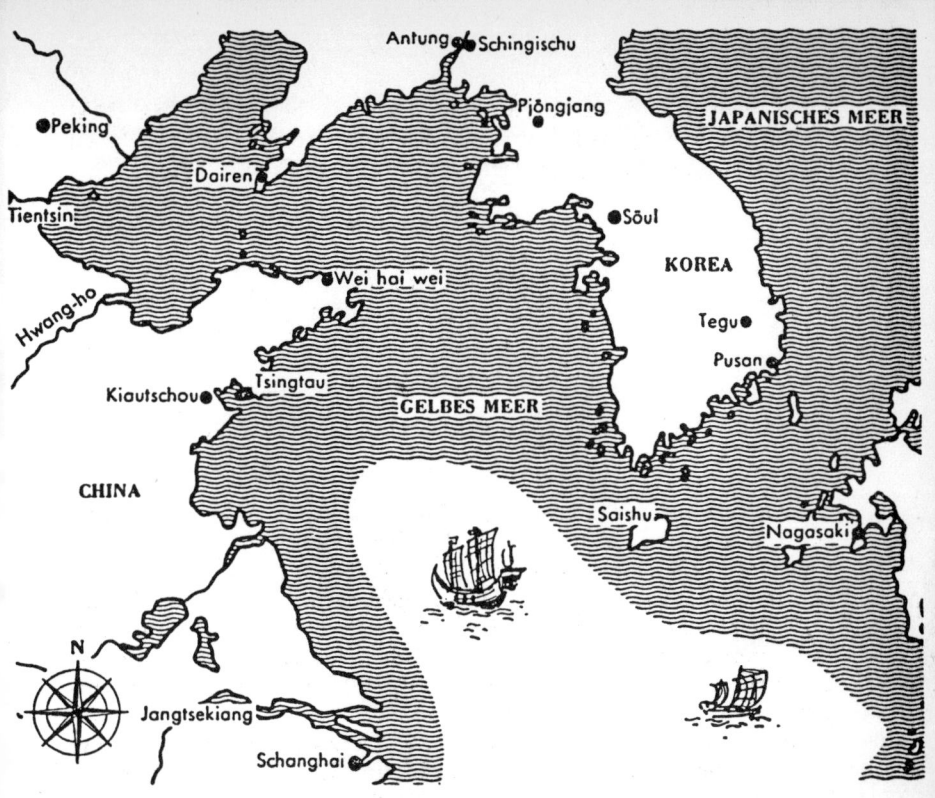

als die beiden Dienerinnen, die ihr ständiges Gefolge waren, stundenlang ihr das pechschwarze glänzende Haar kämmten, es zu einem Knoten legten und diesen mit resedagrünen Jadenadeln ihr im Nacken befestigten, erzählte sie von ihrer Vorgängerin, Frau Lo, einer anderen Piratenwitwe. Sie hatte von deren 64 seetüchtigen Dschunken ein Dutzend geerbt, wenn auch nicht ihre pfirsichblütengleiche Jugend und Anmut. Frau Lo war einem ehrenvollen Antrag gefolgt und hatte es im Stabe eines der Revolutionsgenerale bis zum Obersten gebracht. Diese selbstlos aufgegebene Ungebundenheit war keineswegs durch Sicherheit ersetzt. Im Jahre 1922 verschwand die wackere Dame urplötzlich. Niemand weiß, warum. Wahrscheinlich war ihr die private Freiheit und Meinung doch lieber gewesen, als es politischen Machthabern und Doktrinenverfechtern lieb sein kann. Oder hatte sie geäußert, daß die Anständigen dumm genug sind, an der Front umzukommen, indes die andern in den Dienststellen sitzen und das Geld einstecken? Oder daß ein Kaufmann mehr Verstand habe als ein Schiff voller Offiziere?

Von den Freiheiten und Abenteuern der neuen Zeit angeregt, ging eine hübsche Tochter aus gutem Hause, Ki-Ming, als Passagierin zu Manila an Bord der *Empress of Canada*. Auf hoher See versuchte sie, mit hundert

Kulis, die sich ihr verschworen hatten, vom Zwischendeck aus die immerhin 21 500 BRT unter ihre „Obhut" zu bringen, die Fahrgäste auszurauben und die Fracht in Dschunken umzuladen. Der großzügige Plan mißlang. Die Piraten wurden überwältigt. Ki-Ming sprang über die Reling und ertrank. — Konfuzius lehrte: „Wir sind in unser Schicksal hineingeboren und müssen es vollenden."

Da eben von Anmut die Rede war, sei auch der Piratin gedacht, die etwas nördlicher an den Küsten des Tung-Hai, des Ostchinesischen Meeres, bis hinauf nach Shanghai Schlupfwinkel für eine bedeutende Flotte besaß und sich auch schon der Hilfsmotoren bediente. Sie hieß Tang Chen-Chiao, war aber bis über Hongkong hinaus als „Die goldene Anmut" bekannt. Wirklich soll sie sehr schön, aber nicht minder kaltherzig gewesen sein. Einige der schwersten Raubüberfälle zur See wurden ihr zur Last gelegt. Notgedrungen verhaftete die nationale Regierung die Piratenkönigin, die sich allzusehr als Todfeindin des Westens bekannt hatte. In Kanton wurde sie 1938 zu lebenslänglichem Zuchthaus verurteilt. Soll aber später freigekommen sein. Der Kerker und die harte Zwangsarbeit hatten ihre Züge welken lassen und die Grazie von einst mit Rheuma geschlagen. Jemand, der sie von früher kannte, sagte, er habe sie kürzlich in Kanton mit kleinen Reiskuchen handeln sehen.

Trügerisches Angesicht,
den Engeln gleichend,
flackernd wildes Licht
in Nacht entweichend.

PSEUDO-PIRATENSTREICH VOR DEN GALAPAGOS
Anno 1958

Die Galapagos-Inseln heißen amtlich Kolumbusarchipel, obwohl Kolumbus diese Seite der Neuen Welt nie gesehen hat. Jetzt sind dort nicht einmal mehr die Riesenschildkröten zu entdecken, von denen die zehn Inseln und 45 Inselchen ihren Namen davontrugen. Sie wurden als Schiffsproviant und Schildpattlieferanten weggefangen, in drei Jahrzehnten einmal über zweihunderttausend Stück. Manche waren dreihundert und mehr Jahre alt mit einem Bauchumfang von drei Metern, und ein halbes Dutzend starker Männer reichte nicht, ein solches Exemplar an Bord zu schaffen. Da es hier noch andere Tiere gab — und gibt —, die anderswo nicht zu finden sind, zum Beispiel eine Sorte großer Meerechsen, haben auch Wissenschaftler seit längerem ihr Augenmerk darauf gerichtet. Darwin empfing hier — als er die sonderbare Tierwelt beobachtete — seine Anregung zur *Theorie von der Entstehung der Arten,* die er 1859 veröffentlichte. Hunderte Jahre später begann der deutsche Zoologe Eibl von Eibesfeld, die Inseln gründlich zu erforschen. Er schlug vor, einige zum Naturschutzpark zu erklären, um den Sonntagsjägern, die neuerdings von Reisebüros dorthin gelockt werden, das Handwerk zu legen. Die UNESCO nahm sich dankenswerterweise der Sache an.

Die meisten der Inseln erscheinen von See aus als kahle Schuttberge, und so dienliche Häfen manche ihrer Kraterseen bieten, in die das Meer eindrang, so gespenstisch wirken sie, und sie sind umgeben von heimtückischen Strömungen. Ihr Entdecker, ein spanischer Bischof Anno 1535, fand sich dort von magnetischen Mißweisungen und Luftspiegelungen genarrt und nannte die Gruppe *Die Verwunschenen*, Las Encantadas. Piraten haben sich in ihrem Schutze nie lange aufgehalten. Gold war dort nicht zu holen, und nur auf der Albemarle, der Chatham und der Floreana gibt es Frischwasser. Die Sonne scheint dort ziemlich senkrecht. Selbst deutsche Romantiker halten dort nur selten aus. Der Berliner Zahnarzt Dr. Ritter gedachte mit seiner Begleiterin auf der Insel Floreana streng vegetarisch an die anderthalb Jahrhundert alt zu werden. Er starb schon nach fünf Jahren, allerdings, wie man hörte, nach Genuß eines Konservenhuhnes, das er bei eingetretenem Früchtemangel verzehrte. Die Kölner Familie Wittmer hielt seit 1932 bis heute auf Floreana durch. Dort steht ein Denkmal, das großbärtig und stirnzerfurcht den „Zerstörer der biblischen Schöpfungsgeschichte", den „freibeuterischen Eindringling in althergebrachte Ansichten von der göttlichen Direkterschaffung des Menschen", Charles Darwin, darstellt. Unter seinen forschenden Bronzeaugen unternahm auch die österreichische Baronin Wagner-Busquet um 1930 mit den Kavalieren Ahrends, Lorenz und Philippson zu siedeln und verschwand mit diesen bald ins Nimmermehr. Die Abenteurer scheinen sich gegenseitig piratisch umgebracht zu haben. Ein alter Indianerfischer, der gelegentlich in der trostlosen Flur der Basaltklippen nach Hummern fahndete, gab den Dämonen die Schuld, den Feuergeistern, die in den zweitausend alten Vulkanen hausen und ab und zu mit der Sonne, ihrem Vater, sprechen. Von solcher himmlischen Zwiesprache halten die „Einwohner" der größten Insel, Albemarle (auch Isabela genannt), nicht viel. Sie nennen ihren Aufenthaltsort die Hölle. Denn sie sind allesamt deportierte Verurteilte Ekuadors. Auch ihre Aufseher. Daß auch ehemalige echte Piraten darunter sind, ist zweifelhaft.

Dennoch geschah dort kürzlich ein rechtes Piratenstück. Einer der Strafkolonisten, der noch jugendliche Gangster *El Parisian*, ein geborener Franzose, war nach einer Lagerrevolte zusammen mit 21 Mann ausgebrochen. Sie hatten das Glück, zwei Fischerboote am Strand zu überraschen, und waren mit denen nach der unbewohnten San-Salvador-Insel gelangt. Und wieder hatten sie Glück. Ehe sie völlig verdurstet waren, rauschte sanft und schön — wie von einem Filmregisseur bestellt — eine amerikanische Luxusjacht in die grandios trostlose Öde der Jamesbucht. Eben verschwendete der abendliche Äquatorhimmel sein stummes eiliges Monstrefeuerwerk, da knatterten zwei Fischerboote heran, die Stille kaum mehr störend als der laut jazzende Luxusjachtplattenspieler. Es dunkelte rasch. „Vielleicht haben die Leute frische Hummern!" meinte die Gattin des Jachtbesitzers.

Da legten die Kähne auch schon an. Lord, wie überfüllt sie waren, wenn auch nicht mit Hummern! Das Badefallreep hing noch einladend außenbords. Aber die Kerle nahmen auch die Ankerkette oder nichts. Es schienen alte Fassadenkletterer dabei zu sein. Kurzum, plötzlich fegte eine brüllende Horde, Knüppel und Revolver schwingend, aufs Deck, Schwarze, Weiße, Gelbe, Kreolen, Mestizen, alles durcheinander, zerlumpt, unrasiert, stinkend. Sie übernahmen die Funkbude, das Schiff, die Vorräte, die Garderobenschränke, die Eliteräume und Salonbäder, den Plattenspieler nebst Radio. Sie zwangen den Besitzer, den Kapitän, den Maschinisten und das Personal höflich, aber dringend, Kurs auf das Festland zu nehmen. Sie vertilgten unterwegs in 64 Stunden außer dem Weißbrot 100 Kilo Fleisch- und Gemüsekonserven, 60 Kilo Butter, 832 Eier, 35 Kilo Zucker, 22 Kilo Biskuits, 240 Liter Fruchtsäfte, 5000 Liter Süßwasser (teils als Schaum-, Parfüm- und Brausebäder), 43 Flaschen Wein und 12 Flaschen Schnaps. Letztere beiden Artikel waren nicht etwa rar an Bord der *Valinda* — Mister Harvey ist ein Feinschmecker gerade darin —, aber El Parisian, der seine Pappenheimer kannte, ließ nach kurzem Nippen den ganzen üppigen und exquisiten Schampus-, Whisky- und Likörvorrat durch seinen riesigen sottfarbenen Leibwächter über Seite kippen. Die einzige Dame an Bord hat dieser Umsicht zu verdanken, daß es zu keiner Illustration dessen kam, was man in üblichen Piratengeschichten zu lesen gewohnt ist. Mister Harvey, als Anwalt Hollywoods in jeder Sachlage geschult, meisterte auch diese. Und schiffte die Herren an der gewünschten Stelle des Ekuadorischen Ufers aus. Sie verschwanden nach innigen Hochrufen auf die Besitzer, die Besatzung und Präsident Eisenhower. Endlich durften auch die beiden Hummernfischer von den Fesseln befreit werden, darin sie so lange hatten schmachten müssen. Sie fielen auf die Knie und dankten dem Himmel.

Die so abenteuerlich errungene Freiheit der Pseudo-Piraten aber — es war nicht einer dabei, der etwas von Seefahrt verstand — währte nicht lange. Sie verirrten sich im Dschungel und waren schließlich froh, von Polizei und Militär allmählich aufgestöbert und eingekreist, wieder in die Hölle auf Albemarle zurückzugelangen, wo es zwar nicht so gut wie auf der *Valinda*, aber immerhin noch besser als im Urwald sich hausen läßt.

Und nenn sie Hexe, nenn sie Fee,
fahr Bunker, fahr Hotel garni,
lieb oder hasse sie, die See,
tu, was du willst, sie bleibt nur sie.

PIRATISCHES GEMEINGUT
immer

Die Neigung zum Piratischen ist unausrottbar. Wie wurde doch das schmucke Motorschiff getauft, das die nette Stadt Verden an der Aller als Jugendherberge einrichtete? — Störtebeker. Wenig abseits jener Gegend, wunderlich in sich hinein genießend, schrieb, an 150 Jahre zuvor, die adlig gebrechliche, doch wikingsch blonde Droste eine Seeräuberballade, darin es heißt:

> *Den Mädchen ist's ein Abenteuer,*
> *es zu erschaun vom fernen Riff,*
> *denn noch zerstört ist nicht geheuer*
> *das greuliche Korsarenschiff ...*

Es wäre allerdings noch weniger geheuer, würde die fromme Annette ihre innere Beteiligung an dem Geschehen nicht mit etwas Moralischem überdecken. Und zwar mit dem beliebten Begriff der höheren Vergeltung. Damit zielt sie bezeichnenderweise nicht auf die Piraten. Für die reicht die irdische Vergeltung aus. Aber ein schiffbrüchiger Passagier, den das Räuberschiff aufgefischt, wird mit ihnen gehenkt. Er hat seine Unschuld vergebens beteuert. Indes, da er etwas ganz anderes als Piraterie auf dem Kerbholz hat, was aber nur der Himmel weiß, so läßt dieser ihn auf dem Umwege der Ungerechtigkeit gebührend sühnen. Es taucht dabei mehrmals in dramatischer Steigerung die Inschrift eines Balkens, zuletzt des Galgenbalkens, auf. Sie heißt: Batavia 510. Vor 150 Jahren war das klangvolle Wort Batavia dem romantischen Fernweh etwa das, was heute sich vielleicht mit dem fast freibeuterischen Verlangen nach einem eigenen kleinen Hausgarten bescheidet.

Bei neueren Schriftstellern wird dem Ausgleich durch unirdische Mächte weniger Gewicht zugemessen. Befassen sie sich mit dem Thema Freibeuterei, ist ihnen zumeist der soziale Untergrund reizvoll, die historische Unumgänglichkeit, der frühdemokratische Einschlag, die gelegentlich anarchistische oder sektiererische Gegebenheit und die einzelnen Typen in ihrer Brutalität, Abseitigkeit oder Verstiegenheit. Und dieses alles auf dem gewaltigen Gefilde der See. Das Malerische kommt hinzu und das Schwierige, die Weltabgeschiedenheit vergangener Segelschifffahrt, auch der Hauch Romantik, der um das scheinbar freie Seeräuberleben geistert, das Glitzern geheimnisvoller Werte an Münzen und Kleinodien, die Verschwiegenheit und exotische Pracht der Zuflüchte auf tropischen Inseln, das wild Verschwenderische dort, die Orgien und Ränke, die höllischen Selbstherrlichkeiten und was alles sich das nach Unerhörtem begehrliche zivile Herz aus alten Verhinderungen oder Sehnsüchten heraus ins unerfüllte Tagebuch schreibt.

Stand so der kleine rundliche, ungemein nette und bewegliche Franke Anton Schnack am Strand einer Nordseeinsel, einige Fischer ungläubig um ihn herum. Er gedachte über den Wind aller Zonen wenigstens die Bezeichnungen zu sammeln und hatte aus ungestümem Bedarf einen Seeräuberroman geschrieben mit allem Drum und Dran. Wußte auch balladesk dem berühmten Piraten Morgan Bild zu verleihen:

Er freute sich auf den Fleischkoloß der Keule,
gierig trank er geraubten Wein zu der gerösteten Kruste.
Das weiße Auge der nackten Mulattin lockte: Komm, Morgan! . . .
Wenn Morgan das Edelsteingewölbe mit der Fackel betrat,
leuchteten die kostbaren Haufen — weiß, grün, violett und rot.
Dumpf kam von der Steindecke der Brandungsdonner des Meeres.
Niemand mehr kennt zu der Höhle den Eingang.
Mit einem Granitstein, der einen Totenkopf trägt, ist sie verschlossen.
Eingeritzt, kaum lesbar noch: Tortuga, on July 19th 1682.
Das Skelett des Fackelträgers kauert drohend hinter dem verschütteten Felsblock.

Das ist reizvoll wie ein Wunschtraum. In Wahrheit ist Morgan kaum je so unbeobachtet gewesen, um Schätze erfolgreich verstecken zu können, es sei denn auf seinem Landsitz zu Jamaika, wo er sie aber günstiger in die Pflanzungen oder in die Roben seiner Frau steckte. Er war ehrbarer verheiratet, als sich ein bürgerliches Gemüt vorstellen möchte. Aber neben dem Libidinösen sind gerade die vergrabenen Goldbarren und Juwelen nicht wegzuwischen aus dem Verhältnis Außenstehender zum Piratischen. Nicht wenige Angereizte haben Konto, Kraft und Zeit an Expeditionen auf Grund geheim überkommener, angeblich echter, auf vergilbtes Pergament gezeichneter Pläne gewandt. Und noch heute hofft mancher Siedler an den Rändern der Karibischen See, sein Spaten möge endlich auf eine eisenbeschlagene, bejahrte, gewichtige Kiste stoßen. Die Privatjacht Bankiers Morgan, USA, heißt übrigens Corsair, und in der Jollenklasse des internationalen Segelsports ist das Piratenboot, eine deutsche Konstruktion aus der Zeit zwischen den beiden Weltkriegen, besonders zahlreich vertreten.

Den Vorrang aber in der Wirrsal beschwingter Empfindungen fürs Absonderliche nimmt wohl der Begriff Freiheit ein, der sich im geahnt Piratischen zur Ungebundenheit ausgeweitet, ins Maßlose: Endlich einmal dürfen, was man möchte!, mit dem Kinokitzel des — dennoch wie die Träume ans Laken gebannten — Gefährlichen und Verbotenen. Namentlich bedrängten Ehemännern soll solch ungemeine Entfesselung aus dem Piratischen entgegenhauchen. Doch nicht nur ihnen; es ist ein uraltes Lustgefühl, uralt wie der Trieb jedes Kindes, das noch unbehindert Besitz ergreift und es erst verlernen muß. Dabei hat gerade das Familienleben seit hundert Jahren eine Entwicklung genommen, die den Vergleich zwischen einem Handelssegler und einem Freibeuter nahelegt, die Stellung des Vaters, beziehungsweise Kapitäns betreffend. Die allgemeine Gleichberechtigung bis hinunter zum Sprößling ist weit gediehen. So nimmt nicht wunder, daß Seeräuberlieder noch heute gern erschallen, wenn auch kaum aus Seeräubermund, und daß zumal die sogenannten Pfadfinder, die jungen Leute, die sich in Verfolg einer von dem südafrikanischen Polizeimeister Baden-Powell erfundenen vormilitärischen Jugendertüchtigung zusammenfinden, entgegen ihren ordentlichen Leitsätzen gerade den Strophen einer zweifellosen Ordnungswidrigkeit aufgeschlossen sind. Als eine ihrer „Meuten" — sie betiteln sich so —, von einem *Rover* geführt, was die schlichte englische Vokabel für Seeräuber ist, einen entsprechenden Song zur Klampfe gelegentlich in den bürgerlichen Abend einer schwäbischen Kleinstadt entließ, war unter den zufälligen Lauschern auch eine höchst brave Zwölfjährige. Seitdem gilt ihr eben zart erwachender Eros einzig, wenn auch sicher nur vorläufig, den Freibeutern der See. Obschon es solche kaum recht mehr gibt.

Denn was die Gazetten in der Ära der Funktechnik und der zu Land, Wasser und Luft auf Blitz motorisierten heiligen Hermandad hin und wieder an Piraterie melden, erweist sich zumeist als einzelnes lokales Gangsterstück, das in die Rubrik der übrigen Raubfälle gehört, so, wenn zwei Nigger im New Yorker Hafen den Zahltag eines großen, an der Pier liegenden Frachters wahrnahmen und — allerdings vergeblich — die gefüllte Heuerkasse mit Gewalt zu übernehmen trachteten.

Kräftiger schon zeichnet sich ein Vorfall, der nahe Quebec ganze Fischerdörfer um einen gestrandeten Norwegerdampfer versammelte: sie machten ihn leer. Hier liegt als Entschuldigung das an allen Küsten geheiligte Recht am Strandgut in der Luft. Kein Gesetz kann ein biederes Küstengemüt vom Gegenteil überzeugen. Von dort zum Piratischen ist nur ein lockerer Schritt. Ihm näher rückten der Amerikaner Elliot Burt Forrest und der Flame van Delden; sie kaperten unter anderem Anno 1952 auf hoher See einen holländischen Frachter mit 2700 Kisten amerikanischer Zigaretten im Werte von hunderttausend Dollar und löschten ihn in Korsika. Erst nach vier Jahren konnten sie als Rädelsführer einer weitverzweigten Schmugglerbande in Marseille gefaßt werden. Ihre Fäden liefen von Neapel bis Tanger. Die meisten der 47 Beteiligten vermochten unterzutauchen. Einige wurden ermordet aufgefunden, darunter auch der korsische Bandenführer Paolini. Die Schmuggelbezeichnung für die Tabakwaren war reizend: „Schwarze Blondinen".

Eine Gruppe junger Wikinger takelte ein wrackreifes norwegisches Fährboot auf und zog damit erfolgreich auf Raub zwischen Fjorde und Schären. Nicht lange natürlich. Es war auch mehr ein Jux, angeheizt durch Lektüre, Comic Strips, Kintopp und die sonderbare Gemütsöde, die das

Zeitalter des Fußballs und der technischen Unterhaltungsfülle kennzeichnet.

Seeraub als Gewerbe lohnt sich nicht mehr. Sich darin zu versuchen, könnte nur solche halbfertigen Charaktere locken — in die Schlinge locken, obzwar diese heute kaum noch die des Henkers sein wird —, denen vorschwebt, noch größerer Aufregungen zu bedürfen, als sie der heutige Alltag schon bietet, und raschere und heftigere Einkommen zu buchen, als man mit durchschnittlicher Fähigkeit in den Maschen erlaubter Geschäfte zu erbeuten vermag.

Noch nicht lange her, wurde übrigens der Streifzug von dreißig kleinen spanischen Fischerbooten ruchbar. Sie verfolgten einen britischen Frachter und wandten sich, als der entkam, gegen zwei schwerbeladene moderne Fischdampfer, eigneten sich deren Ergebnisse an, zerstörten deren modernes Fanggerät und ließen sie auf den Strand laufen. Ein Marinewachtboot näherte sich dem Schauplatz, zog aber vor, sich — wie es dann hieß — vor der Übermacht abzusetzen, ohne zu schießen. Es handelte sich sichtlich um eine mehr moralische Übermacht. Der freibeuterische Streich ließ sich aus der Notlage der kleinen Fischer erklären und aus ihrem Unmut gegen die Großkonzerne mit deren Riesenschleppnetzen, Monopolpreisen und Marktüberschwemmungen.

Immerhin vergegenwärtigt solch Zwischenfall ähnliche vormalige Zustände, etwa die Verhältnisse in nordamerikanischen Gewässern zur Zeit der britischen Navigationsakte, Zustände, die überall dort, wo Handelsbedrückungen und Preisdiktate, Zoll und Beschränkung herrschen, nicht nur Groll erzeugen, sondern auch geheime Gewinnchancen verheißen und somit zu Übertretungen verleiten.

Wo aber wären Groll und Gewinnsucht anregender als gelegentlich auf politischem Areal? Da lebte zum Beispiel ein abgehalfterter General und Präsidentschaftskandidat Portugals in südamerikanischem Asyl. Er vermochte einen ehrgeizigen Abenteurer, Hauptmann und Großwildjäger zu bestimmen, das Flaggschiff der portugiesischen Handelsflotte, die vollbesetzte 21 000 BRT große *Santa Maria* auf hoher See zu kapern. Es geschah in karibischen Gewässern nach zügiger Piratenart mit siebzig zur Nachtzeit an Bord enternden Schwerbewaffneten. Bei der mehr üblichen als notwendigen Schießerei mußten zwei Mann der Besatzung dran glauben. Sieben wurden als „unzuverlässig" ausgebootet. Im übrigen ging alles glatt wie zu Freibeuter Roberts Zeiten. Das Schiff wurde gebührend in *Libertad* (Freiheit) umgetauft. Doch nach zwölf Tagen zogen die Rebellen vor — allzu beschattet von internationalem Aufsehen, Unmut und Gelächter — Recife anzulaufen und sich unter dem Schutze der brasilianischen Regierung zu verdrücken.

Echte Piratereien sind nur im Fernen Osten bis heutzutage häufig gewesen. Sie beruhten letzthin auf gut getarnten Organisationen, deren Drahtzieher und Nutznießer — ähnlich wie in früheren Kaperbetrieben um den Atlantik herum — den soliden Firmenchef an Land mimten. Aber auch fernost wird die Welt mehr und mehr zum Glashaus. Freibeuterei bedarf ja nicht nur der Ozeane, in denen selbst ein 80 000-Tonner noch immer nur ein Staubkorn ist, sondern sie bedarf der Schlupfwinkel. Die aber sind bis in die Atolle Mikronesiens hinein von Gendarmerieposten, Verkehrsvereinen, Badehotels, Kernversuchtrupps und Sendegeräten belegt. Auch liegen die Absatzmärkte rings um die Meere den Argusaugen der Behörden und den noch schärferen der Reporter überall offen da, sollte man meinen. Abgesehen vielleicht vom Mädchenhandel, der Anno 1957 allein aus Frankreich rund 25 000 zarte Kolli gen Südamerika, aber unter andern auch viele treuherzig geglaubte Serviertochterstellen- und Tingeltangelangebote prompt in die Freudenhäuser von Port Said, Bombay und Singapur umgeschaltet haben soll. Ähnlich flott blühte dieser Erwerbszweig ab Ostsektor, bevor die deutsche Sperrmauer auch das unterband.

Dieser Geschäftszweig nebst dem Sklavenhandel überhaupt ging vormals gern Hand in Hand mit der Freibeuterei. Im Spürsinn des einfachen Mannes aber gilt er als weit verächtlicher. Sicher mit Recht. Die reine Freibeuterei schädigte zumeist keine armen Leute. Oft schonte sie die Besatzungen und nahm nur die Frachten und die Kasse und bezeichnete es als gottgefällige Schröpfung von Krämern, Pfeffersäcken und Fetthälsen. Das ist sicherlich ein sehr vager Vorwand für private Beutegier. Er streut indes ein gewisses Gewürz vor allem für den Getränkesteward in jene beliebten „Flibustier-Kreuzfahrten" atlantischer Reedereien in den Wochen flauer Saison, wo sich ein begüterter Mittelstand als Käptn Schwarzbart und Piratin Bonny maskeradisch gebärdet.

Der moderne unmaskierte Freibeuter von heute reist auf den Großrouten weniger malerisch, in Sportjackett und Eveningdress, mit solidem Ticket erster Kajüte, gepflegt, nobel als ein scharmanter Tischnachbar, ein amüsanter Unterhalter, ein geschickter Heranpirscher, indes das erlesene Opfer — wie vormals die Silbergaleone auf den Wogen — seine Meilen, wenn auch nur der Verdauung zuliebe, auf dem Promenadendeck zieht. Hier oder auch von Deckstuhl zu Deckstuhl anstatt von Bord zu Bord, oder im Rauchsalon von Sessel zu Sessel erfolgt der wohlberechnete Angriff. Ein kleiner Schuß vor den Bug, sehr knallschwach natürlich und nur mit dem Qualm der Importe behaftet. Etwa so: „Oh, Mister Henkerchief! Chikago? Man könnte versucht sein, es fast weniger langweilig zu finden als diese Badewanne." Das war die erste sanfte Warnung. Nach einer Pause etwas schärfer: „Kleiner Drink? Was auch sonst! Man sollte dem Gähnkrampf endlich etwas Anregendes entgegentrimmen." — Peng! Der träge Gedankenkiel des behäbigen Leidensgenossen stoppt ein wenig. Indes der sachte heranrückende Brigant äußert: „Selbst in dieser Misere sollte ein Mensch von Format nicht vergessen, daß er gewohnt ist, mit Gewinn und Risiko zu operieren und sein Glück zu machen, wo immer es

Briefkopf einer nordamerikanischen Frachtreederei 1957

sei. Was sagten Sie?" — Rumms! Das war schon fast eine Breitseite. Nun noch Pik-As gehißt als unverfänglicher Jolly Roger. Den Kundigen gilt die schwarze Schippe der französischen Karte nicht weniger als ein zünftig gemalter Knochenmann. Und dann aus vollem Fächer und gelenker Faust geentert. Ganz ohne jede vormals kaum vermeidbare Drangsal und ohne jeden häßlichen Lärm geht das alles. Selbst, wenn die Dollarpakete oder Schecks ihren Besitzer wechseln. Großschlächtermeister, breite Plantagenkönige aus dem Westen der Staaten, manchmal auch der ohrenfeuchte Erbe großer Industrie oder der Exsouverän eines frisch verwelkten orientalischen Ölfürstentums, das sind die wohlgefüllten Kauffahrteier, die ausgenommen weitersegeln. Ohne zu mucksen. Denn wer mag zugeben, schlecht gespielt zu haben oder gar, hineingelegt worden zu sein? Wer wird wagen, den andern etwa des Falschspiels zu bezichtigen, dieses Muster von Gentleman? Selbst die Direktion der Meeresgigantenreederei wird das nicht tun, schon, um nicht den eigenen Ruf in Mißkredit zu bringen.

Es geht die Legende, einer dieser modernen Seeräuber habe das durch Bauernfängerei ergatterte Vermögen dazu gebraucht, seine kleine Heimatgemeinde, die er jung und arm verlassen, mit den Segnungen der Kultur zu beschenken, mit Elektrizität, Lichtspiel, Schwimmbad, Straßenpflaster, Wasserleitung, Konzertsaal, Schule, Ausstellungshalle, Kindergarten und Krankenhaus. Womöglich hätten die Geneppten das Geld nicht so wohltätig angewandt. Von den Piraten alten Schlages ist höchstens der phantastische Sankt Misson für seine Eigensiedlung auf Madagaskar ähnlich selbstlos zu nennen. Würde man aber mancher großzügigen Stiftung auf den Grund stochern, käme vielleicht hier und da etwas zutage, was auf eine reumütige oder diebisch freudige Umschichtung dunkler Werte und ihrer abseitigen Erwerbung schließen ließe. Sei es drum. Immer ist das Endergebnis das Wichtige. Und wenn der alternde Cervantes nicht ohne Erfahrung mit Seeräubern sagte, der Weg sei das Reizvollere, so ist eine gute Herberge doch schließlich nicht zu verachten.

Alles in allem: Ist schon die Seefahrt als solche geeignet, dem Bewohner des unschwanken Landes Vorstellungen dämmern zu lassen, die ihm den Puls beschleunigen, so wirft das Motiv Freibeuter noch das Glitzern des Goldes über Gischt und Sturmgebraus. Und das archaische Erinnern wird geweckt an Hochgefühlen persönlichen Einsatzes, die keineswegs ins Wohnzimmer passen: Ansprung und Dreinhauen, Gebrüll des Obsiegens, der süße Schauer, jenseits aller Gesetze Macht auszuüben und Schätze einzuheimsen. Und über diesem geltungsschmeichelnden Klamauk der blutrote Schatten der Henkershand. Auch das gehört zum Genuß der Traumpiraterei. Und diese zwanglose Ballung aus Zupacken und Höllensturz spult sich harmlos ab in den mehr oder minder kunstvollen Liedern jener Sparte.

Von der Kehrseite oder sozusagen von dem harten Topfscherben jener luftigen Gewächse scheppert kaum etwas darin: von dem elend Gepferchten, Dreckigen, Stinkenden der Untersätze, dem Verzweifelten, Verrannten, Brutalen jenes Zustandes, dem hohlen Ausgestoßensein, der ungeheuerlichen Einsamkeit jenseits der Grenze des anerkannt Guten, dem nur mit Mühe das geübt Brüderliche auf Gedeih und Verderb, das ohne Unterschied Gleichberechtigte die Waage hielt. Dennoch, auch selbst die negativen Unerhörtheiten zu ahnen, hat merkwürdige Anziehungskraft. Sie vermögen sogar in einem braven Schwabenmädle zu zünden, oder, genauer gesagt, vermögen das urtümlich Piratische, das uralte Jedermanns-Piratische in ihm anzufachen. Es gibt einen Kanuverein „Alsterpiraten" und in der Nachbar-Hansestadt die „Bremer Fluß- und Seepiraten", geleitet von einem freimütigen Studienrat.

Aus respektvollem Abstand wird der Freibeuter immer das Idol phantasiebegabter, in sich vibrierender Betrachter bleiben, oft wohl solcher, deren Vorfahren vielleicht nicht ausgiebig zum Zuge gekommen sind. Die Robusteren neigen mehr zum Militärischen, zum gestatteten Totschlag. Der Freibeuter wich dem Töten aus, dem eigenen wie dem anderer. Niemals griff er an, um zu zerstören. Das besorgten besser die amtlich bestempelten Halbkollegen, die Korsaren, die Kaper, die zumal in jüngerer Zeit zu öden Vernichtern wurden. Richtige Piraten suchten Werte zu erhalten. Sie bezogen ja keinen Sold, sie mußten ihn sich selber verdienen, und somit war dem Betrag nach oben keine Grenze gesetzt. Auch wurde ihre Tollkühnheit dadurch befeuert. Was wiederum den Lorbeerglanz förderte, der selbst ein Schreckgespenst ziert. Bei Widerstand und in der Notwehr war der Pirat oft satanischer als jeder Söldner, denn es ging um Beute oder um Kopf und Kragen. Weil patriotische Ehrbegriffe fehlten, wurde von Seeräubern die weiße Flagge weit eher gezogen. Gelegentliche Gnadenerlasse wirkten verlockend, doch nicht selten trügerisch. Das ergibt diffuse Bilder, schon dem Gleichnis zugänglich.

Ein Verehrer der niederländischen Kronprinzessin Beatrix schickte ihr einen Riesenblumenstrauß mit einem Kärtchen: Grüße von dem Piraten. Nie war Freibeuter ein Ehrentitel. Aber daß die Namen berüchtigter Piraten die ihrer Besieger und berühmter Admiräle überlebt haben, läßt auf andere als amtliche Einschätzungen von Ruhm und Ehre schließen. Lord Nelson ist eine Ausnahme. Nicht, weil er ziemlich klar den britischen Punkt hinter die vormaligen Seemächte Europas gesetzt, sondern wegen seines Privatlebens. Die Heirat dieses Pastorensohnes mit einer geschiedenen Kreolin in Westindien, sein piratischer Einbruch in die Ehe des britischen Gesandten zu Neapel, die getarnte Tochter, die er mit Lady Hamilton gezeugt, das alles untermauerte die maritime Erinnerung.

Im Gemüt der Völker besitzt nationales Verdienst einen Sonderaltar; er besteht aus einem Scheinwerfer für die eigenen Helden und einem Dreckkübel nebst Scheiterhaufen für die Feinde. Trotz aller rasselnden Anmaßung jedoch hängt am Soldatischen zu Land und Wasser immer der Geruch der Schlachtbank, der gedrillten Metzelei, des kindisch unsinnigen Kaputtmachens und des armen Luders, das sich für Ziele ausgenutzt findet, die trotz aller Propagandareden selten der Allgemeinheit oder auf die Dauer überhaupt jemals jemandem zugute kommen. Wirtschaftliche Ausgleiche? Durch Krieg? Mag sein. Der Masse ist es um die sozialen Ausgleiche zu tun. Darum ist ihr der Freibeuter stets sympathischer als der Kommiß.

Dennoch: Standbilder von Piraten sind selten. Eine späte Skulptur Störtebekers findet sich zu Hamburg an der Kersten-Miles-Brücke. Weit lebensnäher und dämonischer hockt eine ganze Schar verwehter Wogenpresser in den steilen Küstenfelsen von Rothéneuf unweit St. Malo. Ein Abbé und Eremit hat sie in langer Mühe hineingehauen. Und Otto Rombach berichtet darüber unheimlich anschaulich in seinem Buche: *Alte Liebe zu Frankreich.*

Einer der erfolgreichsten deutschen Kaperkapitäne des Zweiten Weltkriegs war Bernhard Rogge. Mit seinem Hilfskreuzer *Atlantis* brachte er

22 Handelsschiffe zur Strecke, annähernd 150 000 BRT. Sechs der wertvollst beladenen schickte er als Prisen „heim". Drei davon erreichten deutschbesetzte Häfen. Was Rogge über seinen Posten dachte, besagt sein beglaubigter Ausspruch: „Es ist ein teuflisches Handwerk und ein erbärmliches dazu." Da er es aber so anständig, wie es eben gehen wollte, ausübte, blieb ihm die Achtung des Feindes, dessen Methoden sich von seinen ja wenig unterschieden, nicht versagt. Und so wurde der „Piratenkapitän", der die schließliche Vernichtung seines Kapers überlebte, eines Tages zum Admiral des Atlantikpaktes befördert.

Die Weltöffentlichkeit nahm diese Ehrung eines amtlichen Großvernichters zumeist sympathisierend auf. Mit mehr Sympathie als etwa die Berufung General·Speidels in die NATO. Denn etwas Unwägbares in diesem Unterschied ist nicht zu übersehen: die uralte Beziehung des Menschen zum Urelement des Daseins, zum Meer. Sie offenbart sich selbst im Marine-Freibeuter unmittelbarer als im Landräuber oder Soldaten; sie wirkt wie eine Entfesselung, wie eine geheime Heimkehr.

Spät erst vermochte sich der Ausdruck dafür zu sammeln. Es ist die Lyrik des auf den Antillen geborenen Saint-John Perse. Seine Verse verraten die Etikette des Grand Siècle seiner Ahnen, darunter so viele karibische Untaten Platz hatten; sie verraten das Flibustierblut in seinen Adern. Es ist gebändigt ins Beschwörende, ins Feierliche, in die endlich angemessene Ehrfurcht.

> Mer de Baal, Mer de Mammon,
> Mer de tout âge et de tout nom,
> O Mer sans âge ni raison,
> O Mer sans hâte ni saison . . .

Daß damit die ungeheuerlichen Bluttaten vergangener Epochen entsühnt seien und das nie Verweste der Mörder und Ermordeten in die mütterliche Salzflut gelöst und erlöst wäre, sei nicht behauptet.

Selbst heute noch, und selbst wenn man mit Überschallgeschwindigkeit messen will, sind die Meere ziemlich groß, ja teils noch ganz unerforscht. Für die Anwendung massiver Gewalt scheinen sie wie die gesamte Erde dennoch eng geworden. Ein Ausweichen in die Atmosphäre oder in die Tiefe wirkt kaum als Fortschritt. Dem Geistigen scheint es ein Rückschritt ins Insektische und ins Seegurkenhafte. Der Satan lächelt und freut sich, daß man vergaß, vorher erst einmal Ordnung auf dem Grind des Erdballs zu schaffen, also den Halsabschneidern aller Sorten und deren Lieferanten die Luft abzukneifen. Dem Einfältigsten deucht längst (obwohl man ihm beweist, die Verhältnisse seien schuld), es sei kein Platz mehr da für die rührigen Leidvermehrer, für die nur scheinbaren Widerpartner der ausgerotteten Sklavenhändler und Freibeuter, für die Militärs und den Irsinn ihrer Raketen- und Kernwaffenversuche.

Welche Lieferanten und Belieferten dieser Belange würden das aber zugeben? Sie sind von ihrer Notwendigkeit in West und Ost so maßlos überzeugt wie dies Buch von ihrer Überflüssigkeit. Sollen sie etwa umlernen, vom Negativen zum Positiven? Den giftigen Dunst der Großstädte läutern, Wüsten bewässern, Sümpfe trockenlegen, Überschwemmungsgebiete eindämmen, der Versteppung und Verkarstung trotzen, dem Verkehrsmord steuern und den Hungersnöten, wovon noch immer zwei Drittel der Menschheit bedroht sind? Mit dem vergeudeten Geld und Volksvermögen, das die Rüstungen kosten, ließe sich das alles glänzend bewerkstelligen. Und wie wäre es, für eine gründliche naturgemäße Neubehandlung des mißbrauchten Acker- und Gartenbodens der Welt zu sorgen und für eine neue Kontrolle der Erzeugnisse, eine klügere Ernährung, eine frische Absetzung von der Picassoterie der Künste ...

Ja? Und wie? und überhaupt: Warum?

Hübsch und gepflegt und wohlerzogen und satt und mit allem Komfort und reinlichen Lüften und auch einiger Natur- und Landschaftsnähe hat man es zum Beispiel in den gerühmten „Suburbias". Das sind Vorstadt- und Gartensiedlungen Nordamerikas, entstanden nach dem Unfugüberdruß des Zweiten Weltkrieges. Leider gibt es dort heute mehr Alkoholismus, Ehedelikte und Jugendkriminalität als in den Slums der Hafenstädte, sagt man. Der Mensch hat weitgehend verlernt, sich anständig zu beschäftigen oder sich einer Autorität zu beugen. Fortschreitender Kernzerfall in allen Sparten? Vielleicht werden dadurch neue ungeahnte Energien frei, die zu fassen und zu lenken und in der Wirkung zu ermessen vorläufig noch keinem gegeben scheint.

Die Entdeckung des Radiums und der Zerfallstrahlung hatte mit Atombomben und Reaktoren nichts zu tun. Der Mantel reiner Forschung deckte vorerst die Enthüllung und Entwicklung nuklearer Vorgänge. So etwa umhüllt Andacht und Ehrfurcht den Namen der Himmelskönigin, der ursprünglich „Widersetzlichkeit" bedeutet, als sei sie also dem Widersacher verwandt. War sie in ihr, die ihren Namen als Vornamen trug, in der kleinen bescheidenen polnischen Lehrerin Marie Sklodowska, die sich in Paris zur Curie verehelichte und erkoren ward, das „Licht der Welt", das geistig zu verlöschen droht, luziferisch neu zu gebären? Mit den Zeichen des Leidensweges und erhoffter Glorie? Man denke solche Symbolik nüchtern durch! Möge der Himmel den Freibeutern der Nationen unter der neuen Todesflagge wenig Chancen einräumen! Obschon Anno 1959 eine kanadische Zeitung den derzeitigen „Rohstoffwert" eines Menschen auf höchstens 98 Cents kalkulierte.

Einsichtige Mütter haben die Mütter aller Kontinente aufgerufen, überall dem piratischen Betrieb des Mannes in den Arm zu fallen. Aber die meisten schmiegen sich lieber hinein. Für den Frieden daheim mag es besser sein. Für den der Völker mag Gott sorgen. Der weise Inder Nehru meinte lächelnd dazu: „Warum streiten wir uns über Gegensätze? Der all-einige Gott heute, den Ost und West gleichermaßen anbeten, heißt Technik."

Hat auch die Leiterin der Mütterweltorganisation enttäuscht festgestellt, daß nur wenige Frauen über die Stufen der Mondrakete hinausgelangen oder über die Gefühlsstufe unserer kleinen Piratenfreundin aus Schwaben, so muß man sich damit abfinden oder für eine bessere Kontrolle der Erziehung sorgen, unter deren glänzenden Brückenbögen die alten Unterströmungen nur umzuleiten, nicht aber auszulöschen sind, das uralt Piratische in jedermann als das naturgegeben Einfachste. Ihm restlos hinter die letzten Schliche zu kommen, im kleinen wie im großen, ist immer reizvoll und für die Allgemeinheit lohnend. Es gar zu bändigen und zu überwinden — weil sonst der Bestand der Menschheit endlich einmal in Bausch und Bogen gefährdet ist —, bemühten sich aufgeklärte Geister schon ein paar Jahrtausende lang. Soll man mit solcher Bemühung aufhören?

I wo! lachte der Satan: Lassen wir's noch lange in der Schwebe! Noch machen mir die Kreaturen allerhochmütigster Zweibeinigkeit, diese unverbesserlichen Freibeuter, diebischen Spaß.

Sodann! Unser Untersatz ist die Erde. Aussteigen kann vorläufig keiner. Sollte man sich deshalb nicht notgedrungen brüderlich vertragen in der Aussicht, entweder zu gewinnen oder den Kopf zu verlieren? Gottes Freunde und aller Welt Feind. Der Feind aber, von dem alles zu haben ist an Gut wie an Ungemach, ist allein der Schweinehund in uns selber.

Das denn wär's.

Unbändig in verhangne Weiten schweifen,
das Meer als Heimat und als Haus ein Schiff
und kein Gesetz, als lodernd zuzugreifen, —
wer träumte nicht davon und mußte lange reifen,
eh er sein wohlbeschränktes Maß begriff.

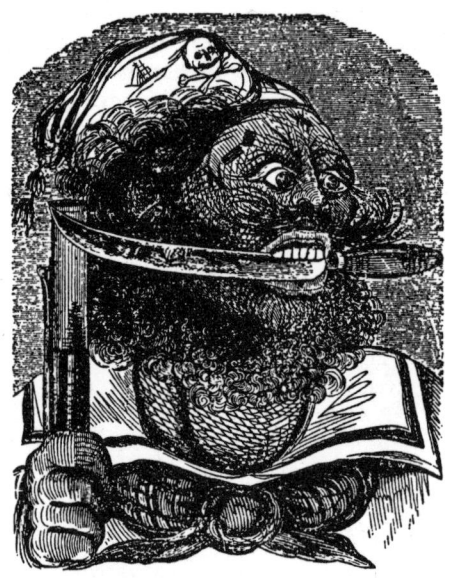

*Seeräuber wie ihn ein nordamerikanisches
Kinderbuch um 1850 sah*

LITERATURANGABEN UND BILDQUELLEN

Anna Franchi: Storia della Pirateria del mondo. 2 Bde., Mailand 1952.

Artur von Kirchenheim: Piraterie. Wörterbuch des Völkerrechts Bd. 2, herausgegeben von Hatschek und Strupp. 1925.

Stier-Somlo: Piraterie. Handwörterbuch der Rechtswissenschaft Bd. 5. 1928.

Ferdinand Perels: Das internationale öffentliche Seerecht der Gegenwart. Berlin 1902

Gerhard Schlikker: Völkerrechtliche Lehre von der Piraterie und den ihr gleichgestellten Verbrechen. Erlangen 1907.

Paul Stein: Zur Geschichte der Piraterie im Altertum. Bernburg 1894.

Erich Ziebarth: Beiträge zur Geschichte des Seeraubs und Seehandels im alten Griechenland. (Hamburgische Universität. Abhandlungen zur Auslandskunde Bd. 30.) Hamburg 1929.

H. A. Ormerod: Piracy in the ancient world. Liverpool 1924.

Eduard Meyer: Geschichte des Altertums. Stuttgart 1911 und 1939.

Leopold von Ranke: Geschichte des Altertums. Bern 1938.

Hans F. Helmolt und *Armin Tille:* Weltgeschichte. Leipzig 1920.

Christian: Histoire des Pirates et Corsaires de l'Océan et de la Méditerranée Paris 1846/50.

De Cussy: Phases et causes célèbres du droit maritime. Leipzig 1896.

R. Rittmeyer: Seekriege und Seekriegswesen. Berlin 1911.

Antonio de Guevara: Aviso de privados. Mondonedo 1539.

Fernam Mendez Pinto: Peregrinacoes. Lissabon 1614 (Brito Rabelo 1908).

Johannes Covens en Cornelis Mortier: Dictionnaire de Marine. Amsterdam 1736.

Saxo Grammaticus: Gesta Danorum. Ausgabe Alfred Holder. Straßburg 1886.

Capitaine H. Paasch: De la Quille à la Pomme de Mât. Paris 1894.

Hellmuth Elers: Chronologie und Calendarium der Geschichte Hamburgs. Hamburg 1868.

L. Beutin: Der deutsche Seehandel im Mittelmeergebiet bis zu den Napoleonischen Kriegen. Neumünster 1933.

Jurien de la Gravière: Les corsaires barbaresques. Paris 1885.

Johann Friedrich Keßler: Reïsen zu Wasser und zu Lande. Leipzig 1805.

M. Russel: Gemälde der Barbarei oder Geschichte und gegenwärtiger Zustand der Staaten. Leipzig 1836.

H. D. Grammont: Histoire d'Alger sous la domination turque. Etudes algériennes. Paris 1886.

F. H. Ungewitter: Neuere Erdbeschreibung und Staatenkunde. Dresden 1845.

Percy Ernst Schramm: Deutschland und Übersee. Braunschweig 1950.

J. F. Voigt: Deutsche Seeleute als Gefangene in der Barbarei. Hamburg 1882.

E. Dupuy: Américains et Barbaresques. Paris 1910.

E. Ehrenberg: Hamburgs Handel und Schiffahrt vor 200 Jahren. Hamburg 1892.

Karl Kreyssing: Über den zu Hamburg zu errichtenden antipiratischen Verein. Hamburg 1819.

Friedrich Herrmann: Appel aux puissances de l'Europe pour faire cesser les pirateries des Barbaresques dans la Méditerranée. Bremen 1816.

Francis L. Storck: Abolition de la Piraterie. Columbia University, New York 1894.

Albrecht Wirth: Geschichte der Insel Formosa bis Anfang 1898. München 1898.

E. Wiens: Leben der Korsaren Horuk und Chaireddin. Leipzig 1840.

Otto Eck: Seeräuberei im Mittelmeer. München 1940.

A. O. Exquemelin: De Americaensche Zee-Rovers ... Amsterdam 1678. Übersetzung der Philosophischen Akademie Erlangen durch Hans Kauders. Erlangen 1926. — Daraus entnommen Bilder Seite 199, 210, 222 dieses Buches.

Jehan Mousnier: Journal de Bord du Chirurgien Exmelin. Paris 1956.

Du Têtre: Histoire générale des Antilles. Paris 1671. — Daraus entnommen Bild Seite 245 dieses Buches.

Père Labat: Nouveau Voyage aux îles de l'Amerique. Paris 1722.

Calendar of State Papers, America and Westindies. London 1860 ff.

William Dampier: New Voyage round the World. London 1697.

Joh. Wilh. von Archenholz: Die Geschichte der Flibustier. Tübingen 1803.

Alan J. Villiers: Pirates and Adventurers in the South Sea. London 1938.

Alan J. Villiers: Sea-Dogs of To-day. London 1932.

Joachim Joesten: Vice, inc. New York 1954.

Captain Charles Johnson: History of the Robberies and Murders of the Most Notorious Pyrates. London 1724.

Joachim Meier: Schauplatz der Englischen Seeräuber in den Westindischen Gewässern, zuerst beschrieben von Capitain Carl Johnson. Goslar 1728.

Samuel Brun: Des Wunderarztes und Burgers zu Basel Schiffarten. Basel 1624.

Bertold Bleß: Forschungen und Quellen zur Geschichte des Konstanzer Konzils. Paderborn 1889.

Johannes Haller: Papsttum und Kirchenreform. Stuttgart 1903.

Philip Gosse: The Pirate's Who's Who. London 1924.

Philip Gosse: The History of Piracy. London 1954.

Patrick Pringle: Jolly Roger. London 1953.

Robert Carse: The Age of Piracy. New York 1957.

Jean Merrien: Histoire des Corsaires. Paris 1954.

Captain William Snelgrave: A New Account of Some Parts of Guinea and the Slave-Trade. London 1734.

E. A. Cruikshank: The Life of Sir Henry Morgan. Toronto 1935.

Basil Ringrose: The Voyages and Adventures of Captain Bartholomew Sharp. London 1684.

H. T. Wilkins: Captain Kidd and his Skeleton Island. London 1935.

Joshua Slocum: Erdumseglung ganz allein. (Übersetzung). Zürich 1958.

Juan Cabal: Piracy and Pirates (Historia de Piratas). London 1957.

Oswald Wynd: The gentle Pirate (Das gefährliche Leben der Dame Tseng). Köln 1958.

Eduardo Garcia Montero: El Codigo de los Piratas. Lima 1951. — Daraus entnommen die Bilder auf Seite 278 und 407 dieses Buches.

Ahmed Ali and *Idham:* Poems from Indonesia. Karachi 1949.

Jamal Mohammed Ahmed (Khartum): The present Mood in Literature. New York 1956.

Annie Francé-Harrar: Und eines Tages. Gütersloh 1958.

Rolf Italiaander: Der ruhelose Kontinent. Düsseldorf 1958.

Furtwängler, Reichold, Hauser: Griechische Vasenmalerei I. München 1904. — Aus dem Expl. der Bayerischen Staatsbibliothek München entnommen das Kunstdruckbild vor Seite 33 dieses Buches.

Die anfängliche Absicht war, dem „Bordbuch des Satans" hauptsächlich die umfänglichen Studien zukommen zu lassen, die von der Italienerin Anna Franchi in ihrer (im Quellenverzeichnis an erster Stelle angeführten) Geschichte der Freibeuterei gesammelt waren.

Bald aber erwies es sich als nötig, zu Vergleich und Ergänzung auf weitere Quellen zurückzugreifen und auch die vielfältige neuere Literatur zum Thema heranzuziehen. Die vorliegende Liste mußte sich auf die wesentlichsten Titel beschränken. Überdies sei Archiven und Bibliotheken zu Hamburg, Bremen, Lübeck, Danzig, Berlin, Konstanz, Heidelberg, Verden a. d. Aller, Veste Coburg, New York, London, Port aux Paix, Groningen und Skagen und den Kapitänen Gustav Schröder, Hamburg, und Harry-Edgar Daeché, New York, herzlich für Material und Hinweise gedankt.

Deutsches Archäologisches Institut zu Rom (1). — Hist. Bildarchiv Handke, Bad Berneck (2). — Bildarchiv Foto Marburg (1). — Bildstelle Museum für Hamburgische Geschichte, Hamburg (2). — Hans Roden, Presse- und Nachrichtendienst, Mannheim (4). — Ullstein, Berlin-Tempelhof (3).

Zahlreiche Bildvorlagen aus der persönlichen Sammlung des Verfassers.

VERZEICHNIS DER TEXTBILDER

VERZEICHNIS DER KUNSTDRUCKBILDER

VERZEICHNIS DER KARTEN